新疆维吾尔自治区"天山英才"工程资助项目

新疆维吾尔自治区人才基金资助项目

2020年度国家交通运输部交通运输重大科技创新成果库成果·交通运输

科技专著（成果编号：2020ZZ043）

丝绸之路经济带空间布局研究

王伯礼◎著

THE STUDY ON SPATAIL LAYOUT OF THE SILK ROAD ECONOMIC BELT

经济管理出版社

ECONOMY & MANAGEMENT PUBLISHING HOUSE

图书在版编目（CIP）数据

丝绸之路经济带空间布局研究/王伯礼著 . —北京：经济管理出版社，2024.5
ISBN 978-7-5096-9311-7

Ⅰ . ①丝⋯　Ⅱ . ①王⋯　Ⅲ. ①丝绸之路—经济带—区域经济发展—研究—世界　Ⅳ. ①F113.4

中国国家版本馆 CIP 数据核字（2023）第 189430 号

组稿编辑：申桂萍
责任编辑：申桂萍　刘　宏
责任印制：黄章平
责任校对：董杉珊　蔡晓臻

出版发行：经济管理出版社
　　　　　（北京市海淀区北蜂窝 8 号中雅大厦 A 座 11 层　100038）
网　　　址：www. E-mp. com. cn
电　　　话：（010）51915602
印　　　刷：北京晨旭印刷厂
经　　　销：新华书店
开　　　本：880mm×1230mm/16
印　　　张：25
字　　　数：740 千字
版　　　次：2024 年 5 月第 1 版　　2024 年 5 月第 1 次印刷
书　　　号：ISBN 978-7-5096-9311-7
定　　　价：158.00 元

序

依附于书籍等作品的序,其主要功能除介绍与作品相关事物如成书基础、过程、依据等外,还有两项主要功能,即评价与导读。王伯礼博士后的专著《丝绸之路经济带空间布局研究》,其成书基础、过程依据等已由作者在前言、绪论、附录中交代,而评价和导读则是鄙人他序之任务了。

一、评价

(1)时代意义:当今世界正处在百年未有之大变局、"海权论"渐趋式微衰落、"陆权论"复兴崛起之际,而撬动"陆权论"崛起的支配因素正是我国倡议的丝绸之路经济带及其实施。乌鲁木齐即将成为"世界岛心脏地带"高速、重载综合交通枢纽。新疆在天时、地利、人和条件下,顺势而为、顺势而谋,使经济、交通得到较大发展,这引起以海权立国并极力建立或维持霸权的部分西方国家对新疆急不可耐、无所不用其极地围堵打压乃至力图分裂肢解。敌对势力不遗余力地反对破坏,正好说明丝绸之路经济带倡议的重要性及迫切性。作者通过阐述丝绸之路经济带空间布局,凸显其历史必然,将使更多"自为者"成为"自觉者"。

(2)学术特色:为组合创新之作。创新分为原创新和再创新,后者是对司空见惯的理论实践事物,道出不司空见惯的内容。故而再创新具有极佳的启发性,这也是人类认识世界的一种基本方法。组合创新就属于再创新,特别是本研究运用地质学、气候学、河流水文学、绿洲生态学和交通区位论、交通历史地理学、点轴系统理论、地缘政治学、地缘经济学相关理论、技术、方法,对丝绸之路经济带空间布局进行分析,道出了许多不司空见惯的道理。在物理学理论已十分完备、完善的今天,创新中的原创事物的权重必将让位于再创新。故而此点也契合了创新发展的大趋势。

(3)逻辑特点:"集中"与"发散"统于一体。集中性在于三个重点内容,即交通、能源、水资源。水资源是一个民族、一个国家"三生"(生命、生产、生活)存在之本;能源是人类驾驭自然的"人力放大器";交通则是人类社会发展进步的"负熵"发生器。本研究抓住了丝绸之路经济带空间布局的三要害,并以此为中心进行了多学科的因果展开,简言之,就是采用了以"百科"阐释"重点"的方法,达以简驭繁之效。

(4)写作特点:使用陈述、地图、表格三种语言各司其性:地图示出地貌;表格表征明细;陈述统一地图表格合作阐述论点,收大概与精详统一之效。

(5)成果用途:可为有关领导提供丝绸之路经济带空间布局全图,供其决策参考,使相关发展与建设具有历史必然性,而助其效益最大化;为相关专业规划者提供手册式服务;为大专院校师生工程能力之提高,提供具有战略性、系统性、前瞻性的阐释与案例。

二、导读

首先,阅读前言和目录。前言是本研究内容之要点,目录是作者思路提纲,要点加思路可提纲挈领,理解论述时就可"一抖百毛顺"。

其次，深刻理解丝绸之路经济带空间布局背后的支配原因，可举一反多。丝绸之路是过去时事物，经济带是现在时、未来时事物，将二者统一的原因，一定有一个存在于历史、现在和未来中的亘古不变因素，这个因素就是亚欧大陆长径呈东西分布于北半球温带地区，不跨经热带雨林（而非洲、南北美洲的长径都呈南北分布，且跨经热带雨林。古代阻碍生物基因、人类文明交流的最大障碍不是雪山、沙漠，而是热带雨林）。亚欧大陆中这条东西向的长径就是一条洲际交通区位线。古代丝绸之路就是沿此线展开。亘古至今，这条线上就一直承载着东西方物质、信息、能量交换，是世界文明史进步"负熵"输入之路。因此，丝绸之路经济带的建设未来必将成为世界经济之树的树干，它将支撑"世界岛"之繁荣昌盛。

最后，现行范型工程可行性分析，包括技术、财务、经济、社会、生态五大可行性内容。到今日还须加上地缘政治可行性分析的内容。这是因当今世界正处在百年未有之大变局时代，中美博弈异常激烈，工程可行性分析中加入地缘政治内容为防地缘政治风险之所需。本研究已有此方面论述，有补充之效。

管楚度

2022 年 5 月 12 日于北京市丰台区

前　言

　　本研究运用地质学、气候学、河流水文学、绿洲生态学和交通区位论、交通历史地理学、点轴系统理论、地缘政治学及地缘经济学等相关理论、技术、方法，对丝绸之路经济带之为东西向巨型交通经济带的自然地理、人文地理基础进行了深入分析，并在此基础上，提出丝绸之路经济带初期及成熟期空间布局框架思路。同时，本研究试对丝绸之路经济带的运行及建设模式、巨型交通经济带的构成要素、形成构造基础、成长阶段等相关理论问题进行了初步探讨。

　　主要结论如下：

　　（1）基于侏罗纪—白垩纪以来"南散北聚"板块运动趋势的亚欧大陆区域一系列自北向南巨型地质构造运动及大陆形成过程，是亚欧大陆中部区域一系列巨大东西向山脉（组成巨型山链）及盆地群乃至盆山耦合带形成的逻辑起点，而亚欧大陆中部区域巨型东西向山链又是该区域巨型东西向地形雨带等附随性巨型自然地理廊带形成的逻辑起点；该附随性巨型自然地理廊带包括该区域巨型东西向地形雨带、冰川带、径流带、山前连片相对平坦地带、绿洲带、交通走廊带、农牧及矿产资源富集带、山区畜牧业金属采掘业山前种植业油气煤炭采掘业复合产业带、人口集聚区带等廊带；亚欧大陆中部区域巨型东西向山链及其所附随的一系列巨型东西向自然地理廊带，是丝绸之路经济带之为东西向巨型交通经济带的最主要自然地理基础，也是丝绸之路经济带空间布局的最主要自然地理基础和依托条件及限制性条件。

　　（2）亚欧大陆中部区域东西向"光—热—水—土—城—路"巨系统，构成丝绸之路经济带之为巨型东西向交通经济带的"光—热—水—土—城—路"系统支撑基础；亚欧大陆陆路"十"字型交通区位空间模型，构成丝绸之路经济带之为巨型东西向交通经济带的交通区位支持基础；古丝绸之路发展历史，构成丝绸之路经济带之为巨型东西向交通经济带的交通历史地理基础；点轴系统规律，构成丝绸之路经济带之为巨型东西向廊带状经济区域、点轴巨系统、交通经济带的区域经济地理空间格局规律基础；新型陆权体系与海权体系并存的格局，构成丝绸之路经济带之为巨型东西向交通经济带的国际地缘政治地缘经济格局演化背景和基础。以上诸方面构成丝绸之路经济带之为巨型东西向交通经济带的人文地理基础，也构成丝绸之路经济带空间布局的最主要人文地理基础和依托条件及限制性条件。

　　（3）丝绸之路经济带主要包括北带、中带、南带三个既相互区分又紧密联系的发展廊带，以中带为主带，以北带、南带为两翼。

　　（4）在形成初期，丝绸之路经济带包括北带、中带、南带三条主要发展廊带及六条支线通道走廊（简称"三带六廊体系"）；在成熟期，丝绸之路经济带是发育成熟的巨型廊带状区域、巨型点轴经济系统、巨型交通经济带，包括北带、中带、南带三条主要发展廊带及十二条支线通道走廊（简称"三带十二廊体系"）。

　　（5）丝绸之路经济带是点、线、面、体高度耦合的巨型交通经济带；巨型经济波、信息波是巨型交通经济带运行的空间形式；共建丝绸之路经济带应以亚欧交通运输通道建设与贯通作为优先领域和方向；基于相同或相近地质构造运动、相同或近似自然地理环境的巨型陆地地理单元，是巨型交通经济带形成的地貌与地质构造基础和自然地理基础；基于巨大地理单元地理结构的重要长大交通区位线，是巨型交通经济带形成的交通区位基础；基于历史时期巨大地理单元之间长期、稳定交流交往需求的古代近代长期、重要、长大交通线路，是巨型交通经济带形成的交通历史地理基础；基于人类社会区域经济发展一般规律的巨大点轴系统，是巨型交通经济带形成的区域经济地理空间格局基础；基于长期、稳定时代背景下的国际地缘政治地缘经济有利格局，是巨型交通经济带形成的国际地缘政治地缘经济基础；巨型交通经济带是在长期稳定时代背景和有利国际地缘政治地缘经济格局下，在巨型陆地地理单元形成的、以巨型点轴系统为区域经济地理空间格局基础和表现形式的巨型地域廊带体系，是国际化、全球化发展到特定阶段的产物，将在未来一定时期内长期存在。

目　录

第一章 绪论[①]

第一节 研究背景及意义

一、共建丝绸之路经济带已成为 21 世纪当代国际合作的重要趋向与新增长点

2013 年 9 月 7 日，习近平主席提出共建丝绸之路经济带倡议。2013 年 11 月，中国共产党第十八届中央委员会第三次全体会议提出，推进丝绸之路经济带、海上丝绸之路建设，形成全方位开放格局。2015 年 3 月，国家发展和改革委员会、外交部、商务部共同发布《推动共建丝绸之路经济带和 21 世纪海上丝绸之路的愿景与行动》，标志着共建丝绸之路经济带倡议正式进入相对深入的实施阶段。自共建丝绸之路经济带倡议被提出以来，已得到世界相关国家的广泛认同和积极参与，一大批国际合作项目相继启动建设乃至投入运营，共建丝绸之路经济带已成为 21 世纪当代国际政治经济发展背景下国际合作的重要趋向与新增长点。

二、明确丝绸之路经济带空间布局及建设模式已成为共建丝绸之路经济带的重要切入点和首要任务

从性质上来说，在一定历史时期内，丝绸之路经济带是跨国界的巨型发展廊带、巨型点轴系统、巨型交通经济带，其覆盖空间范围广阔，涉及国家众多，面临诸多复杂自然地理条件、经济社会发展条件、国际地缘政治格局条件，具有深厚的自然、经济、社会、交通、文化历史基础，需要在深入、统筹把握广阔自然地理空间范围内的自然、经济、社会、交通、文化要素及国际、国家、地区发展利益、历史现实未来发展趋势基础上，寻找能够实现各国共同利益最大化的"最大公约数"，明确在未来可预见时期内的丝绸之路经济带空间布局，形成国际共识，通过国际协调由各国共同推进建设。同时，丝绸之路经济带建设涉及各个领域，其实施是一项巨系统工程，只有从其作为巨型交通经济带的性质入手，提出和实行以跨国巨型运输通道建设为优先领域的建设模式，才能形成"势如破竹"的建设形势，在相对较短的时期内迅速推进丝绸之路经济带建设。

三、巨型交通经济带已经成为 21 世纪当代需要深入推动的实践主题和研究课题

预计在 21 世纪国际政治经济发展背景下，以丝绸之路经济带建设为肇始，将有一批巨型交

---

① 本研究为新疆维吾尔自治区"天山英才"工程、新疆维吾尔自治区人才基金资助项目，并入选 2020 年度国家交通运输部交通运输重大科技创新成果库成果·交通运输科技专著（成果编号：2020ZZ043）。

通经济带"工程"陆续进入建设乃至运营阶段,巨型交通经济带作为 21 世纪巨型发展廊带、巨型点轴系统的代表形式和实现形式,将会得到一定程度的涌现和发展。如何推动建设乃至运营巨型交通经济带,如何正确认识和把握巨型交通经济带的形成、建设、运营规律,已成为当下需要深入推动的实践主题和研究课题。为此,即需要对其进行深入研究和探索,正确认识和把握其形成、建设、运营规律,进而顺利推动巨型交通经济带建设运营实践,及时回应时代需求。

在这一背景下,亟待对丝绸之路经济带空间布局的自然地理基础、人文地理基础进行深入研究,并在此基础上,提出丝绸之路经济带空间布局、建设模式,进而对巨型交通经济带的相关理论问题进行探索,以为相关方面推进丝绸之路经济带建设提供决策参考依据,也为后来者深入探索巨型交通经济带理论提供基石。

为此,在此前参与新疆维吾尔自治区发展和改革委员会《丝绸之路经济带框架下促进新疆对外开放与经济发展专题研究》、国家发展和改革委员会《丝绸之路经济带发展战略研究》等课题研究基础上,笔者力图就该问题进一步深入研究,深入分析丝绸之路经济带作为巨型东西向交通经济带的自然地理基础、人文地理基础,并试图提出系统化的丝绸之路经济带空间布局思路,提出以跨国巨型运输通道建设为优先领域的丝绸之路经济带建设模式;同时试就巨型交通经济带的个别理论问题进行初步探索,为共建丝绸之路经济带提供理论支持和顶层设计。

第二节 相关理论技术方法及其在本研究中的应用

一、丝绸之路经济带空间布局研究进展

赵菲菲认为,"丝绸之路经济带包括广义和狭义两种。广义丝绸之路经济带包括东亚、中亚以及西亚共 30 个国家的约 30 亿人口,是目前世界上地理范围最大、最具发展潜力的经济大通道。狭义丝绸之路经济带包括我国 14 个省份和中亚五国的部分区域"。该提法隐含了丝绸之路经济带是巨型东西向经济走廊的认识,但并未明确将欧洲纳入丝绸之路经济带空间范围,并且也未根据沿线自然地理、人文地理状况对丝绸之路经济带进行分带、分走廊阐释,并且中国国内段空间范围也仅限于中西部 14 个省(自治区、直辖市),未能形成覆盖整个亚欧大陆的丝绸之路经济带空间布局。

刘泽照、黄杰、陈名认为,"丝绸之路经济带的具体范围在空间走向上大致包括了以欧亚大陆桥为主的北线、以石油天然气管道为主的中线、以跨国公路为主的南线,仅在中国境内就覆盖长度近 3000 公里,贯通西北陕、甘、宁、青、新五省(区)以珠状节点城市为核心的广大区域。若从城市覆盖而言,丝路经济带大体上应以陕西省西安市(古长安)作为起点,向西经过陕西咸阳、宝鸡、甘肃天水、兰州、宁夏银川、青海西宁、新疆哈密、乌鲁木齐、石河子等重点城市串珠地带"。该提法根据亚欧大陆中部区域当前运输通道建设与发展格局和趋势,正确地对丝绸之路经济带进行了初步分带、分走廊阐释,也隐含了丝绸之路经济带是巨型东西向经济走廊的认识,但也并未明确将欧洲纳入丝绸之路经济带空间范围,并且中国国内段空间范围也仅限于西部各省(自治区、直辖市),未能形成覆盖整个亚欧大陆的丝绸之路经济带空间布局。

马月认为,"丝绸之路经济带,以陕西、甘肃、宁夏、青海、新疆西北地域五大省份与重庆、四川、云南、广西西南地域四大省份作为丝绸之路经济带的东部国家中国的发起点,一路向西经过亚洲各地域直抵欧洲腹地,是古代线状丝绸之路在多领域—多层次—多范围三维立体

无限延伸与协调发展的经济区域合作现代版本"。该提法明确提出了丝绸之路经济带应延伸至欧洲腹地的观点，也隐含了丝绸之路经济带是巨型东西向经济走廊的认识，但也未对丝绸之路经济带进行分带、分走廊阐释，且其中国国内段空间范围也仅限于西部部分省（自治区、直辖市），也未能形成覆盖整个亚欧大陆的丝绸之路经济带空间布局。

安江林认为，"丝绸之路经济带的东段以中国的连云港为起点，以徐州、郑州等城市为重要节点，西段是包括俄罗斯西部在内的欧洲经济发达地区，中段为中国西北地区和中亚、西亚国家；丝绸之路经济带国内区段的主轴带主要由长三角城市群、中原城市群、关天城市群、黄河上游城市群和新疆城市群相连而构成。国外区段的主轴带从扎尔肯特地区开始，经阿拉木图、比什凯克、希姆肯特、塔什干、杜尚别、撒马尔罕、阿什哈巴德、德黑兰、巴格达、大马士革、安卡拉，与地中海沿岸城市群相连；国外区段的重要分支轴带有：沿额尔齐斯河、乌拉尔河的阿亚古兹—阿斯塔纳—科斯塔奈—阿克托别—伏尔加格勒；沿锡尔河的塔什干—阿拉尔斯克—阿克托别；沿阿姆河方向的撒马尔罕—布哈拉—努库斯—阿克套—阿特劳—里海、黑海沿岸城市；杜尚别—喀布尔—伊斯兰堡—卡拉奇、瓜达尔。丝绸之路经济带虽以古丝绸之路冠名，但它是现代市场经济和特殊的国际政治、文化条件下的产物，是跨国、跨洲的大型带状经济区。这一横跨亚欧非三大洲的条带型经济区以亚欧大陆桥交通大通道为轴线，东起我国沿海，中经我国中原、西北和中亚、俄罗斯、西亚地区，最西端到达欧洲西海岸，全长 10000 多千米，南北宽 3000～4000 千米，是我国建立、发展与中亚、西亚、北非、欧洲等国家和地区之间的战略合作关系的重要载体和桥梁"。该提法明确提出了丝绸之路经济带应由太平洋西岸延伸至大西洋东岸，也隐含了丝绸之路经济带是巨型东西向经济走廊的认识，对丝绸之路经济带初步进行了分带、分走廊阐释，但其分带、分走廊阐释地域空间范围有待扩大、层次有待提高，并且其分带、分走廊阐释与所谓"全长 10000 多千米，南北宽 3000～4000 千米"的提法不完全协调，从某种程度上说，分带、分走廊阐释与所谓"全长约 10000 多千米，南北宽 3000～4000 千米"的提法相互矛盾。

李新认为，"中国丝绸之路经济带倡议与俄罗斯跨欧亚发展带和蒙古国草原之路相互对接形成中蒙俄经济走廊。丝绸之路经济带从中国新疆出境之后，经哈萨克斯坦、俄罗斯抵达波罗的海，再经白俄罗斯、波兰进入欧洲，或经哈萨克斯坦、里海，穿过高加索地区的阿塞拜疆和格鲁吉亚、黑海，经乌克兰、罗马尼亚等国进入欧洲，形成新亚欧大陆桥。丝绸之路经济带从中国新疆出境之后，经哈萨克斯坦、土库曼斯坦、伊朗、土耳其进入地中海，或从伊朗进入波斯湾，此即为中国—中亚—西亚经济走廊。丝绸之路经济带从中国新疆出境之后，贯穿巴基斯坦全境的中巴经济走廊建成之后可以北上直接进入伊朗，成为中国—中亚—西亚经济走廊的重要补充。丝绸之路经济带从中国西南地区出境的孟中印缅经济走廊不仅使南亚地区与中亚和西亚地区紧密联系起来，而且也将以印度为主的迅速发展的南亚与东南亚国家经济日趋融合。丝绸之路经济带从中国西南地区出境的中国—中南半岛经济走廊纵贯越南、老挝、柬埔寨、泰国、马来西亚等国家，直抵新加坡，是中国与东盟合作跨国经济走廊"。该提法虽然对丝绸之路经济带初步进行了分带、分走廊阐释，但其所划分的经济走廊未形成统一体系，走廊地域空间范围有待扩大、层次有待提高，各条走廊有待进一步区分主次，同时该提法也未明确将欧洲纳入丝绸之路经济带空间范围，并且对丝绸之路经济带中国国内段空间范围、空间形式、廊带走向等均未予以明确，对重要廊带有所遗漏，在总体布局方面仍然有待完善。

王志远认为，"第一，丝绸之路经济带的欧洲方向，主要有两条线路。一条自中国新疆阿拉山口出境，沿第二亚欧大陆桥北线经哈萨克斯坦、俄罗斯，在莫斯科与第一亚欧大陆桥交叉，分别通往波罗的海三国和白俄罗斯、波兰、德国。另外一条同样由中国新疆出境，沿第二大陆桥在哈萨克斯坦境内向西发展，经乌克兰、中东欧国家，最终抵达法国北部港口勒哈佛尔。第二，'丝绸之路经济带'的西亚方向。自中国新疆出境，依托'中—吉—乌公路'穿过土库曼斯坦，在伊朗境内分为两条线路，北线经过土耳其直抵地中海，南线则面向波斯湾。第三，丝绸之路经济带的南亚方向，这个方向同样有两条线路。一条自中国新疆出境，沿'中巴交通走廊'，穿过印度、巴基斯坦抵达阿拉伯海。另外一条则自中国云南出境，穿过缅甸、孟加拉抵达孟加拉湾"。该提法虽然对丝绸之路经济带初步进行了分带、分走廊阐释，但其所划分的经济走廊未与国内区域经济廊带体系相连接，未形成统一体系，走廊地域空间范围也有待扩大、层次也有待提高，同时该提法也未明确将西欧地区纳入丝绸之路经济带空间范围，对丝绸之路经济带中国国内段空间范围、空间形式、廊带走向等也未予以明确，对重要廊带有所遗漏，在总体布局方面也有待完善。

曹小曙等认为，"中亚、东欧、西亚共同构成了丝绸之路经济带的中部核心地区，是丝绸之路经济带战略推进的重点，同时中国的西北五省也是建设丝绸之路经济带的重要依托。据此，以中国西北五省区和中部核心地区作为丝绸之路经济带研究范围，包括中国（西北五省份）、中亚、西亚、东欧以及南亚等30个国家，总面积约3922万平方公里，总人口近22亿。"该提法也未明确将中欧、西欧地区纳入丝绸之路经济带空间范围，对丝绸之路经济带中国国内段空间范围、空间形式、廊带走向等也未予以明确，对重要廊带有所遗漏，在总体布局方面也有待完善。

卫玲、戴江伟认为，"丝绸之路经济带可形成'两端点、三通道、四纽带、六核心'的空间战略结构。'两端点'：土库曼巴希和连云港构成了第一阶段丝绸之路经济带的端点。'三通道'：由于地理分割自新疆乌鲁木齐通往中亚地区，形成了三条互有重叠的战略通道，北部通道以中哈原油管道和新亚欧大陆桥主线为依托；中部通道以中国—中亚天然气管道和新亚欧大陆桥南部支线为依托；南部通道以南疆铁路和规划中的中吉乌铁路为依托。'四纽带'：人口和产业沿着特定地形单元和交通网络布局，形成四大城市带，即陇海城市带、祁连—河西城市带、天山城市带和里海—图兰城市带。'六核心'：丝绸之路经济带沿线的六座具备较强资源配置能力的战略核心城市"。该提法虽然对丝绸之路经济带初步进行了分带、分走廊阐释，但其所划分的经济走廊也未与国内区域经济廊带体系相联结，未形成统一体系，走廊地域空间范围也有待扩大、层次也有待提高，同时该提法也未明确将西欧地区纳入丝绸之路经济带空间范围，对丝绸之路经济带中国国内段空间范围、空间形式、廊带走向等也未予以明确，对重要廊带有所遗漏，在总体布局方面也有待完善。

笔者认为，"丝绸之路经济带包括北带、中带、南带三条既相互区分又紧密联系的发展带，各带都是以古丝绸之路沿线已经形成或即将形成的运输通道为主轴（轴），以轴上或其吸引范围内的大中城市（点）为依托，向两侧延伸一定距离（两侧各50千米左右）而形成的点轴面相结合的带状经济区域和点轴经济系统，以中带为主带，以北带、南带为两翼。丝绸之路经济带北带交通主通道走向为：中国京津唐地区（环渤海经济圈）—呼和浩特—额济纳旗—伊吾—将军庙—富蕴—吉木乃口岸—哈萨克斯坦厄斯克门—俄罗斯新西伯利亚—莫斯科—圣彼得堡—芬兰赫尔辛基（波罗的海沿岸）；丝绸之路经济带中带交通主通道走向为：中国上海—徐州—兰州—哈密—乌鲁木齐—精河—阿腾科里口岸—哈萨克斯坦阿拉木图—乌兹别克斯坦塔什干—土库曼斯坦捷詹—伊朗马什哈德—德黑兰—（支线自德黑兰通波斯湾沿岸霍梅尼港）—土耳其安卡拉—德国慕尼黑—法国巴黎—加来（大西洋沿岸）；丝绸之路经济带南带交通主通道走向为：中国广州—株洲—怀化—重庆—成都—阿坝—格尔木—若羌—和田—喀什—巴基斯坦伊斯兰堡—瓜达尔（印度洋沿岸）"。该提法自始即对丝绸之路经济带初步进行了分带、分走廊阐释，所划分的经济发展廊带与国内区域经济发展廊带体系相联结，形成了统一体系，同时该提法自始即将西欧地区纳入丝绸之路经济带空间范围，对丝绸之路经济带中国国内段空间范围、空间形式、廊带走向等一并予以明确，形成了相对比较完善的总体布局思路，目前已成为新疆地区丝绸之路经济带空间布局主流框架思路（已被写入新疆维吾尔自治区第九次党代会报告及相关文件）。

二、系统科学范式理论、巨系统论及其在本研究中的应用

系统科学（System Science）是以系统为研究和应用对象的科学门类。系统科学理论（System Science Theory）是"三论"（贝塔朗菲的系统论、维纳的控制论、香农的信息论）和"新三论"（普利高津的耗散结构理论、哈肯的协同论、雷内托姆的突变论）的总称，是现代自然科学、社会科学、思维科学发展与综合的结果，是现代科学研究共同的一般方法论。

继贝塔朗菲、科勒、欧文·拉兹洛、米勒等提出一般系统论后，钱学森于1979年在与乌家培合写的《组织管理社会主义建设的技术——社会工程》一文中提出"巨系统"概念及其两个特点。1986年，钱学森在"第二届全国天地生相互关系学术讨论会"上的发言中，对巨系统观进行了论述。这次讲话标志着"巨系统"概念构造已经完成，巨系统论初步提出，并于此后发展成为包括巨系统—复杂巨系统—开放的复杂巨系统概念在内的复杂巨系统理论。

——关于巨系统的层次与功能

整个巨系统是由许多层次构成的。每个层次都有其功能特点，这样一个系统的功能不是组成该系统的部分系统所具有的。

可见，前人已就复杂巨系统的层次与功能等进行了研究与探讨，提出了复杂巨系统概念及理论等，但尚无论者单独将巨型交通经济带作为巨系统进行研究与探讨。

受"巨系统"概念启发，笔者认为，丝绸之路经济带所形成的联结不同区域、国域交通经济带后的巨大洲域交通经济带具有巨系统的某些特征，因此，笔者拟在本研究中从巨系统角度对联结不同区域、国域交通经济带后的巨大洲域交通经济带进行巨系统分析。

三、通道理论及其在本研究中的应用

运输通道（Transportation Corridor）也称运输走廊、交通运输走廊，目前尚无统一定义。

（一）关于运输通道的定义

"国际公共运输联盟"和"原联邦德国公共运输企业联盟"主编的《公共运输词典》将其解释为"在某一地域内，连接主要交通发源地，有共同流向，可以有几种运输方式可供选择的宽阔地带，是客货密集带，也是运输的骨干线路"。

张国伍将其定义为"某两地之间具有已经达到一定规模的双向或单向交通流，为了承担此强大交通流而建设的交通运输线路的集合，称之为交通运输通道"。

张文尝将其定义为"运输通道是联结不同区域的重要和便捷的一种或多种运输干线的组合"。

曹小曙、阎小培将其定义为"交通运输走廊是由巨大的综合交通枢纽和多条基本平行的高效率交通干线组成，承担所有空间相互作用的廊道状地域空间系统"。

黄承锋将其定义为"运输通道是客货流的流经地、线路、运载工具以及管理系统的总和"。

可见，国内外专家主要是从组成要素、影响因素、地位与作用等方面对运输通道进行定义，其中，黄承锋的定义中包含了管理要素。

运输通道理论出现、形成于20世纪60年代，是发达国家交通运输界的一种新理论。泰弗、莫瑞尔和古尔德等通过对发展中国家运输发展的比较分析，得出交通发展的典型模式（六阶段论），指出发展中国家交通网络以从沿海向内地深入扩展为主要形式，比较典型地反映了通道的形成过程，并借此提出运输通道理论。该理论以系统的思想，综合区域经济学、运输经济学、交通运输地理学及运输规划学等学科的理论与方法形成了一个新的理论体系，其研究重点是交

通运输密集地带内运输能力及运输方式的合理配置。

20 世纪六七十年代，欧美许多国家开始了运输走廊的规划和建设。自此以后，国外对于通道的研究主要集中于微观尺度的具体通道研究，并以公路运输通道和通道内各运输方式能力合理配置以避免过度竞争为主要研究内容。其规划理论以"交通工程学"的四阶段预测法为基础，方式运量分配模型主要是多维 Logit 模型及其变种。近年来，国外加强了通道对环境影响的研究。

20 世纪 60 年代末 70 年代初，运输通道理论引入我国。1987 年，我国首次在有关综合运输规划与建设的论述中出现"运输通道"这一提法。20 世纪 80 年代，我国开始运用运输通道理论指导交通规划工作，但主要集中在借鉴和引进国外的交通规划理论和技术方法从单一运输方式的角度进行干线通道的规划方面。对通道的研究主要集中于通道经济效应及其形成机制方面。

（二）关于运输通道的组成、类型

运输通道系统由相互联系的起讫区域、联系区域的交通线路三要素组成；运输通道可划分为国际性通道、大经济区区际通道、省际通道、省内运输通道等五种类型。

（三）关于运输通道形成和发展的影响因素、阶段

运输通道的形成受自然地理、经济活动模式、人口分布密度、生产力布局、人为规划以及政治等多种因素的影响；运输通道在地理、社会经济和科学技术三种因素的长期作用下形成并逐步发展演变。

可见，上述对运输通道的研究主要集中于其组成要素、类型、区划、层次等级、影响要素、发展阶段、性质与作用等方面，而对巨型运输通道的研究相对比较薄弱。

本研究借鉴张文尝运输通道系统要素三分法和黄承锋"运输通道"定义，提出并探讨运输通道系统要素四分法（增加了制度设施及组织协调行为一项要素），并对作为丝绸之路经济带基础的巨型运输通道进行初步探索性研究。

四、点轴系统理论及其在本研究中的应用

萨伦巴和马利士等提出点轴开发理论，认为在重视"点"（中心城镇或经济发展条件较好区域）的增长极作用的同时，还应突出"点"与"点"之间的"轴"即交通干线的作用。

陆大道提出并系统阐述了我国点轴开发模式，建立了"点—轴"空间结构系统演化过程模式，主张我国应重点开发沿海轴线和长江沿岸轴线，形成"T"字型战略布局，从空间形式角度提出了与梯度战略结合与互补的点轴开发理论，部分学者对其进行了拓展。

（一）关于"点—轴系统"的含义、性质、演化过程

"点—轴系统"是点轴开发模式在地域空间上的地域组织形式（陆大道，1990）。点轴开发系统由"点"与"轴"在一定区域内有机组合而成："点"是指各级中心地，亦即各级中心城（镇），是各类区域的集聚点，也是带动各级区域发展的"增长极"；"轴"是指联结"点"的线状基础设施经过的地带，其实质是依托沿轴各级中心城镇的产业开发带（陆大道，1995）。地域空间结构的演化是由"点"到"轴"、由"轴"到"面"的演化过程（陆大道等，2003）。

目前，我国大型交通干线或运输通道沿线的产业布局规划基本都采取"点—轴系统"理论作为指导思想。而且在实践过程中总结出"点—轴系统"理论是一种最佳的关于社会经济的空间组织模式。

（二）关于交通因素在"点—轴系统"中的作用模式

"点—轴系统"理论是区域发展规划的最佳结构；中小尺度交通经济带产业规划中的"点"指不同等级城镇中心所构成的组团，交通是中小尺度交通经济带发展的关键因素（韩增林和刘

伟等，2005）。

（三）关于"点—轴系统"的内在作用机理

高速公路是以点—轴型为基本特征的区域经济发展系统，高速公路影响的范围重点是经济区，"点"是以经济圈形式表示的经济区力场的核心，"轴"是以经济带形式表示的经济区力场的核心；高速公路"点—轴系统"在区域经济发展渐进式扩散实质是"点—轴型系统"的渐进式扩散（董千里，1998）。

可见，现有研究成果运用"点—轴系统"理论，对交通因素在"点—轴系统"中的作用模式、内在作用机理等进行了研究，基本廓清了"点—轴系统"中交通基础设施束的作用机理，但遗憾的是，甚少有论者从巨系统角度对"点—轴系统"进行研究。

本书借鉴"点—轴系统"理论的研究方法，拟提出丝绸之路经济带本质上即是巨型"点—轴系统"，巨型"点—轴系统"是丝绸之路经济带的空间形式或表现形式。

五、交通经济带理论及其在本研究中的应用

经济带指经济活动沿线状基础设施展开并集聚分布的一种经济现象。

我国对交通经济带（Traffic Economic Belt）的研究始于 20 世纪 80 年代，申金生等于 1993 年提出了交通经济带的概念。由于研究问题的立足点和角度不同，我国学者对交通经济带概念内涵和外延的理解和认识差异很大。

（一）关于交通经济带的定义

张文尝认为"交通经济带是以交通干线或运输通道为发展轴逐步形成的产业和城市高度发达经济集聚地带，其形成、发展、演变的规律与工业化、城市化进程同步，交通经济带是'点轴开发理论'的重要体现形式"。

韩增林等认为"交通经济带是以综合运输通道为发展主轴，以轴上或其紧密吸引域内的大中城镇为依托，建立在沿线经济部门技术联系和生产协作基础上的，由产业、人口、资源、信息、城镇、客货流等集聚而成的幅带状空间地域综合体"。

可见，上述研究主要是从组成要素、形成基础、影响因素、性质、地位与作用等方面对交通经济带进行定义。其中，张文尝等的定义最具有典型性。

杨荫凯等（1999）深化了交通经济带的概念，并对其演化机理进行了分析；韩增林等（2000）提出交通经济带存在沿海、沿江（河）、沿路和复合通道等类型和起步雏形、起飞膨胀、成熟扩展和融合消亡等生命阶段。在此基础上，张文尝等（1999—2000）汲取区位论、增长极理论、都市带理论、点轴系统理论的精华，结合交通布局和运输地理学基本原理，在剖析国内外主要交通干线及其沿线经济社会发展规律基础上，从时间过程、原理机制、空间形态结构等角度阐述了交通经济带形成、发展的客观规律，归纳出交通经济带的一般发展模式，形成并提出了包括基本理论、形成机制、空间与构成模式、类型在内的完整的交通经济带理论体系。目前，我国已初步形成若干比较发达的交通经济带，如京津交通经济带、宁沪杭交通经济带、广深交通经济带等。

（二）关于交通经济带形成与发展的动力、途径、模式

工业自生长点沿着交通轴集聚、扩散及再集聚（工业波）；产业和人口的集聚与扩散是交通经济带形成的基本动力与途径；工业集聚—扩散的波浪式运动是经济在空间上扩散的基本模式；交通轴线是工业波在空间扩散的主要依托基础（张文尝，2000）。

（三）关于交通经济带的类型、性质

交通经济带是一种依托交通干线不断集散、融合人口、产业、城镇、物流、能流、信息流

的线状空间地域综合体；可分为沿海型、沿江（河）型、沿路型、综合运输通道型四种基本类型；交通经济带具有空间地域综合体和社会经济有机体的基本性质，其随着工业化和运输化的逐步发展而相应演化（韩增林和杨荫凯等，2000）。

可见，现有关于交通经济带的研究成果主要集中于其组成要素、类型、性质、形成与发展的动力、途径、模式、演化过程等方面，但迄今为止，甚少有论者从巨系统角度研究交通经济带。

本研究借鉴交通经济带理论的研究方法，分析认为丝绸之路经济带本质上即是巨型交通经济带，巨型交通经济带是巨型发展廊带或巨型点轴系统的实现形式。

本研究借鉴交通经济带理论的典型分析研究方法及其理论构造方法，在剖析丝绸之路经济带沿线国家主要交通经济带形成发育支持条件的基础上，从自然地理基础、人文地理基础等方面归纳出丝绸之路经济带作为巨型交通经济带的空间布局原理，并试图在交通经济带理论指导下就巨型交通经济带的形成与发育规律进行初步探讨。

六、交通区位论及其在本研究中的应用

区位是指某种经济地理现象在地理上的高发地区或在地理上大概率出现的地区。区位论的发展经历了古典区位论、近代区位论和现代区位论三个阶段。

交通区位是指交通现象在地理上的高发或大概率出现场所。

胡佛于 1948 年提出运输区位论。胡佛不同意韦伯在其区位模型中将生产地点选在三角形内部的观点，并对韦伯区位理论中的运费计算方法作了重大改进。

张文尝、金凤君、樊杰等在构造交通经济带理论过程中，运用运输区位论相关原理提出了运输成本对交通经济带空间演化的"距离衰减"效应，并分析了运价对交通经济带的影响。

交通区位论由管楚度于 20 世纪 90 年代提出，并在新疆等省区公路网规划和全国高速公路网规划中得到实际应用。管楚度等认为交通区位论是主要阐述交通路网大概率出现的某些特定地带的集合理论；交通区位论应是内源性本体论，现行的大多数交通区位论均属于交通本客均衡论，而非与杜能农业区位论、韦伯工业区位论、克里斯塔勒和廖什中心地方论等一脉相承的本体区位论；地理因素主要决定路网地理几何特征参数（网络地理联系特性），社会经济因素主要决定路网物性特征参数（运输方式特性、线路等级特性），科技因素主要决定路网技术特征参数（路网的效率和质量特性）。因其反映的是路网在地理空间上的几何联系规律，故该理论可为交通规划特别是长远期的路网规划提供依据。

本研究可借鉴运输区位论和交通区位论的研究范式、方法，对丝绸之路经济带作为巨型交通经济带的交通区位基础进行分析研究，并试图就巨型交通经济带的交通区位基础进行初步探索。

第三节　研究基本思路

一、基本思路

本研究基本思路如图 1-1[①] 所示。

---

① 本研究图件除注明来源者以外，均为作者自制图件，特此说明。

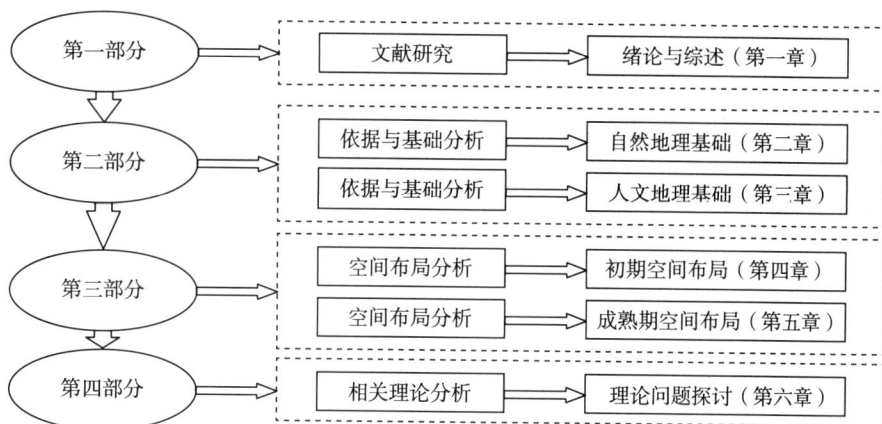

图1-1 本研究基本思路

二、主要研究内容和方法

（一）丝绸之路经济带之为巨型东西向交通经济带的自然地理基础

在对研究对象领域现有研究成果进行综述基础上，运用地质学相关理论、原理，对地处丝绸之路经济带中段和瓶颈制约地段（下同）的亚欧大陆中部区域地貌与地质构造特征、成因及其对丝绸之路经济带空间布局的影响进行深入分析，明确丝绸之路经济带空间布局的地貌与地质构造支持基础。运用气候学相关理论、原理，对亚欧大陆中部区域气候特征、成因及其对丝绸之路经济带空间布局的影响进行深入分析，明确丝绸之路经济带空间布局的气候类型组合支持基础。运用河流水文学相关理论、原理，对亚欧大陆中部区域河流及其水文特征、成因及其对丝绸之路经济带空间布局的影响进行深入分析，明确丝绸之路经济带空间布局的河流及其水文特征支持基础。运用绿洲生态学相关理论、原理，对亚欧大陆中部区域绿洲分布特征、成因及其对丝绸之路经济带空间布局的影响进行深入分析，明确丝绸之路经济带空间布局的绿洲分布支撑基础。总结上述，可得丝绸之路经济带空间布局的总体自然地理基础：亚欧大陆区域一系列自北及南的巨型地质构造运动及大陆形成过程，是亚欧大陆中部区域一系列巨大东西向山脉（形成巨型山链）及盆地群乃至盆山耦合带形成的逻辑起点，而亚欧大陆中部区域巨大东西向山链，又是该区域巨型东西向地形雨带等附随性巨型自然地理廊带形成的逻辑起点；该附随性巨型自然地理廊带包括该区域巨型东西向地形雨带、东西向径流带、东西向冰川带、山前东西向连片相对平坦地带、东西向绿洲带、东西向交通走廊带、东西向农牧及矿产资源富集带、东西向山区畜牧业金属采掘业山前种植业油气煤炭采掘业复合产业带、东西向人口集聚区带等廊带；亚欧大陆中部区域巨型东西向山链及其所附随的一系列巨型东西向自然地理廊带，是丝绸之路经济带之为巨型东西向交通经济带的最主要自然地理基础，也是丝绸之路经济带空间布局的最主要自然地理基础和依托条件及限制性条件。

本部分研究方法：文献研究法、比较研究法、实例研究法。

本部分预期研究成果：丝绸之路经济带之为巨型东西向交通经济带的自然地理基础。

（二）丝绸之路经济带之为巨型东西向交通经济带的人文地理基础

综合运用绿洲生态学及点轴系统理论、交通经济带理论相关原理和方法，对亚欧大陆中部区域"光—热—水—土—城—路"系统分布特征、成因及其对丝绸之路经济带空间布局的影响进行深入分析，明确丝绸之路经济带空间布局的"光—热—水—土—城—路"系统支持基础。运用交通区位论相关理论、原理、技术方法，对亚欧大陆交通区位线模型进行探讨与分析，提出亚欧大陆陆路"十"字型交通区位空间模型，明确丝绸之路经济带空间布局的交通区位支持基础。运用历史地理学相关理论、原理、方法，对古丝绸之路地域格局、成因、内涵、意义等进行深入分析，明确古丝绸之路发展历史构成丝绸之路经济带之为巨型东西向交通经济带的交通历史地理基础。运用点轴系统理论、区域经济学相关理论、原理、方法，对丝绸之路经济带的空间结构形式进行探讨与分析，提出点轴系统规律构成丝绸之路经济带之为巨型东西向廊带状经济区域、点轴巨系统、巨型交通经济带的区域经济地理空间格局规律基础。运用国际地缘政治地缘经济相关理论、原理、技术方法，对共建丝绸之路经济带的国际地缘政治地缘经济背景进行探究与分析，提出形成新型陆权体系与海权体系并存的格局，是丝绸之路经济带空间布局的国际地缘政治地缘经济格局演化背景和基础。以上诸方面构成丝绸之路经济带之为巨型东西向交通经济带的最主要人文地理基础，也构成丝绸之路经济带空间布局的最主要人文地理基础和依托条件及限制性条件。

本部分研究方法：绿洲生态学、交通地理学、区域经济学相关理论、原理及其分析技术、方法。

本部分预期研究成果：丝绸之路经济带之为巨型东西向交通经济带的人文地理基础。

（三）丝绸之路经济带初期空间布局

运用点轴系统理论、通道理论、交通经济带理论相关原理、技术、方法，提出丝绸之路经济带形成初期空间布局，认为在形成初期，丝绸之路经济带包括北带、中带、南带三条既相互区分又紧密联系的发展廊带及六条支线通道走廊，以中带为主带，以北带、南带为两翼，并对各带及其相关支线通道走廊沿线地区主要城市、交通线路、主导产业进行比较分析，优选各个廊带及其支线通道走廊走向。

本部分研究方法：交通地理学、区域经济学相关理论、原理及其分析技术、方法。

本部分预期研究成果：丝绸之路经济带初期空间布局。

（四）丝绸之路经济带成熟期空间布局

运用点轴系统理论、通道理论、交通经济带理论相关原理、技术、方法，提出丝绸之路经济带成熟期空间布局，认为在成熟期，丝绸之路经济带包括北带、中带、南带三条主要发展廊带及十二条支线通道走廊，是发育成熟的巨型廊带状区域、巨型点轴经济系统、巨型交通经济带。

本部分研究方法：交通地理学、区域经济学相关理论、原理及其分析技术、方法。

本部分预期研究成果：丝绸之路经济带成熟期空间布局。

（五）丝绸之路经济带空间布局相关理论问题

对丝绸之路经济带相关理论问题进行探讨，认为丝绸之路经济带是点、线、面、体高度耦合的巨型交通经济带。借鉴张文尝工业波理论，提出经济波、信息波概念；共建丝绸之路经济带应以亚欧交通运输通道建设与贯通作为优先领域和方向。同时，对巨型交通经济带相关理论问题进行初步探索，认为基于相同或相近地质构造运动、相同或近似自然地理环境的巨型陆地地理单元，是巨型交通经济带形成的地貌与地质构造基础和自然地理基础；基于巨大地理单元地理结构的重要长大交通区位线，是巨型交通经济带形成的交通区位基础；基于人类社会区域经济发展一般规律的巨大点轴系统，是巨型交通经济带形成的区域经济地理空间格局基础；基于长期、稳定时代背景下的国际地缘政治地缘经济有利格局，是巨型交通经济带形成的国际地缘政治地缘经济基础；巨型交通经济带是长期、稳定时代背景和国际地缘政治地缘经济有利格局下，在巨型陆地地理单元形成的、以巨型点轴系统为区域经济地理空间格局基础和表现形式的巨型地域廊带体系，是国际化、全球化发展到特定阶段的产物，将在未来一定时期内长期存在。

本部分研究方法：点轴系统理论、通道理论、交通经济带理论、巨系统论相关理论及其分析技术、方法。

本部分预期研究成果：丝绸之路经济带中的点线面体、丝绸之路经济带建设模式、巨型交通经济带相关理论问题探讨。

三、技术路线

本研究技术路线如图 1-2 所示。

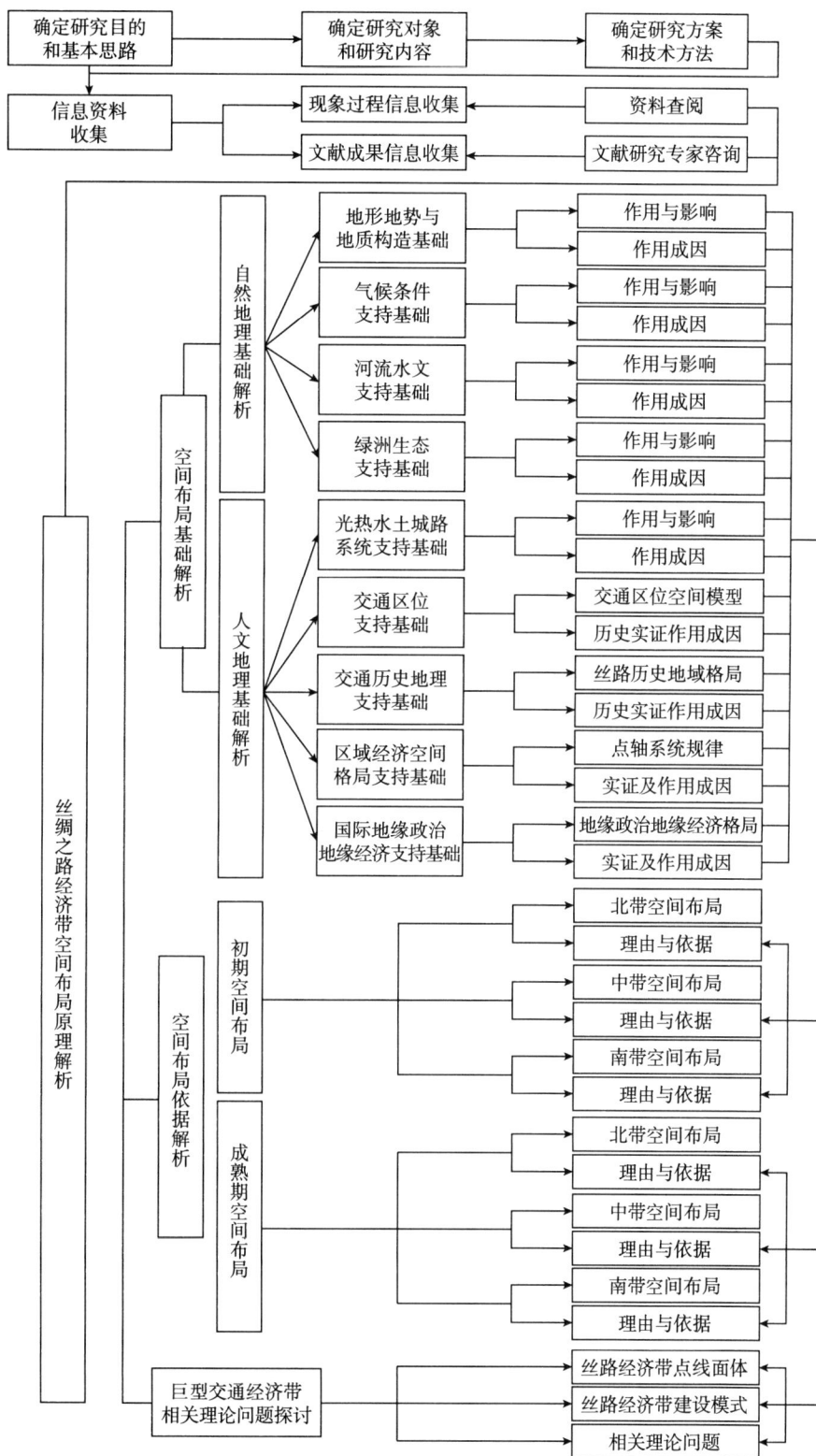

```
┌─────────────┐      ┌─────────────┐      ┌─────────────┐
│ 确定研究目的 │ ───→ │ 确定研究对象 │ ───→ │ 确定研究方案 │
│ 和基本思路   │      │ 和研究内容   │      │ 和技术方法   │
└─────────────┘      └─────────────┘      └─────────────┘

┌─────────┐      ┌──────────────┐      ┌──────────────┐
│ 信息资料 │ ───→ │ 现象过程信息收集 │ ←── │ 资料查阅     │
│ 收集     │      ├──────────────┤      ├──────────────┤
└─────────┘      │ 文献成果信息收集 │ ←── │ 文献研究专家咨询 │
                 └──────────────┘      └──────────────┘
```

丝绸之路经济带空间布局原理解析

空间布局基础解析

自然地理基础解析
- 地形地势与地质构造基础 → 作用与影响 / 作用成因
- 气候条件支持基础 → 作用与影响 / 作用成因
- 河流水文支持基础 → 作用与影响 / 作用成因
- 绿洲生态支持基础 → 作用与影响 / 作用成因

人文地理基础解析
- 光热水土城路系统支持基础 → 作用与影响 / 作用成因
- 交通区位支持基础 → 交通区位空间模型 / 历史实证作用成因
- 交通历史地理支持基础 → 丝路历史地域格局 / 历史实证作用成因
- 区域经济空间格局支持基础 → 点轴系统规律 / 实证及作用成因
- 国际地缘政治地缘经济支持基础 → 地缘政治地缘经济格局 / 实证及作用成因

空间布局依据解析

初期空间布局
- 北带空间布局 → 理由与依据
- 中带空间布局 → 理由与依据
- 南带空间布局 → 理由与依据

成熟期空间布局
- 北带空间布局 → 理由与依据
- 中带空间布局 → 理由与依据
- 南带空间布局 → 理由与依据

巨型交通经济带相关理论问题探讨
- 丝路经济带点线面体
- 丝路经济带建设模式
- 相关理论问题

图 1-2 本研究技术路线

第二章　丝绸之路经济带之为巨型东西向
交通经济带的自然地理基础

从国际地缘政治地缘经济角度来看，中亚①、南亚②、西亚③、北亚④及东南欧⑤、东欧⑥、北欧⑦、中欧⑧、西欧地区⑨是中国在当前国际格局下陆上向西开放的主要战略合作与交流对象区域，因此，也必然是习近平主席所倡导的共建丝绸之路经济带倡议的主要战略指向地区；中国西北地区⑩地处中国中东部及西南地区与中亚、南亚、西亚、北亚地区的战略衔接部位，地处共建丝绸之路经济带倡议国内、国外两大战略单元最主要的战略衔接部位，因此，也必然是中国中东部及西南地区与中亚、南亚、西亚、北亚、东南欧、东欧、北欧、中欧、西欧地区开展陆上战略合作与交流的最重要战略桥头堡和立足点、枢纽，必然是共建丝绸之路经济带倡议国内、国外两大战略单元最重要的战略衔接点。

中国西北地区、中亚地区、部分南亚及部分西亚地区地处亚欧大陆中部区域⑪，居于亚欧大陆东西战略衔接枢纽部位，具有独特的自然地理要素、内涵、条件，其自然地理要素、内涵、条件即蕴含了丝绸之路经济带之为巨型东西向交通经济带的内在依据和基础；也就是说，其自

① 本研究所称之中亚地区，采取范围最狭窄的定义，即苏联官方定义，是指苏联下属的五个加盟共和国哈萨克斯坦、吉尔吉斯斯坦、乌兹别克斯坦、塔吉克斯坦、土库曼斯坦地域范围，亦即现中亚五国地域范围。

② 本研究所称之南亚地区，采取范围较狭窄的定义，是指位于亚洲南部的喜马拉雅山脉中、西段以南及印度洋之间的地区，即包括两个内陆国不丹与尼泊尔、三个临海国巴基斯坦与孟加拉国及印度、两个岛国斯里兰卡与马尔代夫、一个地区克什米尔地区的广大区域。

③ 本研究所称之西亚地区，采取范围较狭窄的定义，是指包括伊朗高原、阿拉伯半岛、美索不达米亚平原、小亚细亚半岛及其附属岛屿的地区，即包括阿塞拜疆、格鲁吉亚、亚美尼亚、阿富汗、伊朗、伊拉克、土耳其、叙利亚、约旦、以色列、巴勒斯坦、沙特阿拉伯、巴林、卡塔尔、也门、阿曼、阿拉伯联合酋长国、科威特、黎巴嫩、塞浦路斯共二十个国家的广大区域，不含土耳其欧洲部分。

④ 本研究所称之北亚地区，采取范围较狭窄的定义，是指俄罗斯的亚洲部分，主要是指乌拉尔山脉以东、哈萨克斯坦以北、阿尔泰山脉以北、蒙古国以北、中国东北地区以北、日本以北、白令海峡以西地区，亦即俄罗斯西伯利亚地区。在本研究部分章节，遵从习惯，称北亚地区为西伯利亚地区。

⑤ 本研究所称之东南欧地区，采取范围较狭窄的定义，是指包括巴尔干半岛及其附属岛屿的地区，即包括罗马尼亚、塞尔维亚、黑山、克罗地亚、斯洛文尼亚、波斯尼亚和黑塞哥维那、马其顿、保加利亚、阿尔巴尼亚、希腊、土耳其欧洲部分的广大区域。

⑥ 本研究所称之东欧地区，采取范围较狭窄的定义，是指德国—奥地利—意大利以东至亚欧洲际分界线之间的区域，即包括爱沙尼亚、拉脱维亚、立陶宛、白俄罗斯、俄罗斯（欧洲部分）、乌克兰、摩尔多瓦共七个国家的广大区域。

⑦ 本研究所称之北欧地区，采取范围较狭窄的定义，是指包括斯堪的纳维亚半岛及其附近地区、岛屿的区域，即指包括挪威、瑞典、芬兰、丹麦、冰岛共五个国家的区域。

⑧ 本研究所称之中欧地区，采取范围较狭窄的定义，是指波罗的海以南、阿尔卑斯山脉以北的欧洲中部地区，即指包括波兰、捷克、斯洛伐克、匈牙利、德国、奥地利、瑞士、列支敦士登共八个国家的区域。

⑨ 本研究所称之西欧地区，采取范围较狭窄的定义，是指位于亚欧大陆西部、大西洋东岸的区域，即指包括荷兰、比利时、卢森堡、法国、摩纳哥共五个国家的区域（暂未包含英国、爱尔兰），但留有未来丝绸之路经济带衔接英伦三岛余地和衔接口。

⑩ 本研究所称之中国西北地区，采取范围较广泛的定义，是指包括中国陕西省、甘肃省、宁夏回族自治区、青海省、新疆维吾尔自治区、内蒙古自治区黄河晋陕峡谷一线以西地区在内的广大区域。

⑪ 本研究所称的亚欧大陆中部区域，即指如上所述的中国西北地区、蒙古国部分区域、中亚地区、南亚印度巴基斯坦北部地区、西亚阿富汗全境和伊朗北部区域。

然地理要素、内涵、条件在绝大部分程度上即从自然地理角度决定了丝绸之路经济带的性质及含义，是决定丝绸之路经济带性质及含义的主要自然地理依据和自然地理基础[①]。

第一节　丝绸之路经济带之为巨型东西向交通经济带的地貌与地质构造基础

亚欧大陆总体地貌呈现明显的中间高、四周低特征，中部高原、山地面积广大，山脉成群成带组合，高大山脉之间高原和盆地广布，山盆格架结构突出，大陆周围地区则平原广布，形成显著的地貌差异。主要受此影响，亚欧大陆主要河流呈放射状由大陆中心地区分别向西、向南、向东、向北流入周围的海洋。

中国西北地区、中亚地区、部分南亚及部分西亚地区所处的亚欧大陆中部区域，地处亚欧"山结"地带，是一系列东西向延伸的高大山脉汇集之地。其中，帕米尔高原既是地球上两条巨大山带帕米尔—楚科奇山带和阿尔卑斯—喜马拉雅山带的汇集地带[②]，也是该两条山带中的天山山脉、昆仑山脉、喀喇昆仑山脉、喜马拉雅山脉、兴都库什山脉等五条主要山脉的汇集地带，并由此成为亚欧大陆中部区域一系列东西向延伸的高大山脉的汇集中心。

亚欧大陆中部区域一系列东西向延伸的高大山脉，为形成一条条东西向延伸的绿洲带、交通主干道、经济活动密集带、人口集聚区带提供了地貌方面的潜在条件，奠定了地貌方面的自然地理基础，进而为丝绸之路经济带的发育和形成提供了地貌方面的潜在条件，奠定了地貌方面的自然地理基础。如祁连山脉、阿尔金山脉北南麓、昆仑山脉北麓、天山山脉、兴都库什山脉、科佩特山脉北南麓、厄尔布尔士山脉南麓都形成了一系列东西向绿洲带、交通主干道、经济活动密集带、人口集聚区带。

一、作用或影响体现

亚欧大陆中部区域一系列东西向延伸的高大山脉，对于形成东西向绿洲带、交通主干道、经济活动密集带、人口集聚区带发挥了重要作用，具有重要意义。主要体现在以下方面：

[①]　在整个亚欧大陆范围内，本研究所称的亚欧大陆中部区域（亚欧大陆中部干旱区），由于具有独特的自然地理要素、内涵、条件，因而成为亚欧大陆上自然地理要素对丝绸之路经济带空间布局影响制约作用最为突出的区域，成为丝绸之路经济带空间布局的"瓶颈"和"短板"地带；即该地带以东、以西区域，气候、地貌、地表覆被等自然地理要素状况均显著优于该地带，因此导致在该地带以东、以西区域，自然地理要素对丝绸之路经济带空间布局的影响制约作用均显著低于该地带（反向凸显该地带自然地理要素、内涵、条件对丝绸之路经济带空间布局的影响制约作用）。在某种程度上说，该地带的自然地理特征基本决定了整个丝绸之路经济带的性质、含义、走向、布局形态、形成与发育特征等主要方面。为此，本章重点就该地带范围内与丝绸之路经济带空间布局相关的自然地理问题进行研究和阐释；而本研究第三章则就整个亚欧大陆范围内与丝绸之路经济带空间布局相关人文地理问题进行研究和阐释。

[②]　帕米尔—楚科奇山带为西南—东北走向的巨大山系，该山系以帕米尔高原为起点，分为南北两支山系带，绵延东进，在东北亚堪察加—楚科奇一带汇合。其中北支山系主要包括天山山系、塔尔巴哈台山系、阿尔泰山系、萨彦岭山系、杭爱山脉、唐努乌拉山系、肯特山脉、雅布洛诺夫山脉、贝加尔山系、锡霍特山脉、斯塔诺夫山系、朱格朱尔山脉、上扬斯克山脉、切尔斯基山脉、科雷马山原、中部山脉、东部山脉、楚科奇山脉、科里亚克山脉等山脉；南支山系主要包括昆仑山系、阿尔金—祁连—六盘山脉、贺兰山脉、阴山—燕山山脉、太行山脉、秦岭山脉、兴安岭山脉、长白山系等山脉。阿尔卑斯—喜马拉雅山系带为大致东西走向的巨大山系，横跨亚欧大陆中南部和非洲北部，包括位于欧洲的阿尔卑斯山脉、位于北非的阿特拉斯山脉、位于亚洲的兴都库什山脉、喀喇昆仑山脉和喜马拉雅山脉，该山系向东经中南半岛、印度尼西亚至異他群岛与环太平洋山带相接。帕米尔—楚科奇山带与阿尔卑斯—喜马拉雅山带汇集成地球上最庞大的山结——帕米尔山结，该两条世界级山带构成欧亚大陆山脉骨架。

（一）形成巨型东西向迎风坡地形雨带及径流带

亚欧大陆中部区域地处北半球及西风带影响末梢区域，东西向延伸的一系列高大山脉北侧迎风坡及山脉较高的地势成为形成地形雨的关键因素。该两项因素使得亚欧大陆中部区域一系列东西向延伸的高大山脉山岳地带由此成为干旱区降水相对较多区域，为在山脉北麓或北侧平坦地带形成一系列东西向连续或不连续展布的径流带、绿洲带提供了重要的水源条件。

如祁连山地年降水总量约500亿立方米，祁连山脉北侧迎风坡、山地较高的地势为形成该条山脉地形雨带提供了地貌条件，而由山地地形雨降水、现代冰川积雪融水汇集形成的石羊河、黑河、疏勒河等河流，即分别为古浪绿洲、武威绿洲、民勤绿洲、永昌绿洲、张掖绿洲、临泽绿洲、高台绿洲、金塔绿洲、额济纳绿洲、酒泉绿洲、疏勒河中游绿洲、敦煌绿洲等绿洲的形成提供了重要的水源条件；阿尔金山脉北侧迎风坡、山地较高的地势为形成该条山脉地形雨带提供了地貌条件，而由山地地形雨降水、现代冰川积雪融水汇集形成的若羌河、米兰河等河流，即分别为若羌绿洲、米兰绿洲等绿洲的形成提供了重要的水源条件；昆仑山脉（中西段）及喀喇昆仑山脉北侧迎风坡、山地较高的地势为形成该两条山脉地形雨带提供了地貌条件，而由山地地形雨降水、现代冰川积雪融水汇集形成的车尔臣河、安迪尔河、尼雅河、克里雅河、策勒河、和田河、康阿孜河、叶尔羌河、喀什噶尔河等河流，即分别为且末绿洲、安迪尔绿洲、民丰绿洲、达里雅布依绿洲、于田绿洲、策勒绿洲、和田绿洲、皮山绿洲、叶尔羌绿洲、喀什噶尔绿洲等绿洲的形成提供了重要的水源条件；天山山脉北侧迎风坡、山地较高的地势为形成该条山脉地形雨带提供了地貌条件，而由山地地形雨降水、现代冰川积雪融水汇集而形成的伊吾河、木垒河、水磨河、东大龙口河、三工河、玛纳斯河、奎屯河、精河、博尔塔拉河、伊犁河、楚河、塔拉斯河、锡尔河等河流，即分别为伊吾绿洲、木垒绿洲、奇台绿洲、吉木萨尔绿洲、阜康绿洲、玛纳斯河流域绿洲、奎屯绿洲、精河绿洲、博尔塔拉绿洲、伊犁河谷绿洲、楚河河谷绿洲、塔拉斯绿洲、费尔干纳—塔什干绿洲、撒马尔罕绿洲、布哈拉绿洲等绿洲的形成提供了重要的水源条件；兴都库什山脉北侧迎风坡、山地较高的地势为形成该条山脉地形雨带提供了地貌条件，而由山地地形雨降水、现代冰川积雪融水汇集形成的阿姆河（上游瓦赫基尔河、喷赤河）、巴尔赫河、穆尔加布河、哈里河—捷詹河等河流，即分别为阿姆河中下游绿洲、巴尔赫绿洲、赫拉特绿洲、马雷绿洲、穆尔加布—捷詹绿洲等绿洲的形成提供了重要的水源条件；科佩特山脉北侧迎风坡、山地较高的地势为形成该条山脉地形雨带提供了地貌条件，而由山地地形雨降水、地下潜流汇集而成的菲柳晋卡河、阿尔瓦兹河、谢基兹亚布河、凯里滕奇纳尔河、阿尔滕亚布河、加拉苏河、米亚纳查伊河、杜沙克河等河流，即分别为阿哈尔捷金绿洲、阿捷克绿洲等科佩特山脉山前诸绿洲的形成提供了重要的水源条件；厄尔布尔士山脉北侧迎风坡、山地较高的地势为形成该条山脉地形雨带提供了地貌条件，而由山地地形雨降水、现代冰川积雪融水汇集而成的阿特拉克河、戈尔甘河、恰卢斯河等河流，即分别为阿特拉克河平原、戈尔甘中游河谷绿洲、里海沿岸（南岸）平原的形成提供了重要的水源条件[①]。

以上各条东西向延伸的高大山脉均在北侧迎风坡地带形成东西向地形雨带和径流带，由此在亚欧大陆中部区域形成东起祁连山脉东段北麓、西至厄尔布尔士山脉西端北麓的巨型东西向迎风坡地形雨带和径流带。在以上过程中，亚欧大陆中部区域一系列东西向延伸的高大山脉主要贡献了迎风坡形态、海拔高度、山脉走向等因子。

（二）形成巨型东西向背风坡径流带

亚欧大陆中部区域绝大部分东西向延伸的高大山脉南侧地带（主分水岭南侧地带）即使处于

---

① 里海沿岸（南岸）平原地带为亚热带海洋性湿润半湿润气候区，为亚欧大陆中部区域中的特例，此后不再注明。

背风坡地带，但由于海拔高峻、山脉宽厚、冰川积雪降水区域广大、主山脊线及主分水岭不规整甚至主山脊线及分水岭不一致等因素，仍能在该地带形成一定数量的降水和地表径流；虽然从数量上来说，山脉南侧地带形成的降水量和地表径流量一般均少于北侧或者北麓地带，但在事实上也为整个山岳地带成为相对集中降水带和地表径流汇集区做出了一定贡献，也为在山脉南麓或南侧平坦地带形成一系列东西向连续或不连续展布的径流带、绿洲带提供了重要的水源条件。

如祁连山脉即由 8 列西北—东南走向的岭谷带组成，南北宽度达到 200~400 千米，西宽东窄，海拔高度达到 4000~6000 米，海拔超过 4000 米以上的山峰终年积雪，山间谷地海拔也在 3000~3500 米，山间谷地、河谷面积约占山地总面积的 1/3 以上。虽然祁连山脉南侧降水量明显少于北侧、南侧内陆河流域冰川明显少于北侧①，但由于海拔高峻、积水区域广阔、岭谷交替排布（利于西来水汽深入）等因素，仍然导致祁连山脉南侧也形成阿让郭勒河、塔塔棱河、鱼卡河、哈尔腾河等内流河和青海湖及哈拉湖两个独立内陆水系，为德令哈盆地绿洲、大柴旦湖绿洲、鱼卡盆地绿洲、马海绿洲、苏干湖绿洲等绿洲的形成提供了重要的水源条件②。

阿尔金山脉南北宽 60~100 千米，平均海拔高度达到 4000 米以上，山脉东西部两端较高、中部较低，西部发育西段与中段最高峰苏拉木塔格峰（6295 米）与玉苏普阿勒克峰（6062 米），东部发育东段最高峰阿尔金山（5828 米），中部海拔为 4000~4200 米，海拔 4600 米以上区段发育小型现代冰川。峰区自南向北由三列山地与两条谷地相间组成。虽然阿尔金山脉南侧降水量明显少于北侧、南侧内陆河流域冰川明显少于北侧，但由于海拔高峻、冰雪融水与地下渗流补给等因素，仍然导致阿尔金山脉南侧也在与昆仑山脉祁漫塔格交汇处形成较小河流阿拉尔河和铁木里克河等，并为尕斯库勒湖绿洲等较小绿洲的形成提供了重要的水源条件③。

天山山脉全长 2400 多千米，南北宽 100~400 千米，由多列大致平行的山脉组成。虽然天山山脉南侧降水量明显少于北侧（见图 2-1）、南侧内陆河流域冰川明显少于北侧，但由于海拔高峻、山脉宽厚、积水区域广阔、部分主山脊线及主分水岭不规整、部分主山脊线及分水岭不一致等因素，仍然导致天山山脉南侧形成库如克郭勒河、柯柯亚河、大河沿河、白杨河、开都河—孔雀河、迪那河、库车河、渭干河、阿克苏河、托什干河等河流，并为哈密绿洲、鄯善绿洲、吐鲁番绿洲、托克逊绿洲、焉耆—博湖绿洲、库尔勒—尉犁绿洲、轮台绿洲、库车河—渭干河绿洲、阿克苏绿洲、乌什绿洲等绿洲的形成提供了重要的水源条件。

兴都库什山脉长约 1600 千米，宽约 320 千米，平均海拔约 5000 米，最高峰蒂里奇米尔峰海拔 7690 米，高山带极为寒冷，现代冰川发育。虽然兴都库什山脉南侧降水量相对少于北侧④，但由于海拔高峻、山脉宽厚、部分主山脊线及分水岭不一致⑤、部分区域受夏季风影响⑥等因素，仍然导致兴都库什山脉南侧形成喀布尔河、赫尔曼德河等河流，并为喀布尔绿洲、锡斯坦绿洲等绿洲的形成提供了重要的水源条件。

---

① 自祁连山脉流向河西走廊的三条内陆河流域内共有冰川 2166 条，冰川面积达到 1308 平方公里，冰储量达到 60 立方千米；而自祁连山脉流向柴达木盆地的 4 条内流河与青海湖和哈拉湖两个独立内陆水系共有冰川 541 条，冰川面积为 582 平方公里，冰储量为 32 立方千米。

② 祁连山脉东部由于处于夏季风影响末端区域，其降水主要受夏季风影响，从而使其东南坡也成为迎风坡，使该区域成为整个祁连山地降水量最高的区域，并形成汇入黄河的外流河大通河、湟水，为大通河谷、湟水谷地等河谷平原的形成提供了重要的水源条件，此种情形也属于亚欧大陆中部区域中的特例，此后不再注明。

③ 早期阿尔金山脉南侧冷湖上游季节性河流为冷湖绿洲等较小绿洲的形成提供了重要的水源条件。

④ 兴都库什山脉北坡和西北坡处于西来气流迎风侧，年降水量为 400~800 毫米；南坡和西南坡则为 300 毫米。

⑤ 东兴都库什山脉由两条平行的山岭组成，北面较低的一条具有分水岭的作用，南面较高的一条拥有主要山峰。

⑥ 兴都库什山脉东南坡因受夏季季风影响，局地年降水量可达 1000 毫米，属半湿润亚热带气候，此种情形也属于亚欧大陆中部区域特例，此后不再注明。

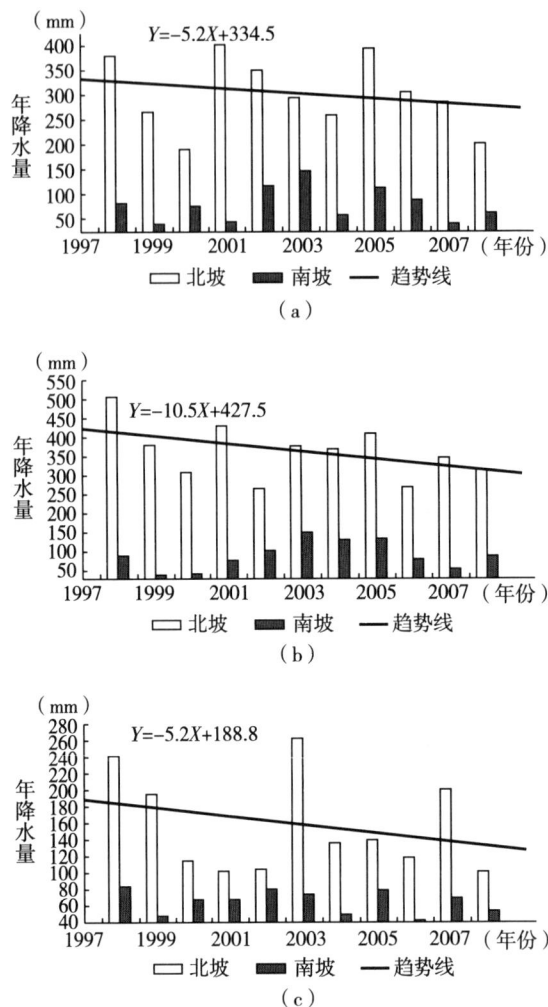

图 2-1　天山山区南北坡年降水量差异

注：图中（a）为天山西段山区降水量；（b）为天山中段山区降水量；（c）为天山东段山区降水量。

资料来源：赵传成、丁永建、叶柏生、赵求东：《天山山区降水量的空间分布及其估算方法》，《水科学进展》2011 年第 3 期，第 320 页。

科佩特山脉全长 650 多千米，宽 40~200 千米，东南段宽仅 40 千米，中段宽 80~95 千米，西北段宽达 200 千米，山脉最高峰海拔 3117 米。山脉中各山脊之间呈平行展布。由于海拔高峻、西段山体宽厚、谷地向西面朝里海敞开、各山脊线平行展布等因素，导致科佩特山脉南侧形成阿特拉克河多条支流，并为阿特拉克—松巴尔绿洲等绿洲的形成提供了重要的水源条件。

厄尔布尔士山脉全长约 900 千米，东段宽 48 千米，中段最宽达 120 千米，西段宽 24~32 千米，山脉最高峰海拔 5671 米。虽然厄尔布尔士山脉南侧降水量相对少于北侧，但由于海拔高峻、中段山体宽厚、部分山口向北面向里海敞开等因素，导致厄尔布尔士山脉南侧形成卡拉季河、勒舒尔河、加勒埃穆雷河、塞菲德河—克孜勒乌赞河①等河流，为德黑兰绿洲、加兹温绿洲、赞詹绿洲等绿洲的形成提供了重要的水源条件。

以上各条东西向延伸的高大山脉均在南侧背风坡地带形成东西向径流带。由此在亚欧大陆中部区域大致形成东起祁连山脉东段南麓青海湖水系、西至厄尔布尔士山脉西端南麓加勒埃穆

---

① 塞菲德河—克孜勒乌赞河北流注入里海，为里海沿岸平原形成提供了重要的水源条件。

雷河的巨大背风坡径流带。在以上过程中，亚欧大陆中部区域一系列东西向延伸的高大山脉主要贡献了山脉宽度、谷地广度、主脊线及主分水岭形态、海拔高度等因子。

（三）形成巨型东西向高山冰川带

亚欧大陆中部区域一系列东西向延伸的高大山脉的顶部由于海拔高峻，产生冰川作用[①]，发育形成一系列互不连贯但大致均呈东西方向延伸的冰川带[②]，并成为雪冰水资源富集地带和诸多河流的径流补给区，冰川融水成为诸多河流的重要补给水源；同时由于冰川区的"冷岛效应""湿岛效应""阻岛效应"[③]，更进一步提高了冰川区域水汽捕获概率，加剧了水汽凝结，增加了降水形式，最终增大了冰川区总降水量，使高山冰川带成为高降水带，为在山脉北南两侧形成一系列东西向连续或不连续展布的绿洲提供了重要的水源条件。

如祁连山脉共发育冰川 2683 条，冰川总面积 1597.81 平方公里，冰储量约 84.48 立方千米。其中，走廊南山、疏勒南山、党河南山冰川条数最多，疏勒南山、土尔根达坂、走廊南山冰川规模最大；北坡现代冰川分布下限为 4100~4300 米，南坡现代冰川分布下限为 4300~4500 米。祁连山脉冰川融水成为北南两侧石羊河、黑河、疏勒河和阿让郭勒河、塔塔棱河、鱼卡河、哈尔腾河等一系列河流的重要补给水源，为山脉北南两侧形成一系列绿洲提供了重要的水源条件；山脉冰川发育中心即成为"五河之源"[④]，为五条主要河流及其流域绿洲的形成提供了重要的水源条件；祁连山脉冰川融水资源仅通过河西走廊三大水系 56 条内陆河，即可每年向河西走廊提供近 80 亿立方米的淡水资源。

阿尔金山脉共发育冰川 466 条，冰川总面积 295.11 平方公里，冰储量 15.36 立方千米。阿尔金山脉冰川融水成为北南两侧米兰河、若羌河、瓦石峡河、塔什沙依河、哈迪勒克河和阿拉尔河、铁木里克河等一系列河流的重要补给水源，为山脉北南两侧形成一系列绿洲提供了重要的水源条件。

昆仑山脉共发育冰川 8922 条，冰川总面积 11524.13 平方公里，冰储量 1106.3 立方千米，分别占中国冰川条数、面积、冰储量总的 18.4%、22.3% 和 24.6%，是中国冰川数量最多、冰川面积及冰储量最大的山系，冰川活动主要中心形成于海拔约 7010 米之处。该山脉冰川融水成为北侧柴达木河、车尔臣河、安迪尔河、尼雅河、克里雅河、策勒河、玉龙喀什河、提孜那甫河等一系列河流的重要补给水源，分别为格尔木绿洲、且末绿洲、安迪尔绿洲、民丰绿洲、达里雅布依绿洲、于田绿洲、策勒绿洲、和田—洛浦绿洲、叶城绿洲等绿洲的形成提供了重要的水源条件。

喀喇昆仑山脉冰川总面积达到 1.995 万平方公里，在全世界长度超过 50 千米的 8 条中低纬度山地冰川中，6 条即分布于该山脉；该山脉 28%~37% 的面积为冰川所覆盖，约有 102 条冰川长度超过 10 千米，喀喇昆仑山脉因此成为世界中纬度地带最大的山岳冰川分布中心，成为世界

---

① 第三纪第四纪时青藏高原和周缘高山地区普遍发育了三、四期山岳冰川，该时期山岳冰川的发育和分布与青藏高原抬升高度增大有关。

② 事实上，该冰川带一直延伸至阿尔卑斯山脉、比利牛斯山脉，形成一条东起祁连山脉东段西至阿尔卑斯山脉、比利牛斯山脉、大致呈链状但不相连贯的巨型东西向冰川带；阿尔卑斯山脉是更新世时欧洲最大的山地冰川中心，现有现代冰川 1200多条，总面积约 4000 平方公里；比利牛斯山脉于第四纪冰期时广泛发育冰川，现代冰川仅分布于海拔近 3000 米的冰斗和悬谷内，北坡多于南坡，总面积约 40 平方公里。

③ "冷岛效应"即为冰川区形成冷下垫面，有助于产生降水天气；"湿岛效应"即为冰川区形成高湿度场，有助于产生降水天气；"阻岛效应"即为过境气流受到冰川区阻碍导致气候活动加强，有助于产生降水天气。参见沈永平、梁红：《高山冰川区大降水带的成因探讨》，《冰川冻土》2004 年第 6 期，第 807 页。

④ "五河"是指发源了祁连山脉中段岗格尔肖合力雪山冰川北侧的疏勒河、北大河、黑河和南侧的大通河、布哈河等 5条河流。

山岳冰川最发达的高大山脉，中国境内段成为中国最大的山谷冰川分布地。该山脉冰川融水成为北南两侧喀拉喀什河、杜瓦河、普斯开河、桑株河、皮山河、叶尔羌河和印度河等一系列河流的重要补给水源，为山脉北南两侧墨玉绿洲、皮山绿洲、叶尔羌河流域绿洲和印度河平原等一系列绿洲、平原的形成提供了重要的水源条件。

天山山脉共计发育冰川15953条，冰川面积15416平方公里。其中天山山脉中国境内段发育冰川9035条，冰川面积9225平方公里，冰储量1011立方千米，天山山脉因此成为世界主要山岳冰川分布区之一（见表2-1、表2-2、表2-3）。天山山脉中国境内段成为中国冰川分布最集中的山区，该山脉冰川融水成为北南两侧三工河、奎屯河、伊犁河、楚河、塔拉斯河、锡尔河和开都河、孔雀河、库车河、渭干河、阿克苏河、托什干河等一系列河流的重要补给水源，分别为阜康绿洲、奎屯绿洲、伊犁河谷绿洲、楚河河谷绿洲、塔拉斯绿洲、费尔干纳—塔什干绿洲和库尔勒—尉犁绿洲、库车河—渭干河绿洲、阿克苏绿洲、乌什绿洲等绿洲的形成提供了重要的水源条件。

表2-1　亚欧大陆中部区域一系列东西向延伸的高大山脉中国境内段大于100平方公里的冰川名录

序号	名称	面积（平方公里）	所在山系	所在流域	所在省份
1	托木尔	358.25	天山山脉	塔里木河	新疆
2	土格别里齐	282.72	天山山脉	塔里木河	新疆
3	乌库尔	167.84	天山山脉	塔里木河	新疆
4	木扎尔特	165.83	天山山脉	塔里木河	新疆
5	琼台兰	140.95	天山山脉	塔里木河	新疆
6	中峰	237.46	昆仑山脉	班公湖	西藏
7	多峰	236.7	昆仑山脉	塔里木河	新疆
8	昆仑	199.09	昆仑山脉	塔里木河	新疆
9	崇测	166.08	昆仑山脉	班公湖	西藏
10	玉龙	135.00	昆仑山脉	塔里木河	新疆
11	西玉龙	120.51	昆仑山脉	塔里木河	新疆
12	古里雅	111.37	昆仑山脉	班公湖	西藏
13	弓形	108.18	昆仑山脉	班公湖	西藏
14	音苏盖提	359.05	喀喇昆仑山脉	塔里木河	新疆
15	木斯塔	182.54	喀喇昆仑山脉	塔里木河	新疆
16	特拉木坎力	110.40	喀喇昆仑山脉	塔里木河	新疆
17	尕舍罗鲁姆	107.38	喀喇昆仑山脉	塔里木河	新疆

资料来源：改编自刘时银、姚晓军、郭万钦等：《基于第二次冰川编目的中国冰川现状》，《地理学报》2015年第1期，第3-16页。

表2-2　亚欧大陆中部区域一系列东西向延伸的高大山脉中国境内段冰川数量统计表

序号	山系名称	平衡线高度（米）	数量（条）	面积（平方公里）	冰储量（立方千米）
1	祁连山脉	4400～5000	2683	1597.81	84.48±3.13
2	阿尔金山脉	5000～5200	466	295.11	15.36±0.65
3	天山山脉	3600～4900	7934	7179.77	707.95±45.05

序号	山系名称	平衡线高度（米）	数量（条）	面积（平方公里）	冰储量（立方千米）
4	昆仑山脉	4800~6000	8922	11524.13	1106.34±56.60
5	喀喇昆仑脉	5000~5600	5316	5988.67	592.86±34.68

资料来源：改编自刘时银、姚晓军、郭万钦等：《基于第二次冰川编目的中国冰川现状》，《地理学报》2015年第1期，第3-16页；张小燕：《西北地区植被背景值及演替规律研究》，西北农林科技大学博士学位论文，2003年，第34页。

表2-3　亚欧大陆中部区域一系列东西向延伸的高大山脉中国境内段发源水系冰川资源统计表

序号	水系名称	发源山系名称	冰川数量（条）	冰川面积（平方公里）	冰储量（立方千米）
1	石羊河	祁连山脉	97	39.94	1.55
2	黑河	祁连山脉	375	78.33	2.39
3	北大河	祁连山脉	577	215.27	8.75
4	疏勒河	祁连山脉	660	509.87	29.66
5	党河	祁连山脉	318	203.77	10.08
6	车尔臣河诸小河	阿尔金山脉、昆仑山脉	473	774.87	72.69
7	艾丁湖	天山山脉	352	164.04	7.72
8	庙儿沟等	天山山脉	94	88.69	4.91
9	伊犁河	天山山脉	2373	2022.66	142.18
10	喀拉湖	天山山脉	12	25.5	1.53
11	天山北麓东端诸河	天山山脉	298	158.64	7.46
12	天山北麓中端诸河	天山山脉	1997	1268.49	82.34
13	艾比湖水系	天山山脉	1104	823.06	47.55
14	阿克苏河	天山山脉	1005	2411.56	436.99
15	渭干河	天山山脉	853	1783.86	258.27
16	开都—孔雀河	天山山脉	832	474.98	23.25
17	喀什噶尔河	帕米尔高原与南天山支脉	1135	2422.82	230.62
18	克里雅河诸小河	昆仑山脉	895	1357.27	100.66
19	和田河	昆仑山脉、喀喇昆仑山脉	3555	5336.98	578.71
20	叶尔羌河	喀喇昆仑山脉	2917	5315.31	612.10

资料来源：改编自陈忠升：《中国西北干旱区河川径流变化及归因定量辨识》，华东师范大学博士学位论文，2016年，第127页。

　　兴都库什山脉主要形成科特加兹、尼罗吉、阿特拉克、蒂里杰等冰川，山脉东段山势高峻，为高山冰川主要发育区。该山脉冰川融水成为北南两侧阿姆河、巴尔赫河、穆尔加布河、哈里河—捷詹河和喀布尔河、赫尔曼德河等一系列河流的重要补给水源，分别为阿姆河中游下游绿洲、巴尔赫绿洲、赫拉特绿洲、马雷绿洲、穆加布尔—捷詹绿洲和喀布尔绿洲、坎大哈绿洲、锡斯坦绿洲等绿洲的形成提供了重要的水源条件。

　　厄尔布尔士山脉主要形成达马万德山冰川等冰川。该山脉冰川融水成为北南两侧卡沙夫河、戈尔甘河、恰卢斯河和卡拉季河、勒舒尔河、加勒埃穆雷河、塞菲德河—克孜勒乌赞河等一系列河流的重要补给水源，分别为马什哈德绿洲、戈尔甘中游河谷绿洲、里海沿岸平原和德黑兰绿洲、加兹温绿洲、赞詹绿洲等绿洲及平原的形成提供了重要的水源条件。

以上各条东西向延伸的高大山脉均在高山地带形成东西向冰川带。由此在亚欧大陆中部区域形成东起祁连山脉东段、西至厄尔布尔士山脉西端的巨型高山冰川带。在以上过程中，亚欧大陆中部区域一系列东西向延伸的高大山脉主要贡献了海拔高度、山脉走向等因子。

（四）形成巨型东西向山麓断裂带①和坡降带

亚欧大陆中部区域一系列东西向延伸的高大山脉在形成过程中山体发生剧烈隆升，山麓地带发育一系列东西向巨大断裂带②，山体两侧发生剧烈沉降运动，由此形成巨大坡降，为河流将山区风化崩解物质搬运至山前盆地、进而形成绿洲提供了地质构造条件、海拔高差条件、物源条件、物质搬运动力条件。

如祁连山脉山体主要依托晚古生代断块运动、印支运动、燕山运动、第三纪末新构造运动③中的垂直升降运动、第四纪青藏运动④及昆黄运动⑤而大幅度隆升，并在山脉北侧和南侧分别发育昌马—俄博—毛毛山断裂带、祁连山北缘活动断裂带和祁连山南缘活动断裂带等断裂带。山体两侧发生剧烈沉降运动，北南两侧均以大起大落的明显断裂由高山降至平原。北侧与发生沉降运动后经沉积活动形成的河西走廊的极端相对高度达到5638米⑥左右，南侧与发生沉降运动后经沉积活动形成的柴达木盆地的极端相对高度达到3138米⑦以上。

阿尔金山脉山体主要依托新构造运动大幅度隆升，并在山脉北侧和南侧分别发育阿尔金山北缘活动断裂带⑧、阿尔金山南缘活动断裂带等断裂带。山体两侧发生剧烈沉降运动，均以大起大落的明显断裂由高山降至平原。北侧与发生沉降运动后经沉积活动形成的塔里木盆地、疏勒河盆地极端相对高度达到5515米⑨左右，南侧与发生沉降运动后经沉积活动形成的柴达木盆地极端相对高度达到3625米⑩左右。

昆仑山脉山体主要依托喜马拉雅运动、青藏运动、昆黄运动、共和运动强烈隆升，并在山脉北侧和南侧分别发育东昆仑山北缘断裂带、西昆仑山前弧形冲断带和东昆仑山南缘活动断裂带、西昆仑山南缘断裂等断裂带⑪。山体两侧发生剧烈沉降运动，以大起大落的明显断裂由高山降至平原。中西段北侧与发生沉降运动后经沉积活动形成的塔里木盆地极端相对高度达到6869米⑫左右。

天山山脉山体主要依托燕山运动、喜马拉雅运动、新构造运动发生强烈断块隆升，并在山

---

① 断裂带亦称"断层带"，指由主断层面及其两侧破碎岩块以及若干次级断层或破裂面组成的地带。在靠近主断层面附近发育有构造岩，以主断层面附近为轴线向两侧扩散，一般依次出现断层泥或糜棱岩、断层角砾岩、碎裂岩等，再向外即过渡为断层带以外的完整岩石。

② 参见宋博文、徐亚东等：《中国西部新生代沉积盆地演化》，《地球科学（中国地质大学学报）》2014年第8期，第1042页。

③ 新构造运动主要指喜马拉雅运动，特别是上新世到更新世喜马拉雅运动的第三幕。

④ 青藏高原经历不同阶段抬升过程，每次抬升都使高原地貌形态得以逐步演进；青藏高原第一次抬升发生在距今3.4～1.7Ma，使得青藏高原地区平均海拔从1000米左右上升至2000米以上，此时高原已经形成，这次上升运动被称为青藏运动。

⑤ 昆黄运动指在早、中更新世之交发生的青藏高原及其邻区构造隆升事件，称为昆仑—黄河运动，简称昆黄运动，时限为1.2～0.6Ma。该次构造运动不仅影响到整个青藏高原，将高原面抬升至3000～3500米，局部地区山地上升至4500～5000米高度，导致青藏高原进入冰冻圈，而且影响到大气环流形式，形成东亚季风现代格局。冬季风加强和夏季风减弱不仅使得中国北方干旱化加剧，沙漠面积扩大，湖泊消退，亚热带植物从秦岭山脉以北撤至南方，而且使得黄土堆积范围进一步扩张，黄土堆积速度加快，这次构造运动基本形成了中国自然地理的现代格局。

⑥ 以疏勒河流域低海拔高度值170米与祁连山脉主峰岗则吾结海拔高度值5808米相比较。

⑦ 以柴达木盆地低海拔高度值2670米与祁连山脉主峰岗则吾结海拔高度值5808米相比较。

⑧ 阿尔金山脉北缘活动断裂带与昌马—俄博—毛毛山断裂带、海原断裂带等共同构成青藏高原北缘巨大弧形断裂系。

⑨ 以塔里木盆地低海拔高度值780米（罗布洼地）与阿尔金山脉主峰苏拉木塔格峰海拔高度值6295米相比较。

⑩ 以柴达木盆地低海拔高度值2670米阿尔金山脉主峰苏拉木塔格峰海拔高度值6295米相比较。

⑪ 参见昝金波《西昆仑山黄土与亚洲内陆干旱化》，兰州大学博士学位论文，2010年，第33页。

⑫ 以塔里木盆地低海拔高度值780米与昆仑山脉主峰公格尔峰海拔高度值7649米相比较。

脉北侧和南侧分别发育北天山山前断裂、南天山山前断裂等断裂带；山体两侧发生剧烈沉降运动，北南两侧均以大起大落的明显逆断裂由高山降至平原。北侧与发生沉降运动后经沉积活动形成的准噶尔盆地、伊犁盆地（海拔530~1000米）、伊塞克湖盆地（湖面海拔为1609米）、费尔干纳盆地（海拔为330~1000米）、图兰平原①等地理单元的极端相对高度分别达到5256米、6465米②、5386米③、5180米④、7627米⑤，南侧与发生沉降运动后经沉积活动形成的吐哈盆地⑥、塔里木盆地等地理单元的极端相对高度分别达到5600米⑦和6639米⑧。

兴都库什山脉⑨山体主要依托晚古生代、中生代、新生代相应构造运动大幅度隆升，并在山脉北侧和南侧分别发育兴都库什西部走滑断裂带和兴都库什南部走滑断裂带。山体两侧发生剧烈沉降运动，北南两侧均以大起大落的明显断裂由高山降至平原。北侧与发生沉降运动后经沉积活动形成的喷赤河谷地⑩、图兰平原等地理单元的极端相对高度达到7334米⑪、7822米⑫；南侧与发生沉降运动后经沉积活动形成的喀布尔河谷⑬、锡斯坦盆地⑭等地理单元的极端相对高度达到5890米⑮、7200米⑯。

科佩特山脉山体主要依托晚古生代、中生代、新生代相应构造运动大幅度隆升，并在山脉北侧和南侧发育科佩特山脉山前冲断带等断裂带。山体两侧发生剧烈沉降运动，北南两侧均以大起大落的明显断裂由高山降至平原。北侧与发生沉降运动后经沉积活动形成的图兰平原⑰等地理单元的极端相对高度达到3209.5米，南侧与发生沉降运动后经沉积活动形成的阿特拉克河平原⑱等地理单元的极端相对高度达到3094米⑲。

厄尔布尔士山脉山体主要依托晚古生代、中生代、新生代相应构造运动大幅度隆升，并在山脉北侧和南侧发育若干条东西向断裂带。山体两侧发生剧烈沉降运动，北南两侧均以大起大落的明显断裂由高山降至平原。北侧与发生沉降运动后经沉积活动形成的马什哈德绿洲⑳、戈尔甘河中游河谷绿洲㉑、里海沿岸平原㉒等地理单元的极端相对高度分别达到4680米㉓、5647米、5677米，南侧与发生沉降运动后经沉积活动形成的德黑兰绿洲㉔等地理单元的极端相对高度达到4480米。

---

① 图兰平原里海东岸卡拉吉耶低地海拔为-132米。
② 以伊犁盆地较低海拔高度值与伊犁盆地南侧天山中段分水岭部位最高峰汗腾格里峰海拔高度值6995米相比较。
③ 以伊塞克湖湖面海拔高度值与伊塞克湖盆地东侧天山中段分水岭部位最高峰托木尔峰海拔高度值7439米相比较。
④ 以费尔干纳盆地低海拔高度值与费尔干纳盆地东侧天山南段分水岭部位最高峰皮拉米达峰海拔高度值5510米相比较。
⑤ 以图兰平原低海拔高度值与图兰平原东侧帕米尔高原分水岭部位最高峰索莫尼峰海拔高度值7495米相比较。
⑥ 吐鲁番盆地盆底艾丁湖海拔为-155米。
⑦ 以吐鲁番盆地盆底海拔高度值与吐鲁番盆地北侧东天山主峰博格达峰海拔高度值5445米相比较。
⑧ 以塔里木盆地低海拔高度值与塔里木盆地西北侧天山中段分水岭部位最高峰托木尔峰海拔高度值7439米相比较。
⑨ 兴都库什山脉最高峰蒂里奇米尔峰海拔为7690米。
⑩ 喷赤河出山口水文站PYANDJ站海拔为356米。
⑪ 以喷赤河谷地PYANDJ水文站海拔高度值与兴都库什山脉最高峰蒂里奇米尔峰海拔高度值7690米相比较。
⑫ 以里海东岸低海拔高度值与兴都库什山脉最高峰蒂里奇米尔峰海拔高度值7690米相比较。
⑬ 处于喀布尔河谷的阿富汗首都喀布尔市海拔为1800米。
⑭ 锡斯坦盆地最低处海拔为469.39米。
⑮ 以喀布尔河谷喀布尔市海拔高度值与兴都库什山脉最高峰蒂里奇米尔峰海拔7690米相比较。
⑯ 以锡斯坦盆地最低处海拔高度值与兴都库什山脉最高峰蒂里奇米尔峰海拔7690米相比较。
⑰ 外温古兹—卡拉库姆沙漠中的阿赫恰卡亚洼地海拔为-92.5米。
⑱ 处于阿特拉克河平原上的伊朗戈莱斯坦省海拔为23米。
⑲ 与科佩特山脉最高峰海拔3117米相比较。
⑳ 包含马什哈德绿洲的伊朗呼罗珊省海拔为990米。
㉑ 包含戈尔甘河中游河谷绿洲的伊朗戈莱斯坦省海拔为23米。
㉒ 处于里海沿岸平原区域的伊朗吉兰省海拔为-7米。
㉓ 与厄尔布尔士山脉最高峰德马万德峰海拔5670米相比较，下同。
㉔ 包含德黑兰绿洲的伊朗德黑兰省海拔为1190米。

以上各条东西向延伸的高大山脉均在山麓地带形成巨大东西向断裂带和坡降带，由此在亚欧大陆中部区域形成东起祁连山脉东段北南麓、西至厄尔布尔士山脉西端北南麓的巨型东西向山麓断裂带和坡降带。在以上过程中，亚欧大陆中部区域一系列东西向延伸的高大山脉主要贡献了地质构造运动成因、海拔高度等因子。

（五）形成巨型山前东西向连片相对平坦地带

亚欧大陆中部区域一系列东西向延伸的高大山脉山体北南两侧在山体隆升、山前地带发生剧烈沉降时，伴生或其后发生相应的沉积活动，导致在山脉北南麓或北南侧先后造就一系列东西向连片相对平坦地带，为形成一系列东西向连续或不连续展布的绿洲、平原提供了重要的地形条件、空间依托条件、物质基础条件。

如祁连山脉因在第三纪晚期和第四纪早期、渐新世晚期先后发生再生造山运动①、青藏运动、昆黄运动而大幅抬升隆升，山脉北侧不断沉降。山前坳陷地带经过早古生代末期造山运动形成盆底、再造山时期再次转化为前陆盆地、中新生代形成内陆盆地过程，不断接受自侏罗纪以来的大量陆相碎屑沉积，积累汇集形成绵延约1000千米的大型山间盆地——河西走廊（或称为河西走廊盆地带）；并在山前地带形成一系列串珠状洪积扇群；且整个山麓地带洪积扇之间相对高差较小，大体在磨拉斯建造②基础上形成山前东西向条带状连片相对平坦地带（见表2-4），为武威绿洲、永昌绿洲、山丹绿洲、张掖绿洲、酒泉绿洲等一系列绿洲和平原的形成提供了重要的地形条件、空间依托条件、物质基础条件。

表2-4　祁连山脉北麓主要绿洲城镇海拔高度比较

序号	城镇	海拔高度（米）	所处绿洲	主要依托水系
1	武威市	1531	武威绿洲	石羊河
2	金昌市	1509	金昌绿洲	石羊河
3	张掖市	1483	张掖绿洲	黑河
4	酒泉市	1477	酒泉绿洲	黑河
5	嘉峪关市	1600	酒泉绿洲	黑河
	合计或平均	1520	河西走廊诸绿洲	河西走廊内陆河水系

阿尔金山脉先后经历青藏运动A幕、B幕、昆黄运动第一期、第二期和第三期，在中新世以后以水下隆起形式开始抬升、在第三纪末（2.60~2.10Ma）进一步抬升、主要在第四纪大幅度抬升，山脉北侧不断沉降。山前坳陷地带不断接受中新世晚期以来的大量陆相沉积，积累汇集形成阿尔金构造带山前逆冲兼走滑盆地③，隐伏于塔里木盆地之中；并在山前地带形成一系列串珠状洪积扇群和东北—西南向条带状连片相对平坦地带（见表2-5），为若羌绿洲、米兰绿洲等一系列绿洲和平原的形成提供了重要的地形条件、空间依托条件、物质基础条件。

---

① 造山运动指一定地带内的地壳物质因受到水平方向挤压力作用、岩石急剧变形大规模隆起形成山脉的运动，其仅影响地壳局部狭长地带，常发生于地槽区；与造陆运动相比较，其发生和完成的时间相对较短，形成的地质运动结果多呈狭长条带，且褶皱、断裂、角度不整合、岩浆侵入和区域变质作用发育。当前观测到的地球最后一次造山运动为燕山运动，其结束时间为白垩纪末期，距今1亿年左右。

② 磨拉斯建造指与山地隆升相关的沉积，下同。

③ 构造带指受到各种构造作用影响的地壳的综合体。其不仅包括经地壳运动形成于地表的巨大山系，也包括位于深处的拗陷部分——山脉的根部，即从未上升的变动带，即将在一定范围内有着共同成因和内在联系的断层、褶皱等地质构造现象归为一个构造带，该概念完善了造山带的含义。阿尔金构造带山前逆冲兼走滑盆地或称北缘山前带、中新生代断陷槽地。

表 2-5　阿尔金山脉北麓主要绿洲城镇海拔高度比较

序号	城镇	海拔高度（米）	所处绿洲	主要依托水系
1	若羌县米兰镇	880	米兰绿洲	米兰河
2	若羌县若羌镇	894	若羌绿洲	若羌河
3	且末县瓦石峡镇	1050	瓦石峡绿洲	瓦石峡河
	合计或平均	941	阿尔金山北麓诸绿洲	阿尔金山北麓内陆河水系

昆仑山脉先后经历喜马拉雅运动Ⅰ幕、Ⅱ幕、Ⅲ幕、青藏运动、昆黄运动、共和运动等六次构造运动，先后经过约-25~17Ma 的初期隆升、约-10~8Ma 的早期小幅隆升、约-5.3~3.6Ma 的中期快速隆升、约-3.6~0.7Ma 的晚期强烈隆升、0.7Ma 以来的再次隆升过程，在上新世末—早更新世初开始强烈隆起，在早更新世—中更新世隆起幅度逐渐加大，在中更新世末—晚更新世隆起达到最大幅度。山脉中西段北侧不断沉降，山前坳陷地带不断接受自古生代以来的大量陆相、海相沉积，在元古代的变质基底基础上，积累汇集形成绵延约 1000 千米以上的塔里木盆地南缘逆冲兼走滑前陆盆地。其中的磨拉斯建造自民丰以西至莎车以东呈条带状分布，并在山前地带形成一系列串珠状洪积扇群；且整个山麓地带洪积扇之间相对高差较小，大体在磨拉斯建造基础上形成山前东西向条带状连片相对平坦地带（见表 2-6），为且末绿洲、安迪尔绿洲、民丰绿洲、达里雅布依绿洲、于田绿洲、策勒绿洲、和田绿洲、皮山绿洲、叶尔羌绿洲、喀什噶尔绿洲等一系列绿洲和平原的形成提供了重要的地形条件、空间依托条件、物质基础条件。

表 2-6　昆仑山脉北麓主要绿洲城镇海拔高度比较

序号	城镇	海拔高度（米）	所处绿洲	主要依托水系
1	且末县	1248	且末绿洲	车尔臣河
2	民丰县	1418	民丰绿洲	尼雅河
3	于田县	1431	于田绿洲	克里雅河
4	策勒县	1380	策勒绿洲	阿希河
5	洛浦县	1346	洛浦绿洲	玉龙喀什河
6	和田市	1375	和田绿洲	玉龙喀什河
7	墨玉县	1400	墨玉绿洲	喀拉喀什河
8	昆玉市	1304~1379	墨玉—皮山绿洲	皮山河、桑株河
9	皮山县	1375	皮山绿洲	桑株河、康阿孜河
10	叶城县	1365	叶城绿洲	提孜那甫河
11	泽普县	1353	泽普绿洲	叶尔羌河
12	莎车县	1232	莎车绿洲	叶尔羌河
13	英吉沙县	1297	英吉沙绿洲	依格孜牙喀河、喀拉塔什河
14	阿克陶县	1317	阿克陶绿洲	喀拉塔什河
15	疏勒县	1263	疏勒绿洲	克孜勒河
16	喀什市	1289	喀什绿洲	克孜勒河
17	疏附县	1328	疏附绿洲	盖孜河
	合计或平均	1339	昆仑山脉（中西段）北麓诸绿洲	昆仑山脉（中西段）北麓内陆河水系

古天山造山带形成于晚泥盆世—早二叠世塔里木地块①与准噶尔地块的闭合作用。先后经历

---

① 地块是地质构造三重基本概念之一，指具有一定综合结构形态、属于一定构造体系的地质块体；其存在常由地壳物质组成或地壳结构构造的均一性及明确的界线反映出来；其规模大小、影响深度、结构形态、活动强度均有差别：较活动的狭长带状地块，称为褶皱地带；相对稳定的不规则地块，称为地垒块。在长期复杂的地壳运动中，褶皱地带和地垒块可相互转化。

印支、燕山和喜马拉雅运动等多次构造活动，并遭受多期夷平过程。中、新生代期间，在印度板块挤压碰撞远程效应影响下，天山山体被重新激活并再次隆升。在构造挤压作用下，天山两侧地块向天山造山带之下俯冲，而天山造山带①则以构造岩片的形式向两侧地块逆冲推覆。这种构造作用一方面使天山地壳缩短、加厚和整体隆升，另一方面造成天山山间地块进一步断陷和北南两侧地块持续沉降沉积。

其中，在天山山系内部，山间断陷地块不断接受古生代以来的大量陆相沉积，在陆内断陷—坳陷盆地基础上，形成一系列新生代再生前陆盆地。如哈密—吐鲁番盆地即是在前侏罗系基底上，经过晚二叠世—三叠纪周缘前陆盆地、侏罗系—白垩纪—新近纪早期再生前陆盆地、新生代晚期再生前陆盆地等三个发育演化转换阶段，而形成的山间逆冲前陆叠合盆地②；伊犁盆地即是在古生界石炭系基底上，经过石炭纪地堑地垒式扩张裂谷断陷盆地、中二叠世晚期坳陷盆地等发育演化转换阶段，而形成的山间叠合盆地；费尔干纳盆地即是在古生界变质岩基底上，经过晚二叠世—早三叠世山间拗陷阶段、早侏罗世—中侏罗世盆地雏形形成阶段、晚白垩世—古近纪持续沉降等发育演化转换阶段，而形成的山间叠合盆地。各山间盆地均在盆缘地带堆积巨厚的山前磨拉斯建造，并形成一系列串珠状洪积扇群；且整个山麓地带洪积扇之间相对高差较小，大体在磨拉斯建造基础上形成山前东西向条带状连片相对平坦地带（见表2-7~表2-10），为哈密绿洲、吐鲁番绿洲、伊犁河谷绿洲、费尔干纳绿洲等一系列绿洲和平原的形成提供了重要的地形条件、空间依托条件、物质基础条件。

表2-7　哈密—吐鲁番盆地主要绿洲城镇（区）海拔高度比较

序号	城镇	海拔高度（米）	所处绿洲	主要依托水系
1	哈密市伊州区	738	哈密绿洲	榆树沟、板房沟
2	鄯善县鄯善火车站镇	595	鄯善绿洲	坎尔其河
3	吐鲁番市高昌区七泉湖镇	600	吐鲁番绿洲	黑沟渠、人民渠
4	托克逊县克尔碱镇	700	托克逊绿洲	白杨河、盘切尔河
	合计或平均	658	哈密—吐鲁番盆地诸绿洲	哈密—吐鲁番盆地诸内陆河水系

表2-8　伊犁河谷盆地主要绿洲城镇海拔高度比较

序号	城镇	海拔高度（米）	所处绿洲	主要依托水系
1	新源县	936	伊犁河谷绿洲	巩乃斯河、恰普河
2	巩留县	771	伊犁河谷绿洲	巩乃斯河
3	伊宁市	663	伊犁河谷绿洲	伊犁河、皮里其河、苏阿勒尔马特河
4	可克达拉市	658	伊犁河谷绿洲	伊犁河

---

①　造山带指地球上部由岩石圈剧烈构造变动和其物质与结构重新组建使地壳挤压收缩所造成的狭长强烈构造变形带，往往在地表形成线状相对隆起的山脉；一般与褶皱带、构造活动带同义或近乎同义；包括因地壳挤压收缩、岩层褶皱、断裂并伴随岩浆活动、变质作用所形成的山脉，也包括因地壳上升、走滑剪切在形成裂谷、裂陷盆地的同时相对造成周边抬升所形成的山脉。天山造山带为横贯新疆中部的呈东西向延伸的造山带，构造上夹于准噶尔地块与塔里木地块之间，其范围大致与天山山脉相当，向东可延至甘肃北山地区。

②　前陆盆地是指呈线性收缩于造山带和克拉通之间、由造山带逆冲负荷引起挠曲并沉降成狭长的沉积单元。前陆盆地在时间序列上一般主要由早期拉张环境下的细粒沉积物或碳酸盐岩（称Flysch）和前陆挤压期的粗粒沉积物（称Molasse，即磨拉斯）组成。中国中西部新生代前陆盆地主要位于鄂尔多斯、四川、柴达木、准噶尔、塔里木等稳定克拉通周缘地区，它们是在早期拉张构造背景下，分别于印支期晚三叠世和喜山期晚第三纪经受区域性挤压，造山带向克拉通方向逆冲推覆，在侧向挤压和重力负荷下克拉通边缘挠曲沉降，沉积成各类前陆盆地。参见贾承造等：《中国中西部两期前陆盆地的形成及其控气作用》，《石油学报》2003年第2期，第14页。

序号	城镇	海拔高度（米）	所处绿洲	主要依托水系
5	察布查尔锡伯自治县	601	伊犁河谷绿洲	伊犁河
6	霍城县	700	伊犁河谷绿洲	伊犁河、萨尔布拉克河
7	霍尔果斯市	795	伊犁河谷绿洲	霍尔果斯河
	合计或平均	732	伊犁河谷诸绿洲	伊犁河水系

表 2-9　费尔干纳盆地主要绿洲城镇海拔高度比较

序号	城镇	海拔高度（米）	所处绿洲	主要依托水系
1	安集延市	450	费尔干纳绿洲	卡拉达里亚河
2	纳曼干市	575	费尔干纳绿洲	纳伦河、锡尔河
3	费尔干纳市	580	费尔干纳绿洲	大费尔干纳运河
4	浩罕市	450	费尔干纳绿洲	索赫河、锡尔河
5	苦盏市	442	费尔干纳绿洲	锡尔河
	合计或平均	499	费尔干纳绿洲	锡尔河水系

在天山山脉北侧，山前坳陷地带不断接受古生代以来的大量海相、陆相沉积，在天山北缘中、晚三叠世陆内断陷—坳陷盆地基础上，形成一系列新生代再生逆冲前陆盆地。如三塘湖逆冲兼走滑前陆盆地、准噶尔南缘逆冲前陆盆地、楚—萨雷苏陷落型前陆盆地等，都经历了中生代—古近纪断陷—坳陷沉积阶段和新近纪以来前陆盆地的演化阶段，并在山前沉积新生代巨厚的磨拉斯建造，形成一系列串珠状洪积扇群；且整个山麓地带洪积扇之间相对高差较小，即大体在磨拉斯建造基础上形成山前东西向条带状连片相对平坦地带，为伊吾绿洲、巴里坤绿洲、奇台绿洲、阜康绿洲、乌鲁木齐—昌吉绿洲、奎屯绿洲、塔拉兹绿洲、塔什干绿洲、撒马尔罕绿洲等一系列绿洲和平原的形成提供了重要的地形条件、空间依托条件、物质基础条件。

表 2-10　天山山脉北麓主要绿洲城镇海拔高度比较

序号	城镇	海拔高度（米）	所处绿洲	主要依托水系
1	巴里坤哈萨克自治县	1680	巴里坤绿洲	巴里坤湖水系
2	奇台县	794	奇台绿洲	水磨河
3	阜康市	450	阜康绿洲	三工河
4	乌鲁木齐市	851	乌鲁木齐绿洲	乌鲁木齐河
5	石河子市	442	石河子绿洲	塔西河
6	奎屯市	500	奎屯绿洲	奎屯河
7	精河县	320	精河绿洲	精河
8	霍城县	700	伊犁河谷绿洲	伊犁河、萨尔布拉克河
9	霍尔果斯市	795	伊犁河谷绿洲	霍尔果斯河
10	阿拉木图直辖市	851	阿拉木图绿洲	大、小阿尔马廷卡河
11	塔拉兹市	642	塔拉兹绿洲	塔拉斯河
12	奇姆肯特直辖市	512	奇姆肯特绿洲	巴达姆河
13	塔什干直辖市	488	塔什干绿洲	奇尔奇克河
14	撒马尔罕市	724	撒马尔罕绿洲	泽拉夫尚河
	合计或平均	697	天山北麓诸绿洲	天山北麓诸河

在天山山脉南侧，山前坳陷地带不断接受古生代以来的大量海相、陆相沉积，塔里木盆地北缘在古元古代基底上，经过古生代克拉通边缘拗陷盆地、中生代前陆盆地等发育演化转换阶段，塔里木盆地西北缘在晋宁期变质基底上，经过伸展型大陆边缘盆地、收缩型中—晚泥盆世残留海盆、压陷型石炭—二叠纪前陆盆地等发育演化转换阶段，形成塔里木北缘、西北缘逆冲前陆盆地等一系列新生代再生前陆盆地；并在山前沉积新生代巨厚的磨拉斯建造，形成一系列串珠状洪积扇群；且整个山麓地带洪积扇之间相对高差较小，大体在磨拉斯建造基础上形成山前东西向条带状连片相对平坦地带（见表2-11），为库车河—渭干河绿洲、阿克苏绿洲、乌什绿洲、阿图什绿洲等一系列绿洲和平原的形成提供了重要的地形条件、空间依托条件、物质基础条件。

表2-11　天山山脉南麓主要绿洲城镇海拔高度比较

序号	城镇	海拔高度（米）	所处绿洲	主要依托水系
1	尉犁县	876	尉犁绿洲	孔雀河
2	库尔勒市	932	库尔勒绿洲	孔雀河
3	铁门关市	909	库尔勒绿洲	孔雀河
4	轮台县	981	轮台绿洲	迪那河
5	库车市	1099	库车河绿洲	库车河
6	新和县	1009	渭干河绿洲	渭干河
7	阿克苏市	1115	阿克苏绿洲	库玛拉河、托什干河
8	温宿县	1132	温宿绿洲	库玛拉河
9	乌什县	1400	乌什绿洲	托什干河
10	柯坪县	1162	柯坪绿洲	柯坪河
11	阿图什市	1298	阿图什绿洲	克孜勒河
	合计或平均	1083	天山南麓诸绿洲	天山南麓诸河

兴都库什山脉主要经历阿尔卑斯运动而大幅隆升。山脉北侧不断沉降，山前坳陷地带不断接受古生代以来的大量陆相、海相沉积，在古生界变质岩基底上，在陆内挤压造陆构造环境下，经过二叠—三叠系弧后前陆阶段、侏罗纪—古近纪断陷—坳陷阶段、渐新世末至今再生前陆盆地阶段等发育演化转换阶段，形成阿富汗—塔吉克再生前陆叠合盆地；并在山前沉积新生代新近系—第四系巨厚的磨拉斯建造，形成一系列串珠状洪积扇群和大致东西向条带状连片相对平坦地带（见表2-12），为阿姆河上游河谷绿洲、巴尔赫绿洲、赫拉特绿洲等一系列绿洲和平原的形成提供了重要的地形条件、空间依托条件、物质基础条件。山脉南侧不断沉降，山前坳陷地带不断接受古生代以来大量陆相、海相沉积，在中元古界高级变质岩基底上，形成赫尔曼德盆地；并在山前沉积新生代新近系—第四系巨厚的磨拉斯建造，形成一系列串珠状洪积扇群和马蹄形大致东南—西北向条带状连片相对平坦地带；且洪积扇群区域内局部地势平坦（见表2-13），为锡斯坦绿洲等一系列绿洲和平原的形成提供了重要的地形条件、空间依托条件、物质基础条件。

表2-12　兴都库什山脉北麓主要绿洲城镇海拔高度比较

序号	城镇	海拔高度（米）	所处绿洲	主要依托水系
1	昆都士（昆都士省中心县）	391	昆都士河谷绿洲	昆都士河
2	马扎里沙里夫（巴尔赫省中心县）	380	巴尔赫绿洲	巴尔赫河
3	赫拉特（赫拉特省中心县）	600	赫拉特绿洲	哈里河
	合计或平均	457	兴都库什山脉北麓诸绿洲	兴都库什山脉北麓诸河

表 2-13　兴都库什山脉南麓主要绿洲城镇海拔高度比较

序号	城镇	海拔高度（米）	所处绿洲	主要依托水系
1	坎大哈（坎大哈省中心县）	1000	坎大哈绿洲	阿尔甘达卜河、洛拉河
2	格里什克	382	赫尔曼德河口绿洲	赫尔曼德河
3	法拉（法拉省中心县）	750	法拉河绿洲	法拉河
4	扎兰季（尼姆鲁兹省中心县）	476	锡斯坦绿洲	赫尔曼德河
	合计或平均	652	赫尔曼德河流域绿洲	赫尔曼德河水系

　　科佩特山脉在第三纪晚期和第四纪早期、渐新世晚期大幅隆升时，山脉北南两侧不断沉降，山前坳陷地带不断接受侏罗纪以来的大量陆相沉积。山脉北侧在新特提斯洋北缘的被动陆缘之上，在不同时期古生代火成岩和变质岩基底上，经过三叠纪弧后裂谷（裂陷）盆地阶段、中生代侏罗纪—晚白垩世早期—始新世初期被动大陆边缘盆地阶段、新生代新近纪—第四纪克拉通拗陷盆地阶段等发育演化转换阶段，形成卡拉库姆盆地；山前地带集中发育和展布科佩特山脉山前拗陷、穆尔加布拗陷、卡拉依莫尔拗陷，并在山前拗陷地带形成一系列串珠状洪积扇群；且整个山麓地带洪积扇之间相对高差较小（见表 2-14），形成山前大致东南—西北向条带状连片相对平坦地带，为科佩特山脉山前绿洲等绿洲和平原的形成提供了重要的地形条件、空间依托条件、物质基础条件。山脉南侧在由被减薄的陆壳及洋壳组成的基底上，经过侏罗纪—白垩纪弧后裂陷盆地阶段、新生代古近纪—新近纪—第四纪挤压型克拉通内部坳陷盆地阶段等发育演化转换阶段，形成阿特拉克河谷及西土库曼斯坦次盆地①，并在山前地带形成一系列串珠状洪积扇群；且整个山麓地带洪积扇之间相对高差较小（见表 2-15），形成山前大致东南—西北向条带状连片相对平坦地带，为阿特拉克河谷绿洲等绿洲和平原的形成提供了重要的地形条件、空间依托条件、物质基础条件。

表 2-14　科佩特山脉北麓主要绿洲城镇海拔高度比较

序号	城镇	海拔高度（米）	所处绿洲	主要依托水系
1	捷詹市	285	捷詹绿洲	捷詹河
2	阿什哈巴德直辖市	225	阿什哈巴德绿洲	科佩特山脉北麓内陆河水系
3	巴尔坎纳巴德市	200	巴尔坎纳巴德绿洲	科佩特山脉北麓内陆河水系
	合计或平均	237	科佩特山脉北麓诸绿洲	科佩特山脉北麓内陆河水系

表 2-15　科佩特山脉南麓主要绿洲城镇海拔高度比较

序号	城镇	海拔高度（米）	所处绿洲	主要依托水系
1	古昌	1140	阿特拉克河谷绿洲	阿特拉克河
2	博季努尔德县	1070	阿特拉克河谷绿洲	阿特拉克河
	合计或平均	1105	阿特拉克河谷绿洲	阿特拉克河

　　厄尔布尔士山脉先后经历基墨里造山运动（晚三叠世末）、阿尔卑斯造山运动（中上中生界和新生界）并大幅隆升。山脉北侧不断沉降，山前坳陷地带不断接受侏罗纪以来的大量陆相沉积，在由被减薄的陆壳及洋壳组成的基底上，经过侏罗纪—白垩纪弧后裂陷盆地阶段、新生代

---

　　① 西土库曼斯坦次盆地为南里海盆地的组成部分。

古近纪—新近纪—第四纪挤压型克拉通内部坳陷盆地阶段等发育演化转换阶段，形成南里海第三纪次盆地；并在盆地南侧山前地带形成一系列串珠状洪积扇群，且整个山麓地带洪积扇之间相对高差较小（见表 2-16），形成山前条带状连片平坦地带（阿里山北麓地带）和倾斜平原（里海南岸地带），为戈尔甘中游河谷绿洲、里海南岸平原等绿洲和平原的形成提供了重要的地形条件、空间依托条件、物质基础条件。山脉南侧不断沉降，山前坳陷地带不断接受石炭系以来的大量陆相、海相沉积，西部在前寒武纪变质岩基底上，经过古生代克拉通内坳陷阶段、中生代挤压—伸展交替作用阶段、古新世—始新世弧后伸展盆地阶段、渐新世—第四纪碰撞造山—造山后伸展—强烈对冲挤压阶段，形成中伊朗前陆盆地，沉积了山间盆地性质的陆相磨拉斯建造以及滨岸潟湖相的膏泥岩，集中发育和展布中伊朗次盆地（为中伊朗前陆盆地的组成部分）；并在山前地带形成一系列串珠状洪积扇群，且整个山麓地带洪积扇之间相对高差较小，大体在磨拉斯建造基础上形成山前条带状连片相对平坦地带（见表 2-17），为德黑兰绿洲、赞詹绿洲等绿洲和平原的形成提供了重要的地形条件、空间依托条件、物质基础条件。

表 2-16　厄尔布尔士山脉北麓主要绿洲或平原城镇海拔高度比较

序号	城镇	海拔高度（米）	所处绿洲	主要依托水系
1	马什哈德县	985	马什哈德绿洲	卡沙夫河
2	戈尔甘县	1350	戈尔甘河中游河谷绿洲	戈尔甘河
3	萨里县	23	里海南岸平原	萨里河
4	拉什特县	-7	里海南岸平原	萨菲德河
5	阿尔达比勒县	1314	里海南岸平原	阿尔达比勒河
	合计或平均	670	厄尔布尔士山脉北麓河谷绿洲及平原	厄尔布尔士山脉北麓诸河

表 2-17　厄尔布尔士山脉南麓主要绿洲城镇海拔高度比较

序号	城镇	海拔高度（米）	所处绿洲	主要依托水系
1	塞姆南县	1138	塞姆南绿洲	坎儿井系统
2	德黑兰直辖市	1192	德黑兰绿洲	卡拉季河、贾吉河
3	加兹温县	1270	加兹温绿洲	欧文湖水系及坎儿井系统
4	赞詹县	1638	赞詹绿洲	赞詹河
	合计或平均	1245	厄尔布尔士山脉南麓诸绿洲	厄尔布尔士山脉南麓诸河

以上各条东西向延伸的高大山脉均在山前地带形成东西向条带状连片相对平坦地带，由此在亚欧大陆中部区域形成东起祁连山脉东段北南麓、西至厄尔布尔士山脉西端北南麓的巨型山前东西向条带状连片相对平坦地带。在以上过程中，亚欧大陆中部区域一系列东西向延伸的高大山脉主要贡献了地质构造运动成因、山前沉积带发育、物源、海拔高度、坡降等因子。

（六）形成巨型山前东西向陆路交通走廊带

亚欧大陆中部区域一系列高大山脉山体北南两侧形成连片相对平坦地带，为开辟东西向陆路交通走廊带提供了重要的地形条件、空间依托条件。

亚欧大陆中部区域一系列东西向延伸的高大山脉虽然以山脉走向及海拔高度因子阻碍了南北方向的陆路交通，但却为东西方向的陆路交通提供了平坦的地貌条件，便利了东西方向的陆路交通。这是中国河西走廊及新疆地区东西方向的陆路交通始终发达于南北方向的陆路交通的地貌原因。中亚南部天山南脉区域、西亚东部兴都库什山脉区域、西亚北部厄尔布尔士山脉区域的情形也大致如此。

这是因为，如前所述，大陆中部区域一系列东西向延伸的高大山脉北南两侧往往发育与展布依顺山脉走向而延伸的连片平坦地带。这种连片平坦地带通常处于山脉两侧盆地（或盆地群）的盆缘地带，且在大陆中部独特的地质构造背景下，往往都是在磨拉斯建造基础上堆积较细粒沉积物，在山前地带形成一系列串珠状洪积扇群和条带状连片相对平坦地带。这种连片平坦地带长则数千千米，短则数百、数十千米，大多呈东西方向绵延于亚欧大陆中部区域一系列东西向延伸的高大山脉北南两侧，只要地势条件、气候条件组合得当，就可形成巨大的跨区域东西向古代陆路商道或近现代陆路交通走廊。

在祁连山脉北侧，由于形成了东起河西走廊东端古浪峡口、西至疏勒河下游古河道（流向罗布泊）甘肃与新疆交界处、绵延 1099 多千米[①]的东西向条带状连片相对平坦地带，且平均海拔相对较低[②]，即在河西走廊形成了连绵 1000 多千米、延续数千年的东西向古代陆路商道和近现代陆路交通走廊；而在祁连山脉南侧，由于所形成的东西向条带状连片相对平坦地带[③]相对较短，且平均海拔相对较高[④]，气候条件相对恶劣，因此所形成的东西向古代陆路商道和近现代陆路交通走廊的规模相对较小、地位相对较低，且多具有季节性和可替代性[⑤]（见表 2-18、表 2-19）。

表 2-18　祁连山脉南麓主要绿洲城镇海拔高度比较

序号	城镇	海拔高度（米）	所处绿洲	主要依托水系
1	德令哈市	2982	德令哈绿洲	巴音河
2	大柴旦镇	3176	鱼卡绿洲、马海绿洲	鱼卡河
3	冷湖镇	2733	冷湖绿洲	呼通诺尔湖水系
	合计或平均	2964	祁连山脉南麓诸绿洲	祁连山脉南麓内陆河水系

表 2-19　祁连山脉北南麓陆路交通走廊概况

序号	走廊带位置	起点	主要节点	终点	距离（千米）	平均海拔（米）
1	祁连山脉北麓	古浪峡口	古浪县、武威市凉州区、张掖市甘州区、酒泉市肃州区、嘉峪关市、敦煌市	疏勒河下游古河道甘肃与新疆交界处	1099	1520
2	祁连山脉南麓	德令哈市	大柴旦镇	冷湖镇	544	2964

在阿尔金山脉北侧，由于形成了绵延数百千米的近东西向条带状连片相对平坦地带[⑥]，且平均海拔相对较低（见表 2-5，平均海拔 941 米），同时又分别在东西两侧与祁连山脉北侧、昆仑山脉（中西段）北侧各 1000 千米以上的条带状连片相对平坦地带[⑦]相连，因此即在塔里木盆地

①　现代公路线路古浪峡口—敦煌间距为 917 千米，敦煌—疏勒河下游古河道甘肃与新疆交界处间距约为 182 千米。

②　见表 2-4，平均海拔 1520 米。

③　大部集中在柴达木盆地北部，自德令哈至冷湖，现代公路线路距离约 544 千米。

④　见表 2-18，平均海拔 2964 米。

⑤　穿越青海东部诸盆地及西部柴达木盆地北缘平坦地带的所谓"青海道"，自青海民和县至花土沟现代公路线路距离约为 1270 千米。

⑥　自疏勒河下游古河道甘肃与新疆交界处经若羌至且末，现代公路线路距离约为 862 千米。

⑦　昆仑山脉（中西段）北侧条带状连片相对平坦地带是指自新疆且末经和田至疏附盖孜河口的山前连片相对平坦地带，现代公路线路距离约为 1119 千米。

东南缘形成了连绵数百千米、延续数千年的近东西向古代陆路商道和近现代陆路交通走廊，并成为东起河西走廊东端古浪峡口、西至塔里木盆地西南端盖孜河口、连绵 3080 千米①、延续数千年的巨大东西向古代陆路商道和近现代陆路交通走廊的中腰段落；而在阿尔金山脉南侧，由于所形成的东西向条带状连片相对平坦地带相对较短②，且平均海拔相对较高③，气候条件相对恶劣，因此所形成的东西向古代陆路商道和近现代陆路交通走廊的规模也相对较小，且也多具有季节性和可替代性（见表 2-20、表 2-21）。

表 2-20　阿尔金山脉南麓主要绿洲城镇海拔高度比较

序号	城镇	海拔高度（米）	所处绿洲	主要依托水系
1	冷湖镇	2733	冷湖绿洲	呼通诺尔湖水系
2	花土沟镇	2940	尕斯库勒河流域绿洲	尕斯库勒河
	合计或平均	2837	阿尔金山脉南麓诸绿洲	阿尔金山脉南麓内陆河水系

表 2-21　阿尔金山脉北南麓陆路交通走廊概况

序号	位置	起点	主要节点	终点	距离（千米）	平均海拔（米）
1	阿尔金山脉北麓	疏勒河下游古河道甘肃与新疆交界处	米兰镇、若羌镇	且末	862	941
2	阿尔金山脉南麓	冷湖镇	黄瓜梁	花土沟镇	120	2837

在昆仑山脉中西段北侧，由于形成了绵延约 1119 千米的东西向条带状连片相对平坦地带④，且平均海拔相对较低（见表 2-22，平均海拔 1339 米），同时又与阿尔金山脉北侧 800 多千米⑤的东西向条带状连片相对平坦地带相连，因此即在塔里木盆地南缘形成了连绵近 2000 千米⑥、延续数千年的东西向古代陆路商道和近现代陆路交通走廊；而昆仑山脉南侧由于处于青藏高原北部，即藏北高原所在区域，虽然高原面总体平缓，但平均海拔达到 4000 米以上，且气候条件相对恶劣，因此基本未形成东西向古代陆路商道和近现代陆路交通走廊。

总结上述，在从河西走廊东端古浪峡口至塔里木盆地西南端盖孜河口 3080 千米的陆路交通走廊沿线区域（见表 2-22），几乎全线均为连续展布的东西向条带状连片相对平坦地带，不需翻越任何山岭地带（仅需在塔里木盆地东北部穿越库木塔格沙漠及罗布泊地区）。

表 2-22　昆仑山脉（中西段）北麓陆路交通走廊概况

序号	位置	起点	主要节点	终点	距离（千米）	平均海拔（米）
1	昆仑山脉北麓	且末县	民丰县、和田市、叶城县、英吉沙县、喀什市、疏附县	盖孜河口	1119	1339

---

① 自古浪峡口至塔里木盆地西南端盖孜河出山口，现代公路线路距离约为 3080 千米。

② 大部分集中在柴达木盆地西部，大致自冷湖镇经黄瓜梁至花土沟镇约 120 千米。

③ 见表 2-21，平均海拔 2837 米。

④ 昆仑山脉北侧条带状连片相对平坦地带，是指自青海都兰县经格尔木市至花土沟镇的山前连片相对平坦地带及自新疆且末县经和田市至疏附县盖孜河出山口（以塔什米里克乡计）的山前连片相对平坦地带，其中，自青海都兰县经格尔木市至花土沟镇的山前连片相对平坦地带即为昆仑山脉（东段）北侧条带状连片相对平坦地带，现代公路线路距离约为 806 千米，自新疆且末县经和田市至疏附县盖孜河口的山前连片相对平坦地带即为昆仑山脉（中西段）北侧条带状连片相对平坦地带，现代公路线路距离约为 1119 千米；自青海都兰县经格尔木市、花土沟镇、若羌县、且末县、和田市至疏附县盖孜河出山口现代公路线路距离约为 2516 千米。

⑤ 约为 862 千米。

⑥ 约为 1981 千米。

在天山山脉北侧，由于形成了绵延 3718 千米的东西向条带状连片相对平坦地带①，且平均海拔相对较低②，同时东端又与祁连山脉北侧 1080 千米的东西向条带状连片相对平坦地带大致相连，在西端大致与科佩特山脉北侧数百千米的东西向条带状连片相对平坦地带③相连，且向南翻越厄尔布尔士山脉东段余脉后，即与厄尔布尔士山脉南侧东西向条带状连片相对平坦地带相连④；因此，·即在准噶尔盆地南缘、图兰平原东南缘形成了连绵 3700 多千米、延续数千年的巨大东西向古代陆路商道和近现代陆路交通走廊。该走廊仅在东天山地段需经头道沟穿越东天山喀尔里克山，在北天山地段需经果子沟翻越北天山科古琴山，其余地段均为连续东西向条带状连片相对平坦地带（见表 2-23）。

表 2-23　天山山脉北南麓陆路交通走廊概况

序号	位置	起点	主要节点	终点	距离（千米）	平均海拔（米）
1	天山山脉北麓	疏勒河下游河谷甘肃与新疆交界处	哈密市伊州区、口门子、巴里坤哈萨克自治县、奇台县、乌鲁木齐市（唐轮台城）、乌苏市、果子沟口、霍城县、阿拉木图直辖市、塔什干直辖市、撒马尔罕市、布哈拉市	马雷市（古木鹿城）	3718	711
2	天山山脉南麓	疏勒河下游河谷甘肃与新疆交界处	楼兰古城遗址、渠犁古城遗址、轮台古城遗址、阿克苏市、巴楚县、阿图什市	疏附县克孜勒苏河出山口	1786	1100

在天山山脉南侧，也由于形成了绵延 1786 千米的东西向条带状连片相对平坦地带⑤，且向西翻越天山南脉铁列克套山经费尔干纳盆地即可与天山南脉西北侧连片相对平坦地带相连⑥；因此，在塔里木盆地北缘、西缘形成了连绵近 2000 千米、延续数千年的巨大东西向古代陆路商道和近现代陆路交通走廊，该走廊几乎全线均为连续东西向条带状连片相对平坦地带（见表 2-23）。

可见，如果计入河西走廊段，则祁连山脉北侧、天山山脉北侧连续东西向条带状连片相对平坦地带约为 4817 千米，仅东天山、北天山部分地段存在短距离山岭地带；祁连山脉北侧、天山山脉南侧连续东西向条带状连片相对平坦地带约为 2885 千米⑦，均为天然的陆路交通走廊地带。

在兴都库什山脉北侧，由于所形成的东西向条带状连片相对平坦地带相对较短⑧，平均海拔相对较低⑨，受侧旁"亚洲山结"地貌影响较大，因此所形成的东西向古代陆路商道和近现代陆路

---

① 本研究中天山山脉北侧东西向条带状连片相对平坦地带，是指自疏勒河下游河谷甘肃与新疆交界处经哈顺沙漠、哈密市伊州区、口门子、巴里坤哈萨克自治县、奇台县、乌鲁木齐市（唐轮台城）、乌苏市、果子沟口、霍城县、阿拉木图直辖市、塔什干直辖市、撒马尔罕市至马雷市（古木鹿城）的地带。现代公路线路距离约为 3718 千米。

② 见表 2-10，平均海拔 697 米。

③ 长约 710 千米。

④ 长约 1147 千米。

⑤ 本研究中天山山脉南侧东西向条带状连片相对平坦地带，是指自疏勒河下游河谷甘肃与新疆交界处经楼兰古城遗址（今若羌县境内）、渠犁古城遗址（今库尔勒市境内）、轮台古城遗址（今轮台县境内）、阿克苏市、巴楚县至疏附县克孜勒苏河出山口（以木什乡计）地段，现代公路线路距离约 1786 千米；平均海拔相对较低（见表 2-11，平均海拔 1100 米）。

⑥ 该段自喀什市经伊尔克什坦山口、奥什市、安集延市、苦盏市至塔什干直辖市，现代公路线路距离约为 937 千米；山区段仅为上阿图什镇经伊尔克什坦山口、奥什市至霍治阿巴德约 485 千米；如果再经吉扎克市延伸至马雷市（古木鹿城），该天山南侧走廊全程现代公路线路距离约为 3359 千米，且仍仅 485 千米为山区段。

⑦ 如计入喀什市—苦盏市—吉扎克市—马雷市（古木鹿城）段约为 4458 千米。

⑧ 兴都库什山脉北侧相对平坦地带大部分集中在喷赤河下游河谷平原、图兰平原东南缘，自昆都士经马扎里沙里夫至马雷市约 956 千米；山区段自疏附县盖孜河出山口经塔什库尔干塔吉克自治县、明铁盖达坂至昆都士约 928 千米；自疏附县盖孜河出山口经塔什库尔干塔吉克自治县、明铁盖达坂、兰加尔（瓦罕走廊）、伊什卡希姆、法扎巴德（巴达赫尚省中心县）、塔卢坎（塔卢坎省中心县）、昆都士（昆都士省中心县）、马扎里沙里夫（巴尔赫省中心县）至马雷市约 1884 千米。

⑨ 见表 2-12，平均海拔 457 米。

交通走廊的规模也相对较小，通达性相对较弱；但由于东端隔天山南脉和帕米尔高原及喀喇昆仑山脉，连接天山山脉南侧、昆仑山脉北侧与阿尔金山脉北侧、祁连山脉北侧巨大的东西向条带状连片相对平坦地带①，西端连接科佩特山脉北侧、厄尔布尔士山脉南侧东西向条带状连片相对平坦地带②，处于东西两侧巨型东西向条带状连片相对平坦地带的连接部位，因此仍处于东西方巨大东西向古代陆路商道和近现代陆路交通走廊的中腰段落和汇集段落，仍在东西方巨大东西向古代陆路商道和近现代陆路交通走廊中居于重要地位。其南麓呈马蹄形展布的条带状连片相对平坦地带，也在东西方巨大东西向古代陆路商道和近现代陆路交通走廊中居于重要地位（见表2-24）。

表2-24　兴都库什山脉北南麓陆路交通走廊概况

序号	位置	起点	主要节点	终点	距离（千米）	平均海拔（米）
1	兴都库什山脉北麓	昆都士（昆都士省中心县）	马扎里沙里夫（巴尔赫省中心县）	马雷市（古木鹿城）	956	457
2	兴都库什山脉南麓	喀布尔市	坎大哈（坎大哈省中心县）、格里什克、法拉（法拉省中心县）	赫拉特（赫拉特省中心县）	1057	711

在科佩特山脉北南两侧，由于所形成的东西向条带状连片相对平坦地带相对较短（约710千米，大部集中在图兰平原西南缘），平均海拔相对较低，因此所形成的东西向古代陆路商道和近现代陆路交通走廊的规模相对较小、地位相对较低、通达性相对较弱（见表2-25）。

表2-25　科佩特山脉北南麓陆路交通走廊概况

序号	位置	起点	主要节点	终点	距离（千米）	平均海拔（米）
1	科佩特山脉北麓	捷詹市	阿什哈巴德直辖市、巴尔坎纳巴德市	土库曼巴希市	710	237
2	科佩特山脉南麓	莫兹杜兰县	古昌、博季努尔德县	戈尔甘县	700	1105

在厄尔布尔士山脉北侧，由于所形成的东西向条带状连片相对平坦地带相对较短③，东端受制于科佩特山脉阻挡，中部受山脉北侧狭窄地形制约，西端受制于外高加索山脉阻挡，因此所形成的东西向古代陆路商道和近现代陆路交通走廊的规模相对较小，地位相对较低，通达性相对较弱④。而在厄尔布尔士山脉南侧，由于形成了绵延1147千米的东西向条带状大致连片相对平坦地带⑤，且平均海拔相对较低（见表2-17，平均海拔1245米），因此即在厄尔布尔士山脉南侧形成了连绵1000多千米、延续数千年的东西向古代陆路商道和近现代陆路交通走廊⑥（见表2-26）。

---

①　天山山脉南侧及祁连山脉北侧连片相对平坦地带合约2885千米，如计翻越帕米尔高原及喀喇昆仑山脉段则为3794千米；昆仑山脉（中西段）北侧及阿尔金山脉、祁连山脉北侧连片相对平坦地带合计约3061千米，如计翻越帕米尔高原及喀喇昆仑山脉段则为3989千米。

②　科佩特山脉北侧东西向条带状连片相对平坦地带自捷詹市至土库曼巴希市，现代公路线路距离约为710千米；厄尔布尔士山脉南侧东西向条带状连片相对平坦地带自马什哈德县经德黑兰直辖市至赞詹县，现代公路线路距离约为1147千米。

③　厄尔布尔士山脉北侧东西向条带状大致连片相对平坦地带大部集中于里海沿岸平原，自莫兹杜兰县、经戈尔甘县、萨里县、拉什特县至阿尔达比勒县，约为1000余千米。

④　塞琉古一世（公元前305~前281年在位）曾试图开辟自中亚两河地区经里海南部、顺库拉河西行至亚美尼亚和黑海东岸地区的陆海交通线路，该线路即经过本地带，并在该时期曾作为中亚地区至黑海沿岸地区之间的重要陆路商道发挥一定作用。里海南岸通道被称为"冰后时期早期人类东西向移动重要通道"，参见W. B. 费舍尔：《伊朗》，人民出版社1977年版，第129页。

⑤　厄尔布尔士山脉南侧东西向条带状大致连片相对平坦地带主要集中于内沙布尔盆地至中伊朗盆地北缘一带。

⑥　自东端伊朗与阿富汗边界、经德黑兰直辖市至西端伊朗与土耳其边界的公路线路约长2089千米。

表2-26　厄尔布尔士山脉北南麓陆路交通走廊概况

序号	位置	起点	主要节点	终点	距离（千米）	平均海拔（米）
1	厄尔布尔士山脉北麓	莫兹杜兰县	戈尔甘县、萨里县、拉什特县	阿尔达比勒县	1000	670
2	厄尔布尔士山脉南麓	马什哈德县	塞姆南县、德黑兰直辖市、加兹温县	赞詹县	1147	1245

由此，在亚欧大陆中部区域，自北至南，东起古浪峡口、西至赞詹，形成三条巨型大致连续展布的东西向条带状连片相对平坦地带和陆路交通走廊带（见表2-27）。其中，东起古浪峡口、中经祁连山脉北侧、天山山脉北侧、兴都库什山脉北侧、厄尔布尔士山脉南侧、西至赞詹的北部巨型大致连续展布的东西向条带状连片相对平坦地带长约6016千米[①]；东起古浪峡口、中经祁连山脉北侧、天山山脉南侧、兴都库什山脉北侧、厄尔布尔士山脉南侧、西至赞詹的中部巨型大致连续展布的东西向条带状连片相对平坦地带长约5426千米[②]；东起古浪峡口、中经祁连山脉北侧、阿尔金山脉北侧、昆仑山脉（中西段）北侧、兴都库什山脉北侧、厄尔布尔士山脉南侧、西至赞詹的南部巨型大致连续展布的东西向条带状连片相对平坦地带长约5489千米[③]。

表2-27　亚欧大陆中部区域三条巨型东西向陆路交通走廊概况

序号	位置	起点	主要节点	终点	距离（千米）	平均海拔（米）	山区段距离（千米）
1	北部走廊带	古浪峡口	武威市凉州区、敦煌市、哈密市伊州区、口门子、精河县、霍城县、阿拉木图直辖市、塔什干直辖市、马雷市、马什哈德县、德黑兰直辖市	赞詹绿洲	6270	960	254
2	中部走廊带	古浪峡口	武威市凉州区、敦煌市、楼兰古城遗址、库尔勒市、阿克苏市、喀什市、安集延市、吉扎克市、马雷市、马什哈德县、德黑兰直辖市	赞詹绿洲	6087	1080	661
3	南部走廊带	古浪峡口	武威市凉州区、敦煌市、若羌县、且末县、和田市、喀什市、瓦罕、昆都士（昆都士省中心县）、马扎里沙里夫（巴尔赫省中心县）、马雷市、马什哈德县、德黑兰直辖市	赞詹绿洲	6593	1126	1104

资料来源：根据相关资料计算整理。表中三条巨型东西向陆路交通走廊平均海拔只计相对平坦地带平均海拔，未计穿越山区段海拔高度。

以上三条大致连续展布的巨型东西向山前条带状连片相对平坦地带长度均在5000千米以上（不含山区段），以其为依托的三条走廊带（含山区段）总长度均在6000千米以上。其间除个别地段为山岭地带（南部走廊带山岭地带最长，中部走廊带次之，北部走廊带山岭地带最短）以外，绝大部分地段为连绵近千千米或千千米以上的山前盆地边缘平坦地带，是亚欧大陆中部区域天然的陆路交通走廊备选地带。该地带在古代即发育巨型陆路商道，在近现代即发育巨型陆

---

　　① 以该地带为依托的北部走廊带总长约6270千米，其间仅东天山喀尔里克山头道沟段42千米、北天山科古琴山果子沟段36千米、捷詹以南萨拉赫斯至马什哈德段176千米，合计254千米区段为山岭区，占比约4.1%。

　　② 以该地带为依托的中部走廊带总长约6087千米，其间仅克孜勒苏河出山口经伊尔克什坦山至霍治阿巴德山区地段485千米、捷詹以南萨拉赫斯至马什哈德段176千米，合计661公里区段为山岭区，占比约10.9%。

　　③ 以该地带为依托的南部走廊带总长约6593千米，其间仅盖孜河出山口经明铁盖达坂至昆都士地段928千米、捷詹以南萨拉赫斯至马什哈德地段176千米，合计1104公里为山岭区，占比约16.7%。

路交通走廊。由此在亚欧大陆中部区域形成东起祁连山脉东段北麓、西至厄尔布尔士山脉西端南麓的巨型东西向陆路交通走廊带①。古代及近现代巨型东西向陆路交通走廊在亚欧大陆中部区域形成而并未在大陆其他区域形成，亦未在其他大陆形成，有其深刻的地貌及地质构造原因。也由此可见，在单一方向上发育和展布的、具有稳定地质构造基础的连绵平坦地带，是跨区域巨型古代陆路商道或近现代陆路交通走廊形成的重要地貌和地质构造条件。在这一过程中，地貌主要贡献了山脉走向、地形地貌类型、地势平坦程度、地质构造成因等因子。

另一方面，亚欧大陆中部区域一系列东西向延伸的高大山脉因其各自的地势倾斜方向，在小尺度空间范围区域内造就了一系列南北流向的中小河流，形成了山河垂直排布的山河体系。如祁连山脉北南两侧诸河、阿尔金山脉北侧诸河、昆仑山脉北侧诸河、天山山脉北南两侧诸河、兴都库什山脉北南两侧诸河、科佩特山脉北南两侧诸河、厄尔布尔士山脉北南两侧诸河，绝大部分均呈南北流向，并与发源地所在山脉形成山河垂直排布的山河体系。同时，在小尺度空间范围区域内，主要由南北向或近南北向延伸的中小径流所造就的一系列中小绿洲，在空间上也呈各自沿径流方向南北向或近南北向展布、相互大致平行排列的格局。如祁连山脉北南两侧诸绿洲、阿尔金山脉北侧诸绿洲、昆仑山脉北侧诸绿洲、天山山脉北南两侧诸绿洲、兴都库什山脉北南两侧诸绿洲、科佩特山脉北南两侧诸绿洲、厄尔布尔士山脉南侧诸绿洲，都大致呈现此种形态的空间展布格局。

而从大尺度空间范围区域来说，在各条山脉山前地带形成的在小尺度空间范围区域内各自呈南北向或近南北向展布的中小绿洲，由于处于同一山前地带、面临同一地势倾斜方向，且其南侧或者北侧均为东西向延伸的高大山脉，而另一侧通常为广袤的荒漠地带甚至沙漠地带，各个绿洲之间如要发生相互之间的经济、社会、文化联系，就必然要向各个绿洲左右两侧发生人员、物品位移，从而诱发或形成东西向陆路交通活动，进而融会贯通形成东西向陆路交通主干线，并以东西向陆路交通主干线完成对一系列南北向延伸绿洲的形式上的链接。如上述各条山脉北南两侧诸绿洲及所形成的山前东西向陆路交通主干道，均属于此种情形。自然，受制于大陆中部区域整体相对脆弱的生态系统及其相对有限的人口承载能力，受制于各个绿洲相对脆弱的生态系统及其相对有限的人口承载能力，在通常条件下，各个绿洲之间相互诱发或形成的东西向陆路交通活动总体上弱于所支撑的"大陆桥"陆路交通活动（如古丝绸之路），但二者的东西向陆路交通活动发生方向却是一致的。地貌与地质构造特征对陆路交通活动主流方向的规定性于此可见一斑。

同时，从历史状况来分析，亚欧大陆中部区域一系列东西向延伸的高大山脉在若干个小尺度空间范围区域内造就的若干条南北流向的中小河流在汇流以后，却往往在大尺度空间范围区域内造就若干条东西流向的较大河流，在大尺度空间范围区域内形成山河并行排布的山河体系；而这一系列东西向延伸、与高大山脉并行的大河往往成为东西向陆路交通主干道的重要依托，甚至成为影响东西向交通主干道存亡兴衰的关键因素。如大致南北流向的疏勒河上中游在与南北流向的党河在敦煌以北汇流后，即成为历史时期东西流向的疏勒河下游（注入罗布泊），并成

---

① 除以上三条巨型东西向山前条带状连片相对平坦地带、三条巨型东西向陆路交通走廊带以外，在亚欧大陆中部区域，还形成东起黄河晋陕峡谷所大致对应的中国内蒙古呼和浩特市，中经内蒙古巴彦淖尔市临河区、额济纳旗、新疆梧桐大泉、伊吾县、将军庙、阿勒泰市、吉木乃口岸、哈萨克斯坦厄斯克门市，西至俄罗斯鲁布佐夫斯克市的巨型东西向山前条带状连片相对平坦地带，并在部分地段发育巨型东西向陆路交通走廊带（如历史时期的"新北道"）。该巨型东西向山前条带状连片相对平坦地带处于阴山山脉、阿尔泰山脉山侧，总长约 3702 千米，其间仅东天山东端镜儿泉—上马崖段为短距离低山地段（可忽略不计）。由于该巨型东西向山前条带状连片相对平坦地带、巨型东西向陆路交通走廊带及其成因、形成机理、成效均不具有显著典型性，因此，在本章中仅予注明，不做展开阐释。

为丝绸之路河西走廊西段的重要依托；大致南北流向的阿克苏河、和田河、叶尔羌河、喀什噶尔河在塔里木盆地西北缘汇流后，即形成西东流向的塔里木河干流，并在中途吸收北南流向的轮台河、渭干河、库车河等支流注入，在历史时期长期注入罗布泊，成为早期丝绸之路新疆段北道的重要依托。如史籍记载："自车师前王廷随北山，波河西行至疏勒，为北道。"[①] 而历史时期东西流向的疏勒河下游与西东流向的塔里木河下游通过罗布泊实现相互链接，则是丝绸之路河西走廊段与塔里木盆地段形成并贯通的最重要自然地理依托因素，并成为决定早期丝绸之路中段兴衰存亡的最关键自然地理因素。如史籍记载："于是自敦煌西至盐泽，往往起亭，而轮台、渠犁皆有田卒数百人，置使者校尉领护，以给使外国者"；"然楼兰国最在东垂，近汉，当白龙堆，乏水草，常主发导，负水儋粮，送迎汉使。"[②]

可见，亚欧大陆中部区域一系列东西向延伸的高大山脉不仅为形成沿着山脉北南两侧东西向延伸的交通主干道提供了地形条件，而且还提供了不可或缺的水源保障条件。在这一过程中，地貌及地质构造主要贡献了山脉走向、山盆相间分布、地势平坦程度、地形倾斜方向、河流发源、山区汇水等因子。

（七）形成巨型东西向农牧及矿藏资源富集带、经济活动密集带

亚欧大陆中部区域一系列高大山脉山体及北南两侧形成巨型农牧资源及矿藏资源富集带，为形成东西向巨型经济活动密集带提供了重要的资源条件、空间依托条件。

亚欧大陆中部区域一系列东西向延伸的高大山脉北侧迎风坡及山体抬升后形成的较高的地势，造就了山岳地带相对较多的降水；由山区冰雪融水及降水汇集后形成的相对较多的径流，则为在山区形成山间盆地绿洲和径流出山形成山麓绿洲、山前平原绿洲提供了重要的水源和物质搬运沉积条件，进而为在山间盆地绿洲、山麓绿洲、山前平原绿洲发展种植业提供了重要的水源条件和土壤条件。而由相对较多的降水及因相对较高的海拔而导致的相对较低气温，则为在山岳地带形成草原植被进而发展山区畜牧业创造了重要的气候和地表覆被条件。因为山区相对较低的气温无法满足农作物正常生长发育所需要的积温条件，只能满足牧草正常生长发育所需要的积温条件，由此即导致在绝大部分情形下，基于山地垂直植被带谱发育所形成的山麓草原和高山草原可作为山区优质牧场使用。

由于上述因素，即导致在近代工业兴起以前，亚欧大陆中部区域一系列东西向延伸的高大山脉主要成为畜牧业繁盛之地，如祁连山区、阿尔金山区、天山山区、兴都库什山区、厄尔布尔士山区在既往历史时期及当前都是畜牧业繁盛地区。已有研究成果表明，至迟在青铜时代，牧民即已形成在山区转场畜牧习俗。同时史籍记载："大月氏本行国也，随畜移徙，与匈奴同俗。控弦十余万，故强轻匈奴。本居敦煌、祁连间……其余小众不能去者，保南山羌，号小月氏"[③]；"是岁汉遣骠骑破匈奴西数万人，至祁连山"[④]；"婼羌国王号去胡来王……辟在西南，不当孔道……随畜逐水草，不田作，仰鄯善、且末谷"[⑤]；"地多马，王、王后、太子各养马牧于平川中、弥亘百余里，以毛色分别为群，莫知其数"[⑥]。

而一系列东西向延伸的高大山脉南北侧尤其是北侧地带，则主要成为种植业繁盛之地，如祁连山脉北侧、天山山脉北南侧、阿尔金山脉北侧、昆仑山脉北侧、科佩特山脉北侧、兴都库

①　《后汉书·西域传》。

②　《汉书·西域传》第六十六上。

③　《史记卷一二三·大宛传》。

④　《史记卷一二三·大宛传》，言及祁连山区畜牧业。

⑤　《汉书·西域传》第六十六上，言及阿尔金山区畜牧业。

⑥　《宋史》卷二百四十九，言及天山山区畜牧业。

什山脉北南侧、厄尔布尔士山脉北南侧在大部分既往历史时期及当前都是种植业繁盛地区。如史籍记载"西域诸国大率土著，有城郭田畜，与匈奴、乌孙异俗，故皆役属匈奴。匈奴西边日逐王置僮仆都尉，使领西域，常居焉者、危须、尉黎间，赋税诸国，取富给焉"[①]；"自且末以往皆种五谷，土地草木，畜产作兵，略与汉同，有异乃记云"[②]；"大夏在大宛西南二千余里妫水南。其俗土著，有城屋，与大宛同俗"[③]；"安息在大月氏西可数千里。其俗土著，耕田、田稻麦，蒲陶酒。城邑如大宛"[④]。

甚至祁连山脉北侧、天山山脉北侧在既往历史时期首先是畜牧业繁盛之地，后来才逐步主要成为种植业繁盛之地。如史籍记载："其后骠骑将军击破匈奴右地，降浑邪、休屠王，遂空其地，始筑令居以西，初置酒泉郡，后稍发徙民充实之，分置武威、张掖、敦煌，列四郡，据两关焉。"[⑤]

由此，在近代工业兴起以前，在亚欧大陆中部区域一系列东西向延伸高大山脉地带，即形成明显的山区畜牧业、山前种植业的差异化排布产业布局。且山区畜牧业、山前种植业均沿着亚欧大陆中部区域一系列东西向延伸的高大山脉呈东西向连片条带状展布。地貌与地质构造对产业差异化排布及对产业排布主流延展方向的规定性于此可见一斑。

另一方面，由于在形成过程中乃至形成之后发生剧烈的地质构造运动，并伴随多种金属成矿作用[⑥]，导致亚欧大陆中部区域一系列东西向延伸的高大山脉地带，本身往往成为所在区域金属矿藏、固体非金属矿藏的重要成矿带，成为金属、固体非金属矿藏资源尤其是金属矿藏资源的主要蕴藏地，由此形成金属矿藏资源、固体非金属矿藏资源蕴藏地沿东西向延伸的高大山脉走向呈东西条带状连片分布的格局，形成一系列巨大的东西向重要成矿带。

如祁连山脉、阿尔金山脉、昆仑山脉即处于中国秦祁昆成矿域[⑦]中段。该成矿域为中国西部地区中部地带古生代—中生代成矿域，是铅、锌、金、铜、锑、汞、铬等金属矿床以及蛇纹岩、重晶石、石棉等非金属矿床的重要分布区。区域内的铅、锌矿主要分布在祁连山优地槽褶皱带[⑧]及柴北缘优地槽褶皱带；区域内的原生金矿主要分布在柴达木盆地北缘、南缘前寒武系分布区；区域内的铜矿主要分布在昆仑山脉中昆仑成矿带；且祁连山脉、阿尔金山脉、柴达木盆地北缘带均有石棉、蛇纹石矿产出。即祁连山脉、阿尔金山脉、昆仑山脉所在区域是铅、锌、金、铜、锑、汞、铬等金属矿床以及蛇纹岩、重晶石、石棉等非金属矿床的重要东西向集中连片分布区和成矿带。

---

① 《汉书·西域传》第六十六上，指天山山脉南侧地带情形。
② 《汉书·西域传》第六十六上，指昆仑山脉（中西段）北侧地带情形。
③ 《汉书·西域传》第六十六上，指兴都库什山脉北南侧地带情形。
④ 《汉书·西域传》第六十六上，指科佩特山脉、厄尔布尔士山脉北南侧地带情形。
⑤ 《汉书·西域传》第六十六上，指祁连山脉北侧地带情形。
⑥ 成矿作用指在地球演化过程中，使分散在地壳和上地幔中的化学元素，在一定的地质环境中相对富集而形成矿床的作用。成矿作用是地质作用的一部分，按作用的性质和能量来源可分为内生成矿作用、外生成矿作用和变质成矿作用，相应形成内生矿床、外生矿床和变质矿床。
⑦ 秦祁昆成矿域为中国中部具有长期形成发展历史的成矿区带，可分为6个成矿带：北秦岭银金铜铁铅锌成矿带、南秦岭铅锌银金汞锑成矿带、祁连山铁铜铅锌银铬成矿带、柴达木及周边铅锌铬钾成矿带、东昆仑—阿尔金铁铜镍铅锌成矿带、西昆仑铁铬铜成矿带。秦祁昆成矿域是中国南北构造域和区域成矿作用的分界线，其西段北界与古亚洲成矿域为邻，中段沿龙首山—固始断裂带交会郯庐断裂后与华北陆块为邻；南界由西向东沿康西瓦板块结合带、向东顺阿尼玛卿断裂带和扬子板块北缘断裂带交会郯庐断裂，与特提斯成矿域和扬子陆块为邻。
⑧ 地槽指地壳上呈长条状或盆地状分布于大陆边缘或两块大陆之间的活动地带，多形成具有显著特征的沉积建造，并广泛发育强烈岩浆活动，区域内构造变形强烈、变质作用发育。地质学家施蒂勒于1936年将地槽划分为正地槽和准地槽，其后又将正地槽划分为优地槽和冒地槽；所谓优地槽，指在拗陷过程中伴有强烈海底岩浆喷溢、形成细碧角斑岩建造、沉积物巨厚、多深水相浊流沉积且沉积岩系遭受晚期强烈构造变动、叠加广泛区域变质作用、位于远离大陆一侧的地槽。褶皱带指地槽中的沉积岩层经过剧烈地壳运动后，由线型褶皱组合上升形成的强烈构造变形地带，在该地带内常伴有同造山期的大规模酸性岩浆侵入和广布的区域变质作用；近年研究表明，特定地区褶皱带的范围并非一定限于原先的地槽边界之内，相邻的地台或中间地块边缘的盖层也常卷入褶皱带之中，褶皱带和地槽的边界可不一致；褶皱带也可出现在已稳定地台内部。优地槽褶皱带指发育于优地槽区域的褶皱带。

天山山脉所在区域属古亚洲成矿域①。天山造山带在地质演化过程中发生多期次岩浆活动，伴随多样性成矿作用，造就一系列以铜、金为主的大型金属矿床。天山山脉本身即是重要的成矿带，是铜、镍、金、铅、锌、铁、稀有金属、稀土、铬等金属矿床和白云母、萤石、蛇纹岩等非金属矿床的重要分布区。晚泥盆世—早中二叠世是天山—准噶尔碰撞造山阶段岩浆活动最激烈的时期，也是天山地区最主要的内生金属成矿期。其中，在北天山地区，主要形成金、铅锌、铍、稀土、铜多金属、钼、铁、锰、铝、铋等矿产；在中天山地区，主要形成金、金铜、钨、锑、铜镍、铁锰矿等矿产；在南天山地区，主要形成汞锑、金锑、锡钨、铅锌、银、铝土矿、铁、铁钒钛、稀土、钍等矿产。即天山山脉所在区域是铅、锌、金、铜、锑、汞、铬等金属矿床以及蛇纹岩、重晶石、石棉等非金属矿床的重要东西向连片集中分布区和成矿带。

兴都库什山脉所在区域属特提斯成矿域②。西兴都库什地区在晚元古代文德期—寒武纪沉积—火山沉积建造内，形成一系列与裂谷作用③有关的火山—沉积型、沉积—喷气沉积型、火山—沉积变质型铁铜金矿床；在中—新生代形成与岩浆侵入作用④有关的接触变质—交代型、矽卡岩型和斑岩型铁、铜、钨、锡、钼等矿床。兴都库什山脉所在区域因此成为铜、铁、金、铝、铅、锌、汞、稀土元素等金属矿床和硫黄、重晶石、大理石、绿宝石、青金石等非金属矿床的重要分布区，形成多个巨型铜矿带、铁矿带。即兴都库什山脉所在区域是铜、铁、金、铝、铅、锌、汞、稀土元素等金属矿床和硫黄、重晶石、大理石、绿宝石、青金石等非金属矿床的重要东西向连片集中分布区和成矿带。

厄尔布尔士山脉所在区域也属于特提斯成矿域。山脉北麓部分区域为古特提斯洋盆地带，山岳地区多发育中新生代钙碱性火山岩/侵入岩。基墨里早期伊朗微板块与图兰板块碰撞，是形成厄尔布尔士山脉及其所在区域金属、非金属矿藏资源的重要地质构造运动原因。因此，在该时期形成的北伊朗缝合带及其两侧区域，是厄尔布尔士山脉地带金属、固体非金属矿藏资源尤其是金属矿藏资源的主要蕴藏地，是伊朗铬、铁、锰、铜、铅锌、铝土、金等金属矿藏资源和磷矿等固体非金属矿藏资源的重要蕴藏地。即厄尔布尔士山脉所在区域是铬、铁、锰、铜、铅锌、铝土、金等金属矿床和磷矿等固体非金属矿床的重要东西向连片集中分布区和成矿带。

而在近代工业兴起以后，亚欧大陆中部区域上述东西向延伸的高大山脉遂逐步成为所在区域采矿业主要兴盛地。如甘肃、新疆近代至今有色金属、黑色金属、贵金属采掘业即主要兴盛于祁连山、龙首山区和天山山区；兴都库什山区是阿富汗近代至今有色金属、黑色金属、贵金属采掘业主要兴盛区域；厄尔布尔士山区是伊朗近代至今有色金属、黑色金属、贵金属采掘业主要兴盛区。甚至在农耕时期早期，上述东西向延伸的高大山脉所在区域即为采矿业及冶金业初始兴盛之地，如史籍记载："婼羌国王号去胡来王，……辟在西南，不当孔道。……山有铁，自作兵，兵有弓、矛、服刀、剑、甲"⑤，"龟兹……能铸冶、有铅"⑥，"难兜……有银铜铁，作兵与诸国同"，"罽宾……有金银铜锡，以为器"⑦。

---

① 一般认为，古亚洲成矿域为位于西伯利亚陆块与中朝—塔里木陆块之间的成矿区带，主体属中亚造山带，总体形成造山带夹古陆的格局。

② 特提斯成矿域横亘于地球中部，地跨北美洲、欧洲、非洲、亚洲四大洲，包括加勒比成矿带、地中海成矿带、西亚成矿带、喜马拉雅成矿带和中南半岛成矿带等五个巨型成矿带。该成矿域展布范围与特提斯造山带范围相当。

③ 裂谷指以东非大地堑带为代表的、被正断层夹在中间的凹地构造；裂谷作用指形成凹地构造的过程，即由组成地壳及地幔顶部的岩石圈在张性应力场中被拉张的过程。

④ 岩浆侵入作用指岩浆上升到一定位置后由于上覆岩层外压力大于岩浆内压力，迫使岩浆停留在地壳之中冷凝结晶的活动。

⑤ 《汉书·西域传》第六十六上，言及阿尔金山区采矿业及冶金业。

⑥ 《汉书·西域传》第六十六上，言及天山山区采矿业及冶金业。

⑦ 《汉书·西域传》第六十六上，言及兴都库什山区采矿业及冶金业。

　　同时，亚欧大陆中部区域一系列东西向延伸的高大山脉多为特提斯造山带的重要组成部分。特提斯造山带原为地质时期古、新特提斯洋所在区域，在中生代以后隆起为山脉。由于在特提斯造山带隆起之前，古、新特提斯洋曾分别向南、北两侧侵入大陆边缘的大陆架区，因此即在海侵地带形成特提斯北缘、南缘盆地群两个前陆盆地带，该前陆盆地带海相沉积丰厚，成为两条巨型东西向油气及煤炭富集带，并成为中生代以后隆起的特提斯造山带的两翼[①]，由此初步形成山岳地带金属矿藏资源巨型东西向条带状富集、山前盆地地带油气及煤炭资源巨型东西向条带状富集的差异化排布格局。

　　其中，特提斯北缘盆地群是指中生代时期处于古特提斯洋北部边缘的沉积盆地，包括天山山脉以北的准噶尔盆地、巴尔喀什盆地、图尔盖盆地、萨雷苏盆地、锡尔河盆地、卡拉库姆盆地等和天山山脉以南的吐哈盆地、塔里木盆地、费尔干纳盆地、阿富汗—塔吉克盆地等；特提斯南缘盆地群是指由印藏碰撞[②]产生的印度河—恒河周缘前陆盆地、阿拉伯板块与伊朗微大陆陆—陆碰撞产生的波斯湾周缘前陆盆地等。

　　另外，在新特提斯缝合线[③]与古特提斯缝合线之间也即特提斯造山带内部，也形成特提斯内部盆地群，充填巨厚海相沉积，也成为东西向巨型条带状油气富集带；如昆仑山脉南侧的羌塘盆地、兴都库什山脉南侧的赫尔曼德盆地、厄尔布尔士山脉北侧的南里海盆地、南侧的中伊朗盆地等都属于特提斯内部盆地群。即特提斯域北、中、南三带均是巨型东西向条带状油气及煤炭资源富集带[④]；三个条带均呈现山岳地带金属矿藏资源巨型东西向条带状富集、山前盆地地带油气及煤炭资源巨型东西向条带状富集的差异化排布格局，且其中的北带、中带位于亚欧大陆中部区域。

　　进入新生代以来，在新特提斯洋封闭过程中产生巨大的陆—陆碰撞作用，引起欧亚板块中部造山带再次复活，形成陆内俯冲，使早先形成的前陆盆地产生显著的构造变形，成为再生前陆盆地，也使得早先初步形成框架的山岳地带金属矿藏资源富集、山前盆地地带油气资源富集的差异化排布格局更加集中和显化。如中国西部柴达木、准噶尔、塔里木等克拉通，即在再次复活的祁连造山带、昆仑造山带、天山造山带侧向挤压下，分别在板块边缘山前地带形成柴北缘、柴达木昆仑山前、准噶尔西北缘、博格达山前、准南、吐哈、库车、塔东南、喀什、塔西南等再生前陆盆地，成为中国西部重要的油气成藏区域；中亚图尔盖、楚—萨雷苏、费尔干纳、阿姆河、阿富汗—塔吉克等盆地、伊朗中北部地区的油气资源也主要集中于前陆冲断变形带和凹陷断阶带[⑤]。近代工业兴起以后，大陆中部区域一系列东西向延伸的高大山脉山前地带遂逐步成为油气采掘业的主要兴盛地。煤炭资源分布及煤炭采掘业展布也大体如此。

　　由此即在山区畜牧业、山前种植业布局基础之上，又叠加形成了山区金属采掘业、山前油气及煤炭采掘业的差异化排布产业布局，最终形成主要经济活动大致沿亚欧大陆中部区域一系列东西向延伸的高大山脉巨型东西向条带状展布的格局，使得亚欧大陆中部区域一系列东西向延伸的高大山脉及其北南两侧，成为东西向延伸的巨型农牧及矿藏资源密集带和经济活动密集带。当前，中国西北地区、中亚地区、伊朗高原大部分区域的产业布局均属于此种格局。由此

---

　　① 根据这一组成特点，将特提斯域区分为北、中、南三带，中带是由缝合带和拼合地体组成的复合造山带，是特提斯域的主体，北南两带即为两条巨型东西向油气富集带。

　　② 印藏碰撞即印度板块与欧亚板块之间的碰撞。

　　③ 缝合线是指两个陆地板块的碰撞结合地带。

　　④ 特提斯域面积占全球面积的17%，油气储量占全球油气储量的68%。参见张宾：《伊朗Garmsar区块综合评价及目标优选研究》，中国海洋大学博士学位论文，2010年，第19页。

　　⑤ 参见塔斯肯、李江海、李洪林、李维波、毛翔、王洪浩：《中亚与邻区盆地群构造演化及含油气性》，《现代地质》2014年第3期，第575页。

即在亚欧大陆中部区域，形成东起祁连山脉及其北南麓、西至厄尔布尔士山脉及其北南麓的巨型东西向农牧及矿藏资源密集带和经济活动密集带。可见，亚欧大陆中部区域一系列东西向延伸的高大山脉为形成东西向延伸的巨型农牧及矿藏资源密集带、经济活动密集带，创造和提供了地形、水源、植被、地质构造等条件。在这一过程中，地貌及地质构造主要贡献了迎风坡、海拔高度、地形倾斜方向、山脉走向、矿藏资源地质孕育赋存等因子。

（八）形成巨型东西向人口集聚区带

亚欧大陆中部区域一系列高大山脉山体及北南两侧形成东西向连片相对平坦地带、交通走廊带、农牧及矿藏资源密集带、经济活动密集带，为形成东西向延伸的巨型人口集聚带提供了重要的产业基础条件、交通通道条件、空间依托条件。

亚欧大陆中部区域一系列东西向延伸的高大山脉为山区形成草原植被进而发展畜牧业创造了有利条件，由此使得大陆中部区域一系列东西向延伸的高大山脉首先成为历史时期及当前游牧部族居住繁衍的重要地区。在游牧及农耕时代早期，一系列东西向延伸的高大山脉甚至成为游牧部族东西向迁徙的主要途径和依托，如大月氏、乌孙西迁主要循祁连山脉、天山山脉完成。史籍记载"始月氏居敦煌、祁连间，及为匈奴所败，乃远去，过宛，西击大夏而臣之，遂都妫水北，为王庭"[①]。

同时，亚欧大陆中部区域一系列东西向延伸的高大山脉，为山间形成河谷绿洲、山麓形成山麓绿洲、山前地带形成平原绿洲进而发展种植业创造了有利条件，由此使得这一系列东西向延伸高大山脉山前地带，成为既往历史时期及当前以农耕为主要生产方式的部族民族居住繁衍重要地区。如早在张骞出使西域之前，即有所谓"山北行国，山南城郭之国"之说。如史籍记载"乌孙在大宛东北可二千里，行国，随畜，与匈奴同俗"[②]；而在当时天山山脉南侧塔里木盆地北缘、昆仑山脉（中西段）北侧塔里木盆地南缘，已经"种五谷、蒲陶（葡萄）诸果，粪治园田"[③]，并成为当时种植业比较发达、农耕人口比较集中的区域。史书记载的中国汉朝古西域"36国"中的大部分即沿天山山脉南侧塔里木盆地北缘、昆仑山脉（中西段）北侧塔里木盆地南缘分布，并以农耕为主要生产方式[④]（见表2-28）。张骞出使西域之后，河西走廊、天山山脉北侧逐步成为以农耕为主要生产方式的汉族人口西移的重要通道和新的集聚地，并先后在西汉、唐、清前期兴起三次屯垦高潮和绿洲扩张，河西走廊、天山北坡的主要生产方式也于其后逐步由畜牧业转变为种植业，河西走廊、天山北坡逐步由游牧人口为主的区域，转变为农耕人口为主的区域。

表2-28　中国汉朝"古西域三十六国"概况[⑤]

序号	名称	位置	距离	与西域都护关系	人口规模	生产生活方式
1	婼羌	辟在西南，不当孔道（所在地域在今若羌县东南、阿尔金山脉南）	去阳关千八百里，去长安六千三百里，辟在西南，不当孔道	属都护	户四百五十，口千七百五十，胜兵者五百人	随畜逐水草，不田作，仰鄯善、且末谷。山有铁，自作兵

① 《史记·卷七十·大宛列传》。

② 《史记·卷一百二十三·大宛列传第六十三》。

③ 《史记·卷一百二十三·大宛列传第六十三》。

④ 所谓中国汉朝"古西域三十六国"与现代具有严格的组织机构和政治意义的国家不同，其所区分的乃是其时以单个绿洲或草原地域为单元的部族在特定历史条件下以生产为单位的某种生存方式。

⑤ 根据《史记·大宛传》及《汉书·西域传》等资料整理；本研究采萧绰说，分自姑师的车师前后、车师都尉、车师后城长、蒲类、蒲类后等均属于中国汉朝"古西域三十六国"，且均"属都护"，其中，车师前、车师都尉"国"为"种五谷"的部族地域，车师后城长、蒲类、蒲类后"国"为"随水草"的部族地域。

序号	名称	位置	距离	与西域都护关系	人口规模	生产生活方式
2	鄯善	至山国千三百六十五里，西北至车师千八百九十里。当汉道冲（所在地域在今罗布荒漠中）	去阳关千六百里，去长安六千一百里。西北去都护治所千七百八十五里	属都护	户千五百七十，口万四千一百，胜兵二千九百一十二人	地沙卤，少田，寄田仰谷旁国。民随畜牧逐水草，有驴马，多橐它。能作兵，与婼羌同。楼兰、姑师邑有城郭，临盐泽
3	且末	北接尉犁，南至小宛可三日行。西通精绝二千里（所在地域在今且末县西南）	去长安六千八百二十里。西北至都护治所二千二百五十八里	属都护	户二百三十，口千六百一十，胜兵三百二十人	自且末以往皆种五谷，土地草木，畜产作兵，略与汉同，有异乃记云。有蒲陶（葡萄）诸果
4	小宛	东与婼羌接，辟南不当道（所在地域相当于今且末县东、车尔臣河南岸一带）	去长安七千二百一十里。辅国侯、左右都尉各一人。西北至都护治所二千五百五十八里	属都护	户百五十，口千五十，胜兵二百人	自且末以往皆种五谷，土地草木，畜产作兵，略与汉同，有异乃记云
5	精绝	南至戎卢国四日行，地厄狭，西通扞弥四百六十里（所在地域相当于今新疆民丰县北）	去长安八千八百二十里。北至都护治所二千七百二十三里	属都护	户四百八十，口三千三百六十，胜兵五百人	自且末以往皆种五谷，土地草木，畜产作兵，略与汉同，有异乃记云
6	戎卢	东与小宛、南与婼羌、西与渠勒接，辟南不当道（所在地域在今于田县南）	去长安八千三百里。东北至都护治所二千八百五十八里	属都护	户二百四十，口千六百一十，胜兵三百人	自且末以往皆种五谷，土地草木，畜产作兵，略与汉同，有异乃记云
7	扞弥	南与渠勒、东北与龟兹、西北与姑墨接，西通于阗三百九十里（所在地域在今策勒县东）	去长安九千二百八十里。东北至都护治所三千五百五十三里	属都护	户三千三百四十，口二万四十，胜兵三千五百四十人	自且末以往皆种五谷，土地草木，畜产作兵，略与汉同，有异乃记云
8	渠勒	东与戎卢、西与婼羌、北与扞弥接（所在地域在今策勒县南）	去长安九千九百五十里。东北至都护治所三千八百五十二里	属都护	户三百一十，口二千一百七十，胜兵三百人	自且末以往皆种五谷，土地草木，畜产作兵，略与汉同，有异乃记云
9	于阗	南与婼羌接，北与姑墨接。西通皮山三百八十里（所在地域相当于今和田市一带）	去长安九千六百七十里。东北至都护治所三千九百四十七里	属都护	户三千三百，口万九千三百，胜兵二千四百人	自且末以往皆种五谷，土地草木，畜产作兵，略与汉同，有异乃记云
10	皮山	西南至乌秅国千三百四十里，南与天笃接，北至姑墨千四百五十里，西南当罽宾、乌弋山离道，西北通莎车三百八十里（所在地域相当于今皮山县东南）	去长安万五十里。东北至都护治所四千二百九十二里	属都护	户五百，口三千五百，胜兵五百人	自且末以往皆种五谷，土地草木，畜产作兵，略与汉同，有异乃记云
11	乌秅	北与子合、蒲犁，西与难兜接（所在地域相当于今塔什库尔干塔吉克自治县东南）	去长安九千九百五十里。东北至都护治所四千八百九十二里	属都护	户四百九十，口二千七百三十三，胜兵七百四十人	山居，田石间。有白草。累石为室。民接手饮。出小步马，有驴无牛

续表

序号	名称	位置	距离	与西域都护关系	人口规模	生产生活方式
12	西夜	东与皮山、西南与乌秅、北与莎车、西与蒲犁接（所在地域在今皮山县西南）	去长安万二千二百五十里。东北至都护治所五千四十六里	属都护	户三百五十，口四千，胜兵千人	西夜与胡异，其种类羌氐行国，随畜逐水草往来
13	子合	（所在区域在今莎车县东南部一带）		属都护		子合土地出玉石
14	疏勒	南至莎车五百六十里。西当大月氏、大宛、康居道也（所在地域在今疏勒县和喀什市一带）	去长安九千三百五十里。东至都护治所二千二百一十里	属都护	户千五百一十，口万八千六百四十七，胜兵二千人	有市列。自且末以往皆种五谷，土地草木，畜产作兵，略与汉同，有异乃记云
15	蒲犁	北至疏勒五百五十里，南与西夜子合接，西至无雷五百四十里（所在地域在今叶城县东一带）	去长安九千五百五十里。东北至都护治所五千三百九十六里，东至莎车五百四十里	属都护	户六百五十，口五千，胜兵二千人	寄田莎车。种俗与子合同。蒲犁及依耐、无雷国皆西夜类也
16	依耐	北至疏勒六百五十里，南与子合接（所在地域在今英吉沙县东南一带）	去长安万一百五十里。东北至都护治所二千七百三十里，至莎车五百四十里，至无雷五百四十里	属都护	户一百二十五，口六百七十，胜兵三百五十人	南与子合接，俗相与同。少谷，寄田疏勒、莎车。蒲犁及依耐、无雷国皆西夜类也
17	无雷	南与乌秅、北与捐毒、西与大月氏接（所在地域相当于今阿富汗巴达赫尚东北）	去长安九千九百五十里。东北至都护治所二千四百六十五里，南至蒲犁五百四十里	属都护	户千，口七千，胜兵三千人	衣服类乌孙，俗与子合同。蒲犁及依耐、无雷国皆西夜类也
18	难兜	南与婼羌、北与休循、西与大月氏接（所在地域相当于今巴基斯坦克什米尔地区东北部巴尔蒂斯坦）	去长安万一百五十里。东北至都护治所二千八百五十里，西至无雷三百四十里，西南至罽宾三百三十里	属都护	户五千，口三万一千，胜兵八千人	种五谷、蒲陶诸果。有银铜铁，作兵与诸国同，属罽宾
19	捐毒	王治衍敦谷……南与葱领属（所在地域在今乌恰县西一带）	去长安九千八百六十里。东至都护治所二千八百六十一里	属都护	户三百八十，口千一百，胜兵五百人	衣服类乌孙，随水草，依葱领，本塞种也
20	桃槐	南与葱领属。西北至大宛千三十里，北与乌孙接（所在地域在今阿赖山北小帕米尔一带）	去长安万一千八十里	属都护	户七百，口五千，胜兵千人	自且末以往皆种五谷，土地草木，畜产作兵，略与汉同，有异乃记云
21	休循	在葱岭西，至捐毒衍敦谷二百六十里，西北至大宛国九百二十里，西至大月氏千六百一十里	去长安万二百一十里。东至都护治所三千一百二十一里	属都护	户三百五十八，口千三十，胜兵四百八十人	民俗衣服类乌孙，因畜随水草，本故塞种也
22	大宛	大宛在匈奴西南，在汉正西。其北则康居，西则大月氏，西南则大夏，东北则乌孙，东则扜罙（即扜弥）、于寘（所在地域在今费尔干纳盆地一带）	去汉可万里	属都护	其属邑大小七十余城，众可数十万。其兵弓矛骑射	其俗土著，耕田，田稻麦。有蒲陶酒。多善马，马汗血，其先天马子也。有城郭屋室

序号	名称	位置	距离	与西域都护关系	人口规模	生产生活方式
23	尉头	南与疏勒接，山道不通，西至捐毒千三百一十四里，径道马行二日（所在地域在今阿合奇县境内）	去长安八千六百五十里。东至都护治所千四百一十一里	属都护	户三百，口二千三百，胜兵八百人	田畜随水草，衣服类乌孙
24	温宿	西至尉头三百里，北至乌孙赤谷城六百一十里	去长安八千三百五十里。东至都护治所二千三百八十里	属都护	户二千二百，口八千四百，胜兵千五百人	土地物产与鄯善诸国同
25	姑墨	南至于阗马行十五日，北与乌孙接。东通龟兹六百七十里	去长安八千一百五十里。东至都护府治所千二百一十里	属都护	户三千五百，口二万四千五百，胜兵四千五百人	出铜、铁、雌黄
26	龟兹	南与精绝、东南与且末、西南与扜弥（今于田县圆沙古城）、北与乌孙、西与姑墨接（所在地域在今库车县、拜城县、新和县、沙雅县、轮台县一带）	去长安七千四百八十里。东至都护所乌垒城三百五十里	属都护	户六千九百七十，口八万一千三百一十七，胜兵二万一千七十六人	能铸冶、有铅
27	乌垒	其南三百三十里至渠犁（所在地域在今轮台县东北）	与都护府同治	属都护	户一十，口千二百，胜兵三百	种五谷
28	焉耆	南至尉犁百里，北与乌孙接（所在地域在今新疆焉耆县一带）	去长安七千三百里。西南至都护治所四百里	属都护	户四千，口三万二千一百，胜兵六千人	近海水多鱼
29	危须	至焉耆百里（所在地域在今焉耆县以北一带）	去长安七千二百九十里。西至都护治所五百里	属都护	户七百，口四千九百，胜兵二千人	种五谷
30	渠犁	东北与渠犁、东南与且末、南与精绝接，西有河（所在地域在今库尔勒市一带）	至龟兹五百八十里	属都护	户百三十，口千四百八十，胜兵百五十人	种五谷
31	山国	西至尉犁二百四十里，西北至焉耆百六十里，西至危须二百六十里，东南与鄯善、且末接（所在地域在今库尔勒市以东库鲁克山山区内）	去长安七千一百七十里	属都护	户四百五十，口五千，胜兵千人	其民山居，出铁，寄田籴谷于焉耆、危须
32	姑师	建城于吐鲁番盆地，所在地域东至罗布泊以东及以北、北至天山以北乌鲁木齐、吉木萨尔、奇台一带		属都护	公元前108年，汉大将赵破奴破姑师后改称车师，并将其分为车师前后、车师都尉、车师后城长、蒲类、蒲类后等	楼兰、姑师邑有城郭，临盐泽

近代工商业兴起以后，亚欧大陆中部区域一系列东西向延伸的高大山脉山区及邻近区域由于矿藏资源富集，而逐步开始集聚以工矿业为主要生产方式的人口。山前地带由于地势平坦、交通便利、信息传播迅捷、生产要素集合程度较高而迅速成为近现代工商业繁盛区域，并成为工商业人口集聚地，近现代城镇迅速崛起。与历史时期相比较，大量人口沿河流、交通主干道集聚于山麓绿洲、山前平原绿洲等山前地带且呈巨型东西向条带状延伸分布的基本格局并未发生重大改变，只不过是在种植业人口聚落基础上叠加布局了工商业人口聚落而已。由此在亚欧大陆中部区域形成东起祁连山脉东段北南两侧、西至厄尔布尔士山脉西端北南两侧的巨型东西向条带状人口集聚区带。

可见，亚欧大陆中部区域一系列东西向延伸的高大山脉为形成巨型东西向条带状延伸的人口集聚区带创造了地形、水源、植被、矿藏资源、产业形态等条件。在这一过程中，地貌主要贡献了迎风坡、海拔高度、地形倾斜方向、山脉走向、矿藏资源地质孕育赋存、水土要素组合等因子。

总结上述可见，在亚欧大陆中部区域，形成了长达 6000 多千米的巨型东西向山链、东西向山地地形雨带、东西向高山冰川带、东西向山麓断裂带及坡降带、东西向径流带、东西向连片相对平坦地带、东西向绿洲带、东西向陆路交通走廊带、东西向农牧及矿产资源富集带、东西向山区畜牧业金属采掘业山前种植业油气煤炭采掘业复合产业带、东西向人口集聚区带，且各个巨型东西向条带相互耦合并呈巨型条带状展布，为丝绸之路经济带的发育和形成奠定了最重要的地貌及地质构造基础与相关自然地理要素耦合关系基础。该耦合关系及格局不仅形成与体现了局部地带性连接与耦合成为整体地带性的趋势与规律，还形成与体现了中小尺度空间范围地带性连接与耦合成为巨大尺度空间范围地带性的趋势与规律，还形成与体现了要素地带性耦合成为综合地带性的趋势与规律，而且地上地带性与地下地带性相互连接与耦合，地表地带性与行星风系地带性相互连接与耦合，自然地带性与人文地带性相互连接与耦合，反映出深刻而复杂的自然演替与地理分布规律。在这一复杂耦合关系及耦合格局形成与演化过程中，巨型东西向山链是其他各个条带形成及在各个条带之间构建耦合关系的重要地貌及地质构造基础，是推动其他各个条带形成及构建耦合关系的"第一推动力"。而巨型东西向山链的形成，又与亚欧大陆的地质形成史、各阶段构造运动及古代地理环境特征等密不可分，具有重要的因果联系。

二、作用成因探析

新元古代时期（1000~542.3Ma）[①]，依托格林威尔造山运动及相近时期的造山运动，地球上分散的各大陆块[②]碰撞形成全球性"Rodinia"超大陆[③]。劳伦大陆处于该超大陆的聚合中心部位，东冈瓦纳、西伯利亚、波罗的等多个大陆块拼贴在劳伦大陆周缘或分布在邻近位置[④]。800Ma 前后，"Rodinia"超大陆开始裂解。

[①]　Ma 为地质年代单位 megaannus（百万年）的简写，即 10 的 6 次方年，表示百万年前，下同。

[②]　陆块泛指整个地史时期某个隆起、高出海面、遭受剥蚀的陆地区域，系由已固结陆壳组成的相对稳定地区；陆块范围一般较大，古地理面貌经常发生海陆变迁，陆块既可以是隆起剥蚀区也可以是沉积盆地。

[③]　"Rodinia"超大陆是由 McMenamin 等于 1990 年首先提出的概念，指出"Rodinia"是在 1.3~1.0Ga 期间由各大陆碰撞形成的全球性的超大陆。"Rodinia"一词来源于俄语，原义为"诞生"之意。赋予新元古时期超大陆以"Rodinia"一词，系指"Rodinia"超大陆是显生宙所有大陆的始祖，且 Rodinia 超大陆的边缘（大陆架）是最早期动物诞生的摇篮。Ga 为地质年代单位 gigaannus（十亿年）的简写，即 10 的 9 次方年，表示十亿年前，下同。

[④]　参见陆松年、李怀坤、陈志宏、于海峰、金巍、郭坤一：《新元古时期中国古大陆与罗迪尼亚超大陆的关系》，《地学前缘》2004 年第 2 期，第 516 页。

约720Ma左右，劳伦大陆与东冈瓦纳大陆裂解形成原太平洋，与波罗的克拉通裂解形成原大西洋，"Rodinia"超大陆解体。前寒武纪末期（约600Ma），"Pannotia"超大陆形成。600~550Ma期间，由于泛非巴西褶皱造山运动①造成东冈瓦纳与西冈瓦纳块体之间汇聚，形成冈瓦纳超大陆。

新元古代（1000~542.3Ma）末早古生代（542~409Ma，包括寒武纪、奥陶纪、志留纪）初，全球形成新的洋陆格局，全球陆块群大致可分为南部冈瓦纳大陆群、北部劳亚大陆群②和其间的泛华夏大陆群，原特提斯洋③开始形成演化，并与古亚洲洋④连为一体。由于原特提斯洋的扩张，泛华夏大陆群与冈瓦纳大陆在该时期处于联而不合状态。其时，经过扬子造山旋回⑤形成的扬子准地台⑥和塔里木地台已与早先经过阜平旋回、五台旋回、中条旋回形成的中朝准地台连成一体，古中国地台形成；北羌塘地块、扬子地块、华夏地块等为原特提斯洋中的小碎块，腾冲保山地块、拉萨地块、南羌塘地块位于冈瓦纳超大陆北缘安第斯型大陆边缘，为原特提斯洋最南界，且呈串联状分布⑦。

寒武纪时期（542~485Ma），自震旦纪（800~570Ma）即已开始的兴凯造山旋回造成古中国地台解体，中朝准地台、塔里木地台和扬子准地台作为残留部分继续发展。

晚寒武世（500~485Ma）早奥陶世（485~470Ma），原特提斯洋向南俯冲、冈瓦纳大陆边缘侧向增生继续进行，冈瓦纳大陆北缘的喜马拉雅、南羌塘、拉萨、腾冲保山等地块处于挤压应力场中，并伴有大规模逆冲构造运动。

奥陶纪时期（485~444Ma），早加里东旋回出现，华南地槽转化为褶皱带，中国南部地台范围扩大。大致在晚奥陶世（458~443Ma），北羌塘地块和南部的南羌塘喜马拉雅印度拼贴体发生碰撞，抑制原特提斯洋洋壳俯冲，原特提斯洋洋壳扩张终止。塔里木板块和中阿尔金微陆块焊接在一起的统一古陆与柴达木地块发生碰撞，导致南阿尔金洋盆最终闭合。晚奥陶世末期，形成于伊犁地块和准噶尔地块之间的北天山洋洋盆关闭，北天山造山带在北天山洋洋壳俯冲构造背景下形成。

志留纪（440~410Ma）时期，原特提斯洋消减到最小范围，南、北羌塘地块几近发生拼合。由于原特提斯洋的俯冲消减，导致塔里木地块、印支地块等地块裂离冈瓦纳大陆，古特提斯洋⑧

---

① 亚马逊克拉通、西非克拉通、圣佛朗西斯科克拉通等陆块合并形成相对稳定的冈瓦纳大陆，该构造阶段被称为泛非造山运动。

② 劳亚大陆泛指包括北美劳伦大陆与波罗的大陆及其之间的阿瓦龙陆块、俄罗斯（属波罗的板块）与西伯利亚大陆及其之间的哈萨克斯坦陆块、与该大陆有亲缘性的其他陆块（如北美劳伦大陆在早奥陶世之前拼合的苏格兰等）在内的陆块的总称。

③ 原特提斯洋是晚前寒武纪伴随古宙"Rodinia"超大陆裂解形成于西伯利亚陆块与哈萨克斯坦陆块、波罗的板块之间、延续存在至泥盆纪的东西向古大洋。华北克拉通与柴达木—祁连地块之间的古洛南—栾川断裂代表早古生代原特提斯洋北界，南、北羌塘之间的龙木错—双湖断裂代表原特提斯洋南界。

④ 古亚洲洋介于哈萨克斯坦陆块与西伯利亚陆块、哈萨克斯坦陆块与塔里木、华北、华南陆块之间，是"Rodinia"超大陆裂解的产物，于新元古代打开成洋，于早古生代时扩张成为大洋，昆仑洋、祁连洋、秦岭洋作为古亚洲洋分支或次生洋盆于志留纪末闭合，古亚洲洋主洋于晚古生代泥盆纪末闭合；塔里木陆块为古亚洲洋南岸的陆块之一。古亚洲洋与原特提斯洋合称古亚洲—原特提斯洋。

⑤ 旋回一般作为造山旋回或褶皱旋回的同义词使用，指在一段地质时间内，活动带（地槽区域或沉降带）通过前造山幕、造山幕、后造山幕而演变成稳定的造山带或褶皱带。1886年，法国地质学家贝特朗用分析角度不整合的方法确定了地槽内褶皱运动的旋回性，对西欧和北美不同的地槽区进行比较，划分出休伦、加里东、海西、阿尔卑斯等四个褶皱期或造山期，亦即四个构造旋回。其基本观点仍被许多地质学家所采用。

⑥ 地台为大陆的一部分，其上部覆盖着水平的或缓倾斜的岩层（主要为沉积岩），其下伏岩层为埋深不同的结晶基底，结晶基底系在更早期变形固结而成。陆台具有双层结构，下层为褶皱基底，上层为沉积盖层。

⑦ 参见安慧婷：《原特提斯南界的厘定及其洋—陆格局》，中国海洋大学硕士学位论文，2014年，第61页。

⑧ 古特提斯洋是指主要存在于晚古生代、介于卡拉库姆—塔里木板块与基墨里大陆即中伊朗—冈底斯（藏滇）中间板块之间的东西向大洋，在早二叠世扩张至最大规模后开始俯冲消减，逐渐缩小；华北克拉通与华南克拉通之间的勉略带以及羌塘地块与拉萨地块之间的缝合线代表古特提斯洋。

在原特提斯洋基础上以弧后盆地的形式开始重新打开。志留纪（440~410Ma）—泥盆纪（416±2.8~359.2±2.5Ma）时期，晚加里东旋迴出现，祁连地槽和北秦岭地槽封闭转化为褶皱带，塔里木—中朝地台范围扩大。

泥盆纪（416±2.8~359.2±2.5Ma）时期，劳伦、波罗的、西伯利亚陆块逐渐向形成新的劳亚大陆汇聚，并与冈瓦纳大陆逐步靠近，迄今为止全球最后一个超大陆"Pangea"联合大陆的前身形成。约400Ma，劳伦（北美）、波罗的（北欧）和西伯利亚之间的海洋巨神海闭合，劳伦大陆与波罗的大陆碰撞联结①。同一时期，由于冈瓦纳大陆北缘裂解及古特提斯洋逐步打开，包括中国古陆块群在内的东亚各微陆块自冈瓦纳大陆印度—澳洲板块北缘先后裂离，并穿越古特提斯洋向北迁移拼贴。中泥盆世末期或晚泥盆世早中期，南天山洋俯冲消亡导致碰撞造山，形成天山—准噶尔碰撞造山带②，古亚洲洋主体关闭；原作为古亚洲洋南岸的卡拉库姆—塔里木板块向北拼贴于哈萨克斯坦—准噶尔—西伯利亚大陆（新劳亚大陆）上，成为古特提斯洋的北岸；柴达木、祁连、阿拉善、华北、北秦岭等大小陆块、微地陆块构成泛华夏古陆群，也向北拼贴于劳亚大陆，形成古特提斯洋北侧陆缘，亚洲北部大陆形成。

石炭纪时期（360~286Ma），古特提斯洋逐渐发育成熟。在劳亚大陆东部，古特提斯洋成为中国北方古陆（华北、塔里木）与南方古陆（扬子）之间最后的分隔洋盆；塔里木南缘成为被动大陆边缘，古特提斯洋甚至可能海侵过整个塔里木区域；石炭纪地幔柱热动力和板块闭合后碰撞动力导致天山—北山及邻区大规模岩浆作用和成矿爆发。晚石炭纪（318.1±1.3~299±0.8Ma），波罗的板块与南欧地块发生碰撞，形成华力西碰撞带③；劳亚大陆西部（由北美及北欧所组成的大陆）与南方的冈瓦纳大陆发生碰撞，形成"Pangea"超大陆的西半部；波罗的板块、西伯利亚板块、哈萨克斯坦板块发生陆—陆碰撞，乌拉尔洋关闭，形成近北南走向的乌拉尔碰撞增生带；造陆运动使中伊朗和厄尔布尔士山脉部分上升。此时，古特提斯洋盆呈向东打开的喇叭状。

晚石炭纪到早二叠纪期间，包含土耳其、外高加索、伊朗、阿富汗、南帕米尔、羌塘、印度支那陆块的基墨里大陆④，自西向东从冈瓦纳大陆的印度—澳洲板块边缘分离，并向北漂移，最终导致新特提斯洋在二叠纪时期开始形成。新特提斯洋北侧为南帕米尔羌塘东南亚地块，南侧为阿拉伯、大印度以及澳大利亚板块。伴随基墨里大陆的持续北漂，新特提斯继续打开。与此同时，古特提斯洋持续向欧亚大陆俯冲，劳亚大陆南缘成为活动大陆边缘，古特提斯洋逐渐趋于闭合；塔里木与西伯利亚古板块碰撞拼贴，冈瓦纳古陆前缘与劳亚古陆前缘碰撞拼合，

---

① 称为加里东运动，参见《地球陆地的演变过程》。加里东运动是古生代早期地壳运动的总称，泛指早古生代志留纪与泥盆纪之间发生的地壳运动，属早古生代的主造山期，以英国苏格兰的加里东山而命名，志留系及更早地层强烈褶皱，与上覆泥盆系呈明显的不整合接触，形成从爱尔兰、苏格兰延伸至斯堪的纳维亚半岛的加里东造山带。加里东运动时期，中国西部柴达木板块与中朝板块拼合，古祁连海褶皱关闭，其他许多古海洋（如古乌拉尔海、古北亚海、古太平洋、原特提斯洋等）都受到加里东运动不同程度的影响，导致各大陆板块边缘陆壳增生，陆地面积进一步扩大，古老地台更趋向于稳定。加里东期的时限为600~405±5Ma。

② 碰撞造山带指在汇聚板块边缘由板块碰撞作用形成的造山带。

③ 碰撞带指由大陆与大陆、岛弧与岛弧、大陆与岛弧间发生板块碰撞所形成的带状构造带。其中包括由洋盆残余物质（蛇绿岩）形成的、代表已消亡古大洋的缝合带以及因强烈挤压和收缩作用而形成的造山带。

④ 古生代—新生代中期由于冈瓦纳古陆北缘解体，分别来自北、南两侧克拉通大陆边缘的众多块体相互拼贴而成的大陆块体被称为基墨里大陆，即中伊朗—冈底斯（藏滇）中间板块；其北侧以古特提斯洋与卡拉库姆—塔里木板块相隔，南侧以新特提斯洋与印度板块相接。其间形成的基墨里造山带系位于阿尔卑斯—喜马拉雅早新生代造山带以北、总体上与之平行分布并部分重叠的晚中生代造山带。两者分别代表古特提斯洋和新特提斯洋。基墨里造山带西起巴尔干半岛，向东经高加索、里海南部、伊朗、中国西藏，直至中国云南、缅甸、泰国、马来西亚和苏门答腊，其为晚三叠世至中侏罗世期间欧亚板块与冈瓦纳亲缘陆块碰撞的产物。

"Pangea"超大陆东部形成。

二叠纪（299~250Ma）早期，亚洲区域北部，古亚洲洋子洋向南俯冲，洋盆闭合，西伯利亚及其周边小地块与中朝—西域板块之间开始碰撞拼合，"Pangea"超大陆汇聚过程完成主体部分，并稳定地向北运动。亚洲区域南部，古特提斯洋沿着康西瓦断裂向劳亚古陆南缘之下俯冲消减，羌塘地块和拉萨地块两个地块中部发生造山作用，伊朗中部地块、萨南达杰—锡尔詹带与冈瓦纳大陆发生裂离①。

三叠纪时期（250~200Ma），印支运动②发生，结合中国陆块后的基墨里大陆与西伯利亚陆块南缘相撞，亚洲破碎陆块互相撞击，西伯利亚地台与中朝地台、塔里木地台、扬子地台连成一体，中亚造山带③形成，古亚洲及中国大陆构架基本形成；古特提斯洋盆相继关闭。在东段，羌塘地块、甜水海地块等与昆仑山碰撞，在西段，基墨里大陆中的大量微板块与东欧南部边缘以及中亚区域发生碰撞导致大量挤压事件，中帕米尔地块、阿富汗地块、中伊朗地块、土耳其地块也先后拼贴增生于东欧板块—哈萨克斯坦板块的南缘，成为亚欧大陆的一部分，形成科佩特造山带、兴都库什—帕米尔—西昆仑碰撞带等亚欧大陆中部碰撞造山构造。经过印支期（257~205Ma）碰撞作用，西起图兰—卡拉库姆地块、经帕米尔、到南羌塘、中缅马苏等地块一线以北与以东的亚洲大部分陆块都拼合起来，使亚洲大陆近三分之二面积都并入"Pangea"超大陆；以西伯利亚为主的亚洲陆块群与以波罗的板块为主的欧洲陆块群逐渐拼接到一起，它们又和早古生代已经拼接的南、北美洲大陆板块和非洲板块连接到一起，至此，世界上所有的陆地全部加入超大陆，自奥陶纪（485~443Ma）以来即开始的冈瓦纳大陆与劳伦大陆汇聚过程最终完成，新的"Pangea"超大陆于三叠纪晚期最终成型。同时，外高加索、卢特地块、萨南达杰—锡尔詹、西北伊朗、赫尔曼德和法拉赫等陆块自冈瓦纳大陆北缘向北漂移。新特提斯洋盆的开启及消减和闭合为印度—欧亚板块碰撞奠定了基础，喜马拉雅造山运动随即开始。

晚三叠世（228.0±2.0Ma）以后，东亚区域北缘，鄂霍茨克洋向两侧俯冲，古亚洲洋封闭后早期形成的古老造山带如阿尔泰山、天山强烈快速抬升—剥露。东亚区域南部，从冈瓦纳大陆裂解形成的早—中侏罗世洋盆班公湖—怒江洋向北俯冲消减；至早白垩世（145.5±4.0Ma），该洋盆俯冲消减后，南侧的拉萨地块—马来亚地块与北侧的羌塘地块—印支地块碰撞形成班公湖—怒江缝合带。

三叠纪（250~200Ma）—侏罗纪（199.60±0.6~145.5±4Ma）时期，印支旋迴发生，印支地槽褶皱区形成，柴达木、塔里木等大型陆相为主的沉积盆地形成。从冈瓦纳超大陆北缘裂离出来的法拉赫地体④和赫尔曼德地体经北向漂移，分别增生于位于欧亚陆块南缘的塔吉克地体南

---

① 参见刘宪光：《南亚地区西部构造地质特征及其油气意义》，中国地质大学（北京）硕士学位论文，2010年，第11页图3-1研究区构造演化图（据Husseini，1992）。

② 印支运动指发生于印支期的构造运动。目前一般将整个三叠纪至早侏罗世之前的地壳运动称为印支运动。印支运动影响最大的区域为古地中海东段，包括西秦岭地槽、南秦岭地槽、巴颜喀拉—松潘地槽、滇西地槽、缅（甸）马（来西亚）地槽等，总称印支地槽，最后形成"印支褶皱带"。在此期间，扬子板块、华夏板块和属于亲冈瓦纳构造域的思茅—印度支那板块、保山—中缅马苏地块均拼合到欧亚板块之上，使中国四分之三的陆地完成了拼合，基本结束了中国南海北陆的分布格局，形成大片宽广的大陆环境。

③ 中亚造山带指由于西伯利亚古陆与中朝、塔里木板块之间的古亚洲洋消减而形成的巨型缝合带。该造山带夹于西伯利亚、东欧板块与华北、塔里木板块之间，发育包括环巴尔喀什—准噶尔、天山、阿尔泰—蒙古高原到大兴安岭等在内的诸多造山带，以造山拼贴体汇聚为特征。肖文交将中亚造山拼贴体分为北部的西伯利亚—蒙古拼贴体、西部的哈萨克斯坦拼贴体、南部的塔里木—北山—阿拉善—华北拼贴体，并指出南天山—索伦缝合带为古亚洲洋最终消亡、中亚南部拼贴作用最终结束的主缝合带。

④ 地体指地壳物质的碎块。其或者形成于一个板块，或者自一个板块断裂而成，后增生（或"缝合"）于另一个板块。其时，该地壳块或碎片仍保有自己独特的地史，而与周边区域不同（因此，偶然称之为外来地体或增生地体）。地体与其所附着的地壳间的缝合线通常为一个断层。

缘。大体同时，阿富汗东部的帕米尔和西诺里斯坦地体也拼贴增生到欧亚陆块南缘[1]。

侏罗纪中叶（180Ma），"Pangea"超大陆张裂活动开始。劳伦大陆顺时针旋转，将北美洲向北方推送，欧亚陆块向南移动；印度板块和澳洲板块向北漂移，向欧亚陆块俯冲拼贴，导致新特提斯洋消减。侏罗纪晚期，拉萨地块汇聚至亚洲，并于140~125Ma期间与羌塘地体发生碰撞。

侏罗纪（199.60±0.6~145.5±4Ma）—白垩纪（145~66Ma）时期，燕山旋迴发生，喀喇昆仑—唐古拉等褶皱产生。在此期间，晚侏罗世—早白垩世早期，在东亚区域北缘，鄂霍茨克洋继续向两侧俯冲，西伯利亚克拉通与阿穆尔板块碰撞，形成鄂霍茨克构造带，阿尔泰山、天山出现153~143Ma的快速挤出—隆升事件。在东亚区域内部，华北克拉通、华南克拉通、塔里木地块等在挤压—逆冲构造背景下强烈隆升[2]。特提斯东段，南部新特提斯主洋继续向北俯冲，拉萨地块与羌塘地块碰撞拼合完成，冈底斯地块向欧亚板块碰撞拼贴，临近俯冲带[3]的位置地壳强烈隆升。特提斯西段，伊朗萨南达杰—锡尔詹、莫克兰等岛弧和微板块进一步与伊朗—阿富汗板块拼贴，新特提斯洋壳向北下插俯冲。由于阿拉伯板块和印度板块不断向北挤压，新特提斯洋开始由扩张逐渐转为向北俯冲消减。侏罗纪晚期（152Ma），印度板块与阿拉伯板块分离。

白垩纪（145~66Ma）时期，阿富汗陆块北部（俾路支盆地）处于隆升阶段；从冈瓦纳大陆分离出来的印度—巴基斯坦次大陆加速向北漂移，往欧亚板块碰撞地点前进，导致新特提斯洋东部变窄；非洲—阿拉伯板块的阿拉伯边缘向东北方向漂移，导致新特提斯西部变窄。北美与欧洲开始漂移开来，但仍然相连。在经历最大离散阶段之后，各大陆开始缓慢聚集，新的陆块分布格局逐渐形成。

早白垩世晚期（135Ma），亚洲区域南部，新特提斯洋持续向北俯冲，伊朗西北部—卢特地块—羌塘陆块与东欧板块—哈萨克斯坦板块拼贴更加紧密，拉萨地块已向北拼贴于羌塘地块并已成为东亚大陆的一部分。

晚白垩世（90~65Ma），亚洲区域南部，印度板块越来越接近亚洲大陆南缘，新特提斯洋继续沿扎格罗斯—雅鲁藏布江一线向北俯冲消减，导致伊朗中部块间强烈俯冲和块内褶皱以及逆冲作用，原始的厄尔布尔士山脉在伊朗北部形成，并将伊朗中部地区与南里海盆地永久隔开；经过印度板块与亚洲南部边缘岛弧的碰撞之后，北印度开始隐没于欧亚板块之下；阿拉伯板块海洋部分向北俯冲至欧亚板块南缘卢特板块和阿富汗板块下方，莫克兰增生楔开始在阿富汗陆块南端发育，导致阿富汗板块和印度板块的海洋部分开始向北俯冲[4]。晚白垩世末期，雅鲁藏布江洋开始闭合，印度板块与欧亚板块开始碰撞。至中生代晚期，冈瓦纳大陆完全裂解。

古近纪（65~23Ma），亚洲区域南部，新特提斯洋逐渐俯冲消亡于欧亚板块之下；随之，印度板块、阿拉伯板块逐渐与欧亚板块碰撞[5]。碰撞前夕，新特提斯洋盆向北俯冲形成巨型的"西太平洋俯冲型山链"，叠置于拉萨地体南部及东、西构造结外侧的印支地块、阿富汗地块的古特提斯造山带之上，并形成一条横跨土耳其西部—塞浦路斯—比特利斯—伊朗扎格罗斯—阿曼湾—莫克兰海沟—巴基斯坦—帕米尔—雅鲁藏布江—缅甸的巨型缝合带。

新近纪及其后（23Ma至今），亚洲区域南部，印度板块与欧亚板块碰撞之后，仍以一定速率向欧亚板块俯冲，印度板块向北进入欧亚板块约2100千米，导致印度板块与欧亚板块的碰撞

---

①　该五个块体共同构成当今阿富汗陆块。

②　参见王鹏程、李三忠、曹现志等：《东亚大汇聚与中—新生代地球表层系统演变》，《地球学报》2008年第3期，第36页。

③　俯冲带通常指大洋板块俯冲于大陆板块之下的构造带。大洋板块向某一方向移动遇到大陆壳、彼此相撞时，大洋板块由于岩石密度较大，处于较低部位，便俯冲于大陆壳之下，亦称消减带。

④　参见刘宪光：《南亚地区西部构造地质特征及其油气意义》，中国地质大学（北京）硕士学位论文，2010年，第13页（据Stocklin，1980；Berberian et al.，1982）。

⑤　参见王鹏程、李三忠、曹现志等：《东亚大汇聚与中—新生代地球表层系统演变》，《地球学报》2008年第3期，第46页。

进入陆内演化阶段，青藏高原开始强烈隆升并逐渐成为现今的地貌状态[①]；印欧碰撞[②]远程效应导致中国西部各大山系"复活"，中国现代构造地貌基本形成。阿富汗板块和印度板块之间沿着Chaman-Ornachnal转换断层带左侧发生斜向会聚。亚洲区域西部，红海开始张裂，阿拉伯板块自非洲漂移开来，并于始新世末—渐新世开始与包含中伊朗地块、卢特地块的欧亚板块强烈碰撞，于中新世早中期（19~10Ma）与安那托利亚板块碰撞，导致新特提斯洋于中新世中期末（12Ma）完全闭合及扎格罗斯山脉隆升，远程效应导致伊朗中部地块北侧的厄尔布尔士山脉抬升剥蚀[③]。

上述过程表明：

（1）新元古代以来，全球先后发生"Rodinia"超大陆裂解、"Pannotia"联合古陆形成及裂解、全球板块向北重新汇聚导致新特提斯洋关闭、阿尔卑斯—喜马拉雅山脉及青藏高原隆起等最重大的地质构造事件。在这一过程中，全球大陆板块主要经历三次聚集过程（超大陆、联合古陆、劳亚大陆）和二次离散过程。其中，二次离散过程表现为：晚元古代至石炭—二叠纪大陆板块运动方向为"北散南聚"，侏罗—白垩纪以来为"南散北聚"。尤其是自中生代中期以来，一系列古老陆块先后从南部冈瓦纳古陆逐渐裂解出来，并向北部欧亚古陆漂移、汇聚拼贴，最终在新生代形成由30多块岩石圈板块或地块拼合而成的现代亚欧大陆及其边缘海地区[④]。可见，亚欧大陆的形成是新元古代以来全球板块构造运动的结果，尤其是中生代中期以来板块运动"南散北聚"的结果；亚欧大陆中部区域巨型东西向山链及数列东西向山系北南平行展布格局的形成，也同样是新元古代以来全球板块构造运动的结果，尤其是中生代中期以来板块运动"南散北聚"的结果。

（2）基于"南散北聚"的板块构造运动趋向，亚欧大陆形成大致呈现巨型东西向长条带状地体由北及南、先北后南、南北向拼贴的过程和形式。以亚洲大陆为例，该大陆自北而南可以划分为西伯利亚陆块、古亚洲（乌拉尔—蒙古）造山系、卡拉库姆—塔里木—华北陆块群、特提斯造山系、阿拉伯—印度—南中国陆块群等五个大地构造单元，存在北部古亚洲洋构造域[⑤]和南部特提斯洋构造域[⑥]两大构造格局，由于古亚洲洋与原特提斯洋相连，古亚洲洋构造域又被称为古亚洲—原特提斯洋构造域；与此相对应，亚洲大陆自古元古代以来又可被分为太古宙—古元古代陆核形成与发展阶段、长城纪—青白口纪大陆裂解与罗迪尼亚超大陆汇聚形成阶段、南华纪—早古生代罗迪尼亚超大陆裂解、古亚洲洋—原特提斯洋演化阶段、特提斯洋发展演化阶段、亚欧大陆形成后的后造山阶段五大演化阶段。由此可见，亚欧大陆尤其是亚洲大陆中后期的形成，又是三期东西向巨型特提斯大洋（原、古、新特提斯）依照先北后南、由北及南顺序扩张、沉积、闭合隆起与板块裂解、俯冲、碰撞的结果；亚欧大陆中部区域巨型东西向山链及数列东西向山系北南平行展布格局的形成，也同样是三期东西向巨型特提斯大洋（原、古、新特提斯）依照先北后南、由北及南顺序扩张、沉积、闭合隆起与板块裂解、俯冲、碰撞的结果。

（3）晚白垩世（90~65Ma）以来，印度板块越来越接近欧亚板块南缘，并于古近纪（65~

---

① 参见安慧婷：《原特提斯南界的厘定及其洋—陆格局》，中国海洋大学硕士学位论文，2014年，第14页。

② 印欧碰撞是指印度板块与欧亚板块碰撞。

③ 参见周仲礼：《伊朗Kashan地区库姆组裂缝预测》，成都理工大学博士学位论文，2011年，第17页（据何登发，2006）。

④ 亚欧大陆是世界上最大的板块大陆，其最主要组成部分为四大板块，即欧亚板块、印度板块、阿拉伯板块和东西伯利亚所在的北美板块。参见赵倩：《1982—2013年欧亚大陆土壤呼吸时空变化特征》，兰州大学硕士学位论文，2018年，第8页。

⑤ 古亚洲洋构造域是指西伯利亚与东冈瓦纳大陆之间广阔的古生代造山区，古亚洲构造域主要形成于古生代；在古生代古亚洲洋闭合过程中，中国的中朝、扬子、塔里木等小克拉通均属古亚洲构造域；卡拉库姆—塔里木—华北陆块群是古亚洲、特提斯两大构造域的分界地带。

⑥ 特提斯洋构造域是指在古特提斯洋、新特提斯洋两次海洋扩张、沉积、闭合隆起与两次板块裂解、俯冲、碰撞过程之后，由陆块碰撞褶皱隆起形成的中、新生代年轻褶皱造山区带。

23Ma）以来与欧亚板块碰撞，楔形小印度板块与巨大欧亚板块碰撞产生巨大的正向碰撞和斜向碰撞两类碰撞效应。其中，正向碰撞导致地壳在垂直东西向巨大山链方向上的最大缩短以及与挤压相伴随的褶皱逆冲构造，最终形成如今样貌的青藏高原；其间接后果是由于印度板块的持续北移，基于其远程效应，在亚欧大陆中部区域，在板块交界地带，使历经晚古生代和中生代增生和碰撞造山过程的大面积古老变质体和早古生代（或泛非—早古生代）造山体，在新生代时期以周缘造山带形式重新"活化"，如"祁连山—阿尔金山—西昆仑山"巨型山链、天山巨型山链、昆仑山巨型山链、兴都库什山链等均属此类，以至印度—欧亚板块碰撞成为新生代以来亚欧大陆最重大的地质构造事件，对亚欧大陆尤其是亚洲大陆中南部地质构造及地貌等产生最广泛而又最深远的影响。由此可见，新生代以来，亚欧大陆尤其是亚洲大陆及其中部区域地质构造及地貌形态，又主要是由印度板块与欧亚板块碰撞所产生的结果；亚欧大陆中部区域巨型东西向山链及数列东西向山系北南平行展布格局的形成，也同样主要是由印度板块与欧亚板块碰撞所产生的结果。

（4）亚欧大陆尤其是亚洲大陆的形成是一系列板块或地块大致先北后南、由北及南碰撞拼合的结果，因此，导致板块或地块之间的碰撞拼合地带，往往形成一系列东西向或者近东西向延伸的巨型碰撞带、造山带、褶皱带、缝合带、断裂带，且大致南北交替呈现、相互并行。如西伯利亚板块与哈萨克斯坦—准噶尔板块在东北侧以卡拉麦里—斋桑—额尔齐斯缝合带为界，哈萨克斯坦—准噶尔板块与卡拉库姆—塔里木板块以原特提斯时期乌拉尔—南天山—红柳河巨型板块缝合带为界，卡拉库姆—塔里木板块与土耳其—中伊朗—冈底斯中间板块以古特提斯时期巴米扬—康西瓦缝合带为界，伊朗—青藏板块与印度板块以新特提斯时期科希斯坦—雅鲁藏布江新生代缝合带为界，各大板块与各条断裂带、缝合带均呈大致东西向延伸、南北交替呈现、大致相互并行状态展布。上述板块、地块及缝合带、断裂构成了亚欧大陆尤其是亚洲大陆及其中部区域主体大地构造格架和基本样貌。又如，晚侏罗世，在西伯利亚陆块与华北和蒙古联合地块碰撞对接基础上，形成世界上最大（东西延伸超过5000公里）的陆内造山带系统——中亚造山带，并发育天山、阿尔泰山等巨大东西向山脉和蒙古高原等。早白垩世中期至古新世末期（135~52Ma），全球各大陆与大洋板块普遍向北运移；同时自冈瓦纳大陆裂解出来的诸多陆块向北漂移，与北侧的劳亚大陆汇聚碰撞拼贴，诸多陆陆碰撞导致高加索—厄尔布尔士、扎格罗斯—喀布尔、安纳托利亚—德黑兰等碰撞带形成，造就喜马拉雅等一系列碰撞造山带。以上不同时期的碰撞造山带大部分呈现东西向或近东西向延伸状态展布，并东西绵延数千千米，成为地球表面最为雄伟壮观的纬向地质构造单元（见表2-29）。可见，亚欧大陆尤其是亚洲大陆及其中部区域的形成过程，又主要是一系列东西向或者近东西向巨型碰撞带、造山带、褶皱带、缝合带、断裂带形成、组合、改造的过程；亚欧大陆中部区域巨型东西向山链及数列东西向山系北南平行展布格局的形成过程，也主要是一系列东西向或者近东西向巨型碰撞带、造山带、褶皱带、缝合带、断裂带形成、组合、改造的过程。

表 2-29　亚洲各增生碰撞带形成时期

增生碰撞带	碰撞时期							
	23~0 Ma	52~23 Ma	52Ma 以前	135Ma 以前	200Ma 以前	250Ma 以前	397Ma 以前	800Ma 以前
塔中（21），皖南—赣东北—雪峰山—滇东（23）								■

增生碰撞带	碰撞时期							
	23~0 Ma	52~23 Ma	52Ma以前	135Ma以前	200Ma以前	250Ma以前	397Ma以前	800Ma以前
阿尔泰—中蒙古—海拉尔（6），卡拉干达（7），祁连山（17），阿尔金（19）							■	
西天山（9），巴尔喀什—天山—兴安岭（10），乌拉尔（12），贺兰山—六盘山（15）						■		
秦岭—大别—胶南（24），绍兴—十万大山（25），西兴都库什—帕米尔—西昆仑（30），金沙江—红河（31），双湖（32），昌宁—孟连—清莱—中马来亚（33）					■			
东西伯利亚南缘（2），维尔霍扬斯克（3），外贝加尔（5），完达山（13），高加索—厄尔布尔士（41），安纳托利亚—德黑兰（42）				■				
班公—怒江—曼德拉—巴里散（35），扎格罗斯—喀布尔（44），阿曼（47），东加里曼丹—苏禄（52），锡霍特—阿林（57），日本中央构造线（61）			■					
雅鲁藏布江—密支那（37），阿留申—堪察加—千岛—日本东北（59），本州南—四国南琉球（62），伊豆—小笠原—马里亚纳（66）		■						
喜马拉雅南主边界（39），托罗斯（45），红海裂谷（48），阿拉干—巽它（50），北新几内亚（55），台东纵谷（63），菲律宾—马鲁古（64）	■							

资料来源：万天丰：《新编亚洲大地构造区划图》，《中国地质》2013年第5期，第1357页。

综合上述，亚欧大陆中部区域经历了自新元古代以来一系列板块、地块南北向碰撞拼合和洋盆南北向俯冲消减缝合过程，从北到南跨越古亚洲—原特提斯构造域和特提斯构造域两大构造域，帕米尔地区甚至成为两大全球性构造域古亚洲体系和特提斯体系的对接区域，亚欧大陆重要的构造线均从该区域通过，且从北到南形成与展布一系列东西向巨大陆块、碰撞带、造山带、褶皱带、缝合带、断裂带。因此，亚欧大陆中部区域一系列东西向巨大山脉的形成，首先是新元古代以来全球板块构造运动的结果，尤其是侏罗—白垩纪以来板块构造运动"南散北聚"的结果；其次是三期东西向巨型特提斯大洋洋盆依照先北后南、由北及南顺序扩张、沉积、闭合隆起与板块裂解、俯冲、碰撞的结果；再次是印度板块与欧亚板块碰撞的结果；最后是亚欧大陆尤其是亚洲大陆一系列东西向或者近东西向巨型碰撞带、造山带、褶皱带、缝合带、断裂带形成、组合、改造的结果。亚欧大陆区域一系列自北向南的巨型地质构造运动及大陆形成过程，是亚欧大陆中部区域一系列巨型东西向山脉形成的逻辑起点，而亚欧大陆中部区域一系列巨型东西向山脉，则又成为亚欧大陆中部区域巨型东西向地形雨带、东西向径流带、东西向冰川带、山前东西向连片相对平坦地带、东西向绿洲带、东西向陆路交通走廊带、东西向农牧及矿产资源富集带、东西向山区畜牧业金属采掘业山前种植业油气煤炭采掘业复合产业带、东西向人口集聚区带的逻辑起点。

也就是说，正是以亚欧大陆区域一系列自北向南的巨型地质构造运动及大陆形成过程为原点，才在亚欧大陆中部区域形成一系列巨型东西向山脉乃至山链。正是以亚欧大陆中部区域一系列巨型东西向山脉为基础和依托，才形成一系列巨型东西向地理条带。即巨型东西向山链与东西向行星风系相结合，形成巨型东西向地形雨带；巨型东西向山链与巨型东西向地形雨带、断裂带及坡降带、山前盆地带相结合，形成巨型东西向径流带；巨型东西向山链与东西向行星风系、地形雨带相结合，形成巨型东西向冰川带；巨型东西向山链与巨型东西向断裂带及坡降带、山前巨型东西向盆地带、径流带相结合，形成巨型东西向连片相对平坦地带、绿洲带；巨型东西向山链与山前巨型东西向盆地带、径流带、绿洲带相结合，形成巨型东西向陆路交通走廊带；巨型东西向山链与巨型山前东西向盆地带、地形雨带、绿洲带相结合，形成巨型东西向农牧及矿产资源富集带、山区畜牧业金属采掘业山前种植业油气煤炭采掘业复合产业带；巨型东西向山链与巨型东西向绿洲带、交通走廊带、山区畜牧业金属采掘业山前种植业油气煤炭采掘业复合产业带相结合，形成巨型东西向人口集聚区带。

上述即是丝绸之路经济带之为巨型东西向交通经济带的地貌和地质构造基础，也是丝绸之路经济带空间布局的地貌和地质构造基础。

第二节　丝绸之路经济带之为巨型东西向交通经济带的气候特征基础

亚欧大陆气候系统主要由大陆东南部季风气候系统（东亚地区温带季风气候、亚热带季风气候、东南亚南亚地区热带季风气候）、大陆中部大陆性干旱气候系统（中亚西亚北亚东欧地区温带大陆性气候、西南亚热带沙漠气候）、大陆中南部高山气候系统、大陆西部西风气候系统（西欧地区温带海洋性气候、地中海沿岸地区地中海式气候）等四个气候系统组成。年降水量大致呈现自大陆东部沿海、西部沿海向中部内陆依次递减态势。

中国西北地区、中亚、部分南亚及部分西亚地区所处的亚欧大陆中部区域，绝大部分区域地处温带大陆性气候区，部分高山地区地处亚洲中南部高山气候区。区域总体处于以夏季降水为主的季风气候系统和以冬季降水为主的西风气候系统过渡地带，降水相对稀少，形成独具特色的中蒙干旱区与中亚干旱区[①]，并与西南亚干旱区、北非干旱区大致连成一体，组成东起亚欧大陆东部蒙古高原、西至非洲大陆撒哈拉沙漠西端大西洋东岸、几乎横贯亚非大陆的亚非干旱区[②]。

位于亚欧大陆中部地区的中蒙干旱区与中亚干旱区[③]，是全球八大干旱区之中的两个典型干旱区。由其组成的中纬度亚洲内陆干旱区是全球维度最高的干旱区和亚欧大陆干旱区的主体，且是全球面积最大的非地带性干旱区；该区域大气环流复杂，西风急流随季节而南北摆动，区域主体受西风环流影响[④]，整个区域干旱少雨，大部分地区年降水量在 400 毫米以下[⑤]；日照充分，热量充足，蒸发强烈，多大风天气；地表山盆相间、沙漠与戈壁广布，沙漠分布面积约占总面积的 1/3，全球著名沙漠大多分布于该区域；形成较多河湖，发育诸多绿洲，生态环境相对脆弱，区域面积约占全球温带荒漠的 90%；形成具有全球意义的独特山地—绿洲—荒漠生态气

---

①　中蒙干旱区包括中国西北干旱半干旱区和蒙古高原干旱区；中蒙干旱区与中亚干旱区合称中纬度亚洲内陆干旱区，是全球最大的非地带性干旱区，干旱严重程度仅次于非洲撒哈拉及萨赫勒干旱区。

②　参见马有绚：《干旱半干旱地区植被指数与气候的关系》，兰州大学硕士学位论文，2016 年，第 12 页；参见李再军：《腾格里沙漠腹地钻孔揭示的沙漠形成与古环境演化历史》，兰州大学博士学位论文，2013 年，第 2 页［改绘于 Hulmeand Marsh（1990）］。

③　中纬度亚洲内陆干旱区区域范围包括帕米尔高原—昆仑山脉以北、乌拉尔山—唐努乌拉山以南、里海与伏尔加河以东、大兴安岭—乌鞘岭以西广大区域；本研究所论及的中亚干旱区为狭义的中亚干旱区。

④　东部局部区域夏季受季风环流影响。

⑤　参见马有绚：《干旱半干旱地区植被指数与气候的关系》，兰州大学硕士学位论文，2016 年，第 16 页。

候系统格局，构成全球独有的巨大温带荒漠生态气候系统，是全球特殊的中高纬度干旱区，具有不同于全球其他干旱区的相对独特的地理、生态和气候环境特征。

亚欧大陆中部区域独具特色的气候特征为形成一系列东西向延伸的绿洲带、交通主干道、经济活动密集带、人口集聚区带提供了气候支持条件，奠定了自然地理气候支持基础，进而为丝绸之路经济带的形成和发育提供了气候支持条件，奠定了自然地理气候支持基础。如祁连山脉、阿尔金山脉、昆仑山脉（仅北侧）、天山山脉、兴都库什山脉、厄尔布尔士山脉及其北南两侧盆地区域都形成了山地高山气候与盆地温带干旱气候衔接叠合的二元气候系统，都在山脉北南两侧或一侧促进形成了一系列东西向延伸的绿洲带、交通主干道、经济活动密集带、人口集聚区带。

一、作用或影响体现

亚欧大陆中部区域独具特色的气候特征对于形成一系列东西向延伸的绿洲带、交通主干道、经济活动密集带、人口集聚区带发挥了重要作用，具有重要意义，主要体现在以下方面：

（一）形成巨型东西向光热组合带或耦合带

亚欧大陆中部区域盆地平原荒漠地带优越的光热条件组合或耦合形成巨型光热组合带或耦合带，为亚欧大陆中部区域形成和发育巨型绿洲带、交通主干道、经济活动密集带、人口集聚区带准备了充分的光热组合条件。

亚欧大陆中部区域盆地平原荒漠地带虽然降水量相对较少，但由于地处北半球中纬度地区，夏季太阳高度角相对较大，导致光照强度相对较大；且由于气候相对干旱（大部分区域主要气候类型为温带大陆性气候，个别区域主要气候类型为热带沙漠气候），导致云量相对较少，对太阳辐射削弱较少，使到达地面的太阳光照辐射相对较多。如区域内的中蒙干旱区全年地面太阳辐射总量为101~156千卡/平方厘米，夏季北纬40°地带地面太阳辐射量与热带地区相当；中蒙干旱区中的中国西北干旱区太阳年总辐射量除准噶尔盆地相对较低（达到130千卡/平方厘米）以外，其余地区多达140~155千卡/平方厘米，太阳辐射明显较强[①]，甚至中国西北干旱区与青藏高原、北非撒哈拉沙漠、南非纳米布沙漠、北美落基山脉中部、南美安第斯山脉中部、澳大利亚大沙漠同属全球太阳辐射最强地区。

同时，由于地处北半球，夏季白昼较长，导致该区域夏季日照时间较长及全年日照时数相对较多，如中蒙干旱区中的中国西北干旱区全年日照时数达到2500~3000小时；中国西北干旱区中的新疆地区平原区年日照时数达到2700~3400小时，成为中国日照时数最多的省区。且因夏季日照强度大、日照时数较长，由光能转化的热能较多，导致亚洲中部干旱区热量相对比较充裕，全年积温相对较高，等积温线多沿纬线或者东西向延伸的高大山脉延伸[②]。如中蒙干旱区中的中国西北干旱区10℃以上活动积温达到3000~3500℃，一半以上区域10℃以上活动积温达到3400℃以上，吐鲁番盆地甚至达到4500~5000℃[③]。又由于地处干旱区，该区域大气下垫面多为荒漠戈壁甚至沙漠，反射太阳辐射较多，同样导致全年平均气温相对较高、热量比较充裕，等温线也多沿纬线或者亚欧大陆中部东西向延伸的高大山脉走向延伸[④]。

① 参见赵艳茹：《东亚干旱半干旱区边界层高度对干湿变化的影响研究》，兰州大学博士学位论文，2018年，第73页。
② 参见王小燕：《中国区域积温带渐变趋势研究》，华东师范大学硕士学位论文，2015年，第21、28、29页。
③ 参见李中强：《中国西北干旱区水生植物多样性研究》，武汉大学博士学位论文，2005年，第7页。
④ 参见马有绚：《干旱半干旱地区植被指数与气候的关系》，兰州大学硕士学位论文，2016年，第18页；参见李飞：《中国西北干旱区潜在植被的演替》，西北师范大学硕士学位论文，2009年，第19页；参见郭继凯：《塔里木河流域植被覆盖对气候变化和人类活动的响应》，北京林业大学硕士学位论文，2016年，第24页；参见胡汝骥、姜逢清、王亚俊等：《中亚（五国）干旱生态地理环境特征》，《干旱区研究》2014年第1期，第5页。

以上光、热两个方面进行叠加（可以称之为"第一次组合或耦合"），使得该区域成为北半球光热组合条件最为优越的温带亚热带区域之一①。而这一光热组合条件优越区域在空间展布上具有巨型东西向条带状延展的特征，等温线多沿纬线或者亚欧大陆中部东西向延伸的高大山脉走向延伸②；在亚欧大陆上大致从祁连山脉东段北麓一直向西延展至厄尔布尔士山脉西端南麓（自古浪绿洲至赞詹绿洲），构成了地球上陆地表面东西向最长的温带亚热带光热组合条件优越区带③（见表2-30~表2-34），简称光热组合带或者耦合带。这一光热组合带或耦合带主要形成于亚欧大陆中部一系列东西向延伸的高大山脉山前盆地平原荒漠地带，或者说主要形成于一系列东西向延伸的高大山脉山前盆地区域；更确切地说，主要处于祁连山脉—阿尔金山脉—昆仑山脉—天山山脉及帕米尔高原—兴都库什山脉—厄尔布尔士山脉这一巨型东西向山链的山前盆地区域。除中国柴达木盆地、伊朗中伊朗盆地等盆地处于这一巨型东西向山链以南外，其他诸盆地均处于这一巨型东西向山链以北，且诸盆地之间大致以河谷或者山间盆地相互连通。如河西走廊与塔里木盆地之间以古疏勒河谷相连通，塔里木盆地与卡拉库姆盆地及图兰平原之间以天山山间盆地费尔干纳盆地相连通，塔里木盆地与阿富汗—塔吉克盆地及图兰平原之间以盖孜河河谷及喷赤河—阿姆河河谷相连通，卡拉库姆盆地及图兰平原与马什哈德盆地之间以捷詹河支流卡沙夫河河谷相连通。因此，这一光热组合带或耦合带实际是一条上覆于一系列大致相互连通的巨型盆地之上的光热组合带或耦合带。

表2-30　祁连山脉北麓主要城市光热资源组合概况

序号	城市名称	太阳辐射强度（千卡/平方厘米）	日照时数（小时）	活动积温（℃）
1	武威市	127~138	2200~3030	2800~3200
2	金昌市	114~138	2211~2982	2550~3100
3	张掖市	133~148	3000~3600	2354~3628
4	酒泉市	146~154	3033~3317	3600
5	嘉峪关市	145~146	3078	2696~2957

注：兴都库什山脉北南麓、科佩特山脉北南麓、厄尔布尔士山脉南麓主要城市光热资源组合概况因资料欠缺，暂无法整理。

资料来源：根据相关资料整理，下同。

表2-31　阿尔金山脉北麓主要县市光热资源组合概况

序号	县市名称	太阳辐射强度（千卡/平方厘米）	日照时数（小时）	活动积温（℃）
1	若羌县	148	3103	3910
2	且末县	150	2853	4298

表2-32　昆仑山脉（中西段）北麓主要县市光热资源组合概况

序号	县市名称	太阳辐射强度（千卡/平方厘米）	日照时数（小时）	活动积温（℃）
1	民丰县	151	2842	4063

① 北半球光热组合条件最为优越的另一温带亚热带区域为北美洲中南部区域。

② 参见迪丽努尔·托列吾别克：《中亚干湿气候变化及其大气环流异常分析》，南京信息工程大学硕士学位论文，2018年，第15页。

③ 参见单楠：《亚洲丝绸之路经济带土地退化时空格局及驱动力》，中国林业科学研究院博士学位论文，2016年，第27页。

序号	县市名称	太阳辐射强度 （千卡/平方厘米）	日照时数（小时）	活动积温（℃）
2	于田县	143	2770	4208
3	策勒县	144	2675	4092
4	洛浦县	144	2654	4981
5	和田市	145	2611	4361
6	和田县	144	2643	4300
7	墨玉县	144	2655	4161
8	昆玉市	144	2770	4208
9	皮山县	144	2470	4303
10	叶城县	141	2742	4061
11	泽普县	142	2799	4585
12	莎车县	143	2965	4745
13	英吉沙县	142	2978	4065
14	疏勒县	143	2822	4250
15	喀什市	143	2784	4251
16	疏附县	143	2784	4251

表 2-33　天山山脉北麓主要城市光热资源组合概况

序号	城市名称	太阳辐射强度 （千卡/平方厘米）	日照时数（小时）	活动积温（℃）
1	阜康市	133	2261	3552
2	乌鲁木齐市	130	2632	3148
3	昌吉市	134	2833	3347
4	石河子市	135	2798	3429
5	奎屯市	135	2598	3599
6	乌苏市	133	2800	3686
7	伊宁市	138	2802	3311
8	霍尔果斯市	133	2250~3000	3911
9	阿拉木图直辖市	128	2359	3152
10	塔什干直辖市	143	2823	4584
11	撒马尔罕市	151	3411	4230

表 2-34　天山山脉南麓主要城市光热资源组合概况

序号	城市名称	太阳辐射强度 （千卡/平方厘米）	日照时数（小时）	活动积温（℃）
1	哈密市（伊州区）	158	3360	4038
2	吐鲁番市（高昌区）	147	3050	5391
3	库尔勒市	154	2990	4274
4	阿克苏市	130~141	2873	3803
5	阿图什市	138	2757	4698

　　结合前述可见，亚欧大陆中部区域一系列东西向绿洲带、交通主干道、经济活动密集带、

人口集聚区带均处于这一巨型东西向山前光热组合带或耦合带的覆盖之下。即表明这一巨型东西向山前光热组合带或耦合带是一系列山前平原绿洲、交通线路、生产活动、聚落形成与发育的重要光热条件，即亚欧大陆中部区域巨型东西向山链山前盆地区域光热组合带或耦合带为在该区域内形成巨型东西向延伸的绿洲带、交通主干道、经济活动密集带、人口集聚区带准备了充分的光热组合条件。在这一过程中，气候因素主要贡献了太阳辐射强度、日照时数、积温等因子。

（二）形成巨型东西向山地降水相对较多带

亚欧大陆中部区域一系列东西向延伸的高大山脉由于海拔高峻、拦截西风环流携带水汽而形成较多降水，因而形成巨型东西向山地降水相对较多带，为在亚欧大陆中部区域形成巨型东西向绿洲带、交通主干道、经济活动密集带、人口集聚区带准备了相对充分的水源条件。

亚欧大陆中部区域高山地带主要受高山气候系统控制，形成独具特色的高山气候。由于主要受山脉乃至高原（如青藏高原）海拔高度因素及行星风系因素影响，高山气候系统影响区气温显著低于盆地荒漠平原区，但降水量却显著高于盆地平原区，甚至成倍高于盆地平原区，形成山地区域与盆地荒漠平原区域降水量地带性显著地域差异，并在山地区域形成一定海拔高度范围内降水量随海拔高度递增效应。

如祁连山脉北麓山前平原地带年降水量约为111.7毫米，山地年降水量约为300～500毫米。祁连山脉西部北麓黑河流域自地处荒漠的额济纳旗（海拔700米，年降水量35.2毫米）至地处山前平原的张掖市甘州区（海拔1482.7米，年降水量131毫米），海拔每上升100米，年降水量增加12.24毫米；自甘州区至地处祁连山区的民乐县（海拔2300米，年降水量388.5毫米），海拔每上升100米，年降水量增加31.51毫米（见表2-35、表2-36）；祁连山脉南麓山前平原绿洲德令哈市海拔2881米，年降水量仅为169毫米。山脉东部冷龙岭、大通河谷地上游和大坂山一带年降水量多在500毫米以上，冷龙岭4200米以上地带年降水量甚至可达800毫米；自此向西至青海湖盆地（海拔3200米）年降水量减至300～400毫米，再向西至哈拉湖盆地（海拔4100米）年降水量又减至300毫米左右，山脉西部的哈尔腾河谷地与党河谷地等山间谷地年降水量在250毫米以下；而祁连山脉疏勒南山主峰南坡海拔5200米高处年降水量可达650～800毫米，东西向高山地带成为降水高值区域。由此在祁连山脉中高山地带形成一条东西向山地降水相对较多带。

表2-35　祁连山脉典型流域"山地—绿洲—荒漠系统"各子系统降水量比较

序号	县市名称	海拔（米）	降水量（毫米）	6～9月降水系数（%）
1	民乐县	2300	388.5	73.6
2	张掖市甘州区	1482.7	131	74.1
3	额济纳旗	700	35.2	75.3

资料来源：根据相关资料整理。

表2-36　中国甘肃河西地区多年年平均降水量　　　　　　　　　　　　单位：毫米

序号	区域	东部（石羊河流域）	中部（黑河流域）	西部（疏勒河、哈尔腾河流域）
1	祁连山区	200～750	200～600	120～300
2	河西走廊	80～250	50～350	30～120

资料来源：引自车克钧、傅辉恩：《祁连山森林、冰川和水资源现状调查研究》，《北京林业大学学报》1998年第6期，第96页。

阿尔金山脉北麓若羌县年降水量仅为37.3毫米，且末县年降水量仅为18.6毫米；山地年平均降水量约为110毫米，海拔4000米山地年降水量约为200～250毫米，高山冰川带年降水量约在 400 毫米以上，降水量垂直地带性差异极为显著。且由相关图件①可见，阿尔金山山区 SCD 值（积雪日数）显著高于西北侧的塔里木盆地，且高值区域呈显著的沿山脉走向条带状展布特征，东北—西南向高山地带也成为降水高值区域，由此在阿尔金山脉中高山地带形成一条东北—西南向山地降水相对较多带。

天山山脉中国新疆段北侧山前平原地带年降水量约为 246.1 毫米，中亚段北侧山前平原地带年降水量约为 352.8 毫米（见表 2-37）；天山山脉山地年降水量约为 450 毫米，而高山带东、中、西段年降水量分别可达 600 毫米、600~700 毫米、1000 毫米；天山山脉降水量最大区域为海拔 3000~4000 米的高山地带，高山地带年降水量往往高于山前平原地区数倍。如天山北麓乌鲁木齐河流域自地处荒漠的东道海子（海拔 486.5 米、年降水量 137 毫米）至地处山前平原的乌鲁木齐市区（海拔 850.8 米，年降水量 247 毫米），海拔每上升 100 米，降水量增加 27.45 毫米；自乌鲁木齐市区至地处天山山区的小渠子（海拔 2100 米，年降水量 634 毫米），海拔每上升 100 米，降水量增加 30.98 毫米；达到一定海拔高度后，随海拔高度增加，年降水量又逐渐减少（见图 2-2）。天山北麓玛纳斯河流域山前荒漠区的莫索湾、山前平原的石河子市、山区的石场之间年降水量变化趋势也体现类似规律（见表 2-38）。天山山脉中亚段费尔干纳盆地山前地带年降水量约为 425 毫米，海拔 1000 米山地区域年降水量可达 700 毫米以上，海拔 1700 米山地区域年降水量可达 1000 毫米以上，海拔 2740~3100 米山地区域年降水量可达 1100 毫米左右，更高海拔区域年降水量可达 2000 毫米。而天山山脉中亚段南侧山前平原地带降水量也相对较少，

表 2-37　祁连山脉及天山山脉北侧山前平原降水量

序号	区域	全年降水量（毫米）	6~9 月降水量（毫米）	10 月至次年 5 月降水量（毫米）
1	甘肃祁连山北侧山前平原	111.7	79.7	32.0
2	新疆天山北侧山前平原	246.1	88.5	157.9
3	中亚天山北侧山前平原	352.8	24.7	328.1

资料来源：根据相关资料整理。

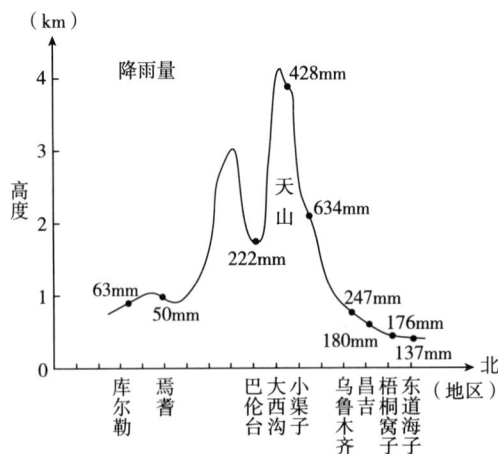

图 2-2　天山中部降水量随高度分布示意图

资料来源：引自赵传成、丁永建、叶柏生、赵求东：《天山山区降水量的空间分布及其估算方法》，《水科学进展》2011 年第 3 期，第 329 页。

---

① 参见陈文倩等：《亚洲中部干旱区积雪时空变异遥感分析》，《水科学进展》第 29 卷第 1 期，第 15 页。

表2-38　天山山脉北侧玛纳斯河流域"山地—绿洲—荒漠系统"各子系统降水量比较

序号	区域	海拔（米）	降水量（毫米）	6~9月降水系数（%）
1	石场	1031	405.3	37.0
2	石河子	442.9	197.2	37.1
3	莫索湾	346	117	39.7

资料来源：根据相关资料整理。

如瓦赫什河流域的库尔干秋别市年降水量约为291毫米，而阿姆河中上游天山山地局部区域年降水量可达3000毫米。由相关图件①可见，天山山区积雪深度（通常为40~50厘米）显著高于西北侧的卡拉库姆盆地和东南侧的吐哈盆地、塔里木盆地，且高值区域呈显著的沿山脉走向条带状展布特征。天山山区各季度及年降水量高值区域也呈显著的沿山脉走向条带状展布特征②。

昆仑山脉（中西段）山地年降水量由海拔1500米以下区域20~50毫米增加到海拔3500米以上区域大于400毫米。其中，玉龙喀什河源区可达600毫米，桑珠河源区甚至高达900毫米，维他克河、库山河流域可达730~920毫米，公格尔—慕士塔格冰川积累区达600毫米，形成显著的降水量垂直地带性差异。且由相关图件③可见，昆仑山脉山区SCD值（积雪日数）显著高于西北侧的塔里木盆地，且高值区域呈显著的沿山脉走向条带状展布特征。昆仑山区年降水量高值区域也呈显著的沿山脉走向东西向条带状展布特征。

兴都库什山脉山区年降水量高值区域也呈显著的沿山脉走向东西向条带状展布特征。

厄尔布尔士山脉海拔较高山地年降水量为500毫米以上，海拔较低山地年降水量约为250~600毫米，降水量从西北向东南、由山地向南侧山前平原减少④。厄尔布尔士山区年降水量高值区域也呈显著的沿山脉走向东西向条带状展布特征。

综上，并由相关图件⑤可见，在中蒙干旱区中的中国西北干旱区，该区域中的祁连山地年降水量明显高于北侧的河西走廊、北山山地、腾格里沙漠、巴丹吉林沙漠和南侧的柴达木盆地，并在祁连山山地区域形成大致呈东南—西北走向的降水相对较多地带；阿尔金山山地年降水量明显高于西北侧的塔里木盆地和东南侧的柴达木盆地，并在阿尔金山山地区域形成大致呈东北—西南走向的降水相对较多地带；天山山地年降水量明显高于北侧的准噶尔盆地和南侧的吐哈盆地、塔里木盆地，并在天山山地区域形成大致呈现东—西—西南走向的降水相对较多地带；昆仑山脉（中西段）山地年降水量明显高于北侧的塔里木盆地和南侧的藏北高原，并在昆仑山地区域形成大致呈现东西走向的降水相对较多地带⑥。即在中国西北干旱区，在南侧形成一条东起祁连山脉东端、中经阿尔金山脉、西至昆仑山脉西端、大致横贯整个区域的降水相对较多地带；在北侧形成一条与祁连山脉降水相对较多地带遥遥相望、东起东天山东端、中经中天山北天山、西至南天山西端、大致横贯整个区域的降水相对较多地带。

同时，由相关图件⑦可见，在中亚干旱区，该区域降水量自中西部低海拔荒漠区域向东南部

①　参见陈忠升：《中国西北干旱区河川径流变化及归因定量辨识》，华东师范大学博士学位论文，2016年，第128页。

②　参见迪丽努尔·托列吾别克：《中亚干湿气候变化及其大气环流异常分析》，南京信息工程大学硕士学位论文，2018年，第21页。

③　参见陈文倩等：《亚洲中部干旱区积雪时空变异遥感分析》，《水科学进展》第29卷第1期，第15页。

④　厄尔布尔士山脉北麓及里海沿岸平原为亚热带湿润气候区，终年降水且降水量较大，年均降雨量约为600~2000毫米，属亚欧大陆中部区域特例。

⑤　参见王万瑞：《基于TRMM数据的中国西北降水时空变化研究》，兰州大学硕士学位论文，2018年，第50页。

⑥　参见陈跃：《南疆历史农牧业地理研究》，西北大学硕士学位论文，2009年，第16页。

⑦　参见胡汝骥等：《中亚（五国）干旱生态地理环境特征》，《干旱区研究》2014年第1期，第4页。

高海拔天山山地区域递增的变化趋势极为明显，区域东南侧的天山山地年降水量明显高于西北侧的图兰低地；区域中高值等降水量线大致沿天山延伸方向呈东北—西南向延展，在天山山地区域极为密集，递变方向大致与天山延伸方向垂直，显示在天山山地区域形成大致呈东北—西南走向的降水相对较多地带，并具有明显的垂直地带性分布特征。该区域南部、西南部的兴都库什山脉、科佩特山脉山地年降水量明显高于北侧的卡拉库姆盆地和图兰平原，并沿山脉走向形成降水相对较多地带；区域西南部的厄尔布尔士山脉山地年降水量也明显高于南侧的中伊朗盆地，也沿山脉走向形成降水相对较多地带。即在中亚干旱区，也形成一条东起北天山阿拉套山北端、中经北天山及南天山北坡与兴都库什山脉北坡、西至厄尔布尔士山脉西端、横贯整个区域的东北—西南向降水相对较多带[①]。

综合上述中蒙干旱区及中亚干旱区情形可见，由于大陆中部区域一系列高大山脉多呈东西向长条状延伸（见表2-39），因此使得高山降水效应在纬向空间展布上形成东西向线性长条状延展的特征；而又由于亚欧大陆中部区域一系列高大山脉山体均较为宽厚，因此又使得这一高山降水效应在经向空间展布上覆盖范围较广，在经向上具有较大宽度，形成南北向宽带状延展的特征。山脉高度形成降水作用，山脉宽度形成汇水作用，两相叠加，即在亚欧大陆中部区域形成一条东起祁连山脉东端、西至厄尔布尔士山脉西端、横贯亚欧大陆中部区域的巨型东西向降水相对较多地带[②]，即祁连山脉—阿尔金山脉—昆仑山脉—天山山脉及帕米尔高原—兴都库什山脉—厄尔布尔士山脉巨型东西向山链地带及其上覆气候系统，并成为亚欧大陆中部区域及中纬度亚洲内陆干旱区的主要降水带[③]。

表2-39　亚欧大陆中部区域主要东西向延伸的高大山脉长度及宽度概况

序号	山脉名称	山脉长度（千米）	山脉宽度（千米）	最大降雨带高度（米）
1	祁连山脉	800	200～400	3000～3600
2	阿尔金山脉	730	60～100	2900～4000
3	昆仑山脉	2500	130～200	2700～3000
4	天山山脉	2400	100～400	3000
5	兴都库什山脉	1600	320	*
6	科佩特山脉	650	40～200	*
7	厄尔布尔士山脉	900	24～120	*

注：星号表示数据暂缺。

这一巨型东西向降水相对较多带构成了地球上东西向最长的降水条件相对优越地带，并成为中纬度亚洲内陆干旱区一系列重要河流的主要补给水源地（见表2-40）。如祁连山脉北南麓诸河、阿尔金山脉北麓诸河、昆仑山脉北麓诸河、天山山脉北南麓诸河、兴都库什山脉北南麓诸河、厄尔布尔士山脉北南麓诸河，其补给水源均为冰川融水或高山降水。呈东西向延伸、"笼

---

① 参见李飞：《中国西北干旱区潜在植被的演替》，西北师范大学硕士学位论文，2009年，第16页。

② 事实上这一降水相对较多地带从秦岭山脉东端一直向西延伸至比利牛斯山脉西端。由于自秦岭东端至祁连山脉东端、厄尔布尔士山脉西端至比利牛斯山脉西端不属于亚欧大陆中部区域地域范围及中纬度亚洲内陆干旱区地域范围，因此暂不论及。

③ 参见徐栋：《全球变暖背景下亚非干旱区降水变化及其与水汽输送的关系研究》，兰州大学硕士学位论文，2016年，第11页；单楠：《亚洲丝绸之路经济带土地退化时空格局及驱动力》，中国林业科学研究院博士学位论文，2016年，第27页；从靖：《中国北方干旱半干旱区降水多年代际变化及其对温室效应的响应》，兰州大学硕士学位论文，2016年，第22页。

罩"于这一系列东西向延伸高大山脉之上的主要降雨带，直接为在山前盆地地带发育和形成一系列山前平原绿洲、交通线路、生产活动、聚落准备了水源条件，间接为亚欧大陆中部区域和中纬度亚洲内陆干旱区形成一系列巨型东西向延伸的绿洲带、交通主干道、经济活动密集带、人口集聚区带准备了相对比较充分的降水条件，并成为亚欧大陆中部区域和中纬度亚洲内陆干旱区形成一系列东西向延伸绿洲带、交通主干道、经济活动密集带、人口集聚区带最主要的控制条件。

表 2-40　亚欧大陆中部区域主要东西向延伸的高大山脉发源河流概况

序号	山脉名称	河流名称	主要补给方式	河流长度（千米）
1	祁连山脉	石羊河	山区地下水、山区降水、高山积雪融水、冰川融水	250
		黑河	高山积雪融水、山地降水、冰川融水	456
		疏勒河	山地降水、高山积雪融水、冰川融水	540
		党河	冰川积雪融水、泉水和大气降水、积雪融水	390
		大通河	高山积雪融水、山地降水、冰川融水	554
		湟水	高山积雪融水和地下水补给、山地降水、冰川融水	349
		巴音河	冰川积雪融水、山地降水	326
		塔塔棱河	冰川积雪融水和地下水补给、山地降水	215
		鱼卡河	高山冰雪融水、山地降水、冰川融水	119
		哈尔腾河	冰雪融水和泉水补给、山地降水、冰川融水	144
2	阿尔金山脉	米兰河	地下水补给、山地降水和高山融雪、冰川融水	229
		若羌河	山地降水和高山融雪、冰川融水	212
3	天山山脉	三工河	积雪融水和山区降水、冰川融水	48
		乌鲁木齐河	山地降水及地下水、冰川融水	214
		玛纳斯河	山地降水及地下水、冰川融水	425
		塔西河	山地降水及地下水、冰川融水	120
		奎屯河	山地降水及积雪融水、冰川融水	220
		精河	山地降水及积雪融水、冰川融水	115
		博尔塔拉河	山地降水及地下水、冰川融水	252
		伊犁河	山地降水及积雪融水、冰川融水	1236
		楚河	冰川融水、山地降水、积雪融水	1067
		塔拉斯河	冰川融水、山地降水、积雪融水	661
		锡尔河	冰川融水、山地降水、积雪融水	2212
		开都河	山地降水及积雪融水、冰川融水	610
		库车河	冰川融水、山地降水、积雪融水	221.6
		渭干河	冰川融水、山地降水、积雪融水	452
		阿克苏河	冰川融水、积雪融水、山地降水	532
		托什干河	山地降水及积雪融水、冰川融水	512
		克孜勒苏河	山地降水及积雪融水、冰川融水	213

序号	山脉名称	河流名称	主要补给方式	河流长度（千米）
4	昆仑山脉（中西段）及喀喇昆仑山脉	车尔臣河	冰川融水、积雪融水、山地降水	813
		尼雅河	冰川融水、泉水和大气降水、积雪融水	210
		克里雅河	冰川融水、泉水和大气降水、积雪融水	740
		策勒河	冰川融水、山地降水、积雪融水	136
		和田河	冰川融水、泉水和大气降水、积雪融水	806
		皮山河	冰川融水、积雪融水、山地降水	160
		叶尔羌河	冰川融水、积雪融水、地下水、山地降水	970
		盖孜河	冰川融水、积雪融水、地下水、山地降水	374
5	兴都库什山脉	阿姆河	积雪融水、冰川融水、地下水、山地降水	2540
		巴尔赫河	积雪融水、冰川融水、山地降水	480
		穆尔加布河	积雪融水、冰川融水、山地降水	850
		哈里河—捷詹河	积雪融水、冰川融水、山地降水	1150
		喀布尔河	积雪融水、冰川融水、山地降水	700
		赫尔曼德河	积雪融水、山地降水、冰川融水	1150
6	科佩特山脉	阿特拉克河	积雪融水、山地降水、冰川融水	500
7	厄尔布尔士山脉	戈尔甘河	积雪融水、山地降水、冰川融水	300
		塞菲德河—克孜勒乌赞河	山地降水、积雪融水、冰川融水	1000

资料来源：根据相关资料整理。

与前述的横贯亚欧大陆中部区域的光热组合带或者耦合带相比较，光热组合带或耦合带主要形成于亚欧大陆中部一系列东西向延伸的高大山脉山前盆地区域，而这一横贯亚欧大陆中部区域的巨型东西向降水相对较多带则主要形成于巨型东西向山链地带，且在自然地理形态上也大致东西相连；且巨型东西向光热组合带或者耦合带以热干为主要气候特征，而巨型东西向降水相对较多带则以冷湿为主要气候特征；巨型东西向光热组合带或者耦合带的形成与存在主要体现经向地带性与差异性，而巨型东西向降水相对较多带的形成与存在则体现垂直地带性与差异性；巨型东西向光热组合带或者耦合带是一系列山前平原绿洲、交通线路、生产活动、聚落发育存在的主要气候空间，而巨型东西向降水相对较多带则并非一系列山前平原绿洲、交通线路、生产活动、聚落发育存在的主要气候空间；巨型东西向光热组合带或者耦合带主要为一系列山前平原绿洲、交通线路、生产活动、聚落的发育存在准备了光热组合条件，而巨型东西向降水相对较多带则为一系列山前平原绿洲、交通线路、生产活动、聚落的发育存在准备了水源条件。无疑，巨型东西向光热组合带或者耦合带与巨型东西向降水相对较多带毗邻而居，都既共同体现与具备了巨型地带性地域分异，又共同体现与具备了巨型地带性地域邻近，共同形成了亚欧大陆中部水热要素既巨型地带性地域分异又巨型地带性地域邻近的展布格局，共同为亚欧大陆中部区域一系列山前平原绿洲、交通线路、生产活动、聚落的发育存在准备了充分的气候系统条件。

可见，大致呈东西向延伸展布的高山气候系统及其降雨带，是亚欧大陆中部区域及中纬度亚洲内陆干旱区形成一系列东西向延伸的绿洲带、交通主干道、经济活动密集带、人口集聚区带的重要水源条件。在这一过程中，气候因素主要贡献了高山降水、降水存储等因子。

（三）形成巨型东西向盆地链地带光热组合带与巨型东西向山链地带降水相对较多带耦合带

亚欧大陆中部区域巨型东西向盆地链地带光热组合带与巨型东西向山链地带降水相对较多带所形成的二元差异化邻近排布结构及错位组合（或耦合），为形成巨型绿洲带、交通主干道、经济活动密集带、人口集聚区带准备了相对完整的气候系统条件。

虽然亚欧大陆中部区域盆地平原荒漠区优越的光热组合条件大致呈局部域面状及整体条带状展布，但是，从生态系统及人地系统角度看，仅有局部域面状及整体条带状展布的优越光热条件组合带或耦合带，尚不足以在亚欧大陆中部区域缔造出一系列东西向延伸的绿洲带、交通主干道、经济活动密集带、人口集聚区带。同样，虽然亚欧大陆中部区域"笼罩"于一系列东西向延伸高大山脉之上、大致呈东西向延伸的高山气候系统及其降雨带也呈条带状展布，但是，也从生态系统及人地系统角度看，仅有条带状展布的高山气候系统及其降雨带，也不足以在亚欧大陆中部区域缔造出一系列东西向延伸的绿洲带、交通主干道、经济活动密集带、人口集聚区带。而只有局部域面状及整体条带状展布的优越光热条件组合带或耦合带，与条带状展布的降水带在一定空间内"错位组合"，实现光热条件与水分条件在一定地域内的充分、便捷组合或耦合，才能够形成足以在亚欧大陆中部区域缔造一系列东西向延伸绿洲带、交通主干道、经济活动密集带、人口集聚区带的相对完整气候系统条件。

这是因为，从植物学角度而言，太阳辐射能是植物体内物质形成的最基本要素，植物体内干物质的90%～95%都需要通过光合作用合成，只有5%～10%来自根部养分吸收，阳光是植物进行光合作用的必需物质，光照充裕程度最终决定植物的最高可能生长量或生产量，农业生产的实质就是通过绿色植物光合作用，将太阳光能转化为潜能的过程；同时，热量是植物生产的重要条件，在水分、肥料和光照条件都满足的情况下，在一定适温范围内，多数植物的生长速率与环境温度成正比；而水分也是植物生长不可或缺的重要条件，植物细胞在扩张生长过程中，需要充分的水分使细胞产生膨胀压力，而膨胀压力是植物实现扩张生长的必要条件与环节，同时，水分也是植物进行各种生理活动的重要条件和媒介，是植物合成有机物的原料，水分能够使植物光合作用得以顺利进行，并将光合作用产生的有机质输送至生长部位用于建造细胞壁和形成原生质。可见，只有实现光热条件与水分条件在一定局部地域内的充分、便捷组合或耦合，植物才能够生长发育，荒漠中才能够形成绿洲。

而上述的"错位组合"，从大尺度空间范围而言，即是指大尺度空间范围内呈局部域面状及整体条带状展布的大陆性干旱气候系统，与呈条带状展布的高山气候系统在空间上的大致邻近，也即是指在大尺度空间范围内，呈域面状展布的盆地平原荒漠上覆低空"干热气团"，与呈条带状展布的高山上覆高空"冷湿"气团在空间上的大致邻近。尽管这两种气候系统、两种气团发生作用的空气界面不在同一海拔高度，后者的海拔高度总是高于前者，但其一定位于同一更大尺度的空间范围内并且大致相互邻近。

也即是说，亚欧大陆中部区域地表上广泛展布的域面状盆地平原荒漠系统，与点状、条带状、小尺度域面状展布的绿洲系统，是与一定海拔高度空气空间中呈域面状展布的大陆性干旱气候系统及呈条带状展布的高山气候系统及其降雨带组合带所大致对应的，或者相因果的，尽管这种对应关系在空间上可能并不一一严丝合缝。

也即是说，两种气候系统在山前地带的大致连接或邻近，实现了光热条件与水分条件的"错位组合"、相互衔接，进而孕育了绿洲在山前盆地平原荒漠地带发育或形成的可能性。

也即是说，只有在邻近地带具有条带状展布的高山气候系统及降雨带的大陆性干旱气候系统的下垫面上（即盆地平原荒漠上），才有可能发育或形成山前平原绿洲；通俗地说，也即是只有紧邻高山的荒漠盆地才有可能发育或形成山前平原绿洲，否则，即不会发育或形成山前平原绿洲①。为此，可将此种山前平原绿洲及山间盆地绿洲、山谷绿洲称为"原生型绿洲"。如祁连山脉北南麓山前诸绿洲、阿尔金山脉北麓山前诸绿洲、昆仑山脉北麓山前诸绿洲、天山山脉北南麓山前诸绿洲、兴都库什山脉北南麓山前诸绿洲、科佩特山脉北南麓山前诸绿洲、厄尔布尔士山脉南麓山前诸绿洲，均属于此种山前"原生型绿洲"②。

自然，在远离条带状展布的高山气候系统及降雨带的域面状大陆性干旱气候系统下垫面河流中下游部位（巨型盆地低海拔区域），也有可能发育或形成河流中下游绿洲，但这并未否定上述原理，而只是这一原理的远端效应，即高山地带条带状展布的高山气候系统及降雨带，与盆地荒漠地带域面状展布的大陆性干旱气候系统在远端的"耦合"，形成了远离高山地带的河流中下游绿洲。为此，可将此种远离高山的河流中下游绿洲称为"继发型绿洲"。如远离祁连山脉的民勤绿洲、额济纳绿洲，远离喀喇昆仑山脉及昆仑山脉的巴楚绿洲及其以北的叶尔羌河下游诸绿洲、喀什噶尔河下游诸绿洲，远离天山山脉的塔里木河干流沿岸诸绿洲、锡尔河中下游诸绿洲，远离兴都库什山脉的阿姆河中下游诸绿洲、锡斯坦绿洲，均属于此种远离高山的河流中下游"继发型绿洲"。

也即是说，前述的巨型东西向山前盆地光热组合带，与巨型东西向高大山链降水带之间，所形成的既巨型地带性地域分异又巨型地带性地域邻近关系，即是在巨尺度空间范围内，在山前地带，最大限度地构造了光热条件与降水条件的"错位组合"关系和格局、相互衔接关系和格局，进而为亚欧大陆中部区域一系列山前平原绿洲、交通线路、生产活动、聚落的发育和形成准备了充分的气候系统条件，为亚欧大陆中部区域光热水条件"错位耦合"准备了巨型地带性地域关系与格局条件。在这一过程中，气候因素主要贡献了山地高山气候系统与盆地干旱气候系统空间邻近、性质差异因子。

（四）形成巨型东西向径流带

亚欧大陆中部区域自一系列东西向延伸的高大山脉流向一系列巨大盆地及其平原荒漠区域的径流，成为巨型东西向山链相对较多降水、降水相对较多地带与巨型东西向盆地链优越光热组合条件、光热组合带实现错位组合（或耦合）的最关键环节，为形成巨型绿洲带、交通主干道、经济活动密集带、人口集聚区带准备了转换枢纽。

从亚欧大陆中部区域所展现的规律与趋势来看，仅有呈局部域面状及整体条带状东西向展布的优越光热条件组合带，与呈条带状东西向展布的降水带在一定空间内的"错位组合"，还只是为在亚欧大陆中部区域缔造一系列东西向延伸绿洲带、交通主干道、经济活动密集带、人口集聚区带准备了潜在的气候系统条件。要在亚欧大陆中部区域发育与形成一系列东西向延伸的绿洲带、交通主干道、经济活动密集带、人口集聚区带，还需要呈局部域面状及整体条带状东西向展布的优越光热条件组合带，与呈条带状东西向展布的降水带所形成的结果——地表径流或地下径流，在地表及其附近"近距离组合"，才能形成有利于生物繁衍生长的光热条件与水分条件良好组合的微环境。这种"近距离组合"微环境，典型者如棉花或枣椰树的生长环境——

① 这是巨型山前平原绿洲带在亚欧大陆中部区域形成而未在北非撒哈拉沙漠地区形成的重要原因之一，因北非撒哈拉沙漠地区虽有条带状展布的大陆性干旱气候系统，但不具有条带状展布的巨型高海拔山链系统及与其对应的条带状巨型高山气候系统和降水相对较多带。

② 参见刘春静：《中亚干旱区植被退化及典型流域生态环境遥感监测》，山东农业大学硕士学位论文，2016年，第35页。

"头在火里，脚在水里"[1]，或者形成有利于耕作人口和往来商旅生存的微环境——"头顶烈日，脚伴渠溪"，如史籍中所载"自车师前王廷随北山，波河西行至疏勒，为北道"中的"波河西行"[2]。

也即是说，在不同海拔高度的空气界面上大致相互邻近的两个气候系统——盆地平原荒漠大陆性干旱气候系统与山地高山气候系统，其具体元素、产物或表现——光热因子及降水因子——在地表通过河流作为媒介，将高山气候系统形成的降水或其融水、露头潜水，以河流的形式或途径，搬运、迁移至光热组合条件优越地带的地面，并与光热组合条件实现近距离的二次组合或耦合，从而实现了亚欧大陆中部区域或中纬度亚洲内陆干旱区在一定海拔高度的空气界面上所不可能实现的优越光热因素与优越水分因素的二次组合或耦合，使两个特质近乎对立的气候系统的具体元素、产物或表现在地表实现了近距离"第二次组合或耦合"，实现了"火"（光热）与"水"的"组合或耦合"。而这种近距离"第二次组合或耦合"恰恰是形成绿洲进而缔造一系列东西向延伸的绿洲带、交通主干道、经济活动密集带、人口集聚区带的最关键环节。

另一方面，在盆地四周山地区域产生较多降水，形成若干条发源于高山的河流，河流流出山口后，即在盆地内构成相对稠密的水网和众多湖泊，平原地区的荒漠生态系统受到地表水、地下水浸灌后与光热资源结合，即开始向非荒漠生态系统演变。例如，天山、昆仑山脉山谷和塔里木盆地边缘地带所形成的天然胡杨林绿洲即属此类。甚至早在人类出现之前，以上地带即已有天然绿洲存在，其当然是干旱地区盆地光热组合带与山地降水较多带通过河流在地表"第二次组合或耦合"的产物。

在这一意义上，在通常情况下，较小规模的降雨带仅可能形成较小河流，而较小河流仅可能产生山间盆地绿洲、山谷绿洲、山前绿洲，而不大可能产生远离高山的、较大规模的中下游绿洲；而较大规模的降雨带则可能形成较大河流，较大河流不仅可能在上中游及其支流产生山间盆地绿洲、山谷绿洲及山前绿洲，而且可能在汇流后的干流中下游地带产生远离高山的、较大规模的中下游绿洲。如前述的祁连山脉北南麓山间盆地与山谷及山前诸绿洲、阿尔金山脉北麓山间盆地与山谷及山前诸绿洲、昆仑山脉北麓山间盆地与山谷及山前诸绿洲、天山山脉北南麓山间盆地与山谷及山前诸绿洲、兴都库什山脉北南麓山间盆地与山谷及山前诸绿洲、科佩特山脉北南麓山间盆地与山谷及山前诸绿洲、厄尔布尔士山脉南麓山间盆地与山谷及山前诸绿洲，均是由较大河流的上游及其支流、较小河流在山间盆地、山谷或者山前地带因冲积作用而形成的山间盆地绿洲、山谷绿洲、山前绿洲，即所谓"原发性绿洲"；而只有民勤绿洲、额济纳绿洲、巴楚绿洲及其以北的叶尔羌河下游诸绿洲和喀什噶尔河下游诸绿洲、塔里木河干流沿岸诸绿洲、锡尔河中下游诸绿洲、阿姆河中下游诸绿洲、锡斯坦绿洲，才属于由较大河流在中下游产生的远离高山的、较大规模中下游绿洲，即所谓"继发性绿洲"。在这一过程中，气候因素主要贡献了高山降水、降水存储与汇集等因子。

由相关图件[3]可见，亚欧大陆中部区域巨型东西向山前盆地光热组合带与巨型东西向高大山链降水带之间的分异及邻近关系，使得亚欧大陆中部区域一系列高大山脉山前地带成为亚欧大陆中部区域乃至整个亚欧大陆光热水因素耦合关系最充分或者较充分地带，其既避免了中国亚

---

[1]　实际是"脚在冰里"，因为大部分灌溉水源来自高山气候系统降水带所形成的冰雪及其融水。

[2]　参见《汉书·西域传上》。

[3]　参见李宏宇：《中国大陆地区陆面能量交换及其对大尺度气候变化的初步响应》，南京大学博士学位论文，2015年，第112页。

热带季风气候区域水热条件组合状况较好但光照条件不充分的情形，又避免了印度半岛、阿拉伯半岛、北非撒哈拉沙漠地区光热条件组合状况较好但水分条件不充分的情形，同时还避免了西伯利亚北部、加拿大北部、阿拉斯加水热光照条件均不充分的情形，其的确成为了亚欧大陆中部区域一系列东西向延伸的绿洲带、交通主干道、经济活动密集带、人口集聚区带发育与形成的相对完整的气候系统条件。

在这一过程中，也清晰地展现出了亚欧大陆中部区域所形成的地貌系统（"地文"系统）与气候系统（"天候"系统）之间的"地文天候"二元差异耦合关系与巨型条带状并行展布格局。即一方面，在亚欧大陆中部区域，形成了巨型的高大宽厚山脉与深切广阔盆地相间格架状展布格局；另一方面，在高大宽厚山脉区域上覆形成高山气候系统及降水相对较多带，形成冷湿气候特征，在深切广阔盆地区域上覆形成干旱气候系统及优越光热条件组合带，形成热干气候特征，由此形成山脉区域高山气候系统及降水相对较多带与盆地干旱气候系统及优越光热条件组合带既地域分异又地域邻近的"二元化"展布格局。且山盆相间格架状展布格局，与高山气候系统及降水相对较多带、盆地干旱气候系统及优越光热条件组合带邻近展布格局之间，形成显著、深刻的耦合关系。由于亚欧大陆中部区域一系列高大山脉多呈东西向纬向延伸，并大致形成巨型东西向纬向山链，自祁连山脉东端延伸至厄尔布尔士山脉西端；且一系列山前盆地各自也多呈东西较长、南北较窄的东西向纬向长条状形态，并相互之间大致东西向纬向连通，大致形成巨型东西向纬向山前盆地链，自中国河西走廊东端延伸至伊朗雷扎耶湖盆地。在巨型东西向纬向山链上覆形成东西向纬向高山气候带及降水相对较多带，在巨型东西向纬向山前盆地链上覆形成东西向纬向干旱气候带及优越光热条件组合带。因此，山盆相间格架状展布格局，与高山降水相对较多带、盆地优越光热条件组合带邻近展布格局之间，所形成的二元差异耦合关系，在空间上也呈巨型东西向纬向并行延伸形态，并形成"地文天候"系统垂向耦合关系与格局。

同时，在亚欧大陆中部区域巨型东西向纬向山链与巨型东西向纬向山前盆地链之间，也形成显著的、深刻的耦合关系。从亚欧大陆中部区域所展现出的规律与趋势来看，大陆中部区域单个高大山脉与单个山前盆地往往在空间上相互邻近，在形成上相因相袭，在物源上相互补偿，在功能上相互补充；一组高大山脉与一组山前盆地在空间上大致相通相连，在成因上近似关联，在功能上分类组合；整个巨型山链与整个巨型山前盆地链在空间上相互邻近大致平行，在整体功能上分类组合，也形成显著、深刻的耦合关系与耦合格局。

而在亚欧大陆中部区域巨型山链上覆高山气候带及降水相对较多带、巨型山前盆地链上覆干旱气候带及优越光热条件组合带之间，也形成显著、深刻的耦合关系。如单个高大山脉上覆高山气候带及降水相对较多带，与单个山前盆地上覆干旱气候带及优越光热条件组合带，在空间上相互邻近，在要素性质上整体对立但个别环节相互转化相辅相成、相互制约，在功能上相互补充；整个巨型山链上覆高山气候带及降水相对较多带，与整个巨型山前盆地链上覆干旱气候带及优越光热条件组合带，在空间上相互邻近，在整体功能上也分类组合，也形成显著、深刻的耦合关系与耦合格局。

二、作用及耦合格局成因探析

从根本上来说，亚欧大陆中部区域形成复式气候形态（大陆性干旱气候系统与高山气候系统），主要起源于复式地形地貌形态（盆山格架系统）、地质构造运动过程及海陆分布格局、行星风系位置。

（一）盆山耦合的复式地形地貌格架系统是形成复式气候形态的地貌及地质构造原因

如祁连山脉与其北南两侧的河西走廊和柴达木盆地，阿尔金山脉与其北南两侧的塔里木盆地和柴达木盆地，昆仑山脉与其北侧的柴达木盆地和塔里木盆地，天山山脉及其北南两侧的准噶尔盆地、卡拉库姆盆地和吐哈盆地、塔里木盆地，兴都库什山脉及其北南两侧的阿姆河上游河谷盆地、卡拉库姆盆地和喀布尔河谷盆地、锡斯坦盆地等，科佩特山脉及其北南两侧的卡拉库姆盆地和阿特拉克河谷盆地，厄尔布尔士山脉北南两侧的马什哈德盆地、里海沿岸平原、南里海盆地和中伊朗盆地等，都构成盆山相间、格架状排布的复式地形地貌系统，形成大尺度空间范围内的山盆耦合关系，且山脉高大宽厚，盆地深切广阔，山盆之间高低悬殊，海拔高度差异显著，且大多以深大断裂作为相互之间的边界，形成地球上纬向最长、最壮观的巨型盆山耦合带。

而这一地球上纬向最长、最壮观、最典型的巨型盆山耦合带之所以形成发育在亚欧大陆中部区域并绵延数千千米（6000千米以上），则是亚欧大陆南侧及中部区域一系列地质构造运动长期作用、积累叠合的结果。

这是因为，亚欧大陆本身在地质历史时期是地球各大陆中板块拼贴碰撞规模最宏大、过程最复杂、期次最多、历时最久的陆块，而亚欧大陆中部区域又是整个亚欧大陆的中枢区域；在亚欧大陆形成过程中，亚欧大陆中部区域处于哈萨克斯坦—准噶尔、卡拉库姆—塔里木、中伊朗—冈底斯、印度四大古板块的结合部位和亚欧大陆主要构造体系交汇地区，各个板块之间相互碰撞形成一系列碰撞带、造山带，而古板块所在区域则低落成盆，由此形成板间成山、板内成盆的格局。

同时，由于处于亚欧大陆中部地带，大凡亚欧大陆形成过程中南部边缘南北方向上的板块拼贴碰撞及由此带来的海陆变迁，亚欧大陆中部区域都处于首当其冲地位并首先做出相关响应。即在亚欧大陆中部区域古地块或古板块边缘带基础上，以板块内陆壳强烈缩短为主要途径和形式，抬升形成亚欧大陆中部区域一系列庞大山系，并伴生山前地带凹陷成盆，由此导致亚欧大陆中部区域成为整个亚欧大陆受南北方向板块碰撞运动影响最为深远、广泛的区位和区块，最终形成亚欧大陆中部区域巨型东西向山链与巨型山前盆地链相互叠置、相互邻近、大致平行展布的排布格局。而印欧碰撞则是其中最典型的表现。

自古近纪以来，印度板块与巨大欧亚板块碰撞先后经历主碰撞陆—陆汇聚阶段（65～41Ma）、晚碰撞构造转换阶段（40～26Ma）、后碰撞地壳伸展阶段（25～0Ma）。由于处于形成中的亚欧大陆中部地带，现今亚欧大陆中部区域遂成为印度板块向北俯冲过程中对欧亚板块产生巨大影响的主要承受地区。碰撞的直接后果为由于印度板块的持续北移，导致在先前由"祁连—阿尔金—昆仑始特提斯造山系"和"松甘—羌塘—拉萨古特提斯造山系"组成的印度—亚洲前碰撞"巨型复合碰撞造山拼贴体"基础上，经过新特提斯洋盆开启和消亡的聚散历史，又形成了新的"新特提斯造山系"；且其远程效应导致印度与西伯利亚板块之间形成南北2000公里、东西3000公里巨大范围的新生代陆内变形域[①]，祁连山脉、昆仑山脉、天山山脉等古亚洲域构造中的古生代褶皱系相继"复活"，发生强烈断块隆起，形成新生代复活山系；与此同时，柴达木、塔里木等中生代沉积盆地也再次"活化"，其山前地带开始演化为由陆内俯冲引起的再生前陆盆地，并以大型逆冲断裂或走滑断裂与周缘造山带相接，构成克拉通上的新生代陆相盆地与青藏高原隆升及周缘造山带崛起之间的互馈关系，形成新生代条件下的盆山相间组合格局（见图2-3）。

---

① 陆内变形域指板块内部由于板内变形作用所形成的线状构造变形带。

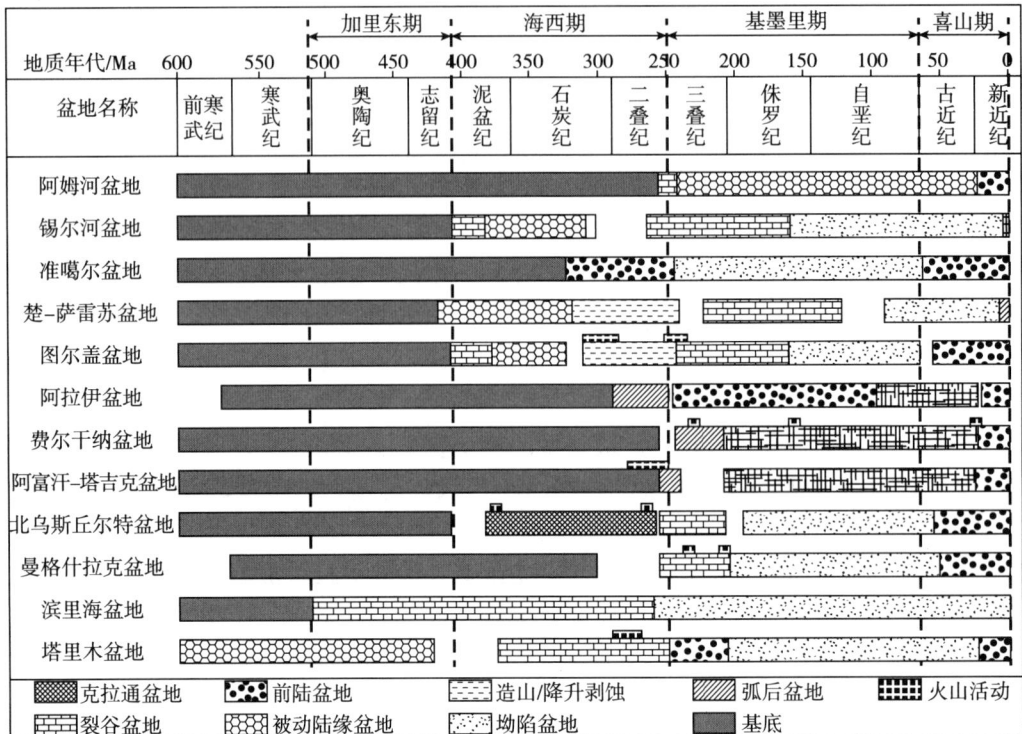

图 2-3　中亚盆地构造演化对比

资料来源：引自塔斯肯、李江海、李洪林、李维波、毛翔、王洪浩：《中亚与邻区盆地群构造演化及含油气性》，《现代地质》2014 年第 3 期，第 579 页。

　　具体而言，祁连山脉在形成早期由于受加里东运动、海西运动①影响，由古生代地槽逐渐形成褶皱带；其后依托白垩纪断块运动呈断块状隆升；由于受印度地块向北推进远程效应影响，第三纪以来其依托新构造运动、青藏运动及昆黄运动而大幅度隆升，最后形成多条岭谷平行格局，"复活"后的祁连山脉大致形成于 66±2~0.6Ma 时期，北南两侧河西走廊、柴达木盆地区域形成再生前陆盆地。

　　阿尔金山脉因受印欧碰撞远程效应影响，主要依托青藏运动、昆黄运动大幅度隆升，"复活"后的阿尔金山脉大致形成于 3.4~0.6Ma 时期，北南两侧塔里木盆地东南部凹陷、柴达木盆地区域凹陷形成再生前陆盆地。

　　昆仑山脉因受印欧碰撞远程效应影响，主要依托喜马拉雅运动（自 66±2Ma 起）、青藏运动、昆黄运动、共和运动（发生于 0.5Ma 左右）而大幅度隆升，山脉大致形成于 66±2~0.5Ma 时期，北侧塔里木盆地南部边缘区域形成再生前陆盆地。

　　天山山脉因受印欧碰撞远程效应影响，主要依托喜马拉雅运动、新构造运动大幅度隆升，山脉大致形成于 66±2~1.7Ma 时期，北南两侧准噶尔盆地南部边缘及塔里木盆地北部边缘区域形成再生前陆盆地。

---

　　①　海西运动由德国海西山得名。海西运动起初在德国用于指代不同时期褶皱、断裂作用造成的任何山地。从泥盆纪开始，最先在加里东运动中出现的大陆块从浅海广布向陆地转化的趋向更加明显，海陆形势发生巨大变化。通常将晚古生代特别是石炭纪、二叠纪发生的地壳运动，称为海西运动，也称华力西运动。海西运动使西欧海西地槽、北美东部阿巴拉契亚地槽、欧亚交界处乌拉尔地槽、中亚哈萨克地槽及中国天山、祁连山、南秦岭、大兴安岭等地槽褶皱回返，形成巨大山系。此时北半球各古地台之间的地槽带变为剥蚀山地。海西运动的完成，标志着古生代的结束。海西期的时限为 405±5~250Ma。

兴都库什山脉因受印欧碰撞远程效应影响，主要依托第三纪渐新世（36.50~23.3Ma）至上新世早期（5.33~3.60Ma）地质构造运动大幅度隆升，山脉大致形成于36.50~23.3Ma时期，北南两侧阿姆河上游河谷盆地、卡拉库姆盆地及喀布尔河谷盆地、锡斯坦盆地等区域凹陷成盆。

科佩特山脉因受阿拉伯板块北移或与欧亚板块碰撞远程效应影响，主要依托新生代相应地质构造运动大幅度隆升，北南两侧卡拉库姆盆地形成再生前陆盆地、阿特拉克河谷凹陷成盆。

厄尔布尔士山脉因受阿拉伯板块北移或与欧亚板块碰撞远程效应影响，主要依托新生代相应地质构造运动大幅度隆升，北南两侧马什哈德盆地、里海沿岸平原、南里海盆地及中伊朗盆地等区域凹陷成盆。

由上述可见，"复活"后的祁连山脉、阿尔金山脉、昆仑山脉、兴都库什山脉及其北南两侧盆地形成均因于印度板块北移与欧亚板块碰撞，均受印欧碰撞远程效应影响；科佩特山脉、厄尔布尔士山脉及其北南两侧盆地形成均因于阿拉伯板块北移与欧亚板块碰撞，均受阿欧碰撞远程效应影响。亚欧大陆中部区域巨型盆山耦合带的形成完全是亚欧大陆南部边缘区域板块拼贴碰撞的结果及其影响后果。正是受到了来自南方向这一一致方向上的板块间拼贴碰撞影响，才在亚欧大陆中部区域形成了东西延伸、首尾相连的巨型山链及巨型盆地链，并相互深度、充分耦合，形成相互紧密相关的亚欧大陆中部区域巨型盆山耦合带。

而正是地貌及地质构造上巨型盆山耦合带的存在，才为形成高山"冷湿"、荒漠"暖干"的二元气候结构提供了地貌及地质构造基础。观测资料表明，中国西北干旱区山地海拔每升高1000米，年均温降低6.5℃；祁连山脉和阿尔金山脉年均温0℃线等值线大致通过2700~3300米地带，昆仑山脉北坡年均温0℃等值线大致通过海拔4000米地带，天山山脉博格达山北坡年均温0℃等值线大致通过海拔2400~2600米地带，博格达山南坡年均温0℃等值线大致通过海拔2700米地带，喀拉乌成山北坡年均温0℃等值线大致通过海拔2900米地带，表明中国西北干旱区山地高山带经常甚至终年处于负温状态，导致多年积雪，并对高空水汽凝结发挥重要促进作用。可见，正是干旱区一系列高山的存在，才会产生因高而冷、因冷而"湿"的逻辑递变链条，也才会形成高山降水相对较多地带[①]。而与此相反，在干旱区盆地荒漠平原区域，由于地势低平，地表覆被多为沙漠戈壁，日出后尤其是进入夏季后升温迅速，导致地表温度及近地面气温快速上升，地表蒸发量增大，地面水分及近地表空气中水汽含量急剧降低，由此在近地表形成因低而热、因热而干的逻辑递变链条，形成干旱区盆地荒漠平原区暖干气候特征[②]。

结合前述可见，各个板块之间的碰撞造成海拔高峻的碰撞带、造山带，为拦截高空水汽、形成"冷湿"气候特征提供了地貌及地质构造条件；而为各条碰撞带、造山带所围限的板内区域则凹陷低落、无法捕获外围水汽、为形成"盆地效应"及"暖干"气候特征提供了地貌及地质构造条件。亚欧大陆中部区域巨型盆山耦合带及其形成过程不仅为形成高山"冷湿"、盆地"暖干"气候耦合格局提供了巨大的展布空间，而且也提供了成因支持。

（二）亚欧大陆拼贴碰撞过程及其所形成的海陆分布格局是形成亚欧大陆中部区域复式气候形态尤其是干旱气候特征的主要地质构造运动原因

由地质历史过程可见，亚欧大陆形成主要是由西伯利亚大陆、俄罗斯陆块、阿瓦龙陆块、波罗的大陆、阿穆尔板块、华北克拉通、准噶尔地块、伊犁地块、哈萨克斯坦陆块、扬子地块、柴达木—祁连地块、中阿尔金微陆块、塔里木陆块、华南陆块、华夏地块、腾冲保山地块、拉萨地块、北羌塘地块、基墨里大陆（包含土耳其、外高加索、伊朗、阿富汗、南帕米尔、羌塘、

---

①② 参见张立峰：《西北生态环境脆弱区典型内陆河流域植被覆盖变化及其影响因素研究》，兰州交通大学博士学位论文，2017年，第14页。

印度支那陆块）、印度板块、阿拉伯板块等 30 多块陆块、地块碰撞拼贴而成。其中，北部地带碰撞拼贴期完成于中泥盆世末期或晚泥盆世早中期，以该时期天山—准噶尔碰撞造山带形成、卡拉库姆—塔里木板块向北拼贴于哈萨克斯坦—准噶尔—西伯利亚大陆为标志；中部地带碰撞拼贴期完成于晚侏罗世—早白垩世早期，以该时期拉萨地块与羌塘地块碰撞拼合完成、伊朗萨南达杰—锡尔詹、莫克兰等岛弧和微板块进一步与伊朗—阿富汗板块拼贴为标志；南部地带碰撞拼贴期完成于古近纪，以该时期印度板块、阿拉伯板块逐渐与欧亚板块碰撞为标志。由于现今的亚欧大陆中部区域处于碰撞拼贴完成后的亚欧大陆中心部位，因此，亚欧大陆碰撞拼贴过程实际上即是亚欧大陆中部区域由中小板块衔接地带、陆缘岛弧地带逐渐转化为巨大板块板内地带的过程，就是逐步内陆化的过程；由于亚欧大陆是各大洲板块中碰撞拼贴过程最复杂、拼贴衔接面积最广大的大陆板块，因此，亚欧大陆中部区域所在部位不仅是亚欧大陆最内陆化的地带，也是各大洲板块中最内陆化的地带；因此，在亚欧大陆各个区域中，乃至在各大洲板块中，亚欧大陆中部区域都最有可能成为距离海洋最远的区域，都最有可能成为降水量最少、最干旱的区域。

  同时，亚欧大陆的形成过程，也是组成亚欧大陆的一系列东西向条带状陆块之间呈东西向延伸的古地中海板块逐渐俯冲消亡、拆解融沉的过程。如上述的亚欧大陆北部地带碰撞拼贴，实际上是古亚洲洋—原特提斯洋俯冲消亡的过程；中部地带碰撞拼贴，实际上是古特提斯洋俯冲消亡的过程；南部地带碰撞拼贴，实际上是新特提斯洋俯冲消亡的过程。每一次古地中海俯冲消亡的过程，既是亚欧大陆各组成板块由大陆边缘、洋中陆块、洋中岛弧转化为陆内板块的过程，是各个组成板块逐渐丢失海洋性气候特征的过程，也是亚欧大陆由多个中小板块、陆缘岛弧拼贴碰撞成为巨大板块的过程，是巨大板块整体大陆性气候特征逐渐增强、海洋性气候特征逐渐减弱的过程。现今的亚欧大陆中部区域北侧为古亚洲洋—原特提斯洋所在区域，古亚洲洋—原特提斯洋消亡后形成中亚造山带（新元古代持续至中生代早期）；南侧为古特提斯洋所在区域，古特提斯洋消亡后形成松甘—羌塘—拉萨古特提斯造山系；最南侧为新特提斯洋所在区域，新特提斯洋消亡后形成新特提斯造山系。可见，亚欧大陆中部区域板块碰撞拼贴过程，也是洋壳逐渐俯冲消亡、古地中海逐渐海退的过程，是所在区域逐渐丢失海洋性气候特征、增强大陆性气候特征的过程；加之，其处于碰撞拼贴完成后的亚欧大陆中心地带，由此即成为亚欧大陆各组成部分中丢失海洋性气候特征最多、增强大陆性气候特征也最多的区域。这与德日进[①]所谓"亚洲内陆存在一个地球上极端干旱区'亚洲干极'，其形成是一个从中生代开始的缓慢过程"的观点、"亚洲变干是一个长期缓慢的过程，从中生代开始以蒙古高原为中心就开始变干，白垩纪晚期已扩展到鄂尔多斯高原。在早第三纪，荒漠环境及其特有标志如红层、石膏、风棱石等已广泛出现于华北，一直分布到长江下游"的观点大体一致。也与晚侏罗世—早白垩世早期及其以后的一系列重大地质事件相关，如亚洲北部西伯利亚克拉通与阿穆尔板块碰撞，亚洲中南部拉萨地块与羌塘地块碰撞拼合完成，冈底斯地块向欧亚板块碰撞拼贴，伊朗萨南达杰—锡尔詹及莫克兰等岛弧和微板块进一步与伊朗—阿富汗板块拼贴，亚洲大陆版图进一步扩大等，即古亚洲大陆的不断碰撞拼贴、向南向西扩展是形成以蒙古高原为中心的广泛干旱带的重要原因。只不过由于副特提斯海存在于接近亚欧大陆中心区域位置[②]，因此其在一定程度上弥补了古

---

① 皮埃尔·泰亚尔·德·夏尔丹，1881 年 5 月 1 日—1955 年 4 月 10 日，中文名为"德日进"，法国哲学家、神学家、古生物学家、天主教耶稣会神父。德日进在中国留居多年，是中国旧石器时代考古学的开拓者和奠基人之一。

② 副特提斯海自东欧向东伸展，占有 40°N 以北西亚和中亚大片地区，并伸入昆仑山脉以北塔里木盆地，形成喀什湾。参见施雅风、汤懋苍、马玉贞：《青藏高原二期隆升与亚洲季风孕育关系探讨》，《中国科学（D辑）》1998 年第 3 期，第 263 页。

亚洲洋—原特提斯洋、古特提斯洋、新特提斯洋退出对亚欧大陆尤其是对亚欧大陆中部区域干旱化的影响，在一定程度上延缓了亚欧大陆中部区域干旱化最终形成的进程，推迟了亚欧大陆中部区域干旱化最终形成的时期①。副特提斯海萎缩后，只剩余现代咸海、里海和黑海及其附近一隅之地，这使亚洲中部迅速变干，大陆性气候特征大为增强，中亚地区年温差由不超过17℃扩大至30℃以上，也从侧面证明，亚欧大陆拼贴碰撞过程及其所形成的海陆分布格局，是形成亚欧大陆中部区域复式气候特征尤其是干旱气候特征的主要地质构造运动原因。

再深究其原因，这是因为，历次古地中海（古亚洲洋—原特提斯洋、古特提斯洋、新特提斯洋、副特提斯海）的存在都会产生比较强烈的蒸发作用，为亚欧大陆各组成板块输入大量的水汽，这些水汽带来的大量潜热将会使各个组成板块的海陆热力差异显著降低，使各组成板块具有一定程度的海洋性气候特征。如二叠纪末—三叠纪，中国北方大陆已经形成，祁连山脉、阿尔金山脉、天山山脉已经形成为明显的山系，由于地形向南敞开且受南面古特提斯洋影响，中国西部仍处于温暖的潮湿—半干旱气候环境中。而历次古地中海的海退或消亡却会在较大程度上提高各组成板块的热敏感度，使各个板块在夏季容易加热升温形成干热低压中心，在冬季容易散热降温形成干冷高压中心，使各组成板块具有一定程度的大陆性气候特征。亚欧大陆中部区域是古亚洲洋—原特提斯洋、古特提斯洋、新特提斯洋、副特提斯海相对较早退出地带，古地中海退出后，亚欧大陆中部区域即由滨海地带、洋中陆块、洋中岛弧地带转化为巨大陆地板块中心地带，因此，丢失海洋性气候特征最多、增加大陆性气候特征也最多。

（三）行星风系及西风带的存在是亚欧大陆中部区域形成复式气候形态尤其是干旱气候特征的重要气候带原因

已有研究成果表明，白垩纪时期是地球历史中证据充分的温室效应活动期，该时期，处于北半球古纬度20~40°N中低纬度地带并受副热带高压带下沉气流及南北两侧东北信风和西风等行星环流控制的苏北盆地、江汉盆地、鄂尔多斯盆地、塔里木盆地，即为当时的副热带高压干旱带和东西向带状分布的沙漠带，其沙漠发生的时代分别为早白垩世（鄂尔多斯盆地、塔里木盆地）、早白垩世晚期（四川盆地）、晚白垩世早期（江汉盆地、常桃盆地）和晚白垩世中晚期（苏北盆地、思茅盆地）。即当时中国大陆存在一个自西北向东南延伸的宽阔干旱带，如同如今在西亚地区存在的副热带高压干旱带和东西向带状分布的沙漠带。这一时期，中国大陆长期处于地壳稳定阶段，地势低平，广泛发育准平原，地形对大气环流形式的影响较小，叠加新特提斯洋和东部海洋对陆地气候的调节作用，使得中国大陆在白垩纪至早第三纪初期大气环流属于行星风系。中国西北地区在该时期处于副热带高压带下沉气流②及两侧东北信风和西风等行星环流控制区域，与中国大陆在该时期受行星风系控制相一致。此后青藏高原隆起达到临界值、中国东部北方地区开始受到季风控制（晚第三纪）以后，横跨东西部的干旱带才仅局限于中国西北地区。可见，从某种程度上说，白垩纪以来即形成的行星风系控制下的中国西北地区干旱格局是现代中国西北地区干旱格局的肇始。

青藏高原隆起达到临界值以后，改变了亚欧大陆中部区域的行星环流系统，亚欧大陆中部区域的干旱类型随即由副热带高压控制下的行星风系型干旱转变为内陆型干旱。在这一转换背景下，亚欧大陆中部区域南侧的副热带高压带由青藏高原隆起后所形成的青藏高压所取代，亚

---

① 参见施雅风、汤懋苍、马玉贞：《青藏高原二期隆升与亚洲季风孕育关系探讨》，《中国科学（D辑）》1998年第3期第267页；昝金波：《西昆仑山黄土与亚洲内陆干旱化》，兰州大学博士学位论文，2010年，第20页（引自韩文霞，2008）。

② 即所谓Hadley环流下沉支，全球大部分干旱区都位于南北半球副热带地区的Hadley环流下沉支部位，由此形成一条环绕全球的干旱带，受Hadley环流下沉支影响成为全球干旱区形成的主要原因，但并非所有干旱半干旱区都位于副热带地区，个别干旱区如中纬度亚洲内陆干旱区干旱气候的形成即主要是由于地处内陆、远离海洋且水汽较少等原因所致。

欧大陆中部区域中北侧的西风环流样式和格局发生重大变化，但此后亚欧大陆中部区域绝大部分区域仍受西风带影响。由于该时期亚欧大陆尤其是亚洲大陆持续向南、向西扩展，导致亚欧大陆中部区域进一步远离西风带水汽源地，叠加青藏高原隆起达到临界值阻隔南向来自印度洋的水汽、副特提斯海萎缩减少西来水汽供应，遂导致亚欧大陆中部区域内陆型干旱格局形成与定型。在这一过程中，亚欧大陆中部区域虽仍受西风带影响但其影响逐步减弱遂成为内陆型干旱格局形成与定型的重要原因。

即令如此，西风仍是亚欧大陆中部区域降水的主要水汽来源，区域降水主要由西风带气旋环流带来，水汽来源主要来自西风带所覆盖的里海、地中海、大西洋等水域，大西洋虽距亚欧大陆中部区域较远，但区域上空对流层上部的西风气流终年畅通，且高空水汽在输送过程中受阻较少，又不断得到沿途水汽补充，气流经里海进入大陆中部区域，形成区域内海拔 4000 米以上中、高山地降水天气；北冰洋水汽虽也能到达亚欧大陆中部区域但为数较少，印度洋水汽由于青藏高原、兴都库什山等高大山体阻挡极少能够到达大陆中部区域。已有研究成果表明，5000 米以下低层空气空间对亚欧大陆中部区域干旱区的水汽贡献主要来自局地贡献，如巴尔喀什湖周围的水汽贡献可达 $4.0×10^9 kg \cdot kg^{-1}$，而 5000 米以上高层空气空间水汽贡献则有显著的通过纬向输送特征，从大西洋西岸至中蒙干旱区以东均有水汽贡献，平均贡献量可达 $3.0×10^9 kg \cdot kg^{-1}$，其中巴尔喀什湖和地中海附近水汽贡献较强，可达 $9.5×10^9 kg \cdot kg^{-1}$[①]。

在亚欧大陆中部区域现代干旱气候格局下，其绝大部分区域降水呈现显著的海洋性特征，且降水量大致呈现自西向东递减趋势，即是由于其水汽来源主要来自西风输送[②]。既有研究成果表明，中纬度亚洲内陆干旱区冬季降水与冬季上风向的西风强度具有较高关联度；且天山西部干湿变化与受北大西洋涛动[③]所驱动的西风环流在长期变化上存在显著关联，即当北大西洋海温偏高时，中纬度西风得到增强，天山西部气候明显偏湿。前述的亚欧大陆中部区域一系列东西向延伸的高大山脉成为降水相对较多地带，亦是由于其降水所需水汽来源主要来自西风输送，其在高空拦截的水汽亦主要来自西风输送。而低落盆地无法对西来水汽尤其是高空水汽进行拦截，自然沦为干燥炎热盆地。由此构成盆山二元地形地貌结构基础上的山区冷湿、盆地干热二元气候结构。可见，行星风系及西风带的存在是亚欧大陆中部区域形成复式气候形态尤其是干旱气候特征的重要气候带原因。[④]

（四）青藏高原不断隆升也是亚欧大陆中部区域形成复式气候形态尤其是干旱气候特征的重要地质构造运动原因

青藏高原隆升是新生代以来亚欧大陆发生的最重大的地质事件。中新世（23.00～5.33Ma）晚期至上新世（5.30～2.588Ma），印度板块继续向欧亚板块碰撞、俯冲，青藏高原开始隆升；隆升初期高原平均海拔为 1000～1500 米，属准平原化地形，与高原北缘的塔里木盆地的地形高差不大，其时塔里木盆地内广泛发育洪积、冲积和残—坡积物，罗布泊湖面宽广。上新世末至

---

① 参见李若麟：《北半球干旱区降水转化和再循环特征及其在全球变暖背景下的变化》，兰州大学博士学位论文，2017年，第40页。

②④ 参见胡汝骥、姜逢清、王亚俊等：《中亚（五国）干旱生态地理环境特征》，《干旱区研究》2014年第1期，第3页。

③ 北大西洋涛动指北大西洋上两个大气活动中心冰岛低压和亚速尔高压之间的气压反向变化关系，即当冰岛低压加深时，亚速尔高压加强，反之亦然。如北大西洋涛动较强、两个活动中心之间的气压差较大，则北大西洋中纬度西风较强，为高指数环流，墨西哥湾暖流及拉布拉多寒流均增强，西北欧和美国东南部因受强暖洋流影响出现暖冬，为寒流控制的加拿大东岸及格陵兰西岸却非常寒冷。反之，如北大西洋涛动较弱、两个活动中心之间的气压差较小，则北大西洋上西风减弱，为低指数环流，西北欧及美国东南部将出现冷冬，而加拿大东岸及格陵兰西岸则相对温暖。北大西洋涛动对其他地区如亚洲的气候系统也具有一定影响。

第四纪初，来自印度板块俯冲的强大应力促使高原进一步迅速抬升；早、中更新世（2.43~0.13Ma），青藏高原迅速隆升，高原区域气候转冷，高原北侧塔里木盆地边缘抬升，导致其四周堆积巨厚洪积物，气候偏干旱，罗布泊开始萎缩，盆地中部和南缘形成沙地；晚更新世（0.126±0.005~0.01Ma），塔里木盆地与青藏高原高差愈加明显。高原隆起形成其特殊的物理阻挡作用，使南来暖湿气流受阻，无法到达亚洲内陆；形成其特殊的热力作用，以高峻海拔及高大山体既增强了海陆热力差异，又同时增强了西伯利亚蒙古高压，影响其北侧邻区，导致北侧邻区反气旋环流盛行，形成不利于降水发生的下沉气流区，现代气象观测表明，青藏高原伊朗高原北侧40°N左右内陆干旱盆地区对流层中下层四季均为下沉运动，冬季时干冷的冬季风控制着该区域，而夏季时该区域同样也被高压控制，自然干旱少雨；形成其特殊的地形动力作用，使中国西北干旱气候区向北偏离副热带至中纬度地区；形成其特殊的分流作用，过山气流改为动力性绕流。

以上因素共同作用，导致塔里木盆地成为干燥内陆区，并形成塔克拉玛干沙漠。中亚和中国西北其他地区也形成类似效应。诸多地质证据表明，大范围的亚洲内陆干旱化即发生于该时期。与此同时，原已存在的北非—西亚干旱带降水进一步减少，存在于45~60°N的中纬度西风多雨带逐步减弱、断裂，而中国大陆东部地区却在青藏高原隆升影响下形成季风环流、降水增多、干旱带退缩消减、带状环境格局解体，亚洲大陆东南部形成"季风主控型"环境[①]。而与中国西北地区相邻的中亚地区自古生代起即已成为陆地且再未受过海浸，其时在亚热带高压条件下形成了大陆性干旱气候；第三纪中期喜马拉雅运动及其以后，随着青藏高原及其周边喀喇昆仑山脉、昆仑山脉和天山山脉山体大面积抬升，中亚地区气候干旱特征进一步增强。可见，青藏高原在隆升初期并未对亚洲大陆中部区域气候特征产生显著影响，而只有其隆升超过一定临界值（现有高度的1/2）后，才显著地形成屏障作用，阻碍南来西南季风气流深入亚欧大陆中心区域，进而对亚欧大陆中心区域气候干旱化产生重大助推作用，并与相关因素共同作用，导致大陆中心区域内陆型干旱格局形成与最终定型。亦即青藏高原强烈隆升，是导致东亚东西向干旱带收缩至中国西北地区及其邻近地区，且其干旱类型由副热带高压控制下的行星风系型干旱转变为内陆型干旱的主要原因。伊朗高原的隆升也起到类似作用。

除以上诸项因素外，全球变冷对亚洲内陆干旱化也有重要影响。风尘沉积研究表明，亚洲内陆干旱化历史过程与北极冰盖形成和扩张大致呈同步变化，证明全球降温也是驱动亚洲内陆干旱化的主要因素之一。约6Ma北极海冰和冰盖大规模发育以来直到整个第四纪，海冰和冰盖发育形成阻塞高压，使得亚洲高纬度地区蒙古西伯利亚冷高压增强，干冷气团控制范围增大，蒙古西伯利亚冷高压向南输送的冬季风在强度和频率上显著增加，导致更南部地区（主要为亚欧大陆中部区域）的干冷季节更长；且全球降温以后，更多的水分以固态水的形式保存，海洋表层水温降低，海陆热力差异减小，导致西风强度减弱以及亚洲内陆上风向里海、北大西洋等海洋湖泊蒸发减弱，为亚洲内陆输送的水汽减少，陆地降水减少，地表湿度降低，由此导致亚洲内陆干旱化显著加强，表明其时全球变冷成为亚洲内陆干旱化发展的关键性驱动因素。

据此，可将亚洲内陆干旱化划分为以下三个主要阶段：古近纪及其之前的行星风系型干旱阶段；新近纪中新世期间以构造驱动为主的内陆型干旱阶段；北极冰盖起源以来高纬驱动过程显著的内陆型干旱阶段。三个阶段中，上述不同因素均起到重要作用，但主导因素却有显著差异。

---

① 参见黄伟：《中纬度亚洲年代际—年际尺度气候变化的"西风模态"及其驱动机制研究》，兰州大学博士学位论文，2014年，第3页〔据Zhang等（2011）〕。

第三节　丝绸之路经济带之为巨型东西向交通经济带的河流水文特征基础

主要受地貌及气候影响，亚欧大陆河流呈现在大陆四周以外流河为主、内陆以内流河为主、外流河顺地势呈放射状向大陆四周奔流入海、内流河顺地势沿东西向山脉东西延伸的总体排布特征。

而亚欧大陆中部区域绝大部分区域地处中纬度亚洲内陆干旱区，冰雪融水及山区降雨、露头潜水成为河流的主要补给水源，且大部分内流河支流或中小内流河干流呈"切山型"南北流向，如石羊河、黑河、三工河、玛纳斯河、奎屯河、迪那河、库车河、渭干河、安迪尔河、克里雅河、和田河、叶尔羌河、喀什噶尔河等，并与东西向延伸的高大山脉在小区域上共同构成山河垂直排布的山河体系；而汇水后的内流河干流多随东西走向的山脉呈"顺山型"东西流向，如疏勒河、塔里木河、伊犁河、锡尔河、阿姆河等，并与一系列东西向延伸的高大山脉在大区域上共同构成山河并行排布的山河体系。

而无论是南北流向的"切山型"中小内流河，还是东西流向的"顺山型"较大内流河，都为形成一条条东西向延伸的绿洲带、交通主干道、经济活动密集带、人口集聚区带提供了重要的河流水文条件，奠定了自然地理河流水文特征基础。

一、作用或影响体现

亚欧大陆中部区域依山而生、切山而成、顺山而盛的河流水文特征，对于形成东西向延伸的绿洲带、交通主干道、经济活动密集带、人口集聚区带发挥了重要作用，具有重要意义，主要体现在以下方面：

（一）形成巨型山前东西向光热水资源耦合带

在亚欧大陆中部区域或中纬度亚洲内陆干旱区，河流是形成绿洲的光热水土诸要素中最重要的枢纽。干旱区河流及自东向西延伸的巨型径流带为形成单体绿洲及自东向西延伸的巨型绿洲带、交通主干道、经济活动密集带、人口集聚区带准备了水源条件及要素组合条件。

这是因为，绿洲文明本质上仍然是一种河流文明，或者说是大河文明的微缩版，而水源则是决定绿洲存亡兴衰的最重要因素。从绿洲生态学角度来看，绿洲是来源于不同界面的光热水土要素的经典组合，在某种程度上甚至可以说是大自然"奇迹的集合"，而河流则是这种组合中最灵动、最生动的枢纽。如前所述，亚欧大陆中部区域巨型盆地链上覆的巨型东西向大陆性干旱气候系统，造就了该区域盆地荒漠地带优越的光热组合条件；亚欧大陆中部区域巨型山链上覆的巨型东西向高山气候系统及其降雨带，则造就了该区域山岳地带相对充分的降水条件；也就是说，该区域两大气候系统为绿洲的形成与兴盛分别准备了潜在的光热组合条件和水源条件。但即令如此，在绝大部分情形下存在显著海拔高度差异的两个气候系统，也不可能为绿洲的形成与兴盛准备现实的气候条件。也就是说，不可能在同一海拔高度的空气界面上，实现优越的光热组合条件与良好的降水条件的"第二次组合或耦合"，即盆地链上覆的巨型东西向大陆性干旱气候系统，与山链上覆的巨型东西向高山气候系统及其降雨带呈现反向对立存在。即降水条件相对充分的山岳地带光热条件却不充分，光热组合条件相对充分的盆地区域降水条件却不充分，其具体表现即为中纬度亚洲内陆干旱区年降水量分布格局与年平均气温分布格局相反。

　　而在特定空间范围内实现这一"第二次组合或耦合"的因素或者媒介，恰恰是亚欧大陆中部区域诸条河流。即正是亚欧大陆中部区域诸条河流，其以源头连接海拔高峻、气候特征冷湿的高大山地，以尾间连接海拔低落、气候特征暖干的平缓盆地，把特定海拔高度的高山气候系统与在另一海拔高度的大陆性干旱气候系统连接在了一起，把高山气候系统的表现、成果之一——山岳地带局地相对充分的降水，经过山区径流形成区及汇集区汇集以后，以巨大地表径流或地下潜流形式，带到盆地荒漠平原区（径流散失区）地表，在光热资源富集但由于降水稀少而本身不能产生地表径流的荒漠平原区地表，实现了在一定海拔高度的空气界面上无法实现的优越光热组合条件与局地相对充分降水条件的"第二次组合或耦合"和近距离巨量辐集，实现了干旱区两大特质相互对立的元素光热（相当于"火"）与水的"第二次组合或耦合"和近距离辐集，为形成绿洲集聚了必要的"光热水"组合条件，在事实上成为连接高山气候系统与大陆性干旱气候系统的现实纽带。祁连山脉北南麓诸河、阿尔金山脉北麓诸河、昆仑山脉北麓诸河、天山山脉北南麓诸河、兴都库什山脉北南麓诸河、科佩特山脉北南麓诸河、厄尔布尔士山脉南麓诸河，其补给水源均为东西向高大山地现代冰川融水或高山降水，其中下游均为光热资源富集的山前盆地平原荒漠地带，诸条河流都在事实上成为连接发源地高山气候系统与径流消散地大陆性干旱气候系统的现实纽带，并在事实上形成了东起祁连山脉东段北南麓、中经阿尔金山脉北麓—昆仑山脉北麓—天山山脉北南麓—兴都库什山脉北南麓、西至厄尔布尔士山脉西端北南麓的巨型东西向径流带。

　　例如，中国西北干旱区发源于各条东西向延伸高大山脉的河流年径流深值均相对较高，祁连山地诸河流域年径流深值一般为 100~200 毫米，其中冷龙岭、达坂山诸河流域可达 350~400 毫米；阿尔金山脉和昆仑山脉东段诸河流域年径流深值约为 50~100 毫米；天山北坡除喀什河流域与乌鲁木齐河流域年径流深值分别为 630 毫米和 255 毫米以外，其他各河流域年径流深值多在 300~400 毫米上下，天山南坡木扎尔特河和库玛拉河流域年径流深值分别为 520 毫米和 355 毫米；帕米尔高原诸河流域年径流深值约为 300~400 毫米，昆仑山脉中西段诸河流域年径流深值约为 180~270 毫米。中国西北干旱区总计约 700 余条大小河流将山区径流源源不断输入下游河西走廊—阿拉善高原、柴达木盆地、准噶尔盆地、塔里木盆地等内陆盆地，输送的年平均地表水量约为 $956×10^8$ 立方米，相当于黄河年径流量的 1.7 倍，为中国西北干旱区诸盆地提供了巨大的水源支持。其中，甘肃境内发源于祁连山地进入河西走廊的 50 余条河流年平均地表径流约为 $69.3×10^8$ 立方米；新疆境内除 $91×10^8$ 立方米从周边邻国流入的客水外，570 条河流自产年径流量达 $793×10^8$ 立方米。输入内陆盆地的巨大山区径流与干旱盆地优越的光热组合条件形成良好的耦合关系，共同组成了中国西北干旱区一系列东西向延伸高大山脉山前地带的优越光热水组合条件，共同在中国西北干旱区一系列东西向延伸高大山脉山前山盆耦合带形成了东西向光热水资源耦合带（见表 2-41）。中亚干旱区、阿富汗及伊朗北部地区一系列东西向延伸高大山脉山前山盆耦合带也形成了类似的东西向光热水资源耦合带。

表 2-41　中国西北干旱区山盆耦合系统光热水资源耦合状况

序号	河流名称	年径流量（×10^8 立方米）	集水面积（平方千米）	河流长度（千米）	发源山脉名称	注入盆地名称	盆地太阳年总辐射（MJ/平方米）	盆地年日照时数（小时）	盆地活动积温（℃）
1	石羊河	15.91	11100	250	祁连山脉	河西走廊	4800~6400	3000~3336	2500~3600
2	黑河	15.71	10009	456					
3	疏勒河	8.32	10961	540					
4	党河	2.92	16970	390					

序号	河流名称	年径流量（×10⁸立方米）	集水面积（平方千米）	河流长度（千米）	发源山脉名称	注入盆地名称	盆地太阳年总辐射（MJ/平方米）	盆地年日照时数（小时）	盆地活动积温（℃）
5	巴音河	3.1	7354	326	祁连山脉	柴达木盆地	6800	3200~3600	910~2300
6	塔塔棱河	1.22	4771	215					
7	鱼卡河	1.33	2320	119					
8	哈尔腾河	3.90	7720	144					
9	柴达木河	3.59	12034	220	昆仑山脉（东段）				
10	格尔木河	1.07	15098	284					
11	乌图美仁河	1.01	6218	154					
12	那棱格勒河	10.68	20790	440					
13	开垦河	1.6	371	90	天山山脉	准噶尔盆地	5650	2800	3100~3600
14	三工河	0.62	304	48					
15	乌鲁木齐河	2.37	1070	214					
16	玛纳斯河	12.1	5156	425					
17	塔西河	2.33	664	120					
18	奎屯河	6.31	1765	220					
19	精河	4.759	1419	115					
20	博尔塔拉河	14.3	6627	252					
21	伊犁河	118	49186	1236		伊犁谷地	5400	2870	1900~3500
22	开都河	33.8	19074	530		塔里木盆地	6000~6200	3000	4100~4400
23	库车河	3.26	3118	221.6					
24	渭干河	21.8	16784	452					
25	阿克苏河	57.6	43123	532					
26	托什干河	25.6	26600	512					
27	克孜勒苏河	20.2	13700	213					
28	米兰河	1.31	4108	229	阿尔金山脉				
29	若羌河	0.94	2783	212					
30	车尔臣河	7.84	24692	813					
31	尼雅河	2.12	1734	210	昆仑山脉（中西段）及喀喇昆仑山脉				
32	克里雅河	6.99	7358	740					
33	策勒河	1.42	2032	136					
34	玉龙喀什河	23.1	19983	509					
35	喀拉喀什河	21.9	14575	325					
36	皮山河	3.45	2227	160					
37	叶尔羌河	64.5	50248	970					
38	盖孜河	9.85	9753	151					

资料来源：根据相关资料整理。

由此即在亚欧大陆中部区域已形成的东起祁连山脉东段、中经阿尔金山脉—昆仑山脉中西段山链、天山山链、兴都库什山链、西至厄尔布尔士山脉西端的巨型山盆耦合带基础上，形成东起祁连山脉东段、西至厄尔布尔士山脉西端的巨型山前光热水资源耦合带。这一巨型东西向山前光热水资源耦合带为在该区域内形成巨型东西向延伸的绿洲带、交通主干道、经济活动密集带、人口集聚区带准备了充分的光热水组合条件，进而为丝绸之路经济带发育与形成为巨型东西向交通经济带准备了充分的光热水组合条件。在这一过程中，河流主要贡献了水体运移、径流时空特征等因子。

（二）形成巨型山前东西向光热水土资源耦合带

亚欧大陆中部区域河流是形成绿洲的光热水土诸要素中最重要的枢纽。干旱区河流及自东向西延伸的巨型径流带为形成单体绿洲及自东向西延伸的巨型绿洲带、交通主干道、经济活动密集带、人口集聚区带准备了成土母质及要素组合条件。

在绝大部分情形下，除了搬运来自山岳地带的巨量降水或冰雪融水以外，河流还以搬运—沉积作用①为主要作用形式，自一系列东西向延伸的高大山脉搬运巨量的风化剥蚀物，缔造了绿洲形成与发育的地质构造基础——河谷、沉积盆地及山前连片相对平坦地带②；且以冲积物为主要物质形式，自一系列东西向延伸的高大山脉搬运巨量的河流洪积冲积物，带来了形成绿洲所必不可少的固体物质——细粒土状物质，即绿洲土壤的成土母质，并对干旱区山前带和盆地边缘洪积倾斜平原地带已经风力沉积作用堆积的黄土和黄土状岩石③，进行再侵蚀和再堆积，将风力搬运而来的黄土和黄土状物质，与河流本身自山地搬运而来的细粒土状物质一起，依托洪积—冲积作用④、湖积作用⑤，以洪积—冲积、湖积土状物质为物质基础和填充沉积手段，在河流不同地段，依地形分别形成洪积扇⑥、冲积平原⑦、干三角洲⑧等细粒土状物质主要堆积地貌

---

① 搬运作用指自然界中的风化、剥蚀产物被运动介质从一个场所转移至另一个场所的过程。沉积作用指被运动介质搬运的物质到达适宜的场所后，由于条件发生改变而发生沉淀、堆积的过程。

② 参见第二章第一节"形成巨型山前东西向连片相对平坦地带"相关内容。

③ 中国西北干旱区河西走廊、祁连山脉—阿尔金山脉—昆仑山脉北侧、准噶尔西部山地、天山山脉南北两侧山前带也是中国重要黄土分布区，且其黄土和黄土状物质是绿洲土壤的主要成土母质之一。其中，河西走廊黄土面积约为1200平方千米，黄土状岩石约为15520平方千米；柴达木盆地内陆河流域内黄土主要分布于昆仑山脉东段北坡和盆地东部日月山海拔2900~3400米之间山地；准噶尔盆地黄土面积约为15840平方千米，黄土状岩石约为91840平方千米，主要分布于准噶尔西部山地、库普河谷地、天山山脉北麓山前带等区域；塔里木盆地黄土面积约34400平方千米，黄土状岩石51000平方千米，主要分布于盆地西南部和昆仑山脉（中西段）北麓皮山克里阳、英吉沙一带及天山山脉南麓阿拉沟至哈奇布拉之间。参见伍光和、张英：《中国绿洲地域系统研究》，《干旱区资源与环境》2000年第3期，第4页。

④ 洪积作用指基岩的风化产物由于山区暂时性洪流的作用，被携带至山谷出口处而形成扇状沉积堆积体的过程。冲积作用指河流的流水作用将岩屑搬运、沉积在河床较平缓地带形成水平沉积堆积体的过程。

⑤ 湖积作用指湖水中的物质由于物理、化学和生物作用，在湖内下沉和堆积的过程。

⑥ 洪积扇是干旱区山地河流（包括季节性河流）主要在洪汛期通过强烈的侵蚀—搬运—堆积作用形成的由砾石、沙粒和土状物质构成的微倾斜扇形地，主要分布于荒漠盆地平原边缘的山麓地带，平面形态呈扇状，自扇顶至扇缘距离数千米至数十千米，宽度最大的可超过100千米。若干洪积扇"并连"，即组成规模巨大、延伸数百乃至上千千米的洪积倾斜平原。通常情况下，由于流水的分选作用，扇顶物质颗粒比较粗大，扇缘低地和扇间洼地则以土状物质为主。因为中国干旱区山地外缘及荒漠盆地平原第四纪晚期不同程度被黄土覆盖，原生及次生黄土均可广泛堆积于部分洪积扇表面，高台以东的河西走廊南侧即属此类情形。参见伍光和、张英：《中国绿洲地域系统研究》，《干旱区资源与环境》2000年第3期，第4页。

⑦ 冲积平原是基于河流沉积作用、由河流携带的细粒物质堆积而成的冲积平原。由于干旱区河流一般流程较短，径流量相对有限，且进入盆地平原地段后河道散乱易变迁，因此，冲积平原至多不过宽1~20千米，长数十至数百千米。如河西走廊—阿拉善高原诸河中仅有径流量较大的石羊河、黑河、疏勒河在下游地段沉积发育较大冲积平原，其他较小河流基本未沉积发育冲积平原；新疆北疆各内陆河乌伦古河、玛纳斯河、奎屯河、博尔塔拉河等由于径流量有限，所沉积形成的冲积平原都相对狭窄短小；南疆较大内陆河塔里木河、叶尔羌河、阿克苏河等沉积发育较大冲积平原，而流量居于中等水平的南疆内陆河车尔臣河、克里雅河、和田河等仅沉积发育相对狭窄的冲积平原。参见伍光和、张英：《中国绿洲地域系统研究》，《干旱区资源与环境》2000年第3期，第4页。

⑧ 干三角洲通常是由内陆河注入荒漠盆地后因河道分汊、摆动而形成的一类堆积地貌。由于相对远离山麓地带，其组成物质比洪积扇更细微，地表坡度也更平缓。其平面形态近似河流入海入湖时形成的三角洲，但因其并不濒临水域，故称干三角洲。现代干三角洲常常分布在古老冲积平原下部和年轻冲积平原上部。新疆北疆乌伦古河、南疆开都河、渭干河、阿克苏河、叶尔羌河、克孜勒河等河流均发育干三角洲，其中以莎车干三角洲和喀什干三角洲最为知名。参见伍光和、张英：《中国绿洲地域系统研究》，《干旱区资源与环境》2000年第3期，第5页。

类型，并成为干旱区绿洲发育与占据的主要地貌类型。并且，由于干旱区盆地荒漠就地风化物在绝大多数情形下都不可能形成土状物质，因此，本来主要应由盆地荒漠在干旱气候条件下由物理风化作用经过漫长时间完成的地表物质细粒化过程，已由河流搬运作用中的碰撞、摩擦、分选过程完成。经河流搬运、碰撞、摩擦、分选之后的土状物质作为现成地表物质，不仅在特性上迥异于盆地荒漠就地风化物，而且加速了盆地荒漠局部区域成土作用、成土过程；同时，这类土状物质包含大量的被侵蚀山地土壤，因而含有丰富的有机质和矿物营养成分，其已经具备土壤的某些特性；且这类土状物质层因其一般堆积于低洼平坦地带，因而其所在地段通常较易获得地表水、接近地下水，并可以因所处地段相对湿润、地表遭受风蚀程度较轻而继续成土作用①、成土过程。由此为干旱区绿洲的发育与形成准备了"土"这一物质基础条件。

至此，以干旱区河流为媒介和枢纽，最终辐集齐了缔造绿洲的主要自然要素——光、热、水、土。在以上四项自然要素中，光、热两项自然要素主要来自太阳，由于亚欧大陆中部区域（或中纬度亚洲内陆干旱区）所处的特殊行星位置（北半球中纬度地带）及海陆位置（距离大洋最远、属于亚欧大陆水汽供应最少的区域之一），使其具有优越的光热组合条件；而水、土自然要素主要来自地球表面亚欧大陆中部区域一系列东西向延伸的高大山脉，是亚欧大陆中部区域一系列发源于山岳地带、注入盆地荒漠平原地带的河流，将山区降水及侵蚀冲刷物搬运至山区谷地、盆地荒漠平原地带，在山区谷地、盆地荒漠平原相对低洼平坦地带，实现外来的水土（来自地球中纬度地区东西向延伸的高大山脉）与更加外来的光热（来自太阳）之间"第三次组合或耦合"，最终集齐了导致荒漠内部地域分异、绿洲发育与形成的四大自然要素，构建了一种有利于植物生长的特殊生境。即凡是河水、泉水、浅层地下水、细粒沉积物与光热组合条件充分结合的地段，植物即可利用光热组合条件、依靠相对潮湿且不乏营养成分的土壤成土状物质得以生长，而植物生长又能够加速土壤成土作用，改变大气下垫面，进而创造局部地域平均气温降低、相对湿度增大、变温幅度和风速减少的"小气候"，由此即能够在荒漠内部形成绿洲化过程，发育与形成天然绿洲，否则即不能发育与形成天然绿洲。据此，可以将以上四项自然要素归纳为"太阳光热是绿洲之父、地球山地水土是绿洲之母"，而河流则是绿洲之"脐带"。

由此，即在亚欧大陆中部区域已形成的东起祁连山脉东端、中经阿尔金山脉—昆仑山脉中西段山链、天山山链、兴都库什山链、西至厄尔布尔士山脉西端的巨型山盆耦合带基础上，形成东起祁连山脉东端、西至厄尔布尔士山脉西端的巨型山前光热水土资源耦合带。在这一过程中，河流主要贡献了水体运移、搬运沉积作用、径流形式等因子。

（三）形成巨型山前绿洲带

亚欧大陆中部区域一系列河流大多均以自身流向为大致中轴，沿着南北向延伸的径流方向，造就了一系列南北向展布的单体绿洲，且多为中小河流所造就的中小面积绿洲，个别为较大河流所造就的较大面积绿洲。如前述的祁连山脉北南麓山谷及山前诸绿洲、阿尔金山脉北麓山谷及山前诸绿洲、昆仑山脉北麓山谷及山前诸绿洲、天山山脉北南麓山谷及山前诸绿洲、兴都库什山脉北南麓山谷及山前诸绿洲、科佩特山脉北南麓山谷及山前诸绿洲、厄尔布尔士山脉南麓山谷及山前诸绿洲，多为由中小径流所造就的一系列大致呈南北向展布的中小绿洲，在个别区域则由较大河流或多条中等规模河流共同冲积形成较大冲积平原，如由伊犁河冲积形成伊犁河下游冲积平原，由锡尔河、阿姆河分别冲积形成锡尔河、阿姆河中下游冲积平原，由克孜勒河、盖孜河等河流冲积形成喀什噶尔冲积平原，由赫尔曼德河冲积形成锡斯坦盆地冲积平原等。

亚欧大陆中部区域一系列河流由于河流各段本身所处段落不同、周围地域地貌及地质构造

---

① 成土作用指母质产生肥力转变成土壤的过程，具体包括从母岩形成母质的风化过程和由母质形成土壤的过程。

等不同，因此，所形成的绿洲类型及特征也不尽相同。一般来说，在内陆河上游山间盆地和内陆河两岸阶地，通常形成沿河两岸阶地型绿洲①，如前述的黑河、伊犁河、塔里木河及楚河、锡尔河、阿姆河上游山间盆地及两岸阶地绿洲即属于此种类型。在河流出山口以下山麓地带，通常形成扇形地型绿洲②，前述的祁连山脉北麓武威绿洲、张掖绿洲、酒泉绿洲、玉门绿洲、敦煌绿洲、天山山脉北麓乌鲁木齐绿洲、玛纳斯绿洲、塔拉斯绿洲、费尔干纳—塔什干绿洲、天山山脉南麓库尔勒绿洲、阿克苏绿洲、昆仑山脉中西段北麓于田绿洲、皮山绿洲、兴都库什山脉北麓巴尔赫绿洲、赫拉特绿洲、厄尔布尔士山脉南麓德黑兰绿洲、赞詹绿洲等绿洲，均属此种类型。在较大河流下游地段，通常形成冲积平原型绿洲③，如前述的黑河沿岸临泽绿洲、高台绿洲、塔里木河干流沿岸绿洲、伊犁河下游冲积平原绿洲、锡尔河下游冲积平原、阿姆河下游冲积平原、锡斯坦盆地冲积平原绿洲等，均属于此种类型。在内陆河流尾闾地段，通常形成三角洲型绿洲④，前述的河西走廊石羊河下游民勤绿洲、北大河下游金塔绿洲、黑河下游额济纳绿洲、新疆塔里木河下游古楼兰绿洲、尼雅河下游古精绝绿洲、克里雅河下游古扜弥绿洲、锡尔河及阿姆河咸海三角洲绿洲等，均属于此种类型。

由于亚欧大陆中部区域几乎每一条中小河流都拥有上游径流形成区（山区产流区）、中下游径流散失区、天然河道，几乎每一条较大河流都拥有上游径流形成区（山区产流区）、中下游径流散失区、天然河道、尾闾水体（或汇注河流），因此，导致绝大部分中小河流在其上中下游不同段落，各自形成沿河两岸阶地型绿洲、扇形地型绿洲；绝大部分较大河流在其上中下游不同段落，各自形成沿河两岸阶地型绿洲、扇形地型绿洲、冲积平原型绿洲、三角洲型绿洲。而又由于亚欧大陆中部区域绝大部分山脉均为东西向延伸的高大山脉，发源于其上的绝大部分河流为南北向河流（仅个别较大汇流河流为东西向河流），因此，导致几乎绝大部分中小河流自上游沿河两岸阶地型绿洲至中下游扇形地型绿洲，形成一个南北向的较短单体绿洲链；绝大部分较大河流自上游沿河两岸阶地型绿洲、经中游扇形地型绿洲，至下游冲积平原型绿洲、三角洲型绿洲，形成一个南北向的较长单体绿洲链。但无论是中小河流形成的南北向较短单体绿洲链，还是较大河流形成的南北向较长单体绿洲链，均由于河流在各种类型绿洲空间布局形态形成过程中的决定性作用，而呈现以河流为中轴南北向延伸、东西向大致对称展布的形态特征。

而就同一东西向延伸的高大山脉而言，亚欧大陆中部区域发源于同一东西向延伸高大山脉的中小河流或较大河流上游河段或支流，所造就的一系列南北向展布的中小绿洲，又串联成了一个东西向展布、由各个南北向延伸的中小绿洲所组成的绿洲带。如上所述，一条中小河流或较大河流上游河段或支流形成一个相对独立的南北向单体绿洲（或绿洲链）；而这些发源于同一东西向延伸高大山脉的一系列中小河流或较大河流上游河段或支流，也因此而形成一个独具特色的河流群组，并相应缔造出一个独具特色的绿洲群组。通常来说，一系列中小河流或较大河流上游河段或支流所组成的河流群组中单个河流本身的流向及流量，规定了单个绿洲延伸的最大长度，并大致规定了单个绿洲的空间延展范围；各条高大山脉乃至同一高大山脉的不同山文

---

① 沿河两岸阶地型绿洲一般呈长条带状展布，地形平缓，微倾斜于河谷方向，土层较厚，多发育棕漠土、灌漠土，土质透水性好，水源便利，气候温和凉爽，适宜垦殖及畜牧业和居民区建设，但绿洲规模较小，发展空间受到较大限制，多为天然绿洲所在地。

② 扇形地型绿洲一般形成与发育于洪积或冲积扇的中下部，距河流出山口较近，地面坡度较缓，堆积物粒度较细，地表微倾斜，土层较厚，多发育棕钙土、灰漠土、草甸土，个别地段地下水溢出，植被覆盖度较高，日照丰富，多为以往旧绿洲所在地。

③ 冲积平原型绿洲所处地域地势平坦，河漫滩相沉积发育，多发育灰漠土，多为古绿洲分布地区，但由于所处地域排水性差，因此沼泽化、盐渍化危害较为严重。

④ 三角洲型绿洲所处地域地势平坦、土壤肥沃、引水方便，但水源极不稳定，导致绿洲生产、社会功能受到较大限制。

特征，也规定了不同河流组群甚至同一河流组群不同河流的不同汛期特征，进而规定了相应绿洲组群或者单体绿洲的空间形态特征。这些中小河流群组在水汽拦截及降水形成环节依托于同一高山气候系统，在径流生成及汇集环节依赖于同一东西向延伸的高大山脉，在流向上大致垂直于同一东西向延伸的高大山脉，并向同一方向延伸流淌，缔造的绿洲呈现南北延伸、东西相邻平行串珠状排布态势，且一般都具有大致相同的山地—绿洲—荒漠空间结构形态。如前述的祁连山脉北南麓诸河流、阿尔金山脉北麓诸河流、昆仑山脉北麓诸河流、天山山脉北南麓诸河流、兴都库什山脉北南麓诸河流、科佩特山脉北南麓诸河流、厄尔布尔士山脉南麓诸河流，均在水汽来源上依托于同一高山气候系统，均在径流生成汇集上依赖于同一东西向延伸的高大山脉，均在流向上大致垂直于同一东西向延伸的高大山脉，均向同一方向南北方向或大致南北方向延伸流淌，所缔造的绿洲均大致呈现南北延伸、东西相邻平行、串珠状排布态势，且都具有大致相同的山地—绿洲—荒漠空间结构形态。

而就河流组群所缔造的绿洲组群间的相互关系来说，受共同的山地—绿洲—荒漠空间结构形态制约，虽然从自然地理角度而言，各个单体绿洲沿各自中轴线向山地纵深、荒漠纵深进行物质、能量交流的可能性与必要性，超过了各个单体绿洲相互之间进行物质、能量交流的可能性与必要性；但是从人文地理角度而言，各个单体绿洲相互之间进行信息、人员交流的可能性与必要性，超过了各个单体绿洲沿各自中轴线向山地纵深、荒漠纵深进行信息、人员交流的可能性与必要性。这是因为，就绿洲区域而言，处于山地—绿洲—荒漠空间结构体系顶部的山地与处于尾部的荒漠在绝大部分情形下都以自然地理障碍的形式存在，虽然山地、绿洲、荒漠之间也在时刻不停地进行着系统内部的物质、能量交流与交换，但是从总体上来说，在单体山地—绿洲—荒漠系统内部不便于进行进一步的物质、能量、信息、人员交流，尤其是不便于进行信息、人员交流。而处于山地—绿洲—荒漠空间结构体系腰部的各个单体绿洲，由于均处于大致同一海拔高度，均处于同一东西向延伸的高大山脉的山麓地带或者山前地带，均面临大致相同的地势倾斜方向，地形相对平坦，各种自然要素、生产要素辐集程度相对更高，因此更便于开展东西向的物质、能量、信息、人员交流，存在形成东西向绿洲带、交通主干道、经济活动密集带、人口集聚区带的潜在可能性。

如前述的祁连山脉北南麓诸绿洲、阿尔金山脉北麓诸绿洲、昆仑山脉北麓诸绿洲、天山山脉北南麓诸绿洲、兴都库什山脉北南麓诸绿洲、科佩特山脉北南麓诸绿洲、厄尔布尔士山脉南麓诸绿洲，均处于各自所依托东西向延伸的高大山脉的山麓地带或者山前地带，均各自面临大致相同的地势倾斜方向，均处于山前地形相对平坦地带，均在各自所依托的东西向延伸的高大山脉山前地带形成各种自然要素、生产要素辐集程度相对较高乃至最高的格局，在历史时期早期简易驿站道路开通之前，即已在各自所依托的东西向延伸的高大山脉山前地带，具备了形成东西向绿洲带、交通主干道、经济活动密集带、人口集聚区带的潜在可能性，甚至逐渐具备了串联各条东西向延伸的高大山脉山前地带的东西向绿洲带、交通主干道、经济活动密集带、人口集聚区带的潜在可能性。例如，早期所谓"玉石之路"①"青金石之路"②及丝绸之路，均是这种可能性的具体探索与实践。

而东西向较大河流的汇集成型及早期东西向陆路交通线路的发育，则为这种可能性转化为

---

① "玉石之路"指古代先民开辟的以昆仑山脉北麓和田为中心，东翼经中国西北其他地区或蒙古高原进入中原地区、西翼经中亚西亚东欧进入地中海沿岸地区的早期贸易和文化交流线路，该线路形成早于"丝绸之路"约3000年。

② "青金石之路"即"呼罗珊大道"，指在公元前4000~前3500年，在欧亚内陆西段所形成的、自帕米尔西麓巴达克山（即巴达赫尚，下同）经伊朗高原南北至两河流域的陆路通道。

现实性提供了具体依据，使由同一河流组群缔造的绿洲组群，实现串珠状东西串联，甚至使由不同河流组群缔造的不同绿洲组群，实现串珠状东西串联，进而形成东西向的绿洲带、交通主干道、经济活动密集带、人口集聚区带。如在古代丝绸之路存在时期及其以前，尤其是在古代丝绸之路形成早期，前述的疏勒河与塔里木河通过罗布泊的衔接，使得祁连山脉北麓诸南北向延伸绿洲与天山山脉南麓诸北南向延伸绿洲相互衔接并形成东西向的绿洲带、交通主干道、经济活动密集带、人口集聚区带成为现实。阿克苏河、托什干河、和田河、喀什噶尔河汇流形成塔里木河，使得天山山脉南麓诸北南向延伸绿洲相互衔接并形成东西向的绿洲带、交通主干道、经济活动密集带、人口集聚区带成为可能；虽然在古代乃至近现代条件下，在天山山脉南麓事实上形成的古代驿道、近现代道路，均选择布设在相对远离塔里木河主河道的山前地带，或者逐步由接近塔里木河干流地带向接近天山南麓地带退移，但塔里木河干流仍为在天山山脉南麓形成东西向的绿洲带、交通主干道、经济活动密集带、人口集聚区带提供了重要的保障条件。可见，中小河流组群为形成东西向的绿洲带、交通主干道、经济活动密集带、人口集聚区带准备了最初的水源、绿洲空间形态、单体绿洲等条件。在这一过程中，中小河流主要贡献了流向、流量、汛期等因子。

同时，亚欧大陆中部区域部分发源于同一东西向延伸的高大山脉的中小河流组群，甚至发源于不同的东西向延伸的高大山脉的多个中小河流组群进行汇流后，往往形成数量较少的数条东西向延伸的较大河流甚至巨大河流。如疏勒河、伊犁河、楚河、锡尔河、阿姆河和塔里木河等均属于此种情形。

这些与东西向延伸的高大山脉相并行的较大河流，或者直接以其本身为大致中轴线，缔造出较大的连片绿洲。例如，由发源于天山山脉南脉的朱瓦纳雷克河和科奇科尔河汇合而成的中亚较大河流楚河，即直接缔造了肥沃的楚河流域；该流域吉尔吉斯斯坦部分虽然只占该国国土面积的8%，却集中了该国35%左右的人口，成为中亚地区重要的东西向绿洲带、交通主干道、经济活动密集带、人口集聚区带①。又如，由发源于天山山脉南脉的纳伦河、卡拉达里亚河汇合而成的锡尔河，在费尔干纳盆地即直接缔造了东西向延伸的巨大肥沃连片绿洲——费尔干纳绿洲；该绿洲及其周围地区已经聚集了中亚地区20%以上的人口，已在事实上成为中亚地区人口最密集地带、中亚南部经济社会活动密集地带和古代时期东亚地区与中亚地区之间最重要的陆上交通孔道②。

这些与东西延伸的高大山脉相并行的较大河流，或者以其本身为纽带，实现发源于同一东西向延伸的高大山脉的中小河流甚至较大河流组群及其绿洲组群相互链接，甚至实现发源于不同的东西向延伸的高大山脉的多个中小河流甚至较大河流组群及多个绿洲组群相互链接，即对一系列南北向延伸的中小河流甚至较大河流组群及绿洲组群进行东西向链接，从而形成与一系列东西向延伸的高大山脉并行的、呈东西向延伸或串珠状展布的绿洲带、交通主干道、经济活动密集带、人口集聚区带。如由发源于天山山脉、昆仑山脉、喀喇昆仑山脉的多条较大河流组群汇集而成的塔里木河，就实现了和田河、叶尔羌河、喀什噶尔河、托什干河等一系列南北向相对较大河流组群及绿洲组群，与阿克苏河、渭干河、库车河、迪那河、轮台河等一系列北南向延伸的中小河流或者较大河流组群及绿洲组群，在东西方向上的联结，即形成斯文·赫定所

---

① 楚河流出天山山脉南脉之后，即沿东南—西北方向注入咸海（现消失于穆云库姆沙漠），仍为"切山型"河流，但流向以东西向为主，且形成楚河中下游沿河绿洲。该绿洲为哈萨克斯坦重要灌溉农业区之一，灌溉面积达220万公顷以上。

② 锡尔河流出天山山脉南脉之后，即沿东南—西北方向注入咸海，仍为"切山型"河流，但流向以东西向为主，且形成锡尔河中下游沿河绿洲。该绿洲为乌兹别克斯坦重要灌溉农业区之一。

称的"踩着屋顶从喀什噶尔走到罗布泊"的壮观景象，成为塔里木盆地北部与西部东西向绿洲带、交通主干道、经济活动密集带、人口集聚区带的重要依托。而由发源于兴都库什山脉北麓、呈大致东西流向的喷赤河，在汇集发源于天山山脉南脉南麓的北南向支流组群①，汇集发源于兴都库什山脉北麓的南北向支流组群，汇流成为阿姆河后，又汇集发源于科佩特山脉北麓的南北向支流组群及绿洲组群，即实现了对一系列南北向、北南向延伸的中小河流组群及绿洲组群在形式上的东西向链接，从而在中亚南部形成一条与天山山脉南脉、兴都库什山脉、科佩特山脉大致并行、呈东西向延伸、串珠状展布的绿洲带、交通主干道、经济活动密集带、人口集聚区带——阿姆河上游河谷绿洲与阿姆河中下游冲积平原绿洲，并且是中亚南部最长的东西向绿洲带②。

这些与东西向延伸的高大山脉相并行的较大河流，或者直接成为东西向交通干线重要的依托与支撑，为保障东西向交通干线提供水源和线路保障条件，甚至成为东西向交通干线存亡兴衰的决定性条件③。如历史时期同为东西向较大河流的疏勒河与塔里木河通过罗布泊的衔接，即使得祁连山脉北麓诸南北向延伸绿洲与天山山脉南麓诸北南向延伸绿洲相互衔接并形成东西向的绿洲带、交通主干道、经济活动密集带、人口集聚区带成为可能，并一度成为丝绸之路相关交通线路存亡兴衰的关键制约因素，甚至成为河西走廊与塔里木盆地联成一体进而成为中国国家早期版图重要组成部分的最关键自然地理支持因素。

上述无论何种情形，都表明亚欧大陆中部区域东西向较大河流对于形成与缔造东西向绿洲带、交通主干道、经济活动密集带、人口集聚区带具有重要意义。并由此在亚欧大陆中部区域已形成的东起祁连山脉东段、中经阿尔金山脉—昆仑山脉（中西段）山链、天山山链、兴都库什山链、西至厄尔布尔士山脉西端的巨型山盆耦合带基础上，形成东起祁连山脉东段、西至厄尔布尔士山脉西端的巨型山前绿洲带。这一巨型东西向山前绿洲带为在该区域内形成巨型东西向延伸的交通主干道、经济活动密集带、人口集聚区带准备了充分的绿洲支持条件，进而为丝绸之路经济带发育与形成为巨型东西向交通经济带准备了充分的绿洲支持条件。在这一过程中，河流主要贡献了水体运移、径流流向、水系特征、搬运沉积作用等因子。

二、作用成因探析

（一）盆山耦合带是形成河流带的高差原因、降水汇水原因、动力条件和空间依托条件

依据前述，盆山耦合带是亚欧大陆中部区域最典型、最突出的地貌特征和地质构造运动成果，而其中盆山之间的相对高差尤其引人注目。如祁连山脉北侧与河西走廊之间的极端相对高度达到5638米左右，南侧与柴达木盆地之间的极端相对高度达到3138米以上；阿尔金山脉北侧与疏勒河盆地、塔里木盆地之间的极端相对高度达到5515米左右，南侧与柴达木盆地之间的极端相对高度达到3625米左右；天山山脉北侧与准噶尔盆地、伊犁盆地、伊塞克湖盆地、费尔干纳盆地、图兰平原等地理单元之间的极端相对高度分别达到5256米、6465米、5386米、5180米、7627米，南侧与吐哈盆地、塔里木盆地等地理单元之间的极端相对高度分别达到6639米和5600米；昆仑山脉（中西段）北侧与塔里木盆地之间的极端相对高度达到6869米左右；兴都库什山脉北侧与喷赤谷地、图兰平原等地理单元的极端相对高度达到7334米、7822米；南侧与喀布尔河谷、锡斯坦盆地等地理单元之间的极端相对高度达到6190米、7200米；科佩特山脉北侧

---

① 该组群由贡特河、巴尔塘河、亚兹古列姆河、万奇河、基泽尔河等河流组成。
② 参见李磊：《唐代吐火罗地区羁縻府州借名问题研究》，陕西师范大学硕士学位论文，2017年，第11页。
③ 参见本研究第二章第一节相关内容。

与图兰平原等地理单元之间的极端相对高度达到 3210 米，南侧与阿特拉克河平原等地理单元之间的极端相对高度达到 3094 米；厄尔布尔士山脉北侧与马什哈德绿洲、戈尔甘河中游河谷绿洲、里海沿岸平原等地理单元极端相对高度分别达到 4680 米、5647 米、5677 米，南侧与德黑兰绿洲等地理单元的极端相对高度达到 4480 米。以上各条东西向延伸的高大山脉与两侧盆地平原之间的平均极端相对高度达到 5558 米；且以上相对高度值都是高大山脉经过漫长地质时期长期剥蚀、低落盆地平原经过漫长地质时期长期沉积之后的相对高度值，在未剥蚀、未沉积之前，二者之间的相对高度值更大。

从较小空间尺度范围而言，山区降水汇集后通过侵蚀较软岩层并向低海拔盆地区域流动而形成河流，盆山之间如此巨大的相对高度值为河水自山地向盆地荒漠平原下泄并携带巨量的冲积物提供了充分的动力条件，即盆山在形成之初巨大的相对高度值成为亚欧大陆中部区域一系列河流形成的高差原因、降水汇水原因、动力条件；而从较大空间尺度范围而言，亚欧大陆中部区域呈东西向条带状延伸的盆山耦合型巨大地理格架，也为亚欧大陆中部区域一系列河流的发育与形成提供了空间依托条件，成为一系列河流形成与发育的宏阔地理单元背景；且亚欧大陆中部区域一系列山地与平原盆地南北相间排列的构造格局，也使源自较高海拔山区的径流能够作为稳定、优质的地表水和地下水补给来源，就近补给低海拔盆地平原。

同时，亚欧大陆中部区域一系列高大山脉的较大宽度和一系列低落盆地的巨大面积，则为发育一系列河流尤其是较大内陆河流提供了水源汇集条件与河流展布空间条件。如前所述，亚欧大陆中部区域一系列高大山脉平均宽度达到 139~272 千米（见表 2-42），宽厚的山体形成巨大的径流汇集区，为山区降水与冰雪融水汇集创造了有利的空间条件；而亚欧大陆中部区域大部分低落盆地面积广阔，如河西走廊面积达到 8.41 万平方千米，准噶尔盆地面积达到 38 万平方千米，塔里木盆地面积达到 53 万平方千米[①]。巨大的盆地面积为一系列河流出山后形成巨大的河流体系与广阔的流域面积提供了空间展布条件。典型者如古代历史时期由东侧发源于祁连山脉的古疏勒河与西侧发源于喀喇昆仑山脉的塔里木河（含上源）汇集所形成的罗布泊河湖体系，东西长约 3516 千米，为各大陆内陆河湖体系中所仅见。高大山脉较大宽度和低落盆地巨大面积对河流形成与展布的巨大贡献于此可见一斑。

表 2-42　亚欧大陆中部区域主要东西向延伸的高大山脉长度及宽度概况

序号	山脉名称	山脉长度（千米）	山脉宽度（千米）
1	祁连山脉	800	200~400
2	阿尔金山脉	730	60~100
3	昆仑山脉	2500	130~200
4	天山山脉	2400	100~400
5	兴都库什山脉	1600	320
6	科佩特山脉	650	40~200
7	厄尔布尔士山脉	900	24~120
	平均值	1369	139~272

甚至既有研究成果已经表明，中国西北干旱区大沙漠的前身应是河流湖泊体系，湖泊干涸后发育沙漠，而盆地中间大量的河湖相碎屑沉积则与周边山体的隆升有关，其是沙漠形成的物

[①]　塔里木盆地为世界第一大内陆盆地。

质基础。如腾格里沙漠地区 20000~40000 年前存在古大湖；3.55~3.1Ma 期间，腾格里沙漠地区沉积大量的冲洪积沉积，沉积速率达到 21.89cm/ka，说明周边的山体可能发生比较强烈的抬升；与此相对应，沙漠西南的祁连山脉在 3.66Ma 以后快速隆起。结合前述，表明该时期是包括石羊河在内的亚欧大陆中部区域内陆河形成与发育的主要时期，也表明包括祁连山脉在内的青藏高原周缘山脉的快速抬升（对应青藏运动 B 幕），是该时期该区域内陆河形成与发育的主要地质构造原因，也与前述的"盆山耦合地理结构是亚欧大陆中部区域河流带形成与发育的高差原因、降水汇水原因、动力条件和空间依托条件"观点相一致。

（二）亚欧大陆中部区域山地冰川带和山地降水相对较多带是形成径流带的主要水源条件

依据前述，在亚欧大陆中部区域，形成一条东起祁连山脉东段西至厄尔布尔士山脉西端的巨型冰川带①；并形成一条东起祁连山脉东段西至厄尔布尔士山脉西端的山地降水相对较多带②。由于冰雪融水与山地降水构成亚欧大陆中部区域一系列河流的主要补给来源，因此，山地冰川带和山地降水相对较多带是形成亚欧大陆中部区域一系列径流带的主要水源条件③。

既有研究成果表明，第四纪时青藏高原和周缘高山地区普遍发育三期或四期山岳冰川。该时期山岳冰川的发育和分布与青藏高原抬升高度增大具有密切关系。由此可知，青藏高原及其周缘"复活山系"抬升既是亚欧大陆中部区域山地冰川带形成的地质构造原因，也是亚欧大陆中部区域地体形态及整体特征形成的地质构造原因。结合前述，其也是形成盆山分异及相对高差、造就河流形成动力条件的地质构造原因。

（三）由地球行星轨道位置所决定的季节更替是河流带维持与运行的天候与季节原因

四季更替是由地球行星轨道位置所决定的自然节律。由于亚欧大陆中部区域处于北半球中纬度区域，因此成为北半球各个维度带中四季变化最显著、气候特征受地球行星轨道位置影响最大的区域，亦即冬夏季节差异最大的区域；而又由于亚欧大陆中部区域在行星风系位置中主要处于西风带影响范围之中，因此导致该区域绝大部分区域降水具有海洋性特征，即冬季降水多于夏季降水，属于典型的雨热不同期型气候组合（见表 2-29）。尤其是中亚地区，由于主要受两个全球性气候系统（西风带、西伯利亚—蒙古高压）的影响，水汽来源主要为西风环流流经的里海、地中海、大西洋等水域，降水具有以冬、春季为主的西风区特征，帕米尔高原及西天山山地年降水量可以达到 1000 毫米，费尔干纳山西南坡甚至可达 2000 毫米。以上两个方面相结合，即导致亚欧大陆中部区域绝大部分区域降水集中在冬季并以固体形式在山区储存起来；而在夏季高温炎热季节，存储的山区固体降水融化并形成径流，注入盆地荒漠平原区，滋养盆地荒漠平原绿洲；由此使得东起祁连山脉东段西至厄尔布尔士山脉西端的山地降水相对较多带，成为亚欧大陆上的冬季固体降水主要存储带，并形成典型的"冬储夏融"降水—径流模式与河流存在运行模式，由此创造了盆地荒漠平原区夏季高温炎热季节径流存在运行的奇迹，并通过河流输送作用，将盆地荒漠平原区的"雨热不同期"型气候组合，转化为事实上的"水热同期型"光热水组合利用模式，由此保障了盆地荒漠平原区绿洲在夏季高温炎热条件下的存在与运行。

同时，由于受亚欧大陆中部区域处于北半球中纬度区域影响，受亚欧大陆中部区域在行星风系位置中主要处于西风带影响范围影响，受第四纪时期亚欧大陆中高纬度区域大规模发育冰川影响，如前所述，亚欧大陆中部区域形成一条东起祁连山脉东段西至厄尔布尔士山脉西端的

---

① 该冰川带一直延伸至比利牛斯山脉西端。
② 该山地降水相对较多带也一直延伸至比利牛斯山脉西端。
③ 亚洲主要河流均发源于亚欧大陆中部区域山地冰川带和山地降水相对较多带。

冰川带，并形成典型的"古储夏融"冰川—径流模式与河流存在运行模式，也由此创造了盆地荒漠平原区夏季高温炎热季节径流存在与运行的奇迹；并通过河流输送作用，将盆地荒漠平原区的"雨热不同期"型气候组合，转化为事实上的"水热同期型"光热水组合利用模式，也在一定程度上保障了盆地荒漠平原区绿洲在夏季高温炎热条件下的存在与运行，即所谓"绿洲命脉系于域外的水文单元"。

以上两个方面叠加，即成为亚欧大陆中部区域较大规模径流能够在盆地荒漠平原区及夏季高温炎热季节存在与运行的根本原因，并在事实上将盆地荒漠平原区的"雨热不同期"型气候组合，转化成为"水热同期型"光热水组合利用模式，由此成为盆地荒漠平原区绿洲在夏季高温炎热条件下依然能够存在与运行的主要原因。

第四节　丝绸之路经济带之为巨型东西向交通经济带的绿洲生态基础

英文将绿洲称为 Oasis，源自晚期拉丁语，意指荒漠中能"住"（Oweh）和能"喝"（Saa）的地方，是指"荒漠中有水源，适于植物生长和人类居住或暂住，可供人类进行农牧业和工业生产等社会经济活动的地区"①，或指"荒漠中有稳定水源供给、植物生长良好或人类聚集繁衍的生态地理区域"②。通俗而言，绿洲即沙漠地区有水的地方。

绿洲是干旱荒漠地区独特的地理景观。绿洲在世界各干旱区半干旱区均有分布，其在北半球主要分布于10°~55°N，在南半球主要分布于15°~50°S，绕地球呈环带状分布；按集中分布区域，世界绿洲主要分布在亚洲中部、西南亚、北非、西南非、北美洲中西部、南美洲西南部、澳大利亚等七个区域。其中，自中国西北地区、中亚地区、印度西北部地区，经伊朗、阿拉伯半岛，至北非撒哈拉地区，即形成几乎连续分布、东西长达13000千米的亚非绿洲带，该绿洲带是世界上最主要、最长的纬向绿洲分布区带。

主要受地形地势及地质构造、气候、河流水文等因素的影响，亚欧大陆中部区域形成干旱风沙地貌，并形成世界上最大的绿洲连绵区带——亚洲中部绿洲连绵区带。该绿洲连绵区带东起中国河套平原绿洲区（发育河套平原绿洲、宁夏平原绿洲等绿洲），中部经过河西走廊绿洲区（发育古浪—武威绿洲、张掖—高台绿洲、酒泉绿洲等绿洲）、柴达木盆地绿洲区（发育格尔木绿洲等绿洲）、北疆绿洲区（发育乌鲁木齐—奎屯绿洲带、伊犁河谷绿洲等绿洲）、南疆绿洲区（发育库尔勒绿洲、阿克苏绿洲等绿洲）、中亚绿洲区（发育比什凯克绿洲、费尔干纳—塔什干绿洲、撒马尔罕绿洲、布哈拉绿洲、马雷绿洲、阿什哈巴德绿洲等一系列绿洲），西至西亚绿洲区（发育库拉河谷地平原绿洲、德黑兰绿洲等一系列绿洲），均主要发育于亚欧大陆中部"山结"一系列东西向延伸的高大山脉的河谷地带、河流沿岸、北南麓冲积扇、冲洪积平原地带。本研究仅研究东起河西走廊东端古浪绿洲、西至中伊朗盆地西端赞詹绿洲的亚欧大陆中部区域绿洲带，该绿洲带是前述亚非绿洲带的东段部分和最典型发育部分，全球最著名的绿洲绝大部分均属于该绿洲带。

由于绿洲具有环境上的相对封闭性、地域上的相对分散性、存在上的唯水性、生态上的脆

---

① 参见高华君：《绿洲定义修正及其命名与分类》，《西北师范学院学报·自然科学版》1987年第1期，第66页。
② 参见韩德林：《绿洲系统与绿洲地理建设》，《干旱区地理》1992年增刊，第34~37页。

弱性，绿洲形成需要具有独特的条件——地形相对平坦且土层深厚、地处干旱半干旱地区、较高的气温与丰富的光照、相对丰富的地面水或地下水资源等，诸条件既限制了绿洲大面积分布的可能性，使绿洲真正成为荒漠中"自然奇迹的集合"，也规定了绿洲延展或分布的基本空间特征。

也就是说，一方面，作为荒漠中"自然奇迹的集合"，亚欧大陆中部区域绿洲成为大尺度荒漠背景基质上以天然或人工径流为依托、以中生或旱生植物①为主要植被类型的中小尺度景观，成为广泛展布的荒漠背景基质中的个别异常"质点"，成为广泛展布的体现沿海至内地降水分异规律的地带性温带荒漠带中特有的非地带性现象，成为中纬度亚洲内陆干旱区独特的生态单元，并成为人类在中纬度亚洲内陆干旱区生存、生产的基本场所和所在区域人口与经济活动的主要集中地。

另一方面，这种"自然奇迹的集合"并不是随机出生或产生的，从中小尺度空间角度看，其形成与发育在空间上则遵循、体现、反映了一定的地带性规律，具有深刻的自然规定性，甚至在人类社会产生以后，又叠加了深刻的经济规定性和社会规定性。也即是说，绿洲在大尺度空间角度来看，是反常的、非地带性现象；而从中小尺度空间范围来看，则又是正常的、地带性现象；绿洲作为"自然奇迹的集合"，其出生或出现是干旱区特定地质构造与地形地势、气候、河流、土地等多种要素错综复杂、反复迭代、综合作用的结果，是多种"自然规定性的集合"结果。

即地质构造与地形地势要素决定了绿洲形成与发育的潜在位置、潜在规模、河流径流量、物源供应水平等，为绿洲的形成与发育准备了地形条件、空间依托条件、河流动力条件、物源供应条件；气候要素决定了绿洲形成与发育的光热组合状况、降水状况、河流径流状况、物源搬运水平等，为绿洲的形成与发育准备了光热组合条件、水源供应条件；河流要素决定了绿洲形成与发育的水源保障状况、物源搬运状况等，为绿洲的形成与发育准备了水源供应条件、物源搬运条件。

而这种地带性，则集中体现在亚欧大陆中部区域绿洲主要发育于"亚欧山结"一系列东西向延伸高大山脉的北南麓冲积扇、冲积洪积平原或者河流沿岸、河谷地带，并且大致呈东西向条带状延展或串珠状展布，条带型发育的特征极其明显。

亚欧大陆中部区域呈巨型东西向条带状展布的绿洲带，为形成一条条东西向延伸的交通主干道、经济活动密集带、人口集聚区带提供了重要的支撑条件，奠定了生物活动自然地理基础，进而为丝绸之路经济带的发育和形成提供了生物活动潜在条件，奠定了生物活动自然地理基础。如祁连山脉北南麓、阿尔金山脉北麓、昆仑山脉北麓、天山山脉北南麓、科佩特山脉北南麓、兴都库什山脉北南麓、厄尔布尔士山脉南麓都形成了大致呈东西向条带状展布的绿洲带，都为在山脉北南两侧或一侧促进形成一系列东西向延伸的交通主干道、经济活动密集带、人口集聚区带发挥了重要支撑作用。

一、作用或影响体现

亚欧大陆中部区域呈巨型东西向条带状展布的绿洲带，对于形成一系列东西向延伸的交通主干道、经济活动密集带、人口集聚区带发挥了重要作用，具有重要意义。主要体现在以下方面：

---

① 中生植物指形态结构和适应性均介于湿生植物和旱生植物之间的植物，是世界上种类最多、分布最广、数量最大的陆生植物；该种植物不能忍受严重干旱或长期水涝环境，只能在水分条件适中的环境中生活，陆地上绝大部分植物均属此类。旱生植物指通过形态或生理上的适应性，可以在干旱地区保持体内水分并维持生存的植物。

（一）形成巨型东西向交通主干道

亚欧大陆中部区域呈巨型东西向条带状展布的绿洲带，对于形成一系列东西向延伸的交通主干道发挥了重要的支撑作用。

如前所述，基于亚欧大陆中部区域一系列东西向延伸的高大山脉的隆升作用、剥蚀作用[①]及山前地带的沉降作用、沉积作用，在祁连山脉北侧、北山南侧，形成了东起河西走廊东端古浪峡口、西至疏勒河下游古河道（流向罗布泊）甘肃与新疆交界处、宽数公里至百余公里、绵延1099千米的东西向条带状连片相对平坦地带；并由于所处行星纬度位置、亚欧大陆海陆位置，形成东西长达1000余千米的优越光热条件组合带，多数地区日照时数达到3000小时以上；由于山脉巨大高度、所处行星风系位置、显著盆山分异及耦合关系、山地倾斜方向等，形成东西长达1000余千米的山地降水相对较多带、冰川带[②]及以石羊河、黑河、疏勒河等三个独立内流水系为主的山前径流带[③]（见表2-43），进而在石羊河水系沿河发育古浪—武威绿洲、民勤绿洲、永昌绿洲、昌宁—金川绿洲等绿洲，在黑河水系沿河发育山丹—民乐绿洲、张掖—高台绿洲、鼎新绿洲、金塔绿洲等绿洲，在疏勒河水系沿河发育酒泉绿洲、玉门—赤金绿洲、昌马绿洲、玉门镇绿洲、安西绿洲、西湖绿洲、敦煌绿洲、南湖绿洲、玉门关—哈拉湖绿洲等绿洲，在山前倾斜平原地带形成长达1000余千米的绿洲带，拥有可耕地$66.67×10^4$公顷、可牧草原$666.67×10^4$公顷。而自这一绿洲带形成以来，即先后为"玉石之路"、丝绸之路等古代交通线路的形成提供了重要的支撑条件。既有研究成果表明，丝绸之路"凿空"时期与湿润期后期大致对应，表明其时气候相对湿润、绿洲较大规模发育是丝绸之路"凿空"的重要自然地理条件。且走廊夹峙于北侧北山及腾格里沙漠、巴丹吉林沙漠与南侧祁连山脉之间的独特地理位置，更赋予其中国内地与西域之间咽喉要道的交通区位内涵，使其自古以来即成为中国内地与新疆及中亚、西亚、南亚地区之间陆路通道主要穿越地带。

表2-43　中国河西走廊三大流域冰川概况

序号	流域名称	一次冰川编目		二次冰川编目	
		条数（条）	面积（平方千米）	条数（条）	面积（平方千米）
1	石羊河	46	20.2	32	5.8
2	黑河	294	182.9	214	46.9
3	疏勒河	271	177.4	257	136.8

资料来源：引自樊自立、穆桂金、马英杰、马映军：《天山北麓灌溉绿洲的形成和发展》，《地理科学》2002年第2期，第185页。

同理，基于一系列地质作用，在天山山脉北侧，形成了东起东天山东端北麓[④]、中经过哈密口门子和乌鲁木齐（唐轮台古城所在地）与阿拉木图及塔什干、西至马雷（木鹿古城所在地）、绵延3718千米的东西向条带状连片相对平坦地带（为保持里程连续，自疏勒河下游古河道甘肃与新疆交界处起计算）；并形成东西长达3700余千米的优越光热条件组合带、山地降水相对较

[①]　剥蚀作用指风化、流水、冰川、风力、波浪等外力对地表进行破坏并将破坏的产物搬离原地的作用。

[②]　祁连山脉多年平均冰川融水量达9.9亿立方米，占整个出山口水资源的13.5%，其中疏勒冰川融水补给河水比例高达29.9%。参见车克钧：《祁连山森林、冰川和水资源现状调查研究》，《北京林业大学学报》1998年第6期，第98页。

[③]　参见张立峰：《西北生态环境脆弱区典型内陆河流域植被覆盖变化及其影响因素研究》，兰州交通大学博士学位论文，2017年，第15页。

[④]　甚至可能东起东天山东端的明水古堡。

多带、冰川带、山前径流带，进而在天山北麓诸河水系沿河发育伊吾绿洲、阜康绿洲、奎屯绿洲、伊犁河谷绿洲、楚河河谷绿洲、塔拉斯绿洲、费尔干纳—塔什干绿洲等绿洲，在山前倾斜平原地带形成长达 3700 余千米的绿洲带①。而自这一绿洲带形成以来，也先后为丝绸之路等古代交通线路的形成提供了重要的支撑条件。且其处于东亚地区祁连山脉北侧河西走廊绿洲带与西亚地区科佩特山脉北侧绿洲带、厄尔布尔士山脉南侧绿洲带之间的独特地理位置，更赋予其东亚绿洲带与西亚绿洲带之间天然交通主通道的交通区位内涵，使其东段自中国唐代以来即成为东亚河西走廊绿洲带与中亚南部南天山西北麓绿洲带之间陆路交通主通道主要穿越地带（中国唐朝时称之为新北道），其西段自帕提亚王国②米特里达提一世③、二世④统治时期开辟"撒马尔罕道"以来，即成为北天山北麓绿洲带与科佩特山脉北麓绿洲带、厄尔布尔士山脉南侧绿洲带之间陆路交通主通道主要穿越地带，并逐渐取代塔里木盆地北南缘陆路交通通道的主通道地位。

基于一系列地质作用，在天山山脉南侧，形成了东起疏勒河河谷甘肃与新疆交界处、中经楼兰古城遗址（今若羌县境内）及渠犁古城遗址（今库尔勒市境内）和轮台古城遗址（今轮台县境内）与阿克苏、西至疏附克孜勒苏河出山口、绵延 1786 千米的东西向条带状连片相对平坦地带⑤；并形成东西长达 1700 余千米的优越光热条件组合带、山地降水相对较多带、冰川带、山前径流带，进而在天山南麓诸河水系沿河发育轮台绿洲、库车河—渭干河绿洲、阿克苏绿洲、乌什绿洲等绿洲，在山前倾斜平原地带形成长达 1700 余千米的绿洲带。而自这一绿洲带形成以来，也先后为丝绸之路等古代交通线路的形成提供了重要的支撑条件。其具体支撑作用如史籍记载"于是自敦煌西至盐泽，往往起亭，而轮台、渠犁皆有田卒数百人，置使者校尉领护，以给使外国者"；"然楼兰国最在东垂，近汉，当白龙堆，乏水草，常主发导，负水儋粮，送迎汉使"⑥。即绿洲对交通线路的支撑作用主要在于"负水儋粮"、为来往商旅提供生活保障（同时绿洲本身也是部分交通线路重要的起始地和目的地）；且其处于东亚地区祁连山脉北侧河西走廊绿洲带与中亚南部阿姆河上游河谷绿洲带、中下游沿河绿洲带、科佩特山脉北侧绿洲带之间连接地带的独特地理位置，更赋予其东亚绿洲带与中亚南部绿洲带之间天然交通主通道的交通区位内涵，使其自中国西汉以来即成为东亚河西走廊绿洲带与中亚南部绿洲带之间陆路交通主通道的主要穿越地带（其时称之为北道），并与阿尔金山脉北麓、昆仑山脉（中西段）北麓绿洲带一道首先成为丝绸之路新疆段主通道穿越地带。

基于一系列地质作用，在阿尔金山脉北侧，形成了东起疏勒河河谷甘肃与新疆交界处、中经若羌、西至且末、绵延 862 千米的东西向条带状连片相对平坦地带；并形成东西长达 800 余千米的优越光热条件组合带、山地降水相对较多带、冰川带、山前径流带，进而在米兰河水系沿河发育米兰绿洲等绿洲，在若羌河水系沿河发育若羌绿洲等绿洲，在车尔臣河水系沿

---

① 该绿洲带为世界上单一巨大山脉所形成的最长绿洲带。

② 公元前 4 世纪，亚历山大帝国分裂为安提柯王朝（统治马其顿和部分希腊城邦）、托勒密王朝（统治埃及、塞浦路斯和巴勒斯坦）和塞琉古王朝（前波斯帝国在亚洲的大部分领土）后，雅利安人分支之一帕提亚人在伊朗东北部发动起义，进而向西扩张后重新掌握对伊朗的控制权，并于公元前 247 年建立帕提亚王国（公元前 247~公元 224 年），中国史书称之为"安息王朝"。马赫尔达德一世在位时，该王国成为帝国。马赫尔达德二世在位时，帕提亚帝国与罗马帝国第一次建立外交关系，并开始长期争战。公元 224 年，帕提亚帝国地方总督帕佩克之子阿尔德希尔·帕佩克攻灭帕提亚王国，并入主帕提亚都城泰西封（遗址在今巴格达东南 32 千米处），伊朗历史发展进入萨珊王朝时代。萨珊王朝时代，古波斯文化发展至巅峰，并在很大程度上影响罗马文化，其影响力遍及西欧、非洲、中国及印度，对欧洲及亚洲中世纪艺术成形发挥了显著的作用，该时代被认为是伊朗最具重要性和影响力的历史时期之一。公元 651 年，萨珊王朝被阿拉伯帝国攻灭。

③ 约公元前 171~前 138/137 年在位。

④ 约公元前 124/123~前 88/87 年在位。

⑤ 如计向西翻越天山南脉铁列克套山经费尔干纳盆地、吉扎克至古木鹿城遗址段，即为 3359 千米，下同。

⑥ 参见《汉书·西域传》第六十六上。

河发育瓦石峡绿洲、且末绿洲等绿洲，在山前倾斜平原地带形成长达 800 余千米的绿洲带。而自这一绿洲带形成以来，也先后为"玉石之路"、丝绸之路等古代交通线路的形成提供了重要的支撑条件。且其处于祁连山脉北侧河西走廊绿洲带与昆仑山脉（中西段）北麓绿洲带之间连接地带的独特地理位置，更赋予其河西走廊绿洲带与昆仑山脉（中西段）北麓绿洲带、中亚南部绿洲带之间天然交通枢纽地带的交通区位内涵，使其自中国西汉以来即成为河西走廊绿洲带与昆仑山脉（中西段）北麓绿洲带、中亚南部绿洲带之间陆路交通主通道主要穿越地带（其时称之为南道），并与天山山脉南麓绿洲带、昆仑山脉北麓绿洲带一道首先成为丝绸之路新疆段主通道穿越地带。

基于一系列地质作用，在昆仑山脉（中西段）北侧，形成了东起且末、中经过和田、西至疏勒盖孜河口、绵延约 1119 千米的东西向条带状连片相对平坦地带；并形成东西长达 1100 余千米的优越光热条件组合带、山地降水相对较多带、冰川带、山前径流带，进而在昆仑山脉（中西段）、喀喇昆仑山脉北麓诸河水系沿河发育安迪尔绿洲、民丰绿洲、达里雅布依绿洲、于田绿洲、策勒绿洲、和田—洛浦绿洲、墨玉绿洲、皮山绿洲、叶城绿洲、叶尔羌河流域绿洲等绿洲，在山前倾斜平原地带形成长达 1100 余千米的绿洲带。而自这一绿洲带形成以来，也先后为"玉石之路"、丝绸之路等古代交通线路的形成提供了重要的支撑条件。既有研究成果表明，丝绸之路等古代交通线路线位甚至随绿洲带北南迁移而发生相应迁移[①]（见图 2-4）。且其居于东亚地区祁连山脉北侧河西走廊绿洲带、阿尔金山脉北麓绿洲带与中亚南部绿洲带之间连接地带的独特地理位置，更赋予其祁连山脉北侧河西走廊绿洲带、阿尔金山脉北麓绿洲带与中亚南部绿洲带之间天然交通主通道的交通区位内涵，使其自中国汉代以来即成为河西走廊绿洲带、阿尔金山脉北麓绿洲带与中亚南部绿洲带之间陆路交通主通道主要穿越地带（其时称之为南道）。

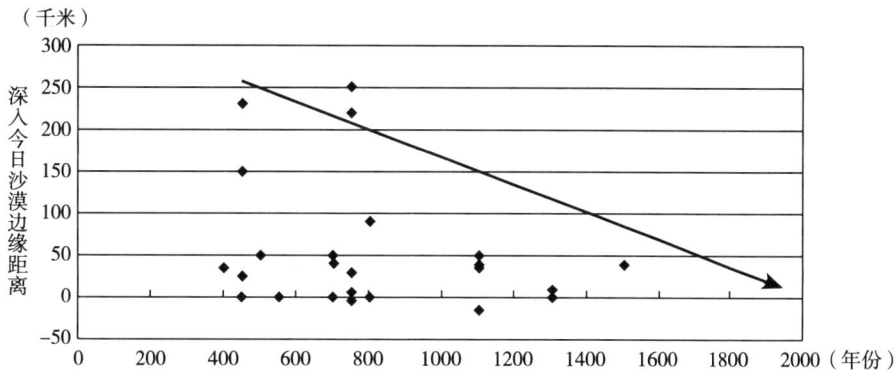

图 2-4　塔里木河流域南缘城邦遗迹深入沙漠距离

资料来源：刘烨：《干旱区社会水文系统演化规律与驱动机制研究》，清华大学博士学位论文，2016 年，第 53 页。

基于一系列地质作用，在兴都库什山脉北侧，形成了东起喷赤河口、中经马扎里沙里夫（古巴尔赫城、蓝氏城、巴克特里亚城附近）、西至马雷（古木鹿城所在地）、绵延 956 千米的东西向条带状连片相对平坦地带；并形成东西长达 900 余千米的优越光热条件组合带、山地降水相对较多带、冰川带、山前径流带，进而在阿姆河水系沿河发育巴尔赫绿洲、赫拉特绿洲、捷詹

---

① 参见熊黑钢、韩春鲜：《历史时期塔里木盆地南缘交通线路变迁与环境的关系》，《人文地理》2006 年第 6 期，第 44 页。研究表明：塔里木盆地南缘东西向的交通线路在和田河与克里雅河之间向南移动了 200 千米左右；在克里雅河与车尔臣河之间向南移动了 100 千米左右；在和田河以西向南移动了 10~50 千米；而车尔臣河以东变化不大。

绿洲、马雷绿洲（古木鹿绿洲）等绿洲，在山前倾斜平原地带形成长达 900 余千米的绿洲带[①]。而自这一绿洲带形成以来，也先后为"青金石之路"、丝绸之路等古代交通线路的形成提供了重要的支撑条件。甚至在丝绸之路贯通之前的亚历山大帝国时期，穿过该地带的东西方商路北路印度—巴克特里亚—阿姆河—里海—黑海与东西方商路中路印度—巴克特拉（即巴克特里亚）—伊朗高原北部—塞琉西亚—安条克即已贯通。正是由于该绿洲带的支撑，张骞"凿空"西域、打通丝绸之路东段、中国汉朝与帕提亚帝国建立外交关系后，丝绸之路才得以东西贯通，才导致以帕提亚与贵霜为中介、以中国与罗马为两极的丝绸之路格局得以确立。且其居于昆仑山脉（中西段）北麓绿洲带与中亚南部科佩特山脉北侧绿洲带、西亚地区厄尔布尔士山脉南侧绿洲带之间的独特地理位置，更赋予其东亚绿洲带与西亚绿洲带之间天然交通主通道的交通区位内涵，使其自中国汉朝以来即成为东亚河西走廊绿洲带与西亚厄尔布尔士山脉南侧绿洲带之间陆路交通主通道主要穿越地带，甚至在中国汉朝河西走廊绿洲带兴盛之前即已成为中亚南部地区兴盛的绿洲带，成为印度地区与东南欧地区之间交通主通道的枢纽地带。

基于一系列地质作用，在科佩特山脉北侧，形成了东起马雷（古木鹿城所在地）、中经阿什哈巴德、西至里海东岸、绵延约 710 千米的东西向条带状连片相对平坦地带；并形成东西长达 700 余千米的优越光热条件组合带、山地降水相对较多带、冰川带、山前径流带，进而在科佩特山脉北侧诸河水系沿河发育阿什哈巴德绿洲、阿哈尔绿洲等绿洲，在山前倾斜平原地带形成长达 700 余千米的绿洲带。而自这一绿洲带形成以来，也先后为丝绸之路等古代交通线路的形成提供了重要的支撑条件。且其居于天山北麓绿洲带、天山南麓绿洲带与西亚地区厄尔布尔士山脉南侧绿洲带之间转换枢纽的独特地理位置，更赋予其中亚绿洲带与西亚绿洲带之间天然交通枢纽的交通区位内涵，使其自中国汉代以来即成为中亚绿洲带与西亚绿洲带之间陆路交通主通道的主要转换地带。

基于一系列地质作用，在厄尔布尔士山脉南侧，形成了东起捷詹河伊朗与土库曼斯坦交界处、中经马什哈德及德黑兰、西至赞詹绿洲、绵延 1080 千米的东西向条带状连片相对平坦地带；并形成东西长达 1000 余千米的优越光热条件组合带、山地降水相对较多带、冰川带、山前径流带，进而在厄尔布尔士山脉南侧诸河水系沿河发育内沙布尔绿洲、德黑兰绿洲、赞詹绿洲等绿洲，在山前倾斜平原地带形成长达 1000 余千米的绿洲带（链）。而自这一绿洲带形成以来，也先后为"黑曜石之路"[②]"彩陶之路"[③]"青金石之路"[④]、丝绸之路等古代交通线路、商路的形成提供了重要的支撑条件。在历史时期，该地带即为东起瓦罕、中经莫夫（今马雷附近）及雷伊[⑤]、西至巴格达的"呼罗珊大道"的中段[⑥]。甚至在丝绸之路形成之前和帕提亚立国以前，该地带即已成为由印度至地中海的交通网络和"从阿姆河到美索不达米亚的贸易网"之主干地段，

---

① 参见王三三：《帕提亚与丝绸之路关系研究》，南开大学博士学位论文，2014 年，第 224 页。

② 指在公元前 6000 年~前 3500 年形成于亚美尼亚、伊朗地区、西亚两河流域、小亚细亚、希腊半岛之间的黑曜石贸易商路，该贸易商路被认为是古代最早的陆上和海上贸易商路。

③ 指在公元前 3500 年前形成于黄河流域与伊朗高原之间的彩陶文化传播路径。

④ 即"呼罗珊大道"，指在公元前 4000~前 3500 年，在欧亚内陆西段所形成的、自帕米尔西麓巴达克山经伊朗高原南北至两河流域的陆路通道。

⑤ 在今德黑兰附近，又称为拉伽，是塞琉古时期米底地区最大的城市；米底地区指米底王国曾统治过的西起小亚细亚以东、东至波斯湾北部的区域，米底王国系由南迁的雅利安游牧部族米底人于公元前 700 年左右在今伊朗西北部建立的王国，后亡于波斯。

⑥ "呼罗珊大道"中段在该地段的主要节点为莫夫（也写作谋夫，即木鹿城，今马雷附近）、丹丹坎（古代位于谋夫与谢腊赫斯之间的小城市）、萨拉赫斯、马赞德兰（今莫兹杜兰）、图斯、马什哈德、尼沙普尔（内沙布尔）、比斯坦、达姆甘（今达姆干）、西模娘（今塞姆南）、忽瓦尔、雷伊等。参见施杨：《丝绸之路上的呼罗珊大道考述》，《贵州师范大学学报（社会科学版）》2002 年第 4 期，第 92 页。

成为东西方商路中路印度—巴克特拉—伊朗高原北部—塞琉西亚—安条克线路之主干地段，即所谓"在希腊化世界及其周边地区实际上形成了以西亚为中心、以地中海和中亚印度为两端的新的交通体系"①，其时，从内沙布尔至雷伊（今德黑兰附近）的陆路交通主干道正处于该交通体系的大致中腰部位。在帕提亚王国和帝国时期，该地带即已成为"自巴克特拉、经木鹿（即莫夫，今马雷附近）、赫卡通皮洛斯②、埃克巴塔纳（今哈马丹）至塞琉西亚③、安条克"④通道的重要路段。且其居于中亚绿洲带与西亚小亚细亚半岛半湿润地区之间连接地带的独特地理位置，更赋予其中亚绿洲带与西亚小亚细亚半岛半湿润地区、东南欧半湿润地区天然交通主通道的交通区位内涵，使其自中国汉代以来即成为东亚绿洲带、中亚绿洲带与西亚小亚细亚半岛半湿润地区、东南欧半湿润地区之间陆路交通主通道主要穿越地带。虽然，在帕提亚王国及帝国时期，自中亚南部经里海南岸至亚美尼亚及黑海南岸的塞琉古时期对外贸易路线北线南支线⑤，以及自印度西北部五河地区经亚历山大利斯（今坎大哈附近）、锡斯坦、波斯波利斯至条支的南线东支线⑥也已得到较大发展，但其地位始终无法超越厄尔布尔士山脉南麓自内沙布尔至雷伊的塞琉古时期对外贸易路线中线，在该时期，"中线"始终是伊朗地区乃至亚洲中西部地区最为重要的贸易交通干线⑦，并由此导致帕提亚帝国成为所谓"帝国时代"洲际贸易交通主干道的控制者和洲际贸易的最大中介商。后世更进一步成为亚欧大陆东部东亚地区与欧洲东南部地区之间陆路通道的必经之地，成为"欧亚陆桥"、东西方陆路交通要冲、东西方经济与文化交流中间站。当前该地带即为伊朗境内北部地区东西向陆路交通主轴线的主要展布地带，为伊朗最重要的公路干道之一——阿富汗—伊朗—土耳其公路、最重要的铁路干道之一——谢拉赫斯—德黑兰—大不里士—纳兹铁路的主要穿越地带⑧。

由此，在亚欧大陆中部区域，自北至南，东起古浪峡口、西至赞詹，即在三条大致连续展布的巨型东西向条带状连片相对平坦地带、三条大致连续展布的巨型东西向条带状绿洲带上，形成三条连续展布的巨型交通主干道⑨。在这一过程中，绿洲带主要贡献了绿洲物理实体、绿洲生物及生态功效、绿洲经济功效、绿洲形成空间位置、绿洲空间形态、绿洲带展布延伸方向等因子。

（二）形成巨型东西向经济活动密集带

亚欧大陆中部区域呈巨型东西向条带状展布的绿洲带对于形成一系列东西向延伸的经济活

---

① 参见杨巨平：《亚历山大东征与丝绸之路开通》，《历史研究》2007年第4期，第134-135页。

② 今伊朗塞姆南省达姆甘西南32千米处的沙赫伊库密斯地区。

③ 今巴格达附近，位于美索不达米亚平原底格里斯河畔，为希腊化时代和罗马时代塞琉古王国首都安条克之外港，同时为塞琉古王国在东方的最大根据地、在两河流域的最主要城市。

④ 今土耳其安塔基亚，为公元前4世纪末由塞琉古一世建立的希腊化城市及塞琉古王朝首都；自公元前4世纪至公元13世纪，为叙利亚地区乃至东地中海区域商业重镇、交通枢纽和最重要的城市之一；东罗马帝国首都君士坦丁堡建立之前，该城为丝绸之路终点。参见陈出云：《安条克，沦落的古城》。

⑤ 塞琉古一世曾局部控制该贸易线路，参见王三三：《帕提亚与丝绸之路关系研究》，南开大学博士学位论文，2014年，第88页。

⑥ 该通道在波斯帝国时被称为"王家大道"，该"大道"主要交通节点为波斯波利斯、卡帕多西亚、地中海东岸以弗所等。参见王三三：《帕提亚与丝绸之路关系研究》，南开大学博士学位论文，2014年，第9页、第55页。

⑦ "中线"所在"人口较密耕作较多"地带被称为"叙利亚—伊拉克肥沃新月地带的小规模重复"，参见W. B. 费舍尔：《伊朗》，人民出版社，1977年，第47页；参见王三三：《帕提亚与丝绸之路关系研究》，南开大学博士学位论文，2014年，第223页、第225页。

⑧ 参见吕薇：《伊朗城镇体系研究》，西南大学硕士学位论文，2008年，第55页、第58页。

⑨ 依据前述，三条连续展布的巨型交通主干道概况如下：北部交通主干道——东起古浪峡口，中经祁连山脉北侧、天山山脉北侧、兴都库什山脉北侧、厄尔布尔士山脉南侧，西至赞詹，总长约6270千米；中部交通主干道——东起古浪峡口，中经祁连山脉北侧、天山山脉南侧、兴都库什山脉北侧、厄尔布尔士山脉南侧，西至赞詹，总长约6087千米；南部主干道——东起古浪峡口，中经祁连山脉北侧、阿尔金山脉北侧、昆仑山脉（中西段）北侧、兴都库什山脉北侧、厄尔布尔士山脉南侧，西至赞詹，总长约6593千米。

动密集带发挥了重要的支撑作用。

如前所述，基于相对优越的光热水土组合条件，在祁连山脉北侧地带，在新石器时代农业与畜牧业即已大致同时产生；公元前 2500～公元前 2000 年，该地带即开始种植粟黍①等作物，粟黍成为该地带农业居民种植的主要作物；稍晚于公元前 2000 年，在该地带西部火石梁遗址区域即开始种植起源于西亚的农作物小麦，小麦与大麦逐渐也成为河西走廊居民种植的主要作物之一。秦末汉初，该区域成为畜牧业兴盛区域；张骞"凿空"西域及河西置郡之后，该绿洲带开始逐步由以游牧经济为主区域转为农耕经济为主区域。西汉元始二年（公元 2 年），河西走廊开垦耕地约为 2390 平方千米，东汉永和五年（公元 140 年）约为 1670 平方千米，已成为种植业相对兴盛区域。从东晋开始，河西走廊地区进入 16 国、南北朝时期，鲜卑、羌族等游牧民族进入河西走廊，开始长达 300 余年的游牧经济时期。唐朝时期，唐王朝在凉州、甘州一带大量屯田，天宝元年（公元 742 年）屯田面积达到 1890 平方千米（含鄯州即今青海乐都屯田面积），绿洲农业主位地位终于得到巩固，但农牧业此消彼长仍在此后一定时期存在。从唐广德二年（公元 764 年）吐蕃占领河西走廊地区开始至元朝结束，汉唐时期发展起来的农田水利体系遭到极大破坏，农田面积大幅度减少。明朝时期，河西走廊开始大规模重修渠坝，至明嘉靖（公元 1552～1566 年）时期，河西走廊开垦土地面积达到 1280 平方千米。清朝时期，清王朝大量向河西走廊地区移民屯垦，河西走廊耕地面积快速增长，至乾隆三十一年（公元 1766 年）耕地面积增加至 6630 平方千米。可见，明清时期是河西走廊地区彻底由以游牧经济为主区域转为农耕经济为主区域的关键时期。近代工业兴起后，河西走廊地区逐步成为中国西部重要的石油工业基地和有色及黑色金属工业基地。当前，河西走廊绿洲农业兴盛，人工绿洲面积达到 16500 平方千米，已成为中国西北内陆著名灌溉农业区、西北地区最主要商品粮基地和经济作物集中产区、甘肃省重要农业区之一，生产中国甘肃省 2/3 以上的商品粮、几乎全部的棉花、9/10 的甜菜、2/5 以上的油料、啤酒原料大麦和瓜果蔬菜等，已形成东起河西走廊东端古浪峡口、西至疏勒河下游、绵延 1000 余千米的东西向条带状经济活动密集带。

同理，由于光热条件略逊于天山山脉南侧及昆仑山脉（中西段）北侧地带，天山山脉北侧诸部族长期以畜牧业作为主要经济活动形式，绿洲开发相对较晚。其中，在中国新疆段，公元前 14 世纪末和公元前 13 世纪，塞人已在东天山北麓今伊吾军马场、巴里坤盐池、奎苏石人子等地使用铜斧、铜刀、彩陶器、石磨、小麦、糜子②、毛织品、木车轮等器物作物定居生活，农业、牧业和手工业已达到一定水平。秦朝及以前，该地带大部分为牧场，西汉政府实行屯垦时在西域共设立 12 个垦区，在天山山脉北麓仅设立眩雷（今伊犁河谷）和赤谷（今中亚伊塞克湖东南）两个垦区，由此影响乌孙部族区域经济活动形式由较单纯的畜牧业经济转为畜牧业为主农业为辅；其他部族区域如蒲类、蒲类后国、东且弥、西且弥、劫国、车师后国、车师后城国、卑陆、卑陆后国、乌贪訾、单桓等多以畜牧业为主要经济活动形式。魏晋时期，天山山脉以北屯垦举措均予中止。唐朝时期，于公元 702 年在天山山脉北侧金满城（今新疆吉木萨尔县）设立北庭都护府并以该地区为中心组织屯垦，垦区人口 12000 人，至公元 749 年已有耕地 10 万亩，

---

① 粟是起源于中国或东亚的古老粮食作物，栽培历史悠久，通称"谷子"；成熟期较晚，种子以浅黄色为主，且无光泽，去皮后俗称"小米"，米色为黄色但稍浅；是新石器时代中国黄河流域主要栽培作物，中国唐朝以前粟为中国北方民众主食之一，宋末以后，由于水稻、小麦广泛种植，粟逐步居于次要地位。黍亦是起源于中国或东亚的古老粮食作物，栽培历史悠久，成熟期较早，种子表面以红褐色为多，少量为浅黄色，且有光泽，去皮后俗称"黄米"，米色为黄色但稍深，米粒较小米稍大，可用于酿酒、做糕等。

② 糜子属禾本科黍属作物，为黍的一种，生育期短，耐旱、耐瘠薄，是干旱半干旱地区主要粮食作物，也是中国主要制米作物之一。糜子有软糜子与硬糜子之分，软糜子碾米称之为软米，用于酿造米酒、做糕；硬糜子碾米后称之为黄米。

为当时北疆最大屯田中心，并在伊吾（今新疆巴里坤县附近）、轮台（今新疆乌鲁木齐市南郊）、清海（今新疆石河子市附近）实行屯垦，天山山脉北麓古绿洲就此形成。清政府平定准噶尔汗国后，开始将防卫及屯田重心转移至天山山脉北侧地区，兴起西域历史上第三轮屯垦高潮，遂使这一区域经济活动形式由以畜牧业为主转变为半牧半农，至乾隆四十一年（公元1776年）天山山脉北麓耕地面积达到200平方千米，至嘉庆十年（公元1805年）达到630平方千米，自古以天山山脉作为农牧界线、南农北牧的局面就此改变，并对新疆经济社会发展格局产生深远影响；木垒、奇台、吉木萨尔、阜康、乌鲁木齐、昌吉、呼图壁、玛纳斯、乌苏、精河等老旧绿洲相继形成，天山山脉北麓老旧绿洲基础在清朝前期基本奠定。新疆和平解放以后，新一轮大规模屯垦在天山山脉北侧地带再次兴起。由此，自古及今，天山山脉北侧绿洲带呈现出零星点状绿洲发展为小块绿洲、小块绿洲连成大片绿洲、大片绿洲连成条带状绿洲带的空间持续拓展态势，且由于天山山脉北侧降水条件优于天山山脉南侧及昆仑山脉北侧，因此导致古绿洲、老旧绿洲、新绿洲之间继承性和延续性显著且间距较小，老旧绿洲和新绿洲大部分在古绿洲基础上发展起来；并展现出显著的以牧为主阶段、半农半牧阶段、以农为主阶段的差异化阶段性持续演进特点。

而在天山山脉北侧中亚地区段，在天山山脉及帕米尔高原降水汇集而成的河流浸灌下，分别在山间盆地、山前平原、荒漠中形成大型山间盆地绿洲、山前平原绿洲、荒漠绿洲等三种不同类型的绿洲。其中，在天山褶皱带巨型山间盆地伊塞克湖盆地内形成楚河—比什凯克绿洲①，在巨型山间盆地费尔干纳盆地内形成费尔干纳绿洲②，该两个绿洲为中亚地区最大、最典型的山间盆地绿洲；伊犁河下游绿洲、塔拉兹绿洲、塔什干绿洲、撒马尔罕绿洲等绿洲是中亚地区典型的山前平原绿洲或冲积平原绿洲，分别由伊犁河、塔拉兹河、奇尔奇克河、泽拉夫尚河等河流冲积而成③；该类绿洲多处于中亚地区南天山山系西北侧的山前平原上，在空间形态上基本沿南天山山系西北麓呈东北—西南方向延伸，形成一条自南天山山系西北麓东北端向西南端延伸的山前冲积洪积扇及冲积平原绿洲带；约在公元前2500~前2000年，该地区即已开始种植小麦。而布哈拉绿洲、穆尔加布—捷詹—马雷绿洲及阿什哈巴德绿洲、乌尔根奇绿洲、阿特拉克河绿洲等绿洲则是中亚地区典型的荒漠绿洲，分别由阿姆河、穆尔加布—捷詹河及卡拉库姆大运河、阿特拉克河等河流浇灌而成④。近代工业兴起后，该地带迅速成为沙俄时期、苏联时期重要的石油工业基地和原材料工业基地，并与天山山脉北侧绿洲带中国新疆段一道形成东起东天山东端北麓、中经过口门子和今乌鲁木齐（唐轮台古城所在地）与阿拉木图及塔什干、西至木鹿古城遗址、绵延3700余千米的东西向条带状经济活动密集带。

---

① 楚河—比什凯克绿洲又称楚河平原，是由楚河浇灌或冲积而在盆地北南两侧低丘地带形成的连绵绿洲，是中亚地区种植业、畜牧业相对比较发达的区域。

② 费尔干纳绿洲是由锡尔河、索赫河和伊斯法拉河浇灌或冲积而在费尔干纳盆地北南两侧低丘地带形成的连绵绿洲，是中亚地区植棉业和葡萄种植业相对比较发达的区域，并与塔什干绿洲一起成为中亚地区最重要的经济区和最大的人口集中分布区。

③ 该类绿洲所在的山前平原本身并不产生径流，其地表水和地下水同源于山区，河流流出山口后流速减缓，由此产生冲积洪积扇及冲积平原，进而形成山前平原绿洲；该类绿洲主要依赖河流出山口径流量维系山地森林草原、盆地平原绿洲与荒漠之间脆弱的生态系统平衡，并成为中亚地区绿洲的主要形态，也是亚洲中部干旱区绿洲的主要形态。

④ 该类绿洲均位于中亚地区较大河流中下游地段，所在区域全年降水量极少，夏季持续时间长且干旱炎热少雨，雨季主要集中在春季，水热不同期，天然降水对植物生长和农业生产意义不大，植物生长和农业生产主要依靠河水浇灌，属于由于河流灌溉作用而形成的绿洲，如锡尔河和阿姆河有约一半流程穿过卡拉库姆沙漠和克孜勒库姆沙漠并在河湖沿岸形成个别绿洲和城镇。该类绿洲主要沿中亚地区南部东西向河流零散展布，并成为世界上不多见的宜棉区和中亚地区最主要的产棉区。如穆尔加布—捷詹绿洲、卡拉库姆运河及阿姆河沿岸绿洲、卡什卡河沿岸绿洲、穆云库姆沙漠锡尔河沿岸绿洲分别为土库曼斯坦、乌兹别克斯坦、哈萨克斯坦三国主要产棉区。该类绿洲中的布哈拉绿洲、穆尔加布—捷詹—马雷绿洲、阿什哈巴德绿洲、阿特拉克河绿洲大致形成一条从南天山山系西突出部向西南延伸至伊朗高原北侧、呈东北—西南向延伸的荒漠河湖沿岸绿洲带，亦属于天然的中西方交通支点。

　　基于相对优越的光热水土组合条件，天山山脉南侧地带绿洲开发历史悠久，远古时期即有居民在孔雀河下游古墓沟地区、天山山脉南麓和静西北察吾乎沟地区、焉耆与和硕新塔拉地区和曲惠地区、轮台群巴克地区定居生活；约7000年前即有原始人在罗布泊西部古楼兰地区使用石刀、石斧、石镰、石箭等磨制石器经营原始农业和畜牧业，种植粟谷农作物，驯养狗、猪、牛等家畜；约公元前2000年稍晚即已开始种植小麦，孔雀河下游公共墓地出土的木质农具和小麦证实该地带的农业史可上溯至距今4000年之前。张骞"凿空"西域以后，中国汉朝对该地带进行大规模农业开发，先后在轮台、渠犁、比胥犍①、车师、姑墨、焉耆等地区组织较大规模屯田活动，并在该地带设置西域地方管辖机构——西域都护，对西域实施有效管辖，其时该地带以农业为主要经济活动形式的地区为危须、尉犁、焉耆、渠梨、乌垒、龟兹、温宿等。如史籍记载"故轮龚捷枝、渠犁皆故国，地广，饶水草，有溉田五千顷以上，处温和，田美，可益通沟渠，种五谷，与中国同时孰"②。足见该地带其时农业兴盛状况。魏晋时，中原内乱，在该地带仅保留楼兰、高昌两处屯垦区域，且西域长史移驻海头地区③，导致塔里木盆地东南部地区成为重点开发区域。公元4世纪以后，该地带孔雀河下游河谷平原、塔里木河下游平原绿洲出现沙漠化现象，楼兰等古代绿洲城市沦为废墟；但焉耆、龟兹一带农业仍然较为兴盛，如史籍记载其时焉耆"气候寒，土田良沃，谷有稻粟菽④麦，畜有驼马"，其时龟兹"风俗、婚姻、丧葬、物气与焉耆略同，唯气候少温为异"。唐朝时期，在该地带分别设立焉耆都督府、龟兹都督府等，并组织大量军士进行驻守屯垦，掀起自汉晋以来的第二次军屯高潮。唐代以后，该地带塔里木河中游一带古代绿洲由于土地次生盐渍化与沙漠化而逐步废弃，大多数新兴绿洲随塔里木河由南向北移动。元、清时期，先后在火州（高昌）、库车、沙雅、乌什等地组织屯垦，掀起自汉晋以来的第三次军屯高潮。新疆和平解放以后，该地带绿洲面积呈现较大幅度增长趋势，并逐步成为中国西部重要的石油天然气工业基地，从而形成东起疏勒河下游河谷甘肃与新疆交界处、经楼兰古城遗址（今若羌县境内）及渠犁古城遗址（今库尔勒市境内）和轮台古城遗址（今轮台县境内）与阿克苏、西至疏附克孜勒苏河出山口、绵延1700余千米的东西向条带状经济活动密集带。

　　基于相对优越的光热水土组合条件，在阿尔金山脉北侧地带及昆仑山脉（中西段）北侧地带，远古时期即有居民在昆仑山北麓且末扎洪鲁克地区、喀什乌帕尔一带阿克塔拉、温古洛克、库鲁克塔拉、德沃勒克地区定居生活；约4000年前，该区域即已种植小麦，其时（公元前21世纪）塞人已使用青铜工具进行农业生产，并将原产自中亚、西亚和非洲的小麦、大麦、胡豆、豌豆、芝麻、胡萝卜、黄瓜、菠菜、芹菜、葡萄、核桃、无花果、石榴等农作物带至该区域种植。因此，早在张骞"凿空"西域之前，该区域绿洲即已"粪治园田"，成为种植业繁盛之地，甚至成为中国西北干旱区乃至中国境内最早种植小麦、大麦的区域。当时位于安迪尔河下游的古安迪尔绿洲、位于克里雅河下游的喀拉墩绿洲、位于尼雅河下游的精绝绿洲等，均是发育于河流中下游平原或下游干三角洲上以种植业为主要经济活动形式的重要绿洲。至汉代，塔里木盆地南缘古老绿洲串珠状分布的基本格局初步确立，绿洲农业成为主业并得到相对稳定发展，其时该地带以农业为主要经济活动形式的地区为鄯善⑤、且末、

①　因文献记载过于简略，学术界关于比胥犍之地望形成西域南道莎车境内说、车师后部说、轮台沙雅一带说等几种不同意见，现多倾向于车师后部说，即比胥犍在今鄯善县境内（辟展一带）。
②　参见《汉书》卷九十六《西域传》。
③　即海头古城所在区域，海头古城在楼兰古城西南48.3千米处，为魏晋南北朝时期罗布泊地区仅次于楼兰的第二大城。
④　菽为豆类的总称。
⑤　该时期鄯善指塔里木盆地东端区域，其治理中心扜泥城在今新疆若羌附近。

精绝、扜弥、渠勒、于阗、乌秅、依耐、难兜、莎车、疏勒、尉头等。正所谓"臣见莎车、疏勒田地肥广，草牧饶衍，不比敦煌、鄯善间也，兵可不费中国而粮食自足"①。魏晋南北朝时，中原内乱，在该地带仅保留尼雅一处屯垦区域，但该地带农业得到进一步发展，塔里木盆地东南部区域庄园与寺院经济形态出现，于阗"土宜五谷并桑麻""其地多水潦沙石，气温，宜稻、麦、蒲桃……果蓏菜蔬与中国等"②。唐朝时期，在该地带设立毗莎都督府、疏勒都督府，并组织驻军进行屯垦。元朝时期，在阇鄘（又称车尔臣，在今且末城南）、斡端（又名忽炭，即今和田）等地组织屯田，和田"百物丰饶，产棉甚富，居民植有葡萄园及林园"，叶尔羌（今莎车一带）"居民百物丰饶"，喀什"居民为工匠、商贾。有甚美之园林，有葡萄园，有大产业，出产棉花甚饶"③。清朝时期，先后在喀什噶尔、叶尔羌、和田等地组织兴修水利，实行军屯、民屯，"南疆各城田土肥饶，新垦日增"。在这一过程中，因受引水工程逐步向南迁移影响，导致古老绿洲从河流中下游平原或下游干三角洲处上移至河流中游或冲积扇扇缘地带，即若羌—且末山麓倾斜平原、车尔臣河谷平原、于田—和田山麓倾斜平原、叶城倾斜平原地带、叶尔羌—英吉沙平原地带，形成下游绿洲逐步放弃、上游绿洲逐步扩大的空间演进形态，并形成显著的以人就水阶段（晋魏以前）、以水就人阶段（晋魏至中华人民共和国成立以前）、以水就地阶段（中华人民共和国成立至今）的差异化阶段性持续演进特点④。近代工业兴起后，该地带个别工业门类有所发展，从而形成东起疏勒河下游河谷甘肃与新疆交界处、中经若羌与且末、西至疏勒盖孜河口、绵延1900余千米的东西向条带状经济活动密集带⑤。

基于相对优越的光热水土组合条件，在兴都库什山脉北侧，在远古时期即为繁盛的农业定居文明区域；公元前3800年前后，小麦从科佩特山脉北麓绿洲地带扩展到该区域；公元前2500~公元前2000年，小米（粟）传播至该区域；公元前6世纪中叶，东伊朗人在该区域建立城邦国家（波斯文献中称之为巴克特里亚人）；公元前329年，亚历山大率军越过兴都库什山脉进入巴克特里亚后，该地区迅速希腊化，其"物产丰富，农业及商业发达，被称为'千城之国'"⑥，希腊巴克特里亚国势日昌；其后，由于大月氏第一次西迁，压迫"Sacae"人（即汉文文献中的"塞种人"）西迁，"Sacae"人占据锡尔河北岸地区⑦，导致原居于该地区的"Asii""Pasiani""Tocharoi""Sacarauli"等斯基泰人四部南迁并占据巴克特里亚地区，其中"Tocharoi"（译为"吐火罗"⑧）在四部中势力最大，故四部占据巴克特里亚以后所建立的国家在汉文文献中被称为"大夏"⑨；随后，在公元前129年张骞到达该区域之前，该区域被游牧部族大月氏人征服，大月氏初设王庭于阿姆河以北，不久将统治中心迁至蓝氏城⑩，大月氏人南迁可能使

①　参见《后汉书》卷47《班超传》。

②　参见《魏书》102卷《西域传》；参见《梁书》卷54《诸夷传》。

③　参见《马可·波罗游记》第53、52、50章。

④　参见钱云：《历史时期新疆绿洲的演变和发展》，《干旱区资源与环境》1997年第2期，第37~46页。

⑤　参见王智：《新疆地区植被覆盖变化与气候、人文因子的相关性探讨》，新疆大学硕士学位论文，2011年，第15页、第40页。

⑥　参见黄靖：《大月氏的西迁及其影响》，《新疆社会科学》1985年第2期，第100页。

⑦　后持续居留锡尔河北岸的一支"Sacae"人形成康居，顺锡尔河而下迁往咸海乃至里海沿岸的一支"Sacae"人萨尔马特人形成奄蔡，进入费尔干纳盆地的一支"Sacae"人建立大宛，另一支"Sacae"人南下散处帕米尔各地，部分进入塔里木盆地，建立"城郭诸国"。参见余太山：《塞种史研究》，中国社会科学出版社，1992年。

⑧　吐火罗人原居地可能在中欧或东欧某地，大约在公元前第3千纪上半期，从其同胞中脱离出来，经黑海草原和中亚草原，逐渐向东南迁徙至中国西北地区，迁徙过程长达1000多年。参见刘宁：《新疆地区古代居民的人种结构研究》，吉林大学博士学位论文，2010年，第61页。

⑨　"大夏"为"Tocharoi"的音译，该地区被后世称为"靓货逻国故地"或"吐火罗斯坦"。

⑩　即巴克特拉，又称巴里黑、巴尔赫城、巴克特里亚城，城址在今阿富汗马扎里沙里夫附近；据称，蓝氏城为亚历山大城（Alexander）的汉代译名，张骞称该城为蓝氏城。

该区域以农业为主导的经济结构发生局部变化，但农业仍为该区域主导经济活动形式，如史籍记载："大夏在大宛西南二千馀里妫水南。其俗土著，有城屋，与大宛同俗。无大长，往往城邑置小长。其兵弱，畏战。善贾市。及大月氏西徙，攻败之，皆臣畜大夏。大夏民多，可百馀万。其都曰蓝市城，有市贩贾诸物。其东南有身毒国。"[①] 之后，波斯人、嚈哒人、突厥人、阿拉伯人、蒙古人等先后入主该区域，均对该区域以农业为主导的经济结构产生局部影响，但均未改变农业作为该区域主导经济活动形式的地位。如波斯史料记载"吐火罗斯坦是一个多山的美好省份。它的草原上生活着哥逻禄突厥人。这里出产马、羊，盛产谷物和各种水果"[②]。嚈哒迁居该地带后，其生产生活方式甚至由游牧转为农耕定居[③]。沙俄进入该区域及近代工业兴起后，该区域逐渐成为重要的石油工业基地，从而形成东起喷赤河口、中经马扎里沙里夫、西至马雷（古木鹿城所在地）、绵延900余千米的东西向条带状经济活动密集带。

基于相对优越的光热水土组合条件，在科佩特山脉北侧，由于海拔高峻、地形开阔而便于湿润空气流入使得山地区域降水相对较多，导致北侧河谷和山脉外围崖脚冲积扇区域形成多个绿洲，进而导致灌溉农业与畜牧业发展，至迟在公元前5500年，即出现以小麦和大麦为主要作物的农业与饲养山羊和绵羊等家畜的畜牧业，并在历史时期长期占据中亚地区农业发展主要地带地位；稍晚于公元前2000年，该地带开始种植起源于中国北方地区的农作物粟。近代工业兴起后，该地带迅速成为重要的石油工业基地，从而形成东起马雷（古木鹿城所在地）、中经阿什哈巴德、西至里海沿岸、绵延约900余千米的东西向条带状经济活动密集带。

基于相对优越的光热水土组合条件，在厄尔布尔士山脉南侧山间绿洲、河谷绿洲、山前平原、荒漠绿洲地带，主要种植小麦、大麦、甜菜等作物，养羊业与养牛业发达，并成为伊朗农牧业发展的重要空间载体，该地带与扎格罗斯山脉交会地带由此成为伊朗进行农业与畜牧业活动的最主要场所。近代工业兴起后，该地带逐步成为重要的煤炭采掘业、黑色及有色金属采矿业、建材工业、食品及其他农产品加工工业所在地，从而形成东起哈里河河谷伊朗与土库曼斯坦交界处、中经马什哈德及德黑兰、西至赞詹绿洲、绵延1000千米的东西向条带状经济活动密集带[④]。

由此，在亚欧大陆中部区域，自北至南，东起古浪峡口、西至赞詹，即在三条大致连续展布的巨型东西向条带状连片相对平坦地带、三条大致连续展布的巨型东西向条带状绿洲带上，形成三条大致连续展布的巨型东西向条带状经济活动密集带[⑤]。在这一过程中，绿洲带主要贡献了绿洲物理实体、绿洲生物及生态功效、绿洲经济功效、绿洲经济活动形式、绿洲带展布延伸方向等因子。

（三）形成巨型东西向人口集聚区带

亚欧大陆中部区域呈巨型东西向条带状展布的绿洲带，对于形成一系列东西向延伸的人口集聚区带发挥了重要的支撑作用。

绿洲产生于自然条件严酷的荒漠地区。绿洲与人类诞生相联系，最古老的绿洲都是天然绿洲，人工绿洲形成于人类的生产方式由狩猎方式向农耕方式转变时期，人类在有水、有树、有

① 参见《史记·大宛列传》。
② 参见王欣：《从巴克特里亚到吐火罗斯坦——阿富汗东北部地区古代民族的变迁》，《世界民族》2006年第4期，第43页。
③ 参见李磊：《唐代吐火罗地区羁縻府州借名问题研究》，陕西师范大学硕士学位论文，2017年，第17页。
④ 参见徐晓云：《伊朗农业地理区域研究》，西南大学硕士学位论文，2010年，第10页、第32页。
⑤ 依据前述，三条大致连续展布的巨型东西向条带状经济活动密集带概况如下：北部经济活动密集带——东起古浪峡口、中经祁连山脉北侧、天山山脉北侧、兴都库什山脉北侧、厄尔布尔士山脉南侧，西至赞詹，总长6000余千米；中部经济活动密集带——东起古浪峡口、中经祁连山脉北侧、天山山脉南侧、兴都库什山脉北侧、厄尔布尔士山脉南侧，西至赞詹，总长约6000千米；南部经济活动密集带——东起古浪峡口、中经祁连山脉北侧、阿尔金山脉北侧、昆仑山脉（中西段）北侧、兴都库什山脉北侧、厄尔布尔士山脉南侧，西至赞詹，总长6000多千米。

草的地方定居下来，以原始绿洲为依托，开始创造原始农业和绿洲文明，即开始形成原始聚落与部落。以中国新疆为例，天然绿洲的形成可追溯至第三纪末、第四纪初，而人工绿洲形成于人类活动由狩猎到农耕的转变时期（0.03Ma），绿洲形成之后，随即成为干旱区人类集聚区域。

如前所述，基于相对优越的光热水土组合条件，在祁连山脉北侧地带，距今 3000 多年前，欧罗巴人种地中海东支印度—阿富汗类型人群（即吐火罗人）翻越帕米尔高原经塔里木盆地北缘、南缘进入该地带，形成大月氏等部族；秦汉初期及其以前，乌孙、月氏、匈奴、羌等游牧民族曾长期生活繁衍于此，其时河西走廊地区人口规模当有 10 余万；汉武帝设置河西四郡之后，匈奴等游牧民族人口大量迁出该地带，中原农耕民族人口大量迁入该地带，移民人口当不下 10 余万，汉民族人口逐步成为该地区人口的主要组成部分；至西汉元始二年（公元 2 年），河西四郡总人口已达 28 万余人，并驻扎屯田与防守军队近 40 万人。从东汉中后期开始诸族内徙直至隋唐初期，该地带农耕民族人口数量急剧下降，氐、羌、吐谷浑与鲜卑、柔然、突厥等民族分别从南、北两个方向进入该地区，其时该地带约有鲜卑诸胡部族人口 20 多万人、汉族人口约 10 万人。隋、唐建立以后，河西走廊农耕经济得以迅速恢复、发展，农业社会系统再次重建，隋朝时约有人口 13 万余人，唐天宝年间（公元 742~756 年）约有人口 14 万人。公元 8 世纪中叶吐蕃进入河西走廊以后，该地区农业社会系统再一次瓦解。明、清以来，中原汉族移民又一次大量进入河西走廊地区，明洪武年间（公元 1368~1398 年）移民戍卒及其家属人口约 8 万人，正德年间（公元 1506~1521 年）农业人口军民共约 30 万人；清朝时期 1861 年约有人口 325.2 万人。由此形成东起河西走廊东端古浪峡口、西至疏勒河下游古河道甘肃与新疆交界处、绵延 1000 余千米的东西向条带状人口集聚区带。

同理，基于相对优越的光热水土组合条件，在天山山脉北侧地带中国新疆段，在一万年前的新石器时代，即有古代人群在木垒、奇台、吉木萨尔、乌鲁木齐柴窝堡、伊犁河谷等地开辟绿洲、繁衍生息。距今 4000 多年前，欧罗巴人种古欧洲类型人群自西向东迁徙至准噶尔盆地南缘。距今 3000 多年前，欧罗巴人种地中海东支印度—阿富汗类型人群自西向东迁徙至该地带。距今 2000 年前，塞人进入该地带；公元前 7 世纪，塞人已在今伊犁河谷尼勒克县一带开矿冶铜。表明在秦汉以前，即有古代人群在天山北麓集聚生存。公元前 176 年后，匈奴人进入新疆地区，准噶尔盆地成为匈奴人主要牧地。汉朝时期天山北麓主要由乌孙（时有 12 万户、63 万人口）、车师后国（时有 595 户、0.47 万人口）等牧业部族占据，农业人口相对较少。3 世纪上半叶至 6 世纪下半叶新疆屯田事业中断，天山北麓主要居住乌孙、匈奴、突厥等游牧部族。唐朝时期金满城（今吉木萨尔）屯垦区域人口即达到 12000 人。元朝时期继续在别失八里（今吉木萨尔）等地进行屯垦。清朝时期，清政府平定准噶尔之后，即在乌鲁木齐和伊犁地区分别驻军 1.1 万人和 1.4 万人，并在天山北麓巴里坤、木垒、奇台、吉木萨尔、阜康、乌鲁木齐、昌吉、呼图壁、玛纳斯、乌苏、精河、伊犁等 12 地组织集中屯垦，在伊犁地区组织建设伊犁九城，天山北麓中国新疆境内段人口急剧增长。

而在天山山脉北侧中亚地区段，北部段由于气候条件中热量不足、降水相对较多、有利于草本植物生长及发展畜牧业，因此导致游牧部族人口集聚较多；南部段由于气候条件中热量充足、降水相对较为有限、有利于引水灌溉农作物及发展农业，因此导致农业人口集聚较多。该地带最早可靠先民为属欧罗巴人种、操印欧语、于大约公元前 3000 年时自欧亚草原开始东迁逐步徙至该地的雅利安人，其为"逐水草而居"的游牧部族；由其转演而来的操伊朗语的伊朗雅利安人的一支中亚伊朗人后来发展为粟特人、花剌子模人等部族，另一支北伊朗人后来分化为斯基泰人和塞人（又称东伊朗人），并长期在该地带主要从事畜牧业；公元前后中国西汉王朝在伊犁河流域、伊塞克湖流域进行的屯田仅为游牧经济中的"沧海一粟"；自然，受西汉屯田影响，乌孙部族经济结构中农业成分从无到有逐步增多也是不争的事实；而在天山褶皱带巨型山间盆地费尔干纳盆地内，则早在张骞"凿空"西域之前即"其俗土著，耕田，田稻麦。有蒲陶酒""其属邑大小七十余城，众可数十万"，已成为农业人口为主的人口集聚区域；在其南侧，"大夏在大宛西南二千馀里妫水南。其俗土著，有城屋，与大宛同俗"①，表明其南部也是以农业人口为主的人口集聚区域。唐朝时期在碎叶②屯田，进一步提高了该地带农业成分及农业人口成分。与天山山脉北侧地带中国新疆段相同，该地带经济结构也呈现出显著的以牧为主阶段、半农半牧阶段、以农为主阶段的阶段性持续演进特点，人口结构也呈现出农业人口占比逐渐提高趋势。近代工商业兴起以后，工商业人口占比逐步提高，并呈现人口进一步向山前绿洲带工商业城镇集中趋势，费尔干纳盆地、塔什干—撒马尔罕—布哈拉绿洲带至今仍是中亚地区人口分布最集中区域③。如费尔干纳盆地人口密度已高达300~400人/平方千米。由此，与天山山脉北侧绿洲带中国新疆段一道，形成东起疏勒河下游河谷甘肃与新疆交界处、中经过哈密及口门子和乌鲁木齐（唐轮台古城所在地）与塔什干、西至马雷（木鹿古城所在地）、绵延3700余千米的东西向条带状人口集聚区带④。

基于相对优越的光热水土组合条件，在天山山脉南侧地带，在一万年前的新石器时代，即有古代人群在焉耆、库车、巴楚等地开辟绿洲、繁衍生息。距今四千多年前，自西向东迁徙至准噶尔盆地的欧罗巴人种古欧洲类型人群已翻越天山到达罗布泊附近的孔雀河流域⑤。距今三千多年前，欧罗巴人种地中海东支印度—阿富汗类型人群翻越帕米尔高原进入塔里木盆地，在塔里木盆地北缘绿洲形成聚落；距今两千多年前，塞人翻越帕米尔高原，沿塔里木盆地北缘向东逐渐迁移。早在张骞"凿空"西域之际，天山南麓孔雀河、迪那河、渭干河、阿克苏河三角洲上即已形成诸多以农业为重要经济活动形式的绿洲，如焉耆区域（今焉耆县及附近区域，即《汉书·西域传》中所称之"焉耆"）当时人口已达3.21万人，龟兹区域（今库车市及附近区域，即《汉书·西域传》中所称之"龟兹"）当时人口已达8.1万人；姑墨区域（今阿克苏市及附近区域，即《汉书·西域传》中所称之"姑墨"）当时人口已达2.4万人，俱为天山南麓重要人口集聚区域；东汉时期，天山南麓龟兹等16个区域共有人口近20万人。其后，由于农田逐步随水利工程向河流中上游或冲积扇推移，导致城镇带和人口集聚区带也逐渐向山麓地带上移。由此，形成东起疏勒河下游河谷甘肃与新疆交界处、中经楼兰古城遗址（今若羌县境内）及渠犁古城遗址（今库尔勒市境内）和轮台古城遗址（今轮台县境内）与阿克苏、西至疏附克孜勒苏河出山口、绵延1700余千米的东西向条带状人口集聚区带。

基于相对优越的光热水土组合条件，在阿尔金山脉北侧地带及昆仑山脉（中西段）北侧地带，在一万年前的新石器时代，即有古代人群在罗布泊洼地、且末、民丰、于阗、皮山等地开辟绿洲、繁衍生息；距今三千多年前，欧罗巴人种地中海东支印度—阿富汗类型人群翻越帕米尔高原进入塔里木盆地，在塔里木盆地南缘绿洲形成聚落；距今两千多年前，塞人翻越帕米尔高原进入塔里木盆地，并在塔里木盆地南缘西段逐渐取代印度—阿富汗类型人群的主导地位。同一时期，属于亚洲蒙古人种的羌人较大规模进入该地带，并与先前进入该地带的印度—阿富

---

① 参见《史记·大宛列传》。

② 碎叶为中国唐朝于高宗调露元年（公元679年）在西域设置的军事重镇，在今吉尔吉斯斯坦首都比什凯克以东托克马克市附近（今称阿克贝希姆遗址），是中国历代王朝在西部地区设防最远的一座边陲城市，也是古丝绸之路上的一座重要城镇。

③ 参见刘春静：《中亚干旱区植被退化及典型流域生态环境遥感监测》，山东农业大学硕士学位论文，2016年，第13页（土地利用数据为MCD12Q1数据）。

④ 参见赵继先：《近50a基于低分辨率遥感数据的中国·新疆和中亚城镇时空变化研究》，新疆师范大学硕士学位论文，2014年，第11页。

⑤ 人类学研究表明，在中国汉代楼兰居民之前（上限为公元前2000年青铜时期），即有欧罗巴人种古欧洲类型人群生活于罗布泊地区古墓沟、铁板河、小河区域；中国汉代以后，该类型人群融入其他类型人群，在中国新疆汉代以后的人类学材料中，已极少发现该类型人群体质特征。参见刘宁：《新疆地区古代居民的人种结构研究》，吉林大学博士学位论文，2010年，第37~38页。

汗类型人群、塞人融合。张骞"凿空"西域之前，该地带居民即已"粪治园田"，其时的"楼兰"与"鄯善"居民即为羌人、印度—阿富汗类型人群、塞人等融合人群；该一时期，该地带较大人口集聚中心为"鄯善……户千五百七十，口万四千一百""扜弥……户三千三百四十，口二万四十""于阗……户三千三百，口万九千三百""难兜……户五千，口三万一千""莎车……户二千三百三十九，口万六千三百七十三""疏勒……户千五百一十，口万八千六百四十七"[①]，合计该地带其时约有人口 158403 人，人口规模已相对较大。公元前 1 世纪，汉族人口较大规模进入该地带。公元 2 世纪及其以后，贵霜、吐谷浑、柔然、嚈哒、铁勒、突厥、吐蕃、回鹘、契丹、蒙古等部族人口先后进入该地带。由此，逐步形成东起古楼兰、中经过和田、西至疏勒盖孜河口、绵延 1900 余千米的东西向条带状人口集聚区带。

基于相对优越的光热水土组合条件，在兴都库什山脉北侧[②]，最早徙居该地带的先民为雅利安人；其后为欧罗巴人种地中海东支印度—阿富汗类型人群（即吐火罗人，该区域为其兴起之地）；早在公元前 6 世纪波斯王居鲁士和大流士在该地带建省时，该地带的赫拉特早已成为中亚南亚西亚区域著名城市。公元前 2 世纪，随着大月氏第二次西迁产生的冲击，塞人进一步向阿姆河以东和以南地区推进，随即进占该地带的赫拉特、木鹿等地，随后，贵霜、匈奴、嚈哒、西突厥等先后在该地带建立统治、繁衍生息；大夏国、贵霜帝国先后定都该区域的蓝氏城；贵霜帝国迦腻色伽一世在位时（约公元 78~102 年），以该地带为中心的贵霜帝国人口达到 1020 万人。中国唐朝时期，曾在该地带建立十六个羁縻府州。公元 15 世纪以前，该地带长期即作为远东、印度与中东、欧洲之间贸易和文化交流中心而存在。从而形成东起喷赤河口、中经马扎里沙里夫、西至马雷（古木鹿城所在地）、绵延 900 余千米的东西向条带状人口集聚区带。

基于相对优越的光热水土组合条件，在科佩特山脉北侧，在远古时期即为繁盛的农业定居文明区域，即有定居农业居民群体生存于这一地带，并从事家畜饲养业。公元前四世纪，帕提亚人在该地带逐步兴起，阿尔萨西斯一世时期（公元前 247~？年），该地带成为帕提亚人的政治中心。当前，该地带及穆尔加布河下游绿洲、阿姆河中下游绿洲区域逐步成为土库曼斯坦人口最主要集中分布区域，从而形成东起马雷（古木鹿城所在地）、中经阿什哈巴德、西至土库曼巴希、绵延 900 余千米的东西向条带状人口集聚区带。

基于相对优越的光热水土组合条件，在厄尔布尔士山脉南侧绿洲地带，在旧石器时代，即有古代人群居住生存于呼罗珊南部山麓平原至伊朗西北部雷扎耶湖地带，该地带由此成为伊朗国家与民族起源核心区。在中石器时代，该地带主要居住以狩猎为主要经济活动形式的人群；约在公元前 3000 年新石器时代，主要居住以农业为主要经济活动形式的人群，而绿洲邻近山区则成为牧民在冬季的避寒地和牧场，由此使该地带成为伊朗北部农业定居居民与游牧民主要生存繁衍地带。公元前 2000 年前后，由雅利安人转演而来的伊朗雅利安人的一支西伊朗人在该地带繁衍生息，成为后来米底人、波斯人和帕提亚人的祖先。亚历山大东征及塞琉古王朝建立以后，在该地带广建城市、发展经济，之后帕提亚人将统治中心自里海东南部地区迁至该地带。其中，东部地区主要城市图斯和马什哈德曾作为重要统治中心、朝圣中心、贸易中心、文化中心、伊朗东部首邑存在；主要城市内沙布尔曾长期作为贸易中心、拜火教中心、学术教育中心存在（被誉为"小大马士革"，一度成为帕提亚王国都城），并由此使得东部山前地带形成一个

---

① 均参见《汉书·西域传》。
② 阿姆河中上游至兴都库什山脉一带在西方史籍中被称为"巴克特里亚"，在中国古代史籍中被称为"大夏"，又被称为吐火罗地区或"吐火罗故地"。

延展于东西向山链前的人口较为密集、耕作活动较多的弧形地带[①]；中部地区主要城市德黑兰曾作为冬季避寒地和牧场、贸易中心、统治中心存在；西部主要城市加兹温曾作为伊朗萨非王朝[②]首都、交通枢纽、经济中心而存在，主要城市赞詹曾作为重要采矿地、经济中心存在。伊斯兰教兴起以后，该地带的库姆成为伊斯兰教什叶派"圣城"，该地带由此成为伊朗国家宗教核心区。由于伊朗多个王朝建都于该地带，该地带多个城市在不同时期先后成为伊朗国家首都[③]，该地带由此成为伊朗国家政治核心区。由于伊朗古代及近现代经济核心区为中部偏西地区，因此该地带又成为伊朗国家经济核心区的重要组成部分。由此形成一个具有雄厚历史积淀、东起哈里河河谷伊朗与土库曼斯坦交界处、中经内沙布尔及德黑兰、西至赞詹绿洲、绵延1000余千米的东西向条带状人口集聚区带。

由此，在亚欧大陆中部区域，自北至南，东起古浪峡口、西至赞詹，即在三条大致连续展布的巨型东西向条带状连片相对平坦地带、三条大致连续展布的巨型东西向条带状绿洲带上，形成三条大致连续展布的巨型东西向条带状人口密集区带[④]。

在这一过程中，绿洲带主要贡献了绿洲物理实体、绿洲经济功效、绿洲社会功效、绿洲带展布延伸方向等因子。

二、作用成因探析

（一）自然原因

山地—绿洲—荒漠系统自然物质要素及能量在南北方向上的汇集、耦合、交流、循环，以及该种关系在东西方向上的雷同性、相似性，是形成、维系绿洲带及相关区带的重要自然原因。也就是说，单个山地—绿洲—荒漠系统自然物质要素与能量的南北向汇集、耦合、交流、循环，与一系列山地—绿洲—荒漠系统在自然要素组成、耦合、空间形态等方面的东西向雷同性、相似性，是巨型东向向绿洲带能够形成维系并成为交通主干带、经济活动密集带、人口集聚区带的重要自然原因。

如上所述，就整个山地—绿洲—荒漠系统而言，单个山地—绿洲—荒漠系统在南北方向上汇集和耦合了山区降水要素、冰雪融水要素、冲积搬运至盆地的成土母质要素、盆地区域优质光照要素、充足热量要素，集合为绿洲系统，从一侧山地取得水源、成土母质、矿物质养分支持，向另一侧荒漠排出过多盐分，形成山地—绿洲—荒漠之间的自然物质要素与能量南北向汇

---

① 参见 W. B. 费舍尔：《伊朗》，人民出版社1977年版，第47页。

② 又称萨法维王朝（公元1501~1736年），是指由萨法维教团教主伊斯玛仪一世依靠土库曼部落武装"基泽勒巴什"支持、在阿塞拜疆建立、定都大不里士、随后消灭西亚白羊王朝、入主伊朗高原的王朝。该王朝是继阿契美尼德王朝（波斯第一帝国）、萨珊王朝（波斯第二帝国）以来第三个完全统一伊朗东西部的王朝（波斯第三帝国）。阿巴斯一世时期（公元1587~1629年），该王朝达到全盛时期，疆域东起呼罗珊，西至幼发拉底河，北抵卡拉库姆沙漠与咸海，南达波斯湾与阿拉伯海；萨法维王朝时期是伊朗从中世纪向现代时期过渡的中间时期；1736年，阿夫沙尔王朝建立，萨法维王朝灭亡。白羊王朝系由土库曼游牧部落在波斯建立的封建王朝，公元1378~1502年统治今土耳其东部、伊朗中西部、阿塞拜疆、亚美尼亚和伊拉克北部一带，因旗帜以白羊为标志，故名；该王朝与黑羊王朝长期对峙，15世纪中后期灭黑羊王朝，击败帖木儿王朝，成为西亚地区强国，对后世萨法维帝国具有极大影响。黑羊王朝系由古代土库曼部族联盟于14世纪建立的王朝，约于公元1375~1468年统治今阿塞拜疆、伊朗西北部与伊拉克地区，因旗帜以黑羊为标志，故名。阿夫沙尔王朝（公元1736~1796年）系18世纪统治伊朗高原的波斯王朝，因建立者纳迪尔沙出身于阿夫沙尔（红头）部落而得名，又称红头王朝。

③ 该地带德黑兰、加兹温、大不里士等城市先后成为伊朗国家首都。

④ 依据前述，三条大致连续展布的巨型东西向条带状人口密集带概况如下：北部密集区带——东起古浪峡口，中经祁连山脉北侧、天山山脉北侧、兴都库什山脉北侧、厄尔布尔士山脉南侧，西至赞詹，总长6000余千米；中部密集区带——东起古浪峡口，中经祁连山脉北侧、天山山脉南侧、兴都库什山脉北侧、厄尔布尔士山脉南侧，西至赞詹，总长约6000千米；南部密集区带——东起古浪峡口，中经祁连山脉北侧、阿尔金山脉北侧、昆仑山脉（中西段）北侧、兴都库什山脉北侧、厄尔布尔士山脉南侧，西至赞詹，总长6000多千米。

集、耦合、交流、循环体系。即如"每一个这样的流域都有自己的径流形成区（山地）、自己的水系（天然河流或人工渠）和自己的尾闾（内陆湖泊水体）以及自己在大气中的山谷风环流。并且在各自水系内实现直接的质量、能量交换。河川径流是液态径流、固态径流、离子径流和生物原径流的复合径流。河流带给尾闾的不仅是水，而且还有泥沙、富营养化的淤泥、集水面淋溶的盐类、生物残体等。流域的反向联系，即尾闾到山区，由恒定山谷风来实现。恒定风不仅把水汽携往山区，而且还把盐粒和尘埃微粒、植物花粉、真菌孢子、昆虫卵搬运到山区"[①]。

而此种单个山地—绿洲—荒漠系统自然物质要素与能量的南北向汇集、耦合、交流、循环关系，普遍存在于从古浪绿洲至赞詹绿洲的6000多千米的绿洲带上，并具有东西方向上的雷同性、相似性和普遍性。即在该绿洲带上，几乎各个单体山地—绿洲—荒漠系统都呈现与体现该种自然要素、能量的南北向汇集、耦合、交流、循环关系。此种自东及西的一系列山地—绿洲—荒漠系统所具有的自然物质要素与能量的南北向汇集、交流与循环关系，一方面的确从客观上形成了一个自东向西的山地—绿洲—荒漠系统巨型条带；另一方面，结合上述可见，此种自然物质要素和能量种类与组合关系的雷同性、相似性，也的确为沿该地带开展交通活动、经济贸易活动、人文交流活动等创造了客观自然便利性条件、主观认同条件。这也是塔里木盆地而非准噶尔盆地能够继河西走廊之后随即纳入中国汉朝中央政府管辖之下的自然地理条件原因，也是草原丝绸之路虽然发迹早于所谓绿洲丝绸之路而最终成就小于绿洲丝绸之路的自然地理条件原因[②]。

同时，仅就绿洲系统而言，绿洲系统依赖山地系统供给的水分、矿物质养分、成土母质等自然物质要素，通过植物光合作用，将系统内盆地区域优质光照要素、充足热量要素转化成为植物化学能，进而转化成为动物化学能，然后再转化成其他形式的能量流出绿洲系统，从而使干旱区山地系统与绿洲系统及荒漠系统之间，形成南北向的自然物质流和能量流，并使绿洲系统成为整个山地—绿洲—荒漠系统中自然物质要素输入和输出频率最高、能量（太阳能）富集程度和转化效率最高的系统和地域。

而此种自然物质要素与能量（太阳能）的高强度富集、高频率输入输出及转化状态与特征，也普遍存在于从古浪绿洲至赞詹绿洲的6000多千米的绿洲带上，也具有东西方向上的雷同性、相似性和普遍性。即在该绿洲带上，几乎各个绿洲都是所在山地—绿洲—荒漠系统内自然物质要素与能量（太阳能）高强度富集、高频率输入输出及转化的中心地带。结合上述可见，此种自东及西的一系列自然物质要素与能量（太阳能）高强度富集、高频率输入输出及转化的中心地带，构成了地球上最庞大的东西向自然要素集聚耦合带[③]，最大限度地体现和实现了地文[④]、天文[⑤]、山

① 参见王亚俊、焦黎：《中国绿洲分区及其基本类型》，《干旱区地理》2000年第4期，第345页。
② 草原丝绸之路指以中国中原地区为起点，经由蒙古高原、中亚北部、西伯利亚南部、东欧地区、横穿亚欧草原、直达君士坦丁堡及东南欧的古代亚欧商道。该商道自远古时期即已开始形成，在中国夏商时期初现端倪；在汉朝时期因匈奴南下西迁得到连缀和拓展，并与漠南荒漠—绿洲丝绸之路形成亚欧大陆北南两大跨洲交通体系；在汉末魏晋时期随着鲜卑统一蒙古高原及南下完成汉化过程得到进一步发展，在中国唐朝时期因唐朝统一漠北及设置"参天可汗道"得到再一次开发和拓展，在契丹建立辽朝后得到进一步贯通；在蒙元时期达到发展与繁荣顶峰，形成以元大都（遗址在今中国北京）和元上都（遗址在今中国内蒙古正蓝旗金莲川草原）为起点、北至西伯利亚、西经中亚达欧洲、东抵东北亚地区、南通中原地区的草原丝绸之路交通网络；在明朝时期，因北方草原地区战争迭起及东南地区海上丝绸之路繁盛，该商道发展受到严重影响；在清朝时期因实行闭关锁国政策该商道逐渐衰落。因草原丝绸之路跨越草原自然地理系统、荒漠—绿洲自然地理系统两类自然地理系统，而绿洲丝绸之路的绝大部分路段始终处于荒漠—绿洲自然地理系统一类系统之中，无须跨越重大自然地理系统界限与社会生产生活方式、文化信仰系统界限，开拓与运营成本更低，因此其成就更大。
③ 即巨型东西向山链及与之相关的降水相对较多带、冰川带、河流带、冲积搬运至盆地的成土母质带及连片相对平坦地带、盆地光热资源密集带等多个巨型东西向自然资源要素带的多重耦合带。
④ 本研究中指地球表面山岳河海丘陵平原存在形态和运动过程及其规律。
⑤ 本研究中指日月星辰等天体存在形态和运动过程及其规律。

文[①]、水文[②]要素、格局、趋势的耦合。这也是亚欧大陆中部区域自有人类生存以来，以上耦合地带即长期成为亚欧大陆中部区域人类族群交通交往、繁衍聚居首选地带的最主要自然地理原因，自然也是丝绸之路经济带空间布局所需依托的最主要自然地理地带和自然地理耦合关系。

（二）自然—经济原因

山地—绿洲—荒漠系统经济要素在南北方向上的汇集、耦合、交流、循环，以及其在东西方向上的流动、融汇、交换、传播，是形成、维系绿洲带及相关区带的重要自然—经济原因。也就是说，单个山地—绿洲—荒漠系统经济要素的南北向汇集、耦合、交流、循环，及一系列山地—绿洲—荒漠系统经济要素的东西向流动、融汇、交换、传播，是巨型东西向绿洲带能够形成维系并成为交通主干带、经济活动密集带、人口集聚区带的重要自然—经济原因。

如前所述，单个山地—绿洲—荒漠系统在南北方向上蕴含、集合、展布了山区金属矿产资源要素、山地畜牧业资源要素、山前农业资源要素、劳动力资源及消费人口资源要素、石油天然气煤炭资源要素、交通运输业及商贸流通业要素、荒漠盐资源要素及畜牧业要素等。即单个山地—绿洲—荒漠系统在南北方向上蕴含、集合、展布了各种类型的经济要素，由此使单个山地—绿洲—荒漠系统成为多种经济要素的南北向汇集与耦合条带，绿洲所在的流域中腰部位则成为各种经济要素的辐集中心地，成为各种经济要素集中度最高的地带，由此导致绿洲土地承载力大于一侧山地和另一侧荒漠，即单位土地面积上的生物产出和经济产出高于山地区域和荒漠区域。结合前述可知，自古浪绿洲至赞詹绿洲 6000 余千米的亚欧大陆中部区域巨型东西向绿洲带即成为该区域内经济要素最为集中的地带，成为亚欧大陆中部区域土地承载力最高的巨型东西向条带，由此自然成为该区域内的巨型东西向交通主干带、经济活动密集带、人口集聚区带。

另一方面，在古浪绿洲至赞詹绿洲 6000 余千米的亚欧大陆中部区域巨型东西向绿洲带上，一系列经济要素如农作物品种、家畜家禽品种、生产工具、生产技术（种植养殖技术、冶炼锻造技术等）、交通方式等的东西向流动、融汇、交换、传播，也是绿洲带之所以能够成为交通主干带、经济活动密集带、人口集聚区带的重要经济原因。如距今 1 万年左右，小麦在距离赞詹绿洲较近的新月形沃地被驯化，小米（粟）在距离古浪绿洲较近的中国北方黄河流域被驯化，之后小麦经过里海东岸科佩特山脉北麓绿洲地带（公元前 5500 年前后）、天山山脉西端塔吉克斯坦境内阿姆河上中游绿洲地带（公元前 3800 年前后）、哈萨克斯坦境内伊犁河流域（公元前 2500～前 2000 年）、天山南麓绿洲地带及河西走廊西部（公元前 1800 年前后），传至古浪绿洲所在的河西走廊东部；小米与糜子（即粟与黍）在公元前 2500～前 2000 年传入古浪绿洲所在的河西走廊，之后传至天山北麓伊犁河流域绿洲地带和科佩特山脉北麓绿洲地带（公元前 2500～前 1800 年）、厄尔布尔士山脉南侧绿洲；公元前 2500～前 2000 年，粟黍农业和麦作农业初次发生融合，天山南北绿洲地带可能是初次融合发生地；公元前 2000～前 1000 年，小麦/大麦（大麦也在西亚地区首先被驯化）和粟黍相结合的新型农业即遍及从古浪绿洲所在的河西走廊到赞詹绿洲所在的厄尔布尔士山脉南侧绿洲广阔地带，随即发展为以小麦/大麦—粟黍农业—畜牧业组成的混合型生业模式，该种混合型生业模式于略早于公元前 2000 年时期出现，至公元前 1000 年已成为亚欧大陆中部区域绿洲带普遍生业模式，该种生业模式特征一直持续至该区域近代工业兴起之前。起源于中国北方的枣和梨在该地带内自东向西传播，并经由该地带传至西亚；起源于黑海和里海之间区域（高加索地区）的葡萄与起源于中亚和中国新疆地区的奈（绵苹果）在

---

① 本研究中指地球表面山岳存在形态和运动过程及其规律。
② 本研究中指自然界各种水体存在形态和运动过程及其规律。

该地带内自西向东传播。大约至中国宋元时期，东西亚传统作物种类经由该地带最终完成相互引植历史过程。起源于中国黄河流域的"旱耕农业"技术①经由该地带传播至西亚地区；起源于西亚两河流域的"灌溉农业"技术②经由该地带传播至中国黄河流域，在该地带内则形成兼具两种技术特征的"水溉旱作"技术。首先被驯养于西亚的绵羊和马等家畜、首先发明于西亚的金属冶炼等技术在该地带内自西向东传播，并经由该地带传至中国中东部地区；首先被驯养于中国北方的猪和鸡等家畜家禽、彩陶制作、养蚕缫丝等技术在该地带内自东向西传播，并经由该地带传至西亚。车轮首先在距离赞詹绿洲较近的西亚美索不达米亚平原被发明，之后在该地带内自西向东传播，并经由该地带传至中国中东部地区③。由此，使该地带在人类历史上成为经济要素东西向陆上流动、融汇、交换、传播最频繁、最集中、规模最大、历时最久的地带④。自然，该地带也是丝绸之路经济带空间布局所需依托的最主要经济活动地带和自然地理—经济地理耦合关系地带。

（三）社会原因

山地—绿洲—荒漠系统社会要素在南北方向上的汇集、耦合、交流、循环，以及其在东西方向上的流动、融汇、交换、传播，是形成、维系绿洲带及相关区带的重要社会原因。也就是说，单个山地—绿洲—荒漠系统社会要素的南北向汇集、耦合、交流、循环，及一系列山地—绿洲—荒漠系统社会要素的东西向流动、融汇、交换、传播，是巨型东西向绿洲带能够形成维系并成为交通主干带、经济活动密集带、人口集聚区带的重要社会原因。

如前所述，单个山地—绿洲—荒漠系统在南北方向上蕴含、集合、展布了山区畜牧业经济形态、人口、聚落及与之相关的社会组织形式等社会要素，以及盆地平原绿洲农业经济形态、人口、聚落及与之相关的社会组织形式等社会要素⑤。即单个山地—绿洲—荒漠系统在南北方向上蕴含、集合、展布了不同类型的社会要素，由此使单个山地—绿洲—荒漠系统成为多种社会要素乃至社会关系的南北向汇集与耦合条带。如盆地平原绿洲区域农业族群与山地畜牧业族群之间的交流及其相互关系，始终是单个山地—绿洲—荒漠系统内的南北向重要社会交流形式及关系，东自祁连山脉与其北侧河西走廊绿洲之间的牧农族群交流形式及关系，西至厄尔布尔士山脉与其南侧绿洲之间的牧农族群交流形式及关系，概莫能外。甚至在单个山地—绿洲—荒漠系统内，在单一畜牧业经济社会系统内，都由于转场生产习俗的形成和存在，而发生畜牧业族群人口随季节转换在山地与盆地荒漠之间南北向定期较大规模移动。而在山地与盆地绿洲二者之间进行比较，绿洲地带因其土地承载力更高、能够支撑更多人口繁衍生息、更适合于定居生活，因而成为单个乃至多个甚至各个山地—绿洲—荒漠系统内人口的最主要繁衍生息地、聚落的最主要形成地，由此导致自古浪绿洲至赞詹绿洲6000余千米的巨型绿洲带成为亚欧大陆中部区域社会要素最为集中的地带，成为亚欧大陆中部区域人口分布最集中的巨型东西向条带，成为亚欧大陆中部区域聚落与城镇最早形成且最集中分布的巨型东西向条带，自然成为该区域内的交通主干带、经济活动密集带、人口集聚区带。

同样，另一方面，在古浪绿洲至赞詹绿洲6000余千米的亚欧大陆中部区域巨型绿洲带上，

---

① 指自中国春秋战国至魏晋时期形成并完善于中国黄河流域、由代田法（起垄种沟）、区种法（沟窝稼种）、溲种法（种子包衣）等先进抗旱技术和耕、耙、耱、锄等耕作技术共同组成的抗旱保墒旱地耕作技术体系。

② 指公元前3500年左右兴起于西亚新月形沃地区域、以引用河水补充农田水分为主要特征的耕作技术体系，苏美尔人在该区域开挖沟渠，创造了世界上最早的灌溉系统。

③ 亦有东方发明车轮说，《汉书·地理志》载"昔在黄帝，作舟车以济不通，旁行天下"。

④ 至今无出其右者。

⑤ 部分区域存在荒漠畜牧业经济形态、人口、聚落及与之相关的社会组织形式等社会要素。

一系列社会要素如人种与部族及人口、生活用具器物、文化艺术、思想观念、宗教、社会组织与管理方式等的东西向流动、融汇、交换、传播，也是巨型东西向绿洲带能够形成维系并成为交通主干带、经济活动密集带、人口集聚区带的重要社会原因。如考古发现证实，使用印欧语系语言的居民至晚从 4000 年前开始即生活在塔里木盆地周缘，多批次欧罗巴人种族群先后来到塔里木盆地，随即发生中国新疆历史上第一次白种人与黄种人的融合；汉文、佉卢文①、婆罗米文②、粟特文③等先后在该地带传播、使用；佛教、祆教、摩尼教、景教、伊斯兰教等通过该地带自西向东传播，中国传统文化思想通过该地带自东向西传播。

总结上述可见，在亚欧大陆中部区域，的确表现出从光热水土中生长出绿洲、从光热水土中生长出族群、从光热水土中生长出生业模式、从光热水土中生长出社会组织形式、从光热水土中生长出上层建筑等趋势和规律，类似"阿富汗是兴都库什山脉的馈赠"④"埃及是尼罗河的馈赠"（希罗多德语）等。而亚欧大陆中部区域光热水土资源及其辐集区带是该区域一切经济、社会活动的基本立足点和立足区带。这既是该区域一切经济、社会活动最基本的自然地理支持性因素，也是该区域一切经济、社会活动最基本的自然地理限制性因素、规定性条件，也是丝绸之路经济带空间布局的最基本自然地理支持性因素、限制性因素、自然地理规定性条件。亦即亚欧大陆中部区域数个巨型东西向光热水土辐集条带，是丝绸之路经济带展布的首选区带和最主要区带。

这既是亚欧大陆中部区域一系列自然地理要素及其集合体对丝绸之路经济带空间布局的最重要支持性条件，也是亚欧大陆中部区域一系列自然地理要素及其集合体对丝绸之路经济带空间布局的最重要限制性要求和规定性要求。

而正是上述诸方面支持性条件（限制性要求和规定性要求）构成了丝绸之路经济带之为巨型东西向交通经济带的最主要自然地理基础和最主要自然地理依托。

---

① 佉卢文是公元前 3 世纪印度孔雀王朝阿育王时期起源于古代犍陀罗地区的一种古文字，最早在今印度西北部和巴基斯坦、阿富汗一带使用，公元 1~2 世纪在中亚地区广泛传播；4 世纪中叶随着贵霜王朝灭亡，佉卢文随之消失，是丝绸之路上重要的通商语文和佛教语文。东汉末年，伴随贵霜王朝日趋瓦解，贵霜难民迁入塔里木盆地，佉卢文开始在于阗、鄯善等地传播，佉卢文成为中国新疆地区最早使用的民族古文字之一；约至 7 世纪，佉卢文被彻底遗弃。佉卢文字是一种音节字母文字，由 252 个不同的符号表示各种辅音和元音的组合，从右向左横向书写，一般用草体，在金属钱币和石刻中用铭文。佉卢文与印度婆罗米文出现时间相近，但婆罗米文字在印度和东南亚诸多文字中派生，而佉卢文却无后继文字，最终被婆罗米文取代。

② 婆罗米文是除了尚未破解的印度河文字外印度最古老的文字，是南亚东南亚除越南文字以外所有文字的起源，约形成于公元前 6 世纪，从左向右书写，是古印度书写系统之一，俗称"梵书"。婆罗米文为元音附标文字，每个字母表示一个辅音，元音写为变音符号。

③ 粟特文指古代粟特人使用的一种拼音文字，约有 20 多个字母，该套字母只表示辅音，不表示元音；该种文字早期自右至左、自上至下书写，传入中国后改为自上至下竖写。传世文献有摩尼教、基督教、佛教等宗教经典以及商业书信等非宗教文书，写作年代集中于公元 8~11 世纪。一般认为粟特文字母来源于叙利亚地区的阿拉米字母，系在阿拉米草书基础上根据当时粟特语发音特点所创制。粟特人约在公元前 6 世纪以中亚撒马尔罕、布哈拉为中心建立自己的国家，地域范围大体相当于今塔吉克斯坦北部和乌兹别克斯坦南部，但隶属于波斯帝国，后又归属于亚历山大帝国；其后粟特人相继被嚈哒人、突厥人统治；公元 8 世纪上半叶，阿拉伯人控制粟特，粟特古国逐渐消亡，粟特文随之逐渐湮灭。

④ 阿富汗谚语称"不怕无黄金，但忧无白雪"。

第三章　丝绸之路经济带之为巨型东西向交通经济带的人文地理基础

第一节　丝绸之路经济带之为巨型东西向交通经济带的
光—热—水—土—城—路系统基础

一、光—热—水—土—城—路系统概述

承接前述，亚欧大陆中部区域干旱区绿洲在自然景观上形成显著的雪山—绿洲—荒漠廊道状景观系统和地域系统；在自然—人文景观上形成显著的山地—河流—盆地绿洲—城镇—交通线网点轴状景观系统，构成以山区降水资源和盆地光热资源为基础、以绿洲城镇为点、以绿洲为面、以河流及陆路交通线网为轴的点轴系统结构（以下简称为光—热—水—土—城—路系统）。其中，以高山冰雪融水或山区降水、露头潜水为补给水源的河流是绿洲发育与形成最关键的条件，是绿洲最为重要的现实性限制因素；绿洲本身是集区位、光热水土、生物等诸多特殊条件（要素）于一身的特殊系统，是干旱区山地系统与盆地荒漠系统进行物质与能量交换转换的枢纽，是干旱区最重要且最普遍的相对适宜人居地域；绿洲城镇是绿洲自然、经济、社会要素或精粹最集中的体现与结果，是绿洲政治、经济、文化、交通中心和绿洲内人类生产生活集聚中心，绿洲中心地带往往即为绿洲城镇所在地；各个绿洲之间的空间运输联系构成绿洲之间陆路交通线网发育与形成的经济、社会基础，连接或穿越绿洲的陆路交通线网成为各个绿洲之间经济社会文化联系的主要孔道。四者之间相互镶嵌、互为依存，共同组成亚欧大陆中部区域干旱区点轴状的山地—河流—绿洲—城镇—交通线网景观系统（光—热—水—土—城—路系统）。

例如，中国新疆是中国荒漠面积最大的省区，同时又是中国绿洲分布最广、面积最大的省区。新疆绿洲面积仅占土地总面积的9%，却集中了新疆90%的耕地、人口及经济活动；新疆的村落、城镇主要以绿洲为基础和依托发育与展布，绿洲型城镇主要依托绿洲呈条带状或点状分布，城镇分布格局主要受限于绿洲分布格局，且经历原始绿洲及聚落出现—古绿洲城郭形成—老旧绿洲老旧城镇发展—新绿洲新城镇建立等多个阶段；同时，新疆陆路交通线路大多沿绿洲之间的连线建设，主要陆路交通线路贯穿新疆绝大部分城市，并与以绿洲为依托的城镇布局主轴线、生产力布局主轴线高度拟合，光—热—水—土—城—路系统成为新疆各族人民群众世代繁衍生息并开展经济、文化、社会活动的主要依托、空间展布特征、基本存在形式（见图3-1）。

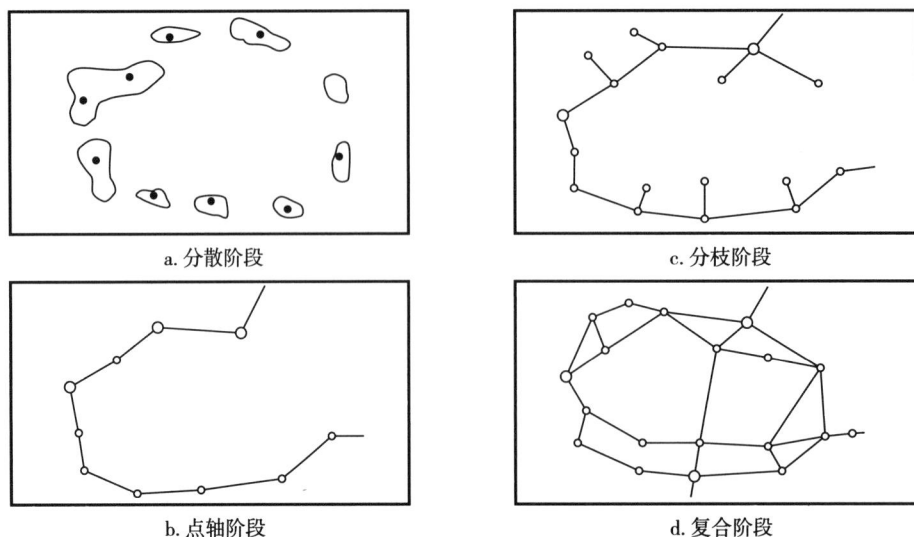

a. 分散阶段　　　　　　　　　　　　c. 分枝阶段

b. 点轴阶段　　　　　　　　　　　　d. 复合阶段

图 3-1　新疆绿洲城镇空间分布演变模式示意图

资料来源：李春华：《新疆绿洲城镇空间结构的系统研究》，南京师范大学博士学位论文，2006 年，第 146 页。

再如，中亚地区城镇、陆路交通线路空间分布特征与绿洲空间展布特征大致相一致，即中亚地区城镇空间分布呈显著的沿河流湖泊分布特征，且主要分布于南天山山系西麓北侧，并在费尔干纳河谷形成巨型城镇连绵集聚区，主要陆路交通线路大致沿南天山山系西麓北侧展布。与此相对应，南天山山系西麓北侧绿洲、山间盆地绿洲及大城市成为中亚地区主要人口集聚区，如费尔干纳盆地人口密度高达 300~400 人/平方千米，绿洲对城市分布、陆路交通线路展布、人口集聚分布的影响制约作用极为突出。

二、光—热—水—土—城—路系统对丝绸之路经济带空间布局的支撑与限制

总结上述并结合交通经济带理论基本观点可见，光—热—水—土—城—路系统在实质上是交通经济带的幼年形式。总结上述亦可见，在亚欧大陆中部区域，长期存在东起祁连山脉北麓河西走廊东端古浪绿洲、中经祁连山脉及阿尔金山脉、天山山脉北南麓、昆仑山脉北麓、兴都库什山脉北南麓、厄尔布尔士山南麓、西至赞詹绿洲的巨型绿洲带，不仅该巨型绿洲带整体大致呈东西方向展布，而且各个绿洲条带内的主要绿洲也大致呈东西方向串珠状展布；非但如此，以各个绿洲为依托的光—热—水—土—城—路系统（山地—河流—盆地绿洲—城镇—陆路交通线网点轴系统）在各个绿洲条带内也相互连接，组成一个由诸多点轴系统复合而成、呈东西向展布的光—热—水—土—城—路巨系统；而多个绿洲条带的光—热—水—土—城—路巨系统相互连接，则组成一个东起祁连山脉北麓河西走廊东端古浪绿洲、中经祁连山脉及阿尔金山脉、天山山脉北南麓、昆仑山脉北麓、兴都库什山脉北南麓、厄尔布尔士山南麓、西至赞詹绿洲的光—热—水—土—城—路巨系统。这一巨型光—热—水—土—城—路系统曾在历史长河中闪耀过璀璨的光芒。

亚欧大陆中部区域纬线跨度占据亚欧大陆纬线跨度的绝大部分，亚欧大陆中部区域内天然的巨型东西向绿洲条带是亚欧大陆中部区域自然地理系统孕育出的精华和奇葩，既是丝绸之路经济带之为廊道状经济社会发展条带的最主要自然依托条件，同时又是丝绸之路经济带之为廊道状经济社会发展条带的最重要自然限制条件。也就是说，既然历经数千年的沉淀与反复比选，亚欧大陆中部区域自然—人文地理系统已经在该地带缔造出数条巨型光—热—水—土—城—路系统条带，已经构造了丝绸之路经济带之为廊道状经济社会发展条带的自然—人文地理基础，

则丝绸之路经济带空间布局即应顺应该区域最主要、最重要的自然—人文地理条件及特征、演化成果，"因其势而利导之"，构建小尺度空间范围内以绿洲城镇为点、以绿洲为面、以河流及陆路交通线网为轴，大尺度空间范围内以各条东西向延伸高大山脉南北麓绿洲带为支撑，巨尺度空间范围内以古浪绿洲至赞詹绿洲巨型绿洲带为支撑的巨型点轴状廊道状经济社会发展条带，以适应亚欧大陆中部区域所面临的一系列强烈的自然、人文硬约束条件。而这种巨型点轴状廊道状经济社会发展条带在当代条件下就是交通经济带。

第二节　丝绸之路经济带之为巨型东西向交通经济带的交通区位基础

一、地理因素与交通区位（经济区位）

按照区位论的观点，区位（Location）是指某一立体或事物所占据的场所，具体可标识为一定的空间坐标。在人类历史发展的不同阶段，不同的区位类型及区位因素发挥了各不相同的主导作用。

一般说来，农业区位、工业区位等在地理上呈现面态或点态特征，交通区位则呈现线状或网络状特征。

按照交通区位论的观点，从观察角度来说，交通区位是交通现象在地理上的高发（或大概率的）场所，或者说是交通资源与活动的聚集场所；从操作角度来说，交通区位是指为达到某种经济目标，而设置交通线或站等项目于某地的一定范围内的地理位置。该定义强调了交通在地理上持久的高发性和达到某种经济目标的有效性。

交通现象是一种经济地理现象，其影响因素可以分为地理类、社会经济类、科学技术类等三大类。根据系统论的观点，系统的任何一种特性都只是由一种支配性的主因素所贡献，因此，交通现象的主贡献因素可以归结为地理因素、社会经济因素和科技因素。

其中，地理因素主要是指山文、水文、城市等因素。山文、水文是以地质史的尺度去测度的，具有亿万年或者千万年不变的特征。城市的变化是以人类文明史的尺度去测度的，具有千年不变的特征。那么，由这类因素贡献的交通网络的地理联系特性的变化应具有与因素变化相近似的速度。因此，交通网络的地理联系特性，也就是交通网络的格局，也具有千万年或者千年不变的特征。

在社会经济因素中，产业发展史或者发展阶段对交通网络影响最为显著，尤其对交通网络中运输方式特性变化影响最为深刻，产业发展史一般具有百年不变的特征。而线路等级、能力特征主要受一段时期内经济需求变化的影响，一般只具有几十年的不变性。也就是说，这类经济因素影响的交通特性具有百年或几十年级的变化速度。

科技因素主要是指技术创新，这是一种快变因素，只具有十年级的不变特征。因此，交通网络的效率和质量特性是快变的，具有十年级的变化速度。

显而易见，影响交通现象的三个因素之间的速度变化有如下关系：地理因素变化速度<社会经济因素变化速度<科技因素变化速度。

由于地理因素主要决定路网地理几何特征参数（网络地理联系特性或网络格局特性），社会经济因素主要决定路网物性特征参数（运输方式特性、线路等级特性），科技因素主要决定路网技术特征参数（路网的效率和质量特性），因此，交通运输系统三种特性的变化速度即为：路网地理几何特征变化速度<路网物性特征变化速度<路网技术特征变化速度。

总结上述，即是说，路网是交通系统中的慢变量，路网地理几何特征具有极慢变性，地理因素是决定路网地理几何特征的主贡献因素，而路网地理几何特征是交通区位的显著化、外在化表现形式。因此，可以说，地理因素是决定交通区位的最深厚因素或最深刻原因[①]。

二、亚欧大陆陆路"十"字型交通区位空间模型

按照交通区位论的操作方法，在一个相对独立的区域构造一级交通区位线的方法为：首先在区域相对较长的两端边界线之间画连接线，然后作这条连接线的大致垂直平分线，即为该区域一级交通区位线，然后在长连接线的两边和垂直平分线的两边各做平行线，构成区域次一级交通区位线。依次类推，构成该区域交通区位线网络体系[②]。该操作方法理论模型论证如图 3-2 所示：

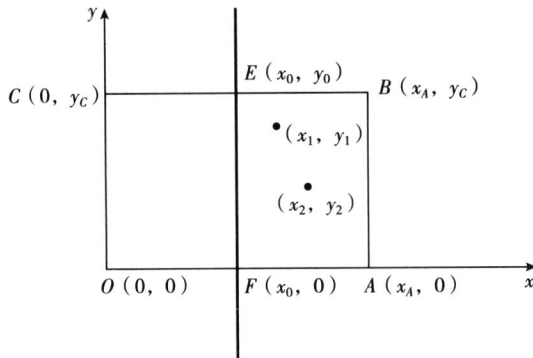

图 3-2　区域交通区位线操作方法理论模型示意图

以垂直交通区位线 EF 为例，证明当交通区位线 EF 为线段 OA 垂直平分线时，其对矩形区域内的吸引强度最大。同理可得，水平交通区位线为线段 OC 垂直平分线时，其吸引强度最大。该问题可转换为如下命题：

命题：当 $x_0 = \dfrac{1}{2}x_A$ 时，交通区位线 EF 对矩形区域内的吸引强度最大。

为证明该命题，做如下假设：

假设 1：矩形 OABC 中交通区位线所吸引的要素（如人口、经济等）均匀分布。

假设 2：交通区位线 EF 对周边某一点的吸引强度只与该点距直线 EF 的距离有关，满足近大远小的特征，从图中可以看出点 EF 对点 (x_1, y_1) 的吸引强度要大于点 (x_2, y_2)。

证明：

依据假设 2，假设交通区位线对矩形 OABC 范围内某点 (x, y) 的吸引强度用下式表达：

$$s_{EF}(x, y) = \alpha\sqrt{(x-x_0)^2} \tag{1}$$

其中，α 为正实数，表征 EF 吸引强度随距离增加的下降幅度。

交通区位线 EF 对矩形 OABC 范围内空间的吸引强度可通过下式表达：

$$S_{EF} = \int_0^{x_A}\mathrm{d}x\int_0^{y_C}s_{EF}(x, y)\mathrm{d}y \tag{2}$$

将式（1）代入式（2）得：

---

① 参见管楚度：《交通区位论及其应用》，人民交通出版社 2000 年版。
② 参见管楚度：《综合运输方法研究》，黑龙江科学技术出版社 2000 年版。

$$S_{EF} = \int_0^{x_A} \mathrm{d}x \int_0^{y_C} \alpha \sqrt{(x-x_0)^2} \, \mathrm{d}y \tag{3}$$

求解式（3）可得：

$$S_{EF} = \alpha y_C \left(x_0^2 - x_0 x_A + \frac{1}{2} x_A^2 \right) \tag{4}$$

对式（4）中的 x_0 求导可得：

$$S'_{EF} = \alpha y_C (2x_0 - x_A) \tag{5}$$

容易得出，当且仅当 $x_0 = \frac{1}{2} x_A$ 时 $S'_{EF} = 0$，此时 S_{EF} 取最大值，命题得证[①]。

亚欧大陆版图轮廓大致呈东西长、南北短的不规则五边形，大致北长边为北亚北欧之北冰洋边缘海沿岸地区，东端点为白令海峡杰日尼奥夫角，西端点为斯堪的纳维亚半岛北端北角；大致西北边为西欧之大西洋及其边缘海沿岸地区，北端点为斯堪的纳维亚半岛北端北角，南端点为直布罗陀海峡马罗基角；大致西南边为南欧及小亚细亚半岛及西南亚之地中海红海沿岸地区，西北起自直布罗陀海峡马罗基角，东南至阿拉伯半岛西南端（也门图尔拜，下同）；大致南长边为西南亚西亚南亚东南亚之印度洋及其边缘海沿岸地区，西端点为阿拉伯半岛西南端，东端点为马来半岛南端巴来海角；大致东短边为东北亚东亚东南亚之太平洋及其边缘海沿岸地区，北起白令海峡杰日尼奥夫角，南至马来半岛南端巴来海角。

按照交通区位论的操作方法，由于亚欧大陆东西长、南北短，因此，首先，即要构造亚欧大陆一级东西向交通区位线。而要构造亚欧大陆一级东西向交通区位线，就要选定其东短边与西北短边和西南短边（西北短边和西南短边合并为一边）各自的大致地理中点。由于其东短边的大致地理中点位于东亚黄海西岸地区，也即中国华东地区，考虑到上海在华东地区的特殊重要地位，因此选定地理中点略偏南之上海为东西连接线之东端点；其西北短边、西南短边的大致地理中点位于西欧大西洋东岸地区，也即法国、西班牙、葡萄牙西海岸地区，考虑到法国英吉利海峡东岸地区在西欧的特殊重要地位，尤其是加来港在法国英吉利海峡东岸地区的特殊重要地位，因此选定地理中点略偏北之加来为东西连接线之西端点；用顺直线连接上海与加来，即为亚欧大陆一级东西向交通区位线大致路径。

同样，由于亚欧大陆东西长、南北短，因此，其次，即要构造亚欧大陆一级北南向交通区位线。而要构造亚欧大陆一级北向南交通区位线，就要选定其北长边与南长边各自的大致地理中点。由于其北长边的大致地理中点位于西西伯利亚平原北部地区，也即亚欧大陆北端点切柳斯金角附近地区；其南长边的大致地理中点位于印度半岛南端地区，即德干高原南部地区。若不考虑巴来角在马来半岛上的特别狭长突出特征，则切柳斯金角、印度半岛南端恰好是亚欧大陆的北、南端点，也符合交通区位论中在最远的两端构造交通区位线的操作方法。考虑到乌连戈伊在西西伯利亚平原北部地区的特殊重要地位，因此选定地理中点略偏西之乌连戈伊为北南连接线之北端点；考虑到卡拉奇在南亚地区的特殊重要地位，因此选定地理中点略偏西之卡拉奇为北南连接线之南端点；用顺直线连接乌连戈伊与卡拉奇，即为亚欧大陆一级北南向交通区位线大致路径。

以上亚欧大陆一级东西向交通区位线与亚欧大陆一级北南向交通区位线，共同构成亚欧大陆陆路交通一级区位线，也即亚欧大陆"十"字型一级陆路交通区位线空间模型。既然其属于亚欧大陆陆路交通一级区位线，则其应当是亚欧大陆有史以来陆路交通活动与交通资源最密集的地带，也应当是交通现象在亚欧大陆上的大概率发生场所。

---

① 以上证明过程由管楚度先生的学生蔡翠女士及其友人帮助完成，特致谢忱。一并感谢管楚度先生通过电话对话就本原理向笔者所做的阐释与指教。

三、历史实证

而历史事实证明，上述两个地带也的确是有史以来亚欧大陆重要（或主要）交通事件、政治事件、经济事件、文化事件等事件的高发场所，有的重要政治事件、经济事件、文化事件本身也是重要交通事件。

（一）亚欧大陆一级东西向交通区位线历史实证

亚欧大陆一级东西向交通区位线地带重大历史事件如表3-1所示。

表3-1　亚欧大陆一级东西向交通区位线地带重要交通、政治、经济、文化事件

序号	事件	时间	概述	意义或影响
1	主要粮食作物被驯化	公元前8000年前后	小麦在两河流域被驯化并开始东传，小米（粟）在中国北方黄河流域被驯化并开始西传	奠定亚欧大陆农业文明物种基础，为形成亚欧大陆农业文明东西向对进交流格局创造物种条件
2	苏美尔文明兴起及轮式运输工具出现	公元前3500~前3000年	苏美尔人创造人类历史上第一个农业村落，发明世界上第一种文字——楔形文字，最早掌握面包制作和酿酒技术，最早开始使用轮式运输工具，并设立学校、图书馆和议会等，创造人类历史上最早的古文明，即所谓"历史从苏美尔开始"	古代大河文明首次形成；开启轮式交通之先河，为开展亚欧陆域文明东西向对进交流创造有利交通条件
3	古巴比伦文明兴起	公元前3000年	古代两河流域苏美尔地区出现奴隶制城市国家，建成人类历史上第一座城市，古巴比伦文明兴起	对后续古埃及文明产生带动作用，同时成为古希腊文明、古罗马文明的源头之一
4	三次世界性民族大迁徙	公元前2000~前500年	公元前2000~前1800年，发源于中亚草原地带的一部分民族向西进入欧洲，与向东迁入印度的一部分民族共同形成范围广大的印欧语系各民族；另一部分向南迁徙至西亚，并进入埃及，和当地人融合形成闪—含语系各民族。除中原地区的黄河流域文明以外，亚欧大陆其他各大文明均受到该次民族大迁徙冲击。古代印欧人种的第二次迁移发生于公元前1200~前1000年，包括黄河流域文明在内的各古代文明均受到该次迁徙冲击，印欧种多利亚人进入希腊，米底人进入西亚，吐火罗人进入中国西部。第三次迁移发生于公元前700~前500年	亚欧大陆各大文明以民族迁徙形式得以相互联系相互影响，东西方向成为民族迁徙的主要方向
5	古希腊文明兴盛	公元前3000~前6世纪	公元前3000~前2300年，主要源自西亚亚述东闪米特语人群的克里特人在爱琴海地区创造克里特文明；其后迁入的雅利安游牧部族阿卡亚人模仿克里特文明创造迈锡尼文明；公元前2000~前1000年，迁入的雅利安游牧部族多利亚人在融合前代文明基础上创造的爱琴文明形成并辉煌一时；公元前11~前6世纪，雅典、斯巴达等城邦兴盛，古希腊文明处于鼎盛时期	古代航海文明首次形成，亚非欧大陆地中海、边缘海成为亚非欧沿海文明、陆域文明开展跨海交流的主要通道，东西方向逐渐成为亚非欧海上交流的主要方向
6	中国桑蚕业成型	前1600~前1000年	迟至新石器时代，中国境内古代先民已开始种桑育蚕、抽丝织衣；至殷商时期，中国黄河流域已形成栽桑、养蚕、缫丝、织绸的完整生产过程	中国丝绸文明形成，为丝绸之路兴盛、开展东西交流奠定物质基础

续表

序号	事件	时间	概述	意义或影响
7	波斯帝国兴起	公元前6世纪	由古代雅利安人南迁形成西伊朗人并与原住民高加索人种南部型褐色人种融合基础上，依托伊朗高原西南部绿洲农业和山地畜牧业，建立波斯帝国（阿契美尼德帝国），并扩张成为第一个横跨亚非欧的大帝国和当时世界上版图最大的帝国，全盛时期领土东起印度河平原、帕米尔高原，南抵埃及、利比亚，西至小亚细亚、巴尔干半岛，北达高加索山脉、咸海；波斯帝国在亚述帝国已有基础上，修建通衢六道，建立驿道及驿站制度，伊朗高原西南部（苏撒）至地中海沿岸（以弗所）、印度河流域经伊朗高原至巴比伦成为"通衢大道"	帝国成为古代条件下实现欧亚大陆跨地域联系尤其是东西联系的重要途径和形式
8	波斯与希腊争雄	公元前5世纪	公元前5世纪，波斯与希腊争雄，希波战争爆发，波斯战败，该次战争是世界历史上第一次欧亚两洲大规模国际战争	希波战争虽给交战双方均带来损害，但却打破了东西方几乎完全隔绝的局面，极大地促进了东西方经济与文化交流和发展，成为人类历史文化一次前所未有的东西大融合，其影响远远超出波斯、希腊范围；战争促使希腊科学、艺术传播到了东方；希腊在希波战争中获胜，使古代西方世界的历史中心由两河流域向地中海地区推移，使希腊文明得到传播并发扬光大，成为日后西方文明的基础和源头，即所谓"该次战争对东西方经济与文化的影响远大于战争本身"
9	亚历山大大帝率军东征	公元前4世纪	希腊马其顿国王亚历山大大帝率军东征波斯、中亚、印度，拓地万里，占据世界四大文明古国之中的三个（古埃及、古巴比伦、古印度），鼓励民族间通婚，倡导民族间地位平等，广建图书馆，亚历山大帝国成为当时世界上领土面积最大的国家，并开启被征服地区及邻近地区希腊化过程	希腊文化在被征服地区及邻近地区广泛传播，尤其是向东传播；在帕米尔高原以西形成了以希腊化文明为特色的东西向区域性文化互融带，各区域文化相互交融局面形成，希腊印迹甚至抵达中国古楼兰地区，东西方文化得到进一步交流与融合；印度西北部—阿富汗—伊朗—小亚细亚国际商路得以开辟，东西向的印度至地中海的交通网络形成
10	中国形成世界上最早的农业生态系统模式	公元前770～前221年	春秋战国时期，中国开始确定传统农业理论，形成中国乃至世界最早的农业生态系统模式及农业生态理论	为中国传统农业持续发展奠定生态理论基础，为形成黄河流域"旱耕"农业模式奠定理论基础，为丝绸之路持续兴盛和东西交流奠定农业模式基础
11	中国秦王朝统一六国	公元前3世纪	中国秦王朝统一六国，中国战国时代结束；秦王朝实行郡县制，统一币制度量衡，车同轨，书同文，修驰道，设驿站；至此，东达太平洋西岸边缘海、西抵黄河上游的亚欧大陆东部陆路交通网络第一次大致形成	奠定中国封建社会多民族统一国家政治、经济、文化、交通基础，建成了东亚地区第一个古代条件下的全国性道路网系统，为丝绸之路形成创造了重要的陆路交通条件

续表

序号	事件	时间	概述	意义或影响
12	罗马兴起并建立帝国	公元前3世纪~公元3世纪	源自西迁雅利安人的拉丁人建立罗马共和国，罗马先后发动布匿、马其顿、叙利亚、高卢等战争，击败迦太基、马其顿、塞琉古等王国和地区，并建立帝国，强盛时期最大疆域西起西班牙、高卢与不列颠，东至幼发拉底河上游，南至非洲北部，北达莱茵河与多瑙河一带，形成以地中海为中心、跨越欧、亚、非三大洲的庞大帝国；建成总长度超过40万公里的"罗马大道"网络，"罗马大道"东达两河流域，西抵大西洋沿岸，为欧洲历史上第一个古代条件下的全国性道路网系统；至此，东达伊朗高原东部乃至印度河流域、西抵大西洋西岸的世界性跨洲陆路交通网络——亚欧大陆中西部陆路交通网络第一次大致形成；罗马一度成为丝绸之路终点	罗马帝国建立进一步促进了亚欧大陆经济及文化交流，尤其是促进了亚欧大陆内陆及地中海沿岸地区文明成果向亚欧大陆西部传播，促进了亚欧大陆内陆及东地中海区域道路网络向亚欧大陆西部尤其是西北方向拓展，为形成古代条件下横跨亚欧大陆东西两端的道路网系统和形成丝绸之路道路系统发挥了重要促进作用
13	帕提亚帝国建立并遣使通汉	公元前3世纪~公元2世纪	斯基泰达依部落联盟分支帕尔尼人先后建立帕提亚王国和帕提亚帝国（中国古籍称为安息），先后发动东征开辟撒马尔罕道，发动西进击败亚历山大帝国继承者塞琉古王国，进占希腊化时期亚洲贸易控制中心塞琉西亚（遗址在今巴格达东南32公里处），成为塞琉古希腊化遗产的维护者，强盛时期领土东起印度河流域，西至两河流域和波斯湾一带，实际控制从阿姆河至美索不达米亚的陆路交通，最终取代塞琉古王国在欧亚内陆交通中的控制地位，成为东方汉帝国和印度与西方罗马帝国之间最大的贸易中介者，并遣使中国汉朝，约前115年，帕提亚帝国与中国汉帝国建立正式外交关系	帕提亚帝国的建立及其东征西进重整了亚欧大陆内陆区域政治版图，重建了亚欧大陆内陆帝国秩序，增强了亚欧内陆各区域间政治一体化趋势，为形成以帕提亚帝国为中介、以东方汉帝国和西方罗马帝国为两极的东西方经济与文化交流体系、丝绸之路全线畅通奠定了坚实政治版图基础；帕提亚帝国与中国汉帝国建立正式外交关系，标志着被帕米尔高原所阻隔的丝绸之路东西段正式联通
14	张骞开辟丝绸之路与汉帝国强盛	公元前2世纪	张骞出使西域，西域始通汉，丝绸之路开始畅通。丝绸之路由中国长安经过西域和中东，远达罗马。汉帝国的强盛为丝绸之路东西段最终联通奠定重要国力基础和国际政治格局基础。该时期亚欧大陆存在四大帝国，即汉帝国、匈奴帝国、帕提亚帝国、罗马帝国，稍后贵霜帝国兴起	连接东西方文明的第一条世界性商道形成，"古代中西交通，实以丝绸贸易为开端"，亚欧大陆东西政治、经济、文化交流及各文明板块间、各国间相互影响相互促进从此进入全新时代
15	佛教传入中国	公元1世纪	公元65年，为中国人崇信佛教见于记录之始。公元68年，中国洛阳首建佛寺	标志着古代东方两大大河文明的首次深刻接触，对中国文明发展产生重要影响
16	基督教创立并逐步取得世界性宗教地位	公元1~4世纪	公元1世纪，耶稣创立基督教。公元4世纪，罗马君士坦丁大帝承认基督教为合法且自由的宗教，基督教得到广泛传播，并逐步成为世界性宗教	对西方文明发展产生重要影响

序号	事件	时间	概述	意义或影响
17	罗马帝国首都东迁	公元 1 世纪	罗马帝国首都自罗马迁至拜占庭（更名为君士坦丁堡），君士坦丁大帝改革对促进欧洲从奴隶社会过渡为封建社会发挥了重要促进作用	君士坦丁堡逐步成为当时东地中海区域重要商业城市、亚欧之间贸易中心、丝绸之路终点、亚欧文化生活中心，该地位保持近千年；罗马帝国首都东迁进一步便利和促进了东西方经济与文化交流
18	中国发明瓷器	公元 2 世纪	公元 164～190 年，中国发明瓷器	中国瓷器文明形成，为丝绸之路兴盛、开展东西交流奠定物质基础
19	后匈奴帝国建立及瓦解	公元 1～5 世纪	匈奴人被汉朝击败后，渐渐向西方迁徙，并重建匈奴帝国，版图东起咸海，西至大西洋海岸，南起多瑙河，北至波罗的海。公元 468 年，后匈奴帝国瓦解	后匈奴帝国建立加速了西罗马帝国灭亡
20	印度乐舞传入中原	公元 3～6 世纪	印度"天竺乐"、西域"龟兹乐"传入中国中原地区	古代东方两大大河文明交流进一步深化
21	日耳曼人西迁，西罗马帝国灭亡	公元 4～6 世纪	部分由于受西迁的匈奴人影响，以源自西迁雅利安人的日耳曼人为主的部落强行移居罗马帝国境内，被称为"第三次民族大迁徙"；公元 476 年，日耳曼人首领废黜西罗马帝国皇帝，西罗马帝国正式灭亡	古希腊、古罗马创造的璀璨文化被摧毁，欧洲新创立的封建小国基本处于愚昧状态，欧洲进入漫长而黑暗的中世纪封建时代
22	中国进入千年强盛封建王朝时期	公元 713～1796 年	中国从盛唐"开元盛世"（公元 713 年）开始，步入千年强盛的封建王朝时期（该时期终于清朝初期"康乾盛世"末期，即公元 1796 年）；丝绸之路鼎盛时期（唐朝时期），形成东起长安、西达君士坦丁堡的庞大交通贸易网络，中国唐朝通过丝绸之路，以阿拉伯帝国为桥梁，与东罗马帝国开展全面交流交往	中国在封建时代的强盛与欧洲在中世纪的碎片化、愚昧状态形成鲜明对照，唐朝为当时世界最强盛发达国家，经济文化发展水平均居世界前列；唐代及其后丝绸之路的畅通繁荣，达到了封建时代东西方陆路对外开放、交流交往、陆上交通发展的顶峰，为东西方相关国家经济、政治、思想文化发展创造了重要外部环境，注入了全新的动力
23	玄奘赴天竺取经	公元 7 世纪	公元 627～645 年，中国唐朝玄奘赴天竺取经，归国后译佛经 1335 卷，撰《大唐西域记》	古代东方两大大河文明交流持续深入，印度文明成为古代时期对中华文明产生最重要影响的外来文明
24	伊斯兰教创立，阿拉伯文明兴盛	公元 7～13 世纪	公元 7 世纪，穆罕默德创立伊斯兰教，建立政教合一的政权，后发展成为地跨亚非欧的阿拉伯帝国（公元 626～1258 年，1258 年亡于蒙古西征），鼎盛时期领土面积达到 2339 万平方公里，是人类历史上领土东西跨度最长的帝国；在阿拉伯帝国统治下，广袤疆域内各个迥然不同的古典文明逐渐融合，最终（于几个世纪后）形成全新的阿拉伯文明；阿拉伯人被誉为"东西方文明交流的使者"，对世界文化的传播与交流做出重要贡献	阿拉伯帝国建立便利了东西方文明交流，帝国成为了东西方文明交流的重要桥梁
25	法兰克帝国建立及分割	公元 8～9 世纪	公元 8～9 世纪，法兰克王国君主查理曼创建法兰克帝国；公元 843 年，凡尔登条约签订，法兰克帝国一分为三，成为日后法国、德国、意大利北部的基础；公元 9 世纪，英格兰结束七国时代，走向统一，成为日后英国的基础	欧洲主要国家基础及政治版图基本奠定

续表

序号	事件	时间	概述	意义或影响
26	十字军东征，带回古代西方文明种子	公元 11~13 世纪	西欧封建领主和骑士以收复所谓被阿拉伯帝国占领的土地为名义，对地中海东岸国家发动九次东征战争	十字军东征虽然给参与各国和地中海东部各国造成巨大损失，但却让欧洲人重新开阔了眼界，并从地中海东岸地区带回了古希腊、古罗马文明的种子，导致文艺复兴出现，欧洲文化从此活跃起来，结束了中世纪的黑暗；十字军东征实际上打开了对东方贸易的大门，使欧洲商业、银行、货币经济发生革命性变化，促进城市发展，造成了有利于产生资本主义萌芽的条件
27	资本主义萌芽出现	公元 11 世纪	公元 11 世纪，资本主义萌芽最早在意大利北部城市出现。公元 13 世纪，西欧普遍出现手工业行会	西方在社会生产方式演进方面第一次走在东方之前
28	蒙古帝国建立	公元 13 世纪	公元 13 世纪，蒙古民族兴起，蒙古帝国建立，并开始大规模西征，占领东欧维也纳附近地区及中东叙利亚地区，成为当时横跨欧亚大陆的最大帝国，也是人类历史上领土面积最大的帝国	蒙古帝国的对外扩张虽然给各国人民带来痛苦，但却促进了亚洲与欧洲之间的东西向文化交流，加深了东西方之间的经济社会联系
29	马可·波罗游历中国	公元 13 世纪	意大利旅行家马可·波罗来到中国并供职元朝，留居 17 年后回到威尼斯，撰成《马可·波罗游记》	《马可·波罗游记》加深了欧洲对中国的了解
30	奥斯曼帝国建立，东罗马帝国灭亡	公元 13~15 世纪	公元 13 世纪，受蒙古帝国向西扩展影响，之前受到中国唐朝攻伐影响西迁中亚的突厥人中的一支奥斯曼土耳其人自中亚阿姆河流域西迁至小亚细亚半岛，建立奥斯曼帝国；1453 年，奥斯曼帝国攻占君士坦丁堡，东罗马帝国灭亡	奥斯曼帝国雄踞中东、小亚细亚及北非，掌握欧洲与亚洲之间陆上交通及地中海至黑海海上交通，阻隔东西方文化经济交流，迫使西欧国家开始寻找通往亚洲的海路；古代亚欧陆权时代结束
31	资本主义手工工场出现	公元 14~15 世纪	意大利佛罗伦萨毛织业中出现资本主义手工工场	近代生产方式在欧洲逐步孕育成熟
32	欧洲处于文艺复兴时期	公元 14~16 世纪	欧洲处于文艺复兴时期	文艺复兴运动带动了新兴资产阶级文化思想解放运动以及宗教改革，为资产阶级革命爆发奠定了思想基础
33	新航路开辟	公元 15~16 世纪	麦哲伦绕过南美洲，完成首次环球航行；哥伦布首次横渡大西洋发现美洲，开辟横渡大西洋航线；达伽马绕过好望角抵达印度，开辟欧洲至印度航线	标志着近代欧美海权时代来临、古代亚欧大陆陆权体系逐步沦落，古代西方世界的历史中心进一步向西推移
34	世界霸权出现和形成，并在强国手中流转	公元 15~19 世纪	海外殖民狂潮兴起，世界霸权出现和形成，并先后在葡萄牙、西班牙、荷兰、英国、法国、美国之间流转	欧美近代海权体系加速形成
35	欧洲主要国家先后发生资产阶级革命并发展成为资本主义强国	公元 16~18 世纪	尼德兰、英国、美国、法国先后爆发资产阶级革命，确立资本主义制度，英国、美国、法国迅速成为资本主义强国	大西洋两岸成为世界最发达地区，跨大西洋海权体系初步建立
36	俄土战争爆发	公元 18 世纪	俄土战争爆发，俄罗斯取得黑海出海口	俄罗斯开始步入世界强国之林，成为世界体系中重要的一翼

序号	事件	时间	概述	意义或影响
37	马克思主义创立，社会主义革命开始兴起	19世纪中叶	马克思、恩格斯创立马克思主义，并成立第一个国际无产阶级政党和第一个国际工人组织。法国无产阶级革命爆发，建立人类历史上第一个无产阶级专政政权	西方在社会生产方式演进方面仍走在东方之前
38	近现代主要交通工具先后被发明	公元19世纪下半叶	德国卡尔本茨成功制造出第一辆三轮内燃机驱动汽车、戴姆勒创制四轮汽油机汽车；德国建成世界第一条电气化铁路；德国工程师首次将内燃机装在飞行器上做飞行试验	标志着世界开始进入公路、铁路、民航运输时代
39	土耳其资产阶级革命爆发	公元20世纪初	土耳其资产阶级革命爆发	开启亚洲民族民主解放运动先声，并在一定程度上改变了中东地缘政治格局
40	两次世界大战爆发	公元20世纪上半叶	两次世界大战爆发，欧洲成为主战场，中国成为第二次世界大战远东陆上主战场	西方殖民体系及海权体系遭到削弱，东方在世界体系中的重要性增强

资料来源：根据相关资料整理。

由表3-1可得以下结论：

1. 该地带是近代以前世界主要交通、政治、经济、文化事件发生地，亚欧大陆是近代以前世纪历史演进的主要舞台

近5500年以来，尤其是美国独立战争（公元1775~1783年）以前，世界上绝大部分重要或主要交通、政治、经济、文化事件均发生在这一地带[1]，这一地带成为世界绝大部分影响历史进程的重大历史事件主要发生地，并使得亚欧大陆在这一时期成为世界历史演进的主要舞台[2]。该时期（公元前3500~公元1775年），尤其是公元1492年之前，虽然中南部非洲、美洲、澳洲文明发展都已达到一定水平，但是，当时中南部非洲基本处于原始社会阶段，部分区域进入奴隶社会阶段；南北美洲绝大部分区域处于原始公社制阶段，仅个别区域处于奴隶社会初期阶段，尚未使用铁器、车轮、牛马等工具和畜力；澳洲土著居民基本处于以小部落为生产生活组织形式阶段。因此，当时亚欧大陆、北部非洲区域文明发展水平代表了近代以前世界文明发展的最高水平，亚欧大陆是近代以前世界历史演进的主要舞台。

也由表3-1可见，秦岭山脉—祁连山脉—阿尔金山山脉—昆仑山脉（天山山脉）—兴都库什山脉—厄尔布尔士山脉—喀尔巴阡山脉—阿尔卑斯山脉—比利牛斯山脉一线既是亚欧大陆地理格局的"龙骨"，也是亚欧大陆历史演进的"龙骨"，是亚欧大陆历史演进的地理中轴线。这是因为，在近代以前，绝大部分影响世界历史进程的重大历史事件均主要发生于该巨型山链一

① 本研究中，亚欧大陆一级东西交通区位线地带特指中国长江三角洲、淮河流域中下游、关中平原、河西走廊、天山山脉北南麓、兴都库什山脉北麓、厄尔布尔士山脉北南麓、小亚细亚半岛、阿尔卑斯山脉北南麓、法国西海岸一带。因该地带河西走廊以东至东海黄海沿岸区域、厄尔布尔士山脉以西至阿尔卑斯山脉北南麓、法国西海岸区域均属半湿润和湿润区域，自然地理条件对交通主干道、经济活动密集地带、人口集聚区带发育形成与布局的制约限制程度远远小于亚欧大陆中部区域，因此，本研究第二章重点就亚欧大陆中部区域自然地理条件对交通主干道、经济活动密集地带、人口集聚区带发育形成与布局的制约限制作用及其成因进行探讨，而未及于河西走廊以东至东海黄海沿岸区域、厄尔布尔士山脉以西至阿尔卑斯山脉北南麓、法国西海岸区域自然地理条件对交通主干道、经济活动密集地带、人口集聚区带发育形成与布局的制约限制作用及其成因，特作说明。

② 15世纪以后逐步开始形成跨大西洋海权时代、海权体系，世界历史演进的主要舞台扩展至大西洋两岸，大西洋两岸逐步成为世界历史演进的主要舞台，北美洲第一次成为世界历史演进主要舞台的重要组成部分。

带，该巨型山链一带由此成为近代以前世界历史演进主要舞台的中心舞台，并在事实上一直是近代以前世界历史演进主要舞台的中心舞台；同时，由于古丝绸之路主要沿该巨型山链发育，因此即形成所谓丝绸之路是"世界史发展的中心"① 的格局和地位。

2. 该地带是近代以前发育世界古代文明形态最多、成果最突出、分布地域最集中的巨型东西向地带

如表3-1所示，世界主要古代文明如古巴比伦文明、古希腊古罗马文明、古波斯文明、古代中国文明、阿拉伯文明等都集中发育于该地带；且该地带各种文明形态之间相互交流、相互影响范围之广、程度之深，在世界各大洲中均属于绝无仅有。如古希腊古罗马文明在相当程度上以古巴比伦文明为源头，但同时也吸收了古埃及文明、腓尼基文明②、古波斯文明等文明形态的优秀成果；古波斯文明先后吸收古巴比伦文明、埃兰文明③、阿卡德文明④、加喜特文明⑤、

---

① 参见长泽和俊：《丝绸之路史研究》，钟美珠译，天津古籍出版社1990年版。

② 腓尼基位于地中海东岸北部，即现今叙利亚和黎巴嫩沿海地带。腓尼基在闪米特语中释义为"紫红色"，得名于当地盛产紫红色染料（据称为紫螺染）。腓尼基地区又被称为迦南地区，最初居民为胡里特人，约公元前3000年代起，迦南人迁入，并与当地居民融合。公元前2000年初，该地带出现诸多奴隶制城邦；公元前12世纪初，腓尼基达到极盛时期；公元前10世纪起，腓尼基各城邦广泛开展海外殖民活动，殖民地遍布地中海沿岸各地（包括地中海东部强国迦太基）。属于闪米特人的腓尼基人被称为"出色的商业民族"和"出色的航海民族"，其对世界文明的最大贡献为发明世界上最早的字母文字，该字母系统后世成为西亚、南亚、东亚诸多国家或部族民族文字的源头，尤其是成为希腊字母、拉丁字母及阿拉米、希伯来、阿拉伯、印度等字母的祖先，该字母系统含有苏美尔人楔形文字因素。闪米特人指民族语言属亚非语系闪语族的部族或民族。古闪米特人以畜牧为生，最早来源于阿拉伯半岛，原生活于非洲撒哈拉北部地区。约在公元前5000年前后，因气候剧变开始东迁，陆续迁徙至西亚两河流域和叙利亚草原。至公元前3000年初，按语言分为东、西两大支系。东闪米特人（现称闪米特北支）生活于两河流域北部，操阿卡德语，在与苏美尔人接触中吸收、融化了对方的语言，公元前3200年~公元初的代表族群为阿卡德人、巴比伦人、亚述人。西闪米特人又分三个分支，其中，西北支（现称闪米特北中支）主要分布于巴勒斯坦、叙利亚、美索不达米亚北部，早期代表部族为阿摩里人、迦南人、乌加里特人，约在公元前2000年后的代表部族为腓尼基人、犹太人、阿拉米人、莫阿比特人、亚奥迪人等；中支（现称闪米特南中支）约在公元前2000年~公元前1000年的代表部族为利希亚尼特人、萨姆德人等，随后统一共称阿拉伯人，现分布于北非、西亚地中海沿岸新月地区、阿拉伯半岛；南支（现称闪米特南支）分布于阿拉伯半岛南部，古代代表部族为马闪人、萨巴人、卡塔班人、哈德拉人等。

③ 埃兰文明起源于埃兰地区，埃兰地区位于波斯湾北部、底格里斯河东部，现为伊朗胡齐斯坦及伊拉姆省。公元前3000年前，属于闪米特人的土著居民埃兰人在底格里斯河东岸建国；公元前2007年，埃兰人征服两河流域，来自遥远东方的"黑发部族"苏美尔人退出历史舞台；公元前639年，埃兰被亚述所灭。埃兰文明历史与苏美尔文明一样久远，甚至其文字更为古老，原始埃兰文字至今尚未成功释读；在该文字支持下，曾形成一个东北达伊朗东北部希萨尔地区、东南达伊朗东南部克尔曼地区、西达美索不达米亚地区、以天青石和铜矿石等为重要运输对象的地区性贸易网络；波斯帝国早期以埃兰文字为其官方文字。埃兰人被称为第一个"伊朗帝国"的奠基人。

④ 阿卡德文明指由古代阿卡德人所创造的文明。阿卡德人属于闪米特人游牧部族，兴起于底格里斯河中游以北区域，在与苏美尔人交往过程中逐步接受和学习苏美尔文明，并有所发展。公元前2234年，阿卡德人首领萨尔贡建立以阿卡德城为首都的阿卡德帝国，第一次统一两河流域下游冲积平原地区，并成为人类历史上的第一个帝国，帝国疆域东起波斯湾（称之为下海）西至地中海（称之为上海）；公元前2221年，阿卡德帝国亡于东部山区游牧部族库提人（有专家称之为原吐火罗人，并称之为月氏人前身）。在政治制度方面，帝国创立的政治制度为后来的亚述帝国、波斯帝国乃至罗马帝国提供了样板；在文化和行政管理方面，建立全国统一的公文和文书管理体系，统一文字和度量衡，将楔形文字符号由2000个左右减至大约600个，方便了文明传播，并出现戏剧雏形，阿卡德语取代原来的苏美尔语成为两河流域南部通用语言，此后2000多年，阿卡德语与楔形文字成为两河流域各民族甚至西亚地区通用语言文字；在商业贸易方面，帝国打通从波斯湾到地中海贸易通道，促进了商业发展；在军事方面，帝国建立常备军制度，影响后世军事制度。

⑤ 加喜特文明指由古代加喜特人所创造的文明。加喜特人原居于伊朗西南部蒂亚尔河附近。公元前1742年加喜特人作为一股新兴势力开始出现于巴比伦地区；公元前16世纪中叶，加喜特人与埃及结盟，利用亚述衰落和埃兰王国影响力消失之机，逐步占据巴比伦，建立加喜特王朝（史称加喜特巴比伦王朝）；公元前14世纪中叶~前13世纪后半叶为其繁荣时期，曾一度占领埃兰首都苏撒，与埃及新王国、赫梯帝国、亚述同为并立的大国。加喜特人入主美索不达米亚地区后，即与周围地区建立密切联系和贸易往来关系。约公元前1157年，加喜特王朝亡于埃兰。加喜特王朝是上古时代两河流域历史上统治时间最长的王朝。统治期间，建立起东抵阿富汗、西达北非的长途贸易和海陆交通体系，其制作的天青石印章最远出现于希腊半岛。

亚述文明①、赫梯文明②等两河流域文明及腓尼基文明、古希腊文明等爱琴海与东地中海诸文明、古罗马文明、古代中国文明、阿拉伯文明等文明形态的优秀成果；古代中国文明先后吸收古印度文明、古波斯文明等文明形态的优秀成果。各种文明形态相互借鉴、相互吸收，形成了近代以前亚欧大陆上最大的文明发育带和文明交流交融带。即所谓丝绸之路是"世界主要文化的母胎"③。

3. 该地带是近代以前世界主要宗教种类发育的主要地带、传播的主要通道

由表3-1可见，世界主要宗教类型尤其是世界性宗教（如基督教、摩尼教、伊斯兰教）均诞生（发源）于该地带，该地带成为世界性宗教诞生最多的地带。如在地中海东岸以色列、巴勒斯坦和约旦地区发源的犹太教基础上，诞生了世纪性宗教基督教（于公元1世纪由耶稣所创立），犹太教诞生地、基督教诞生地耶路撒冷、基督教宗教中心君士坦丁堡都位于该地带；在琐罗亚斯德教基础上（同时吸收佛教、基督教部分教义），诞生了世界性宗教摩尼教（于公元3世纪中叶由摩尼所创立），摩尼教诞生地巴比伦大致位于该地带；在犹太教、基督教及阿拉伯半岛原始宗教基础上，诞生了世界性宗教伊斯兰教（于公元7世纪由穆罕默德所创立），伊斯兰教诞生地麦加位于该地带侧旁④。

并且该地带也成为主要世界性宗教的重要传播通道和最重要传播区域。如佛教诞生后，即沿着兴都库什山脉—昆仑山脉（天山山脉）—阿尔金山脉—祁连山脉—秦岭山脉方向自西向东传播⑤，后融入中华文明，成为中华文明的重要精神价值来源之一，中国成为古代世界最大的佛教传播区域。基督教诞生后，即由巴尔干半岛向东、向西分别进行传播，至中国唐朝时期，基督教已沿该地带由波斯向东传入中国内地⑥；君士坦丁堡至罗马一线作为基督教宗教中心地带及在欧洲的东西主要传播通道长期存在并延续至今。伊斯兰教诞生后，即由阿拉伯半岛沿该带向东、向西分别进行传播，其中向东传入中国路线为自今阿拉伯半岛、经波斯、过天山山脉南北、穿河西走廊进入中原，基本沿丝绸之路向东传入⑦，且麦加至伊朗西北部一线作为伊斯兰教中心地带长期存在。

4. 该地带是近代以前世界范围内发展水平最高的区域，曾长期在世界上居于领先地位

这一地带的经济、政治、文化、交通发展水平曾经长期在世界上居于领先地位，是近代以前世

---

① 亚述文明指由古代亚述人所创造的文明。亚述人由所在区域最初居民印欧语系雅利安游牧部族胡里特人与迁入的闪米特语系阿卡德人融合而成，因其宗教主神、首都和宗教"圣城"均称为阿述尔而得名。该文明最初兴盛于底格里斯河中游，阿述尔城邦为其最早的统治核心，后随帝国建立统治区域扩张至东起埃兰、西抵地中海岸及埃及尼罗河下游的广阔区域。亚述人在美索不达米亚历史上的发展阶段（约公元前2500~前612年）大致可分为早期亚述、中期亚述和亚述帝国（公元前934~前610年）三个时期，所建立的帝国为世界历史上第一个地跨亚非的帝国，并被称为世界历史上第一个真正意义上的"军事帝国"。境内农业发达；盛产各种金属制品，尤以制造和使用铁器著称；着手建立道路交通系统，该系统后为波斯帝国所继承，成为著名的"波斯大道"的组成部分，该措施亦被后续诸多帝国作为统治措施所借鉴和采用；使用楔形文字，首都尼尼微（今伊拉克摩苏尔）为当时世界性大都市。后亡于米底和加勒底人建立的新巴比伦王国。亚述文明博采西亚各区域文明（主要是巴比伦文明）之长，且具有自身特点。

② 赫梯文明指由古代赫梯人所创造的文明。赫梯人由原居于安纳托利亚高原克孜勒河上游一带的赫梯人与属于印欧人的涅西特人于公元前2000年迁入后融合而成。公元前18世纪，古赫梯国家（城邦）建立；公元前17世纪，古赫梯王国建立；约公元前14世纪，发展为赫梯帝国，逐步成为包括美索不达米亚平原和安那托利亚高原在内广阔土地上的"霸主"；公元前13世纪末，赫梯帝国崩溃；公元前8世纪，残存的赫梯王国完全为亚述帝国所灭。赫梯以农业为主，境内蕴藏丰富的铅矿、铜矿和木材资源，为冶炼铜矿经常发动战争抢夺境内缺乏的锡矿；且是西亚地区最早发明冶铁术和使用铁器的国家，亚述使用铁器传自赫梯；赫梯与埃及、腓尼基、塞浦路斯、爱琴海诸岛均有贸易往来。赫梯人以楔形文字记录自己的印欧语言，并创制赫梯楔形文字；赫梯人最突出的文化成就为以《赫梯法典》为代表的法律体系。赫梯文明最突出的价值在于充任埃及文明、两河流域文明与爱琴海地区文明之间的主要链环和中介。如今风行于欧洲各国徽章和旗帜的双头鹰标志，据说最早溯源于古代赫梯帝国。

③ 参见长泽和俊《丝绸之路史研究》，钟美珠译，天津古籍出版社出版1990年版。

④ 犹太教、基督教与伊斯兰教均源出闪米特人。

⑤ 即所谓佛教北方陆路传播路线。

⑥ 据公元780年《大秦景教流行中国碑》记载，基督教于公元635年由陆路经波斯传入中国；参见于贵信：《关于基督教在中国传播的几个问题》，《史学集刊》1983年第2期，第60页。

⑦ 伊斯兰教于公元651年传入中国。

界上经济、政治、文化、交通发展水平最高的地带，是近代以前先进生产方式最早萌芽和成熟的地带。由表 3-1 可见，至迟在公元前 3500 年，该地带苏美尔地区已经开始兴起农业定居生活方式，并以此为起点引领亚欧大陆中西部地带农业定居生活方式数千年；约公元前 594 年，黄河下游诸侯国鲁国"初税亩"揭开中国两千年封建社会发展序幕，并于唐初开始千年强盛封建王朝时期；公元 11 世纪，意大利北部城市出现资本主义萌芽，并成为近代资本主义发展的起点；公元 1871 年，该地带西北部法国巴黎爆发无产阶级革命，建立世界上第一个无产阶级专政政权巴黎公社，开启社会主义革命和社会主义社会先声。以上各个重大历史时期重要起点均发生于该地带，并沿该地带兴盛、拓展；同时各个历史时期各种文明形态、各国主要发展成就也主要汇集、融合于该地带，由此使该地带长期成为世界范围内经济、政治、文化、交通发展水平最高的区域。

5. 该地带是近代以前世界范围内东西向民族迁徙运动的最主要通道和路径

从民族迁徙角度来看，几乎古代世界的绝大部分民族迁徙运动均发生在这一地带，这一地带由此成为古代世界民族迁徙、军事征伐的最主要路径，并且呈现"东行浪潮"与"西行浪潮"相互交替、错峰推进的特点。三次民族大迁徙、波斯西征、马其顿及罗马东征、大月氏乌孙匈奴日耳曼人柔然嚈哒突厥西迁、阿拉伯帝国西扩东进、契丹西迁东征、十字军东征、蒙古西征等分别为主要东行、西行事件。其中，"东行浪潮"主要以东欧、东南欧等地为主要出发点，"西行浪潮"主要以蒙古高原及青藏高原北缘祁连山地等为主要出发点；早期，"东行浪潮"频次、规模、深入程度大于"西行浪潮"；中后期，"西行浪潮"频次、规模、深入程度大于"东行浪潮"；从整个历史时期看，"西行浪潮"频次、规模、深入程度远大于"东行浪潮"，居于主导地位，与近代以前东方发展水平普遍高于西方发展水平相一致；同时，"西行浪潮"内部各单元在同一时期也呈现相互推移、相继推进的特点，"草原帝国相继推移"是其生动写照，即所谓"草原一端的微小动乱，都将给这条宽广的移民大道的四面八方带来意想不到的巨大后果"①。由此也使得该地带成为古代、近代早期世界各国、各个民族之间相关性最强、相互作用与相互影响最频繁最深远的地带，并成为地球上农耕文明、游牧文明、航海文明最大、最主要的交汇延伸、相互镶嵌、相互促进地带（这也是古代美洲、澳洲、中南部非洲文明发展水平始终未能达到与亚欧大陆内陆文明发展同等水平的最重要原因）。而之所以形成该种交汇延伸、相互镶嵌、相互促进地带与格局，最大、最深厚的地理原因在于在该地带形成横贯东西的巨大"中农北牧南海"地带和格局，即该地带本身为横贯东西的亚洲农业（种植业）带，自东亚农业区带延伸至中亚、西亚农业区带，其北侧为横贯东西的亚欧草原带，其南侧东部为以印度洋北侧边缘海为纽带的亚非航海带，西部为以地中海为纽带的亚欧非航海带，苏伊士运河贯通后，形成横贯东西的亚非欧航海带，由此为形成该种交汇延伸、相互镶嵌、相互促进地带与格局奠定地理格局基础，并形成地球上最大、最主要的巨型东西向农耕文明、游牧文明、航海文明交汇延伸、相互镶嵌、相互促进地带。

6. 该地带是近代以前世界范围内不同种类文明成果东西向接力式传递的主要通道和路径

在该地带，古代不同种类文明以传递"接力棒"形式，沿东西方向大致依次传播传递并衍生、兴盛，接力式传递成为不同种类文明成果相互之间乃至洲际传播传递的主要形式。

如赫梯文明是古埃及文明、两河流域文明、爱琴海及东地中海诸文明之间的主要链环和传播传递中介；腓尼基等东地中海诸文明是两河流域文明、古希腊文明、古埃及文明之间的主要链环和传播传递中介；虽然古罗马对古希腊文明成果进行了破坏性吸收，但古希腊文明也是两河流域文明、古波斯文明、古埃及文明之间的主要链环和传播传递中介；古波斯文明是古印度

---

① 参见格鲁塞《草原帝国》第一章第九节。

文明、两河流域文明、希腊文明、古埃及文明之间的主要链环和传播传递中介，并在中后期成为上述诸种文明与中华文明之间的主要链环和传播传递中介；阿拉伯文明成为上述诸种古代早期文明延续形态之间及其与中华文明之间的主要链环和传播传递中介。诸种文明之间在时间与空间形式上都呈现出显著的相邻借鉴衍生、接力延续传递传播特征，并沿该地带衍生、传播。

7. 该地带是近代以前地球上最长的巨型东西向适宜人类生存繁衍地带

由表3-1可见，自秦岭山脉东端至比利牛斯山脉西端一线是近代以前人类繁衍生息最主要、最长的东西向地带，近代以前世界最主要的交通、政治、经济、文化事件绝大部分发生于该地带，间接表明该地带为亚欧大陆近代以前最长的东西向适宜人类生存繁衍地带。同时，结合本研究第二章所述，从自然地理状况来看，该地带地处北半球中纬度地区，各种自然物质要素与能量耦合程度较高，在一定程度上实现了所谓"地文""天文""山文""水文"的高度耦合，为"少年时期"的人类提供了巨型东西向条带状适宜繁衍生息地域，由此成为近代以前地球上东西向最长的适宜人类生存繁衍地带。在此不赘述。

8. 该地带是近代以前主要东西向交通事件在亚欧大陆上的最高发场所和地带

与以上诸方面相对应，接力式陆路交通成为这一地带国际交通、区际交通的主要存在形式和实现途径。如波斯西征使其在客观上充当了波斯乃至印度河流域与两河流域、爱琴海区域陆海交通（主要为陆路交通，下同）开拓者、接续者和传递者的角色；亚历山大东征使其在客观上充当了爱琴海区域经小亚细亚、两河流域、波斯至印度河流域陆海交通开拓者、接续者和传递者的角色；古罗马帝国东征西进使其在客观上充当了波斯至英吉利海峡乃至英伦三岛陆海交通开拓者、接续者和传递者的角色；大月氏在河西走廊的生存繁衍活动使其在客观上充当了中国中原地区与西域之间陆路交通接续者和传递者的角色；大月氏两次西迁使其在客观上充当了河西走廊与西域、西域与中亚西亚南亚之间陆路交通探索者、接续者和传递者的角色；张骞西使使其在客观上充当了中国内地经河西走廊与西域至中亚西亚陆路交通探索者、接续者和传递者的角色；帕提亚帝国、贵霜帝国兴起使其在客观上充当了中国汉帝国与罗马帝国之间陆海交通探索者、接续者和传递者的角色。由此成就了该地带近代以前的巨型东西向交通主干道，导致近代以前世界主要陆路交通事件绝大部分发生在该地带，该地带成为古代世界陆路交通事件（现象）在亚欧大陆上的最高发场所和地带，成为古代世界陆路交通资源与活动的最主要聚集场所和地带，成为古代世界亚欧大陆上陆路交通线路、驿站设置或分布最集中、最持久的地带，成为当之无愧的亚欧大陆东西陆路交通一级主轴线。

（二）亚欧大陆一级北南向交通区位线历史实证

亚欧大陆一级北南向交通区位线地带重大历史事件如表3-2所示。

表3-2　亚欧大陆一级北南向交通区位线地带重要交通、政治、经济、文化事件

序号	事件	时间	概述	意义影响
1	古代印度文明开始形成	公元前3000年	古代印度人发明印章文字，印度河流域出现真正的城市	亚欧大陆南端形成重要文明区域，为早期亚欧大陆东西文明交流、亚洲大陆北南文明交流奠定文明格局基础
2	古代印度文明处于兴盛时期	公元前2300～前1750年	古代印度哈拉帕文化（印度河文明）时期，出现城市文化，国家形成，使用陶轮制陶；哈拉帕人与两河流域苏美尔人开展经济、文化交流	南亚—西亚国际商路开始形成

序号	事件	时间	概述	意义影响
3	雅利安人侵入印度	公元前 2000 ~ 前 1000 年	位于南俄草原和葱岭地区的雅利安人由印度次大陆西北部地区侵入印度，印度文明"第一道曙光"达罗毗荼文明灭失，种姓制度建立；雅利安人在融合前代文明基础上创造印度吠陀文明	间接加深中亚地区与南亚地区之间的北南向联系；对印度文明发展产生重大影响，并为佛教产生埋下伏笔
4	佛教创立	公元前 6 ~ 前 5 世纪	释迦牟尼创立佛教，弘法 45 年	对此后印度文明乃至东方文明发展产生重要影响，为亚洲大陆南北宗教文明交流奠定源流基础
5	北南向"黄金之路"通达	公元前 518 年	波斯帝国大流士派兵远征印度，征服印度西北地区，建立波斯帝国第 20 个行省，每年从印度征收金砂 4680 塔连特（1 塔连特相当于 20 ~ 40 千克）。产自西伯利亚的金砂经费尔干纳和巴克特利亚输入印度。	该条商道为亚欧大陆中部区域早期重要北南向商道
6	孔雀王朝趋于兴盛	公元前 4 世纪	经过长时期的兼并战争，雅利安人在恒河流域建立起以摩揭陀为中心的统一国家，进入孔雀王朝统治时期，孔雀帝国成为当时的强大帝国	印度人口密集中心从西北部转向东部，对佛教发展及印度历史发展产生重要影响
7	阿育王崇佛兴教	公元前 3 世纪	孔雀王朝阿育王大力提倡佛教，派遣佛教使团到边陲和周边国家传教	直接促进亚洲大陆南北文明交流；佛教逐步成为世界性宗教，对东方文明发展以及丝绸之路兴盛产生重要影响
8	诸部族相继侵入印度西北部并建立政权	公元前 2 世纪 ~ 公元 2 世纪	中亚大夏希腊人、安息人、塞种人、大月氏人先后南下，侵入印度西北部并建立政权，其中最重要的是大月氏建立的贵霜帝国	诸帝国既以印度为根据地，也以中亚、中东为根据地，促进了印度北至中亚中国、西至中东商路的发展，为丝绸之路全面贯通奠定了中西段线路基础；加深了中亚地区与南亚地区之间的北南向联系
9	法显赴印度取经	公元 401 ~ 410 年	中国晋朝法显在印度逗留，印度其时处于强盛的笈多帝国时期，与希腊人之间仍然存在交流交往关系，法显归国后撰《佛国记》	密切了古代印度文明与古代中国文明之间的联系，促进了亚洲大陆南北文明交流
10	玄奘赴印度取经	公元 627 ~ 645 年	中国唐朝玄奘自中亚葱岭地区南下赴天竺取经，归国后撰《大唐西域记》	密切了古代印度文明与古代中国文明之间的联系，促进亚洲大陆南北文明交流
11	阿拉伯人开始侵入印度	公元 8 世纪	阿拉伯人开始侵入印度，并引入伊斯兰文化，开启南亚部分地区伊斯兰化进程	对后续印度历史及南亚历史发展产生重要影响；间接加深中亚地区与南亚地区之间的北南向联系
12	十进制数码出现	约公元 870 年	印度出现包括零在内的十进制数码，后传入阿拉伯，演变为现今的印度—阿拉伯数码	促进了世界文化发展
13	突厥人开始入侵北印度并建立德里苏丹国	公元 11 世纪	来自中亚的突厥人开始入侵北印度，并于 13 世纪初建立德里苏丹国（公元 1206 ~ 1526 年）	间接加深中亚地区与南亚地区之间的北南向联系
14	蒙古军队入侵印度无功而返	公元 1221 ~ 1305 年	蒙古军队多次入侵印度均被德里苏丹国击退或无功而返	间接加深中亚地区与南亚地区之间的北南向联系

续表

序号	事件	时间	概述	意义影响
15	蒙兀儿帝国建立及衰亡	公元 16~19 世纪	德里苏丹国瓦解后，来自中亚帖木儿帝国的突厥化的蒙古人（帖木儿五世孙）在公元 16 世纪建立蒙兀儿帝国（意为"蒙古人的帝国"，存在于公元 1526~1857 年），统一几乎整个印度半岛，成为当时的世界强国之一。蒙兀儿帝国逐渐衰弱之际，葡萄牙、荷兰、英国、法国等西方殖民者先后从海上侵入印度争夺殖民地，印度陆权时代结束。公元 1857 年印度民族起义失败后，名义上仍然存在的蒙兀儿帝国彻底结束统治，英国直接统治印度，直至 1947 年 8 月印度和巴基斯坦两个自治领成立，英国在印度的统治才宣告终结	间接加深中亚地区与南亚地区之间的北南向联系；蒙兀儿帝国衰亡标志着印度陆权时代结束，并被纳入欧洲殖民体系和海权体系
16	阿富汗王国建立及衰落	公元 18~20 世纪	独立的阿富汗王国于公元 1747 年建立并一度强盛，成为仅次于奥斯曼帝国的穆斯林强国；19 世纪中期，两次英阿战争爆发，阿富汗一度沦为英国保护国；1919 年，阿富汗王国取得第三次英阿战争胜利并获得独立	奠定现代阿富汗国家基础
17	突厥—蒙古种人向中亚草原西进南下	公元 初 至 12 世纪	公元初之后，最后一批西迁、南迁的印欧种人从中亚草原迁走，被随之而来的突厥—蒙古种人取代。即公元 1 世纪匈奴人迁入，3 世纪鲜卑人迁入，5 世纪柔然人迁入，5~6 世纪嚈哒人迁入，6 世纪突厥人迁入，8 世纪回纥人迁入，9 世纪黠戛斯人迁入，10 世纪契丹人迁入，12 世纪克烈人及蒙古人迁入	突厥—蒙古种人向中亚草原西进南下，挤压中亚草原原有游牧民族向西亚、南亚和欧洲迁移，引起草原诸族与定居民连锁冲突；部分部族南迁间接加深中亚地区与南亚地区之间的北南向联系
18	塔吉克王朝建立及其衰落，塔吉克民族基本形成	公元前 10 世纪前后至公元 19 世纪	公元前 10 世纪前后，部分来自欧亚草原的部落南下至中亚阿姆河流域、泽拉夫尚河和卡什卡达尔河流域、费尔干纳河流域和当今中亚以南地区，并与原先居住在该区域的居民大夏人、粟特人、帕尔坎人（古费尔干纳农人）以及在中亚北部、东北部游牧的塞种人结合，逐渐形成塔吉克人（平原塔吉克人）。公元 9 世纪，塔吉克人建立了历史时期第一个以布哈拉为首都的强盛王朝——萨马尼德王朝。9~10 世纪，塔吉克民族基本形成。10~13 世纪，加入中亚突厥人建立的伽色尼王朝和花剌子模王国。13 世纪被蒙古人征服，16 世纪加入乌兹别克人建立的布哈拉汗国。1868 年，北部并入俄国，南部的布哈拉汗国成为俄国属国	部族南迁间接加深中亚地区与南亚地区之间的北南向联系；奠定现代塔吉克斯坦国家基础
19	回纥汗国与喀喇汗王朝的建立及破灭	公元 6~13 世纪	公元 6 世纪末，主要活跃于蒙古高原西部鄂尔浑河流域以韦纥为首的九姓铁勒各部开始形成，并受兴起后的突厥汗国统辖。东突厥灭亡后，九姓铁勒诸部中的薛延陀、回纥（以韦纥为首成立的东支铁勒部落联盟）先后强盛。公元 7 世纪中叶，回纥攻灭薛延陀、西突厥（公元 646 年、659 年）。公元 8 世纪中叶（744 年），九姓铁勒诸部之一拔悉密结束后突厥的统治，回纥游牧封建政权回纥汗国在鄂尔浑河流域正式建立并接受唐朝册封。公元 840 年，兴起于叶尼塞河上游的黠戛斯攻破回纥汗国，回纥南下，势力最强的一支移居中亚七河流域，与当地天山回纥以及葛逻禄等铁勒诸部建立喀喇汗王朝（1212 年亡于花拉子模王朝，花剌子模王朝于 1231 年亡于西征南下的蒙古军队）	部族南迁间接加深东亚北部与中亚地区之间的北南向联系；对西域及中亚东部地区民族构成及地缘政治格局产生深刻影响

序号	事件	时间	概述	意义影响
20	乌古斯叶护国的建立及灭亡，土库曼民族基本形成	公元7~19世纪	约自伊斯兰教兴起之时（公元7世纪）起，以西突厥乌古斯人（九姓乌古斯）为远祖的土库曼人自阿尔泰山地区开始外迁南下，首先迁移至七河流域，后迁往咸海、里海地区，10世纪建乌古斯叶护国于锡尔河下游及咸海北岸地区。部分乌古斯人进一步南迁至锡尔河、阿姆河流域。10世纪末，乌古斯人始称土克曼人。11世纪中叶，由乌古斯部落之一塞尔柱克人建立的塞尔柱克帝国（1040年建立，1284年亡于蒙古）攻灭乌古斯叶护国。乌古斯叶护国内的乌古斯人再次南下、西迁。大部分归顺塞尔柱克帝国并参加西征；一部分西迁小亚细亚，后裔建立奥斯曼土耳其帝国（1300年建立）；一部分留在原地的土克曼人于15世纪基本形成土库曼民族（属欧罗巴人种与蒙古人种的混合类型）。1877年起，沙俄开始侵占土库曼地区，1885年，沙俄完全占有土库曼地区	部族南迁间接加深中亚地区北部与南部之间的北南向联系；奠定现代土库曼斯坦国家基础
21	乌兹别克三大汗国建立及灭亡，乌兹别克民族基本形成	公元15~19世纪	公元15世纪末16世纪初，蒙古—突厥系的昔班尼汗率本部牧民（乌兹别克人）自钦察草原南下河中地区，与印欧语系的伊朗人混合，成为乌兹别克族的先民，并最终确立在河中地区和费尔干纳河流域的统治地位，建立强大的昔班尼王朝（公元1500~1599年）。16世纪中叶迁都布哈拉后称为布哈拉汗国，促进了乌孜别克族的形成。布哈拉汗国于1868年沦为沙俄附庸，于1920年被推翻。由乌孜别克王族于16世纪初（1512年）在阿姆河下游建立的独立汗国希瓦汗国，于1873年沦为沙俄保护国，1920年覆亡。于18世纪前期（1710）从布哈拉汗国分裂出去的独立汗国浩罕汗国于1868年沦为沙俄从属国，1876年灭亡	部族南迁间接加深中亚地区北部与南部之间的北南向联系；奠定现代乌兹别克斯坦国家基础
22	吉尔吉斯民族基本形成及其南迁	公元15~16世纪	公元15世纪后半叶，以黠戛斯为主要族源的吉尔吉斯民族基本形成。16世纪，受沙俄压迫，吉尔吉斯人自叶尼塞河上游南下迁移至中亚天山山区，与先前迁至该地的吉尔吉斯人会合，所居住地区于清初成为浩罕汗国的一部分	部族南迁间接加深北亚、东亚北部与中亚地区之间的北南向联系；奠定现代吉尔吉斯斯坦国家基础
23	哈萨克民族基本形成及哈萨克汗国的创立与灭亡	公元15~19世纪	公元1456年，蒙古术赤系的苏丹克烈汗和贾尼别克汗正式脱离钦察汗国，向东南方向塔拉斯河、楚河一带广阔土地上迁移，逐步形成哈萨克民族，并创立哈萨克汗国（哈萨克汗国实际为白帐汗国的继承者），奠定哈萨克国家基础。后分为大玉兹、中玉兹、小玉兹。1847年，被沙俄灭亡	部族南迁间接加深中亚地区北部与南部之间的北南向联系；奠定现代哈萨克斯坦国家基础

续表

序号	事件	时间	概述	意义影响
24	西伯利亚汗国兴起与灭亡	公元 15~16 世纪	公元 15 世纪,蒙古金帐汗国(钦察汗国)分裂为克里米亚汗国、喀山汗国、阿斯特拉罕汗国、西伯利亚汗国等数个汗国。15 世纪末,西伯利亚汗国(1460~1598 年)兴起于乌拉尔河以东的鄂毕河中游,占据欧亚陆路贸易必经之地。16 世纪中叶,沙俄继灭亡喀山汗国、阿斯特拉罕汗国之后,入侵西伯利亚汗国。1598 年,西伯利亚汗国灭亡。1601 年,沙俄在塔轧河下游建立曼加结亚城,标志着沙俄已基本占领鄂毕河下游地区,基本完成对西西伯利亚的占领	改变西西伯利亚地区政治版图,为沙俄南下中亚奠定基础
25	沙皇俄国入侵中亚与中亚五国独立	公元 19 世纪下半期~20 世纪	公元 19 世纪下半期,沙皇俄国派军南下,开始对哈萨克草原进行全面征服,小玉兹、中玉兹、大玉兹先后沦为沙俄保护国或殖民地,延续 391 年的哈萨克汗国灭亡。1876 年,沙皇俄国完成对中亚三大汗国希瓦、布哈拉、浩罕汗国的征服。1885 年,完全占有土库曼斯坦,从而实现对中亚 399 万平方公里土地的征服和侵占,俄罗斯族逐步成为中亚基本民族之一。20 世纪 70 年代,苏联为从陆路南下印度洋,对阿富汗进行渗透和扩展。1979 年,苏联入侵阿富汗。1989 年,苏军全部撤出阿富汗。1991 年,苏联解体,中亚五国宣告独立,中亚政治版图重塑	间接加深中亚地区北部与南部之间、中亚与西亚东部之间的北南向联系;沙皇俄国入侵中亚导致中亚政治版图完全改变;苏联解体导致中亚政治版图重塑

资料来源:根据相关资料整理。

由表 3-2 可得以下结论:

1. 该地带是古代、近代早期亚欧大陆北南方向上大部分重要交通、政治、经济、文化事件的发生地带

该地带以兴都库什山脉为天然北南阻隔地带,山脉以北以南绝大部分区域均为巨型连片相对平坦地带①,最北部形成广阔草原森林,中南部形成大河冲积平原,为古代、近代早期人类北南迁徙、繁衍生息提供了有利自然地理条件,因此成为古代、近代早期亚欧大陆中部绝大部分北南方向上重大交通、政治、经济、文化事件发生地带,并对亚欧大陆历史进程与文明演进产生重大影响。如深刻影响中亚及西亚南亚历史、局部影响东亚历史两千年的雅利安人自里海北侧东侧南下(及部分东进、西上),即发生在该地带。

2. 该地带是古印度文明及佛教主要诞生地及其南北传播方向和路径

世界主要古代文明之一古印度文明即发轫、繁盛于该地带,世界主要宗教之一佛教也诞生于该地带,且该地带及其南北方向是古印度文明东传中国的初期方向和路径,也是佛教早期传播的主要方向和路径。古印度文明、佛教先南北、后西东向中国的传播传递方向和路径对中亚、东亚地区文明形态、社会面貌产生重大影响。

3. 该地带长期是古代、近代早期亚欧大陆中部区域经济、政治、文化、交通发展水平最高区域

如前所述,早在绿洲丝绸之路兴起之前,该地带北部即已成为草原丝绸之路重要穿越地带;早在亚历山大东征到达之前,赫拉特即已成为该地带中部重要城市、商业中心;早在雅利安人

---

① 北部为西西伯利亚平原、哈萨克丘陵、图兰平原,南部为印度河平原。

南下之前，古印度早期文明即已在该地带南部兴盛近千年。该地带中北部天山山脉西北麓、兴都库什山脉西北麓及东南麓长期成为经济、文化繁盛区域，由此支撑该地带在古代、近代早期长期居于亚欧大陆中部区域经济、政治、文化、交通发展最高水平地位。

4. 该地带是古代、近代早期世界范围内北南向民族迁徙运动的最主要通道和路径

从民族迁徙角度来看，几乎古代、近代早期亚欧大陆北南方向上绝大部分民族迁徙运动均发生在这一地带，这一地带由此成为古代、近代早期世界民族迁徙、军事征伐北南方向上的最主要路径，且由于受北南气候寒热差异等因素影响几乎全部为"南下浪潮"。三次民族大迁徙、大夏希腊帕提亚大月氏匈奴鲜卑柔然嚈哒阿拉伯突厥回纥黠戛斯契丹蒙古人部分南迁、俄罗斯南侵等为主要南下事件。"南下浪潮"主要以蒙古高原及其以北以西地区为主要出发点，以在兴都库什山脉北麓继续南下或折向西行为主要方向①；"南下浪潮"内部各单元在同一时期也呈现相互推移、相继推进的特点，"草原帝国迁入定居帝国"是其生动写照。由此也使得这一地带成为古代、近代早期亚欧大陆部分国家、民族之间在北南方向上相关性最大、相互作用、相互影响最频繁最深远的地带，并成为亚欧大陆北南方向上游牧文明与农耕文明（流徙文明与定居文明）相互镶嵌、相互侵染最深刻的地带。

5. 该地带是古代、近代早期亚欧大陆不同种类文明成果北南向接力式传递的主要通道和路径

在该地带，古代文明成果也以传递"接力棒"形式沿北南方向大致依次传播并衍生、兴盛。如雅利安人入侵古印度后，即接收古印度哈拉帕文明的文明成果，由游牧生活方式过渡至农牧混合生产方式并逐步转入定居生活，同时将本部族的种姓制度植入古印度社会，实现文明成果的北南向传播及衍生；佛教诞生后，北传至犍陀罗盆地②经过贵霜王朝"重新塑造"，吸收古希腊、古波斯文明成果后才真正形成影响东方文明的佛教体系，才开始继续北传东进，犍陀罗甚至被称为"佛教的飞翔之地"；塞人入居大宛后，即逐步接受当地农业定居文明成果，逐步转入农耕定居生活。

6. 该地带为亚欧大陆北南纵向最宽地带

从地幅跨度来看，该地带为亚欧大陆北南方向上跨度最宽的地带（中南半岛除外），为亚欧大陆中部各国、各部族、各种文明形态开展北南向交流融合提供了广阔地域空间。

7. 该地带是古代、近代早期主要北南向交通事件在亚欧大陆中部的最高发场所和地带

与上述诸方面相对应，接力式陆路交通也是这一地带国际交通、区际交通的主要形式。与上述诸方面相对应，接力式陆路交通也成为这一地带国际交通、区际交通的主要存在形式和实现途径。如雅利安人自里海北侧东侧逐步南下以至于最终侵占恒河流域，即使其在客观上充当了中亚草原北部经开伯尔山口至印度河流域、恒河流域北南陆路交通开拓者、接续者和传递者的角色；塞人局部南下，即使其在客观上充当了天山北侧至天山南侧北南陆路交通开拓者、接续者和传递者的角色；大月氏人南下，即使其在客观上充当了天山北侧经过天山南侧、开伯尔山口至印度河流域北南陆路交通开拓者、接续者和传递者的角色；希腊大夏人自吐火罗盆地南下至犍陀罗盆地，即使其在客观上充当了穿越兴都库什山脉北南陆路交通接续者和传递者的角色等。由此成就了该地带在古代、近代早期巨型北南向交通主干道地位，导致古代、近代早期亚欧大陆中部区域重要北南向陆路交通事件大部分发生在该地带，该地带成为古代、近代早期北南向陆路交通事件（现象）在亚欧大陆上的最高发场所和地带，成为古代、近代早期世界北南向陆路交通资源与活动的最主要聚集场所和地带，成为古代、近代早期亚欧大陆中部北南向

---

① 个别折向东行，如塞人。
② 犍陀罗盆地即今白沙瓦盆地及其周围地区。

陆路交通线路分布最集中、最持久的地带，成为当之无愧的亚欧大陆北南陆路交通一级主轴线。

（三）纵横向比较

而对亚欧大陆东西、北南两条一级交通区位线进行对比，可以得出以下结论：

1. 东西向一级交通区位线重要于北南向一级交通区位线

东西向一级交通区位线地带发生的重大事件多于北南向一级交通区位线地带发生的重大事件，且重要度也高于北南向一级交通区位线地带发生的重大事件，符合交通区位论中地域主要延伸方向交通区位线重要于垂直交通区位线的原理。

2. 中亚南部、阿富汗北部及中国新疆地区是亚欧大陆主要交通通道的共同交会地带

从爱琴海沿岸—安纳托利亚高原—西亚两河流域—伊朗高原的"东行浪潮"线路来看，阿富汗地区处于侧"Y"字型路口，向东南方向径直通往印度（早期印度方向为主要方向），向东北方向通往中亚南部、中国新疆、河西走廊及中原地区；从中原—河西走廊"西行浪潮"线路来看，新疆地区处于侧"Y"字型路口，向西南方向通往印度，朝西方向径直通往伊朗高原、两河流域、安纳托利亚高原、爱琴海沿岸（伊朗高原方向始终为主要方向）；从恒河流域—印度河流域"北上"线路来看，阿富汗及中亚南部仍是"Y"字型路口，向东通往中国新疆、河西走廊、中原地区（中国新疆方向为主要方向），向北径直通往中亚腹地、蒙古高原以西以北地区；从蒙古高原及其以北以西地带—中亚"南下"线路来看，中亚南部、新疆为倒"Y"字型路口，向南径直通往印度，向西通往伊朗高原、两河流域、安纳托利亚高原、爱琴海沿岸（伊朗高原方向为主要方向）。

由此可见，从以上四个方向来看，中亚南部、阿富汗及中国新疆地区（实即撒马尔罕—马扎里沙里夫—喀什三角核心区域）均为各条迁徙、交流主线路的"Y"字型路口，四条主要迁徙、交流主线路均在该地带进行汇集，从而使该地带成为亚欧大陆主要交通通道的共同交会地带，由此形成亚欧大陆延伸距离最长、重要度最高的"十"字型主通道空间布局。

3. "十"字型一级交通区位主轴线构成亚欧大陆一级交通区位线空间模型

由上述分析可见，上述的东西向一级交通区位线与北南向一级交通区位线共同构成亚欧大陆"十"字型一级交通区位主轴线，共同构成亚欧大陆"十"字型一级交通区位线空间模型。该"十"字型地带是古代、近代早期世界亚欧大陆上交通现象（事件）的最高发场所，是古代、近代早期亚欧大陆上交通资源与交通活动的最重要聚集场所，也是古代、近代早期世界亚欧大陆上交通线设置或分布最多、最持久的地带。

四、亚欧大陆"田"字型点轴状区域经济区位空间模型

仍然按照交通区位论的操作方法，在一个相对独立的区域构造二级交通区位线的方法为：首先构造区域一级交通区位线，然后在长连接线的两侧和垂直平分线的两侧分别作平行线，构造区域二级交通区位线。再依次类推，构造区域三级、四级交通区位线，综合构成该区域交通区位线网络体系。

根据交通经济带理论，交通运输主通道形成以后，会以其为轴线，吸引轴线两侧的生产要素向轴线及其沿线的城镇集中，进而形成以交通运输主通道为轴线、以沿线城镇为点、以沿线二三产业为主要内容的点轴经济系统和交通经济带。因此，在一般情形下，区域交通区位线的构造方法与构造过程，实际上即是区域经济区位线的构造方法与构造过程；综合构造而成的区域交通区位线网络体系，在某种程度上即是区域经济区位线网络体系，即区域经济区位空间模型。

以上列的亚欧大陆一级东西向交通区位线为基准，在其两侧中腰部位作两条平行线。北侧平行线东端点大致在日本海沿岸，西端点大致在北海沿岸地区；考虑到海参崴港作为

俄罗斯西伯利亚大铁路东端点的实际，确定海参崴港为北侧平行线东端点；考虑到鹿特丹港在西欧港口体系中的特殊重要地位，确定鹿特丹港为北侧平行线西端点。南侧平行线东端点大致在中国南海海岸线北部、东海海岸线南部一带，西端点大致在红海东海岸中北部一带。考虑到港澳穗深区域在中国东南沿海一带的特殊重要地位，确定港澳穗深区域为南侧平行线东端点；考虑到陶菲克港在西亚港口体系中的特殊重要地位，确定陶菲克港为南侧平行线西端点。

以上列的亚欧大陆一级北南向交通区位线为基准，在其两侧中腰部位作两条平行线，东侧平行线北端点大致在东西伯利亚海沿岸，南端点大致在中国南海北部湾沿岸及广州湾沿岸地区。考虑到因迪吉卡尔河口不冻港波利亚尔诺耶港在该地区的特殊地位，确定该港为东侧平行线北端点；考虑到北海、防城港在北部湾沿岸港口体系中的特殊重要地位，确定北海、防城港为东侧平行线南端点。西侧平行线北端点大致在俄罗斯白海海岸线一带，南端点大致在阿拉伯海海岸一带。考虑到阿尔汉格尔斯克在白海一带的特殊重要地位，确定该港为西侧平行线北端点；考虑到赛拉莱港在阿拉伯海港口体系中的特殊重要地位，确定该港为西侧平行线南端点。

由此构成亚欧大陆东西、北南方向上二级交通区位线，并构成亚欧大陆交通区位线网络体系。该网络体系及其沿线主要城镇即构成亚欧大陆经济区位线网体系，即亚欧大陆"田"字型经济区位空间模型。该区位空间模型构成丝绸之路经济带的空间区位基础。

第三节 丝绸之路经济带之为巨型东西向交通经济带的交通历史地理基础

一、丝绸之路概述

（一）丝绸之路历史沿革（时间）

闻名世界的丝绸之路是中国古代早期开放的象征。公元前 4 世纪~前 1 世纪，是丝绸之路开通时期；公元 1~6 世纪，是丝绸之路巩固发展时期；公元 7~9 世纪，是丝绸之路繁荣昌盛时期；公元 10~12 世纪，是丝绸之路逐渐衰落时期，逐渐失去东西方丝绸贸易主渠道历史地位；公元 13~14 世纪，是丝绸之路再度拓展和繁荣发达时期；公元 15 世纪及其后，是丝绸之路彻底走向衰退及湮没时期。从整个历史时期来看，丝绸之路在中国汉代和唐代为鼎盛时期。

（二）丝绸之路地域格局（空间）

丝绸之路以当时中国政治中心首都长安为起点，向西延伸，主要经过新疆出境；如果按照至罗马的距离计算，丝绸之路长度约为 8000 多千米。这条古道大致可分为东段、中段和西段三段。敦煌以东为东段，敦煌至葱岭（今帕米尔）为中段，葱岭以西为西段，东、中段均在中国境内。

东段主要经过中国河西走廊，路线相对较为固定。而中、西段具有诸多岔道和分道，由数条主要干线东西相连、南北交错、串联部分著名城镇和绿洲而形成交通网，尤以中段为甚。中国新疆处于中段，其地位尤其重要。

1. 丝绸之路东段地域格局

丝绸之路东段包括陇右道和河西道。

东段陇右道以洛阳、古长安（今西安市）为东端点，以黄河为西终点，共有五条线路：第一条线路为从长安出发，沿渭河经宝鸡，再沿千水（古称汧水）过陇县，沿陇山东麓北上越六盘山，从靖远渡黄河至武威；第二条线路为从古长安过陇县，西行古大震关（又称陇关、故关，在今陕西省陇县城西50千米处）再越陇山，经古略阳（今天水市秦安县）、古平襄（今定西市通渭县）至古金城（今兰州市）渡黄河，越乌鞘岭至武威或经景泰至武威；第三条线路为从古长安出发，沿渭河西行过古陇关，经天水、临洮、古河州（今宁夏回族自治州）、永靖至西宁，过古大斗拔谷（今扁都口）至张掖；第四条线路为从古长安出发，至灵武渡黄河西行至武威；第五条线路为从古长安出发，向西北经咸阳、礼泉、永寿、邠县、长武、泾川、平凉至古肖关口（今宁夏固原市东南部），西逾六盘山过宁德、静宁、会宁、安定至古金县（今兰州市榆中县），过古金县至古金城，渡黄河至武威。洛阳至古长安段为丝绸之路东延路段。

东段河西道以武威为东端点，以古玉门关、古阳关为西终点。具体线路为由武威起西行，过古骊靬（今金昌市永昌县南）、古删丹（今张掖市山丹县）到达古角乐得（今张掖市甘州区西北），西行至古福禄县（今酒泉市肃州区东南）、敦煌，向西北出古玉门关或者向西南出古阳关。

与丝绸之路东段河西道相平行的通西域道路为汉时的"羌中道"、南北朝时期的"吐谷浑道"。该道由永靖渡黄河后，经青海湖北部，沿祁连山脉南麓和柴达木盆地北缘，越阿尔金山脉噶斯山口（今新疆索尔库里）直达若羌。

2. 丝绸之路中段地域格局

（1）丝绸之路中段北道地域格局。北道位于天山以北。《汉书·西域传》所言南北两道，系指新疆南疆地区塔里木盆地南北两道，并未涉及天山山脉以北乌孙地区。实际上早在公元前138年之前，天山山脉以北即有月氏和乌孙两个部族沿天山山脉北麓大举西迁至伊犁河流域以西地区。此即为天山山脉北麓丝绸之路，即北道。该通道大致走向为：自古玉门关西出，向西沿哈顺沙漠（在今哈密盆地东南）至古伊吾（今哈密市），经古蒲类（今巴里坤哈萨克自治县）、古北庭（今吉木萨尔县）、乌苏至古弓月（今霍城县），过伊犁河至楚河南岸的古碎叶城（今吉尔吉斯斯坦托克马克市附近）。在汉代，由于受匈奴袭扰，该条线路时通时闭。至唐代，新疆北部政局稳定、民族矛盾缓解，唐在北庭设都护府，管辖西域北部地区，丝绸之路北道进入兴盛时期。

（2）丝绸之路中段中道地域格局。中道在汉代也称北道，系指从古玉门关西出、经天山山脉南麓和塔克拉玛干沙漠北缘至葱岭的线路，也即沿塔里木盆地北缘西行线路。该线路自东向西经哈顺沙漠南缘至高昌古城或交河古城，再由高昌古城或交河古城沿天山山脉南麓西南行进至古危须（今和硕县）和焉耆。另一线路为自古阳关西行，过白龙堆沙漠（在古玉门关与古罗布泊之间），由古罗布泊北岸经古楼兰至焉耆，再西行至古龟兹（今库车市一带）。自古龟兹向西，中道又分为两条分道：第一条由古龟兹至古姑墨（今阿克苏市一带）、古温宿（今乌什县一带）出古拨达岭（今别迭里山口）至古赤谷城（古代乌孙首府，今吉尔吉斯斯坦伊塞克湖州伊什提克），过古阗池（今伊塞克湖）至古塔拉斯（今哈萨克斯坦江布尔地区）等地；第二条由古龟兹西南行至古疏勒（今喀什市一带）、古捐毒（今乌恰县一带）、古休循（今帕米尔高原阿赖谷地）。

（3）丝绸之路中段南道地域格局。南道系指阿尔金山脉、昆仑山脉（中西段）北麓和塔克拉玛干沙漠之间的东西线路。该线路东起古阳关（今甘肃敦煌市西南），中经白龙堆沙漠南缘和罗布泊西南至古扜泥（今若羌县一带，古鄯善国都），西至帕米尔；或经白龙堆沙漠至古楼兰南下至古扜泥（今若羌县一带），然后经且末、精绝（今民丰县以北）、古于弥（今于田县一带）、古于阗（今和田市一带）、皮山、莎车和塔什库尔干（又称竭盘陀），过葱岭至南亚地区如阿富汗、印度等，或西越天山南脉至中亚；或可经古楼兰西北行至焉耆，再沿中道西行。自南北朝以来，自古罗布泊西北岸过古楼兰南下的一路逐渐衰落，来往商旅行人大多行走古罗布泊南侧线路。由南道经两条岔道攀越葱岭：第一条经和田向西南至皮山、莎车（今莎车县一带）和古无雷（今塔什库尔干塔吉克自治县北部一带）过葱岭；第二条经和田向西南至皮山，再至古子合（今叶城县一带以南）南越葱岭。塔什库尔干为南道必经之地。

3. 丝绸之路西段地域格局

（1）丝绸之路西段北线地域格局。丝绸之路西段北线与中段北道相接，由古碎叶城向西，由古怛罗斯（塔拉斯）西北行，过咸海北，西涉古亦克河（今厄姆巴河）、古得嶷河（今乌拉尔河）、古阿拉斯河（今伏尔加河），至君士坦丁堡（今伊斯坦布尔）。

（2）丝绸之路西段中线地域格局。丝绸之路西段中线与中段中道相接，越葱岭至古大宛（所在区域在今费尔干纳盆地地区），向西北行至古康居（所在区域在今锡尔河中游地区）、波斯，由波斯再向西行，直抵罗马。

（3）丝绸之路西段南线地域格局。丝绸之路西段南线与中段南道相接，过葱岭，或经瓦罕，越兴都库什山脉，至今巴基斯坦白沙瓦，东抵古罽宾（迦湿弥罗国之古称，所在区域在今克什米尔地区），再向东南达印度各地；或由帕米尔瓦罕谷地东部南下，由今克什米尔地区沿印度河南下抵达阿拉伯海。

二、丝绸之路形成与发展的必然性

（一）自然条件（光—热—水—土—城—路系统）

由前述绿洲一节可知，丝绸之路东段陇右道经过的古长安至宝鸡或陇关之间地区为秦岭山脉北麓半湿润区水—土—城—路系统[①]发育比较成形或成熟地段；东段河西道经过的河西走廊为祁连山脉北麓半干旱区光—热—水—土—城—路系统发育比较成形或成熟地段；丝绸之路中段南道经过的塔里木盆地东南缘南缘地区为昆仑山脉（中西段）北麓干旱区光—热—水—土—城—路系统发育比较成形或成熟地段；丝绸之路中段中道经过的塔里木盆地北缘西缘地区为天山山脉南麓干旱区光—热—水—土—城—路系统发育比较成形或成熟地段；丝绸之路中段北道经过的准噶尔盆地南缘及图兰平原东南缘地区为天山山脉西北麓干旱区光—热—水—土—城—路系统发育比较成形或成熟地段；丝绸之路西段南线经过的印度河平原及恒河平原北缘地区主要为喜马拉雅山脉西南侧热带季风气候区光—热—水—土—城—路系统发育比较成形或成熟地段；丝绸之路西段中线经过的图兰平原南缘及卡维尔盐漠北侧地区主要为天山南脉西北麓、厄尔布尔士山脉南麓干旱区光—热—水—土—城—路系统发育比较成形或成熟地段；丝绸之路西段北线经过的图兰平原北缘及里海黑海北侧地区主要为中亚西北部干旱区光—热—水—土—城—路系统、东欧南部相对湿润区河—城系统（沿河筑城而成系统）发育比较成形或成熟地段。

以中国新疆为例，丝绸之路中段北道经过的天山山脉北麓地区、中道经过的天山山脉南麓地区、南道经过的阿尔金山脉及昆仑山脉（中西段）北麓地区均为干旱区光—热—水—土资源耦合程度较高的地段，而上述地段同时也是新疆绿洲古城镇、早期交通线路发育比较成熟的地段。如天山山脉南麓、昆仑山脉（中西段）北麓的"城廓诸国"早在张骞"凿空"西域之前就已沿山麓地带形成东西延伸体系并各自具有一定规模。考古结果表明，天山山脉南麓、昆仑山脉（中西段）北麓地带越接近早期交通线路的古城，其修建年代亦越早；且随着丝绸之路的形成与变迁，古城镇布局也发生相应的调整或变迁。

因此，综观丝绸之路沿线，主要线路所经地段绝大部分为干旱区自然条件相对优越、光

---

① 有别于半干旱区干旱区光—热—水—土—城—路系统。

热水土城路诸要素组合程度相对较高路段（绝大多数情形下包含绿洲要素或诸要素集合为绿洲要素），大部分路段如祁连山脉北南麓、天山山脉北南麓、昆仑山脉（中西段）北麓、厄尔布尔士山脉南麓甚至是古代条件下"天生的"东西方交通要道，天然具备或者天然造就了其成为丝绸之路主干道的基本自然条件及人文条件。从这一意义上说，丝绸之路是古代条件下亚欧大陆中部一系列自然条件、人文条件发育集成的"精粹"或者"绝品"，是古代亚欧大陆中部一系列自然条件、人文条件在较长历史时期内演化的必然产物。丝绸之路的形成发展过程是一系列自然条件、经济条件、人文条件反复比选、抉择的历史过程，是一个充满自然、经济、社会逻辑的精密过程和结构体系。

（二）交通区位条件（大横线——亚欧大陆一级交通区位横线）

由前述交通区位一节可知，丝绸之路所经过地区，尤其是东段、中段北道、西段中线所经过地区，是前述的亚欧大陆一级东西向交通区位线穿越地带，蕴含亚欧大陆陆上交通一级大横线交通区位，其产生、形成具有极为深厚的交通区位底蕴；换言之，丝绸之路其实就是亚欧大陆所蕴含的陆上交通一级大横线交通区位在古代条件下的具体展现或形象化。从某种程度上说，正是古代条件下一系列封建帝国或者古国的政治、经济、文化繁荣唤醒了沉睡于亚欧大陆中部的一级大横线交通区位，使其外化、展现为丝绸之路。

从这一意义上说，丝绸之路是亚欧大陆在封建社会繁荣时期的特定产物或者特殊产物，是封建社会条件下亚欧大陆一系列大国或者古国简单商品经济高度繁荣的产物，也是封建社会条件下亚欧大陆一系列封建大国或者古国对外开放的产物或者结晶。丝绸之路的高度繁荣证明，即使在封建社会条件下，与自然经济相联系的简单商品经济也可以达到高度繁荣的程度，一系列以农业定居文明为主要文明形式、政治经济文化中倡导集权与固着及地域依附的大国或者古国，其对外开放也能够达到高度繁荣的程度。这些都为我们重新认识封建社会条件下的经济形态、对外开放形态提供了新的视角，也为我们在新的历史条件下筹划丝绸之路经济带、复兴亚欧大陆内陆深度开放交流、倡议和树立新的政治经济社会文化交流与发展模式、国家发展路径、国际秩序提供了有益借鉴。

（三）文明兴盛条件

在丝绸之路穿越的各大文明单元中，东段的古代中国关中中原地区地处古代早期所谓"东夷、南蛮、西戎、北狄"地区环绕之处，是中华文明的主要发源地。中华文明是在黄河文明、长江文明基础上尤其是在黄河文明基础上独立起源并吸收多种文明成果而成的典型"多源一体"大河文明，是当时亚欧大陆东南部地区多种文明的集大成者，以大河文明形态、因素为主，间以游牧文明、航海文明形态、因素。古代中华文明是古代中国汉唐盛世时期政治经济文化高度繁荣的产物和表现。

西段南线的古印度地处南亚次大陆，地理环境相对封闭。古印度文明是在印度河文明基础上独立起源并吸收多种文明成果发展而成的典型大河文明，是当时南亚次大陆多种文明尤其是河流文明的集大成者，其也以河流文明形态、因素为主，间以航海文明、游牧文明形态、因素。古印度文明是古代印度政治经济文化高度繁荣的产物和表现。

西段中线的古波斯地处古印度文明与古巴比伦文明、古希腊文明的连接、交汇之处。古代条件下兴起的古波斯帝国占有两河流域、古埃及和印度河等三大文明之间中心地带。古波斯文明是在埃兰文明基础上独立起源并吸收了两河流域文明、古埃及文明、古印度文明等文明成果发展而成的典型河流文明，是当时波斯湾沿岸地区及伊朗高原多种文明尤其是河流文明的集大成者，其以河流文明形态、因素为主，间以游牧文明、航海文明形态、因素。古波斯文明是古波斯帝国政治经济文化高度繁荣的产物和表现。

西段中线的阿拉伯半岛地处亚非欧"三洲"、波斯湾印度洋黑海地中海红海"五海"交汇之处，位于古波斯文明与古希腊文明、古罗马文明的连接部位。古代条件下兴起的阿拉伯帝国占有了全世界最古老的多个文明发源地。阿拉伯文明是在古代闪米特文明、古代美索不达米亚文明、古波斯文明、古希腊古罗马文明等文明基础上发展而成的典型游牧文明，是当时波斯湾沿岸及地中海沿岸地区多种文明尤其是游牧文明的集大成者，其以游牧文明形态、因素为主，间以航海文明、河流文明形态、因素。阿拉伯文明是阿拉伯帝国政治经济文化高度繁荣的产物和表现。

丝绸之路最西端的古罗马地处亚洲两河流域及小亚细亚地区、北非尼罗河流域、欧洲内陆交汇之处，位于地中海沿岸地区的中心部位。古罗马文明是在伊特鲁里亚文明①、古希腊文明、古代腓尼基文明、古埃及文明等文明基础上发展而成的典型航海文明，是当时地中海沿岸地区多种文明尤其是多种航海文明的集大成者，其以航海文明形态、因素为主，同时间以大河文明形态、因素。古罗马文明是古罗马共和国、帝国政治经济文化高度繁荣的产物和表现。

上述内容表明，丝绸之路穿越的主要国家或者地区大多居于重要的地理交汇点和文明交汇点，各文明单元的兴盛绝大部分是吸收周围相关地区文明成果并融合创新的结果；同时各文明单元的兴盛又大多与巨大帝国的出现相联系，是其政治经济文化繁荣的产物和表现。这就是说，丝绸之路的形成又是以亚欧大陆一系列文明单元的兴盛为条件的，是一系列文明单元在古代条件下相继兴盛或者大致同时兴盛的结果，而这些文明单元的兴盛又以吸收周围相关地区文明成果乃至直接相互吸收文明成果为条件，各文明单元的兴盛实际上都是集周围相关地区文明成果之大成的产物和结果。

而从丝绸之路作为一个整体来看，由于丝绸之路贯穿了各个文明单元，其中既有以航海文明为主要形态、因素的古希腊古罗马文明，又有以游牧文明为主要形态、因素的阿拉伯文明，还有以大河文明为主要形态、因素的古波斯文明、古印度文明、古代中华文明。各种文明形态、因素相互嵌入、交错发育，并且其相互嵌入程度在古代世界历史上堪称规模最大（地域）、持续时间最久（时间）、交错形态最复杂（文明形态），从而使得丝绸之路成为古代条件下亚欧大陆各大文明单元之集大成者，成为古代条件下亚欧大陆大河文明、航海文明、游牧文明之集大成者，成为各种文明形态共同缔造的璀璨"奇葩"。

例如，以马其顿亚历山大大帝东征为标志，甚至在丝绸之路正式形成或者全线贯通之前，希腊化过程即已从爱琴海沿岸延伸到印度河流域，乃至希腊化印记后来进一步延伸至中国古楼兰地区，该时期丝绸之路西段的文明嵌入、交流程度于此可见一斑。更不用说当时已经基本形成爱琴海沿岸至印度河流域的交通主通道雏形，只待中国汉朝兴盛、中华文明进入初步繁盛期，即可实现丝绸之路全线开通。这也就是说，丝绸之路的形成与发展，本身也是亚欧大陆各大文明单元、各种文明形态相互嵌入、交错发育的结果，这也是丝绸之路得以形成并取得高度繁荣发展的文明交错共生条件。

---

① 伊特鲁里亚文明是指由古代伊特鲁里亚人（使用非印欧语言）所创造的文明。伊特鲁里亚人在早期受希腊人影响深刻，成为意大利诸部族中文明程度较高的一支；通过联盟各城邦及殖民海外方式，伊特鲁里亚人成为其时意大利半岛人数众多、势力较大的部族。在罗马兴起之前，该文明是意大利半岛上最为灿烂的文明，早期文明水平高于拉丁人所创造的文明。伊特鲁里亚人于公元前9世纪兴起，公元前7世纪时其势力渗透至意大利中部大部分地区，并控制了罗马，约公元前6世纪势力达到最高峰，曾控制意大利北至波河、南至坎帕尼亚区的大部分地区长达5个世纪，卡马斯是该文明主要城邦。公元前90年，由于该文明逐渐衰落，伊特鲁里亚人成为罗马市民。印欧语系部落拉丁人、萨宾人以伊特鲁里亚为文明中转站，吸收东侧希腊先进文化并共同创造古罗马文明。

三、对丝绸之路的新解读

（一）丝绸之路是古代条件下亚欧大陆东西一级交通区位线第一次显化并以接力式传递、延展的方式大致实现全线贯通

由上述内容可见，丝绸之路是古代条件下亚欧大陆一系列主要文明单元大致东西相连、相接的结果。在整个丝绸之路存续的历史时期内，除个别极为特殊的直接联系情形以外（如《后汉书》记载，公元100年，"西域蒙奇、兜勒二国遣使内附，赐其王金印紫绶"；公元166年，"大秦国王遣使奉献"，《册府元龟》称之为"汉世唯一通焉"），在绝大部分情形下，丝绸之路东西两端的中国中原王朝与罗马帝国（或者东罗马帝国）之间的贸易往来乃至经济、政治、文化交流，都是通过二者中间的文明单元接力传递而实现的，如印度文明、波斯文明、阿拉伯文明等。《三国志·魏书·乌丸等传》记载：大秦国"常利得中国丝"；《后汉书·西域传》记载：大秦国"常欲通使与中国，而安息倍其利，不得过"，即是明证。甚至作为游牧民族或者部族的大月氏、匈奴、鲜卑、柔然、吐谷浑、突厥、吐蕃、回纥、党项、契丹、蒙古等，都大致依次从丝绸之路贸易活动中牟利或发挥中介、中转、支撑作用。

如《丝绸之路交通史》将吐谷浑在丝绸之路中西贸易中的特殊作用归纳为：第一，吐谷浑将从直接与南北王朝贡赋贸易中获得的大量丝绸等物品供应西域商贾，发挥了中继站的作用；第二，作为西域商贾的代理商，组织与南北王朝进行贡赋贸易；第三，为西域诸国商团进行介绍引导，提供通译、食宿、转运等服务[①]。

上述内容表明，丝绸之路的形成与高度繁荣发展，是亚欧大陆各大文明单元乃至沿线各民族各部族相互连缀、接力传递的结果；或者说，在古代条件下，丝绸之路只有通过沿线各大文明单元乃至沿线各民族各部族的相互连缀、接力传递形式，才能实现全线贯通的目的或结果。而事实上，丝绸之路也正是通过沿线各大文明单元乃至沿线各民族各部族的相互连缀、接力传递，才在人类历史上第一次实现了横贯大陆贸易通道的全线贯通，这也正是当时的亚欧大陆远远繁荣于非洲大陆（中南部）、美洲大陆、澳洲大陆的重要原因和表现之一。

而从丝绸之路的实际载体——道路的通达状况而言，与上述文明连缀传递特征基本一致的是，在整个丝绸之路存续的历史时期内，除蒙古帝国由于疆域横跨亚欧两洲，在一国境内第一次形成自中原通达西亚、欧洲的驿道系统以外（这也是人类历史上第一次出现横贯大陆的驿道线路——古代条件下的亚欧大陆桥），在其他历史时期，丝绸之路各段的道路或线路都分属于不同国家、部族或者文明单元。这也从实际载体上决定了只有通过各大文明单元乃至民族部族的相互连缀、接力传递，才能实现丝绸之路的全线贯通。

（二）丝绸之路是古代及近代早期亚欧大陆陆权时代的产物

由丝绸之路形成与繁荣发展的历史可见，丝绸之路仅仅与古代条件下亚欧大陆的陆权体系或者陆权时代相联系，是古代条件下亚欧大陆陆权体系或者陆权时代的特定产物。这即是说，在古代条件下，在亚欧大陆各大文明单元基本都处于或者大部分处于封建时期的特定背景下，各大文明单元、各部族民族囿于当时农牧业及手工业基础上的简单商品经济历史条件，以陆域为主要活动区域，以陆上交通为主要交通形式，以控制陆域地理要点为国家对内对外权力形成基础，以陆上贸易活动为对外贸易和对外开放交流的主要形式，构成封建时期特定的陆权体系或者陆权时代。丝绸之路正是这一特定历史背景和时代的产物，是亚欧大陆在古代陆权体系或陆权时代条件下精心孵育出的一颗璀璨明珠，是古代条件下亚欧大陆陆路交通

[①]　参见中国丝绸之路交通史/中国公路交通史编审委员会：《丝绸之路交通史》，人民交通出版社2000年版，第180页。

发展、演变的必要形式或必然结果。

而一旦世界历史尤其是亚欧大陆历史发展进入资本主义时期甚至前资本主义时期，相关文明单元或者部族民族逐步改以海域为主要活动区域，以海上交通为主要交通形式，以控制海上地理要点为国家对内对外权力形成基础，以海上贸易活动为对外贸易和对外开放交流的主要形式，封建时期特定的陆权体系或者陆权时代逐步被资本主义或前资本主义时期特定的海权体系或者海权时代所取代，丝绸之路也就逐渐为历史的风尘所湮没。这即是奥斯曼土耳其人阻断中西贸易通道（史称"奥斯曼之墙"）、中国明朝郑和下西洋、西方航海家开始开辟新航路之后，丝绸之路逐渐走向式微的深层次历史原因。这也反向证明丝绸之路仅仅与亚欧大陆古代陆权体系或陆权时代相联系，并是其特定产物。

（三）丝绸之路是古代条件下亚欧大陆各种文明形态共同智慧、共同文明成果的结晶

由上述内容可见，亚欧大陆各大文明单元、沿线相关部族民族都对丝绸之路的形成、畅通与高度繁荣发展做出了一定贡献。丝绸之路是古代条件下亚欧大陆古代中华文明、古印度文明、古波斯文明、阿拉伯文明、古希腊古罗马文明等各大文明单元文明成果的结晶，沿线各农耕部族民族、游牧部族民族、商业部族民族乃至航海部族民族都为丝绸之路的形成、畅通与高度繁荣发展贡献了聪明才智，都为维护丝绸之路的畅通做出了一定贡献。西方用于比喻中世纪科学的名句"中国人的头，阿拉伯人的口，法兰克人的手"①，应是此种状态的真实写照。

上述诸方面对当代条件下丝绸之路经济带空间布局形成的启示为：丝绸之路经济带空间布局仍应以一定的自然地理—经济地理廊带作为其最重要的地理基础，尤其是在自然地理条件极为独特的亚欧大陆中部区域，应以干旱区半干旱区特定光—热—水—土—城—路系统为依托和基础②，即特定的自然地理—经济地理廊带仍是丝绸之路经济带空间布局形成的最重要地理基础，共建丝绸之路经济带是亚欧大陆一系列特定地理廊带在当代条件下的再利用；应以亚欧大陆中部地带蕴含的亚欧大陆东西一级交通区位线（大横线）作为其最重要的交通区位条件，即亚欧大陆东西一级交通区位线仍是丝绸之路经济带空间布局形成的最重要交通区位条件，共建丝绸之路经济带是亚欧大陆东西一级交通区位线在当代条件下的复苏或再次显化；应以沿线区域各文明单元再次复兴作为其最重要的文明兴盛条件，即沿线区域各文明单元复兴仍是丝绸之路经济带空间布局形成的最重要文明兴盛条件，共建丝绸之路经济带是亚欧大陆沿线区域一系列文明单元在当代条件下的集体复兴；应以接力式传递或延展方式实现交通主干线全线贯通作为其最重要的交通线路依托条件，即沿线各国以接力式传递或延展方式贯通交通主干线仍是丝绸之路经济带空间布局形成最重要的交通线路依托条件，共建丝绸之路经济带首先是亚欧大陆沿线国家在当代条件下以接力式传递或延展方式再次实现交通主干线全线贯通的过程；应以亚欧大陆陆权体系复兴作为其最重要的地缘政治地缘经济体系条件，即沿线再次形成亚欧大陆陆权体系仍是丝绸之路经济带空间布局形成最重要的地缘政治地缘经济体系支持条件，共建丝绸之路经济带是亚欧大陆陆权体系在当代条件下的复兴过程；应以沿线各国及其人民群众作为其最重要的主体条件，即沿线各国及其人民群众仍是丝绸之路经济带空间布局形成最重要的主体条件，共建丝绸之路经济带是亚欧大陆沿线各国及其人民群众集体智慧、共同发展成果在当代

---

① 埃及谚语，原句为"智慧降临到了这三者身上：法兰克人的头脑、中国人的双手和阿拉伯人的舌头"。意指欧洲人吸收和借鉴中国古代科技成就形成了西方近代科学，中国人依靠勤劳智慧创造了领先世界的古代科技成就，阿拉伯人在东西方文化交流中发挥了桥梁作用。

② 丝绸之路经济带部分地段（如亚欧大陆中部区域以东、以西地段）空间布局以湿润区半湿润区特定水—土—城—路系统、河—城系统为依托和基础。

条件下的汇集和结晶。

总结上述内容，如同古代条件下的丝绸之路，当代条件下的丝绸之路经济带应以自然地理—经济地理廊带、亚欧大陆东西一级交通线区位、沿线区域各文明单元再次复兴、亚欧大陆陆权体系复兴、沿线各国及其人民群众集体智慧与共同发展成果为依托或基础；应以接力式传递或延展方式实现交通主干线全线贯通为先决条件和首要表征特征，而自然地理—经济地理廊带与交通主干线的结合即为交通经济带。也就是说，以接力式传递或延展为衔接或链接方式的东西延伸条带状经济区域及交通经济带实即丝绸之路经济带的本质特征。因此说，丝绸之路发展历史为当代条件下丝绸之路经济带空间布局形成提供了历史基础，并构成丝绸之路经济带之为东西延伸条带状经济区域及交通经济带的交通历史地理基础。

第四节　丝绸之路经济带之为巨型东西向交通经济带的区域经济空间格局基础

一、区域经济发展的一般空间布局规律要求

点轴系统理论认为，区域经济发展总是呈现由散点到线、由线到轴、由轴到中心和轴线系统形成的梯次、渐进式发展过程与规律。这里的"点"是指各级居民点和中心城市，"轴"是指由交通通信干线和能源水源通道连接起来的"基础设施束"。从区域经济具体发展过程来看，经济中心总是首先在少数资源组合条件较好的区位形成并呈斑点状分布。这种经济中心就是点轴系统理论中的"点"。随着区域经济的进一步发展，经济中心逐渐增加，点与点之间由于生产要素交换需要而以一系列交通线路以及动力供应线、能源水源供应线等相互连接起来，即形成轴线。此种轴线一经形成，即对周围的人口、产业形成吸引力，吸引人口、产业向其两侧集聚，进而带动和促进点轴完全贯通，最终形成点轴系统。

点轴系统理论揭示了人类社会特定历史发展阶段生产力空间运动的客观规律，反映了人类社会特定历史发展阶段生产力空间结构由点而轴、由轴而面的发展阶段、过程、趋势。这种阶段、过程、趋势既从宏观角度展现了人类社会乃至特定区域经济发展整体上的不平衡性，又从微观角度展现了特定区域发展乃至特定产业活动上的方向性、时序性、过渡性。也即是说，特定区域发展乃至特定产业活动在空间结构和时间序列上均呈现动态连续发展、延展特征，其特定时序不容颠倒，其特定阶段不容跨越，其过渡性不容抹杀。

这就意味着，这种阶段、过程、趋势基本否定了区域经济发展中的平面板块式平均推进的可能性，而肯定了特定区域经济发展由点而轴、由轴而面的一般趋势。而从长期角度来考察，这种阶段、过程、趋势既是由人类社会特定历史阶段生产力水平尚未完全充分发展的现实所决定的，也是由具体经济活动中最大限度地实现资源优化配置、避免资源不合理消耗的目的和需要所决定的，更是由人类特定经济活动仍然要受限于所在区域自然环境条件硬约束的现实所决定的。因此，这一规律在人类社会发展的特定历史时期具有普遍性。

既然点轴发展模式是人类社会特定发展阶段生产力空间运动所呈现的普遍规律，丝绸之路经济带作为迄今为止所倡导的规模最大的跨国经济带，其空间结构运动即应该遵循点轴系统发展规律，按照由点而轴、由轴而面的阶段、过程、趋势予以筹划、建设。从这一意义上来说，丝绸之路经济带首先是一个呈东西向延展的经济社会点轴巨系统。

二、丝绸之路光—热—水—土—城—路系统特殊规律要求

而前述的丝绸之路发展历史过程也表明，甚至在古代条件下，不仅处于半湿润区半干旱区的丝绸之路东段关陇道经济空间结构呈现典型的水—土—城—路点轴系统①特征，而且处于干旱区的东段河西道、中段北中南各道、西段北中南各线经济空间结构也呈现典型的光—热—水—土—城—路点轴系统②特征。这不仅印证了点轴系统理论所揭示的生产力空间运动规律在古代条件下的合理性、科学性、普遍性，也从侧面表明，对丝绸之路经济带的筹划、建设应当借鉴历史经验，自觉遵循点轴发展规律，按照点轴巨系统的模式来对其进行筹划和建设。

三、现实条件下中国西北地区、中亚、南亚、西亚、欧洲区域经济发展空间结构特征

而从丝绸之路经济带可能涵盖的中国西北地区、中亚、南亚、西亚、欧洲区域经济空间结构现状来看，中国西北地区区域经济空间结构一级轴线呈现明显的"十"字型交汇特征，即以潼关—兰州—乌鲁木齐—霍尔果斯为横轴线，以临河—银川—兰州—西宁—格尔木为纵轴线，两条轴线在兰州交汇。二级轴线呈现明显的"三横三纵"网格状特征，即除潼关—兰州—乌鲁木齐—霍尔果斯横轴线外，尚有包头—额济纳—伊吾—将军庙—阿勒泰—吉木乃、成都—阿坝—格尔木—若羌—喀什—伊尔克什坦两条横轴线；除临河—银川—兰州—西宁—格尔木纵轴线外，尚有包头—西安—重庆、阿勒泰—奎屯—库车—阿克苏—喀什两条纵轴线，区域经济空间结构点轴系统特征极为明显。

中亚国家区域经济空间结构一级轴线呈现明显的"一"字型延伸特征，即以鲁布佐夫斯克—塞梅伊—阿克斗卡—阿拉木图—塔什干—撒马尔罕—谢拉赫斯为主纵轴，分别向左右延展或分岔。二级轴线呈现明显的"梳状"特征，即以鲁布佐夫斯克—塞梅伊—阿克斗卡—阿拉木图—塔什干—撒马尔罕—谢拉赫斯为主纵轴，分别分岔出阿克斗卡—阿斯塔纳—马格尼托格尔斯克、塔什干—奥伦堡、塔什干—土库曼巴希等三条大致东西、东南—西北走向的二级横轴线，区域经济空间结构点轴系统特征也极为明显。

南亚巴基斯坦区域经济空间结构一级轴线呈现明显的"一"字型延伸特征，即以伊斯兰堡—卡拉奇为主纵轴，分别向左右延展或分岔。二级轴线呈现明显的倒"Y"字型特征，即以伊斯兰堡—卡拉奇为主纵轴，分岔出苏库尔—奎达—扎黑丹二级大致纵轴线，区域经济空间结构点轴系统特征也极为明显。

西亚伊朗经济空间结构一级轴线也呈现明显的"一"字型延伸特征，即以马什哈德—德黑兰—赞詹—大不里士为主横轴，分别向左右延展或分岔。二级轴线呈现明显的侧"Y"字型特征，即以马什哈德—德黑兰—赞詹—大不里士为主横轴，分岔出德黑兰—库姆—卡尚—亚兹德—克尔曼—巴姆—扎黑丹二级大致纵轴线，区域经济空间结构点轴系统特征也极为明显。

西亚土耳其区域经济空间结构一级轴线呈现明显的"一"字型延伸特征，即以埃里温—卡尔斯—埃尔祖鲁姆—埃尔津詹—锡瓦斯—开赛利—克勒克卡莱—安卡拉—埃斯基谢希尔—萨卡里亚—伊斯坦布尔—埃迪尔内为主横轴，分别向左右延展或分岔。二级轴线呈现明显的"两横一纵"特征，即除埃里温—安卡拉—伊斯坦布尔主横轴外，尚有凡城—塔特万—埃拉泽—马拉蒂亚—阿达纳—乌卢克什拉—卡拉曼—科尼亚—阿菲永—乌沙克—马尼萨—伊兹密尔二级横轴、

---

① 即从点轴系统视角观察和识别的水—土—城—路系统，下同。
② 即从点轴系统视角观察和识别的光—热—水—土—城—路系统，下同。

萨姆松—乌卢克什拉—阿达纳—伊切尔二级纵轴线，区域经济空间结构点轴系统特征也极为明显。

欧洲（不含俄罗斯）区域经济空间结构一级轴线呈现明显的"两横线"延伸特征。即以明斯克—华沙—柏林—阿姆斯特丹、伊斯坦布尔—贝尔格莱德—维也纳—慕尼黑—巴黎为两大主横轴，分别向左右延展或分岔。二级轴线呈现明显的"两横三纵"特征，即除以上两条主横轴外，尚有维尔维克—赫尔辛基—华沙—贝尔格莱德—雅典、博德—奥斯陆—维也纳—罗马—巴勒莫、格拉斯哥—伦敦—巴黎—里斯本等三条二级纵轴线，区域经济空间结构点轴系统特征也极为明显。

综上所述，丝绸之路经济带如欲涵盖上述地区，其空间结构须要适应上述地区目前区域经济发展空间结构已经形成和具有的点轴系统空间结构特征，以横贯亚欧大陆的点轴巨系统作为丝绸之路经济带的基础空间结构形式。只有进行集中约束，才能源远流长、行稳致远。

上述从点轴系统理论、历史、现实等三个方面所进行的分析均表明，点轴系统规律构成丝绸之路经济带之为巨型东西向条带状经济区域、点轴巨系统、巨型交通经济带的区域经济地理空间格局规律基础。

第五节　丝绸之路经济带之为巨型东西向交通经济带的国际地缘政治与国际地缘经济地理基础

一、国际地缘政治与地缘经济的含义

地缘最终要表达的是由地理位置上的联系而形成的关系（夏征农等，2009）。这种关系是地缘主体所反映出来的地理区位与政治、经济、文化、区域、优势等之间的联系。因此，地缘包含两层含义：其一为位置，即地缘主体本身所处的地理空间；其二为联系，即地缘主体与其他主体产生的关联联系（胡浩，2014）。

《中国大百科全书》（地理卷）对地缘政治学所下定义为："地缘政治学是政治地理学的一个部分，它根据各种地理要素和政治格局的地域形式，分析和预测世界地区范围的战略形势和有关国家的政治行为。地缘政治学把地缘因素视为影响甚至决定国家政治行为的一个基本因素，这种观点为国际关系理论所吸收，对国家的政治决定有相当的影响。"

地缘政治理论主要研究地理因素对国家及国家间政治态势、对国家政治行为的影响。其中的地理因素主要是指国家疆土大小、国家的地理位置、国家领土所拥有的自然资源、气候条件、人口和民族的自然属性等要素。从现实和历史看，一个国家的地理要素对国家的影响方式是多样的，地理状况如位置、地形、地貌及气候等对一个国家的潜力具有直接影响。与各国的政治、经济和社会等因素相比，地理因素对国家政治的影响是较为直接的，也是较为确定的。

地缘政治理论认为，地缘政治有广义和狭义之分，大体上可以分为三个层次：第一层次是指一个国家与周边国家的地缘关系，这是运用最广的一种定义；第二层次是指比一个国家的周边范围更广泛范围的地缘政治；第三层次是指世界范围内的地缘政治，即把世界当作一个不可分割的整体进行研究。

因地域上的连接或邻近而形成的政治关系，即地缘政治关系。地缘政治关系具有三个鲜明特点：其一是开放性，即任何一种地缘政治关系都是把一个国家与周边国家和地区相联系，把

一国或多国与世界各国相联系；其二是相邻相关性，即相邻近国家的政治、经济和军事举动和发展会对周边国家带来很大影响；其三是经济文化基础性，即任何地缘政治关系都离不开地缘经济关系、地缘文化关系的影响，任何地缘政治关系的变动都与地缘经济、文化关系的变动相联系。

地缘经济学是以国家为行为主体，以地缘因素为基础，通过在特定空间范围内政治和经济的互动来谋求国家利益的科学。这一学科是冷战后时代在西方发达国家兴起的一门以地理要素为基础、从经济地位和经济关系角度去认识和处理国际关系的新学科。地缘经济学主要研究世界经济现象与地理关系、地缘区位之间的相互作用及其规律、地理现象及地缘关系对国际社会经济文化的互动作用和影响等。

地缘经济学理论认为，地理因素是地缘经济中的基本要素，一个国家的地理区位、自然资源会对国家的发展、国家经济行为产生重要影响。在国家的经济活动中，总是首先选择与邻近地区合作。地域上的连接产生的经济关系称为地缘经济关系。这种关系通常表现为联合和合作，或者为对立乃至遏制、互设壁垒等，前者称为互补关系，后者称为竞争关系。在全球经济一体化尚不具备完全充分条件的情况下，区域经济一体化仍是地缘经济的主要表现形式和内容。

二、古代近代条件下的亚欧大陆地缘政治与地缘经济关系

（一）古代条件下的亚欧大陆陆权体系

古代条件下，尤其是在丝绸之路存续的历史时期，亚欧大陆最重要、最有意义的地缘政治地缘经济关系，即是形成了横贯亚欧大陆的陆权体系。这种地缘关系以亚欧大陆各大地缘主体（大国或国家联盟）开拓疆界、控制陆上地理要点、互相讨伐征战或者开展贸易文化乃至进行宗教传播为主要特征、形式，共存共兴于亚欧大陆几乎整个封建社会时期。

1. 古代条件下有史以来最大陆权体系形成于亚欧大陆的缘由

（1）在世界各大洲中，如不计澳洲大陆，亚欧大陆是地球上唯一一块东西向延展的巨型大陆，且其陆块东西长度远远大于包括澳洲大陆在内的所有大洲；同时，亚欧大陆陆地东西延伸方向与地球纬线延伸方向大体一致，导致其绝大部分面积处于适宜人类生存繁衍的中纬度地带，中纬度区域陆地面积在世界各大洲中居于首位。

（2）亚欧大陆是地球上面积最大的单体组合陆块。如前所述，亚欧大陆是历经数亿年由一系列古老陆块经过多次漂移、汇聚，最终在新生代形成的由30多块岩石圈板块或地块拼合而成的巨大板块大陆，也是世界上最大的组合板块大陆。由此导致几乎亚欧大陆绝大部分与地理条件有关的问题，都能从亚欧大陆形成史中找到答案，亚欧大陆古代陆权体系也是如此。巨大板块大陆最辽阔的土地面积为形成古代条件下有史以来最庞大的陆权体系提供了最广阔的自然地理空间，由此直接导致了在古代条件下文明兴盛时期形成有史以来最庞大的陆权体系。

（3）在古代条件下，亚欧大陆东、北、西、南四面环洋，西南以撒哈拉沙漠天堑与非洲大陆内陆在事实上相阻隔，从而构成包括非洲北部海岸地带在内的地球上最大的相对封闭地理单元，进而为该封闭地理单元内各地缘主体构建地缘政治、经济关系提供了相对封闭的空间条件，而古代条件下绝大部分重大历史事件也基本发生于该相对封闭地理单元内。

（4）在古代条件下，亚欧大陆拥有各大洲中面积最大的连片可耕地、可利用草原。如北部地区形成大兴安岭北坡—阿尔泰山脉北坡—里海北岸—黑海北岸辽阔的亚欧草原带；中部地区形成河西走廊—阿尔金山脉及昆仑山脉（中西段）北麓与天山山脉北南麓—兴都库什山脉北南麓—厄尔布尔士山脉南麓巨型绿洲带；南部地区形成中国华南大河下游冲积平原及河口三角洲、东南亚大河下游冲积平原及河口三角洲、南亚大河下游冲积平原及河口三角洲等巨型冲积平原

及河口三角洲。更不用说，在东北亚、东亚、北亚、中欧北部、西欧西部、南欧南部等区域，以亚欧大陆向四方放射状河流流向为依据，亦形成大河下游巨型冲积平原及河口三角洲。由此，为形成亚欧大陆庞大陆权体系准备了较为优越的土地利用条件。

（5）亚欧大陆制度文明始终居于各大洲之前列。在古代条件下，尤其是在丝绸之路存续的历史时期，除早期古希腊、古罗马、古波斯、古印度为奴隶制制度以外，在绝大部分时期，亚欧大陆主要地缘主体均实行封建制度，新兴的封建制度为各大地缘主体带来了封建经济政治文化的高度繁荣，创造了构建地缘政治经济关系的坚实政治经济文化基础条件。从某种程度上说，古代条件下的亚欧大陆陆权体系仅仅与封建制度下严重依赖土地的农牧业及手工业经济相联系，仅仅与严重依赖土地的封建农牧业及手工业经济在亚欧大陆范围内高度、普遍繁盛相联系。正如后来的历史事实所呈现的那样，一旦严重依赖土地的封建农牧业经济度过其高度、普遍繁盛期，古代条件下的亚欧大陆陆权体系即走向日趋没落乃至崩解。

（6）古代条件下，亚欧大陆普遍、长期发生异质文明的板块状共存、高强度互动。大河文明、游牧文明、航海文明等多种文明形态在亚欧大陆上进行了长时期、大规模的相互嵌入、交错发育，并且其相互嵌入程度在古代世界历史上堪称规模最大、持续时间最久、交错形态最复杂，为各大地缘主体构建地缘政治经济关系提供了坚实的文明基础。

2. 古代条件下亚欧大陆陆权体系内涵

古代条件下亚欧大陆陆权体系的主体主要为国家，个别情形下包括部族或者民族，如部分迁徙、征战、贸易、文化、宗教交流活动系以部族或民族名义或形式或以其为主体进行。

古代条件下亚欧大陆陆权体系的具体反映形式主要包括主体开疆拓土、贸易往来、宗教传播、文化交流、民族迁徙、军事征伐等方面。在这一内涵下，亚欧大陆出现了古代条件下世界历史上数量最多、规模最庞大的帝国群；出现了古代条件下人类历史上持续时间最久、地域跨度最大、参与主体最多的贸易文化科技宗教交流通道——丝绸之路；出现了古代条件下人类历史上最大规模的民族大迁徙——"西行浪潮"和"南下浪潮"；发生了古代条件下人类历史上规模最大的军事征伐——希波战争、马其顿亚历山大大帝东征、阿拉伯帝国西扩东进、十字军东征、蒙古西征等。

各地缘主体以开疆拓土、控制陆上地理要点、确认本国利益最大化的山河边界体系作为国家对内对外权力形成基础，在此基础上形成多主体并存、互讨共荣的政治格局，并大体形成南农北牧中商、互通互利的地缘经济格局。

3. 古代条件下亚欧大陆陆权体系的影响

在这一陆权体系下，亚欧大陆滋养了人类历史上最多的人口，诞生了早期三大世界性宗教（印度教、祆教、犹太教）后期三大世界性宗教（佛教、基督教、伊斯兰教），形成了古代条件下各大洲中人类最辉煌的文明成果，并使亚欧大陆成为古代条件下世界历史演进的主要舞台。

（二）近代世界海权体系

近代世界海权体系以发源于爱琴海、地中海沿岸的古希腊文明、古罗马文明为文明源头，以各大地缘主体（大国或国家联盟）控制大西洋、印度洋、太平洋及边缘海海上地理要点、实行殖民扩张、在世界范围内组建生产体系为主要特征、形式，形成于近代时期并延续至今。

1. 近代世界海权体系形成的缘由

（1）在爱琴海、地中海沿岸形成的古希腊、古罗马航海文明，为近代世界海权体系形成提供了航海文明源头。而这一文明渊源能够在爱琴海沿岸地区形成，主要得益于爱琴海沿岸地区地处亚非欧三洲交界地带的优越区位，这一优越区位使其能够充分吸纳亚非欧三洲毗邻地区的早期文明成果（如腓尼基文明、古埃及文明、迦太基文明乃至两河流域文明等成果），进而形成具有自身特色的文明成果。从已知史料来看，这一文明轨迹经历了腓尼基航海文明—古希腊文明—古罗马文明的发展轨迹。

（2）欧洲及美洲优越的海陆位置、区块配置为近代世界海权体系形成提供了区位、区块条件。近代海权体系形成大致经历了"希腊的爱琴海""罗马的地中海""葡萄牙西班牙的大西洋""英国的印度洋""美国的太平洋"等几个不同的发展阶段。古希腊依托爱琴海地近亚非欧三洲的区位优势，成为早期航海文明的翘楚；古罗马依托亚平宁半岛在地中海的中心区位（所谓"C位"），使地中海成为"罗马的内湖"；葡萄牙、西班牙依托面向大西洋、背倚欧洲大陆的有利海陆区位，成为首批横跨大西洋并建立广泛殖民地的国家；英国依托两面近陆、处于洋流下游的区位优势，成为在印度洋沿岸拥有最广泛殖民地的"日不落帝国"（以印度沦为其殖民地为最主要标志）；美国依托"东西两面濒洋"的有利区位，成为在太平洋实际拥有利益最大的国家。上述国家依托有利海陆区位先后成为海上强国，葡萄牙、西班牙、荷兰、英国、法国、美国还先后成为世界霸主，其所依托的主要水域经历了从爱琴海、地中海到大西洋、印度洋、太平洋的"池子逐步扩大过程"。"池子逐步扩大过程"大致适应和体现了当时主要地缘主体航海能力及生产能力逐步提高的过程。而以上几个大致依次扩大的"池子"都大致分布在欧洲、美洲大陆周围（印度洋除外），构成海陆位置与海陆区块的绝佳搭配，为近代世界海权体系形成提供了有利的海陆区位、区块条件。

（3）巨大连续水域体系为近代世界海权体系形成提供了空间条件。从爱琴海（类似于摇篮）出发，经过地中海，通向地球上最大的水域体系（大西洋、印度洋、太平洋），这一水域体系为近代世界海权体系形成提供了充分的空间条件。

（4）早期资产阶级革命为近代世界海权体系形成开创了政治制度条件。肇始于尼德兰资产阶级革命、继之以英国资产阶级革命、美国独立战争、法国资产阶级革命的大西洋两岸的资产阶级革命潮流，为海权体系首先在大西洋两岸建立创造了制度条件，并使上述国家在一定历史时期内取得可以俯瞰世界其他各国的制度条件、制度优势，将其在大西洋两岸形成的海权优势扩散到世界的其他地区。其结果为，上述首先爆发资产阶级革命的国家后来相继登上世界霸主尤其是海权霸主的宝座，甚至连尼德兰地区的领土面积小国荷兰也不例外，而世界绝大部分地区都在一定历史时期内"遭受降维打击"而沦为其殖民地和半殖民地，被纳入以大西洋两岸海权国家为宗主的世界海权体系。更不用说，当这一海权体系还处于摇篮甚至处于胎胞阶段时，前资本主义时期的工厂手工业制度就已经为这一海权体系在意大利半岛首先形成萌芽准备了制度条件。可见，正是前资本主义工厂手工业制度及新兴资本主义制度带来前资本主义及资本主义前期经济政治文化的高度繁荣，为世界海权体系形成提供了制度条件。

（5）近代工业及航海业兴起为近代世界海权体系形成奠定了新型经济部门、运输方式基础。以大宗原料输入与巨量产品外输为特征的新型经济部门近代工业兴起，"大工业建立了由美洲的发现所准备好的世界市场。世界市场使商业、航海业和陆路交通得到了巨大的发展"[1]，以巨量、低成本、大宗为特征的新型运输方式近代海洋运输异军突起并第一次跻身世界主流运输方式之列，为近代海权体系形成提供了新型经济部门、运输方式基础。

（6）数千年乃至万年文明成果的丰厚积淀，为近代海权体系形成提供了文明基础。世界历史发展到近代初期，以古希腊文明及古罗马文明为源头，经过了地中海北岸再次孕育的西欧航海文明，已经在其时成为古埃及文明、古代两河流域文明、古印度文明、古代中华文明、古波斯文明、阿拉伯文明等在内的古代文明之最集大成者，已经吸收了亚欧大陆及北非数千年文明

---

① 参见马克思、恩格斯：《共产党宣言》。

的优秀成果并进行了一定时期的重新孕育；更不用说，生产力及航海技术的进一步提高使其具备了从地中海这一"洗澡盆"走向远海远洋的能力，新大陆的发现为他们向世界的其他部分扩张提供了广阔空间。从这一意义上说，数千年乃至万年文明成果的丰厚积淀为近代海权体系的形成提供了文明基础。

2. 近代世界海权体系的内涵

近代世界海权体系的主体主要为大西洋两岸国家。

近代世界海权体系的具体反映形式主要包括大西洋两岸国家在世界范围内进行殖民扩张和在世界范围内组建生产体系。在这一内涵下，在世界范围内出现了最大的殖民帝国——"日不落帝国"（西班牙帝国和大英帝国）；第一次形成了遍及世界的殖民瓜分体系；第一次在世界范围内建立起了庞大的生产体系；在近代末期还爆发了一场内陆国家集团挑战既有海权体系的战争——第一次世界大战。

在该体系下，世界为大西洋两岸少数海权国家所瓜分，原陆权国家陆续沦为海权国家殖民地或半殖民地。

3. 近代世界海权体系的影响

在这一海权体系下，大西洋两岸取代东亚和地中海沿岸，成为全世界经济社会发展水平最高的区域；世界霸权第一次形成，大西洋两岸主要国家相继取得世界霸权，成为世界霸主；大西洋两岸取代亚欧大陆，成为世界历史演进的主要舞台。

三、当前条件下的亚欧大陆地缘政治与地缘经济关系

（一）大部分国家发展仍然受到既存海权体系的挤压

当前条件下，世界范围内尤其是亚欧大陆范围内最重要、最具有重大意义的地缘政治、地缘经济关系，即是相当一部分国家经济社会发展仍然受到既存海权体系的挤压。近百年来，虽然世界范围内的殖民体系已经基本崩解，绝大部分大西洋两岸海权国家的海权优势、国力优势已经部分或者大部分丧失，但现存海权体系依然是近代海权体系的延续，其在世界范围内的优势依然存在，并且仍以新的形式、新的视角俯瞰其他绝大部分国家。在可以预见的时期内，现存海权体系主要国家的海权优势、综合国力优势、在全世界的掌控地位依然会在一定时期内存在。

（二）部分区域内的陆权体系开始重新构建

同时，随着传统国力的逐步恢复，部分传统陆权国家已经以某些形式开始重建陆权体系，部分区域已经显现出重新构建陆权体系的努力或趋势。当前，部分区域内陆权体系开始重新构建的缘由或因素主要在于以下方面：

（1）信息化的迅猛发展在一定程度上减少了人类生产生活的某些领域对物质生产或输送的依赖程度，却相对增强了对以陆基方式（如陆地光缆）、空基方式（如卫星通信）进行信息存储或输送的依赖程度，为减少对海洋运输的依赖程度、相对增强对陆基运输或陆基空基信息输送依赖程度提供了新型生产部门或新型运输通信方式基础。

（2）伴随着后工业化时代逐步到来，部分国家已经进入后运输化时代，传统的巨量低成本大宗运输需求（海洋运输需求）增长速度已经趋缓甚至下降，绝大部分程度上依靠或依赖廉价运输创造财富的时代在一些区域或领域已经开始逐步远去，这些都为减少对海洋运输的依赖程度、复兴传统大陆运输优势提供了时代背景。

（3）高速陆基交通技术的出现，为相对缩短地理空间距离、改变地缘政治地缘经济格局、复兴传统大陆运输优势提供了技术基础。迄今为止，亚欧大陆已经建成了各大洲中跨经度最长

的公路、铁路大陆桥，并已开启公路大陆桥高速化进程，后续预计将开启铁路大陆桥高速化进程。

（4）海权殖民体系已经基本崩解，绝大部分曾沦为殖民地半殖民地的传统陆权国家已经基本取得独立发展本国经济政治文化的权利，为复兴陆权体系提供了政治基础。

（5）世界范围内的海上疆域早在近代早期即已基本被瓜分完毕，像西方海权国家一样可以"随意"占据海上地理要点以确立国家对内对外权力基础的时代已经一去不复返，传统陆权国家已经不可能再复制近代海权国家的"海权式"发展道路。

（6）回顾世界海权体系的形成路径，主要海权国家大都利用了其时大西洋两岸东强西弱、北强南弱和亚欧大陆主要国家仍然东强西弱的态势，首先侵入和控制大西洋西岸、南部，然后开始在大西洋两岸、南北部之间"倒腾"（以欧洲西海岸、非洲西海岸、北美东海岸之间的"三角贸易"为典型代表），在大西洋两岸大致完成海权优势及综合国力的"原始积累"后，才开始闯入印度洋、太平洋，将亚欧大陆东部主要国家踩在脚下。究其整个过程的实质，其实在于利用海洋完成了其综合国力积累与国力优势运用在战略上的迂回①。而这一战略过程的实质对亚欧大陆东方国家的启示在于，应当利用大陆完成自己对当代主要海权国家战略上的迂回。即在目前，第三世界大陆内部尤其是亚欧大陆内陆是海权体系国家势力相对薄弱地带，但却是传统陆权国家传统势力范围或影响范围；传统陆权国家只有在保持开放的前提下，在大陆板块内部尤其是在传统陆权优势地带集聚实力，以古代陆权体系所演绎的"板块状共存、高强度互动"模式，以新的方式进行发展资源与综合实力的反复迭代、持续优化，进而复兴传统大陆优势，才能在未来某一时期克服或对冲既存海权体系海权优势、综合国力优势，才能进行所谓"摊牌"斗争。

（三）海权体系与陆权体系"板块状共存、高强度互动"可能是未来发展的主要方向

如同古代陆权体系所演绎的"板块状共存、高强度互动"模式，海权体系与陆权体系以新的形式进行"板块状共存、高强度互动"，可能是未来世界发展的主要方向，也是大部分国家未来发展与共处的主要路径或模式。而对于位于太平洋西岸、未来可能卷入所谓"太平洋大循环"的部分国家（如中国、俄罗斯等国）来说，如果不实行向大陆纵深的"向后转"，即无法进行未来的面向太平洋的"向前看"；只不过，中、俄之间的差异之处在于中国的"向后转"为朝向西方向、朝向亚欧大陆内陆，"向前看"则是朝向东方向、朝向太平洋，俄罗斯的"向后转"与未来的面向太平洋的"向前看"都是朝向东方向、朝向太平洋。就亚欧大陆来看，其实质可能是一场新的"连纵合横"，是新的"百年未有之大变局"。

（四）当前或未来条件下亚欧大陆地缘政治与地缘经济关系主要主体

与古代亚欧陆权体系时期下的情形相对比，中国、印度、伊朗基本保留或在绝大部分程度上保留了原有的领土疆界；原来强盛的阿拉伯帝国沦为碎片化的诸多阿拉伯国家；原来强盛的古罗马帝国、查理曼帝国沦为碎片化的诸多欧洲国家；原来处于东亚、南亚、西亚、东南欧强盛王朝空隙中的中亚游牧诸部族政权经过"走马灯"式的更迭以后，目前固化为中亚五国；原来蒙古帝国的相当一部分领土甚至其在北亚的优势地位，基本被俄罗斯所承袭。这样，在亚欧大陆上，目前存在的主要地缘政治、地缘经济主体即剩下中（中国）、俄（俄罗斯）、欧（欧

---

① 即在其时大西洋两岸东强西弱、北强南弱和亚欧大陆主要国家仍然东强西弱的态势下，北大西洋东岸国家（含岛屿国家）并未在其时直接与亚欧大陆东部主要国家进行"摊牌"，而是利用其对大西洋西岸地区、南大西洋东岸地区的相对国力优势，进行大西洋两岸、南北部之间的"倒腾"（"三角贸易"），在大致完成海权优势及综合国力的"原始积累"后，才开始闯入印度洋、太平洋，与亚欧大陆东部、南部主要国家进行"摊牌"，并将亚欧大陆东部、南部主要国家踩在脚下。该过程构成一个战略迂回过程。

洲）、阿（阿拉伯世界）、伊（朗）、印（度）巴（基斯坦）、中亚（五国）等七方或七个板块。借鉴古代条件下亚欧大陆陆权体系下"板块状共存、高强度互动"的历史经验，七方或七个板块在新的历史条件下，以新的形式再次进行"板块状共存、高强度互动"、重铸亚欧大陆陆权体系仍是可期的，也可能将成为亚欧大陆重构陆权体系的主要内容、主要过程。

（五）当前条件下亚欧大陆地缘政治、地缘经济关系的主要表现形式或实现形式

回顾古代条件下亚欧大陆陆权体系的形成或其反映形式、发展途径，其关键和要点在于建立少数几条横贯大陆、串联各个文明板块的战略主通道（一般为三四条主通道，丝绸之路绝大部分地段为三条主通道），并以该几条战略主通道作为文明之间、国家和部族之间、商业团队之间进行利益交换调节甚至以军事手段解决利益冲突的主渠道，并在特别重要的地理节点建立或形成进行利益交换和管控的战略主枢纽，如边境军事、商业、战略要点的设立、争夺或管控，敦煌之玉门关阳关、西域之楼兰古城乌垒古城交河古城金满古城、中亚之古木鹿城、西亚之大不力士泰西封塞琉西亚、东南欧之君士坦丁堡等均属于此类。

古代条件下，亚欧大陆陆权体系国家选择以少数几条战略通道为依托形成主渠道、建立主枢纽，并能够形成较长时期的跨国界繁盛局面，究其机理，关键即在于在广阔的地域空间范围内，以几条战略通道数量上的"少"来保障战略通道长度上的"长"，以战略通道纵向上的"狭小"来保障战略通道横向上的"绵长"，确保在广阔地域范围内尤其是在亚欧大陆东西方向上形成战略性的地域穿透力或地缘穿透力，以确保能够在广阔地域范围内串联各个文明板块，实现各个文明板块之间的战略沟通与战略利益交流。

此种以少数几条战略主通道串联各个或多个文明板块的做法，不仅是当时相对较低的生产力水平、沿线严酷自然环境条件所造成的硬约束，在某种程度上也是前人古老智慧与战略眼光、辩证思想的具体体现，而且是古代条件下一系列自然、经济、交通、人文条件反复比选、综合抉择的结果，也是一系列自然、经济、交通、社会逻辑相互镶嵌、共同作用的结果。

换言之，假如前人并非以少数几条而是以众多条战略通道沟通多个文明板块，最终实现的将仅仅是少数几个邻近文明板块的高度融合（如同中国历史时期在华北、中原、华中平原地带所展现的深度融合场景和结果一般），而不可能实现亚欧大陆范围内众多文明板块之间的战略沟通和战略利益交流，不可能在古代条件下形成和建立亚欧大陆范围内的地缘政治与地缘经济战略关系，也不可能形成古代条件下亚欧大陆陆权体系，更不可能形成享誉中外的丝绸之路。这一思想于今仍对于我们具有重要启发和现实意义。

也就是说，假如丝绸之路经济带以众多条战略通道而并非以少数几条战略通道沟通亚欧大陆主要陆权国家或文明板块，实现的将仅仅是亚欧大陆少数邻近陆权国家或文明板块的高度融合，而不可能实现亚欧大陆范围内众多陆权国家（甚至包含部分海权国家）之间的战略沟通和战略利益交流，就不可能在当代条件下形成和建立亚欧大陆范围内的广泛地缘政治与地缘经济战略关系，也不可能形成当代条件下的亚欧大陆陆权体系或亚欧大陆新型国际体系，不可能形成具有最大战略利益的丝绸之路经济带。究其原因，即在于，如此即不可能形成最宏伟的战略性地域穿透力或地缘穿透力。

而此种战略性地域穿透力或地缘穿透力，也正是丝绸之路经济带之为巨型东西向经济条带、点轴巨系统、巨型交通经济带的重要地缘政治与地缘经济地理基础。

第四章　丝绸之路经济带初期空间布局

基于第二章、第三章所述，运用交通地理学、区域经济学相关理论及其分析技术、方法，对丝绸之路经济带交通主通道及经济带主轴线可能线路沿线各国交通、城市、产业发展现状、地缘政治状况及未来发展趋势进行全面把握、综合比选和高度概括可见，丝绸之路经济带包括北带、中带、南带等三条既相互区分又紧密联系的发展带，各带都是以古丝绸之路沿线已经形成或即将形成的运输通道为主轴（轴），以轴上或其吸引范围内的大中城市（点）为依托，向两侧延伸一定距离（两侧各约 50 千米左右①）而形成的点轴面相结合的带状区域和点轴经济系统，以中带为主带，以北带、南带为两翼。

第一节　丝绸之路经济带初期北带空间布局

一、北带交通主通道走向及其辐射范围、沿线地区主导产业

丝绸之路经济带北带交通主通道（以下简称北带主通道）及经济带走向、辐射范围、沿线地区主导产业如下：

（一）北带主通道走向

北带主通道走向为：中国（北）京（天）津唐（山）地区（京津冀地区）—张家口—大同—呼和浩特—临河—额济纳旗—明水—伊吾—木垒—将军庙—阿勒泰—吉木乃口岸—哈萨克斯坦迈哈布齐盖口岸—厄斯克门—俄罗斯鲁布佐夫斯克口岸—新西伯利亚—莫斯科—圣彼得堡—芬兰赫尔辛基（波罗的海沿岸地区）。

（二）北带主通道穿越或辐射地区

北带主通道穿越的国家为：中国、哈萨克斯坦、俄罗斯、芬兰。

北带主通道穿越的中国一级行政单元为：天津市、北京市、河北省、内蒙古自治区、甘肃省、新疆维吾尔自治区（共计 6 个一级行政单元）。

北带主通道穿越的中国国内市地盟州②为：天津市、北京市、河北廊坊市、张家口市、山西大同市、内蒙古乌兰察布市、呼和浩特市、包头市、鄂尔多斯市、巴彦淖尔市、阿拉善盟、甘肃酒泉市、新疆哈密市、昌吉回族自治州、阿勒泰地区。

北带主通道穿越的中国国内城市为：天津市、北京市、河北廊坊市、张家口市、山西大同

---

① 既有大部分研究成果表明，高速公路对两侧经济社会发展辐射带动影响空间范围为两侧各约 50 千米。

② 因受资料详尽程度差异制约，本研究第三章、第四章对丝绸之路经济带各条廊带中国境内段二级行政单元自然资源、人口、城市、主导产业概况进行梳理；对丝绸之路经济带各条廊带其他国家段一级行政单元自然资源、人口、城市、主导产业概况进行梳理，特此说明。

市、内蒙古乌兰察布市、呼和浩特市、包头市、巴彦淖尔市、新疆阿勒泰市、北屯市。

北带主通道穿越的中国新疆县市区为：伊吾县、巴里坤哈萨克自治县、木垒哈萨克自治县、奇台县、富蕴县、青河县、阿勒泰市、北屯市、布尔津县、吉木乃县、哈巴河县。

北带主通道穿越的其他国家一级行政单元为：哈萨克斯坦东哈萨克斯坦州①、俄罗斯阿尔泰边疆区、新西伯利亚州、鄂木斯克州、秋明州、斯维尔德罗夫斯克州、彼尔姆边疆区、巴什科尔托斯坦共和国、乌德穆尔特共和国、鞑靼斯坦共和国、楚瓦什共和国、下诺夫哥罗德州、弗拉基米尔州、莫斯科州、莫斯科直辖市、特维尔州、诺夫哥罗德州、列宁格勒州、圣彼得堡直辖市、芬兰南芬兰大区（共计20个一级行政单元）。合计北带主通道穿越的各国一级行政单元共计26个。

北带主通道穿越的其他国家主要城市为：哈萨克斯坦厄斯克门市、俄罗斯巴尔瑙尔市、新西伯利亚市、鄂木斯克市、秋明市、叶卡捷琳堡市、伊热夫斯克市、喀山市、下诺夫哥罗德市、弗拉基米尔市、莫斯科直辖市、特维尔市、诺夫哥罗德市、圣彼得堡直辖市、芬兰赫尔辛基市。

北带主通道穿越的中国—哈萨克斯坦国际口岸为：吉木乃口岸—迈哈布奇盖口岸。

北带主通道辐射的中国—蒙古国际口岸为：二连浩特口岸—扎门乌德口岸、甘其毛都口岸—嘎顺苏海图口岸、满都拉口岸—杭吉口岸、策克口岸—西伯库伦口岸、老爷庙口岸—布尔嘎斯台口岸、乌拉斯台口岸—北塔格口岸、塔克什肯口岸—布尔根口岸、红山嘴口岸—大洋口岸。

北带主通道辐射的中国—哈萨克斯坦国际口岸为：阿黑吐别克口岸—阿连谢夫卡口岸。

（三）北带主通道沿线地区主导产业

1. 北带主通道中国京津冀段沿线地区主导产业

北带主通道中国京津冀段沿线地区主导产业为：现代服务业、电子信息产业、文化创意产业、交通运输设备制造业、电力热力生产和供应业、通信设备计算机和其他电子设备制造工业、黑色金属采选冶炼及压延加工业、石油及天然气开采工业（中国北京市、天津市、河北省廊坊市、张家口市，见表4-1）。

表 4-1　北带主通道中国京津冀沿线地区主导产业

序号	省份	地市盟州	主导产业
1	北京市		现代服务业、电子信息产业、文化创意产业、交通运输设备制造工业、电力热力生产和供应业、通信设备计算机和其他电子设备制造工业
2	天津市		黑色金属冶炼及压延加工工业、石油及天然气开采工业、电气机械和器材制造业、医药制造业、农副食品加工业、专用设备制造业、交通运输与仓储和邮政业
3	河北省	廊坊市	装备制造工业、金属冶炼及压延加工工业、食品加工工业、家具制造及木材加工业、电子信息产业
		张家口市	矿产品及精深加工工业、食品加工工业、新型能源产业、装备制造工业

资料来源：根据相关资料整理。下同。

2. 北带主通道中国山西及内蒙古段沿线地区主导产业

北带主通道中国山西及内蒙古段沿线地区主导产业为：煤炭开采和洗选工业、电力热力生产和供应业、农畜产品加工工业、化学原料和化学制品制造工业、黑色和有色金属采选冶炼及

① 2022年6月8日，哈萨克斯坦分东哈萨克斯坦州新设阿拜州，州政府驻塞梅伊市。因暂缺连续统计资料，本研究中凡论及东哈萨克斯坦州，仍暂以其原有辖区内自然资源、人口、城市、主导产业等概况进行阐述。

压延加工工业、种植业及畜牧业（中国山西省大同市、内蒙古自治区乌兰察布市、呼和浩特市、包头市、鄂尔多斯市、巴彦淖尔市、阿拉善盟，见表4-2）。

表4-2　北带主通道中国山西及内蒙古段沿线地区主导产业

序号	省份	市地盟州	主导产业
1	山西省	大同市	煤炭开采及洗选工业、煤电及煤化工工业、石油及天然气开采工业
2	内蒙古自治区	乌兰察布市	电力工业、冶金工业、化学工业、建材工业、农畜产品加工工业、装备制造工业、种植业及畜牧业
		呼和浩特市	农畜产品加工工业、电力工业、化学工业、新能源产业、冶金工业
		包头市	黑色和有色金属采选冶炼及压延加工工业、汽车制造工业、化学工业、农畜产品加工工业、建材工业
		鄂尔多斯市	煤炭及天然气采掘工业、电力工业、汽车制造工业、化学工业、冶金工业、农畜产品加工工业、建材工业
		巴彦淖尔市	农畜产品加工工业、黑色和有色金属采选冶炼工业、化学工业、电力工业、建材工业、种植业及畜牧业
		阿拉善盟	原盐采掘业、黑色金属采选工业、化学工业、建材工业、种植业及畜牧业

3. 北带主通道中国甘肃及新疆段沿线地区主导产业

北带主通道中国甘肃及新疆段沿线地区主导产业为：煤炭开采和洗选工业、石油及天然气开采工业、黑色和有色金属采选工业、电力热力生产和供应业、种植业及畜牧业与林业、旅游业（中国甘肃省酒泉市、新疆哈密市北部区域、昌吉回族自治州、阿勒泰地区，见表4-3）。

表4-3　北带主通道中国甘肃及新疆段沿线地区主导产业

序号	省份	市地盟州	主导产业
1	甘肃省	酒泉市	蔬菜种植业、制种业、草畜业、林果业
2	新疆维吾尔自治区	哈密市（北部区域）	煤炭开采及洗选工业、煤电及煤化工业、畜牧业及种植业
		昌吉回族自治州	煤炭开采及洗选工业、煤电及煤化工业、石油及天然气开采工业、机电设备制造工业、种植业及畜牧养殖业
		阿勒泰地区	黑色金属采选工业、有色金属采选工业、旅游业、电力热力生产和供应业、畜牧业及种植业与林业

4. 北带主通道哈萨克斯坦段沿线地区主导产业

北带主通道哈萨克斯坦段沿线地区主导产业为：金属采选冶炼及压延加工工业、木材加工工业、电力热力生产和供应业、煤炭开采和洗选及煤电煤化学工业、石油及天然气开采工业、畜牧业（哈萨克斯坦东哈萨克斯坦州）。

5. 北带主通道俄罗斯西西伯利亚段沿线地区主导产业

北带主通道俄罗斯西西伯利亚段沿线地区主导产业为：仪器仪表机床及机器设备制造工业、电子工业、动力能源工业、食品加工工业、石油开采及石油化学工业、黑色和有色金属采选冶炼及压延加工工业、种植业及畜牧业与林业（俄罗斯阿尔泰边疆区、新西伯利亚州、鄂木斯克州、秋明州、斯维尔德罗夫斯克州，见表4-4）。

表 4-4　北带主通道俄罗斯西西伯利亚段沿线地区主导产业

序号	州份	主导产业
1	阿尔泰边疆区	机械制造工业、黑色和有色金属加工工业、石油化学工业、建材工业、食品加工工业、纺织工业、种植业及畜牧业
2	新西伯利亚州	仪器仪表机器制造工业、军事工业、电子工业、电力工业、黑色和有色金属采选冶炼及压延加工工业、石油天然气开采及化学工业、食品加工工业、建材工业、种植业
3	鄂木斯克州	机械制造工业、黑色和有色金属加工工业、动力能源工业、电子工业、食品加工工业、石油化学工业、建材工业、纺织工业、种植业及畜牧业
4	秋明州	电气机械器材及医疗设备制造工业、石油天然气开采加工工业、木材加工工业、建材工业、汽车制造工业、种植业及畜牧业
5	斯维尔德罗夫斯克州	黑色和有色金属采选冶炼及压延加工工业、仪器仪表机床与重型电力及运输设备制造工业、电力能源工业、化学工业、木材加工及造纸工业、建材工业、种植业

6. 北带主通道俄罗斯西部段沿线地区主导产业

北带主通道俄罗斯西部段沿线地区主导产业为：汽车与精密机器仪表及机器设备制造工业、无线电及电子工业、军事工业、石油天然气开采工业及化学工业、黑色金属加工工业、造纸印刷工业、食品纺织及玻璃工业、森林工业（俄罗斯彼尔姆边疆区、巴什科尔托斯坦共和国、乌德穆尔特共和国、鞑靼斯坦共和国、楚瓦什共和国、下诺夫哥罗德州、弗拉基米尔州、莫斯科州、莫斯科直辖市，见表 4-5）。

表 4-5　北带主通道俄罗斯西部段沿线地区主导产业

序号	州份	主导产业
1	彼尔姆边疆区	机器制造工业、航空航天工业、石油开采和加工工业、化学工业、黑色和有色金属采选冶炼及压延加工工业、木材加工及造纸印刷工业、电力工业、乳肉用畜牧业
2	巴什科尔托斯坦共和国	石油开采和加工工业、化学工业、机器制造工业、黑色和有色金属采选冶炼及压延加工工业、木材加工工业、种植业及畜牧业
3	乌德穆尔特共和国	汽车制造工业、精密仪表及机器制造工业、无线电及电子技术产业、军备生产工业、黑色和有色金属加工工业、石油开采工业、木材加工工业、种植业
4	鞑靼斯坦共和国	石油天然气开采工业、化学工业、机器制造工业、轻工业、食品加工工业
5	楚瓦什共和国	机械制造工业、黑色金属加工工业、化学工业、纺织工业、食品加工工业、乳肉用畜牧业
6	下诺夫哥罗德州	机械制造工业、黑色金属加工工业、化学工业、木材采伐及造纸工业、轻工业、食品加工工业、种植业、乳肉用畜牧业
7	弗拉基米尔州	仪器仪表及机械制造工业、黑色和有色金属加工工业、玻璃工业、化学工业、纺织工业、食品工业、种植业及畜牧养殖业
8	莫斯科州	机械制造工业、黑色和有色金属加工工业、火箭—太空工业、航空工业、原子能工业、纺织工业、化学工业
9	莫斯科直辖市	机械制造工业、轻工业、纺织工业、化学工业、食品加工工业、印刷工业、金融业

7. 北带主通道俄罗斯西北部段沿线地区主导产业

北带主通道俄罗斯西北部段沿线地区主导产业为：机器制造工业、化学工业、黑色和有色金属加工工业、燃料工业、电力工业、纺织工业（俄罗斯特维尔州、诺夫哥罗德州、列宁格勒州、圣彼得堡直辖市,见表4-6)。

表4-6　北带主通道俄罗斯西北部段沿线地区主导产业

序号	州份	主导产业
1	特维尔州	黑色和有色金属加工及机器制造工业、航空工业、化学工业、电力工业、木材采伐加工造纸及印刷工业、种植业及畜牧业
2	诺夫哥罗德州	机器制造工业、黑色和有色金属加工工业、化学工业、木材加工及造纸工业、轻工业、食品工业、种植业、肉乳用畜牧业
3	列宁格勒州	燃料工业、电力工业、机械制造工业、化学工业、纺织工业、食品加工工业、日用消费品工业
4	圣彼得堡直辖市	有色及黑色金属冶炼及机械制造工业、燃料及电力工业、石油加工工业、森林及造纸工业、食品加工工业、种植业和肉乳用畜牧养殖业

8. 北带主通道芬兰段沿线地区主导产业

北带主通道芬兰沿线地区主导产业为:机器制造工业、造船工业、电子通信业、造纸印刷工业、服装制造工业(芬兰南芬兰大区)。

对上述四个国家八个区段的主导产业进行比较可见,在整个北带主通道沿线地区,主导产业结构层次及总体经济发展水平大致呈现西段最高、东段次高、中段最低的"鞍形"格局,尤其是中国吉木乃口岸以西的西段,呈现愈向西主导产业结构层次及总体经济发展水平愈高的趋势,而中国临河以东的东段则呈现愈向东主导产业结构层次及总体经济发展水平愈高的趋势,自临河以西至吉木乃口岸以东的中段仅以能源开发及原材料生产、种植业及畜牧业为主导产业,处于北带主通道全线产业结构层次和经济发展水平的最低端,沿线地区产业结构层次和经济发展水平差异极为明显,全线产业结构优化及经济发展一体化潜力巨大。

(四)北带主通道及经济带走向理由与依据

(1)环渤海经济圈及京津冀地区是中国东部沿海三大经济圈之一和世界重要城市带之一,也是北带主通道中国境内诸多可能穿越地段中唯一具有能够带动或辐射境内外其他地段经济社会实力、产业结构、未来发展定位、历史发展基础的区域。因此,应当确立其为北带主通道起始区域、北带东桥头堡区域。

(2)其中的北京市地处华北平原北部,为中国国家首都、直辖市、国家中心城市、超大城市、全国政治中心文化中心国际交往中心科技创新中心、年度中国人类发展指数第二位城市、现代化国际城市、世界一线城市、拥有世界遗产最多城市、世界著名古都。其中的天津市地处华北平原东北部、海河流域下游地区,为中国国家直辖市、国家中心城市、超大城市、环渤海地区经济中心、北方对外开放门户、北方经济中心城市、北方国际航运中心、北方最大的港口城市、中国先进制造研发基地、中国南北物资交流重要枢纽和辐射东北西北华北地区的商品集散地、国际消费中心城市、中国重要老工业基地、中国近代工业发祥地、中国近代洋务运动基地;天津港为世界等级最高、中国规模最大的人工深水港及吞吐量居世界第四位的综合性港口,服务和辐射面积近500万平方千米,是中国京津冀地区、北方中西部地区及蒙古国等内陆国家的主要出海口。其中的河北省唐山市地处河北省东部、中国华北与东北通道咽喉要地,为京津冀城市群东北部副中心城市、中国重要钢铁工业和装备制造业基地、重要综合交通运输枢纽、近代工业摇篮。京津唐地区为中国政治中心文化中心地区、中国北方事实上的经济中心科技创新中心交通枢纽地区,在中国国家发展进程中居于无可争议的政治中心文化中心科技创新中心地位,具有能够带动或辐射北带主通道境内外其他地段的经济社会实力、产业结构层次、未来发展定位(潜力或趋势)、历史发展基础。因此,选择北京市、天津市、河北省唐山市为北带主通道起始地和北带东桥头堡。

(3)河北省张家口市、山西省大同市、内蒙古乌兰察布市地处中国华北"口内"地区与内蒙古地区交界区域、东北地区与华北地区及西北地区结合部、中国华北地区与蒙古高原之间咽喉地带。其中的河北省张家口市地处河北省西北部、京冀晋蒙四省区市交界处、京津冀(环渤海)经济圈和冀晋蒙(外长城)经济圈交会点,为冀西北地区中心城市、华北地区重要工业基地、京津与晋蒙之间交通枢纽、19世纪末中国北方重要物资集散地和对蒙对俄对欧贸易陆路商埠、近代及古代"张库大道"① 起始地、传说中黄帝炎帝筑邑建都之地(张家口市涿鹿县)。其中的山西省大同市地处山西省北端、神府准格尔新兴能源区和京津唐工业区之间中点部位,为山西省域副中心城市、山西省第二大城市、晋北门户、沟通华北地区与西北地区的桥梁和枢纽、中国最大的煤炭能源基地之一、重化工能源基地、重要交通枢纽城市、国家历史文化名城、九大古都之一、世界文化遗产所在地,被称为"北方锁钥"。其中的内蒙古乌兰察布市地处内蒙古自治区中部、内蒙古东进西出主通道和北接南联主通道交汇点部位,是内蒙古自治区联系东北地区、华北地区、西北地区的重要交通枢纽、中国西通蒙古俄罗斯东欧的重要门户、中国古代岱海文化②发祥地、仰韶文化③大窑文化④重要兴盛传播区域,经济发展水平居于内蒙古自治区各盟市前列;中心城区集宁区地处环渤海经济圈和呼包鄂三角地带结合部,为内蒙古中东部地区连接华北地区、东北地区、西北地区、辐射蒙古俄罗斯东欧地区最大的陆路交通枢纽。三市在华北地区对内对外交通联系、区域经济社会发展、历史文化发展中居于重要地位,是中国北方尤其是华北地区西北出蒙古俄罗斯东欧国家的战略依托点。因此,选择上述三个市所在区域为北带主通道在中国冀晋内交界地区重要穿越区域(地段)和支点区域(地段)。

(4)内蒙古中部及相关区域所组成的呼(和浩特)包(头)银(川)经济带,是中国北部边境地带重要经济带,在中国北方东西向区域经济布局中具有重要的承东启西功能。其中的呼和浩特市为内蒙古自治区首府、内蒙古自治区政治中心经济中心文化中心、中国北方沿边地区重要中心城市、呼包银经济带核心城市、呼包鄂(尔多斯)榆(林)城市群中心城市、中国面向蒙古及俄罗斯开放的重要沿边开放中心城市、中国古代民族融合发展重要区域、仰韶文化兴盛传播重要区域、大窑文化发祥地。其中的包头市为内蒙古自治区重要的综合性工业城市、呼包银经济带及呼包鄂榆城市群中心城市、中国重要的基础工业基地和轻稀土产业中心、中国华北与西北地区之间重要陆路交通枢纽、沟通北方草原游牧文化与中原农耕文化的交通要冲,被

---

① 张库大道是指从塞外重镇张家口起始、通往蒙古草原腹地城市乌兰巴托(古代近代称为库伦)、延伸至俄罗斯恰克图的贸易线路,全长1400多千米,该商道始于中国明朝时期、盛于中国清朝时期、衰于民国时期,被称为"草原茶叶之路"。

② 岱海遗址群位于内蒙古自治区乌兰察布市凉城县岱海周围,为新石器时代文化遗址,该遗址形成年代为距今6000~5000年,该遗址群文化内涵涵盖仰韶文化一至三期,被称为岱海文化。

③ 仰韶文化是指公元前5000~前3000年兴盛于黄河中游地区的新石器时代彩陶文化,其以渭、汾、洛诸黄河支流汇集的关中晋南豫西地区为中心,北至长城沿线及河套地区,南达鄂西北,东抵豫东一带,西迄甘、青接壤地带,分布于陕西、河南、山西、甘肃、河北、内蒙古、湖北、青海、宁夏等9个省份,是中国地域分布范围最大的史前文化和中国新石器时代最重要的考古文化,自1921年河南省三门峡市渑池县仰韶村遗址发现至2000年,中国累计发现仰韶文化遗址5000余处;该时期该区域古人类以种植粟类、饲养家畜、渔猎采集为主要生活方式;彩陶的大范围传播被称为"代表了史前第一次艺术浪潮",波及周邻地区,达到史前艺术高峰。

④ 大窑文化遗址位于中国内蒙古自治区呼和浩特市东郊保合少乡大窑村南,发现于1973年;该遗址形成年代为距今70万~1万年前,分旧石器时代早期、中期、晚期三个阶段;依据石器类型,将晚期定名为"大窑文化",龟背形刮削器为该文化的典型石器;大窑文化遗址是迄今为止中国境内发现的年代最早、规模最大的古代石器制造场,该时期该区域古人类以打制石器、狩猎、采集为主要生活方式。

称为"草原钢城""稀土之都"。其中的鄂尔多斯市为内蒙古自治区省域副中心城市之一、呼包鄂榆城市群中心城市、中国重要石油天然气煤炭生产基地之一。其中的巴彦淖尔市为亚洲最大的一首制自流灌区河套灌区所在地、中国重要乳业基地、中国最大的无毛绒生产基地、中国重要有色金属生产基地及化学工业基地。上述四个市均在内蒙古自治区、中国北部边境地带经济社会发展及对外开放中占据重要地位。因此，选择上述四个市所在区域为北带主通道在中国境内承东启西的重要穿越区域（地段）。

（5）与上述京津唐—包头—临河一线相比较，北京—太原—中卫（或银川）一线作为东西向战略通道的历史相对较为短暂，沿线经济社会资源以交通线路为中轴的整合程度远低于上述京津唐—包头—临河一线。因此，不选北京—太原—中卫（或银川）一线为北带主通道穿越区域（地段）和支点区域（地段）。

（6）内蒙古自治区西部及甘肃省北部区域为中国北部边境地带的重要组成部分，在中国北方东西向区域经济布局中亦具有重要的承东启西功能。其中的内蒙古自治区阿拉善盟为内蒙古自治区土地面积最大的盟、重要煤炭石油天然气黑色金属有色金属重要蕴藏区[1]、重要矿业及建材工业基地、重要畜牧业基地、重要旅游业中心、重要边境贸易中心。其中的甘肃省酒泉市地处甘肃省西北部、河西走廊西段、祁连山脉北麓，为中国甘肃省面积最大的市、中国古代重要军事重镇和丝绸之路交通要冲[2]。因此，选择上述两个盟市所在区域为北带主通道在中国境内承东启西重要穿越区域（地段）和支点区域（地段）。

（7）当前，以历史时期形成的东西传统交通线路为基础，在中国北部京津两个直辖市及河北省、山西省、内蒙古自治区、甘肃省三省一自治区十个盟市境内已经初步形成串联以上行政区域、具有一定规模、沿中国京津唐地区及北部边境地带延伸的东西向战略交通通道[3]与经济社会发展战略性地域廊带，该地带已逐步成为中国京津唐地区及北部边境地带东西向陆路交通主干地带或主要运输走廊。同时，占据燕山山脉—阴山山脉—戈壁阿尔泰山脉南麓山前交通线、三大冲积平原（华北平原河套平原额济纳绿洲冲积平原）连接线、中国北部沿边战略交通线、亚欧大陆（北部）东西二级交通区位线等多重潜在交通区位。因此，应当顺势而为，选择上述两个直辖市及十个市盟所在区域为北带主通道在中国华北、西北地区北部的重要穿越区域（地段）和支点区域（地段）。

（8）中国新疆准噶尔盆地为中国第二大内陆盆地、中国遭受后期构造破坏程度较轻及保存较为完整的少数大型含煤盆地之一、中国北方重要的石油天然气煤炭共生盆地之一[4]，具有巨大的能源资源潜力，目前已成为中国石油天然气及煤炭采掘业重要战略接替区和"西电东送"重要电源地。同时，新疆北疆地区是中国境内距离中亚最发达区域（哈萨克斯坦北部地区）最近的地区，也是中国境内距离俄罗斯亚洲部分最发达区域（西西伯利亚地区）最近的地区，是中国距离俄罗斯最发达区域（东欧部分）最近的地区，是中国距离波罗的海战略出海口最近的地区，由此成为中国北方尤其是西北诸省份乃至内地诸省份西北出中亚北部及俄罗斯、辐射波罗的海的战略依托点。该区域东部的新疆哈密市山北地区为新疆重要煤炭生产基地、重要种植业

---

① 阿拉善盟无烟煤、钛、铋、锑、白云岩、冰洲石、晶质石墨、玛瑙、高岭土、陶瓷土储量居于内蒙古自治区各盟市首位。

② 酒泉市所辖敦煌市为中国国家历史文化名城。

③ 该地带目前已建成京津唐—张家口—大同—集宁—呼和浩特—包头—临河—额济纳—明水铁路及高速公路交通走廊，历史时期为"走西口"线路重要段落及"新北道"穿越地区，该线明水古堡为汉朝时期军事要塞和丝绸之路要冲。内蒙古阿拉善盟及甘肃省酒泉市在丝绸之路经济带北带主通道中的最大区位价值即在于为该交通走廊提供地域廊带支持和展布条件。

④ 准噶尔盆地石油总资源量约为86亿吨、天然气总资源量约为2.1万亿立方米、煤层气地质资源量约为3.9万亿立方米。

畜牧业基地、重要石油天然气开发潜力区域；该区域中东部的新疆昌吉回族自治州为新疆重要石油天然气煤炭生产基地、机电设备制造基地、种植业基地；该区域北部的阿勒泰地区已成为新疆重要黑色及有色金属矿采选基地、水电基地、畜牧业基地、高品质全域旅游区。三地市州已经初步成为中国新疆北疆地区北出蒙古及俄罗斯、西出哈萨克斯坦及俄罗斯的重要桥头堡，已经在中国新疆北疆地区、中国西北部边境地带经济社会发展及对外开放中占据重要地位。因此，选择该三地市州所在区域为北带主通道在中国新疆的重要穿越区域（地段）和支点区域（地段）。

（9）当前，中国新疆准噶尔盆地东部北部地区正在形成串联新疆哈密市山北地区及上述两地州、具有一定规模和历史基础的东南—西北向战略交通主通道雏形（甘肃与新疆交界处明水—伊吾—木垒—将军庙或大黄山—富蕴—阿勒泰—布尔津—吉木乃口岸交通走廊雏形）与经济社会发展战略性地域廊带雏形；同时，占据东天山北麓山前交通线、阿尔泰山脉南麓山前交通线、中国北部沿边战略交通线、亚欧大陆（北部）东西二级交通区位线等多重潜在交通区位。因此，选择其为北带主通道在中国新疆的重要穿越区域（地段）和支点区域（地段）。

（10）中国境内上述两个直辖市及十三个市地盟州均处于燕山山脉南麓—阴山山脉南麓—阿尔泰山南麓巨型山前地域廊带，处于燕山山脉—阴山山脉—阿尔泰山脉巨型东西向山链、东西向山地地形雨带、东西向高山冰川带（仅阿尔泰山脉形成较小规模冰川带）、东西向山麓断裂带及坡降带、东西向径流带、东西向连片相对平坦地带、东西向绿洲带（张家口以西）、东西向陆路交通走廊带、东西向农牧及矿产资源富集带、东西向山区畜牧业金属采掘业山前种植业油气煤炭采掘业复合产业带、东西向人口集聚区带等地理廊带体系；除张家口以东处于半湿润地区、形成东西向半湿润区水—土—城—路系统以外，其他区段均处于干旱区半干旱区、形成东西向干旱区半干旱区光—热—水—土—城—路系统，均处于黄河上游冲积平原绿洲（河套平原绿洲）、黑河下游冲积平原绿洲（额济纳绿洲）、乌伦古河—额尔齐斯河沿岸绿洲带地带，具有雄厚、相对一致的干旱区半干旱区山前巨型东西向地域廊带基础①。因此，选择上述两个直辖市及十三个市地盟州所在区域为北带主通道在中国境内的穿越区域（地段）和支点区域（地段）。

（11）哈萨克斯坦东哈萨克斯坦州地处哈萨克斯坦东北部地区，居于中国新疆北疆地区与哈萨克斯坦北部地区东西交通、俄罗斯西西伯利亚地区南部与中亚地区东部北南交通交汇地带，交通枢纽地位突出，为中国新疆北疆地区与哈萨克斯坦北部地区乃至俄罗斯西西伯利亚地区开展战略性经济社会交流必需穿越区域，为中国新疆北疆地区自西北方向与俄罗斯西西伯利亚地区核心区域开展战略性经济社会交流必需穿越的中介区域；且该州为哈萨克斯坦土地面积第三大州、最重要工业州和农业州之一②；首府厄斯克门为哈萨克斯坦东北部重要经济中心文化中心交通中心、哈萨克斯坦重要工业中心，该州及该市均在哈萨克斯坦经济社会发展中占据重要地位。因此，该州及其首府所在区域适宜成为北带主通道在哈萨克斯坦境内的重要穿越区域（地段）和支点区域（地段）。

---

①　因东起张家口、中经呼和浩特及额济纳、西至额尔齐斯河中下游哈俄交接地带的阴山山脉南麓—阿尔泰山南麓东西向巨型山前地域廊带及绿洲带典型性及意义均弱于祁连山脉北南麓—阿尔金山脉北南麓—昆仑山脉（中西段）北麓（天山山脉北南麓）—兴都库什山脉北南麓—厄尔布尔士山脉南麓（科佩特山脉北南麓）巨型山前地域廊带及绿洲带，因此，本研究中未对前者进行深入研究及阐释，仅对后者进行深入研究及阐释，但后者所蕴含的原理及趋势大部分适用于前者，唯有因受海拔高度影响阴山山脉未形成冰川带、阴山山脉南麓降水受夏季风影响、阴山山脉南麓山前沉积带及绿洲带主要因区域外来外流河黄河冲积、阿尔泰山脉南麓因面向西风带敞开导致降水相对较多等方面与后者存在较大差异。

②　东哈萨克斯坦州生产哈萨克斯坦100%的镁、镁合金、锌、镉、钛、精炼银、97%的黄金、86%的铅、40%的铜精矿、大量其他稀有金属和稀土、14%的电力、74%的水泥，有色冶金行业产值占该州商品产值的50%以上，自20世纪30年代起即已成为苏联高度发达的工业区之一，其农产品产量占哈萨克斯坦的1/11左右。

（12）当前，哈萨克斯坦东哈萨克斯坦州境内已经初步形成具有一定规模和历史基础的西南—东北向跨境战略交通主通道雏形（迈哈布奇盖口岸—厄斯克门—鲁布佐夫斯克口岸交通走廊雏形）与经济社会发展战略性地域廊带雏形；同时，占据阿尔泰山脉南麓山前交通线、额尔齐斯河沿河交通线、亚欧大陆（北部）东西二级交通区位线等多重潜在交通区位。因此，该州所在区域适宜成为北带主通道西北向跨越中哈国境线后的首要穿越区域（地段）。

（13）俄罗斯阿尔泰边疆区地处俄罗斯与中国、蒙古、哈萨克斯坦接壤区域，居于西西伯利亚南部地区东西交通、俄罗斯西西伯利亚地区南部与中亚地区东部北南交通交汇地带，交通枢纽地位突出，为中国新疆北疆地区及哈萨克斯坦北部地区与俄罗斯西西伯利亚地区核心区域开展战略性经济社会交流必需穿越区域，为中国新疆北疆地区自西北方向与俄罗斯西西伯利亚核心区域开展战略性经济社会交流必需穿越区域。且该边疆区自然资源相对比较丰富，黑色和有色金属及贵金属矿物储藏量、森林资源保有量、土地资源量相对比较突出，耕地面积占西西伯利亚地区耕地面积的 1/3 以上，现为俄罗斯重要农业机械制造工业基地、主要粮食产区和畜牧业基地之一[①]，曾为苏联卫国战争时期东迁矿业基地、大型工业综合体企业、科学研究以及教育机构重要承接地之一。首府巴尔瑙尔市为该边疆区行政中心经济中心、有色金属开采及冶炼中心、商业中心、交通枢纽。该州及该市在俄罗斯西西伯利亚地区经济社会发展中居于重要地位。因此，该边疆区及其首府所在区域适宜成为北带主通道在俄罗斯西西伯利亚地区的重要穿越区域（地段）和支点区域（地段）。

（14）俄罗斯新西伯利亚州地处西西伯利亚平原东南部、鄂毕河上游区域、俄罗斯与哈萨克斯坦接壤区域，居于俄罗斯西伯利亚地区与欧洲部分东西交通、俄罗斯西西伯利亚地区与中亚地区东部北南交通交汇地带，交通枢纽地位极为突出；该州人口较多，水资源森林资源和草场牧地资源丰富，为俄罗斯西伯利亚地区人口主要集中地、发达农业区；金锆钛铝等金属矿物和石油天然气煤炭泥炭煤黏土等非金属矿物蕴藏量巨大，为俄罗斯重要机器制造工业中心军事工业中心[②]金属冶炼加工工业中心石油天然气工业中心化学工业中心、俄罗斯乌拉尔山脉以东西伯利亚地区最大综合性工业基地、俄罗斯西西伯利亚地区核心区域、新西伯利亚工业区核心区域、西伯利亚铁路穿越地区、俄罗斯科学教育体系规模第三位联邦主体、俄罗斯及世界闻名的科学研究教育基地[③]、俄罗斯重要文化中心、同中国开展密切务实合作的俄罗斯联邦主体之一，曾为苏联卫国战争时期东迁矿业基地、大型工业综合体企业、科学研究以及教育机构最主要承接地之一，且曾为苏联新西伯利亚工业区[④]核心组成部分；首府新西伯利亚市为该州行政中心、第一大城市、俄罗斯乌拉尔山脉以东西伯利亚地区最大综合性工业城市、西伯利亚联邦行政区行政中心、俄罗斯西伯利亚地区最大城市和最大交通枢纽、经济中心科研中心教育中心文化中心、俄罗斯第三大城市、俄罗斯重要科学中心[⑤]、重要文化中心，被称为"西伯利亚之都"。该州及该市为俄罗斯西伯利亚地区经济社会发展及历史发展核心区域，在俄罗斯西西伯利亚地区经济社会发展及历史发展中发挥核心作用。因此，该州及其首府所在区域适宜成为北带主通道在俄罗斯西西伯利亚地区的重要穿越区域（地段）和支点区域（地段）。

---

① 阿尔泰边疆区黄油和干酪产量居于俄罗斯首位，牛奶产量居于俄罗斯第三位。
② 新西伯利亚州 60%的工业企业集中于军工生产部门，该州军工生产规模居于俄罗斯西西伯利亚地区各联邦主体首位。
③ 新西伯利亚州科学教育体系规模居于俄罗斯第三位，其中俄罗斯科学院西伯利亚分院为俄罗斯科学院系统中规模最大、科研力量最强的分院，集聚了俄罗斯近 1/3 的科研力量。
④ 苏联新西伯利亚工业区主导产业为煤炭石油天然气采掘工业、钢铁工业、电力工业。
⑤ 位于新西伯利亚市的俄罗斯科学院西伯利亚分院为俄罗斯科学院规模最大、科研力量最强的分院，集聚俄罗斯近 1/3 的科研力量；位于该市的新西伯利亚科学城为俄东部最大的科研中心、世界著名的高科技园区之一。

（15）联通中国京津唐地区国家政治中心文化中心地区及北方经济中心科技创新中心交通枢纽地区、呼包银经济带、中国新疆准噶尔盆地、哈萨克斯坦东北部区域与俄罗斯西西伯利亚地区，建立和实现上述五大区域之间的经济社会战略性联系，是北带主通道形成的最主要逻辑和所负有的最主要战略职能之一。建立和实现上述五大区域之间的交通运输联系，进而形成交通经济带，是丝绸之路经济带北带在中国、哈萨克斯坦、俄罗斯亚洲部分段的最主要表现形式和实现途径之一。因此，上述两州边疆区适宜成为北带主通道在俄罗斯西西伯利亚地区的重要穿越区域，核心区域新西伯利亚州适宜成为北带主通道在俄罗斯西西伯利亚地区的区段性目的区域，该区域中心城市新西伯利亚州首府新西伯利亚市适宜成为北带主通道在俄罗斯亚洲部分的区段性目的地。

（16）当前，哈萨克斯坦东哈萨克斯坦州—俄罗斯阿尔泰边疆区—新西伯利亚州境内已经形成串联以上行政单元、具有一定规模和历史基础的南—北向战略交通主通道（厄斯克门或然吉兹托别—鲁布佐夫斯克口岸—巴尔瑙尔—新西伯利亚交通走廊）与经济社会发展战略性地域廊带，该地带已成为哈俄接壤区域及西西伯利亚南部地区南北向陆路交通主干地带或主要运输走廊。同时，占据阿尔泰山脉西侧山前交通线、哈萨克丘陵—西西伯利亚平原两大巨型单一覆被平面连接线、亚欧大陆（北部）东西二级交通区位线等多重潜在交通区位。因此，该三个州边疆区所在区域适宜成为北带主通道在哈俄接壤区域的重要穿越区域（地段）。

（17）与上述京津唐—包头—额济纳旗—吉木乃口岸—巴尔瑙尔—新西伯利亚一线相比较，京津唐—二连浩特—乌兰巴托—乌兰乌德—新西伯利亚一线中部绝大部分地段人口稀少、经济社会发展水平相对较低，且主要地段处于中国境外，不利于最大限度实现和维护中国国家战略利益。因此，不选京津唐—二连浩特—乌兰巴托—乌兰乌德—新西伯利亚一线为北带主通道穿越区域（地段）。

（18）俄罗斯鄂木斯克州地处西西伯利亚平原南部，锆、钛、铁等金属矿物及石油、天然气、黏土、泥炭、腐泥煤等非金属矿物蕴藏量巨大，现为俄罗斯重要工业生产区和农业生产区之一①，曾为苏联新西伯利亚工业区重要组成部分；首府鄂木斯克市为该州行政中心工业中心教育中心文化中心、额尔齐斯河沿岸最大港口、南西伯利亚地区重要交通枢纽、西伯利亚联邦行政区第二大城市、西伯利亚重要工业中心、最古老的城市之一、俄罗斯第四大城市、五大工业城市之一。俄罗斯秋明州地处西西伯利亚西部，石油、天然气储量居俄罗斯第一位，现为俄罗斯土地面积第三大州②、经济发展最快的州之一、重要石油天然气生产基地③，人均名义收入位居俄罗斯各联邦主体第二位（仅次于莫斯科市），曾为苏联新西伯利亚工业区重要组成部分；首府秋明市为该州行政中心工业中心教育中心文化中心、西伯利亚地区石油天然气开采业中心、重要交通枢纽、中心城市之一，被称为"石油之都"。俄罗斯斯维尔德罗夫斯克州地处乌拉尔地区，矿藏资源丰富，铁、镍、铬、锰、铜等金属矿物及石油、天然气等非金属矿物蕴藏量相对突出，现为俄罗斯最重要的工业地区和主要科研教育中心及工业研究设计中心之一④、主要农业州之一⑤；该州人口数量居于俄罗斯各联邦主体第五位，属于俄罗斯人口相对集中区域；首府叶

---

①　鄂木斯克州石油开采量占俄罗斯石油总开采量的10%左右，二甲苯、乙醛产量居于俄罗斯各联邦主体首位，粮食、牛奶、肉类产量居于俄罗斯各联邦主体前十位。

②　该州土地面积143.52万平方千米，占俄罗斯土地总面积的8.4%。

③　秋明州所产蓄电池、液化气、医疗设备、热塑管及其部件、毛纺织布料分别占俄罗斯生产总量的1/3、1/5、1/10、1/10、1/10左右。

④　斯维尔德罗夫斯克州工业产值居于俄罗斯第二位，工业中心密集，资源型重型工业结构特征突出，现出产俄罗斯97%的钒、61%的石棉、60%的铝土、6%的铜、2%的镍及其他矿产品。

⑤　斯维尔德罗夫斯克州农业种植规模居于俄罗斯乌拉尔地区首位。

卡捷琳堡市为俄罗斯乌拉尔地区最大城市和经济中心财政中心金融中心文化中心、俄罗斯第三大城市①、大型工业中心之一、军工生产基地、重要交通中心贸易中心金融中心科学中心文化中心信息中心。上述三州均居于俄罗斯西伯利亚地区与欧洲部分东西交通、俄罗斯西西伯利亚地区与中亚地区北南交通交汇地带，交通枢纽地位均极突出且内涵大致一致，且均曾为苏联卫国战争时期东迁矿业基地、大型工业综合体企业、科学研究以及教育机构最主要承接地或重要承接地之一，均曾为苏联重要工业区重要组成部分。各州及其首府均在俄罗斯经济社会及历史发展中占据重要地位，且均处于区段性目的地新西伯利亚市、莫斯科直辖市之间。因此，该三个州及其首府所在区域适宜成为北带主通道在俄罗斯西西伯利亚地区的重要穿越区域（地段）和支点区域（地段）。

（19）当前，鄂木斯克州、秋明州、斯维尔德罗夫斯克州境内已经形成串联以上行政单元、具有一定规模和历史基础的东西向战略交通主通道（新西伯利亚—鄂木斯克—秋明—叶卡捷琳堡交通走廊）与经济社会发展战略性地域廊带，该地带已成为俄罗斯南西伯利亚地区东西向陆路交通主干地带或主要运输走廊。同时，占据俄罗斯首都—重要地区中心连接线、西西伯利亚平原巨型单一覆被平面腹地横穿线、亚欧大陆（北部）东西二级交通区位线等多重潜在交通区位。因此，该三个州及其首府所在区域适宜成为北带主通道在俄罗斯南西伯利亚地区的重要穿越区域（地段）。

（20）俄罗斯南西伯利亚地区上述三州均为俄罗斯主要工业州或农业州，与前述西西伯利亚南部两州边疆区共同组成的俄罗斯西西伯利亚中南部区域科技发展水平、劳动人口素质、主导产业结构层次、经济发展水平等均居于中国陆地毗邻国家与地区首位，亦居于俄罗斯亚洲部分领土首位。联通中国京津唐地区国家政治中心文化中心地区及北方经济中心科技创新中心交通枢纽地区、呼包银经济带、中国新疆准噶尔盆地、哈萨克斯坦东北部、俄罗斯西西伯利亚南部与该区域，建立和实现上述六大区域之间的战略性经济社会联系，为北带主通道形成的最主要逻辑及所负有的最主要战略职能之一；建立和实现上述六大区域之间的交通运输联系，进而形成交通经济带，是丝绸之路经济带北带在中国、哈萨克斯坦、俄罗斯亚洲部分段的最主要表现形式和实现途径之一。因此，俄罗斯南西伯利亚地区上述三州所在区域适宜成为北带主通道在俄罗斯南西伯利亚地区的重要穿越区域，核心区域斯维尔德罗夫斯克州所在区域适宜成为北带主通道在俄罗斯南西伯利亚地区的区段性目的区域，该区域中心城市斯维尔德罗夫斯克州首府叶卡捷琳堡市适宜成为北带主通道在俄罗斯南西伯利亚地区的区段性目的地。

（21）俄罗斯彼尔姆边疆区地处北、中乌拉尔山脉西坡、东欧平原东部边缘，石油、天然气、钾盐、石盐等非金属矿物蕴藏量及森林资源保有量相对突出，为俄罗斯经济发展水平最高和经济规模最大的地区之一②；该州对外贸易联系广泛，向中国的出口贸易额占该州出口贸易额的20%左右；首府彼尔姆市为该边疆区行政中心工业中心科学中心文化中心、俄罗斯乌拉尔地区重要工业中心科学中心文化中心、水陆交通运输枢纽、俄罗斯第六大城市、重要军事工业和重工业基地、最富有的地区之一、19世纪以来俄罗斯重要工业城市。俄罗斯巴什科尔托斯坦共和国地处东欧平原东部边缘，铁、锰、铬等黑色金属矿物和铜、铅、铝、锌、钨、锡等有色金属矿物与石油、天然气、煤、水晶等非金属矿物蕴藏量巨大；其拥有强大的经济发展潜力和高度发达的燃料—能源生产体系，为俄罗斯重要的大型工业区和农业区及伐木区、主要石油开采

---

① 按国民经济综合指标及商贸流通领域指标排序，居于第三位；按人口指标排序，居于第四位。
② 彼尔姆边疆区在俄罗斯无机肥料、纸张、胶合板、纸板生产、石油开采等方面占据主导地位。

区、主要有色金属冶炼原料基地、化学工业及机器制造工业中心[①]；首府乌法市为该共和国行政中心经济中心文化中心交通中心、乌拉尔西南部地区重要交通枢纽及文化中心、俄罗斯最大的经济中心文化中心科学中心宗教中心之一、苏联时期重要的炼油及石油化工和机械工业中心[②]、沙俄时期俄国中央区与西伯利亚之间重要农牧产品集散地和商业中心、中世纪时期重要城市。

（22）俄罗斯乌德穆尔特共和国地处前乌拉尔地区，石油、泥炭等非金属矿物蕴藏量突出，为俄罗斯加工工业高度集中的工业发达地区之一、重要军事工业基地，出口额相对较高，在苏联时期被称为"苏联的'出口'共和国"；首府伊热夫斯克市为俄罗斯乌德穆尔特共和国行政中心经济中心文化中心、俄罗斯重要军事工业基地、汽车和摩托车生产基地。俄罗斯鞑靼斯坦共和国地处东欧平原东部、俄罗斯中央地区与伏尔加河流域地区结合部，石油、天然气、沥青、褐煤等非金属矿物蕴藏量相对突出，为俄罗斯工业和农业生产机械化、专业化、大型化程度较高的发达区域之一；首府喀山市为俄罗斯伏尔加河中游地区经济中心文化中心交通中心、俄罗斯最大的工业中心和金融中心之一、最大的 IT 科技园区所在地、重要的机械工业中心化学工业中心、重要教育中心科学中心文化中心、重要交通枢纽、第八大城市、三大 A 级历史文化城市之一、沙俄时期俄国水陆交通要冲和战略要地。俄罗斯楚瓦什共和国地处东欧平原东部，木材及非金属矿藏资源相对比较丰富，为俄罗斯伏尔加河流域重要的机械制造工业中心、化学工业中心、纺织工业中心、食品加工工业中心、乳肉用畜牧业中心；首府切博克萨雷市为该共和国行政中心、重要工业中心、重要交通枢纽。俄罗斯下诺夫哥罗德州地处伏尔加河流域，木材及黑色金属矿藏资源相对比较丰富，为俄罗斯伏尔加河流域重要黑色金属加工工业中心、机械制造工业中心、化学工业中心、木材采伐造纸工业中心、谷物种植业中心；首府下诺夫哥罗德市为俄罗斯人口第五大城市、重要机械工业中心[③]、文化中心、城市集聚中心、重要水陆交通枢纽、16 世纪俄罗斯重要工商业中心、罗斯封建分裂时期下诺夫哥罗德公国首都。俄罗斯弗拉基米尔州地处俄罗斯欧洲部分中心地带，森林资源、非金属矿产资源、土地资源相对比较丰富，为俄罗斯欧洲部分工业最发达[④]、人口最稠密的地区之一，该州所在地历史时期曾为俄国源头弗拉基米尔—苏兹达利公国发源地、公国时期古罗斯最大的经济中心政治中心文化中心、俄罗斯民族和俄罗斯国家形成重要转折he[⑤]、莫斯科公国兴盛之前俄罗斯东北部行政中心文化中心宗教中心，该州首府弗拉基米尔市现为俄罗斯重要交通枢纽、机械制造工业中心、化学工业中心、旅游中心之一，曾为弗拉基米尔—苏兹达利公国首都。

（23）俄罗斯上述一个边疆区、四个自治共和国、两个州均地处俄罗斯欧洲部分东南部、东欧平原东南部，各行政单元自然资源丰富、经济发达、文化兴盛、人口相对稠密，在当前俄罗斯国内现实政治地理、经济地理、文化地理、军事地理格局中均处于腹心地位，为俄罗斯政治、经济、文化、军事发展重心地带。同时，各行政单元所在区域均为俄罗斯民族和俄罗斯国家历史发展主要展开区域，在俄罗斯民族和俄罗斯国家历史发展中处于腹心地位，各行政单元在俄罗斯国家历史发展及当前经济社会发展中均居于重要地位。因此，上述七个边疆区自治共和国州及其首府所在区域适宜成为北带主通道在俄罗斯欧洲部分东南部的重要穿越区域（地段）和支点区域（地段）。

---

① 巴什科尔托斯坦共和国石油开采量居于俄罗斯第七位、石油加工量居于第一位（占俄罗斯石油加工总量的 1/8）、工业品生产居于第十位、农业品生产居于第三位、地区生产总值居于俄罗斯各联邦主体前十位。
② 乌法在苏联时期生产高峰期年加工原油 4000 万吨以上，该市工业产值占巴什科尔托斯坦共和国的 40%。
③ 下诺夫哥罗德市机械制造工业产值占工业产值的 70% 以上，主要机械制造产品为汽车、船舶、飞机、军工产品和机库等。
④ 弗拉基米尔州生产俄罗斯 60% 的高档玻璃器皿、27% 的玻璃瓶、17% 的亚麻纺织品和医用绷带、5% 的棉纺织品。
⑤ 古罗斯政治中心由基辅向弗拉基米尔转移对俄罗斯民族和俄罗斯国家形成产生重要影响。

（24）当前，俄罗斯上述一个边疆区、四个自治共和国、两个州境内已经形成串联以上行政单元、具有一定规模和历史基础的东南—西北向战略交通主通道（叶卡捷琳堡—彼尔姆—乌法—伊热夫斯克—弗拉基米尔—莫斯科交通走廊）与经济社会发展战略性地域廊带，该地带已成为俄罗斯欧洲部分东南部东南—西北向陆路交通主干地带或主要运输走廊；同时，占据俄罗斯首都—重要地区中心连接线、东欧平原巨型单一覆被平面腹地横穿线、亚欧大陆（北部）东西二级交通区位线等多重潜在交通区位。因此，上述七个边疆区自治共和国州所在区域适宜成为北带主通道在俄罗斯欧洲部分东南部的重要穿越区域（地段）。

（25）俄罗斯莫斯科直辖市地处俄罗斯欧洲部分中部区域、东欧平原中部区域，铁路及公路交通直接连接太平洋、北冰洋、波罗的海、大西洋、黑海、里海沿岸地区，水路交通直接连接白海、波罗的海、黑海、亚速海，为俄罗斯联邦首都、俄罗斯政治中心经济中心科技中心文化中心教育中心金融中心交通中心、最大的工业中心及综合性城市与综合性交通枢纽、国际化大都市、欧洲第二大城市①、独联体最大的商业中心、欧亚大陆重要的交通枢纽、世界一线城市，自莫斯科大公时代（约公元1238~1547年）开始至今为沙皇俄国、苏联、俄罗斯联邦首都（一度迁都圣彼得堡），在俄罗斯国家与民族发展、东欧及欧洲政治经济社会文化发展乃至军事斗争中均占据重要地位。环绕莫斯科直辖市的莫斯科州为莫斯科直辖市与周边各州及西欧各国主要城市开展战略性经济社会交流必需穿越区域，且其自身为俄罗斯最重要工业州和农业州之一，农业发展水平相对较高，铁路和公路网密度居于俄罗斯各联邦主体首位，与莫斯科直辖市同为苏联及俄罗斯莫斯科工业区②核心区域，在俄罗斯政治经济社会文化发展中居于核心地位。

（26）联通中国京津唐地区国家政治中心文化中心地区及北方经济中心科技创新中心交通枢纽地区、呼包银经济带、中国新疆准噶尔盆地、哈萨克斯坦东北部、俄罗斯西西伯利亚地区、南西伯利亚地区与欧洲部分中南部上述九个边疆区自治共和国州直辖市，建立和实现上述七大区域之间的战略性经济社会联系，为北带主通道形成的最主要逻辑及所负有的最主要战略职能之一；建立和实现上述七大区域之间的交通运输联系，进而形成交通经济带，是丝绸之路经济带北带在中国、哈萨克斯坦、俄罗斯段的最主要表现形式和实现途径之一。因此，俄罗斯欧洲部分中南部上述九个边疆区自治共和国州直辖市所在区域适宜成为北带主通道在俄罗斯欧州部分中南部区域的重要穿越区域（地段），核心区域莫斯科直辖市和莫斯科州所在区域适宜成为北带主通道在俄罗斯欧洲部分中南部区域的区段性目的区域，该区域中心城市莫斯科直辖市适宜成为北带主通道在俄罗斯欧洲部分中南部区域的区段性目的地。

（27）俄罗斯特维尔州地处东欧平原中部、俄罗斯欧洲部分中心地带，居于俄罗斯两个经济最发达的城市莫斯科直辖市与圣彼得堡直辖市之间、莫斯科—圣彼得堡交通走廊大致中腰部位，为俄罗斯欧洲部分最大的州之一；该州自然资源相对比较丰富，为俄罗斯最大的亚麻种植区，在客运车辆、挖掘机、消防设备、航空金属切割设备制造等领域中居于俄罗斯各联邦主体领先地位③；中国为该州第二大对外贸易伙伴国，对华贸易占该州对外贸易额的1/8左右；州首府特维尔市为该州行政中心、大型工业科研教育中心、重要交通枢纽、罗斯封建分裂时期特维尔公国首都。俄罗斯诺夫哥罗德州地处东欧平原西北部，与特维尔州同处于莫斯科直辖市与圣彼得堡直辖市之间，同为俄罗斯欧洲部分最大的州之一；该州自然资源相对比较丰富，耐火黏土、石灰、石英砂、矿物颜料、泥炭、腐殖泥等非金属矿物蕴藏量相对比较突出，经济实力居于俄

---

① 仅次于英国伦敦。
② 莫斯科工业区为苏联及当今俄罗斯最发达的工业区，汽车及飞机制造业、火箭和电子工业、钢铁工业等为主要工业部门。
③ 特维尔州生产俄罗斯50%以上的客车车厢及挖掘机、70%的装卸机、33.5%的塔吊。

罗斯各联邦主体前列；州首府诺夫哥罗德市地处莫斯科直辖市至圣彼得堡直辖市之间、芬兰湾至黑海之间水陆交通要道中心部位①，为该州行政中心、电器仪表制造工业中心、重要水陆交通枢纽、俄罗斯历史名城、俄罗斯文化起源地、俄罗斯古代重要贸易中心文化中心建筑中心宗教中心、12~15 世纪诺夫哥罗德公国首都、古罗斯国家发祥地，被称为俄罗斯最古老的城市②、"俄罗斯历史的发祥地"。上述两州均居于东欧平原中北部、莫斯科直辖市与圣彼得堡直辖市之间，两州自然资源相对比较丰富、经济发达、人口相对稠密，在当前俄罗斯经济社会文化发展中均居于重要地位；同时，两州均为俄罗斯民族和俄罗斯国家历史发展最主要发祥区域，在俄罗斯民族和俄罗斯国家历史发展中处于源头地位。因此，上述两州及其首府所在区域适宜成为北带主通道在俄罗斯欧洲部分中北部的重要穿越区域（地段）和支点区域（地段）。

（28）圣彼得堡直辖市地处东欧平原西北部、波罗的海芬兰湾沿岸地区、涅瓦河三角洲地带，为列宁格勒州首府、俄罗斯西北地区中心城市、俄罗斯中央直辖市、第二大城市、第二大交通枢纽、最大海港所在地、大型综合性工业城市③、重要金融中心文化中心④、工业和科学技术高度发展的国际化城市、公元 1712~1918 年俄罗斯首都及政治中心经济中心文化中心、俄罗斯历史文化名城；该州对华贸易额占其进出口贸易总额的 1/8 左右，中国为其第一大贸易伙伴，并已形成以该市为中心、辐射东欧及中欧主要城市的放射状水陆交通网络体系，被称为俄罗斯的"北方首都""教育之都""艺术之都"，被联合国教科文组织评选为年度"最受欢迎的旅游城市"第八位城市。以半环状环绕圣彼得堡直辖市的列宁格勒州与该市同处于东欧平原西北部、波罗的海芬兰湾沿岸地区，该州铝等金属矿物与黏土、磷钙土等非金属矿物蕴藏量相对比较突出，为俄罗斯发达的大型工业区、苏联列宁格勒工业区所在地；该州城市拉多加城为诺夫哥罗德兴盛之前⑤古罗斯国家中最重要的政治中心经济中心、俄罗斯西北部最古老的居民定居点⑥；该州被称为"俄罗斯最有前途的投资发展地区之一"。

（29）圣彼得堡直辖市和列宁格勒州所在区域与莫斯科区域同为当前俄罗斯经济社会发展核心地带和精华地带，同为俄罗斯经济社会发展水平及主导产业结构层次最高地带，共同在俄罗斯政治经济社会文化发展中居于核心地位。且两市州同为俄罗斯圣彼得堡工业区⑦及苏联列宁格勒工业区核心区域、18~20 世纪初俄罗斯政治经济文化核心区域及国家最大的工业中心、最重要的商港和海军基地。上述两市州在俄罗斯当前经济社会发展及历史发展中居于特殊重要地位，因此，上述两市州所在区域适宜成为北带主通道在俄罗斯欧洲部分西北部的重要穿越区域（地段）。

（30）圣彼得堡直辖市及列宁格勒州均濒临波罗的海芬兰湾，由其构成的俄罗斯波罗的海芬兰湾濒海区域为波罗的海战略出海口利益的重要体现者和代表者之一，是中国西北地区及中亚北部地区参与利用波罗的海战略出海口、分享波罗的海战略出海口利益的依托区域、必经地段和最重要目的地。因此，上述两市州所在区域适宜成为北带主通道的重要穿越区域（地段）、区段性目的区域、在俄罗斯的最终目的区域。

（31）联通中国京津唐地区国家政治中心文化中心地区及北方经济中心科技创新中心交通枢

---

① 诺夫哥罗德古城地处"从瓦良格通往希腊之路"这一古代贸易路线的中心。

② 该城建城于公元 859 年。

③ 该直辖市造船业规模居于独联体各城市首位，工业产值占俄罗斯工业总产值的 6%。

④ 该直辖市信贷机构数量仅次于莫斯科直辖市，居于俄罗斯各联邦主体第二位，为俄罗斯五大外汇交易所所在地之一；同时，该直辖市为俄罗斯世界文化遗产所在地、重要文化活动中心。

⑤ 公元 9~10 世纪。

⑥ 该城建城于公元 753 年。

⑦ 圣彼得堡工业区为苏联及当今俄罗斯重要工业区，其主导产业为汽车及飞机制造业、火箭和电子工业、钢铁工业等。圣彼得堡工业区在苏联时期称为列宁格勒工业区。

纽地区、呼包银经济带、中国新疆准噶尔盆地、哈萨克斯坦东北部、俄罗斯西西伯利亚地区、南西伯利亚地区、欧洲部分中南部区域与西北部区域，建立和实现上述八大区域之间的战略性经济社会联系，为北带主通道形成的最主要逻辑及所负有的最主要战略职能之一；建立和实现上述八大区域之间的交通运输联系，进而形成交通经济带，是丝绸之路经济带北带在中国、哈萨克斯坦、俄罗斯段的最主要表现形式和实现途径之一。因此，俄罗斯欧洲部分西北部上述三州一直辖市所在区域适宜成为北带主通道在俄罗斯欧洲部分西北部的重要穿越区域（地段），核心区域圣彼得堡直辖市和列宁格勒州所在区域适宜成为北带主通道在俄罗斯欧州部分西北部区域的区段性目的区域，该区域中心城市圣彼得堡直辖市适宜成为北带主通道在俄罗斯欧洲部分西北部区域的区段性目的地、在俄罗斯的最终目的地。

（32）当前，俄罗斯欧洲部分西北部上述一个直辖市、三个州境内已经形成串联以上行政单元、具有一定规模和历史基础的东南—西北向战略交通主通道（莫斯科—特维尔—诺夫哥罗德—圣彼得堡交通走廊）与经济社会发展战略性地域廊带，该地带已成为俄罗斯欧洲部分西北部东南—西北向陆路交通主干地带或主要运输走廊；同时，占据俄罗斯首都—战略性出海口连接线、亚欧大陆（北部）东西二级交通区位线等多重潜在交通区位。因此，上述四个州直辖市所在区域适宜成为北带主通道在俄罗斯欧洲部分中西部的重要穿越区域（地段）。

（33）俄罗斯欧洲部分上述十三个边疆区、自治共和国、州、直辖市所在区域为当前俄罗斯经济社会发展最核心区域、发展水平最高区域，亦为距离中国最近的欧洲经济社会发展相对发达区域，且为俄罗斯民族和俄罗斯国家历史发展最初起源地及最初展开区域；其与俄罗斯西西伯利亚地区、南西伯利亚地区共同组成的俄罗斯跨乌拉尔山脉欧亚区域为中国陆上毗邻国家和地区中科技发展水平、劳动人口素质、主导产业结构层次、经济社会发展水平最高、面积最广阔的战略区域。联通中国京津唐地区国家政治中心文化中心地区及北方经济中心科技创新中心交通枢纽地区、呼包银经济带、中国新疆准噶尔盆地、哈萨克斯坦东北部、俄罗斯西西伯利亚地区、南西伯利亚地区与欧洲部分上述十三个边疆区自治共和国州直辖市，建立和实现上述七大区域之间的战略性经济社会联系，为北带主通道形成的最主要逻辑及所负有的最主要战略职能之一；建立和实现上述七大区域之间的交通运输联系，进而形成交通经济带，是丝绸之路经济带北带在中国、哈萨克斯坦、俄罗斯段的最主要表现形式和实现途径。因此，俄罗斯欧洲部分上述十三个边疆区自治共和国州直辖市所在区域适宜成为北带主通道在俄罗斯的重要穿越区域（地段），核心区域莫斯科直辖市及莫斯科州、圣彼得堡直辖市和列宁格勒州适宜分别成为北带主通道在俄罗斯的区段性目的区域，该区域中心城市莫斯科直辖市、圣彼得堡直辖市适宜分别成为北带主通道在俄罗斯的区段性目的地，圣彼得堡直辖市适宜成为北带主通道在俄罗斯的最终目的地。

（34）当前，俄罗斯上述十三个边疆区、自治共和国、州、直辖市境内已经形成串联以上行政单元、具有一定规模和历史基础的东南—西北向战略交通主通道（叶卡捷琳堡—彼尔姆—乌法—伊热夫斯克—弗拉基米尔—莫斯科—特维尔—诺夫哥罗德—圣彼得堡交通走廊）与经济社会发展战略性地域廊带；该战略交通主通道已经成为俄罗斯欧洲部分东南—西北向战略交通主轴线，该地带已成为俄罗斯欧洲部分东南—西北向陆路交通主干地带或主要运输走廊。同时，占据俄罗斯欧洲部分、东欧平原巨型单一覆被平面大致东南—西北对角线潜在交通区位，符合在广阔区域对角线上形成重要交通区位线的交通区位原理。且该战略交通主通道已经成为俄罗斯国家战略主通道、战略主轴线符拉迪沃斯托克—乌兰乌德—新西伯利亚—叶卡捷琳堡—莫斯科—圣彼得堡主通道、战略主轴线的重要组成部分，该战略主轴线占据亚欧大陆（北部）东西二级交通区位线潜在交通区位。因此，俄罗斯上述十三个边疆区、自治共和国、州、直辖市所在区域适宜成为北带主通道在俄罗斯欧洲部分的重要穿越区域（地段）。

（35）俄罗斯为世界上领土面积最大、自然资源最丰富的国家①，拥有淡水资源②、森林资源③、矿产资源和能源资源、宜农土地面积、农业用地面积、黑土面积、天然气④钻石铁等矿物蕴藏量均居于世界各国第一位，铝及煤炭⑤等矿物蕴藏量及河流总径流量、水力资源居于世界各国第二位，黄金储藏量居于世界各国第五位，铀蕴藏量居于世界各国第七位，已探明石油储量居于世界各国第八位⑥，泥炭、锰、铜、铅、锌、镍、钴、钒、钛、铬等其他矿种储藏量均居于世界各国前列。俄罗斯为世界第十一大经济体、世界银行以购买力平价计算的世界第五大经济体、高收入国家之一、最受欢迎的十大投资地国家之一、外汇储备最多的国家之一、第二大发展中经济体、营商便利度第三十位左右国家、世界矿产资源和能源资源品最大生产国、核电高浓缩铀生产和核燃料出口领先国家⑦、石油和天然气最大生产国和出口国⑧、第四大粮食生产国、第二大谷物出口国、第一大小麦出口国、第二大黄金储备国⑨和第一大黄金开采国；拥有和运营世界最大跨洲陆路交通运输体系和最大陆桥运输体系；为世界基础科学研究前列国家、空间站技术及宇宙飞船制造技术与航空火箭技术等领域领先国家、乏燃料处理和回收技术最先进国家、软件开发和算法开发领域领先国家、高等教育世界领先国家、科技潜力和全民文化素质世界一流水平国家，科研队伍规模和实力接近世界第二位⑩；为世界第二大军事强国、拥有最大核武器库国家、最强军事工业国家之一、武器出口额第二位国家、苏联政治经济军事遗产及全球影响力的最大继承者、超级核大国、年度综合国力第二位国家、"全球存在"第七位国家、"全球事务参与度"第八位国家、最具创新力前三十位国家。当前，俄罗斯虽然在诸多方面仍无法与美国等一流发达国家比肩，但经过20余年的励精图治，俄罗斯综合国力已显著恢复和提升，参与全球治理的能力明显增强，已经重新成为维系国际战略平衡与稳定的关键因素和国际舞台上一支不可或缺的重要政治力量，被认为"已完成恢复昔日'国际地位和影响力的进程'，成为与美国和中国并驾齐驱的三个力量中心"，被称为"仅次于美国的可影响国际战略平衡与稳定的世界性大国"。在当前"一超多强"的国际体系中，俄罗斯仍然是世界多极化中举足轻重的"一极"和牵制国际单边主义势力推行全球干预政策的重要战略制衡力量，是维系国际战略平衡与稳定的关键"变量"。自近代以来，俄罗斯是对中国国家发展道路、发展进程、发展面貌造成广泛影响及影响程度较深刻的亚欧大陆国家，中俄两国关系现已提升为"新时代全面战略协作伙伴关系"，在当前"百年未有之大变局"下，俄罗斯更是未来中国国家发展最为战略攸关的亚欧大陆国家。因此，俄罗斯适宜成为共建丝绸之路经济带倡议的最主要联络目标国或目标区域之一，适宜成为除中国以外的北带主通道最主要穿越国和最主要目的地国家。

---

① 俄罗斯自然资源约占世界的40%。

② 俄罗斯淡水资源约占世界的25%。

③ 俄罗斯森林覆盖面积8.67亿公顷，占其国土面积50.7%，占全球的20%，林材蓄积量807亿立方米，森林覆盖面积与林材蓄积量居世界第一位。

④ 俄罗斯已探明天然气储藏量48万亿立方米，占世界已探明储量的1/3以上。

⑤ 俄罗斯已探明煤炭储藏量占世界已探明储藏量的20%。

⑥ 俄罗斯已探明石油储量占世界已探明储量的13%。

⑦ 俄国家原子能公司占有世界铀浓缩服务市场40%、核电站燃料出口市场17%的份额。

⑧ 俄罗斯所属俄罗斯天然气工业股份公司为世界上最大的天然气公司，控制世界20%的天然气储量、生产世界20%的天然气、运营世界最长的天然气管道系统。

⑨ 俄罗斯黄金储备突破2000吨，占世界黄金储备总量的18%左右。

⑩ 在全球102项前沿尖端科技领域，俄罗斯77.5%的研究成果位于世界前列，52项处于全球主导地位，27项具有世界一流水平；在标志当今世界发达国家实力的100项突破性技术中，俄罗斯17～20项具有世界领先水平；在50项对世界发展前途或对全球经济社会发展具有重大影响的科技方面，俄罗斯近20项处于全球领先地位。

（36）芬兰南部地区为北欧发达经济体代表性地带，也是西欧经济发达极的重要组成部分。其中的南芬兰大区地处芬兰东南部、濒临芬兰湾，为芬兰人口规模最大大区及最主要人口集聚区、最主要工业区农业区、经济规模最大及最发达大区①、最主要城市集中区、地位最重要大区、重要交通枢纽区域、重要教育中心区域、欧盟发展最快的城市中心区域；省会海门林纳市为芬兰重要乳品工业中心、重要交通枢纽；重要城市赫尔辛基市为芬兰首都、政治中心经济中心文化中心商业中心、最大工业中心、最大港口城市、最大航空港所在地、最大交通枢纽、欧洲人口增长最快的国家首都之一②、国际化现代都市，该大区及该市在芬兰经济社会发展中均居于核心地位，该大区所在区域适宜成为北带主通道在芬兰的重要穿越区域、目的区域。又因为芬兰及该大区处于亚欧大陆西北端、波罗的海濒海区域，因此，该大区所在区域适宜成为北带主通道最终目的区域、西桥头堡区域，赫尔辛基市适宜成为北带主通道最终目的地、北带西桥头堡。

（37）当前，芬兰南芬兰大区境内已经形成具有一定规模和历史基础的东西向战略交通主通道（俄罗斯维堡—芬兰卢迈基—科沃拉—拉赫蒂—里希迈基—凯拉瓦—赫尔辛基交通走廊）与经济社会发展战略性地域廊带，并与俄罗斯圣彼得堡—维堡战略交通主通道和经济社会发展战略性地域廊带连成一体，该地带已成为芬兰南部东西向陆路交通主干地带或主要运输走廊。同时，占据波罗的海濒海交通线、两大战略性港口陆路连接交通线、亚欧大陆（北部）东西二级交通区位线等多重潜在交通区位。因此，该大区所在区域适宜成为北带交通主通道最终目的区域、西桥头堡区域，该区域中心城市赫尔辛基市适宜成为北带主通道最终目的地、北带西桥头堡。

（38）上述芬兰南芬兰大区濒临波罗的海芬兰湾，与俄罗斯波罗的海芬兰湾濒海区域共享亚欧大陆西北部背陆面海区位，共同构成亚欧大陆北部区域联通北海沿岸国家和地区乃至大西洋沿岸国家和地区的陆海交通转换枢纽地带，同为波罗的海战略出海口利益的最主要体现者和代表者，同为中国西北地区及中亚北部地区参与利用波罗的海战略出海口、分享波罗的海战略出海口利益的依托区域、必经地段和最重要目的地。联通中国京津唐地区国家政治中心文化中心地区及北方经济中心科技创新中心交通枢纽地区、呼包银经济带、中国新疆准噶尔盆地、哈萨克斯坦东北部、俄罗斯西西伯利亚地区、南西伯利亚地区、欧洲部分中南部区域、西北部区域与芬兰南部地区（南芬兰大区），建立和实现上述九大区域之间的战略性经济社会联系，为北带主通道形成的最主要逻辑及所负有的最主要战略职能；建立和实现上述九大区域之间的交通运输联系，进而形成交通经济带，是丝绸之路经济带北带在中国、哈萨克斯坦、俄罗斯、芬兰段的最主要表现形式和实现途径。因此，芬兰南部南芬兰大区所在区域适宜成为北带主通道在芬兰的重要穿越区域（地段）、目的区域，成为北带主通道最终目的区域、西桥头堡区域，该区域中心城市赫尔辛基市适宜成为北带主通道最终目的地、北带西桥头堡。

（39）芬兰为欧洲领土面积第七大国家，该国森林覆盖率居于世界各国第一位，人均林地面积居于欧洲各国第一位，铜及泥炭等矿种储藏量相对比较突出；该国高度重视国民教育，为世界各国中人均占有大学最多的国家；木材加工及造纸业、金属加工业、工程机械制造业、电信业、电子工业发达；在特种船舶制造、造纸机械制造等领域保持世界领先水平；在宇航、数据处理、太阳能、超低温物理、电子等尖端科技和高新技术领域占有重要地位；为世界第二大纸张纸板出口国、第四大纸浆出口国、互联网接入率和人均手机拥有量最高最大国家、高度发达

---

① 南芬兰大区人口、企业规模均占芬兰的40%左右。
② 赫尔辛基市人口增长速度在欧洲各国城市中仅次于比利时首都布鲁塞尔。

的市场经济国家，人均产出高于美国、日本、法国、英国、德国等国家及欧盟平均水平，被称为"世界科技发展和运用领导国家之一"，在世界经济论坛年度全球竞争力排名中居于前列，为北欧发达经济体代表性国家、年度全球幸福指数最高国家，且处于北欧发达经济体、苏联东欧国家、西欧发达经济体的衔接枢纽部位。因此，芬兰适宜成为共建丝绸之路经济带倡议的最主要联络目标国或目标区域之一，适宜成为北带主通道最主要目的地国家之一。

（40）上述各地段和廊带所在地域与第一亚欧大陆桥共享亚欧大陆北部东西二级交通区位线潜在交通区位。选择上述各地段和廊带所在地域为北带主通道穿越区域（地段），是对亚欧大陆（北部）东西二级交通区位线潜在交通区位的主动开发与利用，是该地域廊带所蕴含亚欧大陆北部东西二级交通区位线的第二次显化（第一次显化为草原丝绸之路时期及"走西口"、新北道时期），是亚欧大陆所蕴含东西向陆路交通区位资源和价值在新形势下的再现和重生。

（41）上述各地段和廊带所在地域在古代时期即为草原丝绸之路、丝绸之路"新北道"干线大致穿越地带。选择上述各地段和廊带所在地域为北带主通道穿越区域（地段），既是对历史时期草原丝绸之路、丝绸之路"新北道"的概括性继承，也是对当前国际地缘政治地缘经济大势的主动、积极顺应。

（42）选择上述各地段和廊带所在地域为北带主通道穿越区域（地段），有助于实现太平洋西侧陆缘海渤海与大西洋东侧陆缘海波罗的海之间的陆路沟通，有助于在中国北部国境线南侧形成一条横贯东西的战略性交通通道和经济带，并与西北侧邻国哈萨克斯坦、俄罗斯经济相对发达区域、首都相连相通，延伸连通波罗的海沿岸重要国家芬兰首都及最大港口城市赫尔辛基市，使该条带成为一条横贯亚欧大陆中北部的国际战略性主通道和交通经济带。

（43）该通道所依托的巨型山链及所附随的巨型地理廊带见表4-7。

表4-7　北带主通道依托巨型山链及相关巨型地理廊带

序号	类型	名称
1	巨型山链	燕山山脉—阴山山脉—阿尔泰山脉—乌拉尔山脉巨型山链
2	巨型山地降水相对较多带	燕山山脉—阴山山脉—阿尔泰山脉巨型山地降水相对较多带
3	巨型冰川带	阿尔泰山脉冰川带
4	巨型盆山耦合带	燕山山脉—阴山山脉—阿尔泰山脉—乌拉尔山脉山前及山侧（南侧）巨型盆山耦合带
5	巨型河流带	燕山山脉—阴山山脉—阿尔泰山脉—乌拉尔山脉山前及山侧巨型河流带
6	巨型成土母质带及连片相对平坦地带	燕山山脉—阴山山脉—阿尔泰山脉—乌拉尔山脉山前及山侧巨型成土母质带及连片相对平坦地带
7	巨型盆地光热资源密集带	燕山山脉—阴山山脉—阿尔泰山脉—乌拉尔山脉山前及山侧（南侧）盆地光热资源密集带
8	巨型成矿带	古亚洲成矿域
9	巨型交通走廊带	燕山山脉—阴山山脉—阿尔泰山脉—乌拉尔山脉山前及山侧（南侧）巨型交通走廊带
10	巨型经济走廊带	燕山山脉—阴山山脉—阿尔泰山脉—乌拉尔山脉山前及山侧（南侧）巨型经济走廊带

（五）北带主通道现状及应建或建议建设交通线路

1. 北带主通道现状[①]

（1）铁路交通线路。该线中国京津唐地区—呼和浩特—额济纳旗—明水段已建准轨铁路线路，哈萨克斯坦厄斯克门—俄罗斯鲁布佐夫斯克口岸—新西伯利亚—叶卡捷琳堡—莫斯科—圣

_____

① 本研究中相关交通线路现状为截至2022年底现状，下同。

彼得堡—芬兰赫尔辛基段已建宽轨铁路线路，中国准东—富蕴—阿勒泰准轨铁路已经建成，全线仅有中国明水—伊吾—木垒—将军庙、中国阿勒泰—吉木乃口岸—哈萨克斯坦迈哈布奇盖口岸—厄斯克门段尚未建设铁路线路。

（2）公路交通线路。该线中国京津唐地区—呼和浩特—临河—额济纳旗—明水—伊吾—巴里坤—大黄山—五彩湾—富蕴—北屯—阿勒泰段已建成高速公路，中国阿勒泰—布尔津—吉木乃口岸—哈萨克斯坦迈哈布奇盖口岸—厄斯克门—俄罗斯鲁布佐夫斯克口岸—新西伯利亚—莫斯科—圣彼得堡—芬兰赫尔辛基段已建成部分高速公路或较低等级公路。

（3）油气管道。该线境内中国北京—靖边段、呼和浩特—包头—靖边段已建长大输气管道，境内沿线其他地段均未建设长大输气管道；境外哈萨克斯坦北部地区至俄罗斯莫斯科区域段已建长大输气管道。全线仅有中段中国鄂尔多斯油气盆地至哈萨克斯坦北部地区段尚未建设长大输气管道。该线中国境内段均未建设长大输油管道；境外段仅俄罗斯秋明州至莫斯科区域段已建长大输油管道。

2. 北带主通道应建或建议建设交通线路及理由或目标

（1）铁路交通线路。应建或建议建设铁路线路：①中国明水—将军庙铁路；②中国阿勒泰—吉木乃口岸—哈萨克斯坦迈哈布奇盖口岸—厄斯克门铁路线路；③中国天津—北京—呼和浩特—临河—额济纳旗—明水—将军庙—克拉玛依—塔城—哈萨克斯坦巴克特口岸—阿亚古兹—阿斯塔纳—俄罗斯叶卡捷琳堡—喀山—莫斯科—圣彼得堡—芬兰赫尔辛基高速铁路。

理由或目标：①和②所述两条铁路所在路段是丝绸之路经济带北带主通道最显著的铁路交通瓶颈制约路段，明显制约北带主通道铁路交通畅通，应当尽早开工建设或者通过国际协作开展建设前期工作。③所述铁路线路为横穿亚欧大陆北部、连接中哈俄芬四国首都的高速铁路线路，建成该线路即可实现丝绸之路经济带北带主通道以高速铁路全线贯通，对于加强亚欧大陆北部经济社会文化交流、进一步优化亚欧大陆北部国际地缘政治地缘经济格局具有重大意义。

（2）公路交通线路。应建或建议建设公路交通线路：①中国阿勒泰—吉木乃口岸段高速公路；②哈萨克斯坦迈哈布奇盖口岸—厄斯克门—俄罗斯鲁布佐夫斯克口岸—新西伯利亚—秋明—莫斯科—圣彼得堡—芬兰赫尔辛基高速公路。

理由或目标：①所述高速公路所在路段是丝绸之路经济带北带主通道最显著的公路交通瓶颈制约路段，明显制约北带主通道公路交通畅通，应当尽早开工建设①。②所述高速公路沿线地段为亚欧大陆相对发达区域，在该区域建成一条东南—西北向跨境长大高速公路线路，即可实现丝绸之路经济带北带西段以高速公路贯通，即可建成天津—北京—新西伯利亚—莫斯科—圣彼得堡高速公路，即可实现北带主通道全线以高速公路贯通。

（3）油气管道。应建或建议建设油气管道线路：中国北京—呼和浩特—额济纳旗—伊吾—乌鲁木齐—克拉玛依—吉木乃口岸或红山嘴口岸—俄罗斯新西伯利亚输气、输油管道。

理由或目标：该两条油气管道所在路段是丝绸之路经济带北带主通道最显著的油气管道空白路段，与该线所具有的交通区位线重要程度明显不符；同时中国内地与西北侧邻国之间的油气管道过分集中于河西走廊一线，不利于分散风险、保障安全，因此应当在京津唐地区—鄂尔多斯盆地—银额盆地—中国准噶尔盆地—俄罗斯西西伯利亚盆地间设置长大油气管道，以在东亚重要油气消费中心与世界最大油气盆地之间形成战略性油气输送通道。

---

① 局部段落已开工建设。

二、北带中哈俄走廊交通支线通道走向及其辐射范围、沿线地区主导产业

丝绸之路经济带北带中哈俄走廊交通支线通道（以下简称北带中哈俄走廊支线通道）及经济走廊走向、辐射范围、沿线地区主导产业如下：

（一）北带中哈俄走廊支线通道走向

北带中哈俄走廊支线通道走向为：中国新疆将军庙—克拉玛依—塔城—巴克图口岸—哈萨克斯坦巴克特口岸—阿亚古兹—卡拉干达—阿斯塔纳—科克舍套—科斯塔奈—俄罗斯车里雅宾斯克—叶卡捷琳堡。

（二）北带中哈俄走廊支线通道穿越或辐射地区

北带中哈俄走廊支线通道穿越的国家为：中国、哈萨克斯坦、俄罗斯。

北带中哈俄走廊支线通道穿越的中国一级行政单元为：新疆维吾尔自治区。

北带中哈俄走廊支线通道穿越的中国国内市地盟州为：昌吉回族自治州、阿勒泰地区、克拉玛依市、塔城地区。

北带中哈俄走廊支线通道穿越的中国国内城市为：克拉玛依市、塔城市、白杨市。

北带中哈俄走廊支线通道穿越的中国新疆县市区为：奇台县、吉木萨尔县、阜康市、福海县、呼图壁县、和布克赛尔蒙古自治县、克拉玛依市白碱滩区及克拉玛依区、托里县、额敏县、塔城市、白杨市。

北带中哈俄走廊支线通道穿越的哈萨克斯坦一级行政单元为：东哈萨克斯坦州、卡拉干达州[①]、阿科莫拉州、阿斯塔纳直辖市、北哈萨克斯坦州、科斯塔奈州。

北带中哈俄走廊支线通道穿越的哈萨克斯坦主要城市为：阿亚古兹市（非省会城市）、卡拉干达市、阿斯塔纳直辖市、科克舍套市、科斯塔奈市。

北带中哈俄走廊支线通道穿越的中国—哈萨克斯坦国际口岸为：巴克图口岸—巴克特口岸。

北带中哈俄走廊支线通道穿越的俄罗斯一级行政单元为：车里雅宾斯克州、斯维尔德罗夫斯克州。

北带中哈俄走廊支线通道穿越的俄罗斯主要城市为：车里雅宾斯克市、叶卡捷琳堡市。

（三）北带中哈俄走廊支线通道沿线地区主导产业

1. 北带中哈俄走廊支线通道中国新疆段沿线地区主导产业

北带中哈俄走廊支线通道中国新疆段沿线地区主导产业为：煤炭开采和洗选加工工业、石油及天然气开采工业、石油加工炼焦及核燃料加工工业、化学纤维制造工业、电力热力生产和供应业、种植业及畜牧业（中国新疆昌吉回族自治州、克拉玛依市、塔城地区，见表4-8，阿勒泰地区主导产业概况略）。

表4-8　北带中哈俄走廊支线通道中国新疆段沿线地区主导产业

序号	市地盟州	主导产业
1	新疆昌吉回族自治州	煤炭开采和洗选工业、煤电及煤化学工业、石油及天然气开采工业、机电设备制造工业、种植及畜牧养殖业
2	新疆克拉玛依市	石油加工炼焦及核燃料加工工业
3	新疆塔城地区	煤炭开采和洗选加工工业、化学纤维制造工业、电力热力生产和供应业、种植业及畜牧业

---

① 2022年6月8日，哈萨克斯坦分卡拉干达州新设乌勒套州，州政府驻杰兹卡兹甘市。因暂缺连续统计资料，本研究中凡论及卡拉干达州，仍暂以其原有辖区内自然资源、人口、城市、主导产业等概况进行阐述。

2. 北带中哈俄走廊支线通道哈萨克斯坦段沿线地区主导产业

北带中哈俄走廊支线通道哈萨克斯坦段沿线地区主导产业为：有色和黑色金属采选冶炼及压延加工工业、煤炭开采洗选和采煤设备制造工业、木材加工工业、电力热力生产和供应业、非金属矿物制品业、纺织和服装皮革羽绒及其制品业、谷类种植业和畜牧业（哈萨克斯坦东哈萨克斯坦州、卡拉干达州、阿克莫拉州、阿斯塔纳直辖市、北哈萨克斯坦州、科斯塔奈州，见表4-9）。

表4-9　北带中哈俄走廊支线通道哈萨克斯坦段沿线地区主导产业

序号	州份	主导产业
1	东哈萨克斯坦州	黑色和有色金属采选冶炼及压延加工工业、木材加工工业、电力热力生产和供应业、畜牧业
2	卡拉干达州	煤炭开采和洗选工业、黑色和有色金属采选冶炼工业、机械制造工业、化学工业、水泥制造工业
3	阿斯塔纳直辖市	金融保险业、教育事业、文化体育和娱乐业
4	阿克莫拉州	谷物种植业及畜牧业、农畜产品加工工业、黑色和有色及稀有金属贵金属采矿业、建材工业、农业机械设备制造工业
5	北哈萨克斯坦州	谷物种植业及畜牧业、农畜产品加工工业、非金属矿物制品业
6	科斯塔奈州	黑色金属采选工业、纺织工业、服装皮革羽绒及其制品业、种植业

3. 北带中哈俄走廊支线通道俄罗斯段沿线地区主导产业

北带中哈俄走廊支线通道俄罗斯段沿线地区主导产业为：黑色和有色金属冶炼及压延加工工业、机械设备制造工业、重型电力及运输机器制造工业、化学工业、煤炭及其他非金属矿采掘工业（俄罗斯车里雅宾斯克州、斯维尔德罗夫斯克州，见表4-10）。

表4-10　北带中哈俄走廊支线通道俄罗斯段沿线地区主导产业

序号	州份	主导产业
1	车里雅宾斯克州	黑色和有色金属冶炼及压延加工工业、机器制造工业、化学工业、煤炭及其他非金属矿采掘工业、轻工业及食品加工工业、建材工业
2	斯维尔德罗夫斯克州	黑色和有色金属冶炼及压延加工工业、仪器仪表机床与重型电力及运输机器制造工业、电力能源工业、化学工业、木材加工及造纸工业、建材工业、种植业

对上述三个国家三个区段的主导产业进行比较可见，在整个北带中哈俄走廊支线通道沿线地区，主导产业结构层次及总体经济发展水平大致呈现西段（俄罗斯境内段）最高、中段（哈萨克斯坦境内段）次高、东段（中国境内段）最低的"坡形"格局，产业结构层次和经济发展水平差异比较明显，全线产业结构优化及经济发展一体化潜力相对较大。

（四）北带中哈俄走廊支线通道及经济走廊走向理由与依据

（1）准噶尔盆地东部地区为中国新疆北疆地区石油天然气采掘工业重要基地、北疆地区煤炭采掘及加工业最重要基地，实现其与中国内地地区之间的东向战略联系、与周边国家和地区之间的西向北向战略联系意义重大。因此，选择该区域为北带中哈俄走廊支线通道起始区域及重要穿越区域（地段）。

（2）准噶尔盆地东部将军庙区域东向可通过额济纳旗—明水—伊吾—将军庙通道连接中国内地地区，北向可通过将军庙—富蕴—红山嘴口岸通道连接蒙古国巴彦乌列盖省及俄罗斯西西伯利亚地区，西北向可通过将军庙—富蕴—阿勒泰—吉木乃口岸通道连接哈萨克斯坦东哈萨克斯坦州及俄罗斯西西伯利亚地区，西向可通过将军庙—克拉玛依—巴克图口岸通道连接哈萨克斯坦东哈萨克斯坦州及卡拉干达州与阿斯塔纳直辖市，为中国新疆准噶尔盆地东部最重要的交通枢纽及能源产业基地与化学工业基地，且为丝绸之路经济带北带中国新疆段重要节点、战略性枢纽。因此，选择该区域为北带中哈俄走廊支线通道起始点、东桥头堡（阿勒泰地区相关概况略）。

（3）准噶尔盆地西部克拉玛依市东向可通过额济纳旗—明水—伊吾—将军庙—克拉玛依通道连接中国内地地区，北向可通过克拉玛依—阿勒泰—红山嘴口岸通道连接蒙古国巴彦乌列盖省及俄罗斯西西伯利亚地区，西向可通过克拉玛依—巴克图口岸通道连接哈萨克斯坦东哈萨克斯坦州及卡拉干达州与阿斯塔纳直辖市，为中国新疆北疆地区最大石油天然气采掘及加工炼化工业基地、盆地西部最重要的交通枢纽。因此，选择该市所在区域为北带中哈俄走廊支线通道在中国新疆北疆地区中西部的重要穿越区域（地段）和支点区域（地段）。

（4）塔城地区地处准噶尔盆地西缘及塔城—额敏盆地区域，东向可通过额济纳旗—明水—伊吾—将军庙—克拉玛依—塔城通道连接中国内地地区，西向可通过塔城—巴克图口岸—巴克特口岸—阿亚古兹通道连接哈萨克斯坦东哈萨克斯坦州及卡拉干达州和阿斯塔纳直辖市，为中国新疆北疆地区重要煤炭基地、畜牧业基地、向西开放重要门户、古代游牧部族重要活动区域。因此，选择该地区所在区域为中哈俄走廊支线通道在中国新疆北疆地区西部的重要穿越区域（地段）。

（5）如前所述，哈萨克斯坦东哈萨克斯坦州地处中国新疆北疆地区与哈萨克斯坦接壤区域，为中国新疆北疆地区与哈萨克斯坦北部地区乃至俄罗斯西西伯利亚地区、乌拉尔地区开展战略性经济社会交流必需穿越区域；且该州为哈萨克斯坦最重要工业州、农业州之一；首府厄斯克门市为哈萨克斯坦重要工业中心、哈萨克斯坦东北部重要经济中心文化中心交通中心，该州及该市均在哈萨克斯坦经济社会发展中占据重要地位。因此，该州及其首府所在区域适宜成为北带中哈俄走廊支线通道重要穿越区域（地段）和支点区域（地段）。

（6）哈萨克斯坦卡拉干达州雄踞哈萨克斯坦国土中心区域，为哈萨克斯坦土地面积第一大州、人口城市化水平最高的州（90%）；该州矿藏资源储藏量巨大，为哈萨克斯坦最主要工业州之一①、哈萨克斯坦和苏联卡拉干达工业区主体部分所在地，被称为"哈萨克斯坦锰铁铜重晶石多金属和稀有金属仓库"；该州卡拉干达煤田为世界最大煤田之一（苏联第三大采煤区）；该州首府卡拉干达市为哈萨克斯坦最大工业中心，卡拉干达—铁米尔套区域生产综合体为哈萨克斯坦工业的轴心。该州及该市均在哈萨克斯坦工业生产中占据核心地位。因此，该州及其首府所在区域适宜成为北带中哈俄走廊支线通道在哈萨克斯坦中北部的重要穿越区域（地段）和支点区域（地段）。

（7）哈萨克斯坦首都阿斯塔纳直辖市地处哈萨克斯坦中北部区域，现为哈萨克斯坦新的政治中心经济中心文化发展中心、人口规模第二大城市、经济规模和人均 GDP 第三位州直辖市（GDP 占全国 10%左右），并已成为中亚地区现代化水平最高的城市、人口与年均固定资产投资规模及经济规模增长最快的城市、发展潜力最大的城市、第三大城市、中亚北部地区最大的城

---

①　卡拉干达州拥有哈萨克斯坦 27%的锌、35%的金和铜、47%的铅、60%的锡、63%的钼、80%的钨和全部的锰、30%的煤炭储藏量，生产哈萨克斯坦 100%的生铁、轧材、黑色金属、炼焦煤、焦炭、90%的钢。

市，在哈萨克斯坦经济、政治、社会、文化生活中占据重要地位、发挥核心作用。同时，又与工业强州卡拉干达州同处于哈萨克斯坦国土中心区域，对于统摄和带动哈萨克斯坦各区域发展负有重要职能。因此，该直辖市所在区域适宜成为北带中哈俄走廊支线通道在哈萨克斯坦中北部的重要穿越区域（地段）和支点区域（地段）。

（8）哈萨克斯坦阿克莫拉州地处哈萨克斯坦中北部区域，为哈萨克斯坦主要农业州[①]，在哈萨克斯坦农业生产中占据重要地位，首府科克舍套市为该州及哈萨克斯坦北部重要轻工业中心、旅游中心、交通枢纽。哈萨克斯坦北哈萨克斯坦州地处哈萨克斯坦北部、哈俄接壤区域，该州与阿克莫拉州同为哈萨克斯坦主要农业州，但该州矿藏资源丰富[②]，主要矿物原料潜在开采价值巨大，发展工业潜力巨大，首府克孜勒扎尔市为该州及哈萨克斯坦北部重要工业中心、铁路枢纽。哈萨克斯坦科斯塔奈州地处哈萨克斯坦北部、哈俄接壤区域，该州宜农地面积约占该州地域面积的92%，磁铁褐铁铝金等金属矿物与褐煤等非金属矿物蕴藏量巨大，现为哈萨克斯坦主要铁矿石产区、经济实力比较强大的州之一，且经济发展潜力巨大，被称为"国家的粮仓和矿产宝库"，首府科斯塔奈市为哈萨克斯坦北部重要轻工业中心、铁路枢纽。上述三州同处哈萨克斯坦首都与俄罗斯西西伯利亚南部诸州衔接地带，为哈萨克斯坦首都与俄罗斯西西伯利亚南部诸州开展战略性经济、社会交流必需穿越地带。因此，上述三州所在区域适宜成为北带中哈俄走廊支线通道在哈萨克斯坦北部的重要穿越区域（地段）。

（9）哈萨克斯坦上述六州市均为哈萨克斯坦主要工业州或农业州（阿斯塔纳直辖市为新型经济中心），农牧业发展条件优越，矿藏资源储量巨大，在哈萨克斯坦经济政治社会文化发展中均处于重要地位。同时六州市所组成的哈萨克斯坦北部区域科技发展水平、劳动人口素质、主导产业结构层次、经济发展水平、与俄罗斯经济社会文化联系紧密程度等均居于中亚国家最高水平，为未来中亚区域经济社会发展潜力最大区域。因此，哈萨克斯坦上述六州市所在区域适宜成为北带中哈俄走廊支线通道在哈萨克斯坦的重要穿越区域（地段）。

（10）直接联通中国新疆准噶尔盆地、塔城—额敏盆地与哈萨克斯坦上述六州市，直接建立和实现中国新疆准噶尔盆地、塔城—额敏盆地与哈萨克斯坦上述六州市之间的经济社会战略性联系，间接联通中国京津唐地区国家政治中心文化中心地区及北方经济中心科技创新中心交通枢纽地区、呼包银经济带、中国新疆准噶尔盆地、塔城—额敏盆地与哈萨克斯坦上述六州市，间接建立和实现上述五大区域之间的经济社会战略性联系，是北带中哈俄走廊支线通道形成的最主要逻辑及所负有的最主要战略职能之一。直接建立和实现中国新疆准噶尔盆地、塔城—额敏盆地与哈萨克斯坦上述六州市之间的交通运输联系，间接建立和实现中国京津唐地区国家政治中心文化中心地区及北方经济中心科技创新中心交通枢纽地区、呼包银经济带、中国新疆准噶尔盆地、塔城—额敏盆地与哈萨克斯坦上述六州市之间的交通运输联系，进而形成交通经济带，是北带中哈俄走廊在中国、哈萨克斯坦段的最主要表现形式和实现途径之一。因此，哈萨克斯坦上述六州市所在区域适宜成为北带中哈俄走廊支线通道在哈萨克斯坦的重要穿越区域（地段），核心区域阿斯塔纳直辖市及阿克莫拉州所在区域适宜成为北带中哈俄走廊支线通道区段性目的区域，该区域中心城市哈萨克斯坦首都阿斯塔纳直辖市适宜成为北带中哈俄走廊支线通道区段性目的地。

---

① 阿克莫拉州谷类作物播种面积占哈萨克斯坦谷类作物播种总面积的1/4，州农业产值占哈萨克斯坦农业总产值的1/8左右。

② 哈萨克斯坦已探明的所有金刚石、1/3的锡矿、近1/2的锆矿、1/4的铀矿、近1/6的金矿均储藏在北哈萨克斯坦州；北哈萨克斯坦州金、锡、铌、云母、陶土、白云石储量均居于哈萨克斯坦各州直辖市首位，铀储量居于哈萨克斯坦各州直辖市第二位。

（11）哈萨克斯坦上述六州市所组成的哈萨克斯坦北部区域地处俄罗斯与中亚地区北南交通、南西伯利亚地区东西交通交汇地带，交通枢纽地位极为突出，该区域为中国准噶尔盆地、塔城—额敏盆地与俄罗斯西西伯利亚地区开展战略性经济社会交流必需穿越地带。因此，上述六州市所在区域适宜成为北带中哈俄走廊支线通道在哈萨克斯坦的重要穿越区域（地段）。

（12）俄罗斯车里雅宾斯克州地处俄罗斯南部、俄哈接壤区域，该州矿藏资源丰富，铁铜锌金等金属矿物与石英石菱镁矿滑石粉等非金属矿物蕴藏量突出，现为俄罗斯最重要的矿产基地和重工业基地之一，工业中心密集，产业链条完整，工业发展水平位居俄罗斯前列，在俄罗斯重工业生产中占据核心地位①，曾为苏联乌拉尔工业区②主体部分所在地；该州与中国尤其是与中国新疆之间的对外经济贸易合作关系顺畅③；同时，由于该州位于亚欧两洲交界地带，为亚欧两洲东西交通、乌拉尔山脉东侧区域北南交通交汇地带，尤其处于俄罗斯亚洲部分与欧洲部分交通联系咽喉部位，交通枢纽地位极为突出；首府车里雅宾斯克市现为俄罗斯人口超过百万人的十大城市之一，自西伯利亚大铁路建成以来即为俄国、苏联、俄罗斯重要交通枢纽、商业贸易中心；重要城市马格尼托哥尔斯克为俄罗斯最大的"钢城"。该州及该市均在俄罗斯当前经济、社会、文化生活及历史发展中占据重要地位。因此，该州所在区域适宜成为北带中哈俄走廊支线通道在俄罗斯乌拉尔地区的重要穿越区域（地段）和支点区域（地段）。

（13）如前所述，俄罗斯斯维尔德罗夫斯克州人口数量居于俄罗斯各联邦主体第五位，属于俄罗斯人口相对集中区域；该州农业种植规模居于俄罗斯乌拉尔地区各州首位，为俄罗斯主要农业州之一；该州矿藏资源丰富，为俄罗斯最重要的工业地区和主要科研教育中心及工业研究设计中心之一，并与前述的车里雅宾斯克州同为苏联乌拉尔工业区主体部分所在地。首府叶卡捷琳堡市为俄罗斯第三大城市、大型工业中心之一、重要交通中心贸易中心金融中心科学中心文化中心信息中心、军工生产基地、乌拉尔地区最大城市和经济中心财政中心金融中心文化中心；该州及该市均在俄罗斯当前经济、社会、文化生活及历史发展中占据重要地位。因此，该州及其首府所在区域适宜成为北带中哈俄走廊支线通道在俄罗斯乌拉尔地区的重要穿越区域（地段）和支点区域（地段）。

（14）俄罗斯车里雅宾斯克州、斯维尔德罗夫斯克州同处于乌拉尔山脉南坡和东坡区域，北连西西伯利亚平原，南邻相对发达的哈萨克斯坦北部区域及其政治核心区域，西接俄罗斯国家传统经济政治社会文化发展最核心区域——莫斯科—喀山区域，是中国新疆经济与社会发展核心区域、哈萨克斯坦经济政治社会文化发展最核心区域（北部区域及其政治核心区域，下同）与俄罗斯国家传统经济政治社会文化发展最核心区域之间的西侧连接纽带和过渡环节。且其与俄罗斯西西伯利亚区域共同构成俄罗斯毗邻中国陆地边境最发达区域，科技发展水平、劳动人口素质、主导产业结构层次、经济发展水平等均居于俄罗斯毗邻中国陆地边境区域最高水平，居于中国、中国西部地区、中国新疆、中国新疆准噶尔盆地及北疆地区毗邻国家和地区最高水平，并在俄罗斯当前经济、社会、文化生活及历史发展中占据重要地位。直接联

---

① 俄罗斯车里雅宾斯克州现开采和加工俄罗斯95%的石墨和菱镁矿、70%的滑石、71%的冶金白云石等矿种，占有俄罗斯25%的轧材和钢材生产额、11.2%的钢管生产额、42.4%的耐火产品生产额，工业产品中的60%为金属制品，制造业在该州工业结构中所占份额超过85%。

② 乌拉尔工业区位于乌拉尔山区，为第一次世界大战期间及其后随着俄国、苏联工业建设向东发展而形成的工业区，由库尔干州、奥林布尔克州、彼尔姆边疆区、斯维尔德洛夫斯克州、车里雅宾斯克州、巴什基亚和乌德穆尔特自治共和国组成，以钢铁工业和机械工业为主。现为俄罗斯最大的重工业区，工业实力仅次于以莫斯科为中心的中央工业区，重工业产值约占乌拉尔工业区产值的80%。

③ 俄罗斯车里雅宾斯克州与中国的对外贸易额占该州进出口总额的1/10左右，中国为该州第二大贸易伙伴。

通中国新疆准噶尔盆地、塔城—额敏盆地、哈萨克斯坦中北部六州市与俄罗斯乌拉尔地区上述两州,直接建立和实现上述四大区域之间的经济社会战略性联系,间接联通中国京津唐地区国家政治中心文化中心地区及北方经济中心科技创新中心交通枢纽地区、呼包银经济带、塔城—额敏盆地、中国新疆准噶尔盆地、哈萨克斯坦中北部六州市与俄罗斯乌拉尔地区上述两州,间接建立和实现上述六大区域之间的经济社会战略性联系,是北带中哈俄走廊支线通道所负有的最主要战略职能。直接建立和实现中国新疆准噶尔盆地、塔城—额敏盆地、哈萨克斯坦中北部六州市与俄罗斯乌拉尔地区上述两州之间的交通运输联系,间接建立和实现中国京津唐地区国家政治中心文化中心地区及北方经济中心科技创新中心交通枢纽地区、呼包银经济带、中国新疆准噶尔盆地、塔城—额敏盆地、哈萨克斯坦中北部六州市与俄罗斯乌拉尔地区上述两州之间的交通运输联系,进而形成交通经济带,是北带中哈俄走廊在中国、哈萨克斯坦、俄罗斯段的最主要表现形式和实现途径。因此,俄罗斯乌拉尔地区上述两州所在区域适宜成为北带中哈俄走廊支线通道在俄罗斯乌拉尔地区的重要穿越区域(地段),核心区域斯维尔德罗夫斯克州所在区域适宜成为北带中哈俄走廊支线通道在俄罗斯的目的区域,该区域中心城市叶卡捷琳堡市适宜成为北带中哈俄走廊支线通道目的地、北带中哈俄走廊西桥头堡、丝绸之路经济带北带战略性枢纽。

(15)上述中国新疆地段东段(将军庙—克拉玛依段)为中国新疆北疆地区煤炭及石油天然气最主要蕴藏区域及开发区域,当前已建成贯穿东西的原油管道与部分较高等级公路线路及部分简易公路线路,已经初步显示形成横穿准噶尔盆地的东西交通主干线与开发廊带的趋势;西段(克拉玛依—巴克图口岸段)已建成贯穿东西的铁路线路(克拉玛依—塔城铁路)与高速公路线路,已经初步形成连接和贯穿准噶尔盆地与塔城—额敏盆地的东西向交通主干线与开发廊带,并已显示形成东西向战略通道与经济社会发展战略性地域廊带的趋势,未来将成为新疆北疆西部地区中部地带人口与经济社会资源及活动主要辐集地带。同时,上述中国新疆地段东段、西段占据准噶尔盆地巨型单一覆被平面大致东西横穿线、盆地东西两大能源生产基地连接交通线、准噶尔盆地及塔城—额敏盆地两大盆地连贯线、亚欧大陆(北部)东西二级交通区位线等多重潜在交通区位。因此,选择上述中国新疆地段东段、西段为北带中哈俄走廊支线通道在中国新疆北疆地区的重要穿越区域(地段)。

(16)上述哈萨克斯坦地段东段(巴克特口岸—阿亚古兹)当前已建成贯穿东西的普通等级公路线路,曾为苏联与中国新疆之间传统贸易线路,已经初步显示形成横穿该区域的东西交通主干线与开发廊带的趋势;中段(阿亚古兹—卡拉乌尔—卡伊纳尔—萨雷布拉克—吉尔吉斯段)当前已建成东南—西北向普通等级公路线路,曾为苏联与中国新疆之间传统贸易线路在苏联境内路段,已经初步显示形成横穿该区域的东南—西北交通主干线与开发廊带的趋势;西段(吉尔吉斯—乌里扬诺夫斯基—卡拉干达—阿斯塔纳—科克舍套—科斯塔奈—共青团员村—哈俄边境段)早在苏联时期即已建成东南—西北向铁路干线与公路线路,即已形成斜穿哈萨克斯坦北部区域的东南—西北向交通主干线与开发廊带,即已成为哈萨克斯坦北部区域人口与经济社会资源及活动主要辐集地带。同时,上述哈萨克斯坦地段东段、中段、西段占据哈萨克丘陵巨型单一覆被平面大致东南—西北横穿线、哈萨克斯坦首都—地区中心连接线、亚欧大陆(北部)东西二级交通区位线等多重潜在交通区位。因此,上述哈萨克斯坦地段东段、中段、西段适宜成为北带中哈俄走廊支线通道在哈萨克斯坦的重要穿越区域(地段)。

(17)上述俄罗斯乌拉尔地区地段(哈俄边境—特罗伊茨克—车里雅宾斯克—叶卡捷琳堡段)早在苏联时期即已建成东南—西北向铁路干线与公路线路,即已形成纵贯俄罗斯南乌拉尔地区的东南—西北向交通主干线与开发廊带，即已成为俄罗斯南乌拉尔地区人口与经济社会资源及活动主要辐集地带，并已与斜穿哈萨克斯坦北部的吉尔吉斯—乌里扬诺夫斯基—卡拉干达—阿克莫拉（阿斯塔纳）—科克舍套—科斯塔奈—共青团员村—哈俄边境段人口与经济社会资源及活动主要辐集地带相衔接。同时，上述俄罗斯哈萨克斯坦地段该线占据俄罗斯西西伯利亚平原南部巨型单一覆被平面大致东南—西北横穿线、哈萨克斯坦首都—俄罗斯首都连接线（部分）、亚欧大陆（北部）东西二级交通区位线等多重潜在交通区位。因此，上述俄罗斯乌拉尔地区地段适宜成为北带中哈俄走廊支线通道在俄罗斯的重要穿越地段。

（18）上述地段和廊带与北带主通道中国将军庙—富蕴—阿勒泰—吉木乃口岸—哈萨克斯坦迈哈布齐盖口岸—厄斯克门—俄罗斯鲁布佐夫斯克口岸—新西伯利亚—鄂木斯克—伊希姆—秋明—叶卡捷琳堡段共享亚欧大陆（北部）东西二级交通区位线交通区位。选择上述地段和廊带为北带中哈俄走廊支线通道穿越区域（地段），是对亚欧大陆（北部）东西二级交通区位线潜在交通区位的主动开发与利用，是该地域廊带所蕴含亚欧大陆（北部）东西二级交通区位线的第二次显化（第一次显化为草原丝绸之路时期及蒙古帝国也迷里—萨莱时期①），是亚欧大陆所蕴含东西向陆路交通区位资源和价值在新形势下的再现和重生。

（19）近代以前，该走廊地带部分地段为莫斯科公国及沙皇俄国兴起后莫斯科区域经车里雅宾斯克向南通往哈萨克丘陵的概括性贸易线路②；蒙古帝国时期，该走廊地带部分地段为自蒙古高原蒙古本部统治中心哈拉和林经过准噶尔盆地窝阔台汗国统治中心也迷里进入中亚地区至里海北岸钦察汗国统治中心萨莱的驿站线路；更早时期，该走廊地带部分地段即为斯基泰人、吐火罗人、古雅利安人、古印欧人自黑海北岸或里海北岸经过哈萨克丘陵进入中亚腹地的概括性迁徙线路③，为斯基泰商人、古希腊商人等古代商人群体自黑海北岸及里海北岸经过哈萨克丘陵

---

① 也迷里古城遗址在今中国新疆塔城地区额敏县境内，也迷里的蒙古语含义为马鞍，为蒙古帝国时期成吉思汗第三子窝阔台汗国都城（建都于公元 1225 年），因也迷里河得名；1309 年窝阔台汗之曾孙在与察合台汗国争战中失利后出逃，窝阔台汗国灭亡，也迷里城毁于战火，今额敏为也迷里之音译。萨莱古城遗址在今俄罗斯阿斯特拉罕以北约 120 千米处，萨莱的波斯语含义为宫殿，该城在公元 10 世纪即已存在，蒙古帝国时期成吉思汗长子术赤之子拔都于 1243 年建立钦察汗国并定都于此（史称为旧萨莱或拔都萨莱），该城成为钦察汗国最大和最重要的国际商业城市及其时东西方国际贸易重镇，突厥商人、波斯商人、阿拉伯商人、威尼斯商人、埃及商人均涉足该城，由该城西行可达莫斯科、基辅、华沙、布达佩斯、君士坦丁堡、罗马，南行可至大不里士（蒙古伊尔汗国都城）、巴格达、开罗。拔都之弟别儿哥继位后，在拔都萨莱城西北约 180 千米处新建萨莱新城（史称为新萨莱或别儿哥萨莱），该城位于现俄罗斯伏尔加格勒附近。1395 年帖木儿攻灭钦察汗国后，被称为承载汗国财富的拔都萨莱城与汗国权力象征的别儿哥萨莱城均毁于战火。1430~1440 年，拔都萨莱重建；后成为诺盖汗国首都，之后并入哈萨克汗国。该城为公元 10~16 世纪欧洲至中国贸易线路上的重要城市。所谓蒙古帝国也迷里—萨莱时期，指公元 13 世纪该两座城市并存且存在经济贸易、文化联系时期，该时期存在自蒙古高原哈拉和林经也迷里、阿力麻里（位于今中国新疆霍城县西北开干平原）、热海（今吉尔吉斯坦伊塞克湖）北岸、塔拉兹（今哈萨克斯坦江布尔）、咸海北岸、乌拉尔河入里海处萨拉康克（今哈萨克斯坦古里耶夫）至萨莱的驿道，即所谓其时的丝绸之路北道。哈拉和林故址位于蒙古高原中心地带、今蒙古国中部后杭爱省杭爱山南麓、鄂尔浑河上游右岸额尔德尼召附近；蒙古帝国第一代大汗成吉思汗在回鹘汗国王城及古代克烈部王城基础上于 1220 年建都于此，蒙古帝国第二代大汗窝阔台汗于 1235 年建都于此，13 世纪中叶该城成为亚欧大陆国际中心城市、世界著名城市，1260 年忽必烈在开平（称为上都，遗址位于今中国内蒙古自治区锡林郭勒盟正蓝旗境内）自立为汗并打败阿里不哥后，蒙元政治中心逐渐南迁汉地（大都），该城衰落为地区性中心城市，后为北元首都，最终沦为废墟。

② 参见俄罗斯车里雅宾斯克市对 1782 年城市徽标描述词。

③ 根据古希腊作家希罗多德在其所著的《历史》中记载，中亚地区东北部分布着三支以斯基泰人风俗习惯和生活方式生活的游牧部族，其中，阿里玛斯波伊人（斯基泰语，译为"独目人"）分布在斋桑湖附近的额尔齐斯河流域，"秃头的"阿尔吉帕人分布在今哈萨克丘陵一带，伊赛顿人分布在伊犁河至楚河一带。同时代希腊米利都人作家赫卡泰乌斯在其专著《大地环游记》中称以上部族为斯基泰人。本研究从相对广泛的意义上使用斯基泰人这一概念。

进入准噶尔盆地至中国内地的概括性贸易线路（即所谓"草原之路"）①。选择上述地段和廊带为北带中哈俄走廊支线通道穿越区域（地段），既是对历史时期"草原之路""黄金之路"等古代贸易线路和民族迁移通道的概括性继承，也是对当前中亚北部区域及俄罗斯乌拉尔地区国际地缘政治地缘经济大势的主动、积极顺应。

（20）由于俄罗斯西西伯利亚南部地区在科技文化发展水平、劳动人口素质、主导产业结构层次、经济发展水平、自然资源潜力、亚欧交通枢纽地位等方面均高于或大于哈萨克斯坦北部区域，且沟通俄罗斯是北带主通道所负有的最主要战略职能。因此，不选哈萨克斯坦北部区域为北带主通道穿越区域（地段），而仅选择其为北带中哈俄走廊支线通道穿越区域（地段）。

（21）该支线通道所依托的山链及附随的地理廊带见表4-11。

表4-11　北带中哈俄走廊支线通道依托主要地理廊带

序号	类型	名称
1	山链	塔尔巴哈台山脉和乌拉尔山脉
2	盆山耦合带	塔尔巴哈台山脉和乌拉尔山脉南侧盆山耦合带
3	河流带	塔尔巴哈台山脉和乌拉尔山脉南侧山前河流带
4	成土母质带及连片相对平坦地带	塔尔巴哈台山脉和乌拉尔山脉南侧山前成土母质带及连片相对平坦地带
5	盆地光热资源密集带	塔尔巴哈台山脉和乌拉尔山脉南侧山前盆地光热资源密集带
6	成矿带	古亚洲成矿域（东段）
7	交通走廊带	塔尔巴哈台山脉和乌拉尔山脉南侧山前交通走廊带
8	经济走廊带	塔尔巴哈台山脉和乌拉尔山脉南侧山前经济走廊带

（五）北带中哈俄走廊支线通道现状及应建交通线路

1．北带中哈俄走廊支线通道现状

（1）铁路线路。该线中国克拉玛依—塔城段铁路已经建成；哈萨克斯坦阿亚古兹—卡拉干达—俄罗斯叶卡捷琳堡段已建成宽轨铁路，仅有中国准东—克拉玛依段铁路、中国塔城—巴克图口岸—哈萨克斯坦巴克特口岸—阿亚古兹段铁路尚未开工建设。

（2）公路线路。该线全线已建成不同等级公路，仅中国火烧山—克拉玛依段油田简易专用

---

① 根据希罗多德及相关希腊历史学家记载及后世学者解读，古代"草原之路"商道存在于公元前6世纪~前3世纪，西起黑海西北岸其时最繁荣的希腊殖民领导城邦奥尔比亚（建于公元前645年，位于第聂伯河右岸河口附近，后期希腊商品供应者和初级商品收购者改为公元前480年左右建立于刻赤海峡沿岸的希腊城邦博斯普鲁斯王国），经"斯基泰人的草原"，与以北的森林草原地带诸族连接，过顿河—伏尔加河分水岭，穿今俄罗斯萨拉托夫州和萨马拉州，越萨马拉、乌拉尔山脉及乌拉尔河、米阿斯河、托博尔河，向东入所谓"伊尔凯人"居地伊希姆河流域，再经所谓"斯基泰别部"居留的阿克莫拉草原地带，过"崇高山岭"（亦称之为"烈风山"，即阿尔泰山脉）下"秃头人"阿尔吉帕人居地（"住在一棵树下，冬天用白毯子盖上，夏天撤掉"——实为住在帐篷里），至伊塞顿人（乌孙人）居地，再经所谓"独目人"居地，至所谓"阿波罗神所宠爱的北风以外的人"居地（指中国内地）。据称，其时"'独目人'逐走伊塞顿人，伊塞顿人逐走黑海斯基泰人，黑海斯基泰人逐走齐默利人（辛梅里安人）"，"独目人"即匈奴。从黑海北岸内陆森林草原至中北亚高山草原的广阔区域，均已出土奥尔比亚从地中海沿岸爱奥尼亚转运而来或由其自己制造的各种商品。该条商道也被称为"斯基泰之路"，其中的米阿斯河在今俄罗斯车里雅宾斯克市西侧。因"独目人"的黄金经伊塞顿人、阿尔吉帕人"大量流入黑海北岸的斯基泰亚"，斯基泰亚成为其时拥有黄金最多的文化区域，因此该条古代商道又称为"黄金之路"。匈奴人因聚居于匈河（今蒙古高原中部鄂尔浑河）而得名，匈为浑（hun）音译，可见其时草原之路通蒙古高原；草原之路为草原丝绸之路的组成部分。参见希罗多德《历史》，商务印书馆1959年版，第272~276页；参见刘富飞：《古代黑海北岸斯基泰人研究》，华东师范大学博士学位论文，2011年，第124页；参见刘富飞：《斯基泰人与古代希腊罗马世界的关系》，华东师范大学硕士学位论文，2007年，第33~44页；参见孙培良：《斯基泰贸易之路和古代中亚的传说》，《中外关系史论丛》第1辑，世界知识出版社1985年版，第4~21页；参见哈德森（G. F. Hudson）《欧洲与中国》，中华书局1961年重印本，第31页。

公路等级偏低，通行能力较弱，需升级改造。

（3）油气管道。该线中国境内火烧山—克拉玛依段已建输油管道，境外哈萨克斯坦巴甫洛达尔—俄罗斯乌斯吉—巴雷克段已建输油管道，其他境内外段地段均未建设长大输油管道。该线中国境内外段均未建设长大输气管道。

2. 北带中哈俄走廊支线通道应建或建议建设交通线路及理由或目标

（1）铁路交通线路。应建或建议建设铁路线路：①中国准东—克拉玛依铁路；②中国塔城—巴克图口岸—哈萨克斯坦巴克特口岸—阿亚古兹铁路。

理由或目标：该两条铁路所在路段是北带中哈俄走廊支线通道最显著的铁路交通瓶颈制约路段，明显制约该支线通道铁路交通畅通，应当尽早开工建设或通过国际协作开展建设前期工作。

（2）公路交通线路。应建或建议建设公路线路：①中国火烧山—克拉玛依公路；②中国塔城—巴克图口岸—哈萨克斯坦阿亚古兹—阿斯塔纳高速公路。

理由或目标：中国火烧山—克拉玛依公路所在路段是该支线通道最显著的公路交通瓶颈制约路段，明显制约北带中哈俄走廊支线通道公路交通畅通，应当尽快开工改建该条公路线路，由油田简易专用公路改建为普通等级公路。哈萨克斯坦阿斯塔纳是距中国新疆高速公路网最近捷的邻国首都，具备与中国新疆高速公路网相通达的区位条件与现实交通条件，应当通过国际协作尽早开展该高速公路建设前期工作并开工建设。

三、北带东西欧走廊交通支线通道走向及其辐射范围、沿线地区主导产业

丝绸之路经济带北带东西欧走廊交通支线通道（以下简称北带东西欧走廊支线通道）及经济走廊走向、辐射范围、沿线地区主导产业如下：

（一）北带东西欧走廊支线通道走向

北带东西欧走廊支线通道走向为：俄罗斯莫斯科—白俄罗斯明斯克—波兰华沙—德国柏林—荷兰阿姆斯特丹及鹿特丹。

（二）北带东西欧走廊支线通道穿越或辐射地区

北带东西欧走廊支线通道穿越的国家为：俄罗斯、白俄罗斯、波兰、德国、荷兰。

北带东西欧走廊支线通道穿越的相关国家一级行政单元为：俄罗斯莫斯科直辖市、莫斯科州、斯摩棱斯克州，白俄罗斯维捷布斯克州、明斯克州、明斯克直辖市、布列斯特州，波兰卢布林省、马佐夫舍省、华沙直辖市、罗兹省、波兰省、卢布斯卡省，德国勃兰登堡州、柏林州、萨克森—安哈尔特州、下萨克森州、北莱茵—威斯特法伦州，荷兰上艾瑟尔省、海尔德兰省、乌德勒支省、北荷兰省、南荷兰省。

北带东西欧走廊支线通道穿越的相关国家主要城市为：俄罗斯莫斯科直辖市、斯摩棱斯克市，白俄罗斯明斯克直辖市、巴拉诺维奇市（非省会城市）、布列斯特市，波兰华沙直辖市、波兹南市，德国柏林市、汉诺威市，荷兰阿姆斯特丹市（非省会城市）、鹿特丹市（非省会城市）。

（三）北带东西欧走廊支线通道沿线地区主导产业

1. 北带东西欧走廊支线通道俄罗斯段沿线地区主导产业

北带东西欧走廊支线通道俄罗斯段沿线地区主导产业为：机械制造工业、化学工业、金属加工工业、纺织工业、轻工业、食品加工工业[①]（俄罗斯莫斯科直辖市、莫斯科州、斯摩棱斯克

[①] 独联体国家产业部门分类中纺织工业、轻工业、食品加工工业并列，下同。

州，见表4-12）。

表4-12　北带东西欧走廊支线通道俄罗斯段沿线地区主导产业

序号	州份	主导产业
1	莫斯科直辖市	机械制造工业、轻工业、纺织工业、化学工业、食品加工工业、印刷工业、金融业
2	莫斯科州	机械制造工业、金属加工工业、火箭—太空工业、航空工业、原子能工业、纺织工业、化学工业
3	斯摩棱斯克州	机械制造工业、金属加工工业、化学工业、轻工业、食品加工工业、畜牧业及种植业

2. 北带东西欧走廊支线通道白俄罗斯段沿线地区主导产业

北带东西欧走廊支线通道白俄罗斯段沿线地区主导产业为：机械制造工业、化学工业、金属加工工业、毛纺织工业、轻工业、食品加工工业、木材加工工业（白俄罗斯维捷布斯克州、明斯克州、明斯克直辖市、布列斯特州，见表4-13）。

表4-13　北带东西欧走廊支线通道白俄罗斯沿线地区主导产业

序号	州份	主导产业
1	维捷布斯克州	燃料动力工业、化学工业、食品加工工业、木材加工工业、轻工业、建筑业、畜牧业及种植业
2	明斯克州	化学工业、机械制造工业、金属加工工业、畜牧业及种植业
3	明斯克直辖市	毛纺织工业、机械制造工业、金属加工工业、木材加工工业、建材工业、畜牧业及种植业
4	布列斯特州	轻工业、食品工业、机械制造工业、木材加工工业、畜牧业及种植业

3. 北带东西欧走廊支线通道波兰段沿线地区主导产业

北带东西欧走廊支线通道波兰段沿线地区主导产业为：机械制造工业、化学工业、纺织工业、食品加工工业（波兰卢布林省、马佐夫舍省、华沙直辖市、罗兹省、大波兰省、卢布斯卡省，见表4-14）。

表4-14　北带东西欧走廊支线通道波兰段沿线地区主导产业

序号	省份	主导产业
1	卢布林省	机械制造工业、烟草工业、制糖工业、食品加工工业、种植业
2	马佐夫舍省	电子工业、纺织工业、化学工业、食品加工业、冶金工业、种植业
3	华沙直辖市	机械制造工业、电子工业、化学工业、纺织工业、食品加工工业、印刷工业
4	罗兹省	纺织工业、化学工业、种植业、畜牧养殖业
5	大波兰省	机械制造工业、种植业、畜牧养殖业
6	卢布斯卡省	机械制造工业、化学工业、纺织工业、食品加工工业

4. 北带东西欧走廊支线通道德国沿线地区主导产业

北带东西欧走廊支线通道德国沿线地区主导产业为：汽车与机械制造工业、电子电气工业、化学工业、光学及食品纺织制药工业、矿盐钾盐开采业、石油天然气煤炭开采及加工工业、黑色金属采选及冶炼工业（德国勃兰登堡州、柏林州、萨克森—安哈尔特州、下萨克森州、北莱茵—威斯特法伦州，见表4-15）。

表4-15　北带东西欧走廊支线通道德国段沿线地区主导产业

序号	州份	主导产业
1	勃兰登堡州	汽车与机械制造工业、金属加工工业、能源化学工业、电子及航天宇航工业、光学工业、生物技术产业、媒体及电信业
2	柏林州	仪器仪表及机械制造工业、电子工业、电气工业、食品加工工业、制药工业、纺织工业
3	萨克森—安哈尔特州	褐煤及钾盐开采业、化学工业、光学工业、机械与车辆制造工业、种植业、畜牧业、林业
4	下萨克森州	矿盐钾盐开采业、黑色金属采选冶炼工业、船舶汽车及机械制造工业、石油天然气开采业、种植业及养殖业与渔业
5	北莱茵—威斯特法伦州	化学工业、机械制造工业、食品烟草酒水饮料制造工业、汽车制造工业、黑色金属冶炼工业、电子电器制造工业、种植业及畜牧养殖业与渔业

5. 北带东西欧走廊支线通道荷兰段沿线地区主导产业

北带东西欧走廊支线通道荷兰段沿线地区主导产业为：石油化学工业、黑色金属冶炼工业、造船及机械制造工业、电子工业、贸易业及贸易服务业、花卉种植业及畜牧养殖业（荷兰上艾瑟尔省、海尔德兰省、乌德勒支省、北荷兰省、南荷兰省，见表4-16）。

表4-16　北带东西欧走廊支线通道荷兰段沿线地区主导产业

序号	省份	主导产业
1	上艾瑟尔省	机器制造工业、金属加工工业、化学工业、原子能工业、建材工业、纺织工业、花卉种植业及畜牧养殖业
2	海尔德兰省	电子工业、机器制造工业、金属冶炼及压延加工工业、食品加工工业、化学工业、造纸印刷业、花卉种植业及畜牧养殖业
3	乌德勒支省	机器制造工业、金属加工工业、化学工业、食品加工工业
4	北荷兰省	贸易业、航运业、金融业、保险业、通信业、造船工业、石油加工工业、造纸印刷工业
5	南荷兰省	贸易业、航运业、金融业、保险业、石油加工工业、化学工业、食品工业、花卉园艺业及畜牧养殖业

对上述五个国家五个区段的主导产业进行比较可见，在整个北带东西欧走廊支线通道沿线地区，主导产业结构层次及总体经济发展水平大致呈现西段（德国及荷兰境内段）最高、中段（波兰境内段）次高、东段（俄罗斯及白俄罗斯境内段）最低的"坡形"格局，产业结构层次和经济发展水平差异比较明显，全线产业结构优化及经济发展一体化潜力相对较大。

（四）北带东西欧走廊支线通道及经济走廊走向理由或依据

（1）如前所述，俄罗斯莫斯科直辖市为俄罗斯联邦首都、俄罗斯政治中心经济中心科技中心文化中心教育中心金融中心交通中心、最大的工业中心及综合性城市与国际化大都市、独联体最大的商业中心、欧亚大陆重要综合交通枢纽、世界一线城市、丝绸之路经济带北带主通道重要节点，自莫斯科大公时代（1238~1547年）开始至今为沙皇俄国、苏联、俄罗斯联邦首都（一度迁都圣彼得堡），在俄罗斯国家与民族发展、东欧及欧洲政治经济社会文化发展乃至军事斗争中均占据重要地位。环绕莫斯科直辖市的莫斯科州与莫斯科直辖市同为俄罗斯及苏联莫斯科工业区核心区域，在俄罗斯政治经济社会文化发展中居于核心地位。因此，该直辖市该州所在区域适宜成为东西欧走廊支线通道起始区域、重要穿越地段，莫斯科直辖市适宜成为北带东西欧走廊支线通道起始地、走廊东桥头堡、丝绸之路经济带北带战略性枢纽。

（2）俄罗斯斯摩棱斯克州地处东欧平原中部、俄罗斯西部、国家陆路交通主轴线东西交通轴线西端，东向可通过既有交通主干线连接莫斯科直辖市及莫斯科州核心区域，西向可通过既有交通主干线连接俄罗斯西侧白俄罗斯、波兰、德国、荷兰等东、中、西欧国家，是俄罗斯核心区域与其他东欧国家、中西欧国家之间的重要枢纽地带，且该州为俄罗斯最重要工业州及农业州之一；首府斯摩棱斯克市为俄罗斯西部重要纺织工业中心机械制造工业中心、重要商业城市、第聂伯河河港、重要铁路枢纽、军事战略要地、俄罗斯最古老的城市之一；该州及该市均在俄罗斯西部当前经济社会发展及历史发展中占据重要地位、发挥重要作用。因此，该州及其首府所在区域适宜成为北带东西欧走廊支线通道在俄罗斯西部地区的重要穿越区域（地段）和支点区域（地段）。

（3）白俄罗斯维捷布斯克州地处白俄罗斯东北部、国家陆路交通主轴线东北—西南交通轴线东北段，且处于东欧北部莫斯科—明斯克—华沙—柏林东西向交通主轴线与赫尔辛基—圣彼得堡—维捷布斯克—莫吉廖夫—戈梅利—基辅—普罗夫迪夫北南向交通主轴线交汇区域，为东欧地区区域性重要交通枢纽地带，同时为俄罗斯核心区域与白俄罗斯核心区域、中欧北部地区、西欧地区开展战略性经济社会交流必需穿越区域；且该州自然资源丰富，森林面积、白云石储量、泥炭储量居于白俄罗斯各州直辖市首位，工业产值占白俄罗斯工业总产值的 17% 左右，货物贸易和服务贸易出口占白俄罗斯出口额的 10% 左右，吸引外国直接投资占白俄罗斯吸引外国直接投资总额的 15% 左右，被称为"白俄罗斯最大的文化中心""欧洲风景最优美的地区之一"；该州首府维捷布斯克市为白俄罗斯东北部重要机械制造工业中心轻工业中心、西德维纳河河港、重要铁路枢纽、18 世纪末期白俄罗斯首府、白俄罗斯古城。该州及该市均在白俄罗斯当前经济社会发展及历史发展中占据重要地位、发挥重要作用。因此，该州所在区域适宜成为北带东西欧走廊支线通道在白俄罗斯东部地区的重要穿越区域（地段）和支点区域（地段）。

（4）明斯克直辖市地处白俄罗斯中部、国家陆路交通主轴线东北—西南交通轴线中段，为白俄罗斯首都、政治中心经济中心科技中心文化中心交通中心、最大的工业中心[①]、独联体总部所在地、苏联重要工业中心和农业主产区之一[②]、近代古代波罗的海沿岸城市与莫斯科及喀山之间的贸易中心[③]、东欧古城。环绕明斯克直辖市的明斯克州地处白俄罗斯中部，为明斯克直辖市与周边各州及东、中、西欧各国主要城市开展战略性经济社会交流必需穿越区域，且该州自然资源丰富，为白俄罗斯最大的工农业发展区和经济最发达地区[④]，与明斯克直辖市同为白俄罗斯核心区域，在白俄罗斯当前政治经济社会文化发展及历史发展中居于核心地位。因此，该直辖市与该州所在区域适宜成为北带东西欧走廊支线通道在白俄罗斯中部地区的重要穿越区域（地段）。

（5）白俄罗斯布列斯特州地处白俄罗斯西南部、国家陆路交通主轴线东北—西南交通轴线西南段，且处于东中欧北部莫斯科—明斯克—华沙—柏林东西向交通主轴线与维尔纽斯—巴拉诺维奇—基辅北南向交通主轴线交汇区域，居于东欧北部地区通往中西欧地区、东南欧地区门户地位，居于亚欧大陆宽轨区与西部准轨区交界核心区域，拥有第一欧亚大陆桥最大的宽轨与准轨列车换轮站，为白俄罗斯核心区域与中欧北部地区、西欧地区开展战略性经济社会交流必

[①] 明斯克直辖市工业产值占白俄罗斯的 1/4 以上。

[②] 明斯克直辖市为苏联四大机床产地之一，机床产量占苏联的 1/4 左右；明斯克直辖市同时为苏联牛奶、油类、亚麻和马铃薯主要产区之一。

[③] 明斯克市名含义为交易之镇。

[④] 明斯克州多种工业品产量占白俄罗斯 1/2 以上，货物贸易和服务贸易出口占白俄罗斯出口额的 1/5 左右。

需穿越区域，且该州为白俄罗斯重要工业州和农业州①；首府布列斯特市为白俄罗斯西南部重镇，布列斯特铁路枢纽是欧洲中部最大的铁路枢纽之一，承担了独联体西部国家和西欧国家向莫斯科及圣彼得堡方向的货物中转运输职能，独联体国家向西欧国家经陆路出口货物的80%由此过境西行。该州及该市在白俄罗斯经济社会发展中占据重要地位、发挥重要作用。因此，该州及首府所在区域适宜成为北带东西欧走廊支线通道在白俄罗斯西部的重要穿越区域（地段）和支点地区域（地段）。

（6）上述三州一直辖市均地处白俄罗斯国家东北—西南陆路交通主轴线沿线地带。当前，上述三州一直辖市境内已形成串联以上行政区域、具有较大规模和一定历史基础、东连俄罗斯、西通波兰的东西向战略主通道（斯摩棱斯克—奥尔沙—明斯克—巴拉诺维奇—布列斯特—华沙交通走廊）与经济社会发展战略性地域廊带，该地带已成为东欧北部地区最重要的东西向陆路交通主干地带；且处于俄罗斯核心区域与波兰、德国核心区域连接纽带部位，处于东欧中欧西欧北部莫斯科—明斯克—华沙—柏林东西向交通主轴线东段，处于东欧北部莫斯科—明斯克—华沙—柏林东西向交通主轴线与北欧—东欧北南向交通主轴线（赫尔辛基—圣彼得堡—维捷布斯克—莫吉廖夫—戈梅利—基辅—普罗夫迪夫、维尔纽斯—巴拉诺维奇—基辅）交汇区域，沿线区域工农业生产部门相对发达。同时，占据东欧平原巨型单一覆被平面大致东西横穿线、俄罗斯首都—白俄罗斯首都—波兰首都连接线（部分）、亚欧大陆（北部）东西二级交通区位线等多重潜在交通区位。因此，该三州一直辖市所在区域适宜成为北带东西欧走廊支线通道在白俄罗斯的重要穿越区域（地段）。

（7）波兰卢布林省地处波兰东部、国家陆路交通主轴线东西交通轴线东端，居于东欧地区与中欧地区衔接部位，为俄罗斯核心区域、白俄罗斯核心区域与中欧北部地区、西欧地区开展战略性经济社会交流必需穿越的两个波兰省份之一（另一省份为波得拉谢省）；且该省自然资源相对比较丰富，森林面积、煤炭储量②居于波兰各省前列，糖类、烟草和谷物产量居于波兰各省首位；省会卢布林市为波兰东部机械制造工业中心、重要交通枢纽、古代波兰首都、古代波兰与立陶宛之间贸易中心、古代军事要塞、东欧古城；该省及该市在波兰经济社会发展及历史发展中占据重要地位、发挥重要作用。因此，该省所在区域适宜成为北带东西欧走廊支线通道在波兰东部地区的重要穿越区域（地段）。

（8）华沙直辖市地处波兰中东部、国家陆路交通主轴线东西交通轴线中东段、东中欧北部莫斯科—明斯克—华沙—柏林东西向交通主轴线大致中腰部位，为波兰首都、政治中心经济中心文化中心教育中心交通中心、第一大城市、现代化都市、历史名城和古都，在波兰政治经济社会文化发展中均占据重要地位。环绕华沙直辖市的马佐夫舍省地处波兰中东部，土地面积和人口规模均居于波兰各省第一位，为华沙直辖市与周边各省及东欧、中西欧各国主要城市开展战略性经济社会交流必需穿越区域；且该省自然资源丰富，耕地面积占波兰的14%，农业发展潜力巨大；锌等金属矿物蕴藏量相对比较突出，为波兰国内生产总值第一大省和人均国内生产总值（略高于欧盟平均水平）及吸引外资额度最高省份、波兰经济中心、欧洲最大的奶粉和苹果出口地，被称为"波兰经济的发动机"；该省省会为华沙直辖市，该省重要城市普沃茨克曾为波兰首都；该省与华沙直辖市同为波兰核心区域，在波兰政治经济社会文化发展中居于核心地位、发挥核心作用。因此，华沙直辖市与该省所在区域适宜成为北带东西欧走廊支线通道在波

---

① 布列斯特州工业品产量占白俄罗斯工业品总产量的10%左右，部分工业品产量占白俄罗斯50%以上。

② 波兰煤炭储量约为242亿吨，居于世界各国第十位，约占世界煤炭总储量的2.3%；卢布林省为波兰煤炭资源三大主要蕴藏区之一。当前，波兰为欧洲重要煤炭生产国，卢布林省为波兰煤炭主产区之一。

兰中东部的重要穿越区域（地段）。

（9）波兰罗兹省地处波兰中部、波兰地理中心地带、国家陆路交通主轴线东西交通轴线中段，铁等金属矿物和煤炭等非金属矿物蕴藏量相对比较突出，为波兰中部重要农业区、重要纺织工业中心化学工业中心；省会罗兹市为波兰第三大城市、主要工业中心、电影制片业中心美术中心、国家东西向与北南向主要高速公路线路交会点。波兰大波兰省地处波兰中西部、国家陆路交通主轴线东西交通轴线中西段，为波兰土地面积第二大省、人口第三大省，铜①等金属矿物和煤炭等非金属矿物蕴藏量相对比较突出，为波兰农牧业产量最高的地区之一、波兰西部重要工业中心、中世纪早期波兰核心地区，被称为"波兰的摇篮"；省会波兹南市为波兰最大的工业中心交通中心文化中心教育中心科研中心之一、经济快速增长城市、多条干线铁路汇集地、重要公路枢纽、瓦尔塔河河港、波兰最古老的城市之一、波兰国家与社会一体化发祥地、波兰古都及第一个首都、波兰古代手工业中心贸易中心，被称为"波兰经济转变的主要动力"。波兰卢布斯卡省地处波兰西部、国家陆路交通主轴线东西交通轴线西段，森林面积居于波兰各省直辖市首位，铜等金属矿物和煤炭等非金属矿物蕴藏量相对比较突出，为波兰西部重要机械制造工业中心纺织工业中心食品加工工业中心；首府戈茹夫和绿山均为波兰西部重要工业中心、古代中欧东欧重要手工业中心商业中心、中欧东欧古城，戈茹夫市并为重要国际水运枢纽②。上述三省均地处波兰中西部地区、国家陆路交通主轴线东西交通轴线中西段，均为波兰核心区域与中西欧各国主要城市开展战略性经济社会交流必需穿越区域，均为波兰国家与民族形成和发祥区域，均在波兰当前经济社会发展和历史发展中占据重要地位、发挥重要作用。因此，上述三省所在区域适宜成为北带东西欧走廊支线通道在波兰中西部的重要穿越区域（地段）。

（10）上述五省一直辖市均地处波兰国家领土东西陆路交通主轴线沿线地带，沿线多个城市曾为波兰首都或行政中心，均在波兰当前经济社会发展和国家与民族历史发展中占据重要地位。当前，上述五省一直辖市境内已经形成串联以上行政单元、具有较大规模和一定历史基础③、东连白俄罗斯、西通德国的东西向战略主通道（布列斯特—谢德尔采—华沙—波兹南—法兰克福交通走廊）与经济社会发展战略性地域廊带，该地带已成为中欧北部地区最重要的东西向陆路交通主干地带；且处于俄罗斯、白俄罗斯核心区域与波兰、德国核心区域连接纽带部位，处于东欧中欧西欧北部莫斯科—明斯克—华沙—柏林东西向交通主轴线中段，沿线区域经济发展活力相对较强。同时，占据东欧中欧平原巨型单一覆被平面大致东西横穿线、白俄罗斯首都—波兰首都—德国首都连接线（部分）、亚欧大陆（北部）东西二级交通区位线等多重潜在交通区位。因此，上述五省一直辖市所在区域适宜成为北带东西欧走廊支线通道在波兰的重要穿越区域（地段）。

（11）德国勃兰登堡州地处德国东北部、国家陆路交通主轴线东西交通轴线东端，居于欧盟中心部位，为俄罗斯核心区域、白俄罗斯核心区域、波兰核心区域与西欧近海国家、沿海重要港口开展战略性经济社会交流必需穿越区域；且该州自然资源相对比较丰富，南部被称为"原料仓库"，铜等金属矿物与褐烟煤等非金属矿物蕴藏量相对比较突出，为德国东部主要工业集聚区，被称为"欧洲最富有发展活力的地区之一""普鲁士的心脏"；该州首府波茨坦市为德国东北部重要电机光学仪器机械制造工业中心黑色冶金工业中心化学工业中心食品加工工业中心、

---

① 波兰铜储量约为2800万吨，居于世界各国第八位，约占世界铜储量的4%；当前，波兰为欧洲第一大铜生产国。
② 戈茹夫市为东欧中欧维斯瓦河—比得哥什运河—瓦尔塔河—奥得河航运系统枢纽港口。
③ 近代早期及中世纪，该线形成马佐夫舍—西里西亚贸易通道。

重要农业区、重要铁路和公路枢纽、哈弗尔河河港、德国历史名城、18～19世纪普鲁士王国夏宫所在地、古代普鲁士文化中心军事中心、中欧古城、古代斯拉夫人村落。该州所环绕的柏林州地处"欧洲心脏""联系东西欧的地理中心""联系东西欧政治、经济、文化的重要桥梁"部位，为德国首都、政治中心经济中心文化中心交通中心、主要工业区、古代商人与技工和艺人汇集地、欧洲航空与铁路交通枢纽、欧洲文化大都市、欧洲经济中心文化中心、欧洲最大工业中心之一、欧洲著名古都之一、世界重要文化学术交流场所之一、世界级城市、全球焦点城市之一、世界性政治中心经济中心文化中心，被称为"施普雷河上的雅典""世界上非同一般的具有特殊魅力的城市""世界上最生气勃勃的城市之一"。柏林州与勃兰登堡州共同构成德国柏林—勃兰登堡都市圈、首都工业经济圈，该都市圈居于北欧斯堪的纳维亚半岛—南欧地中海沿岸城市带中心部位与东欧经济增长区域—西欧经济中心中腰部位，处于东西欧莫斯科—华沙—巴黎东西向交通主轴线与北中欧斯德哥尔摩—布拉格—维也纳北南向交通主轴线交汇点，为德国水域面积最大地区、农业发展基础最好地区、主要工业区、研发单位最密集地区，已形成以柏林为中心的辐射状现代化交通网络体系，该都市圈为德国核心区域，在德国政治经济社会文化发展中居于核心地位、发挥核心作用。因此，该两州所在区域适宜成为北带东西欧走廊支线通道在德国东部地区的重要穿越区域（地段）。

（12）德国萨克森—安哈尔特州地处德国中东部、国家东西陆路及水路（运河）交通主轴线中东段，为德国国家和民族历史发展最主要活动区域；该州土地肥沃，种植业、畜牧业、林业发达，褐煤及钾盐等非金属矿物蕴藏量相对比较突出，中南部形成以首府马格德堡为中心和以重要城市哈雷为中心的两个工业区，为世界工业史上第一架全金属机舱客机生产地，且为当前德国中部地区经济发展相对活跃的地区；该州首府马格德堡为该州第二大城市、德国东部重型机械制造工业中心钢铁工业中心化学工业中心食品加工工业中心、重要公路和铁路枢纽、易北河河港（德国中部最大的内陆港口）①、德国最大的工业中心商业中心运输中心之一、基督教和天主教主教教区首邑、马格德堡半球实验进行地、中世纪末期新教"堡垒"、中世纪中欧贸易展览举办城市、中世纪重要商业中心、汉萨同盟主要成员、神圣罗马帝国奥托一世居住地、欧洲最重要的中世纪城市之一、中欧古城②；重要城市哈雷为该州第一大城市、重要褐煤钾盐岩盐采掘业中心化学工业中心有色冶金工业中心机械制造工业中心建材工业中心食品加工工业中心纸浆造纸印刷工业中心、重要农业区、铁路和公路枢纽、易北河支流萨勒河河港、德国最大图书出版中心之一、"汉萨同盟"成员、中欧古城③。

（13）德国下萨克森州地处德国西北部、国家陆路及水路（运河）交通主轴线东西交通轴线中西段，为德国土地面积第二大州，该州矿藏资源丰富，铁等金属矿物与石油天然气钾盐矿盐等非金属矿物蕴藏量相对比较突出，为德国重要钾盐矿盐石油天然气采掘业中心黑色冶金工业中心机械制造工业中心、重要农业区④、德国西部东西向与北南向陆路交通干线交汇地、东欧—西欧内河航道穿越地、德国著名旅游胜地；首府汉诺威市为德国重要汽车制造工业中心机械制造工业中心电子工业中心、重要贸易中心金融中心保险业中心、重要会展业中心旅游业中心、德国东西和北南铁路干线交叉口、中德运河横穿地、莫斯科—巴黎与北欧—意大利水陆交通十字路口地带、二进位制首创地、世界第一台计算机唱机电报机发电机发明地、大学城哥根所在

---

① 马格德堡水路交通体系被称为"马格德堡水路十字路口"。
② 马格德堡于公元805年作为商业中心见于文字记载。
③ 哈雷于公元806年形成城堡，于公元981年建市。
④ 下萨克森州2/3的土地面积用于农业生产，该州北部区域被称为"德国的鱼米之乡"。

地、世界年度最大信息技术展览和工业展览举办地、世界著名博览会城市、中欧古城，被称为"德国工业的广告牌"。

（14）德国北莱茵—威斯特法伦州地处德国西部、国家陆路及水路（运河）交通主轴线东西交通轴线西端，煤炭石油等非金属矿物蕴藏量相对比较突出，为德国人口最多的州、经济规模最大的州①、经济最发达地区、能源中心、欧洲人口最稠密地区、都市密集地之一、欧洲最著名工业区鲁尔工业区所在地、欧洲领先的环保技术中心、欧洲最稠密交通网所在地之一，已完成从传统重工业向现代化产业和未来产业的转变，被称为"欧洲的心脏""欧洲经济核心"；该州鲁尔工业区煤炭采掘业、钢铁工业、机器制造业、化学工业、石油炼制业、车辆制造业、电子工业、文化媒体业、教育事业、种植及畜牧养殖业发达，为欧洲最大的工业区；该州科隆地区煤炭采掘业、纺织工业、汽车制造业、化学工业、机械制造业、电子工业、化妆品制造业、甜食业发达；该州商业贸易额占德国的45%，进出口额占德国的25%；首府杜塞尔多夫为该州政治中心商业中心、德国最重要金融场所之一，被称为"鲁尔区工业的写字桌"；该州重要城市波恩为德国行政管理中心科学中心、前首都；该州重要城市杜伊斯堡为世界上最大的内河港、国际贸易中心物流中心、国际博览会城市。

（15）上述三州均地处德国中西部地区、国家陆路及水路（运河）东西交通主轴线中西段，均为德国核心区域与西欧近海国家、沿海重要港口开展战略性经济社会交流必需穿越区域；部分区域为德国及欧洲最重要工业区、经济中心区域；部分区域为德国国家和民族历史发展最主要活动区域；均在德国当前经济社会发展和历史发展中占据重要地位、发挥重要作用。因此，上述三州所在区域适宜成为北带东西欧走廊支线通道在德国中西部地区的重要穿越区域（地段）。

（16）荷兰上艾瑟尔省、海尔德兰省同处荷兰中东部、国家陆路及水路（运河）东西交通主轴线东段，自中世纪以来即同为自荷兰北、南荷兰省通往东方的陆路水路（运河）交通要道经过区域；两省东部蕴藏岩盐，两省之间已经形成直抵德国西境的艾萨尔运河—特文特运河人口与工业聚集区。其中，上艾瑟尔省地处荷兰东部、荷兰与德国接壤区域，为荷兰重要农业区、重要工业中心，省会兹沃勒市为该省行政中心艺术中心文化中心、重要化学工业中心机电工业中心、重要综合交通枢纽、重要旅游目的地、历史古城；海尔德兰省地处荷兰中部、荷兰与德国接壤区域、欧洲重要港口阿姆斯特丹港和鹿特丹港与鲁尔港中间部位，为荷兰土地面积（不含水域面积）最大的省、主要人口与工业聚集区之一，省会阿纳姆市为该省行政中心、重要商业中心会展业中心、重要服务业集中地区、重要综合交通枢纽、重要旅游目的地、荷兰第五大购物中心、历史古城。

（17）上述两省均处于荷兰国家陆路及水路（运河）东西交通主轴线沿线地带，且均为东、中、欧国家核心区域与荷兰沿海重要港口开展战略性经济社会交流、进行国际跨境运输必需穿越区域，并已成为荷兰主要人口与工业聚集区域之一。因此，上述两省所在区域适宜成为北带东西欧走廊支线通道在荷兰中东部地区的重要穿越地段。

（18）荷兰乌德勒支省地处荷兰中部、国家陆路交通主轴线东西交通轴线中段，居于荷兰地理中心地带，为荷兰最重要的商业中心之一、古代文化中心地区、中世纪以来自荷兰北荷兰省及南荷兰省通往东方的陆路水路（运河）交通要道经过区域；首府乌德勒支市为荷兰最大陆路运输枢纽、重要经济中心。荷兰北荷兰省地处荷兰西北部、国家陆路水路（运河）东西交通主

---

① 北莱茵—威斯特法伦州集中了德国大部分机器制造、化学、石油炼制、车辆制造、电子工业企业，德国最大百家企业中的30%总部设在该州；该州生产德国大部分硬煤和钢铁，该州 GDP 占德国 GDP 的 20%左右。

轴线西北端，为荷兰经济最发达省份之一，被称为"欧洲十大经济区之一""欧洲的大门""通往欧盟的桥梁"；重要城市阿姆斯特丹市为荷兰法定首都、最大城市、最大文化中心、欧洲文化中心之一、世界国际贸易都市之一、世界重要金融中心、世界城市排名前列城市、世界一线城市、近代世界上最重要的港口和银行业中心，被称为"荷兰金融商贸之都"。荷兰南荷兰省地处荷兰西南部、国家陆路东西交通主轴线西南端，与北荷兰省同为荷兰人口最稠密省份和经济最发达省份、经济规模最大省份（分别占比 30%、20%），荷兰石油工业与花卉园艺业的 2/3、化学工业的 1/4、保险业的 1/3 集中于该省；首府海牙市为荷兰国王议会政府驻地、荷兰近代以来政治中心、第三大城市、重要国际活动中心；重要城市鹿特丹市为荷兰第二大城市、欧洲最大海港、世界重要港口、最大集装箱港口之一、世界性旅游胜地，被称为"连接欧、美、亚、非、澳五大洲的重要港口"，与北荷兰省阿姆斯特丹市同为北海沿岸世界性国际陆海联运枢纽。

（19）上述三省同为荷兰最重要的经济生活中心、荷兰国家与民族形成与发展核心地带，在占荷兰 1/7 的国土上居住 1/2 以上的人口，并形成巨大多中心城市群兰得斯塔得。其中，上述北荷兰省南荷兰省两省及两大重要港口（阿姆斯特丹、鹿特丹）均处于荷兰国家陆路及水路（运河）东西交通主轴线西端点部位，为当代东、中、西欧国家乃至亚洲国家西出北海及大西洋战略性出海口，且为近代鲁尔工业区—莱茵河—西部沿海港口水运出海通道目的地，同时为荷兰国家和民族历史发展核心区域，在荷兰当前经济社会发展及历史发展中占据核心地位、发挥核心作用。因此，上述三省所在区域适宜成为北带东西欧走廊支线通道在荷兰中西部的重要穿越区域（地段），上述两省（北荷兰省及南荷兰省）所在区域适宜成为北带东西欧走廊支线通道目的区域、东西欧走廊西桥头堡区域，上述两大重要港口适宜成为北带东西欧走廊支线通道目的地、东西欧走廊西桥头堡。

（20）直接、便捷联通俄罗斯莫斯科直辖市及莫斯科州核心区域、白俄罗斯明斯克直辖市及明斯克州核心区域、波兰华沙直辖市及马佐夫舍省核心区域、德国柏林州及勃兰登堡州核心区域、荷兰北荷兰省及南荷兰省核心区域，直接建立和实现上述五大核心区域之间的经济社会战略性联系，间接建立中国京津唐地区国家政治中心文化中心地区及北方经济中心科技创新中心交通枢纽地区、呼包银经济带、中国新疆准噶尔盆地与上述五大核心区域（共计九大核心区域）之间的经济社会战略性联系，是北带东西欧走廊支线通道形成的最主要逻辑及所负有的最主要战略职能。直接建立和实现上述五大核心区域之间的交通运输联系，间接建立和实现中国京津唐地区国家政治中心文化中心地区及北方经济中心科技创新中心交通枢纽地区、中国新疆准噶尔盆地、俄罗斯西伯利亚核心区域、斯维尔德罗夫斯克州核心区域与上述五大核心区域共计九大核心区域之间的交通运输联系，进而形成交通经济带，是北带东西欧走廊的最主要表现形式和实现途径。因此，荷兰上述两省（北荷兰省及南荷兰省）所在区域适宜成为北带东西欧走廊支线通道目的区域、北带东西欧走廊西桥头堡区域，荷兰上述两大重要港口适宜成为北带东西欧走廊支线通道目的地、北带东西欧走廊西桥头堡。

（21）在上述五国相关区域中，俄罗斯莫斯科直辖市及莫斯科州、白俄罗斯明斯克直辖市及明斯克州、波兰华沙直辖市及马佐夫舍省、德国柏林州及勃兰登堡州、荷兰北荷兰省及南荷兰省均为各该国当前政治经济社会科技文化发展核心区域；俄罗斯莫斯科直辖市及莫斯科州、白俄罗斯明斯克直辖市及明斯克州、波兰大波兰省、德国萨克森—安哈尔特州、荷兰北荷兰省及南荷兰省均为各该国国家与民族形成核心区域或国家与民族历史发展最主要活动区域，均在各该国国家与民族形成及历史发展中占据核心地位。当前，五国上述二十三个州省直辖市境内，已经形成串联以上行政单元、具有较大规模且具有一定历史基础的东西向战略通道（莫斯科—

明斯克—华沙—柏林—阿姆斯特丹或鹿特丹交通走廊)① 与经济社会发展战略性地域廊带，该地带已成为东欧、中欧、西欧诸国间东西交通的主干地带或主要运输走廊；同时，占据东欧中欧西欧平原巨型单一覆被平面大致东西横穿线、东欧中欧西欧多国首都连接线、亚欧大陆（北部）东西二级交通区位线等多重潜在交通区位。因此，五国上述二十三个州省直辖市所在区域适宜成为北带东西欧走廊支线通道重要穿越区域（地段）。

（22）在上述五国相关区域中，白俄罗斯及波兰为东中欧具有发展潜力区域，德国、荷兰为西欧经济发达极的核心组成部分，荷兰为北海及北大西洋战略性出海口、跨大西洋海权体系最古老环节和最关键环节之一。中国与蒙古等东亚国家、中亚北部地区通过俄罗斯新西伯利亚州核心区域、莫斯科直辖市和莫斯科州核心区域，西连白俄罗斯及波兰等东中欧具有发展潜力区域、德国及荷兰等西欧经济发达极核心组成部分，分享荷兰北海及北大西洋战略性出海口利益、跨大西洋海权体系利益，为北带东中西欧走廊形成的最主要逻辑及所负有的最主要战略职能之一。因此，荷兰上述两省（北荷兰省及南荷兰省）所在区域适宜成为北带东西欧走廊支线通道目的区域、北带东西欧走廊西桥头堡区域，荷兰上述两大重要港口（阿姆斯特丹及鹿特丹）适宜成为北带东西欧走廊支线通道目的地、北带东西欧走廊西桥头堡。

（23）上述地段及走廊与北带主通道俄罗斯莫斯科—圣彼得堡—芬兰赫尔辛基段共享亚欧大陆东西二级交通区位线西段交通区位②。选择上述地段及走廊为北带东中西欧走廊支线通道穿越区域（地段），是对亚欧大陆东西二级交通区位线潜在交通区位的主动开发与利用，是该地域廊带所蕴含亚欧陆上东西二级交通区位线的第二次显化（第一次显化为中世纪东中西欧商道时期及近现代东中西欧交流时期），是亚欧大陆所蕴含东西向陆路交通区位资源和价值在新形势下的再现和重生。

（24）近代以来，上述地段及走廊为东欧、中欧、西欧之间的传统东西向交流战略通道与经济社会发展战略性地域廊带，是欧洲一系列主要国际政治、国际军事、国际交通事件发生的主要舞台或地带，是东欧、中欧、西欧诸国之间相互作用、往复运动（甚至包括国界往复推移）的主要方向或主要地带，是中世纪时期东中西欧之间重要商道，是古斯拉夫人③、古日耳曼人、古凯尔特人自东欧进入中欧乃至西欧的概括性迁徙线路，是古希腊古罗马以后欧洲历史演进的主要舞台。选择上述地段及走廊为北带东中西欧走廊支线通道穿越区域（地段），既是对当前东中西欧国际地缘政治地缘经济大势的主动、积极顺应，也是对该地带古代贸易线路和民族迁移通道的概括性继承。

（25）由于西北沟通俄罗斯、波罗的海战略出海口是北带主通道所负有的主要战略职能，加之俄罗斯国家体量极其庞大，因此，尽管上述地段及走廊为东欧、中欧、西欧间的主要战略通道地带，且沿线部分区域发达程度超过俄罗斯核心区域，但仍选择其为北带东西欧走廊支线通道穿越区域（地段），而不选择其为北带主通道地带重要穿越区域（地段），以突出北带主通道所负有的沟通俄罗斯、波罗的海战略出海口的主要战略职能。

---

① 该通道在中世纪时即已初步形成，马佐夫舍—西里西亚贸易通道为其典型代表，在近现代日臻完善，其中包含在各大洲中最长的东西向河流—运河体系——东中西欧河流—运河体系。其构成第一亚欧大陆桥西段。

② 北带主通道天津—北京—呼和浩特—伊吾—阿勒泰—吉木乃口岸—厄斯克门—新西伯利亚—莫斯科—圣彼得堡—赫尔辛基通道与第一亚欧大陆桥共享亚欧大陆（北部）东西二级交通区位线交通区位。

③ 斯拉夫人最初起源于黑海北侧靠近德涅斯特河流域与布格河流域的平原地带，今波兰境内维斯瓦河河谷地区被认为是斯拉夫人的故乡，关于斯拉夫人的记载最早见于公元1世纪末和2世纪初的古罗马文献；因受亚洲匈奴等游牧部族西迁影响被迫西迁；公元4~6世纪起，斯拉夫人逐渐分化为东、西、南三个支系，西支成为波兰人、捷克人、斯洛伐克人等现代民族的主要先世，东支成为俄罗斯人、白俄罗斯人、乌克兰人等现代民族的先世，南支成为塞尔维亚人、黑山人、克罗地亚人、斯洛文尼亚人、马其顿人、波斯尼亚人、保加利亚人等现代民族的先世。

（26）该支线通道所依托的山链及附随的地理廊带见表4-17。

表4-17　北带东西欧走廊支线通道依托山链及相关地理廊带

序号	类型	名称
1	山链	西喀尔巴阡山脉—苏台德山脉—厄尔士山脉—图林根林山
2	河流带	阿尔卑斯山脉北侧山前河流带
3	连片相对平坦地带	阿尔卑斯山脉北侧山前连片相对平坦地带
4	成矿带	劳亚成矿域欧洲成矿区及特提斯成矿域地中海成矿带
5	经济走廊带	西喀尔巴阡山脉—苏台德山脉—厄尔士山脉—图林根林山北侧山前经济走廊带

（五）北带东西欧走廊支线通道现状及应建或建议建设交通线路

1. 北带东西欧走廊支线通道现状

该线全线已经建成高速公路、宽轨或准轨铁路，部分地段（维也纳—柏林—阿姆斯特丹）已经建成高速铁路。

2. 北带东西欧走廊支线通道应建或建议建设交通线路与理由或目标

应建或建议建设交通线路：莫斯科—维也纳高速铁路。

理由或目标：未来形成中国天津—北京—呼和浩特—临河—额济纳旗—明水—将军庙—克拉玛依—塔城—哈萨克斯坦阿斯塔纳—俄罗斯叶卡捷琳堡—莫斯科—白俄罗斯明斯克—波兰华沙—奥地利维也纳—德国柏林—荷兰阿姆斯特丹及鹿特丹高速铁路线路。

四、北带空间布局

丝绸之路经济带北带是以上述交通主通道及其支线通道、分支线路为主轴，以上述主要节点城市及其他中小城市为依托，以相关主导产业为基础，向两侧延伸各50千米左右（面）而形成的点轴面相结合的巨型带状区域和点轴经济系统。

五、北带总体定位及发展前景

横贯亚欧大陆中北部的国际战略性通道和交通经济带。

第二节　丝绸之路经济带初期中带空间布局

一、中带交通主通道走向及其辐射范围、沿线地区主导产业

丝绸之路经济带初期中带交通主通道（以下简称中带主通道）及经济带走向、辐射范围、沿线地区主导产业如下：

（一）中带主通道走向

中带主通道走向为：中国上海（东海沿岸）—南京—蚌埠—徐州—郑州—西安—兰州—武威—哈密—乌鲁木齐—精河—霍尔果斯口岸—哈萨克斯坦阿腾科里口岸—阿拉木图—塔拉兹—乌兹别克斯坦塔什干—撒马尔罕—土库曼斯坦土库曼纳巴德—马雷—伊朗萨拉赫斯—马什哈

德—德黑兰—大不里士—土耳其凡城—锡瓦斯—安卡拉—伊斯坦布尔—保加利亚索菲亚—塞尔维亚贝尔格莱德—匈牙利布达佩斯—奥地利维也纳—德国慕尼黑—法国斯特拉斯堡—巴黎—加来（大西洋沿岸）。

（二）中带主通道穿越或辐射地区

中带主通道穿越的国家为：中国、哈萨克斯坦、乌兹别克斯坦、土库曼斯坦、伊朗、土耳其、保加利亚、塞尔维亚、匈牙利、奥地利、德国、法国（共计12个国家）。

中带主通道穿越的中国一级行政单元为：上海市、江苏省、安徽省、河南省、陕西省、甘肃省、新疆维吾尔自治区（共计7个一级行政单元）。

中带主通道穿越的中国国内主要城市为：上海市、江苏南京市、河南郑州市、陕西西安市、甘肃兰州市、新疆乌鲁木齐市（共计6个直辖市或省会城市）。

中带主通道穿越的中国国内市地盟州（包含直辖市所辖区）见表4-18。

表4-18　中带主通道穿越的中国国内市地盟州

序号	省份	市地盟州（区）	合计（个）
1	上海	市辖区	16
2	江苏	苏州市、无锡市、常州市、镇江市、南京市、徐州市	6
3	安徽	滁州市、蚌埠市、宿州市	3
4	河南	商丘市、开封市、郑州市、洛阳市、三门峡市	5
5	陕西	渭南市、西安市、咸阳市、宝鸡市	4
6	甘肃	天水市、定西市、兰州市、武威市、金昌市、张掖市、嘉峪关市、酒泉市	8
7	新疆	哈密市、吐鲁番市、乌鲁木齐市、昌吉回族自治州、塔城地区、博尔塔拉蒙古自治州、伊犁哈萨克自治州直辖县市	7
总计（个）			49

中带主通道穿越的中国新疆县市区为：哈密市伊州区、新星市、吐鲁番市鄯善县及高昌区与托克逊县、乌鲁木齐市七区一县、昌吉市、呼图壁县、玛纳斯县、石河子市、沙湾市、奎屯市、克拉玛依市独山子区、乌苏市、精河县、双河市、博乐市、尼勒克县、伊宁县、伊宁市、可克达拉市、霍城县、霍尔果斯市。

中带主通道穿越的其他相关国家一级行政单元共计74个（见表4-19）。中带主通道穿越的各国一级行政单元共计81个（见表4-20）。

表4-19　中带主通道穿越的其他相关国家一级行政单元

序号	国家	一级行政单元	合计（个）
1	哈萨克斯坦	阿拉木图州、阿拉木图直辖市、江布尔州、突厥斯坦州、奇姆肯特直辖市	5
2	乌兹别克斯坦	塔什干州、塔什干直辖市、锡尔河州、吉扎克州、撒马尔罕州、纳沃伊州、布哈拉州	7
3	土库曼斯坦	列巴普州、马雷州、阿哈尔州	3
4	伊朗	呼罗珊省、塞姆南省、德黑兰省、德黑兰直辖市、厄尔布尔士省、加兹温省、赞詹省、东阿塞拜疆省、西阿塞拜疆省	9
5	土耳其	凡城省、比特利斯省、穆什省、宾格尔省、埃拉泽省、马拉蒂亚省、锡瓦斯省、开塞利省、约兹加特省、内夫谢希尔省、克勒克卡莱省、安卡拉省、埃斯基谢希尔省、比莱吉克省、萨卡里亚省、科贾埃利省、伊斯坦布尔省、泰基尔达省、克尔克拉雷利省、埃迪尔内省	20

序号	国家	一级行政单元	合计（个）
6	保加利亚	哈斯科沃大区、普罗夫迪夫大区、帕扎尔吉克大区、索菲亚大区、索菲亚直辖市	5
7	塞尔维亚	皮罗特州、尼沙瓦州、托普利卡州、拉辛那州、波莫拉夫列州、舒马迪亚州、贝尔格莱德直辖市、斯雷姆州、南巴奇卡州、北巴奇卡州	10
8	匈牙利	巴奇—基什孔州、佩斯州、布达佩斯直辖市、科马罗姆—埃斯泰尔戈姆州、杰尔—莫雄—肖普朗州	5
9	奥地利	布尔根兰州、下奥地利州、维也纳市、上奥地利州、萨尔茨堡州	5
10	德国	拜恩州、巴登—符腾堡州	2
11	法国	大东部大区、法兰西岛大区、上法兰西大区	3
总计（个）			74

表4-20 中带主通道穿越国家及其一级行政单元

序号	国家	一级行政单元数量（个）
1	中国	7
2	哈萨克斯坦	5
3	乌兹别克斯坦	7
4	土库曼斯坦	3
5	伊朗	9
6	土耳其	20
7	保加利亚	5
8	塞尔维亚	10
9	匈牙利	5
10	奥地利	5
11	德国	2
12	法国	3
总计（个）		81

中带主通道穿越的其他相关国家主要城市（一级行政单元行政中心城市，下同）共计52个（见表4-21）。中带主通道穿越的各国主要城市共计58个（见表4-22）。

表4-21 中带主通道穿越的其他相关国家主要城市

序号	国家	主要城市	合计（个）
1	哈萨克斯坦	阿拉木图直辖市、塔拉兹市、奇姆肯特直辖市	3
2	乌兹别克斯坦	塔什干直辖市、古利斯坦市、吉扎克市、撒马尔罕市、纳沃伊市、布哈拉市	6
3	土库曼斯坦	土库曼纳巴德市、马雷市	2
4	伊朗	马什哈德县、塞姆南县、德黑兰直辖市、卡拉季县、加兹温县、赞詹县、大不里士县	7
5	土耳其	凡城市、塔特万市、穆什市、埃拉泽市、亚马拉蒂亚市、锡瓦斯市、开塞利市、克勒克卡莱市、安卡拉市、埃斯基谢希尔市、比莱吉克市、萨卡里亚市、科贾埃利市、伊斯坦布尔市、吕莱布尔加兹市、埃迪尔内市	16

序号	国家	主要城市	合计（个）
6	保加利亚	普罗夫迪夫市、索菲亚直辖市	2
7	塞尔维亚	尼什 NK 市、贝尔格莱德直辖市、诺维萨德市、苏博蒂察市	4
8	匈牙利	布达佩斯市、陶陶巴尼奥市、杰尔市	3
9	奥地利	维也纳市、圣珀尔滕市、林茨市、萨尔茨堡市	4
10	德国	慕尼黑市、斯图加特市	2
11	法国	香槟沙隆市、巴黎市、里尔市	3
总计（个）			52

表 4-22　中带主通道穿越的各国主要城市

序号	国家	主要城市合计（个）
1	中国	6
2	哈萨克斯坦	3
3	乌兹别克斯坦	6
4	土库曼斯坦	2
5	伊朗	7
6	土耳其	16
7	保加利亚	2
8	塞尔维亚	4
9	匈牙利	3
10	奥地利	4
11	德国	2
12	法国	3
总计（个）		58

中带主通道通过的中国—哈萨克斯坦国际口岸为：霍尔果斯口岸—阿腾科里口岸。

中带主通道辐射的中国—哈萨克斯坦国际口岸为：阿拉山口口岸—多斯特克口岸、都拉塔口岸—科尔扎特口岸、木扎尔特口岸—纳林果勒口岸。

（三）中带主通道沿线地区主导产业

1. 中带主通道中国上海段沿线地区主导产业

中带主通道中国上海段沿线地区主导产业为：电子信息产品制造工业、汽车制造工业、石油化学工业及精细化学工业、精品钢材制造工业、成套设备制造工业、生物医药制造工业、批发零售及对外贸易业、金融业（中国上海市）。

2. 中带主通道中国江苏南部段沿线地区主导产业

中带主通道中国江苏南部段沿线地区主导产业为：计算机通信及软件信息服务业、黑色金属冶炼及压延加工工业、电气机械及器材制造工业、精密机械及汽车工业、高档家电制造工业、高档纺织及服装加工工业、租赁和商务服务业、化学工业（中国江苏苏州市、无锡市、常州市、镇江市、南京市，见表 4-23）。

表4-23　中带主通道中国江苏南部段沿线地区主导产业

序号	市地盟州	主导产业
1	苏州市	计算机通信及软件信息服务业、黑色金属冶炼及压延加工工业、电气机械及器材制造工业、化学原料及制品制造工业、纺织工业、通用设备制造工业
2	无锡市	高档纺织及服装加工工业、精密机械及汽车配套工业、电子信息业、高档家电制造工业、特色冶金及金属制品工业、精细化工及生物医药工业、旅游业
3	常州市	专用设备制造工业、租赁和商务服务业、黑色金属冶炼及压延加工工业
4	镇江市	化学工业、造纸工业、建材工业
5	南京市	电子工业、化学工业、汽车制造工业、钢铁工业、金融业、软件和信息技术服务业、会展业、文化创意产业

3. 中带主通道中国江苏浦口—徐州段沿线地区主导产业

中带主通道中国江苏浦口—徐州段沿线地区主导产业为：硅基材料制造工业、先进装备制造工业、智能家电制造工业、精细化学工业及煤盐化学工业、农副产品加工工业（中国安徽滁州市、蚌埠市、宿州市，江苏徐州市，见表4-24）。

表4-24　中带主通道中国江苏浦口—徐州段沿线地区主导产业

序号	市地盟州	主导产业
1	滁州市	硅基材料产业、先进装备制造工业、智能家电产业、农副产品加工工业、新能源产业、新型化工产业
2	蚌埠市	装备制造工业、精细化学工业、食品加工工业
3	宿州市	食品加工工业、纺织工业、建材工业、能源工业、医药制造工业
4	徐州市	装备制造工业、能源工业、食品加工工业、煤盐化学工业、冶金工业、建材工业

4. 中带主通道中国河南段沿线地区主导产业

中带主通道中国河南段沿线地区主导产业为：汽车及零部件制造工业、电子信息工业、新材料产业、新能源工业、生物及医药工业、化学工业、有色金属冶炼及压延加工工业、农副产品及食品加工工业（中国河南商丘市、开封市、郑州市、洛阳市、三门峡市，见表4-25）。

表4-25　中带主通道中国河南段沿线地区主导产业

序号	市地盟州	主导产业
1	商丘市	农副产品及食品加工工业、服装服饰业、纺织工业、非金属矿物制品业、种植业
2	开封市	电动汽车及零部件制造工业、装备制造工业、化学工业、新材料产业、纺织工业、食品加工工业
3	郑州市	电子信息工业、汽车及装备制造工业、新材料产业、生物及医药产业、食品制造工业、铝及铝精深加工工业、家居及品牌服装制造工业
4	洛阳市	装备制造工业、石油化学工业、电子信息工业、新能源产业、新材料产业、现代物流业、文化旅游业、铝精深加工工业
5	三门峡市	能源工业、铝工业、煤化工业、黄金及有色金属压延加工工业、林果加工工业

5. 中带主通道中国陕西段沿线地区主导产业

中带主通道中国陕西段沿线地区主导产业为：高技术研发业、装备制造工业、现代服务业、旅游及文化教育产业、有色金属冶炼及压延加工工业、电子信息及电器工业、能源工业（中国陕西渭南市、西安市、咸阳市、宝鸡市，见表4-26）。

表4-26　中带主通道中国陕西段沿线地区主导产业

序号	市地盟州	主导产业
1	渭南市	有色金属加工工业、能源工业、食品加工工业
2	西安市	高技术产业、装备制造工业、现代服务业、旅游及文化教育产业
3	咸阳市	能源工业、装备制造工业、食品工业、建材工业
4	宝鸡市	装备制造工业、有色金属冶炼及压延加工工业、电子信息产业、能源化工产业、食品工业、新型建材工业

6. 中带主通道中国甘肃东部段沿线地区主导产业

中带主通道中国甘肃东部段沿线地区主导产业为：石油化学工业、装备制造工业、生物医药产业、农畜产品深加工工业（中国甘肃天水市、定西市、兰州市，见表4-27）。

表4-27　中带主通道中国甘肃东部段沿线地区主导产业

序号	市地盟州	主导产业
1	天水市	电子及电器制造工业、机械制造工业、纺织工业
2	定西市	种植及畜牧养殖业、铝冶炼及深加工工业、现代制药工业、农畜产品深加工工业
3	兰州市	石油化学工业、装备制造工业、冶金工业、生物医药产业、农产品加工工业、高新技术产业

7. 中带主通道中国甘肃西部段沿线地区主导产业

中带主通道中国甘肃西部段沿线地区主导产业为：黑色和有色金属采选冶炼及压延加工工业、化学工业、建材工业、农产品加工工业、新能源工业、蔬菜种植及制种业、草畜业及林果业（中国甘肃武威市、金昌市、张掖市、酒泉市、嘉峪关市，见表4-28）。

表4-28　中带主通道中国甘肃西部段沿线地区主导产业

序号	市地盟州	主导产业
1	武威市	煤炭开采及洗选工业、酒饮料和精制茶制造工业、农产品精深加工工业、新能源装备制造工业、种植业
2	金昌市	有色金属采选冶炼及压延加工工业、化学工业、建材工业、能源工业
3	张掖市	草畜业、制种业、果蔬业、轻工原料工业
4	酒泉市	蔬菜种植业、制种业、草畜业、林果业
5	嘉峪关市	黑色金属采选冶炼及压延加工工业、旅游业、新能源产业、文化产业

8. 中带主通道中国新疆段沿线地区主导产业

中带主通道中国新疆段沿线地区主导产业为：煤炭开采洗选及煤化学工业、黑色和有色金属采选冶炼及压延加工工业、石油天然气开采及化学工业、电气机械和器材及农业装备制造工业、电力工业、食品及纺织工业、交通运输及仓储业与批发零售业、特色种植林果业及畜牧养殖业（中国新疆哈密市、吐鲁番市、乌鲁木齐市、昌吉回族自治州、塔城地区、博尔塔拉蒙古自治州、伊犁哈萨克自治州直辖县市，见表4-29）。

表4-29　中带主通道中国新疆段沿线地区主导产业

序号	市地盟州	主导产业
1	哈密市	煤炭开采和洗选工业、电气机械和器材制造工业、黑色金属矿采选工业、特色种植业、林果业、畜牧业
2	吐鲁番市	煤炭开采和洗选工业、石油天然气开采工业、旅游服务业、特色种植业、林果业
3	乌鲁木齐市	石油化学工业、冶金工业、交通运输及仓储业、建筑业、批发零售业、餐饮业和其他服务业
4	昌吉回族自治州	石油天然气开采及加工工业、煤化学工业、机电工业、建材工业、农畜产品加工工业、种植业、畜牧养殖业
5	塔城地区	化学纤维制造工业、电力热力生产和供应业、种植业及畜牧养殖业与林业
6	博尔塔拉蒙古自治州	电力工业、建材工业、采矿业、农副产品加工工业
7	伊犁哈萨克自治州直辖县市	有色金属矿采掘及冶金工业、建材工业、特色种植业及畜牧业

9. 中带主通道哈萨克斯坦段沿线地区主导产业

中带主通道哈萨克斯坦段沿线地区主导产业为：机器制造工业、有色冶金及金属加工工业、化学工业、轻工业、食品工业、建材工业、种植业、畜牧业（哈萨克斯坦阿拉木图州、阿拉木图直辖市、江布尔州、突厥斯坦州、奇姆肯特直辖市，见表4-30）。

表4-30　中带主通道哈萨克斯坦段沿线地区主导产业

序号	州份	主导产业
1	阿拉木图州	机器制造工业、金属加工工业、有色冶金工业、轻工业、食品工业、建材工业、种植业、畜牧业
2	阿拉木图直辖市	机器制造工业、食品工业、轻工业、金融业
3	江布尔州	化学工业（磷肥生产业）、轻工业、食品工业、种植业、畜牧业、林果业
4	突厥斯坦州	有色冶金工业、化学工业、轻工业、建材工业、机械制造工业、种植业、畜牧业
5	奇姆肯特直辖市	机械制造工业、化学工业、轻工业

10. 中带主通道乌兹别克斯坦段沿线地区主导产业

中带主通道乌兹别克斯坦段沿线地区主导产业为：有色冶金及金属加工与机械制造业、石油天然气采掘及化学工业、电力工业、建材工业、轧棉业及棉纺织工业、农产品加工及食品工业、植棉业及园艺业（乌兹别克斯坦塔什干州、塔什干直辖市、锡尔河州、吉扎克州、撒马尔罕州、纳沃伊州、布哈拉州，见表4-31）。

表4-31　中带主通道乌兹别克斯坦段沿线地区主导产业

序号	州份	主导产业
1	塔什干州	有色冶金工业、机械制造工业、电力工业、化学工业、纺织工业、轻工业
2	塔什干直辖市	机械制造工业、食品工业、纺织工业
3	锡尔河州	棉纺织工业、机械制造工业、金属加工工业、建材工业、食品工业、植棉业

序号	州份	主导产业
4	吉扎克州	建材工业、有色金属矿采选业、机械制造工业、纺织工业、食品工业、植棉业、畜牧业
5	撒马尔罕州	机械制造工业、金属加工工业、化学工业、轻工业、食品工业、建材工业、植棉业、园艺业、养蚕业
6	纳沃伊州	贵金属采矿业、金属加工和机械制造工业、石油天然气采掘业、化学工业、电力工业、食品工业、植棉业、养殖业、园艺业
7	布哈拉州	轧棉业及棉纺织工业、农产品加工业、贵金属采矿业、金属加工和机械制造工业、石油天然气采掘业、建材工业、植棉业、养殖业、养蚕业

11. 中带主通道土库曼斯坦段沿线地区主导产业

中带主通道土库曼斯坦段沿线地区主导产业为：石油天然气采掘业、电力工业、化学工业、纺织工业、食品工业、植棉业、畜牧养殖业、园艺业（土库曼斯坦列巴普州、马雷州、阿哈尔州，见表4-32）。

表4-32 中带主通道土库曼斯坦段沿线地区主导产业

序号	州份	主导产业
1	列巴普州	石油天然气采掘工业、纺织工业、轻工业、食品工业、植棉业、畜牧业
2	马雷州	天然气采掘工业、电力工业、化学工业（化肥）、轻工业、纺织工业、食品工业、植棉业、畜牧养殖业、园艺业
3	阿哈尔州	天然气采掘工业、化学工业、纺织工业、建材工业、种植业、园艺业、畜牧业

12. 中带主通道伊朗段沿线地区主导产业

中带主通道伊朗段沿线地区主导产业为：食品工业、非金属矿及煤炭采掘与建材工业、汽车制造工业、电子与电力设备及军事工业、棉纺织工业及地毯编织业、批发零售业、交通通信业、住宿餐饮服务业、种植业（伊朗呼罗珊省、塞姆南省、德黑兰省、德黑兰直辖市、厄尔布尔省、加兹温省、赞詹省、东阿塞拜疆省、西阿塞拜疆省，见表4-33）。

表4-33 中带主通道伊朗段沿线地区主导产业

序号	省份	主导产业
1	呼罗珊省	食品工业、纺织工业、建材工业、种植业、畜牧业
2	塞姆南省	非金属矿采掘业、建材工业、棉纺织工业、地毯编织业、种植业
3	德黑兰省	机械制造工业、批发零售业、交通通信业、种植业
4	德黑兰直辖市	汽车制造工业、电子工业、电力设备工业、军事工业、纺织工业、制糖工业、建材工业、化学工业、交通通信业、批发零售业
5	厄尔布尔省	机械制造工业、农产品加工业、化学工业、批发零售业、交通通信业、种植业
6	加兹温省	农畜产品加工工业、建材工业、种植业、畜牧业
7	赞詹省	有色金属工业、纺织工业、种植业、园艺业
8	东阿塞拜疆省	机械制造工业、石油化工工业、批发零售业、住宿餐饮服务业、种植业、畜牧业
9	西阿塞拜疆省	农畜产品加工工业、建材工业、种植业、畜牧业、批发零售业、住宿餐饮服务业

13. 中带主通道土耳其亚洲部分段沿线地区主导产业

中带主通道土耳其亚洲部分段沿线地区主导产业为：钢铁及造船与汽车工业、建材工业、电器制造及家用电子工业、纺织及食品工业、化学工业、旅游业、谷物棉花烟草种植业（土耳其凡城省、比特利斯省、穆什省、宾格尔省、埃拉泽省、马拉蒂亚省、锡瓦斯省、开塞利省、约兹加特省、内夫谢希尔省、克勒克卡莱省、安卡拉省、埃斯基谢希尔省、比莱吉克省、萨卡里亚省、科贾埃利省、伊斯坦布尔省，见表4-34）。

表4-34 中带主通道土耳其亚洲部分段沿线地区主导产业

序号	省份	主导产业
1	凡城省	旅游业、畜牧业、种植业
2	比特利斯省	烟草工业、皮革加工工业、畜牧业、种植业
3	穆什省	采矿业、畜牧业、种植业
4	宾格尔省	采矿业、畜牧业、种植业
5	埃拉泽省	酿酒业、畜牧业、种植业
6	马拉蒂亚省	棉纺织工业、建材工业、制糖工业、种植业
7	锡瓦斯省	食品加工工业、纺织工业、建材工业、种植业、畜牧业
8	开塞利省	制糖工业、纺织工业、建材工业、机械制造工业、有色金属采掘冶炼工业、畜牧业、种植业
9	约兹加特省	采矿业、畜牧业、种植业
10	内夫谢希尔省	采矿业、畜牧业、种植业
11	克勒克卡莱省	钢铁工业、机械制造工业、化学工业、畜牧业、种植业
12	安卡拉省	纺织工业、食品加工工业、旅游业、畜牧业、种植业
13	埃斯基谢希尔省	食品加工工业、纺织工业、建材工业、化学工业、机械制造工业、畜牧业、种植业
14	比莱吉克省	贵金属采掘冶炼工业、畜牧业、种植业
15	萨卡里亚省	食品加工工业、纺织工业、机械制造工业、种植业、旅游业
16	科贾埃利省	化学工业、机械制造工业、旅游业、种植业
17	伊斯坦布尔省	纺织工业、机械制造工业、旅游业、园艺业、渔业、畜牧业

14. 中带主通道土耳其欧洲部分段沿线地区主导产业

中带主通道土耳其欧洲部分段沿线地区主导产业为：旅游业、种植业、畜牧业、纺织工业、食品加工工业（土耳其泰基尔达省、克尔克拉雷利省、埃迪尔内省，见表4-35）。

表4-35 中带主通道土耳其欧洲部分段沿线地区主导产业

序号	省份	主导产业
1	泰基尔达省	食品加工工业、纺织工业、种植业
2	克尔克拉雷利省	食品加工工业、纺织工业、种植业、畜牧业
3	埃迪尔内省	食品加工工业、纺织工业、旅游业、种植业

15. 中带主通道保加利亚段沿线地区主导产业

中带主通道保加利亚段沿线地区主导产业为：服务业、烟草制造工业、香水玫瑰油工业及葡萄酒酿造工业、食品工业、纺织工业、旅游业、种植业（保加利亚哈斯科沃大区、普罗夫迪夫大区、帕扎尔吉克大区、索菲亚大区、索菲亚直辖市，见表4-36）。

表4-36 中带主通道保加利亚段沿线地区主导产业

序号	大区	主导产业
1	哈斯科沃大区	烟草工业、纺织工业、食品工业、建材工业、玫瑰油工业、种植业、园艺业
2	普罗夫迪夫大区	有色金属工业、机械制造工业、化学工业、食品工业、酿酒业、旅游业、种植业、园艺业
3	帕扎尔吉克大区	食品工业、木材加工业、纺织工业、电气工业、机械制造工业、化学工业、种植业、园艺业、畜牧养殖业
4	索菲亚大区	冶金工业、机械制造工业、电子工业、纺织工业、制糖工业、化学工业、种植业
5	索菲亚直辖市	钢铁工业、电器工业、电子工业、化学工业、纺织工业、造纸印刷业、食品工业、批发零售业、交通通信业

16. 中带主通道塞尔维亚段沿线地区主导产业

中带主通道塞尔维亚段沿线地区主导产业为：服务业、化学工业、电力工业、种植业（塞尔维亚皮罗特州、尼沙瓦州、拉辛那州、波莫拉夫列州、舒马迪亚州、波杜那瓦州、贝尔格莱德直辖市、斯雷姆州、南巴奇卡州、北巴奇卡州，见表4-37）。

表4-37 中带主通道塞尔维亚段沿线地区主导产业

序号	州份	主导产业
1	皮罗特州	橡胶工业、食品工业、手工织毯业、种植业、畜牧业
2	尼沙瓦州	电子工业、机械制造工业、纺织工业、食品工业、种植业、畜牧业
3	拉辛那州	机械制造工业、化学工业、军事工业、葡萄酒酿造工业、木材加工工业、种植业、园艺
4	波莫拉夫列州	有色金属工业、煤炭采掘工业、食品加工工业、旅游业、种植业、园艺业
5	舒马迪亚州	机械制造工业、化学工业、电气工业、电子工业、种植业、园艺业
6	波杜那瓦州	冶金工业、机械制造工业、石油加工工业、食品工业、种植业、园艺业
7	贝尔格莱德直辖市	机械制造工业、食品工业、化学工业、纺织工业、金融业、贸易业
8	斯雷姆州	有色金属工业、种植业、园艺业
9	南巴奇卡州	石油采掘工业、旅游业、种植业、园艺业
10	北巴奇卡州	农畜产品加工工业、机械制造工业、化学工业、畜牧养殖业、种植业、园艺业

17. 中带主通道匈牙利段沿线地区主导产业

中带主通道匈牙利段沿线地区主导产业为：机器与电气设备及精密仪器制造业、冶金工业、化学工业、食品加工与葡萄酒酿造工业、纺织及皮毛加工工业、建材工业、有机农业（匈牙利巴奇—基什孔州、佩斯州、布达佩斯直辖市、科马罗姆—埃斯泰尔戈姆州、杰尔—莫雄—肖普朗州，见表4-38）。

表4-38 中带主通道匈牙利段沿线地区主导产业

序号	州份	主导产业
1	巴奇—基什孔州	食品加工工业、农业机械制造工业、纺织工业、家具制造工业、种植业、园艺业、畜牧养殖业

序号	州份	主导产业
2	佩斯州	机械制造工业、冶金工业、化学工业、纺织工业、食品加工工业、种植业、畜牧养殖业
3	布达佩斯直辖市	机器制造工业、冶金工业、电气设备与精密仪器制造工业、化学工业、纺织工业、皮革和皮毛加工工业、食品加工工业
4	科马罗姆—埃斯泰尔戈姆州	炼铝工业、矿冶机器制造工业、电力工业、建材工业、化学工业、种植业、畜牧养殖业
5	杰尔—莫雄—肖普朗州	机械制造工业、纺织工业、服装制造工工业、食品加工工业、种植业、畜牧养殖业

18. 中带主通道奥地利段沿线地区主导产业

中带主通道奥地利段沿线地区主导产业为：旅游及文化娱乐会展业、印刷工业、服装制造工业、冶金与机械及汽车制造工业、石油采掘及炼油业、化学工业、葡萄种植业及葡萄酒酿造业（奥地利布尔根兰州、下奥地利州、维也纳市、上奥地利州、萨尔茨堡州，见表4-39）。

表4-39 中带主通道奥地利段沿线地区主导产业

序号	州份	主导产业
1	布尔根兰州	葡萄种植业及葡萄酒酿造工业、畜牧业、林果业
2	下奥地利州	种植业、石油采掘业及炼油工业、金属加工工业、纺织工业、食品加工工业、旅游业
3	维也纳市	会展与文化旅游业、服装制造工业、印刷工业、冶金工业、机械与汽车及铁路车辆制造工业、化学工业、电子工业
4	上奥地利州	钢铁工业、汽车制造工业、石油采掘及化学工业、种植业
5	萨尔茨堡州	电力工业、造纸工业、贸易业、旅游业、文化娱乐业

19. 中带主通道德国段沿线地区主导产业

中带主通道德国段沿线地区主导产业为：机械及精密仪器制造工业、新型技术及高科技研发与软件业、旅游及会展业、电子及电气工业、化学及炼油工业、玩具制造及纺织工业（德国拜恩州、巴登—符腾堡州，见表4-40）。

表4-40 中带主通道德国段沿线地区主导产业

序号	州份	主导产业
1	拜恩州	机械制造工业、电气工业、玩具制造工业、纺织工业、啤酒酿造业、新型技术研发业、保险业、旅游及会展业
2	巴登—符腾堡州	机械制造工业、电子工业、化学工业、精密仪器制造工业、高科技研发及软件业、化学及炼油工业、旅游业、畜牧及葡萄种植业

20. 中带主通道法国段沿线地区主导产业

中带主通道法国段沿线地区主导产业为：汽车飞机与机械制造及钢铁工业、铁路器材及电子与电器制造和电力工业、化学与炼油及塑料制造和印刷工业、棉纺织及高级时装制造工业、酿酒和饮料食品制造工业、金融保险与旅游业、电子通信技术及电子商务和数字产业、健康及生物技术工程产业（法国大东部大区、法兰西岛大区、上法兰西大区，见表4-41）①。

表4-41 中带主通道法国段沿线地区主导产业

序号	大区	原大区	主导产业
1	大东部大区	阿尔萨斯大区	钢铁工业、机械及汽车与电器制造学工业、炼油及石油化学工业、钾盐开采业、棉纺织工业、食品加工工业
		洛林大区	钢铁冶金工业、汽车制造工业、电子工业、化学工业、建材工业、玻璃和水晶制品业、伐木和造纸工业
		香槟—阿登大区	纺织及服装制造工业、汽车及汽车设备组件制造工业、冶金工业、电器制造工业、家具制造工业、香槟酒酿造工业
2	法兰西岛大区	巴黎大区	汽车及飞机制造工业、化学及印刷工业、电器及机器制造工业、高级时装与化妆品制造业、文化教育业、果蔬花卉种植业
3	上法兰西大区	皮卡第大区	机械制造工业、塑料制造工业、食品加工工业、科研及电信服务业、国际贸易业、种植业
		北部加来海峡大区	大型零售业和邮寄销售业、电子通信技术业、电子商务和数字产业、食品加工与纺织工业、健康及生物技术工程产业、化学与印刷工业、汽车及铁路器材与机械制造工业、电力工业

对上述12个国家20个区段的主导产业进行比较可见，在整个中带主通道沿线地区，主导产业结构层次及总体经济发展水平大致也呈现西段最高、东段次高、中段最低的"鞍形"格局，尤其是中国霍尔果斯口岸以西的西段，呈现愈向西主导产业结构层次及总体经济发展水平愈高的趋势（伊朗境内段略低），而中国兰州以东的东段则呈现愈向东主导产业结构层次及总体经济发展水平愈高的趋势，自兰州以西至霍尔果斯口岸以东的中段仅以能源开发及原材料生产加工工业、部分机械设备制造工业、交通运输及批发零售业、种植业畜牧业为主导产业，处于中带主通道全线产业结构层次和经济发展水平的最低端，沿线地区产业结构层次和经济发展水平差异极为明显，全线产业结构优化及经济发展一体化潜力巨大。

（四）中带主通道及经济带走向理由与依据

（1）长江三角洲地区为中国东部沿海三大经济圈之一、中国经济实力最强的经济中心、区域经济一体化水平最高的地区、亚太地区重要的国际门户、世界重要的现代服务业和先进制造业中心、重要城市带之一、中国率先跻身世界级城市群的地区。以其为核心的长江三角洲区域土地面积占中国国土面积的3.7%，人口占中国总人口的16.1%，经济规模占中国经济总规模的24.0%。该地区是中带主通道中国境内诸多可能穿越地段中唯一具有能够带动或辐射境内外其他地段经济社会实力、产业结构层次、未来发展定位、历史发展基础的区域，因此，应当将其确立为中带主通道起始区域、中带东桥头堡区域。

（2）其中的上海市为中国直辖市之一、国家中心城市、超大城市、全国经济中心、国际航运中心、国际金融中心（在全球十大金融中心城市中排名靠前），GDP总量居于亚洲城市前三位及全球城市前十位之列，在中国国家发展格局和进程中居于无可争议的经济中心、金融中心、

---

① 法国自2016年1月1日起，将本土一级行政区由22个调整为9个。因暂时缺乏法国该轮行政区划调整后相关大区主导产业状况资料，因此，本研究中暂时以分述该轮行政区划调整前相关大区主导产业状况代替叙述调整后相应大区主导产业状况。

国际陆海交通枢纽中心地位，具有能够带动或辐射中带主通道其他地段的经济社会实力、产业结构层次、未来发展定位（潜力或趋势）、历史发展基础。因此，选择其为中带主通道起始地、中带东桥头堡。

（3）其中的江苏省苏州市地处长江三角洲平原中心地带，为江苏省经济规模最大城市、经济中心工商业中心对外贸易中心物流中心、经济最发达及现代化程度最高城市之一、长江三角洲地区北翼最重要的经济中心城市、中国国家历史文化名城、明清时期最大的工商业城市和经济中心文化中心、江南地区古代行政中心经济中心文化中心之一、江南吴文化发祥地。其中的江苏省无锡市地处长江三角洲平原腹地，为长江三角洲重要中心城市、重要交通枢纽、中国改革开放初期 15 个经济中心城市之一、中国国家历史文化名城、近代民族工业摇篮、明清时期著名商埠和棉纺业中心、吴文化发源地之一，被评选为年度"中国十大最具经济活力城市""中国制造业十大最具竞争力城市"。其中的江苏省常州市地处长江三角洲平原腹地，为长江三角洲重要中心城市之一、新兴工业城市、中国重要轨道交通车辆与部件制造基地、中国国家历史文化名城、近代民族工业发祥地之一。其中的江苏省镇江市地处长江三角洲北翼、长江与京杭大运河交汇地带，为长江三角洲重要中心城市之一、新兴工业城市、重要先进制造业基地、中国重要锚链生产基地和造纸基地、中国最大的汽车发动机缸体和醋酸生产基地、中国历史文化名城。其中的江苏省南京市地处长江三角洲北翼，为中国江苏省省会、长江三角洲重要中心城市之一、先进制造业基地、区域现代服务中心、国家重要综合交通枢纽、重要创新基地、重要文化中心教育中心、中国国家历史文化名城、中国四大古都之一。上述五市均为长江三角洲地区重要中心城市、重要经济中心和文化中心科技中心教育中心创新中心、中国经济社会最发达和现代化程度最高的地区之一、中国国家历史文化名城、中国民族工业发祥地，均在当前长江三角洲地区、长江经济带、中国国家经济社会发展中占据重要地位、具有雄厚经济社会发展实力，经济社会发展水平均在中国各市地盟州中居于前列，均已被纳入《苏南现代化建设示范区规划》，均肩负着率先基本实现现代化的重任，均具有雄厚的经济社会文化发展历史积淀和突出历史地位。当前，由五市所组成的苏南地区境内已经形成串联以上行政单元、具有较大规模和一定历史基础的东西向战略通道（上海—苏州—无锡—常州—镇江—南京交通走廊）与经济社会发展战略性地域廊带，并已成为中国上海与江淮地区之间南北交通的主干地带或主要运输走廊；同时，占据长江三角洲地区北翼交通主轴线（其他两条交通主轴线为上海—嘉兴—杭州长江三角洲地区南翼交通主轴线和杭州—南京长江三角洲地区西翼交通主轴线）、长江三角洲平原多个地区发展中心连接线、长江中下游平原巨型单一覆被平面大致东南—西北横穿线、亚欧大陆东西一级交通区位线等多重潜在交通区位。因此，应当顺势而为，选择上述五市所在区域为中带主通道在中国长江三角洲地区的重要穿越区域（地段）和支点区域（地段）。

（4）安徽省滁州市地处长江下游平原地区与江淮丘陵交界区域、长江三角洲平原地区与江淮平原衔接部位，为皖东重要城市、安徽向东融合江苏发展桥头堡、南京都市圈主要成员城市、长江三角洲城市群重要成员城市、中国百强城市之一。安徽省蚌埠市地处淮河中游地区、黄淮海平原地区与江淮丘陵地区交界区域，为安徽省重要工业城市、合肥都市圈主要成员城市、区域性中心、中国全国性综合交通枢纽、江淮文化发祥地之一、中国古文字重要起源地之一[①]。安徽省宿州市地处苏皖鲁豫四省交界区域，为皖北重要城市、淮海经济区及淮海城市群重要成员城市、华东地区最大的云计算数据中心所在地、中国五大量子通信节点城市之一、国家大型煤炭基地、著名粮棉基地及水果主产区、重要畜牧养殖区。江苏省徐州市地处苏皖鲁豫四省交界

---

①　安徽省蚌埠市境内距今 7300 年前的双墩文化遗址出土刻画符号，被确认为中国文字的重要起源之一。

区域、华北平原东南部，为苏北地区第一大城市和经济中心金融中心旅游中心科技中心教育中心、淮海经济区及淮海城市群中心城市、江苏省重要经济中心商业中心对外贸易中心、中国第二大铁路枢纽及亚欧大陆桥重要枢纽、中国国家历史文化名城，被称为"五省通衢""中国工程机械之都"。上述四市均为江淮地区及淮海经济区重要城市、重要经济中心文化中心科技中心教育中心、重要交通枢纽、重要地方文化发源地或历史文化兴盛地，均在当前江淮地区及淮海经济区经济社会发展中占据重要地位，均具有雄厚的经济社会文化发展历史积淀和突出历史地位。当前，四市境内已经形成串联以上行政单元、具有较大规模和一定历史基础的南北向战略通道（南京—滁州—蚌埠—宿州—徐州交通走廊）与经济社会发展战略性地域廊带，该地带已成为中国南京与徐州之间南北交通的主干地带或主要运输走廊。同时，占据江淮地区及淮海经济区南北中分交通主轴线、江淮平原多个地区发展中心连接线、江淮平原巨型单一覆被平面大致南北纵贯线、亚欧大陆东西一级交通区位线等多重潜在交通区位。因此，应当顺势而为，选择上述四市所在区域为中带主通道在中国江淮地区及淮海经济区的重要穿越区域（地段）和支点区域（地段）。

（5）当前，上述十市（含上海市）境内已经形成串联以上行政单元、具有较大规模和一定历史基础的南北向战略通道（上海—苏州—无锡—常州—镇江—南京—滁州—蚌埠—宿州—徐州交通走廊）与经济社会发展战略性地域廊带，该地带已成为中国上海经南京至徐州南北交通的主干地带或主要运输走廊；同时，占据中国东部两大平原长江中下游平原及黄淮海平原巨型单一覆被平面南北中分交通主轴线、区域多个地区发展中心连接线、亚欧大陆东西一级交通区位线等多重潜在交通区位，且在中国现代、近代、古代中后期（北宋末年以来）为东部地区乃至国家主要政治事件经济事件社会事件文化事件军事事件交通事件发生主轴带、经济社会文化交流主轴带、南北交通主轴线地带、历史及文化发展龙骨地带。因此，应当顺势而为，选择上述十市所在区域为中带主通道在中国东部地区的重要穿越区域（地段）。

（6）与长江三角洲地区相比较，连云港地区不具有能够带动或辐射中国境内外其他地段的经济社会实力、产业结构层次、未来发展定位、历史发展基础，且地处环渤海经济圈和长江三角洲地区之间，未来发展空间受到极大限制和挤压。因此，不选连云港地区为中带主通道起始地、中带东桥头堡。

（7）陇海经济带豫陕甘段是中国秦岭淮河以北空间延展幅度最长、延续历史最久、历史积淀最丰厚、沿线经济社会资源以交通线路为中轴的整合程度最高、地位最重要的东西向经济带，在中国北方区域经济布局中也具有重要的承东启西功能。

（8）其中的河南省商丘市地处豫鲁苏皖四省交界区域、华北平原南部，为豫东中心城市、河南省最大煤炭生产基地、重要交通枢纽、中原经济区及中原城市群重要成员城市、国家历史文化名城、重要古都、多个历史时期国家政治中心经济中心文化中心区域、中国远古时期重要人文发展中心、华夏文明和中华民族重要发祥地之一。其中的河南省开封市地处中原腹地，为河南省副中心城市、中原经济区及中原城市群重要成员城市、中国国家历史文化名城、重要古都、多个历史时期国家政治中心经济中心文化中心区域、中国国家政治中心由西部转入东部的中转地、古代重要水陆交通枢纽。其中的河南省郑州市地处中原腹地，为中国河南省省会、中原城市群核心城市、中国中部地区重要中心城市、中国第一大铁路枢纽及第二亚欧大陆桥重要枢纽、"国家超算郑州中心"所在地、中国城市综合实力前列城市、建设中国国家中心城市、中国国家历史文化名城、重要古都、中国远古时期重要人文发展中心、华夏文明重要发祥地之一，被称为"中国铁路心脏"。其中的河南省洛阳市地处中原地区西部，为豫西中心城市、中原城市群副中心城市、中国中部地区重要中心城市、国家历史文化名城、中国重要古都、中国夏朝时期国家立国及政治经济文化活动中心区域、中国远古时期重要人文发展中心、华夏文明重要发祥地之一。其中的河南省三门峡市地处中原地区西部、晋豫陕三省交界区域、中原城市群与关中平原城市群连接枢纽地带，为豫西重要城市、河南省重要贵金属和能源开发基地、中国古代晋豫陕三省交界区域经济中心文化中心、中国夏商王朝统治中心区域、华夏文明重要发祥地之一。

（9）其中的陕西省渭南市地处关中渭河平原东部、八百里秦川最宽阔地带、中原城市群与关中平原城市群连接枢纽地带、中国晋豫陕三省交界区域，为关中平原城市群重要成员城市、中国远古时期重要人文发展中心、华夏文明和中华民族重要发祥地之一，被称为"华夏之根"。其中的陕西省西安市地处关中平原中部、中国陆地版图中心地带、中国中部经济区与西部经济区结合部，为中国陕西省省会、特大城市、关中平原城市群核心城市、中国西部地区重要中心城市、国家重要科研教育基地及重要航天航空工业中心、中国六大通信中心之一、建设中的中国国家中心城市、国际性综合交通枢纽、具有历史文化特色的国际化大都市、中国国家历史文化名城、联合国教科文组织确定的"世界历史名城"、中国重要古都、古丝绸之路起点、华夏文明和中华民族重要发祥地之一。其中的陕西省咸阳市地处关中平原腹地、中国大地原点区域，为陕西省第三大城市、大型煤炭开发基地、关中—天水经济区及关中平原城市群极核组成部分、中国秦朝时期国家政治经济文化活动中心区域、中国国家历史文化名城。其中的陕西省宝鸡市地处关中平原西部、陕甘宁川四省区结合部，为中国陕西省第二大城市、关中—天水经济区及关中平原城市群副中心城市、国家重要综合交通枢纽及第二亚欧大陆桥重要枢纽、中国周秦王朝发祥地及早期都邑所在地、中国儒家文化发源区域、黄河流域中国早期文明兴盛中心区域①、中华农耕文明开启地。

（10）其中的甘肃省天水市地处渭河流域上游地带、陕甘川三省交界区域，为中国甘肃省第二大城市、关中—天水经济区及关中平原城市群副中心城市、西北地区重要工业城市、中国国家历史文化名城、中国秦王朝最初发祥地、中国郡县制发源地、伏羲文化发祥地、黄河流域中国早期文明孕育重要区域②、华夏文明序曲谱写地、华夏文明和中华民族重要发祥地之一。其中的甘肃省定西市地处甘肃省中部、关中—天水经济区与兰州—白银都市经济圈衔接地带，为中国甘肃省中部经济中心交通中心文化中心、兰州西宁城市群重要成员城市、黄河流域中国早期文明孕育重要区域③。其中的甘肃省兰州市地处甘肃省中部、中国大陆陆域版图几何中心部位，为中国甘肃省省会、兰州西宁城市群核心城市、中国西北地区重要工业基地、中国西部地区重要中心城市、中国重要路网型铁路枢纽及第二亚欧大陆桥重要枢纽、重要综合运输枢纽、中国古代重要军事重镇和丝绸之路交通要冲。

（11）在上述十二市组成的陇海经济带豫陕甘段中，包含中原城市群与关中平原城市群及兰州西宁城市群等三个国家级城市群、郑州市与西安市等两个国家中心城市、郑州宝鸡兰州等三个第二亚欧大陆桥重要枢纽、郑州西安兰州等三个区域中心城市，均在当前黄河流域、中国国家经济社会发展中占据重要地位，具有相对比较雄厚、一致的经济社会发展实力，经济社会发展水平均在中国各市地盟州中居于相对前列地位。

（12）在上述十二市中，除渭南市、定西市、兰州市以外，其他九市均为中国重要古都或早期都邑所在区域，是中国重要古都最为集中最为绵长的地域廊带；除开封市、咸阳市、定西市、

---

① 宝鸡市所在的渭河流域为中国古代仰韶文化中心区域。

② 天水市所在区域为中国黄河流域新石器时代文化已知最早兴盛区域，被称为"中华文明火花的最初闪现地"，该区域大地湾遗址为中国境内已知最早的黄河流域新石器时代文化遗址。

③ 定西市境内已知马家窑、齐家、寺洼、辛店等文化遗址为中国黄河流域新石器时代文化遗址重要代表。

兰州市以外,其他八市均为华夏文明和中华民族重要发祥地之一,是中国华夏文明和中华民族重要发祥地最为集中最为绵长的地域廊带;除三门峡市、渭南市、宝鸡市、定西市、兰州市外,其他七市均为中国国家历史文化名城,是中国国家历史文化名城最为集中最为绵长的东西地域廊带;除开封市、咸阳市、兰州市以外,其他九市均为中国远古时期重要人文发展中心或中国早期文明孕育重要区域,是中国远古时期重要人文发展中心或中国早期文明孕育重要区域最为集中最为绵长的地域廊带。表明由上述十二市组成的陇海经济带豫陕甘段是中国历史及文化发展源头区域、主要展开区域和东西中轴线地带,是中国国家、中华民族、中华文明发育与形成最主要地域廊带,是中国古代社会早中期(中国北宋末年以前,下同)及远古时期政治中心经济中心文化中心走廊地带及该中心自西向东移动走廊地带,是中国古代社会早中期及远古时期国家主要政治事件经济事件社会事件文化事件军事事件交通事件发生主轴带、经济社会文化交流主轴带、交通主轴线地带,是中华民族、中华文明汇集最主要地域廊带,是中华民族实现大统一和中国国家形成大一统的最主要奠基区域,在中国国家早期发展中居于无可动摇的中心地位。

(13)上述诸方面相叠合,即在上述十二市所在区域尤其是商丘—宝鸡九市所在区域形成东亚商丘—开封—郑州—洛阳—西安—咸阳—宝鸡人口与经济活动密集带、历史发展龙骨带、古都带、传统历史人文带、丝绸之路起始带叠合带。该叠合带在中国当前经济社会发展中、在中华民族及中国国家发展历史中均占据重要地位、发挥重要作用。因此,以该叠合带为核心的上述十二市所在区域适宜成为中带主通道在中国国家腹地的重要穿越区域(地段)和支点区域(地段)。

(14)当前,上述十二市所组成的陇海经济带豫陕甘段已经形成串联以上行政单元、具有较大规模和一定历史基础的东西向战略通道(商丘—郑州—西安—宝鸡—天水—兰州交通走廊)与经济社会发展战略性地域廊带,该地带已成为中国北方东西交通的主干地带或主要运输走廊;同时,占据中国东部中部西部两大平原黄淮海平原及关中平原巨型单一覆被平面东西中分交通主轴线、区域多个地区发展中心连接线、中国北方陆路东西交通主轴线、亚欧大陆东西一级交通区位线等多重潜在交通区位。因此,应当顺势而为,选择上述十二市所在的陇海经济带豫陕甘段为中带主通道在中国北方黄河流域的重要穿越区域(地段)。

(15)与上述南京—徐州—西安一线相比较,南京—南阳—西安一线虽然相对近捷,但其沿线地区经济社会实力、通道历史积淀丰厚程度、沿线经济社会资源整合程度、在经济社会发展格局中的地位均弱于上述南京—徐州—西安一线。因此,不选南京—南阳—西安一线为中带主通道穿越区域(地段)。

(16)陇海经济带豫陕甘段均处于熊耳山脉—秦岭山脉—祁连山脉余脉北麓巨型山前地域廊带,处于熊耳山脉—秦岭山脉—祁连山脉余脉巨型东西向山链、东西向山地地形雨带、东西向山麓断裂带及坡降带、东西向径流带、东西向连片相对平坦地带、东西向冲积平原带、东西向陆路交通走廊带、东西向农牧及矿产资源富集带、东西向山区金属采掘业山前种植业油气煤炭采掘业复合产业带、东西向人口集聚区带等地理廊带体系,均处于暖温带半湿润区(局部处于半干旱区),形成东西向半湿润区水—土—城—路系统,具有雄厚、相对一致的半湿润区山前巨型地域廊带基础。因此,应当顺势而为,选择陇海经济带豫陕甘段为中带主通道在中国北方黄河流域的重要穿越区域(地段)。

(17)中国甘肃省河西走廊是中国中原地区与西域之间的"天然"东西向运输走廊、中西经济文化交流的"天然"通道,已经具有至少2000年的东西向交通主通道积淀史、经济文化交流主通道积淀史。其中的甘肃省武威市地处甘肃省中部、河西走廊东段、祁连山脉北麓,为中国甘肃省重要商品粮基地、中国国家历史文化名城、中国汉朝河西四郡之一、中国古代军事重镇和丝绸之路要冲。其中的甘肃省金昌市地处甘肃省中部、河西走廊中段、祁连山脉北麓，为河西走廊主要城市之一、中国重要有色金属工业基地。其中的甘肃省张掖市地处甘肃省西北部、河西走廊中段、祁连山脉北麓，为中国甘肃省重要商品粮基地、中国国家历史文化名城、中国汉朝河西四郡之一、丝绸之路重镇。其中的甘肃省酒泉市地处甘肃省西北部、河西走廊西段、祁连山脉北麓，为中国甘肃省面积最大的市、中国古代军事重镇和丝绸之路要冲①。其中的甘肃省嘉峪关市地处甘肃省西北部、河西走廊西段、祁连山脉北麓，为河西走廊主要城市之一、中国重要钢铁工业基地、古代军事重镇和丝绸之路要冲。该走廊各市均为当前中国甘肃省主要城市、中国绝大部分内地地区西向国际交流必经之地，且均自中国汉朝以来即为中国西部军事重镇和丝绸之路要冲，整个走廊地带处于中国中原地区与西域地区之间连接纽带地位，为中国国家历史西向展开最重要枢纽地带、中华民族西向融合最重要枢纽地带、古代印欧人东移进入亚欧大陆中部区域最东侧区域，在中国国家形成发展史中占据重要地位。因此，该走廊地带适宜成为中带主通道在中国西北地区的承东启西重要穿越区域（地段）、在整个中带的承东启西重要穿越区域（地段）和支点区域（地段）。

（18）中国新疆天山北坡经济带区域是中国石油天然气及煤炭采掘业重要战略接替区、重要石化工业区、综合性经济区、新疆经济社会发展核心地带，也是新疆境内空间延展幅度最长、延续历史最久、历史积淀最丰厚、沿线经济社会资源以交通线路为中轴的整合程度最高、地位最重要的东西向经济带，在新疆区域经济布局与中国北部向西开放格局中也具有重要的承东启西功能。

（19）其中的新疆哈密市地处中国新疆东部、新疆与河西走廊连接部位，为新疆东部中心城市、重要煤炭基地、中国古代军事重镇和丝绸之路要冲。其中的新疆吐鲁番市地处中国新疆中东部、中国内地和哈密市连接新疆准噶尔盆地与塔里木盆地及中亚地区重要枢纽地带，为新疆重要煤炭基地、石油工业基地、综合交通运输枢纽、古代中国中央政府西域政治中心军事中心所在区域②、古丝绸之路重镇、古代重要人类活动中心。其中的新疆乌鲁木齐市地处新疆中部、准噶尔盆地南部、天山北麓、亚洲中心部位，为中国新疆维吾尔自治区首府、天山北坡城市群核心城市、中国西北地区重要工业基地和重要综合交通及通信枢纽、亚欧大陆中部区域重要中心城市、第二亚欧大陆桥重要枢纽、近代中国中央政府西域政治中心军事中心所在区域、中国古代军事重镇和丝绸之路要冲。其中的新疆昌吉回族自治州地处新疆中部、准噶尔盆地南缘、天山北麓，为新疆重要煤炭基地、石油天然气工业基地、古代中国中央政府西域政治中心军事中心所在区域、汉朝以来军事重镇和屯垦中心、古丝绸之路要道、古代重要的人类活动区域。其中的新疆塔城地区地处中国新疆西北部、准噶尔盆地西缘及塔城—额敏盆地区域、天山北麓及塔尔巴哈台山脉南麓，为新疆重要煤炭基地、畜牧业基地、向西开放重要门户、古代游牧部族重要活动区域。其中的新疆博尔塔拉蒙古自治州地处中国新疆西部、准噶尔盆地西南缘、天山北麓，为新疆重要畜牧业基地、综合交通枢纽、向西开放重要门户、古代游牧部族重要活动区域。其中的新疆伊犁哈萨克自治州直辖县市区域地处中国新疆西部、天山北麓、伊犁河谷区域③，为新疆重要畜牧业基地、重要旅游目的地、向西开放

---

① 所辖敦煌市为中国国家历史文化名城。
② 域内古柳中为中国东汉西域长史驻地、西域古代交通要冲，汉代柳中在今吐鲁番市鄯善县鲁克沁镇一带。域内古交河为中国唐朝安西都护驻地、西域古代交通要冲，唐代交河即今交河古城，在今吐鲁番市高昌区亚尔乡雅尔乃孜沟两河交汇处。
③ 所辖奎屯市地处准噶尔盆地南缘地带。

重要门户、近代中国中央政府西域政治中心军事中心所在区域、古丝绸之路要道、古代游牧部族重要活动区域，所辖霍尔果斯市为第二亚欧大陆桥重要节点，域内霍尔果斯口岸为中国最大综合性陆路口岸之一。

（20）该地域廊带七个地区自治州市均为当前中国新疆主要地区自治州市、中国绝大部分内地地区西向国际交流必经之地，且绝大部分区域自汉朝以来即为中国西部重要军事重镇、屯垦中心和丝绸之路要冲，其中的四个州市为近代、古代中国中央政府西域政治中心和军事中心所在区域，整个地域廊带处于中国中原地区及河西走廊与中亚地区之间连接纽带地位，为中国国家历史西向展开最重要延伸地带、中华民族西向融合最重要延伸地带、古代印欧人东移进入亚欧大陆中部区域重要通道，在当前新疆经济社会发展和中国内地与中西亚地区之间交流中发挥重要作用，在中国国家形成发展史中占据重要地位。因此，选择上述七个地区自治州市所在区域为中带主通道在中国新疆地区的承东启西重要穿越区域（地段）和支点区域（地段）。

（21）当前，中国新疆上述七个地区自治州市境内已经形成串联以上行政单元、具有较大规模和一定历史基础的东西向战略通道（哈密市伊州区—吐鲁番市高昌区—乌鲁木齐—昌吉—乌苏—精河—伊宁—霍尔果斯交通走廊）与经济社会发展战略性地域廊带[①]，该地带已成为中国北方东西交通的主干地带或主要运输走廊（西段）；同时，占据东天山（南麓）—中天山（北麓）—北天山（北麓）山前交通线、天山北坡经济带区域多个地区发展中心连接线、中国北方陆路东西交通主轴线（西段）、亚欧大陆东西一级交通区位线等多重潜在交通区位。因此，选择上述七个地区自治州市所在区域为中带主通道在中国新疆地区的重要穿越区域（地段）。

（22）中国河西走廊及新疆天山北坡经济带区域均处于祁连山脉（北麓）—东天山（南麓）—中天山（北麓）—北天山（北麓）巨型山前地域廊带，处于祁连山脉—东天山—中天山—北天山巨型东西向山链、东西向山地地形雨带、东西向高山冰川带、东西向山麓断裂带及坡降带、东西向径流带、东西向连片相对平坦地带、东西向绿洲带、东西向陆路交通走廊带、东西向农牧及矿产资源富集带、东西向山区畜牧业金属采掘业山前种植业油气煤炭采掘业复合产业带、东西向人口集聚区带等地理廊带体系，均处于干旱区，形成巨型东西向或近东西向干旱区光—热—水—土—城—路系统，具有雄厚、相对一致的干旱区山前巨型东西向或近东西向地域廊带基础。因此，选择中国河西走廊及新疆天山北坡经济带区域为中带主通道在中国西北干旱区的重要穿越区域（地段）。

（23）中国境内上述三十四个地区自治州市（含一个直辖市）所在区域是中国领土东西方向上的陆路交通中轴线，当前已形成串联上述行政单元、具有较大规模和一定历史基础的东西向战略主通道（上海—徐州—郑州—兰州—乌鲁木齐—精河—霍尔果斯交通走廊）与经济社会发展战略性地域廊带，该地带已成为中国境内东西向陆路交通主干地带或主要运输走廊；同时，占据熊耳山脉—秦岭山脉—祁连山脉—天山山脉山前交通线、中国北方陆路东西交通主轴线、亚欧大陆东西一级交通区位线等多重潜在交通区位。因此，选择其为中带主通道在中国境内的重要穿越区域（地段）和支点区域（地段）。

（24）中亚东南部天山南脉西北麓地带为苏联中亚工业区所在地，工业基础较为雄厚；且自古以来各个历史时期均为中亚地区最适合农业及商业发展的富饶地带，均形成中亚地区最密集的城市（镇）群，均为中亚地区人口、经济活动最密集地带。

---

① 该地带最晚至中国唐朝时期即已形成自北庭（今中国新疆吉木萨尔县）沿天山北麓通弓月城（遗址即今新疆霍城县西北阿尔泰古城）、渡伊犁河至碎叶的交通线路和驿站体系。目前该地带已形成贯通东西的天山北坡经济带。

（25）其中的哈萨克斯坦阿拉木图州①地处哈萨克斯坦与中国新疆伊犁河谷区域接壤区域，为中国新疆北疆其他地区乃至中国内地地区经由中国新疆伊犁河谷区域、中亚七河地区②与中亚河中地区③开展战略性经济社会交流必需穿越区域；且该州为哈萨克斯坦人口最多的州（占11%左右），灌溉农业相对比较发达，为哈萨克斯坦主要农业州之一④；铁铝钨铂等金属矿物与煤盐等非金属矿物蕴藏量相对比较突出，工业门类相对比较齐全；该州所在地域为哈萨克民族主要先世乌孙人在中亚地区的主要繁衍兴盛区域；该州原首府塔尔迪库尔干市为中亚地区铁路要站。其中的哈萨克斯坦阿拉木图直辖市地处哈萨克斯坦东南部边境地区、天山支脉外伊犁阿拉套山脉北麓，为哈萨克斯坦人口和经济规模最大城市⑤、经济中心金融中心文化中心教育中心科技中心、重要交通枢纽、中亚地区第二大城市，仍在当前哈萨克斯坦经济政治社会文化生活中占据重要地位、发挥重要作用。其中的哈萨克斯坦江布尔州地处哈萨克斯坦南部、天山支脉塔拉斯山脉—吉尔吉斯山脉北麓，为中国新疆伊犁河谷地区经由中亚七河地区与中亚河中地区开展战略性经济社会交流必需穿越区域；该州灌溉农业、草场畜牧业和林果业相对比较发达，钨铜等金属矿物与磷萤石等非金属矿物蕴藏量相对比较突出，为哈萨克斯坦国内磷和萤石主要产地、重要化学工业中心；该州所在地域为哈萨克古代民族国家主要立国区域和国家兴盛早期依托区域，在哈萨克民族形成与哈萨克斯坦国家形成历史中占据重要地位；该州首府塔拉兹市为哈萨克斯坦重要经济中心文化中心之一、丝绸之路重镇、古老城市（镇）。其中的哈萨克斯坦突厥斯坦州地处哈萨克斯坦最南部、天山支脉塔拉斯山脉西侧，为中国新疆伊犁河谷区域、中亚七河地区与中亚河中地区开展战略性经济社会交流必需穿越区域；该州为哈萨克斯坦第二人口大州（接近11%左右），灌溉农业、畜牧业相对比较发达，为哈萨克斯坦棉花主产区和蔬菜水果重要产区及重要畜产区⑥，铁等金属矿物与煤石膏等非金属矿物蕴藏量相对比较突出，工业产品种类居于哈萨克斯坦各州领先地位；该州所在地域亦为哈萨克古代民族国家主要立国区域和国家兴盛早期依托区域；该州首府突厥斯坦市为该州重要工业城市、铁路要站、哈萨克斯坦国家历史文化名城、哈萨克汗国首都、古代中亚手工业中心和通商中心、丝绸之路分支线路要地，被称为"商队进入撒马尔罕、布哈拉和希瓦一线的北入口""哈萨克斯坦最古老的城市""中亚最具价值的古城"。其中的哈萨克斯坦奇姆肯特直辖市地处哈萨克斯坦南部、天山支脉乌加姆山脉南麓，为中国新疆伊犁河谷区域、中亚七河地区与中亚河中地区开展战略性经济社会交流必需穿越重要节点；该直辖市为哈萨克斯坦土地面积最大的直辖市、人口规模第三大城市、重要工业中心和文化中心教育中心、古丝绸之路重镇、中亚古城（镇）。

（26）哈萨克斯坦上述三州两直辖市均处于中国新疆北疆地区乃至中国内地地区经由伊犁河谷区域与中亚东南部河中地区开展战略性经济社会交流必需穿越区域；均为哈萨克斯坦人口规模最大的州或直辖市、主要农业州、重要工业中心服务业中心⑦，所在区域人口稠密、经济发展条件优越，与哈萨克丘陵北侧西侧区域同为哈萨克斯坦经济社会发展水平最高、人口与经济活

---

① 2022年6月8日，哈萨克斯坦分阿拉木图州新设七河州（阿拉木图州政府迁库纳耶夫市），州政府驻塔尔迪库尔干市。因暂缺连续统计资料，本研究中凡论及阿拉木图州，仍暂以其原有辖区内自然资源、人口城市、主导产业等概况进行阐述。

② 七河地区指中亚地区东部源自天山山脉、流入巴尔喀什湖的伊犁河、卡拉塔尔河、阿克苏河、列普瑟河、阿亚古兹河、巴斯坎河、萨尔坎德河所流经区域。

③ 中亚河中地区指中亚地区锡尔河与阿姆河流经区域中间地带。

④ 部分年份阿拉木图州农产品产值居于哈萨克斯坦各州之首（占1/8左右）。

⑤ 阿拉木图直辖市人口占哈萨克斯坦总人口的10%左右，GDP占哈萨克斯坦GDP的20%左右，分别居于哈萨克斯坦各一级行政单元第三位、第一位；人均GDP居于哈萨克斯坦各一级行政单元第二位。

⑥ 突厥斯坦州羊只数量占哈萨克斯坦的1/10以上。

⑦ 哈萨克斯坦该两直辖市形成以第二产业和第三产业为主的产业结构。

动最密集的两大极核区域,在哈萨克斯坦经济政治社会文化发展中处于重要极核地位;同时,三州两直辖市所在区域均为哈萨克民族先世繁衍兴盛区域或哈萨克民族融合形成区域、立国区域,在哈萨克民族及哈萨克斯坦国家形成历史中居于源头地位,在民族和国家精神文化中具有特殊价值;且均为古丝绸之路要道或要冲,其中的一直辖市及两州首府城市为古丝绸之路重镇、中亚古城或古都。因此,该三州两直辖市所在区域适宜成为中带主通道在哈萨克斯坦的重要穿越区域(地段)。

(27)其中的乌兹别克斯坦塔什干州地处乌兹别克斯坦与哈萨克斯坦及吉尔吉斯斯坦接壤区域、天山支脉恰特卡尔山脉西侧、锡尔河支流奇尔奇克河绿洲区域,为中亚七河地区经由河中地区与中亚南部捷詹河流域开展战略性经济社会交流必需穿越区域;且该州灌溉农业高度发达,铜、铅、锌、钼等金属矿物与煤等非金属矿物蕴藏量相对突出,集中了乌兹别克斯坦最重要和最大的工业企业群,为乌兹别克斯坦最发达的工业区和重要的农业区、经济地位最重要和发展水平最高的州、人口最多的州,综合实力相对比较雄厚;该州首府为塔什干直辖市。其中的乌兹别克斯坦塔什干直辖市地处锡尔河支流奇尔奇克河绿洲中心地带、中亚心脏地带,为中亚七河地区经由河中地区与中亚南部捷詹河流域开展战略性经济社会交流必需穿越的重要节点;该直辖市为乌兹别克斯坦政治中心经济中心文化中心交通中心、最大城市、塔什干城市群核心城市、中亚地区最大城市和最大交通枢纽及重要的经济中心文化中心、古代中亚地区名城、古都、古代中亚地区商业中心和手工业中心、古丝绸之路枢纽、古代东西方贸易中心和交通要冲。其中的乌兹别克斯坦锡尔河州地处乌兹别克斯坦东北部、费尔干纳盆地出口处,为中亚七河地区经由河中地区与中亚南部捷詹河流域开展战略性经济社会交流必需穿越区域;该州为乌兹别克斯坦重要棉花产区、棉花加工工业中心及机械制造工业中心;该州首府古里斯坦市为乌兹别克斯坦重要工业中心、铁路要站。其中的乌兹别克斯坦吉扎克州地处乌兹别克斯坦东部、天山支脉突厥斯坦山脉西北麓,为中亚七河地区经由河中地区与中亚南部捷詹河流域开展战略性经济社会交流必需穿越区域;该州灌溉农业相对发达,钨钼等金属矿物和石膏石灰石大理石等非金属矿物蕴藏量相对突出,为乌兹别克斯坦重要棉花产区、建材工业中心及采矿工业中心和机械制造工业中心;该州首府吉扎克市为乌兹别克斯坦重要工业中心文化中心、综合交通运输枢纽、布哈拉汗国时期重要中心城市、古代中亚地区商业中心和手工业中心、中亚古城(镇)。其中的乌兹别克斯坦撒马尔罕州地处乌兹别克斯坦东部、天山支脉突厥斯坦山脉和泽拉夫尚山脉之间山间盆地、泽拉夫尚河流域,为中亚七河地区经由河中地区与中亚南部捷詹河流域开展战略性经济社会交流必需穿越区域;该州棉花种植业、养蚕业、葡萄种植业和园艺业相对发达,钨、锰等金属矿物与大理石、花岗石、石灰石、石膏等非金属矿物蕴藏量相对比较突出,为乌兹别克斯坦重要金属加工和机械制造中心、化学工业中心;该州首府撒马尔罕市为乌兹别克斯坦重要经济中心贸易中心文化中心、综合交通运输枢纽、第二大城市、中亚著名古都、古丝绸之路要冲,被称为"中亚最古老的城市之一";该州所在地域为乌兹别克民族早期在中亚地区融汇形成并繁衍兴盛的主要区域和乌兹别克斯坦立国区域。其中的乌兹别克斯坦纳沃伊州地处乌兹别克斯坦中北部、天山支脉努拉套山脉西侧、泽拉夫尚河流域,为中亚七河地区经由河中地区与中亚南部捷詹河流域开展战略性经济社会交流必需穿越区域;该州棉花种植业、养殖业、园艺业相对发达,钨黄金等金属矿物与天然气等非金属矿物蕴藏量相对比较突出,为乌兹别克斯坦重要黄金产区、天然气和电力工业中心、金属加工和机械制造中心;该州首府纳沃伊市为乌兹别克斯坦重要工业中心、交通枢纽。其中的乌兹别克斯坦布哈拉州地处乌兹别克斯坦中部和西南部、克孜尔库姆沙漠及泽拉夫尚河流域区域,为中亚七河地区经由河中地区与中亚南部捷詹河流域开展战略性经济社会交流必需穿越区域;该州为乌兹别克斯坦面积最大的州,棉花种植业、养蚕业、养殖业发达，钨黄金等金属矿物与天然气等非金属矿物蕴藏量相对比较突出，为乌兹别克斯坦重要天然气产区①、金属采掘加工和机械制造工业中心、轧棉业中心，天然气、多金属、有色金属、化学原料产量居于乌兹别克斯坦领先地位；该州首府布哈拉市为乌兹别克斯坦重要工业中心文化中心与交通枢纽、中亚重要宗教中心和贸易中心、中亚历史文化名城、中亚著名古都、古丝绸之路重镇，被称为"中亚最古老的城市之一"。

（28）乌兹别克斯坦上述六州一直辖市均处于中亚七河地区经由河中地区与中亚南部捷詹河流域开展战略性经济社会交流必需穿越区域；均为乌兹别克斯坦人口规模较大的州或直辖市、重要农业区、重要工业中心，所在区域人口稠密、经济发展条件优越，与费尔干纳盆地区域同为乌兹别克斯坦经济社会发展水平最高、人口与经济活动最密集的两大极核区域，在乌兹别克斯坦经济政治社会文化发展中处于重要极核地位。同时，六州一直辖市所在区域均为乌兹别克民族融合形成区域、乌兹别克斯坦立国区域，在乌兹别克民族及乌兹别克斯坦国家形成历史中居于源头地位，在民族和国家精神文化中具有特殊价值；且均为古丝绸之路要道或要冲，其中的一直辖市及四州首府城市均为古代中亚地区商业中心和手工业中心、古丝绸之路重镇、中亚古城或古都。因此，该六州一直辖市及六州首府所在区域适宜成为中带主通道在乌兹别克斯坦的重要穿越区域（地段）和支点区域（地段）。

（29）其中的土库曼斯坦列巴普州地处土库曼斯坦东部、阿姆河中游地段，为中亚七河地区经由河中地区与西亚伊朗厄尔布尔士山脉南麓诸绿洲开展战略性经济社会交流必需穿越区域；该州为土库曼斯坦土地面积第三大州，植棉业、瓜类种植业、畜牧业相对比较发达②，天然气天然硫钾盐等非金属矿物蕴藏量突出，为土库曼斯坦重要天然气产区、重要纺织工业中心食品工业中心③、中亚—中国天然气管道起点区域，铁路公路线路长度居于土库曼斯坦各州第一位；该州首府土库曼纳巴德市（原查尔朱市）为土库曼斯坦东部中心城市、重要工业中心文化中心教育中心、重要综合交通枢纽（阿姆河最大河港）、人口规模第二大城市、古代军事要塞，被称为"丝绸之路十字路口"。其中的土库曼斯坦马雷州地处土库曼斯坦东南部、穆尔加布河流域，为中亚七河地区经由河中地区与西亚伊朗厄尔布尔士山脉南麓诸绿洲开展战略性经济社会交流必需穿越区域、中转枢纽；该州为土库曼斯坦人口规模及人口密度第一大州、光照资源最丰富州份，棉花种植业、养殖业发达，天然气天然硫石灰岩等非金属矿物蕴藏量相对比较突出，为土库曼斯坦重要长绒棉产区、重要畜产品产区、农业产值第三大州、重要天然气产区、重要化学工业中心纺织工业中心食品工业中心④；该州首府马雷市为土库曼斯坦重要工业中心文化中心、重要交通枢纽、第四大城市、中亚历史文化名城、古代中亚重要手工业中心与贸易中心及文化中心、古代呼罗珊地区首府城市、中亚古都、古丝绸之路要冲⑤。其中的土库曼斯坦阿哈尔州地处土库曼斯坦南部、科佩特山脉北麓、捷詹河流域，为中亚七河地区经由河中地区与西亚伊朗厄尔布尔士山脉南麓诸绿洲开展战略性经济社会交流必需穿越区域、中亚与西亚之间最大交通

---

① 布哈拉—希瓦地区探明天然气储量占乌兹别克斯坦总储量的80%左右。

② 列巴普州棉花小麦和畜产品产量占土库曼斯坦的1/4，稻谷产量占2/3，瓜类及蔬菜产量占1/5。

③ 列巴普州生产土库曼斯坦30%的天然气（居于各州第一位）、32%的纺织品、94%的丝绸、47%的动物油、34%的植物油，工业产值占土库曼斯坦的1/5（居于各州第二位）。

④ 马雷州长绒棉产量占土库曼斯坦的35%~40%，天然气产量约占土库曼斯坦的14%，发电量占70%，化肥产量占81%，铬鞣皮革制品占80%，棉纱占40%，植物油占32%。

⑤ 马雷市为古丝绸之路名城木鹿城所在地，所谓"雅利安人起源地"或者"印度—伊朗雅利安人的故乡"。古木鹿城为古呼罗珊地区四大名城之一、古丝绸之路中西亚地段最大枢纽、古丝绸之路上最大的商业中心和文化中心，被称为"中国与罗马帝国属地之间商道要冲""古丝绸之路上最耀眼的明珠"，古木鹿城遗址被称为"世界上最神奇的古城遗址"。

枢纽地带；该州农业发展历史悠久[①]，种植业、园艺业发达，天然气等非金属矿物蕴藏量相对比较突出，为土库曼斯坦土地面积第二大州、传统产粮区（称为"国家粮仓"）、重要畜产区、农业产值第一大州、重要天然气产区、重要化学工业中心纺织工业中心建材工业中心、工业产值第三大州[②]；该州首府阿纳乌市为土库曼斯坦重要工业中心文化中心、重要交通枢纽、古代中亚重要手工业中心与贸易中心及文化中心、古丝绸之路重要贸易中心及文化中心。

（30）土库曼斯坦上述三州均处于中亚七河地区经由河中地区与西亚伊朗厄尔布尔士山脉南麓诸绿洲开展战略性经济社会交流必需穿越区域；均为土库曼斯坦土地面积或人口规模大州、主要农业州、重要工业中心，所在区域人口稠密、经济发展条件优越，与土库曼斯坦首都阿什哈巴德直辖市同为土库曼斯坦经济社会发展水平最高、人口与经济活动最密集的极核区域，在土库曼斯坦经济政治社会文化发展中处于重要极核地位。同时，三州所在区域均为土库曼民族繁衍兴盛重要区域；且同处于古丝绸之路东亚、中亚、南亚与西亚之间总枢纽地带，均为古丝绸之路枢纽，三州首府均为古代中亚地区商业中心和手工业中心及文化中心、古丝绸之路枢纽、中亚古城或古都。因此，该三州所在区域适宜成为中带主通道在土库曼斯坦的重要穿越区域（地段）。

（31）中亚哈乌土三个国家上述十五个州直辖市均为各自国家主要农业州或工业中心服务业中心，各国直辖市及其周围区域均为各自国家发展极核区域，由此使十五个州直辖市所组成的中亚东南部天山南脉西北麓区域成为中亚地区人口与经济活动最密集、延伸长度最长的经济社会发展连绵区带，形成中亚地区经济社会发展极核连绵带。

（32）该区域在中亚历史发展渊源中均为当前各国主体民族主要融合形成区域或国家立国区域，各直辖市及各州首府多为中亚古城或古都、古代重要文化中心，在各国主体民族和国家融合形成历史中居于源头地位，在民族和国家精神文化中具有特殊价值。由此使上述十五个州直辖市所组成的中亚东南部天山南脉西北麓区域成为中亚地区民族和国家融合形成源头区域、民族和国家精神文化源头区域最多、最密集、延伸长度最长的连绵区带，成为中亚主体民族融合形成主干地带、中亚历史文化融合形成主干地带，形成可与东亚中国商丘—开封—郑州—洛阳—西安—咸阳—宝鸡古都带、传统历史人文带相媲美的突厥斯坦—塔什干—撒马尔罕—布哈拉—土库曼纳巴德—马雷古都带、传统历史人文带。

（33）该区域在中亚历史发展进程中均为各民族部族国家主要政治、经济、社会、文化、军事、交通事件发生区域，为各民族部族国家之间相互影响相互作用主要地带。由此使上述十五个州直辖市所组成的中亚东南部天山南脉西北麓区域成为中亚历史发展龙骨地带和枢纽地带，形成可与东亚中国商丘—开封—郑州—洛阳—西安—咸阳—宝鸡—天水古代早期历史发展龙骨带相媲美的中亚突厥斯坦—塔什干—撒马尔罕—布哈拉—土库曼纳巴德—马雷历史发展龙骨带。

（34）该区域在古丝绸之路历史发展中均为古丝绸之路重要路段，各直辖市及各州首府城市多为古代中亚地区商业中心和手工业中心，多为中亚地区古丝绸之路重镇或要冲；且区域内阿拉木图—塔什干—马雷一线自中国唐代以来即是连接东亚东西交通主干线（洛阳—高昌）与西亚东西交通主干线（马什哈德—大不里士—拜占庭）之间的桥梁。由此使上述十五个州直辖市所组成的中亚东南部天山南脉西北麓区域成为中亚地区延伸最长的古丝绸之路重镇地带和枢纽地带，形成古丝绸之路上最大和最集中的中间枢纽地带，形成可与东亚中国商丘—开封—郑州—洛阳—西安—咸阳古丝绸之路起始地带相媲美的突厥斯坦—塔什干—撒马尔罕—布哈拉—

土库曼纳巴德—马雷古丝绸之路枢纽带。

（35）该区域在亚欧大陆历史发展进程中为古印欧人族群在亚洲内陆往返盘桓并大规模聚居融合地带，为古代欧洲国家侵入最远并建立系统统治的最东侧地带。由此使上述十五个州直辖市所组成的中亚东南部天山南脉西北麓区域成为亚欧大陆历史上古印欧人族群与古东方人种族群最大规模融合地带，形成亚欧大陆东西人种族群、历史、文化最大规模融合地带，形成亚欧大陆东西人种族群、历史、文化交流融合最核心地带。

（36）上述诸方面相叠合，即在中亚哈乌土三个国家上述十五个州直辖市所组成的中亚东南部天山南脉西北麓区域，形成可与东亚中国商丘—开封—郑州—洛阳—西安—咸阳—宝鸡人口与经济活动密集带、历史发展龙骨带、古都带、传统历史人文带、丝绸之路起始带叠合带相媲美的突厥斯坦—奇姆肯特—塔什干—撒马尔罕—布哈拉—土库曼巴希—马雷人口与经济活动密集带、历史发展龙骨带、古都带、传统历史人文带、丝绸之路重镇带叠合带。该叠合带在中亚地区当前经济社会发展中、在中亚地区民族及国家发展历史中均占据重要地位、发挥重要作用。因此，以该叠合带为核心的中亚东南部天山南脉西北麓区域适宜成为中带主通道在中亚地区的重要穿越区域（地段）。

（37）当前，中亚哈乌土三个国家上述十五个州直辖市境内已经形成串联以上行政单元、具有较大规模和一定历史基础的东北—西南向战略交通主通道（阿腾科里—阿拉木图—楚—塔拉兹—奇姆肯特—塔什干—撒马尔罕—布哈拉—土库曼巴希—马雷—谢拉赫斯交通走廊）与经济社会发展战略性地域廊带，该地带已成为中亚东南部地区东北—西南陆路交通的主干地带或主要运输走廊。同时，占据中亚地区天山南脉西北麓山前交通线、中亚东南部地区东北—西南陆路交通主轴线、亚欧大陆东西一级交通区位线等多重潜在交通区位。因此，中亚哈土乌三个国家上述十五个州直辖市所在区辖适宜成为中带主通道在中亚地区的重要穿越区域（地段）。

（38）中亚哈乌土三个国家上述十五个州直辖市均处于天山南脉（西北麓）巨型山前地域廊带，处于天山南脉巨型东西向山链、东西向山地地形雨带、东西向高山冰川带、东西向山麓断裂带及坡降带、东西向径流带、东西向连片相对平坦地带、东西向绿洲带、东西向陆路交通走廊带、东西向农牧及矿产资源富集带、东西向山区畜牧业金属采掘业山前种植业油气煤炭采掘业复合产业带、东西向人口集聚区带等地理廊带体系；均处于干旱区，形成东北—西南向干旱区光—热—水—土—城—路系统，具有雄厚、相对一致的干旱区山前巨型东北—西南向地域廊带基础。因此，中亚哈乌土三个国家上述十五个州直辖市所在区域适宜成为中带主通道在中亚地区的重要穿越区域（地段）。

（39）联通中国沿海经济发展最核心区域长三角地区、商丘—开封—郑州—洛阳—西安—咸阳—宝鸡叠合带、中亚突厥斯坦—奇姆肯特—塔什干—撒马尔罕—布哈拉—土库曼纳巴德—马雷叠合带，建立和实现以上三大区域之间的经济社会战略性联系，为中带主通道形成的最主要逻辑及所负有的最主要战略职能之一；建立和实现以上三大区域之间的交通运输联系，进而形成交通经济带，是丝绸之路经济带中带的最主要表现形式和实现途径之一。因此，中亚哈乌土三个国家上述十五个州直辖市所在区域适宜成为中带主通道在中亚地区的重要穿越区域（地段），核心区域中亚突厥斯坦—奇姆肯特—塔什干—撒马尔罕—布哈拉—土库曼纳巴德—马雷叠合带适宜成为中带主通道区段性目的区域，该区域中心城市乌兹别克斯坦首都塔什干直辖市适宜成为中带主通道在中亚地区的区段性目的地。

（40）西亚伊朗厄尔布尔士山脉南麓区域邻近世界上最大的石油产区——波斯湾石油产区，且沿线区域经济社会发展水平相对较高，在伊朗当前经济社会发展中占据重要地位、发挥重要作用。同时，该地带自中国汉朝以来即成为东亚与东南欧南欧（中原王朝与罗马帝国）之间交流的重要走廊地带，自亚历山大东征以来即成为西方与东方（希腊—印度）之间交流的重要走廊地带，为近现代及古代亚欧大陆东西之间的大致战略中点和战略桥梁。

（41）其中的伊朗呼罗珊省地处伊朗东北部、伊朗与土库曼斯坦及阿富汗接壤区域，为中亚七河地区、河中地区、捷詹河流域与伊朗北部核心区域、西亚"新沃月"地、小亚细亚地区开展战略性经济社会交流必需穿越区域、中亚地区与西亚地区及南亚地区之间交通枢纽地带；该省为伊朗土地面积第五大省、耕地面积第一大省，为伊朗富饶的农业区，铀铁铜铅锌铬锑镁等金属矿物与盐煤等非金属矿物蕴藏量相对比较突出，为伊朗东北部重要农畜产品加工工业中心及建材工业中心；该省所在区域曾与中亚古木鹿城所在区域共享古代西亚地区与中亚地区及南亚地区之间交通枢纽区域区位，同为古丝绸之路总枢纽组成部分，曾为古代伊斯兰文化与波斯文化融合重要区域、古代名城图斯及内沙布尔①所在地、伊朗早期人类生存繁衍重要区域，被称为"塞尔柱帝国事业的源头"；该省省会马什哈德县为伊朗第二大城市、重要政治中心宗教中心、重要工业城市和交通枢纽、规模最大的文化和艺术遗产中心之一、世界第二大伊斯兰教"圣城"、古代名城图斯被毁后兴起的重要继承城市、古代中亚西亚地区名城、古都、古代西亚地区与中亚地区及南亚地区之间贸易中心，被称为"伊朗民族感情和民族文化的中心""伊朗最绚丽多彩的城市之一"②。其中的伊朗塞姆南省地处伊朗东北部、厄尔布尔士山脉南麓，为中亚七河地区、河中地区、捷詹河流域与伊朗北部核心区域、西亚"新沃月"地、小亚细亚地区开展战略性经济社会交流必需穿越区域；该省绿洲农业及游牧业相对兴盛；铁铅等金属矿物与天然硫煤等非金属矿物蕴藏量相对比较突出，为伊朗东北部重要农畜产品加工工业中心、古代帕提亚王国首都所在地③；该省省会塞姆南县为伊朗北部重要城市、区域贸易中心、重要交通枢纽、古丝绸之路重要绿洲城市和驿站。

（42）其中的伊朗德黑兰省地处伊朗北部、厄尔布尔士山脉南麓，为中亚七河地区、河中地区、捷詹河流域与西亚"新沃月"地、小亚细亚地区开展战略性经济社会交流必需穿越区域；该省为伊朗人口规模最大、人口分布最稠密、城市最多且分布最密集省份，绿洲旱作农业发达，铁铜铅锌锰等金属矿物与盐煤等非金属矿物蕴藏量相对比较突出，制造业相对比较发达，为伊朗工业企业最多且分布最集中的省份；该省所在区域为伊朗境内人类遗址最多的省份之一、古人类活动中心区域；该省省会为德黑兰直辖市。其中的伊朗德黑兰直辖市地处伊朗北部、厄尔布尔士山脉南麓、山前地带大致中腰部位，为中亚七河地区、河中地区、捷詹河流域与西亚"新沃月"地、小亚细亚地区开展战略性经济社会交流必需穿越的重要节点、伊朗东西山前大道与东北—西南山前大道大致交汇点；该直辖市为德黑兰城市群核心城市、伊朗政治中心经济中心文化中心、最大城市、重要工业城市和交通枢纽、西亚地区最大城市和最大交通枢纽及重要经济中心文化中心、古代名城雷伊被毁后兴起的重要继承城市、古代西亚地区商业中心和手工业中心、古代西亚地区名城、古都、古代东西方贸易中心和交通要冲、古丝绸之路重镇。德黑兰直辖市与环绕该市的德黑兰省共同构成伊朗北部核心区域。其中的伊朗厄尔布尔省处伊朗北部、厄尔布尔士山脉南麓，为中亚七河地区、河中地区、捷詹河流域、伊朗北部核心区域与西亚"新沃月"地、小亚细亚地区开展战略性经济社会交流必需穿越区域；该省绿洲旱作农业发达，铁铜铅锌等金属矿物与盐煤等非金属矿物蕴藏量相对比较突出，制造业相对比较发达；该省所在区域与德黑兰省同为伊朗境内人类遗址最多的省份之一、古人类活动中心区域；该省省

---

① 内沙布尔为古代帕提亚王国早期首都、塞尔柱帝国早期及后期首都。
② 参见 W. B. 费舍尔：《伊朗》，人民出版社 1977 年版，第 49 页。
③ 古代帕提亚王国首都哈喀土穆·普里斯在今塞姆南省塞姆南县和古米斯附近。

会卡拉季县为伊朗第四大城市、重要农产品加工工业中心和化学工业中心、重要交通枢纽。

（43）其中的伊朗加兹温省处伊朗西北部、厄尔布尔士山脉南麓，为中亚七河地区、河中地区、捷詹河流域、伊朗北部核心区域与西亚"新沃月"地、小亚细亚地区开展战略性经济社会交流必需穿越区域；该省种植业、畜牧业相对比较发达，铜铅锌等金属矿物与煤等非金属矿物蕴藏量相对比较突出，为伊朗北部重要农畜产品加工工业中心建材工业中心；该省省会加兹温县为伊朗重要农畜产品加工工业中心、重要交通枢纽、古代西亚地区历史文化名城、古都、古丝绸之路重要绿洲城市和驿站。其中的伊朗赞詹省地处伊朗西北部、伊朗中部与西部连接点部位、厄尔布尔士山脉南麓，为中亚七河地区、河中地区、捷詹河流域、伊朗北部核心区域与西亚"新沃月"地、小亚细亚地区开展战略性经济社会交流必需穿越区域；该省种植业、园艺业相对比较发达，为伊朗重要农业区，铅锌铁铜等金属矿物与煤盐等非金属矿物蕴藏量相对比较突出，为伊朗北部重要有色金属工业中心纺织工业中心；该省省会赞詹县为伊朗重要城市、重要有色金属工业中心纺织工业中心、重要交通枢纽、古代西亚地区名城、古丝绸之路重要绿洲城市和驿站；重要城市苏丹尼耶曾为蒙古伊尔汗国首都。

（44）其中的伊朗东阿塞拜疆省地处伊朗西北部、伊朗与阿塞拜疆及亚美尼亚接壤区域、厄尔布尔士山脉南麓，为中亚七河地区、河中地区、捷詹河流域、伊朗北部核心区域与西亚"新沃月"地、小亚细亚地区开展战略性经济社会交流必需穿越区域、伊朗与高加索地区之间交通枢纽地带；该省种植业、畜牧业相对比较发达，为伊朗重要的农业区牧业区，铁铜铅钼铝金等金属矿物与石油天然气煤盐天然硫硼等非金属矿物蕴藏量相对比较突出，为伊朗西北部重要机械制造工业中心石油化学工业中心；该省占据伊朗西部东西交通与北南交通交汇点区位，为古丝绸之路西亚段重要枢纽；该省省会大不里士县为伊朗阿塞拜疆地区最大城市、伊朗第四大城市、重要机械工业中心石油化学工业中心纺织工业中心、重要贸易中心、重要交通枢纽、战略枢纽、20世纪初伊朗最大的商业中心和通往土耳其的商路中心、近代重要军事中心、蒙古伊尔汗国首都及政治中心经济中心文化中心、古代西亚地区古城名城、多朝古都、古代伊朗与小亚细亚地区及高加索地区之间贸易中心文化中心、古丝绸之路重镇和要冲、古代拜火教"圣地"，被称为"进入伊朗的大门""伊朗西北方向门户""四方往来通衢""沟通欧洲与中亚经济文化的桥梁"；大不里士县集市区虽然已经历经数百年岁月洗礼却依然繁华如初，为中东地区最古老的集贸市场和世界上涵盖面最大的集市之一，被称为"丝绸之路上最重要的贸易中心之一""12世纪至18世纪期间亚洲和世界最重要的国际贸易和文化中心之一""波斯城市规划的原型"；该省马腊格①为蒙古伊尔汗国最初首都。其中的伊朗西阿塞拜疆省处伊朗西北部、伊朗与伊拉克和土耳其及阿塞拜疆接壤区域、厄尔布尔士山脉南麓，为中亚七河地区、河中地区、捷詹河流域、伊朗北部核心区域与西亚"新沃月"地、小亚细亚地区开展战略性经济社会交流必需穿越区域、伊朗与两河流域地区和小亚细亚及高加索地区之间交通枢纽地带；该省种植业、畜牧业相对比较发达，为伊朗重要的农业区和畜牧业区，铁铜铅钼等金属矿物与煤盐天然硫硼等非金属矿物蕴藏量相对比较突出，为伊朗西北部重要农畜产品加工工业中心建材工业中心；该省省会乌尔米耶县为伊朗阿塞拜疆地区第二大城市、伊朗重要交通枢纽和重要教育中心之一、近代时期"亚述人的精神首都"、古代伊朗最大的宗教中心和科学中心之一、古代西亚地区名城、伊朗与两河流域地区和小亚细亚及高加索地区之间贸易中心、伊朗古代重要人文发展中心之一、伊朗早期人类生存繁衍重要区域，被称为"伊朗最古老的城市和文明摇篮之一"。

（45）伊朗上述八省一直辖市（占伊朗三十一个一级行政单元的近1/3）多为伊朗土地面积

---

① 中国元朝文献称其为"蔑剌哈"。

或人口规模大省、重要农业省畜牧业省、重要工业中心；多数省份所在区域人口稠密、经济社会发展水平相对较高；伊朗最大的五个城市中的四个由上述一直辖市或八省省会占据，并成为伊朗经济社会发展中的极核和重要节点。由此使上述八省一直辖市所组成的伊朗厄尔布尔士山脉南麓区域成为伊朗经济社会发展水平最高、人口与经济活动最密集的极核区域和经济走廊，成为伊朗延伸长度最长的经济社会发展走廊地带，形成伊朗经济社会发展极核与重要节点走廊带。

（46）该走廊西部区域在伊朗历史发展渊源中为乌拉尔图文明①传播重要区域、伊朗早期国家渊源之一米底王国立国区域、拜火教兴盛区域。走廊西部区域辐射区域内的库姆县及走廊东部的马什哈德县均为伊朗伊斯兰教什叶派"圣城"。整个走廊区域为伊朗民族主要融合形成区域、伊朗国家融合发展区域。一直辖市及八省首府城市多为西亚古城或古都、古代重要文化中心，在伊朗民族和国家融合形成历史中居于源头地位，在民族和国家精神文化中具有特殊价值。由此使上述八省一直辖市所组成的伊朗厄尔布尔士山脉南麓区域成为伊朗民族和国家融合形成源头区域、民族和国家精神文化源头区域最多、最密集、延伸长度最长的走廊地带，成为伊朗民族融合形成主干地带、伊朗历史文化融合形成主干地带，形成可与东亚中国商丘—开封—郑州—洛阳—西安—咸阳—宝鸡古都带及传统历史人文带、中亚突厥斯坦—塔什干—撒马尔罕—布哈拉—土库曼纳巴德—马雷古都带及传统历史人文带相媲美的伊朗马什哈德—德黑兰—加兹温—苏丹尼耶—马腊格—大不里士古都带②及传统历史人文带。

（47）伊朗上述八省一直辖市所在区域在伊朗历史发展进程中均为伊朗主要政治、经济、社会、文化、军事、交通事件发生区域，为伊朗各民族部族之间相互影响相互作用主要地带。由此使八省一直辖市所组成的伊朗厄尔布尔士山脉南麓区域成为伊朗历史发展龙骨地带和枢纽地带，形成可与东亚中国商丘—开封—郑州—洛阳—西安—咸阳—宝鸡—天水古代早期历史发展龙骨带、中亚突厥斯坦—塔什干—撒马尔罕—布哈拉—土库曼纳巴德—马雷历史发展龙骨带相媲美的伊朗马什哈德—德黑兰—加兹温—苏丹尼耶—马腊格—大不里士历史发展龙骨带。

（48）伊朗上述八省一直辖市所在区域在古丝绸之路历史发展中均为古丝绸之路西段重要路段，多为古代西亚地区商业中心和手工业中心，多为西亚地区古丝绸之路重镇或要冲或重要绿洲城市或驿站，多为古代西亚东西交通主干线（马什哈德—拜占庭）重要节点。由此使上述八省一直辖市所组成的伊朗厄尔布尔士山脉南麓区域成为伊朗境内延伸最长的古丝绸之路重镇或重要节点地带；形成古丝绸之路上最重要的大致战略中点和战略桥梁地带；形成可与东亚中国商丘—开封—郑州—洛阳—西安—咸阳古丝绸之路起始地带、中亚突厥斯坦—塔什干—撒马尔罕—布哈拉—土库曼纳巴德—马雷古丝绸之路枢纽带相媲美的西亚伊朗马什哈德—德黑兰—加兹温—苏丹尼耶—马腊格—大不里士古丝绸之路重镇或重要节点地带。

（49）伊朗上述八省一直辖市所在区域在亚欧大陆历史发展进程中均为古人类族群东西移动通道重要组成部分，为古代欧洲国家或部族向东侵入或迁入、东亚部族或政权向西侵入或迁入

---

① 乌拉尔图文明指主要于公元前9~前6世纪由西亚乌拉尔图人所创造的文明。乌拉尔图人与西亚上古时期的胡里特人同源，乌拉尔图语与古赫梯语及古亚美尼亚语具有亲缘关系，称为凡语，属印欧语系；所使用的文字为新亚述楔形文字系统的变种文字。乌拉尔图人的文明遗迹大部分发现于今土耳其凡湖和撒尔德尔湖、伊朗乌尔米耶湖、亚美尼亚塞凡湖、伊拉克幼发拉底河附近区域。近期考古人员在土耳其凡湖湖底发现距今3000年左右的古城遗址，被认为是乌拉尔图文明遗迹。

② 该地带被称为"对于建立政治统治中心总是具有最大的吸引力"的地带，参见 W. B. 费舍尔：《伊朗》，人民出版社1977年版，第149页；即所谓"喜欢在北方建都的传统在十八世纪前已深入伊朗政治思想"，参见 W. B. 费舍尔：《伊朗》，人民出版社1977年版，第157页。

最常用的东西通道重要组成部分①。由此使上述八省一直辖市所组成的伊朗厄尔布尔士山脉南麓区域成为亚欧大陆历史上"东行浪潮"和"西行浪潮"最频繁的穿越通道，形成亚欧大陆"东行浪潮"和"西行浪潮"最重要的穿越通道。

（50）上述诸方面相叠合，即在伊朗上述八省一直辖市所组成的伊朗厄尔布尔士山脉南麓区域形成可与东亚中国商丘—开封—郑州—洛阳—西安—咸阳—宝鸡叠合带、中亚突厥斯坦—奇姆肯特—塔什干—撒马尔罕—布哈拉—土库曼巴希—马雷叠合带相媲美的西亚伊朗马什哈德—德黑兰—加兹温—苏丹尼耶—马腊格—大不里士人口与经济活动密集带、历史发展龙骨带、古都带、传统历史人文带、丝绸之路重镇或重要节点地带叠合带。该叠合带在伊朗当前经济社会发展中、在伊朗民族及国家发展历史中均占据重要地位、发挥重要作用。因此，以该叠合带为核心的伊朗厄尔布尔士山脉南麓区域适宜成为中带主通道在伊朗境内的重要穿越区域（地段）和支点区域（地段）。

（51）当前，伊朗上述八省一直辖市境内已经形成串联以上行政单元、具有较大规模和深厚历史基础的东西向战略主通道（萨拉赫斯—马什哈德—德黑兰—加兹温—赞詹—大不里士—霍伊交通走廊）与经济社会发展战略性地域廊带，该地带已成为伊朗最重要的东西向陆路交通主干地带或主要运输走廊。同时，占据伊朗厄尔布尔士山脉南麓山前交通线、伊朗北部东西陆路交通主轴线、亚欧大陆东西一级交通区位线等多重潜在交通区位。因此，伊朗上述八省一直辖市及七省省会（西阿塞拜疆省省会乌尔米耶县未列入）所在区域适宜成为中带主通道在伊朗境内的重要穿越区域（地段）和支点区域（地段）。

（52）伊朗上述八省一直辖市所在区域邻近波斯湾，是中国西北地区及中亚南部地区参与利用波斯湾战略出海口、分享波斯湾战略性出海口利益、战略性石油利益的重要依托区域、必经地段和区段性目的地。因此，该区域适宜成为中带主通道在伊朗的重要穿越区域（地段）。

（53）伊朗上述八省一直辖市所在区域处于厄尔布尔士山脉（南麓）巨型山前地域廊带，处于厄尔布尔士山脉巨型东西向山链、东西向山地地形雨带、东西向高山冰川带、东西向山麓断裂带及坡降带、东西向径流带、东西向连片相对平坦地带、东西向绿洲带、东西向陆路交通走廊带、东西向农牧及矿产资源富集带、东西向山区畜牧业金属采掘业山前种植业油气煤炭采掘业复合产业带、东西向人口集聚区带等地理廊带体系；均处于干旱区，形成东西向干旱区光—热—水—土—城—路系统，具有雄厚、相对一致的干旱区山前巨型地域廊带基础。因此，伊朗上述八省一直辖市所在区域适宜成为中带主通道在伊朗的重要穿越区域（地段）。

（54）联通中国沿海经济发展最核心区域长三角区域、商丘—开封—郑州—洛阳—西安—咸阳—宝鸡叠合带、中亚突厥斯坦—奇姆肯特—塔什干—撒马尔罕—布哈拉—土库曼纳巴德—马雷叠合带与西亚伊朗马什哈德—德黑兰—加兹温—苏丹尼耶—马腊格—大不里士叠合带，建立和实现上述四大区域之间的经济社会战略性联系，为中带主通道形成的最主要逻辑及所负有的最主要战略职能之一；建立和实现上述四大区域之间的交通运输联系，进而形成交通经济带，是丝绸之路经济带中带的最主要表现形式和实现途径之一。因此，伊朗上述八省一直辖市所在区域适宜成为中带主通道在伊朗的重要穿越区域（地段），核心区域西亚伊朗马什哈德—德黑兰—加兹温—苏丹尼耶—马腊格—大不里士叠合带适宜成为中带主通道在伊朗的区段性目的区域，该区域中心城市伊朗首都德黑兰直辖市适宜成为中带主通道在伊朗的区段性目的地。

（55）亚欧大陆中部区域或中部干旱区上述河西走廊、新疆天山北坡经济带、中亚东南部、

---

①　即所谓"沿着厄尔布尔士山到阿塞拜疆的主要入侵路途"，参见 W. B. 费舍尔：《伊朗》，人民出版社 1977 年版，第149 页。

伊朗北部区域均处于祁连山脉北麓—天山山脉北麓（东天山为南麓）—兴都库什山脉北麓—厄尔布尔士山脉南麓巨型山前地域廊带，处于祁连山脉—天山山脉—兴都库什山脉—厄尔布尔士山脉巨型东西向山链、东西向山地地形雨带、东西向高山冰川带、东西向山麓断裂带及坡降带、东西向径流带、东西向连片相对平坦地带、东西向绿洲带、东西向陆路交通走廊带、东西向农牧及矿产资源富集带、东西向山区畜牧业金属采掘业山前种植业油气煤炭采掘业复合产业带、东西向人口集聚区带等地理廊带体系；均处于干旱区半干旱区，形成巨型东西向干旱区半干旱区光—热—水—土—城—路系统，具有雄厚、相对一致的干旱区半干旱区山前巨型东西向地域廊带基础。因此，上述区域适宜成为中带主通道在亚欧大陆中部区域或中部干旱区的重要穿越区域（地段）。

（56）西亚国家土耳其所处地段被称为地球的"十字路口"，处在全球水陆交通的总枢纽地带，"一水融通南北，二桥横跨东西"，交通区位极其重要，且土耳其政治、经济、文化发展兼容东西，目前为世界第16大经济体，是欧亚之间的天然桥梁。

（57）其中的土耳其凡城省地处土耳其东部、土耳其与伊朗接壤区域、西亚战略中枢区域；该省畜牧业、种植业、旅游业比较发达，硫酸钠等矿物蕴藏量相对比较突出，为土耳其土地面积第六大省份、古代乌拉尔图王国①中心区域；省会凡城市为土耳其东部中心城市、重要交通枢纽、旅游业中心、西亚古城、古代乌拉尔图王国首都。其中的土耳其比特利斯省地处土耳其东部；该省畜牧业、种植业比较发达，为土耳其重要烟草工业中心皮革加工业中心；省会比特利斯市为土耳其东部重要城市、重要交通枢纽②、烟草工业中心、西亚古城。其中的土耳其穆什省地处土耳其东部；该省畜牧业、种植业比较发达，重晶石等矿物蕴藏量相对比较突出，为土耳其重要采矿业中心；省会穆什市为土耳其东部重要城市。其中的土耳其宾格尔省地处土耳其东部；该省畜牧业、种植业比较发达，磷等非金属矿物蕴藏量相对比较突出，为土耳其重要采矿业中心、古代黑曜石重要出产地及贸易网络中心之一；省会宾格尔市为土耳其东部重要城市、重要贸易中心、交通枢纽、西亚古城。其中的土耳其埃拉泽省地处土耳其东部；该省畜牧业、种植业相对比较发达，铬铁铅等金属矿物③及大理石等非金属矿物蕴藏量相对比较突出，为土耳其重要酿酒业中心、幼发拉底河发源地所在地；省会埃拉泽市为土耳其东部重要城市、穆拉特河河谷交通线要冲、重要贸易中心、西亚古城。

（58）其中的土耳其马拉蒂亚省地处土耳其中部；该省灌溉农业及林果业比较发达，铁等金属矿物蕴藏量相对比较突出④，为土耳其杏产业中心⑤制糖工业中心棉纺织业中心钢铁工业中心、古代赫梯人重要定居区域；省会马拉蒂亚市为土耳其中部中心城市、重要交通枢纽、古代赫梯王国重要城市、西亚古城和古代重要文化中心。其中的土耳其锡瓦斯省地处土耳其中部；该省

---

① 乌拉尔图王国最早见于亚述铭文记载。公元前13~前11世纪，亚述诸王曾多次侵袭乌努亚特里和纳伊里等地由乌拉尔图部落组成的部落联盟。公元前11~前10世纪，各部落氏族制度瓦解，形成许多小国，反抗亚述侵袭的斗争加速了各小国统一的进程。公元前9世纪，萨尔杜里一世（公元前840~前830年在位）统一凡湖地区，仿照亚述政体建立中央集权的乌拉尔图王国；公元前9世纪末，乌拉尔图王国进入全盛时期，征服塞凡湖、雷扎耶湖和幼发拉底河上游广大地区。其后在与亚述争战中逐步落败。公元前6世纪初，乌拉尔图王国为米底和西徐亚人所灭，所在区域为米底王国所占据。乌拉尔图文明受亚述文明影响较大，并与小亚细亚地区诸文明具有密切联系。考古发掘所见其文明遗址中心多为城堡，周围为灌溉农田，表明灌溉农业发达；金、银、铜、铁器均有发现，金属器皿制作工艺先进，具有发达的冶铁业。乌拉尔图文明对亚美尼亚古代文明发展具有较大影响。

② 为凡湖盆地通往美索不达米亚地区交通要冲。

③ 土耳其铬矿储量占世界总储量的5.2%，铬矿生产量居于世界第四位。

④ 土耳其为世界第六大铁矿石生产国。

⑤ 土耳其为全球最大的杏产地和杏出口国，土耳其约95%的杏干产自马拉蒂亚省，该省杏干产量占全球杏干总产量的65%~80%，杏产业收入为马拉蒂亚省主要经济来源。

种植业、畜牧业比较发达，铅锌铁等金属矿物蕴藏量相对比较突出，为土耳其土地面积第二大省份、食品工业中心纺织工业中心建材工业中心钢铁工业中心、世界文化遗产所在地、古代蒙古人塞尔柱突厥人重要活动区域；省会锡瓦斯市为土耳其中部中心城市、重要交通枢纽、西亚古城古都、塞尔柱帝国①首都、拜占庭帝国重要城市、古丝绸之路重要贸易中心、古罗马人建立的重要城市之一②、古代赫梯人重要定居区域。其中的土耳其开塞利省地处土耳其中部；该省畜牧业、种植业、园艺业比较发达，铅锌等金属矿物蕴藏量相对比较突出，为土耳其制糖工业中心纺织工业中心建材工业中心有色金属工业中心机械制造工业中心、古代蒙古人塞尔柱突厥人阿拉伯人罗马人亚述人赫梯人重要统治区域；省会开塞利市为土耳其中部重要城市、土耳其最大纺织工业中心之一、重要交通枢纽、重要旅游目的地、古丝绸之路重要贸易城市、古罗马重要行省首府③、西亚古城，被称为"安纳托利亚最古老的城市之一"；该省卡尼什遗址④为古亚述文明前哨、世界历史上最早被证实的商业社会遗存、"从中亚到黑海和爱琴海地区长途贸易体系"的重要节点。其中的土耳其约兹加特省地处土耳其中北部；该省畜牧业、种植业比较发达，铅锌等金属矿物及萤石等非金属矿物蕴藏量相对比较突出，为古罗马人重要统治区域；省会约兹加特市为土耳其中北部重要城市、重要贸易中心。其中的土耳其内夫谢希尔省地处土耳其中部；该省畜牧业、种植业、园艺业比较发达，珍珠岩等非金属矿物蕴藏量相对比较突出，为土耳其重要农业区、古代赫梯人重要活动区域、古代黑曜石重要出产地及贸易网络中心之一；省会内夫谢希尔市为土耳其中部重要葡萄种植业中心、重要地毯编织业中心、重要贸易中心、重要旅游目的地、西亚古城。其中的土耳其克勒克卡莱省地处土耳其中部；该省畜牧业、种植业比较发达，花岗岩等非金属矿物蕴藏量相对比较突出，为土耳其钢铁工业中心机械制造业中心石油化学工业中心、古代塞尔柱突厥人罗马人希腊人重要统治区域⑤；省会克勒克卡莱市为土耳其中北部重要城市、重要工业中心、重要贸易中心。

（59）其中的土耳其安卡拉省地处土耳其西北部；该省畜牧业、种植业比较发达，天然碱⑥等矿物蕴藏量相对比较突出，为土耳其土地面积第三大省份、经济规模和人口规模及人口密度

---

① 塞尔柱帝国指公元11世纪塞尔柱突厥人在中亚、西亚建立的伊斯兰帝国，亦称塞尔柱王朝。塞尔柱人原属突厥乌古斯部落联盟（乌古斯叶护国）4大部族的一支，初居中亚北部草原地区，后移居锡尔河中游和卡拉套山区，以其酋长塞尔柱克的姓名命名。1037年，塞尔柱之孙图格鲁克（1037~1063年在位）击溃乌古斯叶护，几乎领有全部乌古斯部落；1040年，在木鹿附近丹丹坎战役中大败伽色尼王朝军队、占领呼罗珊全境，定都内沙布尔，并逐步征服波斯全境；1043年迁都雷伊，1050年迁都伊斯法罕；1055年，进入巴格达，消灭波斯人建立的布韦希王朝，被阿拔斯王朝哈里发赐予"苏丹"称号。1071年，图格鲁克之侄和继承者阿尔普—阿尔斯兰（1063~1072年在位）在凡湖北侧的曼齐克特大败东罗马帝国，东罗马帝国所属小亚细亚大部分地区尽归其手。其子马利克沙在位时期（1072~1092年）为塞尔柱帝国极盛时期，领土东起中亚内陆地区并与中国西北部新疆地区接壤，西至叙利亚及小亚细亚，南达阿拉伯海，北至基辅罗斯边境，形成强大的军事封建帝国，并投入巨资开凿运河、修筑大道、开办邮政驿站，保证东西商道畅通；并将部分塞尔柱乌古斯人迁徙至小亚细亚，建立罗姆苏丹国，突厥—波斯文化与伊斯兰教开始在小亚细亚传播。其后塞尔柱帝国逐渐趋于分裂和衰落，并先后与喀喇汗王朝、伽色尼王朝、西辽王朝等争战，罗姆苏丹国独立。1157年，塞尔柱帝国"苏丹"封号继承者及东部区域苏丹、其他各塞尔柱小王朝宗主桑贾尔战败被俘逃亡去世、西部哈马丹地区苏丹穆罕默德二世战败失势后，塞尔柱王朝覆灭，各分裂小王朝渐次败亡，所在区域大部归入花剌子模王朝。塞尔柱帝国遗存最久的小王朝罗姆苏丹国于1243年在科塞达格战役中失败后沦为蒙古帝国藩属，并于1308年灭亡，其属下的奥斯曼突厥部落趁其分裂宣布独立（1299年）并逐步建立奥斯曼突厥帝国，奠定现代土耳其国家雏形与基础。

② 名为"大都市"。

③ 曾名"凯撒利亚"。

④ 卡尼什遗址层层叠叠依次排列罗马—希腊化时代—赫梯王国时代—亚述时代—早期文明时代的文化遗存，时间跨度自公元前21世纪至公元后时代。在该遗址发现青铜时代亚述人商业金融中心遗存，被称为史前自由贸易区；在该遗址发现的文书才是在安纳托利亚地区发现的最古老书写文件。

⑤ 安纳托利亚半岛中部地区曾被称为"罗马与拜占庭帝国的粮仓"。

⑥ 土耳其天然碱储量与墨西哥同居于世界各国第三位，为世界天然碱主要生产国。

第二位省份、人均国内生产总值第三位省份①、经济密度第七位省份、人口密度第九位省份、重要轻工业中心；省会安卡拉市为土耳其首都、第二大城市、政治中心经济中心文化中心交通中心贸易中心、第二大工业中心、西亚古城、古都、古代奥斯曼突厥人罗马人波斯人弗里吉亚人吕底亚人②腓尼基人西泰特人赫梯人重要活动区域、古丝绸之路重要贸易中继城市、古罗马重要贸易中心文化中心艺术中心③、古代重要政治中心军事中心商业中心，被称为"土耳其的心脏"；该省城镇波拉特勒曾为古代弗里吉亚王国首都④。其中的土耳其埃斯基谢希尔省地处土耳其西北部；该省畜牧业、种植业发达，硼及海泡石等非金属矿物蕴藏量相对比较突出，为土耳其工业大省、文化大省；省会埃斯基谢希尔市为土耳其西北部重要城市、大型工业中心、海泡石加工中心、交通中心⑤。其中的土耳其比莱吉克省地处土耳其西部；该省畜牧业、种植业相对比较发达，金等金属矿物和大理石等非金属矿物蕴藏量相对比较突出，为土耳其人均国内生产总值第七位省份、奥斯曼帝国最初首都索乌特所在省份、古代奥斯曼突厥人罗马人波斯人弗里吉亚人吕底亚人腓尼基人赫梯人重要活动区域；省会比莱吉克市为土耳其西部重要城市、古代丝织业中心、西亚古城。其中的土耳其萨卡里亚省地处土耳其西北部；该省种植业、园艺业发达，天然气等非金属矿物蕴藏量相对比较突出，为土耳其重要农业区、重要农畜产品加工业中心、重要纺织工业中心、重要机械制造工业中心、旅游胜地、古代历史文化遗迹密集区域；省会萨卡里亚市为土耳其西北部重要城市、重要工业中心、重要旅游城市、重要交通枢纽。其中的土耳其科贾埃利省地处土耳其西北部；该省种植业发达，铜铅锌汞重晶石等金属矿物与白云石石英岩大理石等非金属矿物蕴藏量相对比较突出，为土耳其制造业生产总值第二位省份（占13%）、国内生产总值第五位省份（占5%）、对外贸易大省（占15%）、人均国内生产总值和经济密度第二位省份、人口规模第十位省份；省会科贾埃利市为土耳其西北部重要城市、重要工业中心、重要交通枢纽、西亚古城。其中的土耳其伊斯坦布尔省地处土耳其西北部；该省渔业、畜牧业、园艺业发达，为土耳其重要旅游目的地、重要纺织工业中心机械制造工业中心、经济和人口规模最大省份、人均国内生产总值最高省份⑥、经济和人口密度最高省份；省会伊斯坦布尔市地跨亚欧两洲，处于亚洲与欧洲、黑海与地中海之间海陆"十字路口"枢纽地位，为土耳其最大的城市、人口最密集的城市、最大的工业中心⑦、最大的商业中心⑧、最大的港口、土耳其重要交

---

① 安卡拉省以占土耳其3.3%面积和6.7%的人口，创造了土耳其9.0%的GDP产出。

② 吕底亚人指公元前3000年代末至公元前2000年代初，由原居于黑海沿岸的雅利安人中的一支自俄罗斯南部库班地区越过高加索山脉进入小亚细亚安那托利亚高原与当地原居民杂居、融合后所形成的部族，所使用的吕底亚语则印欧语系—安那托利亚语族。利用赫梯帝国、弗里吉亚王国（半岛中西部）、乌拉尔图王国（半岛东部）相继衰亡之机，吕底亚人在安纳托利亚中部建立吕底亚王国（公元前1300年代或更早~公元前546年）。吕底亚王国第三王朝时期迁都萨第斯，攻占爱琴海沿岸地区，征服希腊在小亚细亚的所有城市，并先后与攻灭弗里吉亚王国的辛梅里安王国、攻灭亚述帝国的米底王国、攻灭米底王国的波斯王国发生争战，联合亚述攻灭辛梅里安王国，于公元前546年被波斯居鲁士二世所攻灭。吕底亚人勇武好战，并且是骰子和多种球戏的发明者。吕底亚王国为世界上最早使用贵金属铸币的国家（使用银金矿"白色金属"铸币，约为公元前660年前后），并成为其时国际通用货币，其做法为西亚各国所效法，对促进古代西亚地区商业发展和繁荣发挥了重要作用。波斯王国攻灭吕底亚王国并扫平小亚细亚半岛，开启了东西方文化交流融合的大门，也为日后古罗马帝国时代东西方文明交流与碰撞奠定了重要基础。弗里吉亚王国指由操印欧语系弗里吉亚语的弗里吉亚人于公元前8世纪时在小亚细亚半岛中部弗里吉亚地区建立的王国。弗里吉亚人原居巴尔干半岛中部，约在公元前1200年左右迁入弗里吉亚地区。弗里吉亚王国于约公元前690年被邻国吕底亚王国兼并，所在区域先后成为波斯帝国、马其顿帝国希腊化王国帕加马王国、罗马帝国的一部分，弗里吉亚语一直存在至公元6世纪，此后弗里吉亚人完全被周围民族所同化。

③④ 名为"大都会"或"首府"。

⑤ 安卡拉市至埃斯基谢希尔市之间的大道曾被称为"亚历山大大帝、十字军骑士、拜占庭帝国、奥斯曼帝国主力大军行进的路线""大动脉"。

⑥ 伊斯坦布尔省以占土耳其0.7%的面积和近20%的人口，创造了土耳其30%左右的GDP产出。

⑦ 安纳托利亚半岛中西部被称为"古代弗里吉亚心脏地带"。

⑧ 土耳其50%左右进出口贸易通过伊斯坦布尔市进行。

通中心金融中心旅游中心文化中心新闻中心、2010 年度"欧洲文化之都"入选城市、国际大都市、世界著名旅游城市、世界人口最多的城市之一、世界一线城市、世界文化遗产[①]、奥斯曼突厥帝国及东罗马帝国与古罗马帝国首都、古代地中海东部政治中心经济中心文化中心、亚欧历史名城、东西方思想文化重要交汇点、亚欧大陆重要政治中心宗教中心文化中心艺术中心、世界名城，被称为"世界上最美丽的城市"，近千年保持着亚欧之间贸易中心、丝绸之路终点、亚欧文化生活中心地位，战略地位和历史传统地位极其重要[②]。

（60）其中的土耳其泰基尔达省地处土耳其西北部、土耳其欧洲部分领土；该省种植业、园艺业、畜牧业发达，为土耳其西北部重要农业区、重要纺织工业中心、重要葡萄酒酿造工业中心、重要电器工业中心、人均国内生产总值第四位省份、经济密度第九位省份；省会泰基尔达市为土耳其西北部重要城市、重要农产品贸易中心、重要海港。其中的土耳其克尔克拉雷利省地处土耳其西北部、土耳其欧洲部分领土；该省种植业、畜牧业发达，天然气等非金属矿物蕴藏量相对比较突出，为土耳其西北部重要农业区、重要农产品加工工业中心、重要电力工业中心、旅游胜地、古代奥斯曼突厥人斯拉夫人阿拉伯人罗马人匈人马其顿人重要活动区域；省会克尔克拉雷利市为土耳其西北部重要城市、重要农产品贸易中心、重要交通枢纽、东南欧古城、早期古人类聚落中心。其中的土耳其埃迪尔内省地处土耳其西北部、土耳其欧洲部分领土；该省种植业发达，为土耳其重要农业区、重要食品加工业中心、重要纺织工业中心、重要国际陆路运输枢纽区域、重要国际旅游胜地，被称为"巴尔干粮仓"；省会埃迪尔内市为土耳其西部重要城市、重要交通枢纽、东南欧古城、奥斯曼帝国首都（时称阿德里安堡）、古罗马重要城市、古代小亚细亚至欧洲东南部及南部（罗马）贸易线路上的重要节点城市，被称为"土耳其西部门户"。

（61）在土耳其上述二十个省份[③]中，两个省份为土耳其土地面积前五位省份，两个省份为土耳其人口规模及经济规模与人口密度前两位省份，两个省份为土耳其经济密度前两位省份，四个省份为土耳其人均国内生产总值前四位省份，多数省份为土耳其重要农业省畜牧业省、重要工业中心，所在区域人口稠密、经济社会发展水平较高[④]，土耳其最大的两个城市由以上省份中的两省省会占据，并成为土耳其经济社会发展中的极核。同时，上述二十个省份占据土耳其领土大致东西中轴线区位。以上两项结合，使上述二十个省份所组成的土耳其中部区域成为土耳其经济社会发展水平最高、人口与经济活动最密集的极核区域和经济走廊，成为土耳其延伸长度最长的经济社会发展走廊地带，形成土耳其经济社会发展极核与重要节点走廊带。

（62）该走廊东南部区域在人类早期文明发展史上由于与邻近区域同为小麦起源地而成为"历史开端"苏美尔文明的源头区域之一[⑤]；走廊中部区域在人类早期文明发展史上由于系两河流域文明重要渊源之一的赫梯文明发祥兴盛地而成为两河流域文明的重要渊源区域之一[⑥]；走廊

---

① 伊斯坦布尔市苏丹旧城区被列为世界文化遗产，被称为"永恒的古城中心"。

② 伊斯坦布尔市被称为"不仅横跨欧洲和亚洲，而且纵贯古代与现代、宗教与世俗、传统与流行"。

③ 上述二十个省份占土耳其八十一个一级行政单元的近 1/4。

④ 在土耳其土地面积排名前十的省份中，上述二十个省份占四席；在经济规模排名前十的省份中，上述二十个省份占三席；在人口规模排名前十的省份中，上述二十个省份占三席；在经济密度排名前十的省份中，上述二十个省份占四席；在人口密度最高的十个省份中，上述二十个省份占三席；在土耳其人均国内生产总值排名前十的省份中，上述二十个省份占六席。

⑤ 从小亚细亚至伊朗的"新沃月"区域，特别是伊朗西南部、伊拉克西北部和土耳其东南部地区，被认为是栽培一粒小麦和提莫菲维小麦最早驯化之地，苏美尔人在两河流域种植的小麦，被认为来自于小亚细亚地区古代人类族群培育的种质资源；除作为小麦发源地以外，该区域还被认为是人类最重要的畜种绵羊与猪的最早驯养地。

⑥ 土耳其中部地区甚至被称为"众多伟大文明的发源地""人类最早的定居点"，且"每一种文明的足迹都清晰可见"。考古资料表明，人类在该区域首先完成从狩猎与采集生产生活方式向原始耕作与驯养动物的过渡。

西部在亚欧大陆古代前中期历史上由于长期处于亚欧两洲人类族群、历史、文化交融前沿地带而成为古代两河流域文明波斯文明西向传播最重要陆路廊道、古希腊文明古罗马文明东向传播最重要陆路廊道、亚欧大陆东西方人类族群及文明相互交融频次最高程度最深积淀最雄厚的战略区域，伊斯坦布尔及其周边区域更在亚欧大陆东西方文明交往交流交融中具有特殊重要的地位与价值，堪称"东西方文明融合之都""亚欧之都"；走廊中西部在亚欧大陆古代中后期历史演进中成为奥斯曼帝国兴起区域、土耳其民族主要融合形成区域、土耳其国家融合发展区域，部分省会城市或其邻近城市为西亚及东南欧古城乃至古都、古代重要文化中心，在土耳其民族和国家融合形成历史、亚欧大陆东西方文明融合史、人类早期文明发展史中居于源头地位，在土耳其民族和国家精神文化、亚欧大陆文明融合史、人类早期文明发展史中具有特殊价值。由此使上述二十个省份所组成的土耳其中部走廊区域成为土耳其民族和国家融合形成源头区域走廊、民族和国家精神文化源头区域走廊，成为土耳其民族融合形成主干地带、土耳其历史文化融合形成主干地带；成为亚欧大陆东西方文明融合走廊与桥梁，成为堪与东欧黑海北岸区域并驾齐驱的亚欧之间最重要战略走廊与桥梁地带；成为人类早期文明源头区域走廊；形成重要的凡城—锡瓦斯—安卡拉—索乌特—伊斯坦布尔—埃迪尔内古都带及传统历史人文带。

（63）在土耳其历史发展进程中，上述二十个省份所在区域均为土耳其主要政治、经济、社会、文化、军事、交通事件发生区域，均为土耳其各民族部族之间相互影响相互作用主要地带。由此使上述二十个省份所组成的土耳其中部走廊区域成为土耳其历史发展龙骨地带和枢纽地带，形成土耳其凡城—锡瓦斯—安卡拉—索乌特—伊斯坦布尔—埃迪尔内历史发展龙骨带。

（64）上述二十个省份所在区域在亚欧大陆历史发展进程中均为古代人类族群东西移动通道的重要组成部分，为古代欧洲国家或部族向东侵入或迁入、西亚部族或政权向西侵入或迁入最常用东西通道的重要组成部分。由此使上述二十个省份所组成的土耳其中部走廊区域成为亚欧大陆历史上"东行浪潮"和"西行浪潮"叠合程度最深的走廊地带，形成亚欧大陆"东行浪潮"和"西行浪潮"大体往复推移、交替推进频次最高影响程度最深的走廊地带。同时，上述二十个省份所在区域均为亚欧大陆东西方交往交流历史中主要政治、经济、社会、文化、军事、交通事件发生区域，均为亚欧大陆中亚西亚及东南欧南欧各民族部族之间相互影响相互作用主要地带。由此使上述二十个省份所组成的土耳其中部走廊区域成为亚欧大陆东西方交往交流交融历史龙骨地带和枢纽地带，并成为亚欧大陆历史发展龙骨地带最重要的"腰椎地带"。

（65）上述二十个省份所在区域在古丝绸之路历史发展中均为古丝绸之路重要路段。上述二十个省份省会城市多为古代西亚及东南欧地区商业中心，多为西亚及东南欧地区古丝绸之路重要贸易中继城市或要冲，多为古代西亚及东南欧东西交通主干线（马什哈德—大不里士—拜占庭）重要节点。由此使上述二十个省份所组成的土耳其中部走廊区域成为土耳其境内延伸最长的古丝绸之路重要节点地带，形成古丝绸之路上可与伊朗战略走廊带相媲美的最重要战略走廊地带，形成西亚土耳其凡城—锡瓦斯—卡尼什—安卡拉—伊斯坦布尔古丝绸之路重要节点带，伊斯坦布尔（即拜占庭、君士坦丁堡）更长期占据丝绸之路终点地位。

（66）上述诸方面相叠合，即在上述二十个省份所组成的土耳其中部走廊区域形成西亚土耳其凡城—锡瓦斯—安卡拉—索乌特—伊斯坦布尔—埃迪尔内人口与经济活动密集带、历史发展龙骨带、古都带、传统历史人文带、丝绸之路重镇或重要节点带叠合带。该叠合带在土耳其当前经济社会发展中、在土耳其民族及国家形成发展历史中、在亚欧大陆东西方交往交流交融中均占据重要地位、发挥重要作用。因此，以该叠合带为核心的土耳其中部走廊区域适宜成为中带主通道在土耳其的重要穿越区域（地段）和支点区域（地段）。

（67）当前，土耳其上述二十个省份境内已经形成串联以上行政单元、具有较大规模和深厚历史基础的东西向战略主通道（厄扎尔普—凡城—锡瓦斯—安卡拉—伊斯坦布尔—埃迪尔内交通走廊）与经济社会发展战略性地域廊带，该地带已成为土耳其最重要的东西向陆路交通主干地带或主要运输走廊。同时，占据小亚细亚半岛大致东西平分线、土耳其北部黑海山脉与南部托罗斯山脉之间山前交通线、土耳其国土东西陆路交通主轴线、亚欧大陆东西一级交通区位线等多重潜在交通区位。因此，上述二十个省份所在区域适宜成为中带主通道在土耳其的主要穿越区域（地段）。

（68）土耳其上述二十个省份所在区域内涵连接黑海与地中海的战略水道，是中国西北地区及中亚南部地区、伊朗相关区域参与利用地中海战略出海口、分享地中海战略性出海口利益的重要依托区域、必经地段和区段性目的地。因此，该区域适宜成为中带主通道在西亚的重要穿越区域（地段）。

（69）土耳其上述二十个省份所在区域大部分地段处于小亚细亚半岛北南部两条山脉夹峙地域廊带，处于东西向山麓断裂带及坡降带、山间盆地及谷底相对平坦地带、东西向陆路交通走廊带、东西向农牧及矿产资源富集带、东西向山区畜牧业金属采掘业山前种植业煤炭采掘业复合产业带、东西向人口集聚区带等地理廊带体系；大部分地段均处于半湿润区（中部局部地区为干旱区半干旱区），形成东西向半湿润区水—土—城—路系统及河—城系统，具有雄厚、相对一致的半湿润区山间巨型东西向地域廊带基础。因此，上述二十个省份所在区域适宜成为中带主通道在土耳其的主要穿越区域（地段）。

（70）联通中国沿海经济发展最核心区域长三角区域、商丘—开封—郑州—洛阳—西安—咸阳—宝鸡叠合带、中亚突厥斯坦—奇姆肯特—塔什干—撒马尔罕—布哈拉—土库曼纳巴德—马雷叠合带、西亚伊朗马什哈德—德黑兰—加兹温—苏丹尼耶—马腊格—大不里士叠合带与西亚土耳其凡城—锡瓦斯—安卡拉—索乌特—伊斯坦布尔—埃迪尔内叠合带，建立和实现上述五大区域之间的经济社会战略性联系，为中带主通道形成的最主要逻辑及所负有的最主要战略职能之一；建立和实现上述五大区域之间的交通运输联系，进而形成交通经济带，是丝绸之路经济带中带的最主要表现形式和实现途径之一。因此，土耳其上述二十个省份所在区域适宜成为中带主通道在土耳其的重要穿越区域（地段），核心区域西亚土耳其凡城—锡瓦斯—安卡拉—索乌特—伊斯坦布尔—埃迪尔内叠合带适宜成为中带主通道在土耳其的区段性目的区域，该区域中心城市土耳其首都安卡拉市和第一大城市伊斯坦布尔市适宜成为中带主通道在土耳其的区段性目的地。

（71）中国中原地区—中亚河中地区—伊朗北部山前地带—土耳其中部山间地带自中国汉、唐以来，就已经成为亚欧大陆东西方进行经济、社会、文化交流的陆上主通道和主廊带，具有2000年以上的经济、社会、文化交流历史积淀和交通主通道历史积淀。因此，该地带适宜成为中带主通道在东亚、中亚、西亚地区的主要穿越区域（地段）。

（72）东南欧国家保加利亚地处亚洲小亚细亚半岛与欧洲内陆之间门户部位，在维系亚欧两洲洲际陆路联系中居于重要地位。

（73）其中的保加利亚哈斯科沃大区地处保加利亚南部、西亚至中欧与波罗的海至亚得里亚海陆路交通交汇点部位；该大区种植业、园艺业发达，为保加利亚土地面积第二大区（直辖市）、重要农业区；金铀等金属矿物和木煤等非金属矿物蕴藏量相对比较突出，为保加利亚重要的烟草工业中心纺织工业中心食品加工工业中心玫瑰油工业中心、最繁荣的经济区之一、古代奥斯曼突厥人罗马人希腊人色雷斯人①重要统治区域；大区首府哈斯科沃市为保加利亚南部重要城市、烟草工业中心、东南欧古城、早期人类聚落中心。其中的保加利亚普罗夫迪夫大区地处保加利亚南部；该大区种植业、园艺业发达，为保加利亚人口第二大区（直辖市）、富庶的农业区、重要农业旅游目的地；铅锌铀等金属矿物和萤石等非金属矿物蕴藏量相对比较突出，为保加利亚重要食品工业中心、有色金属工业中心、机械制造工业中心，与哈斯科沃大区一同被称为"古代色雷斯人的摇篮"；大区首府普罗夫迪夫市为保加利亚南部最大贸易中心交通中心、保加利亚第二大城市、重要经济中心交通中心文化中心教育中心、重要工业城市、重要旅游城市、2019年度"欧洲文化之都"入选城市、保加利亚民族复兴发祥地之一、中世纪东南欧重要手工业中心和商业中心、东南欧古城及古都②、古代小亚细亚至中欧商道上的重要贸易中心、古代奥斯曼突厥人斯拉夫人罗马人马其顿人波斯人色雷斯人统治重要城市、古代色雷斯地区最大和最重要的城市、欧洲最古老的城市之一③、古色雷斯人早期重要聚落，被称为"保加利亚经济首都""保加利亚复兴之都"。其中的保加利亚帕扎尔吉克大区地处保加利亚西南部、该大区种植业、园艺业、畜牧养殖业发达，为保加利亚重要农业区；铜金等金属矿物蕴藏量相对比较突出，为保加利亚重要食品工业中心、电气工业中心、机械制造工业中心、化学工业中心；大区首府帕扎尔吉克市为保加利亚西南部重要城市、重要工业中心、重要交通枢纽。其中的保加利亚索菲亚大区地处保加利亚西南部；该大区铁锰铜铅锌等金属矿物及木煤等非金属矿物蕴藏量相对比较突出，为保加利亚土地面积第一大区（直辖市）、经济最发达的大区之一；大区首府为索菲亚直辖市。其中的保加利亚索菲亚直辖市地处保加利亚西南部，为保加利亚首都、政治中心文化中心教育中心科研中心、人口第一大区（直辖市）、最大的工业城市④、重要交通枢纽、西亚至中欧交通要冲、欧洲交通中心之一、东南欧古城及古都、中世纪保加利亚重要军事中心政治中心文化中心手工业中心商业中心、古罗马人及拜占庭帝国重建的城市、古代色雷斯人早期聚落，被称为"玫瑰国之都"。

（74）上述四个大区及一个直辖市所在区域为保加利亚民族和国家融合形成及复兴重要区域。当前，四个大区及一个直辖市境内已经形成串联以上行政单元、具有较大规模和深厚历史基础的东南—西北向战略主通道（斯维伦格勒—季米特洛夫格勒—普罗夫迪夫—帕扎尔吉克—索菲亚交通走廊）与经济社会发展战略性地域廊带，该地带已成为保加利亚最重要的东南—西北向陆路交通主干地带或主要运输走廊，并已成为保加利亚经济社会发展水平最高、人口与经济活动最密集的经济走廊，在保加利亚民族与国家形成复兴及当前经济、政治、社会、文化发展中均处于重要地位，且处于小亚细亚地区与中欧西欧地区开展战略性经济社会交流必需穿越地带。同时，占据保加利亚罗多彼山脉北麓与巴尔干山脉南麓山前交通线、保加利亚国土大致东南—西北平分线、保加利亚国土东南—西北陆路交通主轴线、亚欧大陆东西一级交通区位线等多重潜在交通区位。因此，上述四个大区及一个直辖市所在区域适宜成为中带主通道在保加

---

① 色雷斯人为公元前20世纪末~公元前3世纪初主要居住于巴尔干半岛的早期土著居民，少部分居住于小亚细亚半岛西部，属印欧人种；部族成员主要从事农业和畜牧业，少部分成员从事手工业，善于使用青铜、铁、黄金制造各种用具；西邻伊利里亚人，南邻希腊人；色雷斯人、伊利里亚人、希腊人之间的内陆腹地夹居混融型的马其顿人；色雷斯人先期受希腊人影响明显，曾形成大体统一的古代型部落共同体并建立达西亚王国和奥德里西亚王国等国家，后被罗马帝国攻灭并统治；色雷斯人逐渐融入斯拉夫人、保加尔人、伊利里亚人、罗马人等部族，成为保加利亚人、阿尔巴尼亚人、罗马尼亚人等民族的先世之一。伊利里亚人为早期居住于巴尔干半岛西部的印欧语系部族，后成为阿尔巴尼亚人的主要先世。古代巴尔干半岛东半部被称为色雷斯地区。

② 该城市曾为马其顿王国都城、东鲁美尼亚首都；东鲁美尼亚即被短暂分裂的保加利亚东部，称为东部保加利亚。

③ 据称普罗夫迪夫市拥有超过6000年的城市形成发展历史。

④ 索菲亚直辖市工业产值及从业人员均占保加利亚20%左右。

利亚的重要穿越区域（地段）。

（75）东南欧国家塞尔维亚地处东南欧与欧洲内陆之间桥梁枢纽部位、亚洲西部与东欧中欧西欧之间桥梁枢纽部位，被称为"欧洲的十字路口"，在维系东南欧与欧洲内陆之间陆路交通联系、亚洲西部与东欧中欧西欧之间陆路交通联系中居于重要地位。

（76）其中的塞尔维亚皮罗特州地处塞尔维亚东南部、塞尔维亚与保加利亚接壤区域；该州种植业、畜牧业发达，铜等金属矿物蕴藏量相对比较突出，为塞尔维亚重要橡胶工业中心食品工业中心手工织毯业中心；州首府皮罗特市为塞尔维亚东南部重要城市、重要工业中心、重要交通枢纽、东南欧古城及战略要地。其中的塞尔维亚尼沙瓦州地处塞尔维亚东南部；该州种植业、畜牧业发达，煤炭等非金属矿物蕴藏量相对比较突出，为塞尔维亚人口第三大州份、重要电子工业中心机械制造工业中心纺织工业中心食品工业中心；州首府尼什市为塞尔维亚南部最大城市、经济中心和文化中心、塞尔维亚第三大城市、重要交通枢纽、重要旅游目的地、巴尔干半岛和欧洲最古老的城市之一、不同时期所属国家中心城市、基督教早期重要宗教中心，是古代奥地利人、匈牙利人、奥斯曼突厥人、保加利亚人、塞尔维亚人、拜占庭人、阿瓦尔人①、匈人、罗马人、凯尔特人、伊利里亚人、色雷斯人、特洛伊人重要统治区域及古代色雷斯人早期定居地，被称为"东西方之间的门户"。

（77）其中的塞尔维亚拉辛那州地处塞尔维亚中部；该州种植业、园艺业发达，金镍等金属矿物蕴藏量相对比较突出，为塞尔维亚重要机械制造工业中心化学工业中心军事工业中心葡萄酒酿造工业中心木材加工工业中心；州首府克鲁舍瓦茨市为塞尔维亚中部重要城市、重要工业中心、塞尔维亚公国首都、东南欧古城。其中的塞尔维亚波莫拉夫列州地处塞尔维亚中部；该州种植业、园艺业发达，金等金属矿物和煤炭等非金属矿物蕴藏量相对比较突出，为塞尔维亚重要有色金属工业中心、煤炭采掘工业中心、食品加工工业中心；州首府雅戈丁那市为塞尔维亚中部重要城市、重要交通枢纽、重要旅游目的地。其中的塞尔维亚舒马迪亚州地处塞尔维亚中部；该州种植、园艺业发达，铅锌等金属矿物蕴藏量相对比较突出，为塞尔维亚重要机械制造工业中心、化学工业中心、电气工业中心、电子工业中心；州首府克拉古耶瓦茨市为塞尔维亚中部重要城市、汽车制造工业中心、重要交通枢纽、塞尔维亚第四大城市、塞尔维亚公国首都、东南欧古城。其中的塞尔维亚波杜那瓦州地处塞尔维亚中部；该州种植业、园艺业发达，铜等金属矿物蕴藏量相对比较突出，为塞尔维亚重要冶金工业中心、机械制造工业中心、石油加工工业中心、食品加工工业中心；州首府斯梅代雷沃市为塞尔维亚中部重要城市、塞尔维亚经济最发达城市之一、重要工业城市、重要交通要塞、多瑙河重要河港、重要文化中心、中世纪南斯拉夫王国首都、东南欧古城、欧洲最大的平原古城堡城市。其中的塞尔维亚贝尔格莱德直辖市②地处塞尔维亚中北部、巴尔干半岛核心部位、欧洲内陆与巴尔干国家及亚洲地中海沿岸国家之间联络点部位；铅锌等金属矿物及煤炭等非金属矿物蕴藏量相对比较突出，为塞尔维亚首都及政治中心、经济中心③、工业中心、文化中心、教育中心、科技中心和人口第一大州（直辖市）、最大的城市、最大的航空及内河港口城市、重要国际旅游目的地、前南斯拉夫最大的城

---

① 阿瓦尔人据称为柔然人、嚈哒人余部，因受突厥人追击，于公元6世纪下半叶经伏尔加河流域及黑海北侧进入多瑙河流域，收容阿提拉后代部落，征服部分斯拉夫部落，形成阿瓦尔人族，占据自伏尔加河至多瑙河中游的广阔区域，并于586年建立阿瓦尔帝国，阿瓦尔人可能是将马镫传入欧洲的亚洲游牧部族；后于791年前后被法兰克人和保加尔人击败，余众融入马扎尔人和附近斯拉夫部落。阿瓦尔人入据东欧中欧引发连环反应，被阿瓦尔人逐出东欧的日耳曼部族伦巴第人进入意大利，击碎东罗马帝国复兴故国梦想；被逐出的伊利里亚人进入巴尔干半岛西部。

② 贝尔格莱德意为"白色之城"。

③ 贝尔格莱德直辖市土地面积占塞尔维亚土地总面积的3.6%，人口约占塞尔维亚人总人口的20%左右（不包括科索沃自治省），就业岗位和所创造的GDP均占塞尔维亚的30%左右。

市和主要工业中心、巴尔干半岛第四大城市、重要综合交通枢纽、东南欧地区金融中心信息业中心文化中心教育中心，是前南斯拉夫及南斯拉夫王国首都、古代塞尔维亚王国塞尔维亚公国及斯雷姆王国首都，为古代奥斯曼突厥人、斯拉夫人、阿瓦尔人、东哥特人、萨尔马提亚人①、匈人、罗马人重要活动区域、古代凯尔特人定居地、早期温查文明②形成区域，被称为"塞尔维亚人的圣地""巴尔干之钥""连接中欧与南欧的十字路口""西方世界与东方世界的十字路口"。

（78）其中的塞尔维亚斯雷姆州地处塞尔维亚北部、伏伊伏丁那③西南部；该州土地肥沃、人口密集，种植业、园艺业发达，锌等金属矿物蕴藏量相对比较突出，为塞尔维亚"粮仓"组成部分、重要农业区、经济与文化高度发达区域；州首府斯雷姆米特罗维察市为塞尔维亚北部重要城市、重要交通枢纽、重要旅游目的地。其中的塞尔维亚南巴奇卡州地处塞尔维亚西北部、伏伊伏丁那西部；该州土地肥沃、人口密集，种植业、园艺业发达，为塞尔维亚土地面积第三大州份、人口第二大州份、塞尔维亚"粮仓"组成部分、重要农业区、石油工业中心、经济与文化高度发达区域；州首府诺维萨德市为塞尔维亚北部重要城市、伏伊伏丁那自治州首府及经济中心文化中心教育中心、塞尔维亚第二大城市及第二大文化中心、重要旅游目的地城市、19世纪塞尔维亚文化中心、东南欧古城、早期人类聚落中心，被称为"塞尔维亚的雅典"。其中的塞尔维亚北巴奇卡州地处塞尔维亚最北部、伏伊伏丁那北部、塞尔维亚与匈牙利接壤区域；该州畜牧养殖业、种植业、园艺业发达，铜等金属矿物蕴藏量相对比较突出，为塞尔维亚"粮仓"组成部分、重要农业区、农畜产品加工工业中心机械制造工业中心化学工业中心、经济与文化高度发达区域；州首府苏博蒂察市为塞尔维亚最北部城市、重要工业中心、重要贸易中心、重要交通枢纽、伏伊伏丁那自治州第二大城市、塞尔维亚第五大城市、东南欧古城。

（79）塞尔维亚上述九州及一直辖市为塞尔维亚民族和国家融合形成重要区域。当前，上述九州及一直辖市境内已经形成串联以上行政单元、具有较大规模和深厚历史基础的东南—西北向战略主通道（皮罗特—尼什—克鲁舍瓦茨—雅戈丁那—贝尔格莱德—斯雷姆米特罗维察—诺维萨德—苏博蒂察交通走廊）与经济社会发展战略性地域廊带，该地带已成为塞尔维亚最重要的东南—西北向陆路交通主干地带或主要运输走廊④，并已成为塞尔维亚经济社会发展水平最高、人口与经济活动最密集的经济走廊，在塞尔维亚民族与国家形成及当前经济、政治、社会、文化发展中均处于重要地位，且处于小亚细亚地区、色雷斯地区与中欧西欧地区开展战略性经济社会交流必需穿越地带。同时，占据塞尔维亚国土大致东南—西北平分线、塞尔维亚国土东南—西北陆路交通主轴线、亚欧大陆东西一级交通区位线等多重潜在交通区位。因此，上述九州及一直辖市所在区域适宜成为中带主通道在塞尔维亚的主要穿越区域（地段）。

（80）中欧国家匈牙利地处东西欧陆路交通中继站、水路交通要冲和东西欧经济往来中心部

---

① 萨尔马提亚人指公元前3世纪~公元4世纪时生活于南俄草原及巴尔干半岛东部地区的游牧部族，原生活于咸海沿岸及其以东地区；属东伊朗人种，操北伊朗语。公元前6世纪时，该部族开始向西北移动，进入乌拉尔丘陵地带；公元前5世纪时，占据乌拉尔河与顿河之间草原地带；公元前4~公元前2世纪，越过顿河并征服大部分黑海北侧斯基泰部落，成为南俄草原霸主；公元1世纪时，开始与罗马帝国为敌；公元2世纪末，侵入喀尔巴阡山脉与多瑙河之间的达基亚；公元3世纪起，先后受到哥特人、匈人、阿瓦尔人西迁冲击；公元6世纪时，该部族完全融入其他部族。

② 温查文明为欧洲早期文明之一，时间大约为公元前6000~前3000年；主要分布于塞尔维亚、罗马尼亚和保加利亚多瑙河流域以及北马其顿，其遗迹在巴尔干半岛、中欧地区和小亚细亚均有发现；因其遗址最早于塞尔维亚贝尔格莱德直辖市以东10千米处温查村被发现，因此得名。

③ 伏伊伏丁那为塞尔维亚共和国自治省，地处塞尔维亚北部、塞尔维亚与罗马尼亚及匈牙利接壤区域；伏伊伏丁那自治省分为斯雷姆州、南巴奇卡州、北巴奇卡州等七个州。

④ 该走廊同时为连接东南欧地区与中欧及西欧地区的最短最便捷陆上交通线路，被称为"巴尔干半岛上最重要的陆路交通要道"。

位，在维系东南欧与中欧西欧之间陆路交通联系中居于重要地位。

（81）其中的匈牙利巴奇—基什孔州地处匈牙利中南部、匈牙利与塞尔维亚接壤区域；该州种植业、园艺业、畜牧养殖业发达，为匈牙利土地面积第一大州、人口规模第二大州、重要农业区，所在的潘诺尼亚平原被称为东南欧最肥沃的农业区域；泥炭天然气等非金属矿物蕴藏量相对突出，为匈牙利食品加工工业中心机械制造工业中心纺织工业中心；州首府凯奇凯梅特市为匈牙利中南部重要城市、重要食品加工工业中心机械制造工业中心、重要交通枢纽、匈牙利第八大城市、大平原地区中心城市、中欧古城。其中的匈牙利佩斯州地处匈牙利中部、首都布达佩斯直辖市周围、匈牙利与斯洛伐克接壤区域；该州种植业、畜牧养殖业发达，为匈牙利土地面积第二大州、人口规模第一大州及人口密度最高的州、经济最繁荣的州、重要机械制造工业中心冶金工业中心化学工业中心、欧洲著名创意中心；州首府为布达佩斯直辖市。其中的匈牙利布达佩斯直辖市地处匈牙利中北部、多瑙河中游地带；为匈牙利首都、政治中心商业中心运输中心、人口规模最大的州（直辖市）、最大的城市、最大的工业中心和文化中心、第一大古老建筑城市、多瑙河重要河港城市、欧洲大陆陆路及多瑙河水路交通要冲、欧盟第七大城市、欧洲著名古城及古都，是古代奥斯曼突厥人、蒙古人、马扎尔人①、罗马人重要活动区域及古代马扎尔人第一个定居点所在地、古罗马帝国省会、古代罗马人建立的城堡、古代凯尔特人定居地，被称为"东欧巴黎""多瑙河明珠"。

（82）其中的匈牙利科马罗姆—埃斯泰尔戈姆州地处匈牙利西北部、匈牙利与斯洛伐克接壤区域；该州种植业、园艺业发达，为匈牙利人口规模第三大州、重要农业区；铝等金属矿物和褐煤等非金属矿物蕴藏量相对突出，为匈牙利重要采矿业中心采矿机械制造工业中心建材工业中心电力工业中心；州首府陶陶巴尼奥市为匈牙利西北部重要城市、最大的矿业城市、褐煤田中心铝冶炼工业中心、重要交通枢纽、中欧古城；该州埃斯泰尔戈姆市为匈牙利早期首都、中欧古城。其中的匈牙利杰尔—莫雄—肖普朗州地处匈牙利西北部、匈牙利与奥地利及斯洛伐克接壤区域；该州种植业、畜牧养殖业发达，为匈牙利土地面积第三大州、重要农业区；铝等金属矿物和泥炭等非金属矿物蕴藏量相对突出，为匈牙利重要机械制造工业中心、纺织工业中心、食品工业中心，是古代奥地利人、法兰克人、阿瓦尔人、匈人、日耳曼人、罗马人、特拉克人、伊利里亚人、凯尔特人重要活动区域；州首府杰尔市为匈牙利西北部重要城市、匈牙利第六大城市、最重要的工业中心之一、小平原（又称多瑙河中游小平原）地区行政中心和经济中心、多瑙河重要河港城市、匈牙利第二大古老建筑城市、东南欧古城。

（83）匈牙利上述四州及一直辖市所在区域为匈牙利民族和国家融合形成重要区域。当前，上述四州及一直辖市境内已经形成串联以上行政单元、具有较大规模和深厚历史基础的东南—西北向战略主通道（凯奇凯梅特—布达佩斯—陶陶巴尼奥—杰尔交通走廊）与经济社会发展战略性地域廊带，该地带已成为匈牙利最重要的东南—西北向陆路交通主干地带或主要运输走廊，并已成为匈牙利经济社会发展水平最高、人口与经济活动最密集的经济走廊，在匈牙利民族与国家形成复兴及匈牙利当前经济、政治、社会、文化发展中均处于重要地位，且处于小亚细亚地区、色雷斯地区与中欧西欧地区开展战略性经济社会交流必需穿越地带。同时，占据大平原—小平原巨型单一覆被平面大致贯穿中分线、匈牙利国土大致东南—西北

---

① 马扎尔人为最初居住于西伯利亚西南部巴什基尔一带的游牧部族，其母语属乌拉尔语系；自公元5世纪起，由于受到北匈奴西进影响，该部族西迁至第聂伯河流域；后由于受佩切涅格人袭击，被迫再次西迁，至喀尔巴阡山脉西侧多瑙河中游盆地潘诺尼亚平原一带定居，并于896年建立匈牙利王国，该部族成为现代匈牙利民族的主要先世。佩切涅格人为最初居住于咸海与锡尔河之间的游牧部族，因受到乌古斯人等游牧部族的威胁先后西迁至南俄草原、巴尔干半岛北部，后被拜占庭帝国于1091年击败后融入马扎尔人、保加利亚人。

平分线、匈牙利国土东南—西北陆路交通主轴线、亚欧大陆东西一级交通区位线等多重潜在交通区位。因此，上述四州及一直辖市所在区域适宜成为中带主通道在匈牙利的主要穿越区域（地段）。

（84）中欧国家奥地利地处欧洲中心地带①，在欧洲大陆陆路及水路交通体系中处于承东启西、连南接北中枢地位，与匈牙利同处东西欧陆路交通中继站、水路交通要冲和东西欧经济往来中心部位，在维系东南欧与中欧西欧之间陆路交通联系中居于重要地位。

（85）其中的奥地利布尔根兰州地处奥地利东部、奥地利与斯洛文尼亚和斯洛伐克接壤区域；该省平原面积广阔，园艺业、畜牧业发达，为奥地利最平坦的州、重要的葡萄种植区、酿酒业中心；州首府艾森施塔特市为奥地利东部重要城市、酿酒业中心、中欧古城。其中的奥地利下奥地利州地处奥地利东北部、奥地利与捷克及斯洛伐克接壤区域；该州灌溉农业、园艺业、家畜养殖业发达，为奥地利土地面积最大的州、最肥沃且产量最高的农田所在区域，森林面积最大州、人口第二大州、重要农业区，石油、天然气、石膏、石墨、石灰石等非金属矿物蕴藏量相对突出，为奥地利最大油田所在区域、重要冶金工业中心纺织工业中心食品加工业中心、重要旅游目的地、重要文化遗产所在地、重要世界遗产保护区所在地、古代查理曼帝国及罗马帝国重要统治区域、早期人类聚落中心，被称为"奥地利鱼米之乡"；州首府圣珀尔腾市为该州最大城市、奥地利东北部重要城市、重要机械制造工业中心化学工业中心纺织工业中心、重要交通交通枢纽、工业重镇、古代中欧居民点。

（86）其中的奥地利维也纳市地处奥地利中部、东西欧之间东西向交通和波罗的海与亚得里亚海之间北南交通连接枢纽地带，为奥地利首都及9个联邦州之一、人口规模最大的州、最大的城市、政治中心经济中心文化中心、重要的葡萄种植区、重要冶金工业中心机械制造工业中心电子工业中心纺织工业中心印刷工业中心、多瑙河重要河港城市、拥有最大交通和建筑面积的联邦州、人口最密集的联邦州②，是欧盟第十大城市、欧盟最富有城市前列城市③、东西欧商业和经济往来中心、欧洲最古老和最重要的文化城市艺术城市和旅游城市之一、联合国四个官方驻地之一、重要国际组织所在地、重要国际会议和解决国际冲突城市、国际政治经济文化都市、享誉世界的文化名城、年度全球最适宜人居城市第二位城市、世界最著名旅游中心之一，为重要世界文化遗产所在地城市、近代及中世纪后期欧洲政治中心经济中心文化中心古典音乐中心、欧洲古城古都④、中世纪欧洲重要手工业中心商业中心、古代凯尔特人及罗马人建立的城市、早期人类聚落中心，被称为"扼守巴尔干进入欧洲中心的最后一道大门"⑤"到东欧的跳板""欧洲心脏的心脏""音乐之都""建筑之都""文化之都""装饰之都"。其中的奥地利上奥地利州地处奥地利中北部、奥地利与捷克及德国接壤区域；该州灌溉种植业、园艺业高度发达，为奥地利土地面积第四大州、人口第三大州、重要农业区；铁等金属矿物及石油天然气等非金属矿物蕴藏量相对突出，为奥地利第二大油气田所在区域、重要钢铁工业中心汽车工业中心化学工业中心、重要出口商品基地⑥、欧洲顶尖的技术研发地区教育发展地区吸纳就业地区之

---

① 奥地利号称"欧洲的心脏"。
② 维也纳市土地面积仅占奥地利领土面积的0.5%，但人口占奥地利总人口的20%左右。
③ 维也纳市在欧盟最富有城市中位居第五，仅次于伦敦、卢森堡城、布鲁塞尔、汉堡。
④ 奥地利维也纳市为欧洲最古老的城市之一，先后成为奥地利公国首邑、神圣罗马帝国首都、奥地利帝国首都、奥匈帝国首都。
⑤ "扼守巴尔干进入欧洲中心的第一道大门"指伊斯坦布尔，"扼守巴尔干进入欧洲中心的第二道大门"指贝尔格莱德。
⑥ 上奥地利州出口额约占奥地利出口总额的1/4左右，其中2/3产品出口至欧盟国家。

一、古代哈尔施塔特文化①兴盛区域，被称为"奥地利文化的摇篮"；州首府林茨市为奥地利北部重要城市、奥地利第三大城市、重工业中心、重要综合交通枢纽、多瑙河上游最大河港、重要文化中心、中欧古城、中世纪重要贸易中心和商路要冲、古罗马人建立的要塞。

（87）其中的奥地利萨尔茨堡州地处奥地利西部、奥地利与德国接壤区域；该州种植业、林业发达，石油天然气盐等非金属矿物蕴藏量相对突出，为奥地利重要电力工业中心造纸工业中心、重要贸易中心、重要旅游目的地、古罗马时代重要盐货贸易中心②；州首府萨尔茨堡市为奥地利西部重要城市、奥地利第四大城市、重要综合交通运输枢纽、著名旅游胜地、重要文化中心教育中心、国际音乐艺术中心、国际交往中心、现今奥地利管辖地域内历史最悠久的城市、世界历史文化遗产所在地城市、中欧古城、中世纪独立宗教城邦、重要宗教中心文化中心、古罗马重要城市、早期人类聚落中心，被称为"阿尔卑斯山脉的门庭""全世界最美丽的城市之一""莫扎特之城"，该市被联合国列为世界人类文明保护区。

（88）上述五州所在区域为奥地利民族和国家融合形成重要区域。当前，上述五州境内已经形成串联以上行政单元、具有较大规模和深厚历史基础的东西向战略主通道（艾森施塔特—圣珀尔腾—维也纳—林茨—萨尔茨堡交通走廊）与经济社会发展战略性地域廊带，该地带已成为奥地利最重要的东西向陆路交通主干地带或主要运输走廊，并已成为奥地利经济社会发展水平最高、人口与经济活动最密集的经济走廊，在奥地利民族与国家形成及当前经济、政治、社会、文化发展中均处于重要地位，且处于东南欧地区与中欧西欧地区开展战略性经济社会交流必需穿越地带。同时，占据阿尔卑斯山脉北麓山前交通线、多瑙河上游平原单一覆被平面大致贯穿线、奥地利国土东西陆路交通主轴线、亚欧大陆东西一级交通区位线等多重潜在交通区位。因此，上述五州所在区域适宜成为中带主通道在奥地利的重要穿越区域（地段）。

（89）东南欧—中欧保塞匈奥四个国家上述二十五个大区州直辖市中，七个大区州直辖市为各该国土地面积前三位行政单元，十二个大区州直辖市为各该国人口规模前三位行政单元，十个直辖市及大区州所在首府城市③为各该国人口规模最大的前三位城市，各国首都及直辖市均处于上述二十五个大区州直辖市之列且为各该国第一大城市，同时成为各该国经济社会发展中的最大极核；同时，上述二十五个大区州直辖市占据上述四国领土大致东南—西北中轴线或东西中轴线区位。由此使上述二十五个大区州直辖市所组成区域成为东南欧—中欧地区经济社会发展水平最高、人口与经济活动最密集的经济社会发展连绵区带，成为东南欧—中欧地区最重要的经济社会发展走廊地带，形成东南欧—中欧地区经济社会发展极核连绵带。

（90）四个国家上述二十五个大区州直辖市所在区域在东南欧—中欧历史发展渊源中均为当前各该国主体民族主要融合形成区域或国家立国区域乃至复兴区域，各该国直辖市及其他一级行政单元首府城市④多为东南欧—中欧地区古城或古都、古代重要文化中心，在各该国主体民族和国家融合形成及复兴历史中居于源头地位，在民族和国家精神文化中具有特殊价值。由此使上述二十五个大区州直辖市所组成区域成为东南欧—中欧地区民族和国家融合形成及复兴源头

---

① 哈尔施塔特文化为西欧和中欧地区早期铁器时代文化的代表类型，因奥地利萨尔茨堡东南的哈尔施塔特遗址而得名，该墓葬遗址所代表的文化类型一般分为四期，I期和II期属青铜时代晚期的骨灰瓮文化，III期和IV期属铁器时代早期。该地区因此被确定为欧洲铁器时代的发祥地。该地古盐矿约于公元前900年即开始开采山盐。晚近研究中的哈尔施塔特文化仅指其III期和IV期而言，年代大体为公元前750~前450年。该种文化前期的主要遗物是青铜器，后期铁器取代了青铜器。该种文化主要由凯尔特人所创造（伊利里亚人参与前期创造），主要分布于前南斯拉夫、奥地利、波兰西部、法国等地；该种文化晚于骨灰瓮文化，早于拉登文化。一般以哈尔施塔特文化为凯尔特铁器文化的第一阶段，以其后的拉登文化为凯尔特铁器文化的第二阶段。

② 萨尔茨堡德语含义即为盐堡。

③④ 或所在城市，因维也纳市为城市州，为奥地利9个联邦州之一。

区域、民族和国家精神文化源头区域最多、最密集、延伸长度最长的连绵区带，成为东南欧—中欧地区主体民族融合形成主干地带、东南欧—中欧地区历史文化融合形成主干地带；形成东南欧—中欧地区普罗夫迪夫—索菲亚—克鲁舍瓦茨—克拉古耶瓦茨—贝尔格莱德—布达佩斯—埃斯泰尔戈姆—维也纳古都带、传统历史人文带。

（91）四个国家上述二十五个大区州直辖市所组成区域在东南欧—中欧历史发展进程中为各民族部族及国家主要政治、经济、社会、文化、军事、交通事件发生区域，为各民族部族及国家之间相互影响相互作用主要地带。由此使上述二十五个大区州直辖市所组成区域成为东南欧—中欧历史发展龙骨地带和枢纽地带，形成东南欧—中欧索菲亚—贝尔格莱德—布达佩斯—维也纳历史发展龙骨带。同时，上述二十五个大区州直辖市所组成区域在亚欧大陆历史发展进程中均为古代亚洲大陆奥斯曼突厥人阿拉伯人波斯人等东方势力经由小亚细亚半岛侵入东南欧—中欧地区最深远地带，为古代欧洲大陆"十字军"及罗马人马其顿人希腊人等西方势力侵入小亚细亚半岛的出发地及经由地，由此使上述二十五个大区州直辖市所组成区域成为欧洲大陆上古代东西方人种族群最大规模交流融合地带，形成欧洲大陆上东西人种族群、历史、文化最大规模融合地带，形成欧洲大陆上东西人种族群、历史、文化交流融合最核心地带。

（92）上述诸方面相叠合，即在四个国家上述二十五个大区州直辖市所组成区域形成东南欧—中欧索菲亚—贝尔格莱德—布达佩斯—维也纳人口与经济活动密集带、历史发展龙骨带、古都带、传统历史人文带、古代东西方贸易线路重镇带叠合带。该叠合带在东南欧—中欧地区当前经济社会发展中、在东南欧—中欧地区民族及国家发展历史中均占据重要地位、发挥重要作用。因此，以该叠合带为核心的东南欧—中欧经济社会发展连绵区域适宜成为中带主通道在东南欧—中欧地区的重要穿越区域（地段）。

（93）当前，上述叠合带为亚洲东方国家经由小亚细亚半岛与欧洲中部西部地区发生经济社会文化联系的重要战略走廊，为欧洲西方国家与小亚细亚半岛乃至更深远的亚洲内陆地区发生经济社会文化联系的重要战略走廊，在亚欧大陆东西方交流中具有特殊重要的战略桥梁和走廊价值。在古代时期，上述叠合带成为亚洲东方部族民族、国家、文明、势力经由小亚细亚半岛与欧洲中部西部地区发生经济社会文化乃至种族血缘联系的重要战略走廊，成为欧洲尤其是东欧南欧部族民族、国家、文明、势力与小亚细亚半岛乃至更深远的亚洲内陆地区发生经济社会文化乃至种族血缘联系的重要战略走廊。因此，以该叠合带为核心的东南欧—中欧经济社会发展连绵区域适宜成为中带主通道在东南欧—中欧地区的重要穿越区域（地段）和支点区域（地段）。

（94）当前，四个国家上述二十五个大区州直辖市境内已经形成串联以上行政单元、具有较大规模和深厚历史基础的东南—西北向战略主通道（哈斯科沃—索菲亚—贝尔格莱德—布达佩斯—维也纳—萨尔茨堡交通走廊）与经济社会发展战略性地域廊带，该地带已成为东南欧—中欧地区最重要的东南—西北向陆路交通主干地带或主要运输走廊。同时，占据巴尔干山脉（南麓）与阿尔卑斯山脉（北麓）山前交通线、马里查河平原—多瑙河中上游平原大致巨型单一覆被平面贯穿线、东南欧—中欧地区东南—西北陆路交通主轴线、亚欧大陆东西一级交通区位线等多重潜在交通区位。因此，上述二十五个大区州直辖市所在区域适宜成为中带主通道在东南欧—中欧地区的重要穿越区域（地段）。

（95）联通中国沿海经济发展最核心区域长三角区域、商丘—开封—郑州—洛阳—西安—咸阳—宝鸡叠合带、中亚突厥斯坦—奇姆肯特—塔什干—撒马尔罕—布哈拉—土库曼纳巴德—马雷叠合带、西亚伊朗马什哈德—德黑兰—加兹温—苏丹尼耶—马腊格—大不里士叠合带、西亚土耳其凡城—锡瓦斯—安卡拉—索乌特—伊斯坦布尔—埃迪尔内叠合带与东南欧—中欧索菲亚—贝尔格莱德—布达佩斯—维也纳叠合带，建立和实现上述六大区域之间的经济社会战略性联系，为中带主通道形成的最主要逻辑及所负有的最主要战略职能之一；建立和实现上述六大区域之间的交通运输联系，进而形成交通经济带，是丝绸之路经济带中带的最主要表现形式和实现途径之一。因此，上述二十五个大区州直辖市所在区域适宜成为中带主通道在东南欧—中欧地区的重要穿越区域（地段），核心区域东南欧—中欧索菲亚—贝尔格莱德—布达佩斯—维也纳叠合带适宜成为中带主通道在东南欧—中欧地区的区段性目的区域，该区域中心城市索菲亚直辖市、贝尔格莱德直辖市、布达佩斯直辖市、维也纳市适宜成为中带主通道在东南欧—中欧地区的区段性目的地。

（96）中欧国家德国地处欧洲中心地带，在欧洲大陆陆路及水路交通体系中处于承东启西、连南接北中枢地位，与奥地利同处东西欧陆路交通中继站、水路交通要冲和东西欧经济往来中心部位，在维系东南欧与西欧之间陆路交通联系中居于重要地位。

（97）其中的德国拜恩州①地处德国东南部、德国与奥地利及捷克接壤区域；该州种植业、园艺业发达，为德国土地面积最大的联邦州、人口规模第二位联邦州、重要农业区；铁等金属矿物及褐煤石油天然气等非金属矿物蕴藏量相对比较突出，为德国重要汽车制造工业中心、机械制造工业中心、电气工业中心、啤酒酿造工业中心、重要保险业中心、旅游业中心②、国际会展业中心、国际知名的"新经济"中心、德国乃至世界领先的新兴技术研发中心、现代化高效型经济发展区域、德国最富裕的州之一、重要"文化州"、世界文化财富所在区域、拜恩文化兴盛区域，是近代及古代德意志帝国、巴伐利亚王国、神圣罗马帝国、查理曼帝国重要统治区域，被称为"德国具有千年历史和最古老传统州""新经济中心""现代化高效型经济中心""世界上最富购买力的市场之一"；州首府慕尼黑市为该州最大城市、经济中心文化中心、德国南部第一大城市、德国第三大城市、主要经济中心文化中心科技中心交通中心之一、第二大金融中心、重要生物工程研发中心软件业中心服务业中心、重要博览会城市、德国新经济中心之一、欧洲最大的出版中心、最繁荣的城市之一、主要文化中心之一、全球城市、中欧古城古都③、古代重要艺术中心④、罗马帝国时期居民点；该州奥格斯堡为古罗马时代古罗马重要边境城市。

（98）其中的德国巴登—符腾堡州地处德国西南部、德国与法国接壤区域；该州种植业、畜牧养殖业、园艺业发达，为德国土地面积和人口规模第三大州、重要农业区；钾盐等非金属矿物蕴藏量相对比较突出，木材资源及水利资源相对比较丰富，为德国重要机械制造工业中心、仪器仪表制造工业中心、⑤汽车制造工业中心、石油加工工业中心，是欧洲最大内河港口及最大内河油港所在地、知名旅游胜地、最受欢迎的度假州之一、出版和媒体业中心、科学理论调研机构最密集州⑥、世界遗产所在地、经济实力最强的州之一、欧洲经济实力最强和竞争力最强的地区之一、欧盟创新力和科研支出占比最高地区、最富有地区；州首府斯图加特市为该州最大城市、政治中心经济中心文化中心、德国南部第二大工业城市、德国第六大城市、工业与文化重镇、重要综合交通运输枢纽、重要的出版业中心和高科技产业中心、年度最适合人类居住的城市之一、最知名的城市之一、欧洲经济最发达及人均产值最高的大城市之一、世界知名汽车品牌诞生地、世界著名汽车城、世界知名企业总部所在地、符腾堡公国首都、古代军事要塞，

---

① 拜恩州又被译作巴伐利亚州。
② 拜恩州保险业和旅游业经营规模居于德国各州首位。
③ 慕尼黑市先后成为上巴伐利亚公国、神圣罗马帝国、巴伐利亚公国、巴伐利亚王国首都。
④ 慕尼黑市先后成为德国文艺复兴艺术中心、巴洛克艺术中心、巴伐利亚王国艺术重镇。
⑤ 巴登—符腾堡州钟表业规模占德国钟表业规模的4/5以上。
⑥ 德国约11%的科研成果均出自该州。

被称为"汽车的摇篮""世界汽车工业的故乡""音乐之都"。

（99）上述两州均在德国当前经济社会发展及历史发展中占据重要地位。当前，两州境内已经形成串联两州、具有较大规模和深厚历史基础的东西向战略主通道（罗森海姆—慕尼黑—梅明根—乌尔姆—斯图加特—奥芬堡交通走廊）与经济社会发展战略性地域廊带，该地带已成为德国南部最重要的东西向陆路交通主干地带或主要运输走廊，并已成为德国经济社会发展水平最高、人口与经济活动最密集的经济走廊之一①，且处于东南欧地区中欧地区与西欧地区开展战略性经济社会交流必需穿越地带。同时，占据阿尔卑斯山脉（北麓）山前交通线、中欧平原巨型单一覆被平面南部贯穿线、德国南部国土东西陆路交通主轴线、中欧南部地区东西陆路交通主轴线、亚欧大陆东西一级交通区位线等多重潜在交通区位。因此，上述两州及其首府所在区域适宜成为中带主通道在德国的主要穿越区域（地段）和支点区域（地段）。

（100）德国为农业用地占国土面积一半的较大国家、农业高度发达国家、高度发达的工业化国家②、科学技术研究成就显著国家、欧洲邻国最多的国家、人口最稠密的国家之一、工业化程度最高的国家、最大经济体、吸引外资第二位国家③、第一大音乐市场、欧盟创始会员国之一、人口最多的国家、北约及申根公约与七国集团和经济合作与发展组织等国际组织重要成员国、世界第四大经济体④、世界贸易大国、世界科技大国、创新领域排名第一位国家、世界第三大音乐市场、公路里程及高速公路里程前列国家、工业革命时期以后全球化经济先驱者创新者和受益者，被称为"诗人与思想家的国家"⑤"欧洲的走廊"；在当前"一超多强"的国际体系中，德国是世界多极化中举足轻重的"一强"，是对欧洲政治方向及经济社会发展进程具有重要影响的国家；中德互为对方大洲中最重要的经济贸易伙伴⑥，两国关系现已明确为"全面战略合作伙伴关系"，在当前"百年未有之大变局"下，德国是未来中国国家发展最为战略攸关的欧洲国家之一，是中国"通往欧洲的大门"。因此，德国适宜成为共建丝绸之路经济带倡议的最主要联络目标国之一，适宜成为中带主通道最主要穿越国之一和最主要目的地国家之一。

（101）西欧国家法国地处欧洲西端、亚欧大陆西端、北大西洋东岸，在亚欧大陆陆路交通体系中处于西桥头堡地位，在跨大西洋水路交通体系中处于东桥头堡地位，在维系亚欧大陆陆路交通体系和跨大西洋水路交通体系中居于重要地位。

（102）其中的法国大东部大区⑦原阿尔萨斯大区⑧地处法国东部、法国与德国及瑞士接壤区域、欧洲经济中枢核心地带、欧洲研发"金三角"核心地带、欧洲汽车工业核心地带、欧洲生物制药产业核心地带⑨、欧洲光伏发电产业中心地带、欧洲市场核心地带、欧洲拉丁文化区域与日耳曼文化区域交接地带、西欧东西向高速铁路与北南向高速铁路交会地带、莱茵河商业河道重要地段；该原大区种植业、畜牧养殖业、园艺业发达，为法国重要农业区；钾盐及石油等非

---

① 德国另一经济社会发展水平最高、人口与经济活动最密集的经济走廊为法兰克福—柏林—马格德堡—汉诺威—奥斯纳布吕克—赖纳走廊。

② 德国为西欧最大汽车生产国，以汽车和精密机床为代表的高端制造业是德国的重要象征之一。

③ 英国为欧洲吸引外资第一位国家。

④ 德国为世界各国中按照国际汇率计算国内生产总值第四位国家、按照购买力平价计算的国内生产总值第五位国家。

⑤ 即所谓"从德意志大地上升起的那一颗颗璀璨的巨星，曾照亮了人类精神和物质世界的大半个星空"。

⑥ 当前中国为德国在亚洲最重要的经济伙伴，德国为中国在欧洲最重要的贸易伙伴。德国将中国视为德国和欧洲重要战略伙伴。

⑦ 法国大东部大区由原阿尔萨斯大区、洛林大区、香槟—阿登大区于2016年1月1日合并而成；合并后的法国大东部大区为法国出口额首位大区、生产总值第七位大区、本土人口密度第三位大区。

⑧ 法国自2016年1月1日起，将本土一级行政区域由22个调整为9个。因暂时缺乏法国该轮行政区划调整后相关大区基本状况资料，因此，本研究中暂时以分述该轮行政区划调整前相关大区概况代替叙述调整后相应大区概况。

⑨ 法国为欧洲第二大生物制药研发基地。

金属矿物蕴藏量相对比较突出，为法国第二大工业基地①、重要机器制造工业中心汽车制造工业中心电器制造工业中心农业食品加工工业中心、宽带覆盖率原第三位大区、人均外贸出口额及人均吸引外国投资额和外企密度原首位大区、经济发达程度原第二位大区②、最富裕的区域之一、第三大科研基地、重要国际教育研发中心③、金融机构最密集地区之一，是国际莱茵河谷合作区组成部分、欧洲金融服务业电子音像制作业电信业外科手术技术重要基地、世界第三大信息电缆网法兰克福—巴黎—伦敦信息电缆网重要穿越区域、神圣罗马帝国法兰克王国罗马帝国重要统治区域、古代凯尔特人定居地、史前游牧民族居住地，被称为"接纳外资的首善之地""欧洲汽车领域桥头堡""世界汽车前沿技术代表性地区"。大东部大区及原阿尔萨斯大区首府斯特拉斯堡市为法国东部地区政治中心经济中心文化中心、重要新兴工业中心石油加工工业中心橡胶工业中心、法国第二大外交中心城市、第二大河港城市、重要综合交通枢纽、欧洲议会所在地、世界文化遗产所在地、近代及中世纪后期神圣罗马帝国印刷业中心、近代及中世纪法国与中欧地区贸易枢纽、中世纪航运中心贸易中心宗教中心，是古代法兰克人、匈人、阿拉曼人④、罗马人重要活动区域及古代罗马帝国军事哨所、古代凯尔特人居住地，被称为"欧洲第二首都"⑤。

（103）其中的法国大东部大区原洛林大区地处法国东北部、法国与比利时及卢森堡和德国接壤区域；该原大区畜牧业、种植业、园艺业发达，为法国重要农业区⑥；铁等金属矿物及煤炭等非金属矿物蕴藏量比较突出，为法国重要钢铁冶金工业中心、汽车制造工业中心、电子工业中心⑦，是法国富裕程度原第二位大区⑧、外国企业重要投资地⑨、欧洲主要交通枢纽地带之一、神圣罗马帝国法兰克王国罗马帝国重要统治区域、古代高卢部落居住地；原大区首府梅斯市为法国东北部重要城市、机械制造工业中心汽车制造工业中心电器制造工业中心、罗马至兰斯大道重要交通节点、重要综合交通运输枢纽、首届"欧洲鲜花城市"奖获得城市、神圣罗马帝国自由市、罗马帝国古城堡、古代梅地奥马特里克人⑩主要城市、古代利古里亚人居住地、早期人类聚落中心，被称为"灯光之城"。

（104）其中的法国大东部大区原香槟—阿登大区地处法国东北部、法国与比利时接壤区域；该大区州种植业、园艺业发达，为法国重要农业区；石灰石等非金属矿物蕴藏量相对比较突出，为法国重要纺织工业中心、汽车制造工业中心、冶金工业中心、香槟酒酿造工业中心、法国人均国内生产总值原第五位大区，是古代法兰克人、日耳曼人、罗马人、高卢人⑪重要活动区域；

---

① 原阿尔萨斯大区被称为"法国工业的摇篮"。
② 原阿尔萨斯大区经济发达程度仅次于原巴黎大区。
③ 该大区为法国吸引外籍留学生原第二位大区、吸引外籍研发人员原第三位大区、科技出版物数量原第四位大区、欧洲专利授予第三位区域、欧洲实验室及研发人员最密集的地区之一。
④ 阿拉曼人为日耳曼人中的一支，最初由数支零部落组成；公元213年罗马人对其发动进攻并记载其名称，其后数十年中，其对罗马行省的威胁日趋严重；公元5世纪末，扩展至今阿尔萨斯及瑞士北部地区，并在该地区使用德语；公元496年，被法兰克王国国王克洛维一世征服并被并入法兰克王国。法语、西班牙语中的"德国"一词即衍生于该支人群名称。
⑤ 斯特拉斯堡市与比利时首都布鲁塞尔市同为欧盟首府。
⑥ 大东部大区原洛林大区为法国原第一大棉花产区、第三大油菜和奶酪产地。
⑦ 大东部大区原洛林大区为法国原第一大煤炭产区、第二大钢材产区、第三大啤酒产地，生产法国10%左右的电力、75%左右的煤炭。
⑧ 大东部大区原洛林大区富裕程度仅次于原巴黎大区。
⑨ 外国企业在大东部大区原洛林该大区创造的就业机会占外国企业在法国创造就业机会的14%。
⑩ 梅地奥马特里克人为高卢凯尔特人的一支。
⑪ 恺撒在《高卢战记》中将阿尔卑斯山脉、比利牛斯山脉与莱茵河之间的区域称为高卢，并将居住在高卢地区的凯尔特人称为高卢人，高卢人为法兰西民族的主要先世。

原大区首府香槟沙隆市为该原大区政治中心文化中心、重要金属加工业中心、精密仪器制造工业中心、香槟酒交易中心、世界文化遗产所在地、西欧古城，被称为"花园之都"；该原大区知名城市兰斯市为重要汽车装配工业中心铁路设计和制造工业中心航空工业中心、世界文化遗产所在地、中世纪法国宗教政治中心、高卢—罗马时期重要城市、西欧古城，被称为"艺术与历史之城"；该大区重要城镇埃佩尔奈地处法国香槟葡萄种植区中心地带，为法国香槟酒酿造工业重镇，被称为"香槟之都"。

（105）其中的法国法兰西岛大区①地处法国中北部；该大区种植业、畜牧养殖业、园艺业发达，为法国人口规模最大和人口密度最高的大区②、重要农业区③；磷酸钙石膏等非金属矿物蕴藏量相对比较突出，为法国政治中心经济中心文化中心地区、经济规模最大和人均国内生产总值水平最高的大区、重要汽车飞机制造工业中心化学工业中心电器机器制造工业中心时装业化妆品业中心、重要教育中心科研中心④、法国最大内河港巴黎港所在地、欧洲交通枢纽、国际知名旅游胜地、法国中央集权民族国家形成核心区域；大区首府巴黎市为法国首都、政治中心经济中心商业中心交通中心文化中心、最大城市、重要农业区、重要国际旅游目的地、重要的服务业密集区⑤、最大工商业城市、西欧政治中心经济中心文化中心、欧洲第一大葡萄酒产区、欧洲交通中心、全球最繁忙的交通枢纽之一、年度全球城市竞争力第四位城市、世界旅游城市第四位城市、全球可持续竞争力20强第六位城市、世界文化中心之一、世界文化遗产所在地、西欧古城古都⑥、中世纪手工业中心贸易中心文化中心宗教中心、古代法兰克人日耳曼人罗马人高卢人重要活动区域。

（106）其中的法国上法兰西大区⑦原皮卡第大区地处法国北部、伦敦—米兰和阿姆斯特丹—巴黎—马德里交通轴线交汇区域、欧洲最有活力的经济活动中心之一心脏地带、巴黎—伦敦—布鲁塞尔三角形地带中央区域；该原大区种植业、畜牧养殖业发达，为法国重要农业区、法国重要机械制造工业中心塑料制造工业中心食品工业中心、知名旅游胜地、世界文化遗产所在地；原皮卡第大区首府亚眠市为法国北部最重要的城市之一、重要工商业中心、重要交通枢纽、巴黎"一小时经济圈"组成部分、国家历史文化名城、世界文化遗产所在地、中世纪后期法国北方地区最重要的商业城市纺织工业中心印染业中心、古代罗马"海洋大道"⑧ 交通咽喉、高卢—罗马时期初现雏形城市、早期人类聚落中心。

（107）其中的法国上法兰西大区原北部—加来海峡大区地处位于法国北部、法国与比利时接壤区域、西欧轴心地带⑨；该大区种植业、畜牧业、园艺业发达，为法国人口密度原第二位大区、重要农业区，煤炭资源相对比较丰富，为法国重要综合工业基地⑩、大型零售业和邮寄销售业中心电子通信技术产业中心电子商务数字产业中心健康产业中心生物技术工程产业中心、对

---

① 法兰西岛大区于2016年1月1日继续保留原有大区名称与地域范围，又称巴黎大区，俗称为大巴黎地区。
② 法兰西岛大区人口占法国总人口的1/6左右。
③ 法兰西岛大区为法国第三大玉米产区和水果、蔬菜、鲜花主产区。
④ 法兰西岛大区大学及高等专科学校数量占法国大学及高等专科学校总数的50%以上，科研人员数量占法国科研人员总数的60%左右。
⑤ 大巴黎都会区服务业总产值约占国内生产总值的1/4左右。
⑥ 巴黎先后成为法兰克王国、法兰西王国、法兰西帝国首都。
⑦ 上法兰西大区由北部—加来海峡、皮卡第大区于2016年1月1日合并而成，合并后的上法兰西大区为法国生产总值第五位大区、本土人口密度第二位大区。
⑧ 指公元1世纪时由古罗马人开辟、连接卢格杜努姆（今里昂）和热索利阿库（今滨海布洛涅）的交通大道。
⑨ 该大区辐射西欧五国首都，方圆300千米范围内人口规模超过1亿人，且为约占欧洲市场25%购买力的高收入消费群体。
⑩ 该大区铁路器材生产量占法国总产量的约50%，电力生产量居法国原各大区第二位，印刷业规模居法国原各大区第二位，机械制造业规模居法国原各大区第三位，食品加工业规模居法国原各大区第三位。

外贸易额及经济规模原第三位大区、知名旅游胜地、法国第一个工厂诞生地；上法兰西大区及原北部—加来海峡大区首府里尔市为里尔城市群核心城市、法国北部最大城市、北部经济中心教育中心交通中心文化中心、最大的综合交通枢纽①、法国第五大城市、经济重镇、最大的工业城市之一、零售业中心、著名的大学城、年度"欧洲文化之都"入选城市、欧洲西北部门户、中世纪手工业中心商业中心、中世纪早期大都市、古代马扎尔人诺曼人维京人日耳曼人罗马人高卢人重要活动区域、早期人类聚落中心，被称为"欧洲最美的老城"②"欧洲建筑的活化石"；该大区重要城市加来市为法国北部重要港口、重要纺织工业中心食品工业中心化学工业中心机械工业中心、著名旅游城市、法国最大客运港、距离英国最近的法国城市、英法海底隧道起点城市、世界文化遗产所在地、中世纪重要港口和军事堡垒。

（108）上述三个大区均在法国当前经济社会发展及历史发展中占据重要地位。当前，三个大区境内已经形成串联以上行政单元、具有较大规模和深厚历史基础的东南—西北向战略主通道（罗森海姆—慕尼黑—梅明根—乌尔姆—斯图加特—奥芬堡交通走廊）与经济社会发展战略性地域廊带，该地带已成为法国最重要的东南—西北向陆路交通主干地带或主要运输走廊，并已成为法国经济社会发展水平最高、人口与经济活动最密集的经济走廊。同时，占据法国国土东南—西北陆路交通主轴线、西欧平原巨型单一覆被平面贯穿线、亚欧大陆东西一级交通区位线等多重潜在交通区位。因此，上述三个大区所在区域适宜成为中带主通道在法国的重要穿越区域（地段）。

（109）法国目前为世界第一大农业食品加工产品出口国、证券交易国、旅游目的地国、公路网最密集国、第二大农业出口国、石油加工技术国、第三大航空工业国、第四大服务业出口国、家用轿车出口国、核电设备技术输出国、化学工业国、第五大生产资料出口国、保险业营业国、科研领域国、第六大公路里程国家、高速公路里程前列国家，服务业从业人员占总劳动力的70%左右，产业结构和生产技术高端化特征明显，发展水平极高，是西欧经济发达极的主体部分；在当前"一超多强"的国际体系中，法国是世界多极化中举足轻重的"一强"，是对欧洲政治方向及经济社会发展进程具有重要影响的国家之一；中法互为重要经济贸易伙伴，两国关系现已明确为"全面战略合作伙伴关系"，在当前"百年未有之大变局"下，法国是未来中国国家发展最为战略攸关的欧洲国家之一。因此，法国适宜成为共建丝绸之路经济带倡议的最主要联络目标国之一，适宜成为中带主通道最主要目的地国家之一。

（110）联通中国沿海经济发展最核心区域长三角区域、商丘—开封—郑州—洛阳—西安—咸阳—宝鸡叠合带、中亚突厥斯坦—奇姆肯特—塔什干—撒马尔罕—布哈拉—土库曼纳巴德—马雷叠合带、伊朗马什哈德—德黑兰—加兹温—苏丹尼耶—马腊格—大不里士叠合带、土耳其凡城—锡瓦斯—安卡拉—索乌特—伊斯坦布尔—埃迪尔内叠合带、东南欧—中欧索菲亚—贝尔格莱德—布达佩斯—维也纳叠合带、德国南部地区与法国中北部地区，建立和实现上述八大区域之间的经济社会战略性联系，为中带主通道形成的最主要逻辑及所负有的最主要战略职能；建立和实现上述八大区域之间的交通运输联系，进而形成交通经济带，是丝绸之路经济带中带的最主要表现形式和实现途径。因此，法国上述三个大区所在区域适宜成为中带主通道在西欧地区的重要穿越区域（地段），核心区域法兰西岛大区适宜成为中带主通道在西欧地区的区段性目的区域，该区域中心城市巴黎市适宜成为中带主通道在西欧地区的区段性目的地。

---

①　该城市为连接巴黎与伦敦及阿姆斯特丹高铁线路的交会点、连接巴黎与伦敦及布鲁塞尔的英法海底隧道铁路运行三角形的中心和转车台、法国北方高速公路网中心，被称为"西欧十字路口"。

②　指里尔市老城。

（111）法国上法兰西大区原北部—加来海峡大区重要城市加来市为法国北部重要港口城市、英法海底隧道起点城市，通过英法海底隧道，经过英国英格兰东南大区，可以连通英国首都伦敦。因此，加来市适宜成为中带主通道在亚欧大陆的西端点、目的地；大伦敦地区及伦敦市①适宜成为未来适当时候中带主通道在亚欧大陆及英国本土的西端点、目的地。

（112）伊斯坦布尔—维也纳—巴黎—加来地段和廊带为欧洲东南—西北方向上的大致平分线，横穿和连接了欧洲大部分发达国家和地区，能够辐射最大范围的欧洲国家和地区，在交通区位上占据优势地位②。因此，该地段和廊带适宜成为中带主通道在欧洲的主要穿越地段和主要廊带。

（113）上述伊斯坦布尔—维也纳—巴黎—加来地段和廊带大致处于巴尔干山脉（南麓）—喀尔巴阡山脉（南侧）—阿尔卑斯山脉（北麓）—比利牛斯山脉（北侧）亚欧大陆地理格局"龙骨"地带，处于该线巨型山前地域廊带，处于该线巨型东西向山链、东西向山地地形雨带、东西向高山冰川带（巴尔干山脉和喀尔巴阡山脉未发育现代冰川）、东西向山麓断裂带及坡降带、东西向径流带、东西向大致连片相对平坦地带、东西向山前平原带、东西向陆路交通走廊带、东西向农牧及矿产资源富集带、东西向山区畜牧业金属采掘业山前种植业油气煤炭采掘业复合产业带、东西向人口集聚区带等地理廊带体系；均处于湿润区半湿润区，形成巨型东西向湿润区半湿润区水—土—城—路系统及河—城系统，具有雄厚、相对一致的亚欧大陆"龙骨"地带湿润区半湿润区山前巨型地域廊带基础。因此，该廊带适宜成为中带主通道在欧洲的穿越区域（地段）。

（114）在当前国际地缘政治地缘经济格局下，俄罗斯、蒙古、中亚东南亚南亚西亚诸国、欧洲国家是共建丝绸之路经济带倡议的最主要联系目标国。因此，中亚诸国、伊朗、土耳其、欧洲相关国家适宜成为除中国以外的中带主通道最主要穿越国家或目的地国家。

（115）上述各地段和廊带几乎全线均处于熊耳山脉—秦岭山脉—祁连山脉—天山山脉—兴都库什山脉—厄尔布尔士山脉—黑海山脉—巴尔干山脉—喀尔巴阡山脉—阿尔卑斯山脉—比利牛斯山脉亚欧大陆地理格局"龙骨"地带，处于该线巨型山前地域廊带，处于该线巨型东西向山链、东西向山地地形雨带、东西向高山冰川带（仅熊耳山脉、秦岭山脉、巴尔干山脉、喀尔巴阡山脉未发育现代冰川）、东西向山麓断裂带及坡降带、东西向径流带、东西向连片相对平坦地带、东西向山前平原带、东西向陆路交通走廊带、东西向农牧及矿产资源富集带、东西向山区畜牧业金属采掘业山前种植业油气煤炭采掘业复合产业带、东西向人口集聚区带等地理廊带

---

① "大伦敦"地区指包括32个伦敦地方行政区及伦敦金融城在内的地区，总面积约为0.16万平方公里；狭义"伦敦"仅指"大伦敦"地区的中心地区，仅包括伦敦金融城和威斯敏斯特自治市；"伦敦市"仅指伦敦金融城，面积2.6平方公里。本研究在"大伦敦"地区意义上使用伦敦这一概念。伦敦为英国首都、政治中心经济中心金融中心文化中心、欧洲第一大城市、最大经济中心金融中心、世界第一大金融中心、世界最大的银行业保险业期货业航运业中心、世界旅游城市知名度首位城市、世界第一大财富中心城市、世界各国居民财富总额第二位城市、世界城市综合实力首位城市、政治经济文化教育科技金融商业体育传媒时尚等领域影响全世界城市、全球化典范城市、全球领先的世界级城市、五大世界级城市之一、世界一线城市首位城市、全球城市影响力首位城市、近代全世界最大的都市、近代具有世界性影响力城市、英国及欧洲古城与古都、古罗马人首建的城市，被称为"全世界最具影响力的城市"。从正面进行阐释，英国为近代世界历史最大开创者、世界近代文明先驱和最主要开拓者、首个完成工业革命的国家；目前英国为英联邦元首国、重要的国际资本输出大国、欧洲四大经济体之一、七国集团成员国、世界第五大经济体、最大的金融服务净出口国、世界各国中经济最发达和生活水准最高的国家之一、世界高科技高附加值产业重要研发基地之一，服务业增加值占国内生产总值的3/4以上，产业结构和生产技术高端化特征明显，发展水平极高，是西欧经济发达极的重要组成部分。在当前"一超多强"的国际体系中，英国仍是世界多极化中的重要"一强"；中英互为重要经济贸易伙伴，两国关系现已明确为"全面战略合作伙伴关系"。因此，适当时候，英国可作为共建丝绸之路经济带倡议的最主要联系目标国之一，可成为中带主通道最主要目的地国家之一。

② 该段线路大致为1898年6月起开通的逢星期日及星期三自巴黎始发经过维也纳、布达佩斯、贝尔格莱德至伊斯坦布尔的欧洲"东方快车"运行线路。1977年5月该线路终止运行。

体系；均形成巨型东西向或近东西向湿润区半湿润区水—土—城—路系统及河—城系统或干旱区半干旱区光—热—水—土—城—路系统，具有雄厚、相对一致的亚欧大陆"龙骨"地带山前巨型东西向或近东西向地域廊带基础。因此，上述各地段和廊带适宜成为中带主通道重要穿越区域（地段）。上述各地段和廊带共同组成丝绸之路经济带中带。

（116）上述各地段和廊带所在地域占据亚欧大陆陆上东西一级交通大横线交通区位。选择该地域廊带作为中带主通道穿越区域（地段），是对亚欧大陆东西一级交通区位线潜在交通区位的主动开发与利用，是该地域廊带所蕴含亚欧大陆东西一级交通区位线的第二次显化（第一次显化为古丝绸之路时期），是亚欧大陆所蕴含东西向陆路交通区位资源和价值在新形势下的再现和重生。

（117）上述地域廊带在古代时期即是古丝绸之路主干线大致穿越地带。选择该地域廊带作为中带主通道穿越区域（地段），既是对历史时期古丝绸之路主干线的概括性继承，也是对当前国际地缘政治地缘经济大势的主动、积极顺应。

（118）选择上述地域廊带为丝绸之路经济带中带，有助于实现太平洋西侧边缘海东海之滨与大西洋东侧英吉利海峡之间的陆路沟通，有助于在中国中北部地区形成一条横贯东西的战略性主通道和经济带，并与西侧相关国家相对发达区域、首都相连相通，使该条带成为一条横贯亚欧大陆中部的国际战略性通道和交通经济带。

（119）选择上述地域廊带为丝绸之路经济带中带，有助于实现亚欧大陆中部一系列最主要国家经济社会发展极核连绵带、经济社会发展走廊、古丝绸之路重镇带或古代商路重要节点带、古都带及传统历史人文带、历史发展龙骨地带叠合地带的陆路沟通及串联，有助于在亚欧大陆中部形成一条横贯东西、具有世界意义的国际性经济社会发展走廊地带、人口与经济活动密集地带，实现亚欧大陆中部最主要国家发展中心的快捷便利陆路沟通及串联，在一定时间段落内再现亚欧大陆高光时刻，复兴亚欧大陆主导时代。

（120）该通道所依托的巨型山链及附随的巨型地理廊带见表4-42。

表4-42 中带主通道依托巨型山链及附随的巨型地理廊带

序号	类型	名称
1	巨型山链	熊耳山脉—秦岭山脉—祁连山脉—天山山脉—兴都库什山脉—厄尔布尔士山脉—黑海山脉—巴尔干山脉—喀尔巴阡山脉—阿尔卑斯山脉—比利牛斯山脉巨型山链
2	巨型山地降水相对较多带	熊耳山脉—秦岭山脉—祁连山脉—天山山脉—兴都库什山脉—厄尔布尔士山脉—黑海山脉—巴尔干山脉—喀尔巴阡山脉—阿尔卑斯山脉—比利牛斯山脉巨型山地降水相对较多带
3	巨型冰川带	祁连山脉—天山山脉—兴都库什山脉—厄尔布尔士山脉—黑海山脉—阿尔卑斯山脉—比利牛斯山脉巨型冰川带
4	巨型盆山耦合带	熊耳山脉—秦岭山脉—祁连山脉—天山山脉—兴都库什山脉—厄尔布尔士山脉—黑海山脉—巴尔干山脉—喀尔巴阡山脉—阿尔卑斯山脉—比利牛斯山脉巨型盆山耦合带
5	巨型河流带	熊耳山脉—秦岭山脉—祁连山脉—天山山脉—兴都库什山脉—厄尔布尔士山脉—黑海山脉—巴尔干山脉—喀尔巴阡山脉—阿尔卑斯山脉—比利牛斯山脉山前巨型河流带
6	巨型成土母质带及连片相对平坦地带	熊耳山脉—秦岭山脉—祁连山脉—天山山脉—兴都库什山脉—厄尔布尔士山脉—黑海山脉—巴尔干山脉—喀尔巴阡山脉—阿尔卑斯山脉—比利牛斯山脉山前巨型成土母质带及连片相对平坦地带
7	巨型盆地群光热资源密集带	熊耳山脉—秦岭山脉—祁连山脉—天山山脉—兴都库什山脉—厄尔布尔士山脉山前巨型盆地群光热资源密集带
8	巨型成矿带	古亚洲成矿域（东段）及特提斯成矿域北带（西段）

序号	类型	名称
9	巨型交通走廊带	熊耳山脉—秦岭山脉—祁连山脉—天山山脉—兴都库什山脉—厄尔布尔士山脉—黑海山脉—巴尔干山脉—喀尔巴阡山脉—阿尔卑斯山脉—比利牛斯山脉山前巨型交通走廊带
10	巨型经济走廊带	熊耳山脉—秦岭山脉—祁连山脉—天山山脉—兴都库什山脉—厄尔布尔士山脉—黑海山脉—巴尔干山脉—喀尔巴阡山脉—阿尔卑斯山脉—比利牛斯山脉山前巨型经济走廊带

（五）中带主通道现状及应建或建议建设交通线路

1. 中带主通道现状

（1）铁路交通线路。中国上海—徐州—兰州—乌鲁木齐—霍尔果斯口岸段已经建成准轨铁路；哈萨克斯坦阿腾科里口岸—阿拉木图—乌兹别克斯坦塔什干—土库曼斯坦谢拉赫斯段已建宽轨铁路；伊朗萨拉赫斯—德黑兰—土耳其安卡拉—德国慕尼黑—法国巴黎—加来段已建准轨铁路。该线全线已建成不同轨距铁路线路。

（2）公路交通线路。中国上海—徐州—兰州—乌鲁木齐—霍尔果斯口岸段已建成高速公路；哈萨克斯坦努尔饶尔口岸—阿拉木图—乌兹别克斯坦塔什干—土库曼斯坦捷詹—伊朗马什哈德—德黑兰—土耳其安卡拉—德国德黑兰—法国巴黎—加来段已建成不同等级公路。

（3）油气管道。中国上海—柳林—靖边—中卫—哈密—乌鲁木齐—霍尔果斯口岸—哈萨克斯坦阿腾科里口岸—阿拉木图—乌兹别克斯坦塔什干—土库曼斯坦阿姆河右岸已建输气管道。中国广州—郑州—兰州—乌鲁木齐段已建成品油管道；中国兰州—哈密—乌鲁木齐—独山子—阿拉山口—哈萨克斯坦多斯特克口岸—阿塔苏—阿特劳段、哈萨克斯坦阿塔苏—乌兹别克斯坦塔什干段已建原油管道。

2. 中带主通道应建或建议建设交通线路及理由或目标

（1）铁路交通线路。应建或建议建设铁路线路：①中国乌鲁木齐—霍尔果斯口岸—哈萨克斯坦阿腾科里口岸—阿拉木图—乌兹别克斯坦塔什干—伊朗德黑兰—土耳其伊斯坦布尔—保加利亚索菲亚—塞尔维亚贝尔格莱德—匈牙利布达佩斯—德国慕尼黑—法国巴黎—加来高速铁路；②中国霍尔果斯口岸—哈萨克斯坦阿腾科里口岸—阿拉木图—乌兹别克斯坦塔什干—土库曼斯坦谢拉赫斯准轨货运铁路。

理由或目标：建设①所述铁路线路，在未来可形成上海—南京—蚌埠—徐州—郑州—西安—兰州—哈密—乌鲁木齐—霍尔果斯口岸—哈萨克斯坦阿腾科里口岸—阿拉木图—乌兹别克斯坦塔什干—伊朗德黑兰—土耳其伊斯坦布尔—保加利亚索菲亚—塞尔维亚贝尔格莱德—匈牙利布达佩斯—德国慕尼黑—法国巴黎—加来全线高速铁路线路。建设②所述铁路线路，在未来可形成上海—南京—蚌埠—徐州—郑州—西安—兰州—哈密—乌鲁木齐—霍尔果斯口岸—哈萨克斯坦阿腾科里口岸—阿拉木图—乌兹别克斯坦塔什干—伊朗德黑兰—土耳其伊斯坦布尔—保加利亚索菲亚—塞尔维亚贝尔格莱德—匈牙利布达佩斯—德国慕尼黑—法国巴黎—加来全线准轨铁路线路。

（2）公路交通线路。应建或建议建设公路线路：中国霍尔果斯口岸—哈萨克斯坦努尔饶尔口岸—阿拉木图—乌兹别克斯坦塔什干—伊朗德黑兰—土耳其伊斯坦布尔—德国慕尼黑—法国巴黎—加来高速公路。

理由或目标：建设该公路线路，在未来可形成中国上海—南京—蚌埠—徐州—郑州—西安—兰州—哈密—乌鲁木齐—霍尔果斯口岸—哈萨克斯坦努尔饶尔口岸—阿拉木图—乌兹别克斯坦塔什干—伊朗德黑兰—土耳其伊斯坦布尔—保加利亚索菲亚—塞尔维亚贝尔格莱德—匈牙利布达佩斯—德国慕尼黑—法国巴黎—加来全线高速公路线路。

（3）油气管道。应建或建议建设油气运输管道：德黑兰—马什哈德—塔什干—阿拉木图—霍尔果斯口岸—独山子原油管道、天然气管道。

理由或目标：建设该油气管道，在未来可形成中国西部连接波斯湾"石油极"的战略性油气管道运输系统，进一步增强中国国家能源安全保障能力。

二、中带中吉乌塔走廊交通支线通道走向及其辐射范围、沿线地区主导产业

丝绸之路经济带中带中吉乌塔走廊交通支线通道（以下简称中带中吉乌塔走廊支线通道）及经济走廊走向、辐射范围、沿线地区主导产业如下：

（一）中带中吉乌塔走廊支线通道走向

中带中吉乌塔走廊支线通道走向为：中国新疆吐鲁番市高昌区（乌鲁木齐市—巴伦台）—库尔勒—阿克苏—喀什—伊尔克什坦口岸—吉尔吉斯斯坦伊尔克什坦口岸—奥什—乌兹别克斯坦安集延—纳曼干—塔吉克斯坦苦盏—乌兹别克斯坦别卡巴德—吉扎克。

（二）中带中吉乌塔走廊支线通道穿越或辐射地区

中带中吉乌塔走廊支线通道穿越的国家为：中国、吉尔吉斯斯坦、乌兹别克斯坦、塔吉克斯坦。

中带中吉乌塔走廊支线通道穿越的中国一级行政单元为：新疆维吾尔自治区。

中带中吉乌塔走廊支线通道穿越的中国国内段主要城市为：吐鲁番市高昌区（乌鲁木齐市）、库尔勒市、阿克苏市、阿图什市、喀什市。

中带中吉乌塔走廊支线通道穿越的中国国内市地盟州为：吐鲁番市、巴音郭楞蒙古自治州、阿克苏地区、喀什地区、克孜勒苏柯尔克孜自治州。

中带中吉乌塔走廊支线通道穿越的中国新疆县市区为：吐鲁番市高昌区（乌鲁木齐市）、托克逊县、和静县、和硕县、焉耆县、博湖县、库尔勒市、铁门关市、轮台县、库车县、沙雅县、新和县、拜城县、阿克苏市、温宿县、柯坪县、阿瓦提县、巴楚县、伽师县、阿图什市、喀什市、乌恰县。

中带中吉乌塔走廊支线通道穿越的相关国家一级行政单元为：吉尔吉斯斯坦奥什州、乌兹别克斯坦安集延州、纳曼干州、费尔干纳州、塔吉克斯坦粟特州、乌兹别克斯坦锡尔河州、吉扎克州（共计7个一级行政单元）。合计中吉乌塔走廊支线通道穿越的各国一级行政单元共计8个。

中带中吉乌塔走廊支线通道穿越的相关国家主要城市为：吉尔吉斯斯坦奥什市、乌兹别克斯坦安集延市、纳曼干市、费尔干纳市、塔吉克斯坦苦盏市、乌兹别克斯坦吉扎克市。

中带中吉乌塔走廊支线通道通过的中国—吉尔吉斯斯坦国际口岸：伊尔克什坦口岸—伊尔克什坦口岸。

中带中吉乌塔走廊支线通道辐射的中国—吉尔吉斯斯坦国际口岸：吐尔尕特口岸—图噜噶尔特口岸。

（三）中带中吉乌塔走廊支线通道沿线地区主导产业

1. 中带中吉乌塔走廊支线通道中国新疆段沿线地区主导产业

中带中吉乌塔走廊支线通道中国新疆段沿线地区主导产业为：煤炭开采和洗选工业、石油天然气开采加工及炼焦工业、化学原料及制品制造工业、建材工业、钢铁工业、旅游服务业、特色种植业及林果业（吐鲁番市、巴音郭楞蒙古自治州、阿克苏地区、喀什地区、克孜勒苏柯尔克孜自治州，乌鲁木齐市主导产业状况暂略，见表4-43）。

表 4-43 中带中吉乌塔走廊支线通道中国新疆段沿线地区主导产业

序号	市地盟州	主导产业
1	吐鲁番市	煤炭开采和洗选工业、石油天然气采掘工业、旅游服务业、特色种植业及林果业
2	巴音郭楞蒙古自治州	石油天然气采掘工业、煤炭采掘工业、化学工业、建材工业、钢铁工业、农产品加工工业、种植业及林果业
3	阿克苏地区	石油天然气开采加工及炼焦工业、煤炭开采和洗选工业、电力热力生产及供应业、农副产品加工工业、化学原料及制品制造工业、非金属矿物制品业、种植业及林果业
4	喀什地区	种植业、硼化学工业、钢铁工业
5	克孜勒苏柯尔克孜自治州	黑色金属及有色金属矿采掘工业、煤炭开采和洗选工业、建材工业、农畜产品加工工业、种植业及林果业与畜牧养殖业

2. 中带中吉乌塔走廊支线通道费尔干纳盆地区域沿线地区主导产业

中带中吉乌塔走廊支线通道费尔干纳盆地区域沿线地区主导产业为：金属加工及机械制造工业、石油天然气采掘工业、轧棉及纺织工业、食品加工工业、建材工业、饲料加工工业、植棉业、葡萄种植及园艺业、畜牧业（吉尔吉斯斯坦奥什州，乌兹别克斯坦安集延州、纳曼干州、费尔干纳州，塔吉克斯坦粟特州，见表4-44）。

表 4-44 中带中吉乌塔走廊支线通道费尔干纳盆地区域沿线地区主导产业

序号	国家	州份	主导产业
1	吉尔吉斯斯坦	奥什州	纺织工业、食品加工工业、饲料加工工业、种植业
2	乌兹别克斯坦	安集延州	机械制造工业、石油天然气采掘工业、建材工业、轻工业及食品加工工业、植棉业、瓜果蔬菜种植业、养蚕业
		纳曼干州	轧棉业、纺织工业、食品加工工业、建材工业、机械制造工业、电力工业、植棉业
		费尔干纳州	棉纺及丝织工业、油脂加工工业、石油采掘及化学工业、电力工业、金属加工及机械制造工业、建材工业、植棉业、葡萄种植及园艺业
3	塔吉克斯坦	粟特州	机器制造工业、轻工业、食品工业、建材工业、植棉业、园艺业、葡萄栽培业、畜牧业

3. 中带中吉乌塔走廊支线通道天山南脉西北麓段沿线地区主导产业

中带中吉乌塔走廊支线通道天山南脉西北麓段沿线地区主导产业为：棉纺织工业、机械制造工业、有色金属采选及金属加工工业、建材工业、食品工业、植棉业（乌兹别克斯坦锡尔河州、吉扎克州，见表4-45）。

表 4-45 中带中吉乌塔走廊支线通道天山南脉西北麓段沿线地区主导产业

序号	州份	主导产业
1	乌兹别克斯坦锡尔河州	棉纺织工业、机械制造工业、金属加工工业、建材工业、食品工业、植棉业
2	乌兹别克斯坦吉扎克州	建材工业、有色金属采选业、机械制造工业、纺织工业、食品工业、植棉业、畜牧业

对上述四个国家三个区段的主导产业进行比较可见，在整个中带中吉乌塔走廊支线通道沿

线地区，主导产业结构层次及总体经济发展水平大致呈现西段（天山南脉西北麓段，即乌兹别克斯坦锡尔河州与吉扎克州段）最高、中段（费尔干纳盆地区域段）次高、东段（中国新疆境内段）最低的"坡形"格局，产业结构层次和经济发展水平差异比较明显，全线产业结构优化及经济发展一体化潜力相对较大。

（四）中带中吉乌塔走廊支线通道及经济走廊走向理由与依据

（1）中国新疆吐鲁番市高昌区—库尔勒市—阿克苏市—喀什市地带与中带主通道穿越新疆地带（尾亚—乌鲁木齐市—霍尔果斯市）同为新疆侧"Y"字型经济社会发展战略性地域廊带地段，是新疆南疆地区北部西部人口与经济社会资源及活动主要辐集地带。

（2）如前所述，其中的新疆吐鲁番市为新疆重要煤炭基地及石油工业基地、重要综合交通枢纽、新疆北疆地区与南疆地区交汇区域、丝绸之路经济带中带重要节点区域、古丝绸之路重镇及要冲。因此，选择该市所在区域为中带中吉乌塔走廊支线通道起始区域，选择该市中心城区高昌区为中带中吉乌塔走廊支线通道起始地、走廊东桥头堡、丝绸之路经济带中带战略性枢纽。

（3）如前所述，其中的新疆乌鲁木齐市为中国新疆维吾尔自治区首府、天山北坡城市群核心城市、中国西北地区重要工业基地和重要综合交通及通信枢纽、亚欧大陆中部区域重要中心城市、第二亚欧大陆桥重要枢纽、丝绸之路经济带中带重要节点城市、近代以来中国中央政府新疆政治中心军事中心所在区域。当前，乌鲁木齐—巴伦台—库尔勒高速公路已经开工建设，已经显示出形成乌鲁木齐—巴伦台—库尔勒—阿克苏—喀什—伊尔克什坦高速公路线路并成为中吉乌塔走廊支线通道高速公路主线路的趋势。因此，亦选择该市所在区域为中带中吉乌塔走廊支线通道起始区域，亦选择该市中心城区为中带中吉乌塔走廊支线通道起始地、走廊东桥头堡、丝绸之路经济带中带战略性枢纽（乌鲁木齐—巴伦台—库尔勒高速公路建成通车后，乌鲁木齐市就将在事实上成为中带中吉乌塔走廊支线通道起始地之一、走廊东桥头堡之一）。

（4）其中的新疆巴音郭楞蒙古自治州地处新疆东南部、塔里木盆地东部、天山南麓，为新疆重要石油及石油化学工业基地、重要综合交通运输枢纽、中国面积最大的地区级行政区、古丝绸之路重镇、古代中国中央政府西域政治中心军事中心所在区域①、中国汉朝"西域36国"中11个所谓"城国"和"行国"所在区域、古代重要人类活动中心。其中的新疆阿克苏地区地处新疆西部、塔里木盆地西北部、天山南麓、中国与吉尔吉斯斯坦接壤区域，为新疆重要煤炭基地、重要石油及石油化学工业基地、塔里木盆地探明石油天然气最主要蕴藏区域、古丝绸之路重镇、古代中国中央政府西域政治中心军事中心所在区域②、中国汉朝"西域36国"中龟兹姑墨温宿等所谓"城国"所在区域、古代龟兹文化兴盛区域、古代重要人类活动中心。其中的新疆喀什地区地处新疆西南部、塔里木尔盆地西南缘、喀喇昆仑山脉北侧，为新疆重要农产品生产基地、重要贸易中心、古丝绸之路要冲、古代中国中央政府西域政治中心军事中心所在区域③、中国汉朝以来重要军事重镇和屯垦中心、古代重要的人类活动区域；中心城市喀什市为中国新疆塔里木盆地西南部中心城市、中国国家历史文化名城、当代及古代重要国际商埠、古丝绸之路交通要冲。其中的新疆克孜勒苏柯尔克孜自治州地处新疆西南部、塔里木尔盆地西南缘、南天山东南麓、中国与吉尔吉斯斯坦和塔吉克斯坦接壤区域，为新疆重要农产品生产基地、重要贸易中心、古丝绸之路要道、中国汉朝"西域36国"中疏勒捐毒尉头等所谓"城国"或"行

---

① 域内轮台县乌垒古城为中国西汉西域都护府驻地，域内若羌县海头古城为中国魏晋西域长史府驻地。
② 域内库车为中国东汉西域都护府、唐朝安西都护府驻地。
③ 域内古疏勒为中国东汉西域长史府驻地。

国"所在区域、古代重要的人类活动区域。

（5）新疆南疆地区上述四个自治州地区均处于天山南麓地带，居于中国新疆中部核心地带与中亚南部人口及经济活动密集地带连接走廊部位，均为中国新疆南疆地区经济社会发展重镇，人口与经济规模占中国新疆南疆地区绝大部分（南疆地区仅和田地区未处于该走廊地带）；且四个自治州地区所在区域自中国汉朝时期以来即为中国西部重要军事重镇、屯垦中心和丝绸之路交通要冲或重镇，其中的三个自治州地区为古代中国中央政府西域政治中心军事中心所在区域，整个地域廊带处于中国中原地区及河西走廊和东疆地区与中亚南部地区之间连接纽带地位，为古丝绸之路新疆段中道主要组成部分、古代中国中央政府在西域地区设立政治中心军事中心最早最主要地带、古代印欧人东移进入亚欧大陆中部区域重要通道、中华民族在新疆地区西向融合最早最重要延伸地带、中国国家历史在新疆地区西向展开最早最重要延伸地带，在中国国家形成发展史中占据重要地位，在当前新疆经济社会发展和中国内地与中亚南部地区之间交流中发挥重要作用。因此，选择上述四个自治州地区所在区域为中带中吉乌塔走廊支线通道在中国新疆南疆地区的承东启西重要穿越区域（地段）和支点区域（地段）。

（6）当前，上述五个市自治州地区境内已经形成串联以上行政单元、具有较大规模和一定历史基础的东北—西南向战略通道（吐鲁番市高昌区—库尔勒—阿克苏—喀什交通走廊）[1]与经济社会发展战略性地域廊带，该地带已成为中国新疆南疆地区北部西部东北—西南交通主干地带或主要运输走廊。同时，占据天山南麓山前交通线、环塔里木盆地交通线北部西部半环线、新疆核心区域与边境区域连接线、亚欧大陆东西一级交通区位线等多重潜在交通区位。因此，应当顺势而为，选择上述五个市自治州地区所在区域为中带中吉乌塔走廊支线通道在中国新疆的起点区域和重要穿越区域（地段）[2]。

（7）上述五个市自治州地区所在地域均处于中天山（南麓）—南天山（南麓）巨型山前地域廊带，处于中天山—南天山巨型东西向山链、东西向山地地形雨影带、东西向高山冰川带、东西向山麓断裂带及坡降带、东西向径流带、东西向连片相对平坦地带、东西向绿洲带、东西向陆路交通走廊带、东西向农牧及矿产资源富集带、东西向山区畜牧业金属采掘业山前种植业油气煤炭采掘业复合产业带、东西向人口集聚区带等地理廊带体系；均处于干旱区，形成东北—西南向干旱区光—热—水—土—城—路系统，具有雄厚、相对一致的干旱区山前巨型东北—西南向地域廊带基础。因此，选择上述五个市自治州地区所在区域为中带中吉乌塔走廊支线通道在中国新疆的起点区域和重要穿越区域（地段）。

（8）中亚费尔干纳盆地区域聚集了中亚地区20%以上的人口，为中亚地区人口最密集地带、经济社会资源及活动最主要密集地带。

（9）其中的吉尔吉斯斯坦奥什州地处南天山南段、费尔干纳盆地东侧、吉尔吉斯斯坦与中国新疆及塔吉克斯坦和乌兹别克斯坦接壤区域，居于中国新疆与费尔干纳盆地区域诸国开展战略性经济社会交流必需穿越地带；该州种植业、园艺业、畜牧养殖业相对比较发达，锑汞铅锌等金属矿物和煤石油天然气石膏石灰石大理石等非金属矿物蕴藏量相对突出，为吉尔吉斯斯坦重要棉花烟草产区、纺织工业中心食品工业中心饲料工业中心、苏联时期吉尔吉斯斯坦有色金属稀有金属石油天然气煤炭丝织品棉织品植物油集中产地；该州首府奥什市为该州行政中心经济中心文化中心、吉尔吉斯斯坦第二大城市、第二首都、中亚古城。

---

① 因乌鲁木齐—巴伦台—库尔勒高速公路尚未建成，因此，该已建成运输通道中暂不含乌鲁木齐市节点。
② 未来乌鲁木齐—巴伦台—库尔勒高速公路建成后，乌鲁木齐市亦将成为中带中吉乌塔走廊支线通道在中国新疆的起点区域，下同。

（10）其中的乌兹别克斯坦安集延州地处费尔干纳盆地东部、乌兹别克斯坦与吉尔吉斯斯坦接壤区域；该州灌溉农业相对发达，钨锰等金属矿物和大理石花岗石石灰石石膏等非金属矿物蕴藏量相对比较突出，为乌兹别克斯坦人口密度最高的州①、重要农业区、石油天然气工业中心机械制造工业中心电机工业中心；该州首府安集延市为该州行政中心大型工业中心、乌兹别克斯坦第四大城市、重要交通运输枢纽、近代中亚大铁路最东端终点站、古代中国新疆通往撒马尔罕重要贸易中转站、古丝绸之路重镇和知名城市、费尔干纳盆地最古老的城市之一，被称为"中亚富庶之地""中亚的大巴扎"②"东西方交流的主要枢纽"。其中的乌兹别克斯坦纳曼干州地处费尔干纳盆地北部、乌兹别克斯坦与吉尔吉斯斯坦及塔吉克斯坦接壤区域；该州棉花种植业、园艺业、畜牧业相对发达，锑金铜铁锡等金属矿物和石油石英等非金属矿物蕴藏量相对比较突出，为乌兹别克斯坦重要农业区、食品工业中心建材工业中心机械制造工业中心；该州首府纳曼干市为该州行政中心、重要工业中心、交通枢纽、古代中亚重要城镇。其中的乌兹别克斯坦费尔干纳州地处费尔干纳盆地南部、乌兹别克斯坦与吉尔吉斯斯坦及塔吉克斯坦接壤区域；该州种植业、畜牧养殖业相对发达，石油天然气等非金属矿物蕴藏量相对比较突出，为乌兹别克斯坦人口规模第二大州、人口最稠密的州之一、重要农业区、石油开采加工工业中心电力工业中心机械制造工业中心、早期人类聚落中心，被称为"乌兹别克斯坦的明珠"；该州首府费尔干纳市为该州行政中心工业中心文化中心、交通枢纽，被称为"东方明珠"；该州重要城市浩罕市为乌兹别克斯坦重要工业城市、中亚古城名城、古代浩罕汗国首都、古代中亚手工业中心宗教中心民间艺术中心；该州重要城市马尔吉兰市为乌兹别克斯坦当代及古代丝绸生产中心、中亚古城，被称为"丝绸之城"。

（11）其中的塔吉克斯坦粟特州地处费尔干纳盆地西部、塔吉克斯坦与吉尔吉斯斯坦及乌兹别克斯坦接壤区域，扼守进出费尔干纳盆地要道；该州种植业相对发达，铅锌等金属矿物和煤炭石油等非金属矿物蕴藏量相对比较突出，为塔吉克斯坦重要农业区、重要机器制造工业中心纺织工业中心食品工业中心、经济发展水平最高的州、中亚城市文化中心之一，被称为"塔吉克斯坦的经济支柱"③；该州首府苦盏市为该州行政中心经济中心文化中心、塔吉克斯坦第二大城市、第一个自由经济区所在地、中国唐代玄奘经行地、古丝绸之路重镇、中亚最古老的城市之一。

（12）费尔干纳盆地区域吉乌塔三个国家上述五个州均处于南天山山系巨型山间盆地地带，居于中国新疆中部核心地带与中亚南部经济社会发展中心地带塔什干—撒马尔罕区域连接走廊部位，均为中亚国家经济社会发展重要区域，费尔干纳盆地区域以占中亚地区1%左右的土地面积滋养占中亚地区20%左右的人口；且三个国家上述五个州所在区域在中国汉代以前即为亚洲中部地区商业中心及文化中心地带，自中国汉朝时期以来即为古丝绸之路要冲或重镇，整个区域处于中国中原地区及河西走廊和新疆地区与中亚南部塔什干—撒马尔罕区域乃至更西部地区之间连接纽带地位，为古丝绸之路中亚段重要组成部分、古代印欧人东移进入亚欧大陆中部区域重要通道，在当前中亚地区经济社会发展和中国与中亚南部地区之间交流中、在中亚地区历史发展中均占据重要地位、发挥重要作用。因此，费尔干纳盆地区域吉乌塔三个国家上述五个州及其首府所在区域适宜成为中带中吉乌塔走廊支线通道在中亚地区的承东启西重要穿越区域

---

① 安集延州土地面积占乌兹比克斯坦国土面积的比重不足1%，却居住着该国10%的人口。

② "巴扎"为维吾尔语音译词，意为"商业繁盛之区"或"集市"。

③ 该州工业产值平均占塔吉克斯坦工业总产值的40%左右，农业产值平均占塔吉克斯坦农业总产值的20%左右，该州在塔吉克斯坦具有最重要的经济地位。

（地段）和支点区域（地段）。

（13）当前，费尔干纳盆地区域吉乌塔三个国家上述五个州境内已初步形成串联以上行政单元、具有一定规模和历史基础的大致东西向战略通道（奥什市—安集延市—纳曼干市—费尔干纳市—苦盏市交通走廊）与经济社会发展战略性地域廊带，该地带已成为中亚费尔干纳盆地区域东西交通主干地带或主要运输走廊；同时，占据费尔干纳盆地大致横穿线、塔里木盆地—费尔干纳盆地—图兰平原连接线、亚欧大陆东西一级交通区位线等多重潜在交通区位。因此，上述五个州所在区域适宜成为中带中吉乌塔走廊支线通道在中亚地区的重要穿越区域（地段）。

（14）费尔干纳盆地区域吉乌塔三个国家上述五个州所在地域均处于南天山山系巨型山间盆地地域廊带，处于南天山山系巨型东北—西南向山链、东西向山地地形雨影带、东西向高山冰川带、东西向山麓断裂带及坡降带、东西向径流带、东西向连片相对平坦地带、东西向绿洲带、东西向陆路交通走廊带、东西向农牧及矿产资源富集带、东西向山区畜牧业金属采掘业山前种植业油气煤炭采掘业复合产业带、东西向人口集聚区带等地理廊带体系；均处于干旱区，形成东西向干旱区光—热—水—土—城—路系统，具有雄厚、相对一致的干旱区山间盆地巨型东西向地域廊带基础。因此，上述五个州所在区域适宜成为中带中吉乌塔走廊支线通道在中亚地区的重要穿越区域（地段）。

（15）如前所述，乌兹别克斯坦锡尔河州地处天山支脉突厥斯坦山脉北麓、费尔干纳盆地西出口处，为乌兹别克斯坦重要棉花产区、纺织工业中心建材工业中心有色金属开采加工工业中心机械制造工业中心食品加工工业中心；该州首府古里斯坦市为该州行政中心、重要工业中心、重要交通枢纽。如前所述，乌兹别克斯坦吉扎克州地处天山支脉突厥斯坦山脉西北麓、丝绸之路经济带中带主通道必经之地、费尔干纳盆地西出口外侧、中亚重镇塔什干市与撒马尔罕市之间，为乌兹别克斯坦重要棉花产区、建材工业中心采矿工业中心机械制造工业中心；该州首府吉扎克市为乌兹别克斯坦重要工业中心文化中心、综合交通枢纽。上述两州及其首府均在乌兹别克斯坦经济、社会、文化生活及中亚地区交通体系中占据重要地位、发挥重要作用。同时，该两州是中国新疆中部核心地带与中亚南部经济社会发展中心地带塔什干—撒马尔罕区域之间的连接纽带和必经区域，甚至是中亚南部经济社会发展中心地带塔什干—撒马尔罕区域的中腰组成部分。因此，该两州所在区域适宜成为中带中吉乌塔走廊支线通道在中亚地区的重要穿越区域（地段）。

（16）联通中国新疆核心区域（乌鲁木齐市及吐鲁番市所在区域）、塔里木盆地北部西部上述四个州地区、费尔干纳盆地区域吉乌塔三个国家上述五个州与中亚南部经济社会发展中心地带塔什干—撒马尔罕区域（吉扎克州），建立和实现上述四大区域之间的经济社会战略性联系并保持该联系向西南延伸可能性，是中带中吉乌塔走廊支线通道形成的最主要逻辑及所负有的最主要战略职能；建立和实现上述四大区域之间的交通联系并保持该联系向西南延伸可能性、进而形成交通经济带，是中带中吉乌塔走廊的最主要表现形式和实现途径。因此，乌兹别克斯坦吉扎克州所在区域适宜成为中带中吉乌塔走廊支线通道目的区域，该州中心城市吉扎克市适宜成为中带中吉乌塔走廊支线通道目的地、中带中吉乌塔走廊西桥头堡、丝绸之路经济带中带战略性枢纽。

（17）当前，中国新疆上述五市自治州地区境内已建成贯穿东西的吐鲁番市高昌区—库尔勒市—阿克苏市—喀什市普通准轨铁路和高速公路线路；中亚费尔干纳盆地区域吉乌塔三个国家上述五个州境内已建成贯穿东西的奥什市—安集延市—纳曼干市—费尔干纳市—苦盏市（—别克巴德—吉克扎克市）普通宽轨铁路和普通等级公路线路；乌兹别克斯坦锡尔河州及吉扎克州境内已建成贯穿东西的（苦盏市）—别克巴德—吉扎克市普通宽轨铁路和普通等级公路线路；

中国、吉尔吉斯斯坦、乌兹别克斯坦有关方面正在筹划建设中吉乌铁路（喀什—伊尔克什坦—奥什—安集延铁路）。上述各个区域之间已经初步显示形成连接中国新疆中部核心区域与中亚南部塔什干—撒马尔罕核心区域东西向战略通道（高昌区—库尔勒市—阿克苏市—喀什市—伊尔克什坦口岸—奥什市—安集延市—纳曼干市—费尔干纳市—苦盏市—别克巴德—吉扎克市交通走廊）与经济社会发展战略性地域廊带的趋势。同时，占据天山南脉南麓—费尔干纳山间盆地山前交通线、吐哈盆地—塔里木盆地—费尔干纳盆地—图兰平原连接线、中国新疆核心区域与中亚南部经济社会发展中心地带连接线、亚欧大陆东西一级交通区位线等多重潜在交通区位。因此，上述四大区域适宜成为中带中吉乌塔走廊支线通道在中国新疆及中亚地区的重要穿越区域（地段）。

（18）上述地段及走廊与中带主通道中国吐鲁番高昌区—乌鲁木齐—霍尔果斯口岸—阿拉木图—塔什干—吉扎克段共享亚欧大陆东西一级交通区位线潜在交通区位。选择上述地段及走廊作为中带中吉乌塔走廊支线通道穿越区域（地段），是对亚欧大陆东西一级交通区位线潜在交通区位的主动开发与利用，是该地域廊带所蕴含亚欧大陆东西一级交通区位线的第二次显化（第一次显化为丝绸之路时期），是亚欧大陆所蕴含东西向陆路交通区位资源和价值在新形势下的再现和重生。

（19）上述地段及走廊在古代时期即是丝绸之路中道（早期北道）大致穿越地带。选择上述地段及走廊作为中带中吉乌塔走廊支线通道穿越区域（地段），既是对历史时期丝绸之路中道（早期北道）的概括性继承，也是对当前中亚南部区域国际地缘政治地缘经济大势的主动、积极顺应。

（20）与前述吐鲁番市高昌区—乌鲁木齐—霍尔果斯—吉扎克一线相比较，上述吐鲁番市高昌区（乌鲁木齐市）—库尔勒市—喀什市—奥什市—安集延市—吉扎克市一线经济社会发展水平、经济社会资源以交通线路为中轴的整合程度、交通区位重要度、在经济社会发展全局中的地位等均相对较弱。因此，不选吐鲁番市高昌区—库尔勒—喀什—安集延—吉扎克一线为中带主通道穿越区域（地段）；又由于其末端与中带主通道穿越中亚地区南部段相汇合，因此，不将其单独列为干线主通道，而仅将其列为支线通道。

（21）该支线通道所依托山链及附随的地理廊带见表4-46。

表4-46 中带中吉塔乌走廊支线通道依托山链及附随的地理廊带

序号	类型	名称
1	山链	天山山脉
2	冰川带	天山山脉冰川带
3	盆山耦合带	天山山脉南侧盆山耦合带
4	河流带	天山山脉南侧山前河流带
5	成土母质带及连片相对平坦地带	天山山脉南侧山前成土母质带及连片相对平坦地带
6	盆地光热资源密集带	天山山脉南侧山前盆地光热资源密集带
7	成矿带	古亚洲成矿域（东段）
8	交通走廊带	天山山脉南侧山前交通走廊带
9	经济走廊带	天山山脉南侧山前经济走廊带

（五）中带中吉塔乌走廊支线通道现状及应建或建议建设交通线路

1. 中带中吉塔乌走廊支线通道现状

（1）铁路交通线路。中国吐鲁番市高昌区—库尔勒市—阿克苏市—喀什市段已建普通准轨铁路；吉尔吉斯斯坦奥什市—乌兹别克斯坦安集延市—塔吉克斯坦苦盏市—乌兹别克斯坦吉扎克市段已建普通宽轨铁路，仅中国喀什市—伊尔克什坦口岸—吉尔吉斯斯坦伊尔克什坦口岸—奥什市段尚未建设铁路线路。

（2）公路交通线路。中国吐鲁番市高昌区—库尔勒市—阿克苏市—喀什市—伊尔克什坦口岸（中方）段已基本建成高速公路（仅乌恰—康苏—伊尔克什坦段未建高速公路），吉尔吉斯斯坦伊尔克什坦口岸—奥什市—安集延市—塔吉克斯坦苦盏市—乌兹别克斯坦吉扎克市段已建成不同等级的公路线路。

（3）油气管道。该线中国境内鄯善县—库尔勒市—轮南镇段已建长大输气管道，中国境内鄯善县—库尔勒市—轮台县（—塔中）段已建输油管道；中亚吉尔吉斯斯坦及乌兹别克斯坦和塔吉克斯坦境内奥什市—苦盏市—塔什干直辖市段已建输气、输油管道，仅中国喀什市—吉尔吉斯斯坦奥什市段尚未建成输气、输油管道（已开工建设中亚—中国天然气管道 D 线）。

2. 中带中吉塔乌走廊支线通道应建或建议建设交通线路及理由或目标

（1）铁路交通线路。应建或建议建设铁路交通线路：喀什市—奥什市段准轨、宽轨并行铁路线路。

理由或目标：喀什市—奥什市段铁路是中国新疆南疆铁路线路与中亚铁路网之间最大的瓶颈制约路段，该段建成，即可实现中国新疆南疆铁路线路与中亚铁路网之间的全面联通，对促进丝绸之路经济带中带体系完全畅通具有重要意义。

（2）公路交通线路。应建或建议建设公路交通线路：吉尔吉斯斯坦伊尔克什坦口岸—奥什市—乌兹别克斯坦安集延市—塔吉克斯坦苦盏市—乌兹别克斯坦吉扎克市高速公路。

理由或目标：连接前述的努尔饶尔口岸—阿拉木图直辖市—塔什干直辖市—德黑兰直辖市—伊斯坦布尔市—慕尼黑市—巴黎市—加来市高速公路；实现中国新疆南疆高速公路网与中亚南部高速公路网顺畅衔接；实现中国新疆南疆高速公路网与亚欧洲际中线高速公路顺畅衔接。

（3）油气管道。应建或建议建设油气管道：喀什市—安集延市—塔什干直辖市输油管道。

理由或目标：喀什市—奥什市段输油管道是中国新疆南疆输油管道与中亚输油管网之间最大的瓶颈制约路段，该段建成，即可实现中国新疆南疆输油管道与中亚输油管网之间的全面联通，对促进丝绸之路经济带中带体系完全畅通具有重要意义。

三、中带通波斯湾走廊交通支线通道走向及其辐射范围、沿线地区主导产业

丝绸之路经济带中带通波斯湾走廊交通支线通道（以下简称中带通波斯湾走廊支线通道）及经济走廊走向、辐射范围、沿线地区主导产业如下：

（一）中带通波斯湾走廊支线通道走向

中带通波斯湾走廊支线通道走向为：伊朗德黑兰—霍梅尼港。

（二）中带通波斯湾走廊支线通道穿越或辐射地区

中带通波斯湾走廊支线通道穿越的国家为：伊朗。

中带通波斯湾走廊支线通道穿越的国家一级行政单元为：伊朗德黑兰直辖市、德黑兰省、库姆省、中央省、洛雷斯坦省、胡齐斯坦省（共计 6 个一级行政单元）。

中带通波斯湾走廊支线通道穿越的国家主要城市为：伊朗德黑兰直辖市、库姆县、阿拉克县、道鲁德县、阿瓦士县、霍梅尼港。

（三）中带通波斯湾走廊支线通道沿线地区主导产业

中带通波斯湾走廊支线通道沿线地区主导产业为：汽车制造工业、电子与电力设备制造及军事工业、纺织工业、制糖工业、化学工业与建材工业、交通通信业、批发零售业（伊朗德黑

兰直辖市、德黑兰省、库姆省、中央省、洛雷斯坦省、胡齐斯坦省，见表4-47）。

表4-47　中带通波斯湾走廊支线通道沿线地区主导产业

序号	省份	主导产业
1	德黑兰直辖市	汽车制造工业、电子及电力设备工业、军事工业、纺织工业、制糖工业、建材工业、化学工业、交通通信业、批发零售业
2	德黑兰省	机械制造工业、批发零售业、交通通信业、种植业
3	库姆省	纺织工业、制鞋工业、玻璃制造工业、制陶业、种植业
4	中央省	石油化学工业、钢铁工业、机械制造工业、纺织工业、食品工业、种植业
5	洛雷斯坦省	石油化学工业、冶金工业、农产品加工工业、种植业
6	胡齐斯坦省	石油开采及加工工业、钢铁工业、机械制造工业、农产品加工工业、电力工业、种植业、林果业、批发零售业、交通通信业、金融服务业

对伊朗上述六省的主导产业进行比较可见，在整个中带通波斯湾走廊支线通道沿线地区，主导产业结构层次及总体经济发展水平大致呈现南段（伊朗洛雷斯坦省和胡齐斯坦省段）最高、北段（伊朗德黑兰直辖市与德黑兰省段）次高、中段（伊朗库姆省与中央省段）最低的"鞍形"格局，产业结构层次和经济发展水平差异比较明显，全线产业结构优化及经济发展一体化潜力相对较大。

（四）中带通波斯湾走廊支线通道及经济走廊走向理由与依据

（1）伊朗德黑兰—库姆—阿拉克地带为伊朗境内马什哈德—德黑兰—大不力士与德黑兰—库姆—克尔曼两条战略通道与经济社会发展战略性地域廊带交汇地带，在伊朗经济社会发展中占据重要地位。

（2）如前所述，其中的伊朗德黑兰直辖市为伊朗东西山前大道（马什哈德—德黑兰—大不力士）与东北—西南山前大道（德黑兰—库姆—克尔曼）大致交汇点、德黑兰城市群核心城市、伊朗政治中心经济中心文化中心、最大城市、重要工业城市和交通枢纽、西亚地区最大城市与最大交通枢纽及重要经济中心和文化中心、伊朗西部北南纵贯铁路起点、丝绸之路经济带中带重要节点城市、古丝绸之路重镇。如前所述，其中的伊朗德黑兰省为伊朗人口规模最大、人口分布最稠密、城市最多且分布最密集省份、工业企业最多且分布最集中省份、古人类活动中心区域，且德黑兰省环绕德黑兰直辖市分布。因此，德黑兰直辖市及德黑兰省所在区域适宜成为中带通波斯湾走廊支线通道在伊朗的起始区域、北桥头堡区域，区域中心城市德黑兰直辖市适宜成为中带通波斯湾走廊支线通道在伊朗的起始点、走廊北桥头堡、丝绸之路经济带中带战略性枢纽。

（3）其中的伊朗库姆省地处伊朗厄尔布尔士山脉南麓地带与扎格罗斯山脉东北麓地带交汇区域、卡维尔荒漠西侧；该省绿洲农业相对比较发达，为伊朗重要纺织工业中心建材工业中心；该省省会库姆县为库姆绿洲中心城市、重要轻工业中心贸易中心、伊朗地理中心、伊朗西部北南通道与西北—东南通道分叉点、重要交通枢纽、伊朗国内仅次于马什哈德的伊斯兰教什叶派十二伊玛目教派第二大圣城、伊朗重要宗教中心、伊斯兰教什叶派圣地、古代伊朗伊斯兰教什叶派总部所在地、古代伊朗"宗教首都"①、古代西亚地区名城、古代东西方贸易中心和交通要冲、古丝绸之路重镇。其中的伊朗中央省地处伊朗中部、厄尔布尔士山脉南麓地带与扎格罗斯

---

① 所谓"伊朗的一半政治权力在库姆"。

山脉东北麓地带交汇区域、卡维尔荒漠西侧；该省绿洲农业相对比较发达，为伊朗重要农业区；铁等金属矿物蕴藏量相对比较突出，为伊朗重要石油化学工业中心钢铁工业中心机械制造工业中心纺织工业中心食品工业中心；该省省会阿拉克县为该省中心城市、重要工业中心贸易中心、伊朗西部北南公路线路与向西通伊拉克公路分叉点、重要交通枢纽。

（4）伊朗上述三省一直辖市所在区域均处于伊朗厄尔布尔士山脉南麓地带与扎格罗斯山脉东北麓地带及其大致交汇区域、卡维尔荒漠西北侧西侧，均为伊朗东西山前大道（马什哈德—德黑兰—大不力士）与东北—西南山前大道（德黑兰—库姆—克尔曼）大致交汇点重要组成部分，多为伊朗当代和古代政治中心地带或宗教中心地带，均在当前及古代伊朗政治、经济、社会、文化、军事、交通发展中占据重要地位、发挥重要作用。因此，上述三省一直辖市所在区域适宜成为中带通波斯湾走廊支线通道在伊朗的起点区域和重要穿越区域（地段）。

（5）当前，伊朗上述三省一直辖市境内已经形成串联以上行政单元、具有较大规模和一定历史基础的东北—西南向战略通道（德黑兰—库姆—阿拉克交通走廊）与经济社会发展战略性地域廊带，该地带已成为厄尔布尔士山脉西段南麓及扎格罗斯山脉西段北麓山前东西交通主干地带或主要运输走廊。同时，占据两大山前交通线西段及其战略交汇点、环卡维尔盐漠交通线西北段等多重潜在交通区位。因此，上述三省一直辖市所在区域适宜成为中带通波斯湾走廊支线通道北段在伊朗的重要穿越区域（地段）和支点区域（地段）。

（6）伊朗上述三省一直辖市均处于厄尔布尔士山脉西段南麓及扎格罗斯山脉中西段北麓山前半环状地域廊带，处于东西向厄尔布尔士山脉西段及西北—东南向扎格罗斯山脉中西段山链、山地地形雨影带、高山冰川带、山麓断裂带及坡降带、山前径流带、山前连片相对平坦地带、山前绿洲带、山前陆路交通走廊带、大致东西向农牧及矿产资源富集带、大致东西向山区畜牧业金属采掘业山前种植业油气煤炭采掘业复合产业带、大致东西向人口集聚区带等地理廊带体系；均处于干旱区，形成东北—西南向干旱区光—热—水—土—城—路系统，具有雄厚、相对一致的干旱区山前巨型东北—西南向地域廊带基础。因此，上述三省一直辖市所在区域适宜成为中带通波斯湾走廊支线通道北段在伊朗的重要穿越区域（地段）。

（7）伊朗阿拉克—阿瓦士—霍梅尼港地带是连接伊朗首都德黑兰直辖市与波斯湾港口霍梅尼港之间南下通道的主干部分，在伊朗北南陆海间交通中占据重要地位。

（8）其中的伊朗洛雷斯坦省地处伊朗西部、扎格罗斯山地区域；该省耕地面积居于伊朗各省第二位，种植业、畜牧业、林果业相对比较发达，为伊朗重要农业省；铜等金属矿物和石油等非金属矿物蕴藏量相对比较突出，为伊朗重要石油化学工业中心冶金工业中心农产品加工工业中心；该省省会霍拉马巴德县为该省重要城市、重要工业中心、重要公路交通枢纽。该省及其省会是伊朗西部北南纵贯铁路及其沿线区域北段与南段之间的连接纽带，是伊朗西部北南向经济社会发展地带中腰组成部分。因此，该省所在区域适宜成为中带通波斯湾走廊支线通道南段在伊朗的重要穿越区域（地段）。

（9）其中的伊朗胡齐斯坦省地处伊朗西南部、扎格罗斯山脉中段西南麓、西亚两河流域东南边缘地带、波斯湾头；该省水资源量占伊朗的1/3，土地面积居于伊朗各省第三位，所在的胡齐斯坦平原为伊朗最大的低地和冲积平原，种植业、林果业发达，为伊朗重要农业省；该省石油等非金属矿物蕴藏量相对比较突出，石油储量占伊朗的75%，拥有伊朗最大的炼油厂，为伊朗石油资源主要富集区、重要石油工业中心钢铁工业中心机械制造工业中心农产品加工工业中心、伊朗最重要的经济省份和最富有的省份之一①、主要出海门户、伊朗除里海沿岸平原之外最

---

① 该省经济规模占伊朗经济总规模的1/7左右，居于伊朗各省第三位。

为精华的地区、世界历史文化遗产所在地、阿拉伯帝国波斯萨珊王朝塞琉古帝国马其顿帝国波斯阿契美尼德帝国重要统治区域、波斯早期古都苏萨所在地、古波斯埃兰文明主要兴盛区域、古波斯文明发祥地之一，被称为"扎格罗斯山脉西部极有价值的门面""波斯湾通往伊朗内地的大门"[1]；省会阿瓦士县为该省中心城市、重要工业中心和交通枢纽、河运转运港、古代农业产品和手工业产品贸易中心；该省重要港口城市霍梅尼港为伊朗最大港口、伊朗西部纵贯铁路终点城市、波斯湾首要港口、重要工业中心对外贸易中心；该省及其省会、沿海主要港口经济社会发展基础条件优越、发展水平相对较高，在伊朗当代及古代经济社会发展中均处于重要地位、发挥重要作用。因此，该省及其省会所在区域适宜成为中带通波斯湾走廊支线通道南段在伊朗的重要穿越区域（地段）和支点区域（地段）。

（10）当前，伊朗上述两省境内已经形成串联上述两省、具有较大规模和一定历史基础的北南向战略通道（阿拉克—阿瓦士—霍梅尼港交通走廊）与经济社会发展战略性地域廊带，该地带已成伊朗西部北南向交通主干地带或主要运输走廊。同时，占据扎格罗斯山脉山间谷地与山前冲积平原间交通线、伊朗西部陆海间交通线等多重潜在交通区位。因此，上述两省所在区域适宜成为中带通波斯湾走廊支线通道南段穿越区域（地段），其中的胡齐斯坦省所在区域适宜成为中带通波斯湾走廊支线通道目的区域。

（11）伊朗上述两省所在地域均处于扎格罗斯山脉中段山间谷地及西南麓山前地域廊带，处于西北—东南向扎格罗斯山脉山链中段、山地地形雨带[2]、高山冰川带、山麓断裂带及坡降带、山前径流带、山前连片相对平坦地带、山前绿洲带、山前陆路交通走廊带、大致西北—东南向农牧及矿产资源富集带、山区畜牧业金属采掘业山前种植业油气煤炭采掘业复合产业带、人口集聚区带等地理廊带体系；处于干旱区，形成北南向干旱区光—热—水—土—城—路系统，具有雄厚、相对一致的干旱区山前巨型北南向地域廊带基础。因此，上述两省所在区域适宜成为中带通波斯湾走廊支线通道南段穿越区域（地段）。

（12）联通伊朗北部国家政治中心经济中心地带（德黑兰直辖市及德黑兰省）与波斯湾沿岸经济中心地带及出海口区域（胡齐斯坦省），直接建立两大区域之间的经济社会战略性联系，间接建立中国新疆中部核心区域、中亚南部经济社会发展核心区域、伊朗政治中心经济中心地带与波斯湾沿岸经济中心地带及出海口区域等四大区域之间的经济社会战略性联系，是中带通波斯湾走廊支线通道形成的最主要逻辑及所负有的最主要战略职能；直接建立和实现上述两大区域之间的交通运输联系，间接建立和实现上述四大区域之间的交通运输联系，进而形成交通经济带，是中带通波斯湾走廊的最主要表现形式和实现途径。因此，伊朗胡齐斯坦省所在区域适宜成为中带通波斯湾走廊支线通道目的区域，该省重要港口城市霍梅尼港适宜成为中带通波斯湾走廊支线通道目的地、中带通波斯湾走廊南桥头堡。

（13）伊朗胡齐斯坦省及霍梅尼港濒临波斯湾，是中国西部地区及中亚南部地区通过陆路交通参与利用波斯湾战略出海口、分享波斯湾战略性出海口利益、战略性石油利益的重要依托区域、必经地段和区段性目的地。因此，该省所在区域适宜成为中带通波斯湾走廊支线通道目的区域、中带通波斯湾走廊南桥头堡区域，霍梅尼港适宜成为中带通波斯湾走廊支线通道目的地、中带通波斯湾走廊南桥头堡。

（14）与前述德黑兰—伊斯坦布尔—维也纳—巴黎—加来一线相比较，上述德黑兰—霍梅尼

---

① 参见 W. B. 费舍尔：《伊朗》，人民出版社 1977 年版，第 22 页。

② 胡齐斯坦省冬季时偶尔形成源自沙特阿拉伯、因吹越波斯湾而带有大量水汽的西南暖风，参见 W. B. 费舍尔：《伊朗》，人民出版社 1977 年版，第 81 页。

港一线战略纵深相对较为短浅，且不可能依托该线实现陆路西通欧洲的战略目标；与陆路西通欧洲相比较，陆路西通波斯湾仅是次一级战略目标，西通欧洲是丝绸之路经济带中带最主要的战略目标。因此，不选上述德黑兰—霍梅尼港一线为中带主通道，而仅选择其为中带通波斯湾走廊支线通道。

（15）该支线通道所依托的山链及附随的地理廊带见表4-48。

表4-48 中带通波斯湾走廊支线通道依托山链及附随的地理廊带

序号	类型	名称
1	山链	扎格罗斯山脉
2	盆山耦合带	扎格罗斯山脉北侧及南侧盆山耦合带
3	河流带	扎格罗斯山脉北侧及南侧山前河流带
4	成土母质带及连片相对平坦地带	扎格罗斯山脉北侧及南侧山前成土母质带及连片相对平坦地带
5	盆地光热资源密集带	扎格罗斯山脉北侧及南侧山前盆地光热资源密集带
6	成矿带	特提斯成矿域
7	交通走廊带	扎格罗斯山脉山间盆地与北侧及南侧山前交通走廊带
8	经济走廊带	扎格罗斯山脉北侧及南侧山前经济走廊带

（五）中带通波斯湾走廊支线通道现状及建议建设交通线路

1. 中带通波斯湾走廊支线通道现状

（1）铁路交通线路。伊朗德黑兰—库姆—阿拉克—道鲁德—阿瓦士—霍梅尼港一线已建普通准轨铁路。

（2）公路交通线路。伊朗德黑兰—库姆—阿拉克—道鲁德—阿瓦士—霍梅尼港一线已建普通公路。

（3）油气管道。该线（马什哈德—）德黑兰—阿瓦士段已建输油管道；该线（马什哈德—）德黑兰—库姆—霍梅尼港段已建输气管道。

2. 中带通波斯湾走廊支线通道建议建设交通线路及理由或目标

（1）铁路交通线路。应建或建议建设铁路交通线路：伊朗德黑兰—库姆—阿拉克—道鲁德—阿瓦士—霍梅尼港高速铁路。

理由或目标：形成中带主通道通达波斯湾的快捷铁路通道；成为亚欧大陆南部广州—株洲—怀化—重庆—成都—格尔木—依吞布拉克—和田—喀什—伊尔克什坦—杜尚别—马扎里沙里夫—赫拉特—扎黑丹—克尔曼—设拉子—伊斯法罕—库姆—阿拉克—霍梅尼港高速铁路的重要组成部分，促进实现亚欧大陆南部以高速铁路线路贯通。

（2）公路交通线路。应建或建议建设公路交通线路：伊朗德黑兰—库姆—阿拉克—道鲁德—阿瓦士—霍梅尼港高速公路。

理由或目标：形成中带主通道通达波斯湾的快捷公路通道。

四、中带空间布局

丝绸之路经济带中带是以上述交通主通道及其支线通道、分支线路（轴）为主轴，以上述主要节点城市及其他中小城市（点）为依托，以相关主导产业为基础，向两侧延伸各50千米左右（面）而形成的点轴面相结合的巨型带状区域和巨型点轴经济系统。

五、中带总体定位及发展前景

横贯亚欧大陆中部的国际战略性通道和交通经济带。

六、选择中带为丝绸之路经济带主带的依据或理由

综合比较丝绸之路经济带北带、中带、南带概况，应选择中带为丝绸之路经济带主带，具体依据或理由如下：

（一）中俄在亚欧大陆桥运输上存在重大战略竞争关系

第二亚欧大陆桥开通近 30 年的运行实践表明，中俄在亚欧大陆桥运输上存在重大的战略竞争关系。

自 1992 年第二亚欧大陆桥正式开通国际集装箱运输业务以来，尽管具有运输距离相对较短、沿线地区气候相对温和、辐射区域较广、桥头堡港口无封冻期等优势，但由于需要经过准宽轨间两次换轨、空箱返回、货物在口岸滞留时间较长、运费偏高、途经多国且国际协调不畅等原因，造成第二亚欧大陆桥长期通而不畅的局面。以阿拉山口铁路口岸为例，该口岸过货量由 1993 年的 57 万吨增加至丝绸之路经济带倡议提出之前 2012 年的 1650 万吨，年均增长 19.4%，20 年累计过货 15568 万吨，年均过货 778 万吨。且就第二亚欧大陆桥国内段而言，长期以承担国内运输为主且运力偏紧，国际运输仅占总运输量的较小份额，尽管占据亚欧大陆东西一级交通区位线的有利区位，但至今尚未成为亚欧大陆东西方向国际主导运输线，其潜在优势要转化为现实优势还要经过很长一段距离。

与此形成鲜明对照的是，主要通过俄罗斯领土的第一亚欧大陆桥尽管面临运距较长、穿越高寒地区、东段桥头堡冬季港口作业困难、辐射范围有限、区位偏北等相对劣势，但由于具有途经国家、经营机构、换装次数均相对较少、通关便捷、运价低廉、可实时跟踪货物等相对优势，年货运量高达 10 万标准集装箱，最多时达 15 万标准箱[①]；第一亚欧大陆桥早在 2002 年前后年运输营业利润即已高达 300 亿美元左右，长期以承担国际运输为主且运力宽裕，近年货运量仍以较高速度增长，韩国约 92%、日本约 70%、中国沿海广东与浙江及上海和山东等省直辖市约 50% 以上运往俄罗斯、东欧的货物选择通过第一亚欧大陆桥进行运输，该线路已成为世界上最著名的国际集装箱多式联运线之一，现实优势极为明显。中俄之间在大陆桥运输上的战略竞争无可避免。

在此背景下，如果选择拟议中的北带为丝绸之路经济带主带，则会由于北带主通道近半线路需要经过俄罗斯且为俄罗斯东西运输主干线路，而在未来时候易受制受限于俄罗斯，不利于发挥中带主通道所蕴含的亚欧大陆东西一级交通区位线区位内涵，不利于实现中国在大陆桥运输领域的国家战略利益最大化。

（二）中俄"政热经冷"倾向已经持续 20 年以上

自 1979 年中美正式建交以来，中美之间的跨洋贸易额从 1979 年的 24.5 亿美元增长至 2019 年的 5412.0 亿美元，41 年年均增速为 14.1%，年均贸易额为 1855.2 亿美元；最近 28 年年均增速为 13.1%，年均增速略高于最近 28 年中国对外贸易额年均增长速度（12.6%）；最近 28 年年均贸易额为 2682.1 亿美元，约占最近 28 年中国年均对外贸易额的 13.5%（见表 4-49、表 4-50）。目前，中美两国已互为第三大贸易伙伴，美国是中国第一大出口市场和第四大进口来源地，中国是美国第三大出口市场和第一大进口来源地（以新型冠状病毒肺炎流行之前的正常年份 2019 年国际贸易数据计）。

---

① 阿拉山口铁路口岸国际运输以散装货物为主，近年才开始大力发展集装箱运输。

表4-49　中美双边贸易额

序号	年份	贸易额（亿美元）	增长速度（%）	序号	年份	贸易额（亿美元）	增长速度（%）
1	1979	24.5		22	2000	744.7	21.1
2	1980	47.9	95.3	23	2001	804.8	8.1
3	1981	58.9	23.0	24	2002	917.8	14.0
4	1982	53.4	-9.0	25	2003	1263.3	37.6
5	1983	40.3	24.7	26	2004	1696.2	34.3
6	1984	59.6	47.5	27	2005	2116.3	24.8
7	1985	70.2	18.6	28	2006	2626.8	24.1
8	1986	59.9	14.4	29	2007	3021.0	15.0
9	1987	67.7	13.0	30	2008	3337.4	10.5
10	1988	100.1	47.8	31	2009	2982.6	-10.6
11	1989	122.5	22.4	32	2010	3853.4	29.2
12	1990	117.7	-3.9	33	2011	4467.0	15.9
13	1991	142.0	20.6	34	2012	4846.8	8.5
14	1992	174.9	23.2	35	2013	5210.0	7.5
15	1993	276.5	58.1	36	2014	5550.0	6.5
16	1994	353.6	27.9	37	2015	5583.9	0.6
17	1995	408.3	15.5	38	2016	5196.0	-6.9
18	1996	428.4	4.9	39	2017	5837.0	12.3
19	1997	489.9	14.4	40	2018	6335.2	8.5
20	1998	551.4	12.6	41	2019	5412.0	-14.6
21	1999	614.8	11.5		均值	1855.2	14.1

资料来源：根据相关资料整理。

表4-50　中国对外贸易额

序号	年份	贸易额（亿美元）	增长速度（%）	序号	年份	贸易额（亿美元）	增长速度（%）
1	1992	1655.0	22.0	16	2007	21738.3	23.5
2	1993	1957.0	18.2	17	2008	23616.3	17.8
3	1994	2367.0	21.0	18	2009	22072.7	-13.8
4	1995	2809.0	18.7	19	2010	29727.6	34.7
5	1996	2899.0	3.2	20	2011	36420.6	22.5
6	1997	3250.6	12.5	21	2012	38669.8	6.2
7	1998	3229.3	-0.4	22	2013	41603.3	7.6
8	1999	3607.0	11.7	23	2014	43030.4	3.4
9	2000	4743.0	31.5	24	2015	39586.4	-8.0
10	2001	5097.7	7.5	25	2016	36855.5	-6.8
11	2002	6207.9	21.8	26	2017	41071.6	11.4
12	2003	8512.1	37.1	27	2018	46200.4	12.5
13	2004	11547.9	35.7	28	2019	45784.9	-0.8
14	2005	14221.2	23.2		均值	19849.7	12.6

资料来源：根据相关资料整理。

而自 1991 年 12 月 27 日中俄两国确认俄罗斯继承苏联与中国的外交关系以来，中俄之间的贸易额从 1992 年的 58.6 亿美元增长至 2019 年的 1107.9 亿美元，28 年年均增速为 11.1%（见表 4-51），低于最近 28 年中国对外贸易额年均增长速度（12.6%）；最近 28 年年均贸易额为 413.1 亿美元，约占最近 28 年中国年均对外贸易额的 2.1%，相当于最近 28 年中美双边年均贸易额的 15.4%，与中俄互为陆上最大邻国的地位远远不相称。

表 4-51 中俄双边贸易额

序号	年份	贸易额（亿美元）	增长速度（%）	序号	年份	贸易额（亿美元）	增长速度（%）
1	1992	58.6		15	2006	333.9	14.7
2	1993	76.8	31.0	16	2007	481.7	44.3
3	1994	50.8	-33.8	17	2008	550.5	14.3
4	1995	54.6	7.5	18	2009	381.4	-30.7
5	1996	68.4	25.4	19	2010	570.5	49.5
6	1997	61.2	-10.5	20	2011	723.3	26.8
7	1998	54.8	-10.5	21	2012	881.6	21.9
8	1999	57.2	4.4	22	2013	892.0	1.2
9	2000	80.0	39.9	23	2014	952.8	6.8
10	2001	106.7	33.4	24	2015	635.5	-33.3
11	2002	119.3	11.8	25	2016	695.6	9.4
12	2003	157.6	32.1	26	2017	840.9	20.9
13	2004	212.3	34.7	27	2018	1070.6	27.3
14	2005	291.0	37.1	28	2019	1107.9	3.5
					均值	413.1	11.1

资料来源：根据相关资料整理。

同一时期，中俄关系由互相视为友好国家关系、建设性伙伴关系、战略协作伙伴关系发展为全面战略协作伙伴关系[①]。与此相比较，中俄经济关系发展滞后于政治关系发展，中俄两国在国际战略格局、地区安全、国际重大事务上的相互需求远远超越两国在经济利益上的相互需求，中俄之间存在着某种程度上的"政热经冷"倾向。因此，不选近半里程通过俄罗斯领土的北带为丝绸之路经济带主带。

（三）中亚南部是中亚地区人口、经济活动最密集的地段

受自然、经济、政治和民族等因素影响，中亚地区人口分布极不平衡。从国别上看，位于中亚中南部地区的乌兹别克斯坦虽然领土面积仅占中亚地区总面积的 10% 左右，人口却占中亚地区总人口的 45% 左右，人口密度达到中亚地区人口平均密度的 4 倍，成为中亚国家中人口最多、人口密度最大的国家。位于东南部的塔吉克斯坦人口平均密度达到中亚地区人口密度的 3.375 倍，成为中亚国家中人口数量居于第三位、人口密度居于第二位的国家；而位于中亚中北部地区的哈萨克斯坦虽然领土面积占中亚地区总面积的 70% 左右，人口却仅占中亚地区总人口的 26% 左右，人口密度仅为中亚地区人口平均密度的 2/5，成为中亚国家中人口密度最小的国家，国别意义上的人口南密北疏特征极为明显。

从区域上看，中亚地区绝大部分人口集中分布于中亚南部地区天山山脉、科佩特山脉、厄

[①] 近年更发展为新时代战略协作伙伴关系。

尔布尔士山脉北麓绿洲、山间盆地及哈萨克丘陵北侧，南部绿洲、山间盆地及北部区域边界地带平原区承载了大量人口，成为人口相对集中分布的地带，如费尔干纳盆地人口密度达到每平方千米 300~400 人，是中亚地区人口平均密度的 19~25 倍；楚河盆地仅占吉尔吉斯斯坦国土面积的 8.3%，却集中了该国 35% 左右的人口；而哈萨克斯坦中部荒漠地区及克孜勒库姆沙漠、卡拉库姆沙漠几乎渺无人烟；东南部绿洲带成为中亚地区人口集中分布地带，区域意义上的人口东南部最密集、中西部最稀疏、北部相对密集的特征也较为明显。

与此相对应或耦合，中亚南部也是中亚地区能源矿产资源、有色及黑色金属矿产资源蕴藏最丰富、水土光热资源组合条件最佳、交通网络最密集的区域，因此也成为中亚地区经济活动最密集的地段。当前，在中亚南部天山山脉西北麓也已经形成具有较大规模和一定历史基础的东北—西南向战略主通道与经济社会发展战略性地域廊带。因此，应当选择通过中亚南部的中带为丝绸之路经济带主带。

（四）中亚南部和伊朗是大国势力战略影响相对较小甚至最小的地区

从历史渊源上看，中亚南部地区是沙皇俄国在中亚地区最晚以武力征服的地区；从空间位置上看，中亚南部地区是中亚地区距离东欧—北亚大国中心区域最远的地区；从民族构成上看，中亚南部是中亚地区东欧—北亚大国主体民族人口占总人口比例最低的地区；从人文及宗教角度看，中亚南部是中亚地区突厥化、伊斯兰化影响最深厚的地区。同时，中带拟穿越的中亚南部部分地区和伊朗也是世界范围内远北美大国化倾向相对比较明显的地区。将中带作为丝绸之路经济带主带，有利于中国利用这一地区东欧—北亚大国影响相对较小且广泛存在远北美大国化倾向的态势，深化与相关国家之间的经济社会交流与合作，稳步扩大中国国际支持基础。由上述诸方面共同决定，中亚南部及伊朗是大国势力战略影响相对较小甚至最小的地区，因此选择穿越中亚南部及伊朗的中带为丝绸之路经济带主带。

（五）选择中带为主线，沿线国家更多，战略空间更广阔，战略纵深更深远，战略回旋余地更大

北带主通道仅穿越中国、哈萨克斯坦、俄罗斯、芬兰等四个国家，南带主通道仅穿越中国、巴基斯坦等两个国家，而中带主通道则穿越中国、哈萨克斯坦、乌兹别克斯坦、土库曼斯坦、伊朗、土耳其、保加利亚、塞尔维亚、匈牙利、奥地利、德国、法国等 12 个国家。与北带、南带主通道相比较，中带主通道所穿越的国家更多，战略空间更广阔，战略纵深更深远，战略回旋余地更大，更有利于众多主体在广范围、大纵深背景下高强度、多频次地相互作用、相互促进，"东方不亮西方亮，黑了南方有北方"，共同促进沿线国家经济社会高质量发展，更有利于在此种众多主体高强度、多频次地相互作用、相互促进中实现中国国家战略利益，实现沿线国家战略利益，实现丝绸之路经济带战略利益。

（六）有利于争取波斯湾沿岸国家、伊斯兰国家的支持，参与分享波斯湾沿岸石油战略利益，扩大中国国际支持基础和地缘影响力

中带主通道及其相关支线通道穿越亚欧大陆中部巨型"油气弧"四大区块中的两大区块[①]，尤其是穿越世界上油气资源最丰富的波斯湾沿岸油气区。将中带作为丝绸之路经济带主带，有利于争取与维护中国在波斯湾沿岸的石油战略利益，在世界"石油极"取得中国应有的石油战略利益份额；并在与沿岸产油国的合作中争取沿岸国家乃至伊斯兰国家对中国经济社会高质量

---

① 巨型"油气弧"是指由俄罗斯西西伯利亚含油气盆地、里海北岸东岸油气区、中亚南部油气区、波斯湾沿岸油气区等四大区块所组成的巨型南北向油气富集弧形地带。丝绸之路经济带中带主通道及其相关支线通道穿越该"油气弧"四大区块中的中亚南部油气区、波斯湾沿岸油气区两大区块。

发展的理解与支持及参与，利用这一地区存在的去北美大国化、远北美大国化倾向，不断深化与相关国家之间的经济社会交流与合作，稳步扩大中国国际支持基础与地缘影响力。

（七）远离大国影响，在众多中小国家中树立影响，争取支持

《管子·霸言》提出，一国周围如存在一群小国，即应当首先竖旗称王，如是则战略利益最大；如存在一群大国，即应当最后竖旗称王，如是则战略利益最大①。

反其意而用之，丝绸之路经济带中带既未像北带那样穿越世界上领土体量最大的国家俄罗斯，也未像南带那样可延伸通达世界上人口体量最大的国家之一印度，而是穿越了中亚五国、伊朗、土耳其、欧洲诸国等一系列中小型国家。相比较而言，更有利于在中亚、西亚、欧洲一系列中小型国家中树立中国的国家战略影响，争取沿线一系列中小型国家对中国经济社会高质量发展的理解与支持及参与，争取沿线一系列中小型国家对共建丝绸之路经济带倡议的理解与支持及参与。并且，与拉美、非洲、东南亚的一系列中小型国家相比较，中亚、西亚、欧洲的一系列中小型国家更处于世界历史演进主要舞台的接近中心部位、经济社会发展水平更高，在上述国家中树立影响、争取支持，更有利于促进中国经济社会高质量发展，更有利于争取和维护中国国家战略利益。因此，应当选择中带为丝绸之路经济带主带。

（八）有利于在交通方式上留下伏笔，未来以准轨铁路形式实现第二亚欧大陆桥全线完全贯通

在丝绸之路经济带三个巨型廊带中，迄今为止，中带主通道是唯一已经实现铁路线路、公路线路全线贯通的廊带。在中带主通道铁路线路中，中国境内段、伊朗及其以西段为准轨铁路，仅有中亚段（哈萨克斯坦阿腾科里口岸至土库曼斯坦谢拉赫斯铁路站）为宽轨铁路。以中带作为丝绸之路经济带主带，有利于为未来时期以准轨铁路实现第二亚欧大陆桥全线贯通埋下伏笔。即无论是未来建成哈萨克斯坦阿腾科里—阿拉木图—乌兹别克斯坦塔什干—土库曼斯坦谢拉赫斯准轨铁路线路，还是建成哈萨克斯坦多斯特克—阿克斗卡—热兹卡兹甘—别伊涅乌—土库曼斯坦巴尔坎纳巴德—伊朗戈尔甘—加姆萨尔准轨铁路线路，或者建成中国喀什—吉尔吉斯斯坦安集延—乌兹别克斯坦塔什干—撒马尔罕—伊朗萨拉赫斯准轨铁路线路，或者建成中国喀什—阿富汗瓦罕—马扎里沙里夫—伊朗萨拉赫斯准轨铁路线路，都将实现以准轨铁路贯通第二亚欧大陆桥，从而使第二亚欧大陆桥成为首条以单一准轨轨距全线贯通的亚欧大陆桥，并在极大程度上促进沿线国家经济社会发展。

（九）中带是三个廊带中唯一已经实现交通主通道初步全线贯通的条带

作为首条横贯亚欧大陆东西端的交通主通道，中带交通主通道建设与运营已受到国际社会广泛关注，且已实现初步贯通，是丝绸之路经济带三个廊带中唯一已经实现交通主通道初步全线贯通的条带。而北、南带交通主通道至今尚未实现初步贯通，其要达到中带交通主通道目前所要达到的通达程度尚需较长时日，且其交通发展历史基础远远逊于中带交通主通道。因此，应当选择中带为丝绸之路经济带主带。

（十）中带中亚中南部主要合作近邻国哈萨克斯坦、土库曼斯坦经济发展水平远在中国新疆之上

以丝绸之路经济带倡议提出之前的 2012 年为例，当年中国人均 GDP 达到 6100 美元②，当年新疆人均 GDP 约为 5377 美元③，低于哈萨克斯坦、土库曼斯坦两国人均 GDP 水平，略高于中亚五国当年人均 GDP 水平（见表 4-52）。

---

① 参见《管子·霸言》："强国众，先举者危，后举者利。强国少，先举者王，后举者亡。战国众，后举可以霸。战国少，先举可以王"。

② 以当年中国人均 GDP 为 3.84 万元、年末人民币兑美元汇率中间价为 6.2855 元折算。

③ 以当年新疆人均 GDP 为 3.38 万元、年末人民币兑美元汇率中间价为 6.2855 元折算。

表 4-52　1993~2012 年中亚地区人均 GDP 变化

年份	人均 GDP（美元）					
	哈萨克斯坦	乌兹别克斯坦	土库曼斯坦	吉尔吉斯斯坦	塔吉克斯坦	平均
1993	285	252	1434	148	294	304
1994	483	384	1108	246	236	267
1995	1003	448	1404	327	100	642
1996	1240	603	558	395	182	722
1997	1443	659	619	376	158	801
1998	1372	637	652	344	222	773
1999	977	703	868	258	179	694
2000	1209	558	1096	280	139	706
2001	1457	286	1479	310	171	686
2002	1644	391	1878	323	190	816
2003	2145	397	2429	383	237	1005
2004	3010	465	2974	437	309	1318
2005	3742	526	3546	482	338	1590
2006	5254	645	4357	549	405	2116
2007	6898	832	5216	736	521	2727
2008	8479	942	3787	968	708	3101
2009	7208	1187	3394	881	668	2844
2010	9098	1367	3348	853	741	3394
2011	11358	1545	5724	1124	835	4280
2012	12121	1717	6798	1155	953	4651

资料来源：根据相关资料整理。

（十一）中国 40 余年对外开放实践表明，中亚南部、伊朗、巴基斯坦是中国陆上向西睦邻开放与交流的最主要利益靶区及现实收益区

通过 30 多年的合作开发，中亚南部已经成为中国最大的境外天然气气源地和供应区，伊朗已经成为中国在境外最大的石油合作开发投资目标地，巴基斯坦瓜达尔港已经成为中国企业获得经营权的外国重要港口并已开始运营，中国参与建设的白沙瓦—伊斯兰堡—卡拉奇高速公路已经建成。与中国石油天然气集团有限公司、中国石油化工集团有限公司等中央企业在上述地区合作开发展现出的大刀阔斧形成鲜明对比的是，中国石油天然气集团有限公司、中国石油化工集团有限公司等中央企业在北带所穿越的俄罗斯西西伯利亚地区的油气合作开发进展甚微，部分领域甚至插不进一根针。因此，应当选择中带为丝绸之路经济带主带。

（十二）在丝绸之路通道体系中，横跨中亚南部及伊朗北部与西侧地区的中道、中线就是东西方交流的主要通道

尽管在古代部分时期，西通黑海北岸的草原丝绸之路或丝绸之路北道及南通印度的南方丝绸之路在东西方交流中也发挥了重要作用，但从更长远的历史时期来看，连接河中地区与两河流域的中道、中线始终在丝绸之路通道体系中居于主干和主导地位①，并长期在亚欧大陆东西方陆路通道体系中居于主干和主导地位。与北道、南道相比，丝绸之路中道、中线的主干作用更

———————————

① 河中地区与两河流域之间的交通线路及其主干地位甚至早在张骞"凿空"西域之前即已确立。

突出，主导地位更显现，历史基础更雄厚，历史继承性更强。因此，应当选择中带为丝绸之路经济带主带。

（十三）丝绸之路经济带中带已成为亚欧大陆各国间相互影响比较紧密、合作步调比较一致、务实合作关系比较融洽的一条国际合作廊带

从当前国际合作态势上来看，丝绸之路经济带中带也是各国间经济社会发展步调比较一致、务实合作关系比较融洽、相互响应比较紧密的一条国际合作廊带。和中国与南亚地区个别国家及中国与东欧—北亚地区个别国家之间的关系相对比，中国与中亚国家、伊朗及阿拉伯国家的关系，固然也有国际战略格局中的适度借重关系、某种程度上的战略安全屏障因素，但占比最重的仍然是经济交往、社会交流战略互利因素，且该种关系已具有 2000 余年的历史基础。也即是说，中国与中亚国家、伊朗及阿拉伯国家之间的关系实质是一种经济交往、社会交流战略互利关系，这从根本上为中国与中亚国家、伊朗及阿拉伯国家的经济交往、社会交流向纵深发展埋下了战略伏笔。更不用说，中亚国家、伊朗及阿拉伯世界是实现中国与欧洲战略连接、战略互动、战略接近、战略一致的最现实桥梁和链环。从某种程度上说，中国与欧洲之间（而非中俄之间）能否实现最大程度的战略连接、战略互动、战略接近、战略一致，是共建丝绸之路经济带倡议战略目标是否达到的最重要标志（与德国、法国、英国之间能否实现最大程度的战略连接、战略互动、战略接近、战略一致是其最重要体现）。而中国与欧洲之间能否实现最大程度的战略连接、战略互动、战略接近、战略一致，中国与中亚国家、伊朗及阿拉伯国家之间能否形成成熟的经济交往、社会交流战略互利关系则是关键环节。中国与中亚国家、伊朗及阿拉伯国家之间的战略交往对于中欧关系的重要程度、对于共建丝绸之路经济带的重要意义于此可见一斑。

而从当前国际合作态势上来看，中带沿线各国无论是中国与中亚国家、伊朗之间，还是中亚国家、伊朗、土耳其之间，乃至土耳其与欧盟之间，都已形成相对比较稳定的经贸往来和对外交往关系。中带已经成为亚欧大陆各国间相互响应比较紧密、合作步调比较一致、务实合作关系比较融洽的一条国际合作廊带。因此，应当选择中带为丝绸之路经济带主带。

（十四）丝绸之路经济带中带与亚欧大陆一级东西交通区位线弥合程度最高，能够最大限度地调动与整合亚欧大陆经济社会资源乃至自然资源

中带因其与亚欧大陆一级东西交通区位线弥合程度最高，因其与亚欧大陆陆地主要延伸方向东西方向相一致，且处于北南方向上的亚欧大陆中部，具有最大的北南辐射延伸幅度，因而其不仅成为亚欧大陆陆上东西方向战略长度最长的战略性交通主通道与经济社会发展廊带，东西延伸长度最长；而且其向北南两翼辐射延伸的潜力也最大，是北南方向上战略辐射宽度最宽的战略性交通主通道与经济社会发展廊带，北南辐射延伸宽度也最宽，是三个条带中合作规模与合作潜力最大的一个条带。因此，选择中带为主带，能够在亚欧大陆空间范围内最大程度地利用、调动与整合自然经济社会资源，最大程度地利用、调动与整合历史资源、现实资源与经济社会发展未来趋势资源，最大程度地实现自然资源利用与经济社会发展的高度统一，最大程度地实现中国国家战略利益与沿线国家战略利益的高度统一，最大程度地实现历史、现实、未来发展趋势的高度统一。

（十五）丝绸之路经济带中带处于亚欧大陆"龙骨"地带，具有更加深厚、完整的地理廊带基础

如前所述，丝绸之路经济带中带处于秦岭—祁连山脉—阿尔金山脉—昆仑山脉（天山山脉）—兴都库什山脉—厄尔布尔士山脉—黑海山脉—巴尔干山脉—喀尔巴阡山脉—阿尔卑斯山脉—比利牛斯山脉巨型东西向山链、东西向山地地形雨带、东西向高山冰川带（仅秦岭、黑海山脉、巴尔干山脉未发育现代冰川）、东西向山麓断裂带及坡降带、东西向径流带、东西向连片

相对平坦地带、东西向山前绿洲或平原带、东西向陆路交通走廊带、东西向农牧及矿产资源富集带、东西向山区畜牧业金属采掘业山前种植业油气煤炭采掘业复合产业带、东西向人口集聚区带等地理廊带体系,沿线形成巨型东西向干旱区半干旱区光—热—水—土—城—路系统或湿润区半湿润区水—土—城—路系统及河—城系统。该地带不仅是亚欧大陆地理格局的"龙骨"地带,而且是亚欧大陆经济社会发展的"龙骨"地带,更是亚欧大陆历史演进的"龙骨"地带,是世界历史演进主要舞台由东向西"漂移"的"龙骨"地带。与北带、南带所依托的地理廊带体系相比较,中带所依托的地理廊带体系规模更宏大、体系结构更完整、地位更突出、基础更深厚、积淀更丰厚、意义更深远。因此,选择中带为丝绸之路经济带主带。

第三节　丝绸之路经济带初期南带空间布局

一、南带交通主通道走向及其辐射范围、沿线地区主导产业

丝绸之路经济带南带交通主通道(以下简称南带主通道)及经济带走向、辐射范围、沿线地区主导产业如下:

（一）南带主通道走向

南带主通道走向为:中国香港、中国澳门、广州、深圳(粤港澳大湾区)—韶关—株洲—怀化—重庆—成都—阿坝—格尔木—依吞布拉克—若羌—和田—喀什—红其拉甫口岸—巴基斯坦苏斯特口岸—伊斯兰堡—奎达—瓜达尔(印度洋沿岸)。

（二）南带主通道穿越或辐射地区

南带主通道穿越的国家为:中国、巴基斯坦。

南带主通道穿越的中国一级行政单元为:香港特别行政区、澳门特别行政区、广东省、湖南省、重庆直辖市、四川省、青海省、新疆维吾尔自治区(共计8个中国一级行政单元)。

南带主通道穿越的中国国内段主要城市为:香港、澳门,广东深圳市、珠海市、广州市,湖南株洲市、怀化市,重庆市,四川成都市,青海格尔木市,新疆和田市、喀什市(共计12个中国国内段主要城市)。

南带主通道穿越的中国国内市地盟州(含特别行政区及直辖市所设区)共计76个(见表4-53)。

表4-53　南带主通道穿越的中国国内市地盟州

序号	省份	市地盟州（区）	合计（个）
1	香港	中西区、湾仔区、东区、南区、油尖旺区、深水埗区、九龙城区、黄大仙区、观塘区、北区、大埔区、沙田区、西贡区、荃湾区、屯门区、元朗区、葵青区、离岛区	18
2	澳门	花地玛堂区、圣安多尼堂区、大堂区、望德堂区、风顺堂区、嘉模堂区、圣方济各堂区、路氹城	8
3	广东	深圳市、珠海市、东莞市、中山市、广州市、韶关市	6
4	湖南	衡阳市、株洲市、湘潭市、长沙市、娄底市、怀化市	6
5	贵州	铜仁市	1
6	重庆	26个区	26
7	四川	内江市、资阳市、成都市、阿坝藏族羌族自治州	4

续表

序号	省份	市地盟州（区）	合计（个）
8	青海	果洛藏族自治州、海西蒙古族藏族自治州	2
9	新疆	巴音郭楞蒙古自治州、和田地区、喀什地区、克孜勒苏柯尔克孜自治州	4
		总计	75

南带主通道穿越的中国新疆县市为：若羌县、且末县、民丰县、于田县、策勒县、洛浦县、和田县、和田市、墨玉县、昆玉市、皮山县、叶城县、泽普县、莎车县、英吉沙县、阿克陶县、疏勒县、喀什市、疏附县、塔什库尔干塔吉克自治县。

南带主通道穿越的相关其他国家一级行政单元为：巴基斯坦吉尔吉特—巴尔蒂斯坦、联邦首都区、开伯尔—普什图省、俾路支省（共计4个一级行政单元）。合计南带主通道穿越的各国一级行政单元共计12个。

南带主通道穿越的相关其他国家主要城市为：巴基斯坦伊斯兰堡、奎达、瓜达尔。

南带主通道穿越的相关其他国家重要交通节点城镇为：巴基斯坦吉尔吉特、伊斯兰堡、拉瓦尔品第、金德、米扬瓦利、德拉伊斯梅尔汗、德拉本、兹霍布、博斯坦、奎达、默斯东、格拉德、苏拉布、贝西马、本杰古尔、霍沙布、图尔伯德、瓜达尔。

南带主通道通过的中国—巴基斯坦国际口岸为：红其拉甫口岸—苏斯特口岸。

南带主通道辐射的中国—塔吉克斯坦国际口岸为：卡拉苏口岸—阔勒买口岸。

（三）南带主通道沿线地区主导产业

1. 南带主通道中国香港澳门及广东段沿线地区主导产业

南带主通道中国香港澳门及广东段沿线地区主导产业为：金融保险服务业、计算机软件及信息服务业、贸易物流及会展业、房地产业、旅游及博彩业、高新技术研发及文化创意业、家电电气电子设备及精密仪器与通信设备交通装备制造工业、石油化学工业、纺织服装鞋帽制造工业、生物医药及食品饮料加工制造工业（中国香港，中国澳门，广东深圳市、珠海市、中山市、东莞市、广州市、清远市、韶关市，见表4-54）。

表4-54 南带主通道中国香港澳门及广东段沿线地区主导产业

序号	省份	市地盟州	主导产业
1	中国香港		金融服务业、贸易业、房地产业、旅游业
2	中国澳门		旅游博彩业
3	广东	深圳市	高新技术产业、金融业、物流业、文化创意产业
		珠海市	家电电气制造工业、电子及通信设备制造工业、生物医药工业、石油化学工业、精密仪器制造工业、计算机软件业、服务业
		东莞市	金融业及电子信息业、电气机械及设备制造工业、纺织业及服装鞋帽制造工业、食品饮料加工制造工业、造纸及纸制品业、玩具及文体用品制造工业、家具制造工业
		中山市	现代服务业、装备制造工业
		广州市	现代服务业（金融保险业、文化创意业、商贸会展业、信息服务业等）、高技术制造业、汽车制造工业、电子产品制造工业、石油化学工业
		清远市	机械装备仪器仪表制造工业、石油化工工业、医药工业、电子工业、纺织服装制造工业、食品饮料加工工业、批发零售业、种植业
		韶关市	黑色和有色金属冶炼及压延加工工业、机械装备制造工业、玩具制造工业

2. 南带主通道中国湖南及贵州段沿线地区主导产业

南带主通道中国湖南及贵州段沿线地区主导产业为：黑色和有色金属采选冶炼及压延加工工业、汽车及车辆机械装备制造工业、盐卤化工和精细化工、新材料产业、建材工业、食品及医药工业、农副产品加工工业（中国湖南郴州市、衡阳市、株洲市、湘潭市、长沙市、娄底市、怀化市，贵州铜仁市，见表4-55）。

表4-55　南带主通道中国湖南及贵州段沿线地区主导产业

序号	省份	市地盟州	主导产业
1	湖南	郴州市	有色金属采选冶炼及压延加工工业、装备制造工业、食品加工和医药制造工业、烟草工业、建材工业
		衡阳市	装备制造工业、盐卤化工和精细化工、非金属矿采掘与加工工业、新能源产业、食品加工和医药制造工业
		株洲市	轨道交通装备制造工业、新材料产业、陶瓷业、化学原料和化学制品制造工业、计算机通信和其他电子设备制造工业
		湘潭市	建材工业、黑色金属冶炼及压延加工工业、电气机械和器材制造工业
		长沙市	汽车及零部件制造工业、工程机械制造工业、电子信息业、新材料产业
		娄底市	煤炭采掘工业、黑色和有色金属冶炼及压延加工工业、建材工业
		怀化市	食品加工工业、医药制造业、建材工业、机械设备制造工业
2	贵州	铜仁市	有色金属冶炼及压延加工工业、烟草工业、农副产品加工工业、旅游业

3. 南带主通道中国重庆及四川东部段沿线地区主导产业

南带主通道中国重庆及四川东部段沿线地区主导产业为：汽车及机械装备制造工业、电子信息产品制造工业、化学医药产品制造工业、石油化工及能源产业、冶金及材料制造工业、食品饮料烟草加工及纺织工业、批发零售业（中国重庆市，四川内江市、资阳市、成都市，见表4-56）。

表4-56　南带主通道中国重庆及四川东部段沿线地区主导产业

序号	省份	市地盟州	主导产业
1	重庆		汽车及装备制造工业、电子信息产品制造工业、材料制造工业、化学医药产品制造工业、能源产业、消费品制造工业、批发零售业、金融业
2	四川	内江市	冶金工业、建材工业、食品饮料工业、机械制造工业、医药化学工业、能源电力工业
		资阳市	车辆制造工业、食品加工工业、医药工业、纺织工业、建材工业
		成都市	电子信息业、机械制造工业、食品饮料及烟草加工工业、医药工业、冶金工业、建材工业、石油化学工业

4. 南带主通道中国四川西部及青海与新疆段沿线地区主导产业

南带主通道中国四川西部及青海与新疆段沿线地区主导产业为：黑色和有色金属采掘及冶炼工业、石油天然气煤炭开采及加工炼焦和核燃料加工工业、锂盐工业、化学原料和化学制品制造工业、建材工业、畜牧业及种植业与林果业（中国四川阿坝藏族羌族自治州，青海果洛藏族自治州、海西蒙古族藏族自治州，新疆巴音郭楞蒙古自治州、和田地区、喀什地区、克孜勒苏柯尔克孜自治州，见表4-57）。

表4-57　南带主通道中国四川西部及青海与新疆段沿线地区主导产业

序号	省份	市地盟州	主导产业
1	四川	阿坝藏族羌族自治州	锂盐工业、黑色金属采掘及冶炼工业、铝冶炼及加工工业、中成药产业、葡萄酒酿造工业、建材工业、非金属矿采掘及加工工业
2	青海	果洛藏族自治州	铜矿采选工业、畜牧业
		海西蒙古族藏族自治州	化学原料和制品制造工业、石油天然气开采及加工炼焦和核燃料加工工业
3	新疆	巴音郭楞蒙古自治州	石油天然气采掘工业、煤炭采掘工业、化学工业、建材工业、钢铁工业、农产品加工工业、种植业及林果业
		和田地区	电力工业、建材工业、纺织工业、种植业
		喀什地区	种植业、硼化工业、黑色金属采掘及冶炼工业
		克孜勒苏柯尔克孜自治州	黑色金属及有色金属矿采掘工业、煤炭开采和洗选工业、建材工业、农畜产品加工工业、种植业与林果业及畜牧业

5. 南带主通道巴基斯坦段沿线地区主导产业

南带主通道巴基斯坦段沿线地区主导产业为：汽车车厢及机车制造工业、天然气开采及石油加工工业、食品加工及制药工业、家具制造及建筑业、纺织工业、贸易业、交通通信业、种植业与畜牧业及渔业（巴基斯坦吉尔吉特—巴尔蒂斯坦、联邦首都区、开伯尔—普什图省、俾路支省，见表4-58）。

表4-58　南带主通道巴基斯坦段沿线地区主导产业

序号	省份	主导产业
1	吉尔吉特—巴尔蒂斯坦	种植业、旅游业、贸易业
2	联邦首都区	汽车车厢及机车制造工业、食品加工工业、家具制造工业、纺织及皮革工业、建筑业、贸易业、交通通信业
3	开伯尔—普什图省	石油开采工业、种植业、畜牧业
4	俾路支省	天然气开采工业、有色金属采掘工业、种植业、畜牧业、渔业、服务业

对上述两个国家五个区段的主导产业进行比较可见，在整个南带主通道沿线地区，主导产业结构层次及总体经济发展水平大致呈现东段（香港—成都段）最高、西段（苏斯特口岸—瓜达尔港段）次高、中段（成都—红其拉甫段）最低的"鞍形"格局，沿线地区产业结构层次和经济发展水平差异极为明显，全线产业结构优化及经济发展一体化潜力巨大。

（四）南带主通道及经济带走向理由或依据

（1）珠江三角洲地区为中国东部沿海三大经济圈和城市群之一、南方对外开放门户、辐射带动华南华中和西南地区发展的龙头、中国改革开放的先行地区、中国重要的经济中心区域、中国经济发展的重要引擎之一、中国科技创新与技术研发基地、中国参与经济全球化的主体区域之一、具有全球影响力的先进制造业基地和现代服务业基地、世界人口和面积最大的城市群，区域产业发展高端化、新型化特征显著，高新技术产业、高端制造业、高端服务业发展迅速，具有巨大的发展潜力和带动能力，在中国经济社会发展和改革开放大局中具有突出带动作用和举足轻重的战略地位。该区域已经成为南带主通道中国境内诸多可能穿越地段中唯一具有能够带动或辐射境内外其他地段经济社会实力、产业结构、未来发展定位、历史发展基础的区域。因此，应当将其确立为南带主通道起始区域、南带东桥头堡区域。

（2）其中的广东省广州市为中国广东省省会、珠江三角洲地区中心城市、粤港澳大湾区中心城市、华南地区综合性制造业中心、中国南方国际大都市、国际商贸中心、国际综合交通枢纽、中国国家中心城市、超大城市、国家综合性门户城市、国家历史文化名城、年度中国大陆最佳商业城市、中国各省人类发展指数与人均消费额及在校大学生总数第一位城市、世界一线城市。广州港为中国华南地区最大的国际贸易中枢港、中国第三大港口、世界第五大港口和世界海路交通史上唯一2000多年长盛不衰的国际性大港。广州市现代服务业在服务业中的占比、先进制造业在工业中的占比、服务业在地区国内生产总值中的占比、服务业对经济增长的贡献率均已达到60%以上，已基本形成以服务业为主体的产业结构；广州市在珠江三角洲地区、粤港澳大湾区、中国华南地区区域发展及中国向南开放中居于无可动摇的中心地位，已经成为南带主通道中国境内外诸多可能穿越地段中具有能够带动或辐射境内外其他城市经济社会实力、产业结构、未来发展定位、历史发展基础的最主要城市。因此，应当将广州市与香港、澳门等重要城市共同确立为南带主通道起始地、南带东桥头堡，并以广州为最核心起始地、最重要桥头堡。

（3）其中的香港为中国特别行政区之一、粤港澳大湾区四大中心城市之一、中国城市综合竞争力第一位城市、高度繁荣的自由港和国际大都市、重要国际金融中心国际贸易中心国际航运中心国际创新科技中心国际文化艺术交流中心、世界第三大金融中心、主要银行中心之一、第八大贸易经济体、年度最受欢迎旅游城市榜首城市、最自由经济体和最具竞争力城市之一、财富最富裕经济最发达生活水准最高的地区之一、世界一线城市第三位城市、世界城市综合实力第五位城市、人类发展指数第四位地区、世界竞争力第二位地区、世界上人口密度最高的地区之一；该地区服务业在产业结构中占比已达90%以上，已形成以服务业为主体的产业结构。其中的澳门为中国特别行政区之一、粤港澳大湾区四大中心城市之一、中国两个国际贸易自由港之一、中国人均GDP最高的城市、年度中国最具特色旅游城市、亚洲"最具经济发展潜力城市""十大最佳旅游地区"之一、世界经济发达财富富裕地区之一、世界旅游休闲中心、世界最大博彩市场、世界文化遗产所在地、世界人口密度最高的地区之一；该地区服务业在产业结构中占比已达90%以上，已形成以服务业为主体的产业结构。

（4）其中的广东省深圳市为中国广东省副省级市、粤港澳大湾区四大中心城市之一、国家计划单列市、第一个经济特区、超大城市、拥有口岸数量最多出入境人员最多车流量最大的城市、国际性综合交通枢纽、中国第四大航空港、三大全国性金融中心之一、全国性经济中心城市和国际化城市、中国大陆经济总量第四位城市、中国大陆经济效益最好的三大城市之一、国家创新型城市、综合性国家科学中心、国际科技产业创新中心、中国动漫产业基地之一、中国PCT国际专利申请量首位城市、年度中国城市创意指数第三位城市、中国"数字一线城市"第四位城市、中国城市营商环境第三位城市、中国百强城市第三位城市、中国特色社会主义先行示范区、世界全球海洋中心城市、世界集装箱港口吞吐量第四位城市、世界第六个"设计之都"、世界10大热门旅游目的地城市之一、"全球最具经济竞争力城市"第二位城市、古代南方海路贸易重要枢纽，被称为"中国经济改革和对外开放的试验场""中国硅谷"。其中的广东省珠海市为广东省省域副中心城市、珠江口西岸核心城市、粤港澳大湾区重要节点城市、中国最早设立的经济特区之一、中国100座大中城市可持续发展综合排名首位城市、中国人工智能产业发展潜力城市、年度"中国最具幸福感城市"、中国大陆最佳商业城市、新时代中国繁荣城市、中国宜居宜业城市、广府文化代表城市之一、近代古代广府人走向海外的重要起航地之一。其中的广东省东莞市为中国广东省辖地级市、深圳都市圈重要城市之一、珠江三角洲东岸中心城市、珠三角中心城市之一、广东省重要交通枢纽和对外贸易口岸城市、粤港澳大湾区重要节点城市之一、中国超大城市、著名侨乡、中国近代史开篇地和改革开放先行地、广府文化发祥地之一。其中的广东省中山市为广东省辖地级市、珠江口西岸都市圈重要城市之一、珠江三角洲中心城市之一、广东省地区性中心城市之一、粤港澳大湾区重要节点城市之一、广府文化代表城市之一、中国国家历史文化名城、著名侨乡、年度中国最具投资潜力城市50强城市之一、中国优秀旅游城市、中国特色魅力城市、中国宜居宜业城市。上述两个特别行政区及五个内地城市均为珠江三角洲地区①与粤港澳大湾区主要城市②。

（5）《粤港澳大湾区发展规划纲要》明确提出，"将在粤港澳地区建成世界新兴产业、先进制造业和现代服务业基地""将共建世界级港口群和空港群，优化陆路交通网络布局""建设'广州—深圳—香港—澳门'科技创新走廊，打造大湾区国际科技创新中心""将建设更具活力的世界级经济区、粤港澳深度合作示范区、'一带一路'建设重要支撑区、宜居宜业宜游优质生活圈、国际一流湾区和世界级城市群"。该规划进一步确立了粤港澳地区在中国及世界经济发展格局中的重要地位，将更有利于发挥粤港澳地区在中国及相关区域发展中的引领作用，使粤港澳地区显现出更加明晰的未来发展定位（潜力或趋势），包含以上两个特别行政区及五个内地城市的粤港澳大湾区将成为世界四大湾区之一。因此，选择其作为南带主通道起始区域、南带东桥头堡区域。

（6）广东省清远市地处广东省中北部、南岭山脉南侧与珠江三角洲结合地带、粤湘交界地带，为广东省陆地面积最大的地级市、广州都市圈重要城市之一、广府文化区域重要组成部分。广东省韶关市地处广东省北部、南岭山地、粤湘交界地带，为粤北区域性中心城市、广州都市圈重要成员城市之一、中国优秀旅游城市、中国国家交通枢纽城市之一、广府文化发祥地、远古时期人群马坝人生活繁衍地。上述两市均处于粤北山地，为珠江三角洲地区与湖南中部经济社会发展中心区域、广东与湖南两省间陆路交通联系必经之地、咽喉区域。因此，选择两市所在区域为南带主通道在粤湘交接地带的集连南接北、承东启西于一体的重要穿越区域（地段）和支点区域（地段）。

（7）与珠江三角洲地区相比较，北部湾沿岸地区、厦（门）漳（州）泉（州）三角地区在产业结构高端化程度、经济发展水平及总体实力、在中国国内及国际经济社会发展格局中的地位等方面都处于明显下风，不具备带动或辐射南带主通道中国境内外其他地段的经济社会实力、产业结构、未来发展定位、历史发展基础。因此，不选北部湾沿岸地区、厦泉漳三角洲地区作为南带主通道起点区域、南带东桥头堡区域。

（8）湖南省郴州市地处湖南省东南部、南岭山脉北麓、粤湘交界地带，为湖南省辖地级市、湖南东南部中心城市、中国重要有色金属冶炼压延加工工业中心③、古代湖湘文化与岭南文化融合区域、中华民族农耕文化发祥地之一，被称为"楚粤孔道"。湖南省衡阳市地处湖南省中南

---

① 狭义珠江三角洲包括广州、佛山、肇庆、深圳、东莞、惠州、珠海、中山、江门等九个城市所在地域。
② 粤港澳大湾区包括香港、澳门两个特别行政区及珠江三角洲所在地域。
③ 郴州钨储量居于世界第一位，铋储量居于世界第二位，钼石墨储量居于中国第一位，锡储量居于中国第三位，锌储量居于中国第四位，被称为"有色金属之乡"。

部，为湘南地区中心城市、湖南省域副中心城市、湖南省及中南地区重要交通枢纽、中南地区重要工业城市、年度中国大陆最佳商业城市 100 强城市之一。上述两市与广东省清远市、韶关市同为珠江三角洲地区与湖南中部经济社会发展中心区域、广东与湖南两省间陆路交通联系必经之地、咽喉区域。因此，选择两市所在区域为南带主通道在粤湘交接地带的重要穿越区域（地段）和支点区域（地段）。

（9）长（沙）株（洲）（湘）潭经济圈为中国东南地区最具规模、发展水平最高、发展潜力最大的内陆经济条带或区块，在中国东南地区内陆经济社会发展中居于内陆中心地位；且处于京广交通经济带（北南向）和沪滇交通经济带（东西向）的交会部位，为中国东南地区内陆东西向经济走廊与北南向经济走廊的交汇转换枢纽，战略区位极其重要。

（10）其中的湖南省株洲市地处湘江下游区域、湖南省中南部，为湖南省辖地级市、长株潭经济圈和城市群重要成员城市、中国重要交通装备制造工业中心、中国老工业基地、中国南方最重要的"十"字型铁路枢纽（株洲市与郑州市并称为"北郑南株"）、中华民族人文始祖炎帝陵所在地。其中的湖南省湘潭市地处湘江下游区域、湖南省中部，为湖南省辖地级市、长株潭经济带和城市群重要成员城市、中国重要冶金工业中心、年度中国优秀旅游城市、中国现代红色文化摇篮、古代中国中原文化与南方文化交汇融合地区、古代湖湘文化重要发祥地。其中的湖南省长沙市地处湘江下游区域、湖南省东部偏北地区，为中国湖南省省会、长株潭经济带和城市群核心城市、中国特大城市、重要粮食生产基地、国家重要综合交通枢纽、年度"东亚文化之都""世界媒体艺术之都"、国家历史文化名城、古代湖湘文化兴盛区域。上述三市均为长株潭经济带和城市群重要组成部分，均在湖南省与华中地区华南地区乃至长江以南地区经济社会发展及交通体系中占据重要地位、发挥重要作用。因此，选择三市所在区域为南带主通道在湖南省及华中地区集连南接北、承东启西于一体的重要穿越区域（地段）和支点区域（地段）。

（11）湖南省娄底市地处湖南省几何中心地带，为湖南省辖地级市、湖南中部中心城市之一、重要综合交通枢纽、中国重要煤炭与黑色及有色金属工业中心[①]、湖湘文化主要发源地之一、中华民族始祖之一蚩尤故里。湖南省怀化市地处沅水流域、雪峰山脉与武陵山脉之间、湖南西部偏南地区、湖南省与贵州省及广西壮族自治区交界区域、湘中丘陵向云贵高原过渡地带、沪昆铁路与焦柳铁路及福州—成都与呼和浩特—北海通信光缆交汇区域，为湖南省辖地级市、湖南西部中心城市之一、湖南省面积最大的地级市、重要中药材生产基地、重要贵金属有色金属工业中心、重要综合交通枢纽、中国南方重点林区、中国九大生态良好区域之一、中国十大水电基地之一主体地带、中国古代南方重要少数民族聚居地区（五溪之地），被称为"黔滇门户""全楚咽喉""中国中东部地区通往大西南的桥头堡""多民族文化村"。贵州省铜仁市地处贵州省东北部、云贵高原向湘西丘陵过渡地带、贵州省与湖南省及重庆市交界地带，为贵州省辖地级市、黔东北地区中心城市、贵州省重要电力工业中心建材工业中心烟草工业中心、世界自然遗产所在地。上述三市同为湖南长株潭经济带与成渝地区双城经济圈、湖南与重庆两省直辖市间陆路交通联系必经之地、咽喉区域；且均在所在省份居于重要地位、发挥重要作用。因此，选择三市所在区域为南带主通道在湘黔交接地带的重要穿越区域（地段）。

（12）成渝地区双城经济圈是中国西南地区最具规模、发展水平最高、发展潜力最大的内陆经济廊带或区块，在中国西南地区内陆经济社会发展中居于核心地位，是中国西部地区内陆北南向交通—经济走廊（临河—银川—中卫—宝鸡—成都—昆明）与东西向沿江交通—经济走廊

---

① 娄底市锑、钨保有储量居于中国及世界第一位。

的交汇转换枢纽，战略地位极其突出。

（13）其中的重庆市为中国直辖市、成渝地区双城经济圈和城市群核心城市之一、西南地区最大的工商业城市、西南地区重要综合交通枢纽、西南地区和长江上游地区最大的经济中心城市、长江上游地区经济中心金融中心科创中心航运中心商贸物流中心、长江上游乃至中国西部最大的内陆港口城市、长江上游地区"会展之都"、中国西部地区重要中心城市、西部大开发重要战略支点区域、内陆开放高地、中国国家中心城市、超大城市、中国重要的粮食主产区、重要商品猪肉生产基地、著名优质水果榨菜桐油烤烟产地、国家重要的现代制造业基地、中国国内最大汽车产业集群所在地、中国老工业基地之一、中国重要的现代服务业基地、中国最大铁路公路水路联运枢纽港所在地、国家物流枢纽、国家历史文化名城、年度中国城市综合发展指标第六位城市、中国旅游城市排行榜第二位城市、中国宜居宜业城市、首批国际消费中心城市培育建设名单入选城市、世界最大电子信息产业集群所在地、世界文化遗产及自然遗产所在地、巴文化发祥地、铜梁文化①兴盛区域、远古时期早期人群巫山人生存繁衍区域。其中的四川省内江市地处四川省东南部、四川省与重庆市交界地带，为中国四川省辖地级市、川东南重要城市、重要冶金工业中心建材工业中心食品工业中心机械制造工业中心、四川省第二大交通枢纽、西南地区陆路交通重要交汇点。其中的四川省资阳市地处四川盆地中部、成都市与重庆市之间，为中国四川省辖地级市、连接蓉渝"双核"的区域性中心城市、重要的粮食主产区和畜林产品生产基地、重要的汽车工业中心和机械装备制造工业中心、安岳石刻艺术兴盛区域、远古时期人群资阳人生存繁衍区域，被称为"中国西部车城"。其中的四川省成都市地处四川盆地西部、成都平原腹地，为中国四川省省会、副省级市、成渝地区双城经济圈和城市群核心城市之一、中国西部地区重要中心城市、中国超大城市、国家重要高新技术产业基地、重要电子信息产业基地、重要商贸物流中心、重要综合交通枢纽、年度中国最佳旅游城市、中国最具幸福感城市、中国最具投资潜力城市、中国城市综合发展指标第十位城市、中国城市综合实力排行榜第六位城市、中国十大最具活力休闲城市之一、中国大陆最佳商业城市排名第六位城市、新时代中国繁荣城市、中国城市创意指数第九位城市、中国宜居宜业城市、中国十大大美之城之一、国家历史文化名城、世界二线城市、中国十大古都之一、世界特色魅力城市200强之一、中国古代著名都会之一、古蜀文明发祥地。

（14）上述四市均为成渝地区双城经济圈和成渝城市群主要城市，以其为核心的成渝地区双城经济圈和成渝城市群在中国西南地区和长江上游地区乃至西部经济社会发展及交通体系中占据核心地位、发挥重要作用。因此，应当选择四市所在区域为南带主通道在川渝地区的重要穿越区域（地段）和支点区域（地段）。

（15）珠江三角洲地区是中国华南—中南—西南地区经济社会发展水平最高的沿海区域、开放前沿，长株潭经济圈是中国东南地区最具规模、发展水平最高、发展潜力最大的内陆经济条带或区块，成渝地区双城经济圈区域是中国华南—中南—西南地区经济社会发展水平最高的内陆区域、战略纵深区域，珠江三角洲地区存在对长株潭经济圈、成渝地区双城经济圈区域的巨大战略腹地需求、战略纵深需求，成渝地区双城经济圈区域、长株潭经济圈存在对珠江三角洲地区的巨大战略出海口需求、战略开放前沿需求，三者之间存在巨大的沿海—内陆双向交流交换战略需求，亟待在该三大区域之间构筑一条战略交通连接线和巨型交通—经济廊带。以该三

---

① 铜梁文化遗址位于重庆市铜梁区西郭水库，距今25450+850年，属旧石器时代晚期文化，为迄今为止四川盆地内最早最古老的旧石器文化遗址之一、中国境内发现的第八处旧石器文化遗址；以复向加工为主的锤击制作方法是铜梁石器的重要特色。

大区域之间存在的潜在战略交流交换联系需求为依托，联通上述三大区域，在一定程度上满足该战略需求，建立三大区域之间的经济社会战略性联系，是南带主通道在中国华南—中南—西南地区形成的最主要逻辑及所负有的最主要战略职能；建立和实现上述三大区域之间的交通运输联系，进而形成交通经济带，是丝绸之路经济带南带在中国华南—中南—西南地区段的最主要表现形式和实现途径。因此，选择上述三大区域之间战略连接线为南带主通道在华南—中南—西南地区的主要走向；选择成渝地区双城经济圈区域为南带主通道在中国西南地区的重要穿越区域（地段）和区段性目的区域，选择该区域中心城市重庆市与成都市为南带主通道在中国西南地区的区段性目的地。

（16）当前，上述两个特别行政区一个直辖市十八个市境内已经初步形成串联以上行政单元、具有一定规模和历史基础的东南—西北向交通运输通道雏形（广州—株洲—怀化—铜仁—重庆—成都交通走廊），并已呈现向战略通道与经济社会发展战略性地域廊带演进的潜在趋势。同时，占据中国华南—中南—西南地区三大核心经济区和城市群连接线、沿海核心区域与内陆核心区域连接线、亚欧大陆东西二级交通区位线等多重潜在交通区位。因此，应当顺势而为，选择上述两个特别行政区一个直辖市十八个市所在区域为南带主通道在华南—中南—西南地区的重要穿越区域（地段）和支点区域（地段）。

（17）上述两个特别行政区一个直辖市十八个市所在地域均处于云开大山山脉（东侧）—雪峰山脉（东侧）—大巴山脉（南侧）巨型山前地域廊带，处于云开大山山脉—雪峰山脉巨型南北向及大巴山脉巨型东西向山链、山地地形雨带、山麓断裂带及坡降带、径流带、山前连片相对平坦地带、山前或山间平原带、陆路交通走廊带、农林及矿产资源富集带、山区林业金属采掘业山前种植业油气煤炭采掘业复合产业带、人口集聚区带等地理廊带体系。均处于湿润区，形成较大规模东南—西北向湿润区水—土—城—路系统及河—城系统，具有雄厚、相对一致的湿润区山前巨型东南—西北向地域廊带基础。因此，选择上述两个特别行政区一个直辖市十八个市所在区域为南带主通道在华南—中南—西南地区的重要穿越区域（地段）。

（18）中国川西—青海南部（昆仑山脉东段北麓）—新疆南部（昆仑山脉中西段北麓）地带是中国欠发达县市最为密集和连绵的地区。

（19）其中的四川省阿坝藏族羌族自治州地处四川省西北部、四川省东部地台区与西部地槽区梯级过渡地带、青藏高原东南缘、高原季风气候区、四川省与青海省及甘肃省交界地区，为四川省辖自治州、金锂等金属矿物重要蕴藏区、世界级旅游景区所在地、世界自然遗产所在地，已初步发展种植业林果业畜牧养殖业、建材工业金属采掘业农畜产品加工业等产业，该州下辖一个市及十二个县均为原贫困县①。其中的青海省果洛藏族自治州地处青海省东南部、青藏高原腹地、高原大陆性气候区、青海省与四川省及甘肃省交界地区，为青海省辖自治州、铜钴等金属矿物重要蕴藏区，已初步发展畜牧业种植业、金属采掘业等产业，该州下辖的六个县均为原贫困县。上述两个自治州同为四川盆地与柴达木盆地两大盆地、四川省与青海省两省之间陆路交通联系必经之地、咽喉区域，同为四川盆地中心区域成渝地区双城经济圈和城市群与柴达木盆地中心区域、代表性城市格尔木市之间的桥梁纽带区域。因此，选择两州所在区域为南带主通道在川青交界地带的重要穿越区域（地段）和支点区域（地段）。

（20）其中的青海省海西蒙古族藏族自治州地处青海省西部、青藏高原北部、青海省与新疆维吾尔自治区和西藏自治区及甘肃省交界地区、青甘新藏四省区交会中心地带、高原大陆性气

---

① 现虽已脱贫，但仍为欠发达市县，下同。

候区，为青海省辖自治州、有色金属黑色金属矿物及石油天然气煤各类盐矿重要蕴藏区①，已初步发展畜牧业种植业、有色金属采掘业黑色金属采掘业能源矿产各类盐矿采掘业农畜产品加工业；该州所辖格尔木市为青海省西部中心城市、重要交通枢纽、古代丝绸之路"青海道"南分支主要经过区域、古代吐蕃逻些（即拉萨）至沙州（即敦煌）交通驿道中间要站、古代诺木洪文化兴盛区域；该州下辖的三市三县一行委原属于中国十四个连片特困地区中的四省藏区特困地区。该州为青海省柴达木盆地盆底区域，为青海省战略纵深最深区域，紧邻西藏与新疆南疆地区，又处于川疆之间，为连接四川盆地与新疆南疆塔里木盆地的战略桥梁与枢纽。该州及其重要城市格尔木市在青海省经济社会发展、中国西北—西南经济社会联系、中国国家疆藏战略及交通体系中占据重要地位、发挥重要作用。因此，选择该州所在区域为南带主通道在青海省的重要穿越区域（地段）和支点区域（地段）。

（21）当前，川青两省上述三个自治州之间已经初步形成串联以上行政单元、具有一定规模和历史基础的东南—西北向交通运输通道雏形（成都—阿坝—达日—花石峡—香日德—格尔木交通走廊雏形），并已呈现向战略通道与经济社会发展战略性地域廊带演进的潜在趋势。同时，占据中国西南—西北地区区域连接线、青藏高原高高原②北麓山前交通线、亚欧大陆东西二级交通区位线等多重潜在交通区位，且均处于青藏高原北部。因此，应当顺势而为，选择上述三个自治州所在区域为南带主通道在青藏高原的重要穿越区域（地段）。

（22）上述三个自治州所在地域均处于大积石山脉（南麓）—昆仑山脉（东段北麓）山前地域廊带，处于东南—西北向大积石山脉—昆仑山脉（东段）山链、山地地形雨带、高山冰川带、山麓断裂带及坡降带、山前径流带、山前连片相对平坦地带、山前绿洲带、山前陆路交通走廊带、东西向农牧及矿产资源富集带、东西向山区畜牧业金属采掘业山前种植业油气煤炭采掘业复合产业带、东西向人口集聚区带等地理廊带体系。均处于青藏高原，形成东西向高原水—土—城—路系统，具有雄厚、相对一致的青藏高原山前巨型东西向地域廊带基础③。因此，选择上述四个自治州所在区域为南带主通道在青藏高原的重要穿越区域（地段）。

（23）以穗港澳为中心区域的珠江三角洲地区是中国华南—中南—西南地区经济社会发展水平最高的沿海区域、开放前沿，以长株潭经济圈为中心区域的湘中地区是中国东南地区最具规模、发展水平最高、发展潜力最大的内陆经济条带或区圈，以成渝地区双城经济圈为中心区域的四川盆地是中国华南—中南—西南地区经济社会发展水平最高的内陆区域、国家战略纵深区域，以格尔木市为中心区域的柴达木盆地是中国西北诸盆地连接四川盆地的桥梁纽带区域、国家战略纵深区域。珠江三角洲地区存在对长株潭经济圈、成渝地区双城经济圈、格尔木市区域的巨大战略腹地需求、战略纵深需求，长株潭经济圈、成渝地区双城经济圈、格尔木市区域存在对珠江三角洲地区的巨大战略出海口需求、战略开放前沿需求，四大区域之间存在巨大的沿海—内陆双向交流交换战略需求，亟待在该四大区域之间构筑一条战略交通连接线和巨型交通—经济廊带。以该四大区域之间存在的潜在战略联系需求为依托，联通上述四大区域，在一定程度上满足该战略需求，建立四大区域之间的经济社会战略性联系，是南带主通道在中国华南—中南—西南地区及青海省段形成的最主要逻辑及所负有的最主要战略职能；建立和实现上述四大区域之间的交通运输联系，进而形成交通经济带，是丝绸之路经济带南带在中国华南—

---

① 海西蒙古族藏族自治州湖盐、钾盐、镁盐、锂、锶、石棉、芒硝、石灰岩矿藏储量居于中国首位，溴、硼储量居于中国第二位。

② 依据地貌形态及海拔高度，可将昆仑山脉以南的青藏高原部分称之为高高原，将以北的部分称之为低高原。

③ 其中，青海省海西蒙古族藏族自治州柴达木盆地地区处于干旱区，形成干旱区光—热—水—土—城—路系统，具有雄厚、相对一致的干旱区山前巨型地域廊带基础。

中南—西南地区及青海省段的最主要表现形式和实现途径。因此，选择上述四个区域之间战略连接线作为南带主通道在华南—中南—西南地区及青海省的主要走向，选择海西蒙古族藏族自治州所在区域为南带主通道在青海省的重要穿越区域（地段）和区段性目的区域，选择海西蒙古自治州重要城市格尔木市为南带主通道在青海省的区段性目的地。

（24）当前，该四大区域上述两个特别行政区一个直辖市十八个市三个自治州境内已经初步形成串联上述行政单元、具有一定规模和历史基础的东南—西北向交通运输通道雏形（广州—株洲—怀化—铜仁—重庆—成都—阿坝—达日—花石峡—香日德—格尔木交通走廊雏形），并已呈现向战略通道与经济社会发展战略性地域廊带演进的潜在趋势。同时，占据中国华南—中南—西南—西北地区四大重要经济区域连接线、沿海核心区域与内陆核心区域连接线、云贵高原—青藏高原高高原外围山前交通线、亚欧大陆东西二级交通区位线等多重潜在交通区位。因此，应当顺势而为，选择上述行政单元所在区域为南带主通道在华南—中南—西南地区及青海省的重要穿越区域（地段）。

（25）上述两个特别行政区一个直辖市十八个市三个自治州所在地域均处于云开大山山脉（东侧）—雪峰山脉（东侧）—大巴山脉（南侧）—大积石山脉（南麓）—昆仑山脉东段（北麓）巨型山前地域廊带，处于云开大山山脉—雪峰山脉巨型南北向、大巴山脉—大积石山脉—昆仑山脉东段东南—西北向巨型东西向山链、山地地形雨带、山麓断裂带及坡降带、径流带、山前连片相对平坦地带、山前或山间平原带或绿洲带、陆路交通走廊带、农林及矿产资源富集带、山区林业金属采掘业山前种植业油气煤炭采掘业复合产业带、人口集聚区带等地理廊带体系。处于湿润区半湿润区或干旱区，形成巨型东南—西北向湿润区半湿润区水—土—城—路系统及河—城系统或干旱区光—热—水—土—城—路系统，具有雄厚、相对一致的云贵高原东侧北侧外围—青藏高原高高原北侧山前巨型东南—西北向地域廊带基础。因此，选择上述行政单元所在区域为南带主通道在华南—中南—西南地区及青海省的重要穿越区域（地段）。

（26）其中的新疆巴音郭楞蒙古自治州东南部两县（若羌县和且末县）地处新疆东南部、阿尔金山脉和昆仑山脉（中段）北麓、新疆维吾尔自治区与青海省和西藏自治区及甘肃省交界地区，为新疆南疆地区最东端县、重要交通枢纽、新疆与青海之间门户、钾盐石棉矿物重要蕴藏区、中国土地面积第一和第二大县、古代楼兰古城米兰古城海头古城遗址所在地、古"丝绸之路"要冲及南道经过地段、中国汉朝"西域36国"中婼羌鄯善且末小宛等所谓"行国"或"城国"所在区域、古代楼兰文明兴盛区域；已初步发展种植业林果业畜牧业、钾盐石棉石油天然气采掘业等产业；该两县中的且末县为原贫困县。其中的新疆和田地区地处新疆西南部、塔里木盆地南部、新疆与西藏交界地区、喀喇昆仑山脉北侧、中国与克什米尔地区接壤区域，为新疆重要农产品生产基地、锑汞金铅等金属矿物与煤炭天然气石膏石英和田玉等非金属矿物重要蕴藏区、尼雅遗址所在地、古丝绸之路重镇和南道经过区域、古代中国中央政府西域政治中心军事中心所在区域[①]、中国汉朝"西域36国"中皮山于阗扜弥渠勒精绝戎卢等所谓"城国"所在区域、古代重要人类活动中心；已初步发展种植业林果业、煤炭天然气采掘业等产业；该地区下辖的八个市县均为原贫困市县。如前所述，其中的新疆喀什地区为新疆重要农产品生产基地、重要贸易中心、古丝绸之路要冲和南道经过区域；地区中心城市喀什市为中国新疆塔里木盆地西南部中心城市、当代及古代重要国际商埠、古丝绸之路交通要冲；该地区下辖的十二个市县均为原贫困市县。如前所述，其中的新疆克孜勒苏柯尔克孜自治州为新疆重要农产品生产基地、重要贸易中心、古丝绸之路要道和南道经过区域；该自治州下辖的四个市县均为原贫

[①] 域内和田市曾为中国东汉西域长史府驻地，中国东汉西域长史赵评、王敬曾驻此。

困市县。上述两州两地区所在区域同为四川盆地、柴达木盆地与中国新疆南疆地区西侧南侧周邻国家之间陆路交通联系必经之地、咽喉区域，同为四川盆地中心区域成渝地区双城经济圈和城市群、柴达木盆地中心区域、西侧南侧周邻国家中心区域之间的桥梁纽带区域；且大部分市县为原贫困市县①，具有相同或相似相近的经济社会发展背景、发展水平、发展任务。因此，选择其为南带主通道在中国新疆南疆地区的重要穿越区域（地段）和支点区域（地段）。

（27）当前，上述两个自治州两个地区境内已经初步形成串联以上行政单元、具有一定规模和历史基础的东西向交通运输通道雏形（依吞布拉克—若羌—且末—和田—喀什交通走廊雏形），并已呈现向战略通道与经济社会发展战略性地域廊带演进的潜在趋势。同时，占据塔里木盆地环线南部盆缘线、阿尔金山脉（北麓）—昆仑山脉（中西段）北麓山前交通线、柴达木盆地—塔里木盆地南部盆缘连接线等多重潜在交通区位，并正在逐步成为塔里木盆地南缘交通主干地带或主要运输走廊。因此，应当顺势而为，选择上述两个自治州两个地区所在区域为南带主通道在新疆南疆地区的重要穿越区域（地段）。

（28）上述两个自治州两个地区所在地域均处于阿尔金山脉（北麓）—昆仑山脉（中西段）（北麓）山前地域廊带，处于大致东西向阿尔金山脉—昆仑山脉（中西段）山链、山地地形雨带、高山冰川带、山麓断裂带及坡降带、山前径流带、山前连片相对平坦地带、山前绿洲带、山前陆路交通走廊带、东西向农牧及矿产资源富集带、东西向山区畜牧业金属采掘业山前种植业油气煤炭采掘业复合产业带、东西向人口集聚区带等地理廊带体系。均处于干旱区，形成东西向干旱区光—热—水—土—城—路系统，具有雄厚、相对一致的干旱区山前巨型东西向地域廊带基础。因此，选择上述两州两个地区所在区域为南带主通道在新疆南疆地区的重要穿越区域（地段）。

（29）上述川西青海南部新疆南疆地带与西藏地区②此前一道为中国内陆地区贫困市县在东西方向上最为密集和连绵的区带。由于该区域接近或地处中国内陆地区的"腹心"部位③，而经济社会发展水平却几乎处于中国经济社会发展的最低端，目前虽已脱贫，但在某种程度上仍是中国经济社会发展在区域布局或相对均衡发展上的"腹心之患"，对中国经济社会可持续发展、应对国际局势变化极其不利。因此，应当将该区域确定为南带主通道拟穿越区域（地段），以带动和促进其经济与社会发展。

（30）包含上述两个自治州两个地区在内的中国新疆南疆地区为中国陆地版图内距离东部海洋最远的内陆地区，是中国面向东南海域最纵深的内陆战略区域，是中国经济社会发展面向东南海域的内陆盆地总盆底，是中国经济社会发展面向东南海域的内陆总底座，是中国经济社会发展面向东南海域的最深厚内陆战略总依托。喀什地区为上述区域中最具有代表性的地区，喀什市为上述区域中最具有代表性的城市。联通以穗港澳为中心区域的珠江三角洲地区、以长株潭经济圈为代表的华中地区、以成渝地区双城经济圈为中心区域的四川盆地、以格尔木市为代表的柴达木盆地与以喀什市为代表的塔里木盆地，建立和实现上述五大区域之间的经济社会战略性联系，是南带主通道在中国境内段形成的最主要逻辑及所负有的最主要战略职能；建立和实现上述五大区域之间的交通运输联系，进而形成交通经济带，是丝绸之路经济带南带在中国境内段的最主要表现形式和实现途径。因此，选择上述五个区域之间战略连接线为南带主通道

---

① 在丝绸之路经济带南带主通道穿越的新疆南疆三地州二十四个市县中，十九个市县为原国家级扶贫开发工作重点县，所在区域原属于中国十四个连片特困地区之一。

② 西藏全境七十四个县原均属贫困县。

③ 少数县市处于边境地带。

在中国境内段的主要走向，选择喀什地区所在区域为南带主通道在新疆的重要穿越区域（地段）和区段性目的区域，选择喀什地区中心城市喀什市为南带主通道在新疆的重要穿越区域（地段）和区段性目的地。

（31）中国境内上述两个特别行政区一个直辖市十八个市五个自治州两个地区所在地域是中国陆地版图在东南—西北方向上的大致平分线，是一系列呈东北—西南方向延伸的重要经济地理区域分界线的大致垂直平分线。具体来说，其既是整个国家东南半工商农经济密集地带与西北半采掘畜牧经济密集地带分界线的大致垂直平分线，又是东南半加工工业密集地带与西北半资源富集地带分界线的大致垂直平分线；既是东南半流通性经济密集地带与西北半生产性经济密集地带分界线的大致垂直平分线，又是东南半"软经济"密集地带与西北半"硬经济"密集地带分界线的大致垂直平分线；既是东南半高附加值经济密集地带与西北半低附加值经济密集地带分界线的大致垂直平分线，又是东南半前沿性经济密集地带与西北半基础性经济密集地带分界线的大致垂直平分线（见表4-59）。

表4-59　南带主通道垂直平分中国境内段经济地理界面

序号	东南半地理单元	西北半地理单元
1	东南半工商农经济密集地带	西北半采掘畜牧经济密集地带
2	东南半加工工业密集地带	西北半资源富集地带
3	东南半流通性经济密集地带	西北半生产性经济密集地带
4	东南半"软经济"密集地带	西北半"硬经济"密集地带
5	东南半高附加值经济密集地带	西北半低附加值经济密集地带
6	东南半前沿性经济密集地带	西北半基础性经济密集地带

（32）该地域廊带所呈现的西北—东南延伸方向与整个中国国家陆地版图内产业发展时间序列、产业结构一般演进序列、工业结构演变一般序列、价值增值一般序列、产业延伸一般序列在西北—东南方向上的空间展布顺位相一致，符合在产业发展链条方向、产业结构演进链条方向、工业结构演变链条方向、价值增值链条方向、产业延伸链条方向上配置大通道的交通布局原理，能够在中国陆地版图范围内，在最纵深而又最近捷的意义上加强一系列东南半与西北半特质差异地带间的经济联系，在最纵深而又最近捷的意义上推进中国国家经济结构转型升级、增长方式转变、空间结构调整，在最纵深而又最近捷的意义上推进中国国家国土开发与经济发展。因此，选择该地域廊带为南带主通道在中国境内的重要穿越区域（地段）。

（33）中国境内上述两个特别行政区一个直辖市十八个市五个自治州两个地区所在地域是中国陆地版图东南—西北方向上的大致平分线，又是一系列呈东北—西南方向延伸的重要社会发展地理区域分界线的大致垂直平分线。具体来说，其既是整个中国东南半相对较发达地带与西北半相对欠发达地带分界线的大致垂直平分线，又是东南半汉族主要聚居区与西北半少数民族主要聚居区分界线的大致垂直平分线；既是东南半社会事业相对发展较快地带与西北半社会事业发展相对缓慢地带分界线的大致垂直平分线，又是东南半科技文化发展水平相对较高地带与西北半科技文化发展水平相对较低地带分界线的大致垂直平分线；既是东南半人口分布相对密集地带与西北半人口分布相对稀疏地带分界线的大致垂直平分线，又是东南半工商文化和农耕文化集中地带与西北半草原文化集中地带分界线的大致垂直平分线；既是东南半生态主要发育和消费地带与西北半生态主要涵养地带分界线的大致垂直平分线，又是东南半生态相对比较稳定地带与西北半生态相对脆弱地带分界线的大致垂直平分线（见表4-60）。

表4-60 南带主通道垂直平分中国境内段社会发展地理界面

序号	东南半地理单元	西北半地理单元
1	东南半相对较发达地带	西北半相对欠发达地带
2	东南半汉族主要聚居区	西北半少数民族主要聚居区
3	东南半社会事业相对发展较快地带	西北半社会事业相对发展缓慢地带
4	东南半科技文化发展水平相对较高地带	西北半科技文化发展水平相对较低地带
5	东南半人口分布相对密集地带	西北半人口分布相对稀疏地带
6	东南半工商文化和农耕文化集中地带	西北半草原畜牧文化集中地带
7	东南半生态环境主要消费地带	西北半生态主要涵养地带
8	东南半生态相对比较稳定地带	西北半生态相对脆弱地带

（34）该地域廊带呈现的西北—东南延伸方向与整个中国国家社会发展总体水平差异方向、民族分布差异方向、社会事业发展速度差异方向、科技文化发展水平差异方向、人口分布差异方向、文化形态差异方向、生态功能及稳定性差异方向相一致，符合在社会发展水平梯度差异方向上配置大通道的交通布局原理，能够在中国陆地版图范围内加强东南半与西北半特质差异地带间的社会联系，促进中国民族、文化、社会交流，促进中国国家社会事业发展与长治久安。因此，选择该地域廊带为南带主通道在中国境内的重要穿越区域（地段）。

（35）当前，上述两个特别行政区一个直辖市十八个市五个自治州两个地区境内已经初步形成串联上述行政单元、具有一定规模和历史基础的东南—西北向交通运输通道雏形（广州—株洲—怀化—铜仁—重庆—成都—阿坝—达日—花石峡—香日德—格尔木—依吞布拉克—若羌—和田—喀什交通走廊雏形），并已呈现向战略通道与经济社会发展战略性地域廊带演进的潜在趋势；同时，占据中国陆地版图西北—东南大致平分线、云贵高原东侧北侧外围交通线—青藏高原高高原北侧外围交通线、亚欧大陆东西二级交通区位线等多重潜在交通区位。因此，应当顺势而为，选择上述行政单元所在区域为南带主通道在中国境内的穿越区域（地段）。

（36）上述两个特别行政区一个直辖市十八个市五个自治州两个地区所在地域均处于云开大山山脉（东侧）—雪峰山脉（东侧）—大巴山脉（南侧）—大积石山脉（南麓）—昆仑山脉（东段北麓）—阿尔金山脉（北麓）—昆仑山脉（中西段北麓）巨型山前地域廊带，处于云开大山山脉—雪峰山脉巨型南北向、大巴山脉—大积石山脉—昆仑山脉（东段）—阿尔金山脉—昆仑山脉（中西段）巨型东西向山链、山地地形雨带、山麓断裂带及坡降带、径流带、山前连片相对平坦地带、山前或山间平原带、陆路交通走廊带、农林及矿产资源富集带、山区林业畜牧业金属采掘业山前种植业油气煤炭采掘业复合产业带、人口集聚区带等地理廊带体系；处于湿润区半湿润区或干旱区，形成巨型东南—西北向湿润区半湿润区水—土—城—路系统及河—城系统或东西向干旱区光—热—水—土—城—路系统，具有雄厚、相对一致的云贵高原东侧北侧外围—青藏高原高高原外围北侧山前巨型东南—西北向或东西向地域廊带基础。因此，选择上述行政单元所在区域为南带主通道在中国境内的穿越区域（地段）。

（37）而上述区域中的中国川西地区、青海南部地区、新疆南部地区又具有相对一致、完整的地理廊带基础。该地带处于大巴山脉（南侧）—大积石山脉（南麓）—昆仑山脉（东段北麓）—阿尔金山脉（北麓）—昆仑山脉（中西段北麓）巨型山前地域廊带，处于大巴山脉—大积石山脉—昆仑山脉及喀喇昆仑山脉巨型东西向山链、东西向山地地形雨带、东西向高山冰川带（仅大巴山脉未发育现代冰川）、东西向山麓断裂带及坡降带、东西向径流带、东西向连片相对平坦地带、东西向山前平原带或绿洲带、东西向陆路交通走廊带、东西向农牧及矿产资源富集带、东西向山区畜牧业金属采掘业山前种植业油气煤炭采掘业复合产业带、东西向人口集聚区带等地理廊带体系，在中国四川盆地西北缘及青海东南部地区形成东西向高原水—土—城—路系统，在中国柴达木盆地南缘、塔里木盆地南缘形成东西向干旱区光—热—水—土—城—路系统，具有雄厚、相对一致的巨型山前地域廊带。因此，选择该地带为南带主通道在中国川青新三省自治区的重要穿越区域（地段）。

（38）巴基斯坦北部、西部地区地理位置极为重要，既是巴基斯坦政治中心地带，又是巴基斯坦北通中亚、西通阿富汗伊朗、南通印度洋的重要枢纽地带。

（39）其中的巴基斯坦吉尔吉特—巴尔蒂斯坦地处巴基斯坦北部、喜马拉雅山脉—喀喇昆仑山脉—兴都库什山脉南麓、巴基斯坦与中国和印度及阿富汗接壤区域，为巴基斯坦联结东亚及中亚地区的重要枢纽地带、中国新疆与巴基斯坦中心区域开展战略性经济社会交流必须穿越地带、铁铜铝等金属矿物及煤炭皂土耐火黏土石墨石膏石灰石宝石等非金属矿物重要蕴藏区、古丝绸之路要道，贸易业、种植业、旅游业初步得到一定程度发展；该地区首府吉尔吉特县为巴控克什米尔西北部重要城市、重要行政中心经济中心交通中心、古代佛教中心；该地区及其首府是连接中国新疆与巴基斯坦中心区域之间的桥梁纽带区域。因此，该地区及其首府所在区域适宜成为南带主通道在巴基斯坦北部的重要穿越区域（地段）和支点区域（地段）。

（40）其中的巴基斯坦联邦首都区地处巴基斯坦北部山前地带，由伊斯兰堡都市县及其周边地区组成，为巴基斯坦首都、政治中心、人口密度最大地区、世界最年轻的现代化都市之一；邻近城市拉瓦尔品第为巴基斯坦旁遮普省重要城市①、重要工商业中心、重要国际陆路交通枢纽、喜马拉雅山脉与恒河平原之间交通要冲、巴基斯坦第二大城市、前临时首都、印度河平原北部古代防御要塞及战略要地、南亚古城，并将与新首都伊斯兰堡连为一体，构成伊斯兰堡—拉瓦尔品第大都市区。该中心区域为巴基斯坦北部、西部地区中经济社会发展水平最高的地区，同时又是巴基斯坦政治中心地带，在巴基斯坦北部、西部地区经济社会发展乃至整个国家经济社会发展与交通体系中居于重要地位、发挥重要作用。因此，该中心区域适宜成为南带主通道在巴基斯坦北部地区的重要穿越区域（地段）和支点区域（地段）。

（41）在当前国际地缘政治地缘经济格局下，巴基斯坦联邦首都区及即将形成的伊斯兰堡—拉瓦尔品第大都市区为巴基斯坦北部地区西部地区乃至整个国家代表性地区。联通以穗港澳为中心区域的珠江三角洲地区、以长株潭经济圈为代表的华中地区、以成渝地区双城经济圈为中心区域的四川盆地、以格尔木市为代表的柴达木盆地、以喀什市为代表的塔里木盆地与以巴基斯坦联邦首都区为代表的巴基斯坦北部中心区域，建立和实现上述六大区域之间的经济社会战略性联系，是南带主通道形成的最主要逻辑之一及所负有的最主要战略职能之一；建立和实现上述六大区域之间的交通运输联系，进而形成交通经济带，是丝绸之路经济带南带的最主要表现形式和实现途径之一。因此，上述六大区域之间的战略连接线适宜成为南带主通道的主要走向；巴基斯坦联邦首都区所在区域适宜成为南带主通道在巴基斯坦北部地区的重要穿越区域（地段）和区段性目的区域；伊斯兰堡都市县适宜成为南带主通道在巴基斯坦北部地区的重要穿越区域（地段）和区段性目的地。

---

① 拉瓦尔品第市位于伊斯兰堡市南部 11 千米处，意为"拉瓦尔人的村庄"。

（42）其中的巴基斯坦开伯尔—普什图省地处巴基斯坦西部、巴基斯坦与阿富汗接壤区域、巴基斯坦联结中亚及西亚地区的枢纽部位、中亚西亚通向印度次大陆的交通要冲地带，为普什图族主要聚居区域、铬铁钨锰铜锑等金属矿物与石油天然气煤炭瓷土磷石灰石等非金属矿物重要蕴藏区、巴基斯坦国内最大石油生产省份[1]、北部国际交通要冲、古代蒙古人突厥人阿拉伯人匈奴人大月氏人斯基泰人希腊人波斯人雅利安人南侵东侵古印度首要受敌地区、近代及古代英帝国杜兰尼王朝莫卧儿帝国伊尔汗国伽色尼王国西突厥汗国阿拉伯帝国贵霜帝国帕提亚帝国亚历山大帝国波斯帝国犍陀罗国重要统治区域、古代重要佛教中心。虽然该省经济社会发展相对落后[2]，存在极端主义势力侵染隐患，但仍被誉为"巴基斯坦对中亚贸易的自然桥梁"；该省省会白沙瓦都市县为该省最大城市、重要工业中心文化中心教育中心、当代及近代与古代南亚中亚西亚之间商路要冲与贸易中心、中国唐朝高僧玄奘到访地、古代贵霜王朝伽腻色伽王一世时期首都、古代犍陀罗国王城和都市、古代佛教圣地和文化中心、中亚南亚西亚之间最古老的城市之一，被称为"巴基斯坦最具有民族特色的城市""花果繁茂的天府之国"[3]；该省开伯尔山口是南亚地区通向中亚、西亚地区的天然孔道，整个区域自然地理、交通地理区位极为重要。因此，该省所在区域适宜成为南带主通道在巴基斯坦西部地区的重要穿越区域（地段）。

（43）其中的巴基斯坦俾路支省地处巴基斯坦西南部、巴基斯坦与阿富汗及伊朗接壤区域，为俾路支族主要聚居区域、古代北俾路支红陶佐布文化与南俾路支黄陶奎达文化及阿米里·纳尔文化和库利文化（属铜石并用时期文化或前哈拉帕时期文化）兴盛区域，虽然该省为巴基斯坦人口最少及人口密度最小省份、经济最不发达省份，但该省同时为巴基斯坦土地面积最大省份、最大水果产区（占45%）；铜金铬铁锰银锑等金属矿物和煤炭石油天然气磷等非金属矿物重要蕴藏区[4]，铜矿开采和天然气开采在巴基斯坦占重要地位，已经成为巴基斯坦天然气生产重要省份，具有较大发展潜力；该省毗邻伊朗东南部地区，濒临阿拉伯海，距霍尔木兹海峡仅有400多千米，为巴基斯坦海岸线最长省份，自古以来即是伊朗南部地区通往南亚次大陆内陆地区的重要通道、东亚中亚地区进出阿拉伯海的主要通道，海陆区位优势兼备，是中国西北地区及中亚南部地区通过陆路交通参与利用印度洋战略出海口、分享印度洋战略性出海口利益、波斯湾战略性石油利益的重要依托区域、必经地段和目的区域。该省省会奎达都市县为该省最大城市、行政中心工业中心、巴基斯坦西部工商业城市、巴基斯坦第九大城市、巴基斯坦与阿富汗之间国际贸易中心、重要国际交通枢纽、当代及古代交通走廊科贾尔通道（通阿富汗坎大哈）与波斯走廊（通伊朗扎黑丹）重要交汇点、世界最大铬铁矿蕴藏地；该省重要港口瓜达尔港开发面临新机遇，是中国西北地区及中亚南部地区通过陆路交通参与利用印度洋战略出海口、分享印度洋战略性出海口利益、波斯湾战略性石油利益的重要依托点、必经地段和目的地。因此，该省所在区域适宜成为南带主通道目的区域、南带西桥头堡区域；该省省会奎达都市县适宜成为南带主通道在巴基斯坦西部地区的区段性目的地；该省重要港口瓜达尔港适宜成为南带主通道目的地、南带西桥头堡。

（44）巴基斯坦俾路支省及瓜达尔港为中国新疆及西北地区最近的西向战略出海口区域，且邻近波斯湾战略石油利益区。将俾路支省确定为南带主通道目的区域、南带西桥头堡区域，

---

① 开伯尔—普什图省生产巴基斯坦50%以上的石油。
② 开伯尔—普什图省与俾路支省并为巴基斯坦最贫困省区。
③ 白沙瓦在古梵语中意为"花园之城""边境城镇"。
④ 俾路支省矿产资源占巴基斯坦总矿产资源的50%左右，其中天然气资源约占巴基斯坦的35%，铜矿资源约占巴基斯坦的80%，均居于重要地位；该省天然气开采量占巴基斯坦天然气总开采量的25%左右，已成为巴基斯坦天然气主产区之一。

将瓜达尔港确定为南带主通道目的地、南带西桥头堡，有利于中国新疆及西北地区与巴基斯坦共享阿拉伯海及印度洋战略性出海口利益、波斯湾战略性石油利益，增进中国与巴基斯坦共同战略利益。

（45）联通以穗港澳为中心区域的珠江三角洲地区、以长株潭经济圈为代表的华中地区、以成渝地区双城经济圈为中心区域的四川盆地、以格尔木市为代表的柴达木盆地、以喀什市为代表的塔里木盆地、以巴基斯坦联邦首都区为代表的巴基斯坦北部中心区域与以瓜达尔港为代表的巴基斯坦西南濒海区域，建立和实现上述七大区域之间的经济社会战略性联系，是南带主通道形成的最主要逻辑及所负有的最主要战略职能；建立和实现上述七大区域之间的交通运输联系，进而形成交通经济带，是丝绸之路经济带南带的最主要表现形式和实现途径。因此，上述七大区域之间的战略连接线适宜成为南带主通道的主要走向；巴基斯坦俾路支省所在区域适宜成为南带主通道在巴基斯坦境内的重要穿越区域（地段）和最主要目的区域，瓜达尔港适宜成为南带主通道在巴基斯坦境内的重要穿越区域（地段）和最主要目的地。

（46）当前，巴基斯坦上述四省区境内已经初步形成串联以上行政单元、具有一定规模和历史基础的东北—西南向战略通道雏形（苏斯特—伊斯兰堡—奎达—瓜达尔港交通走廊雏形）与经济社会发展战略性地域廊带雏形，并已呈现向战略通道与经济社会发展战略性地域廊带演进的潜在趋势；同时，占据巴基斯坦陆地版图东北—西南平分线、亚欧大陆大致中央内陆区域—西南出海口连接线、青藏高原西侧外围交通线、亚欧大陆东西二级交通区位线等多重潜在交通区位。因此，上述四省区所在区域适宜成为南带主通道在巴基斯坦境内的重要穿越区域（地段）。

（47）南亚地区是世界上人口规模最为庞大的区域。巴基斯坦是世界第6人口大国，且毗邻世界第2人口大国印度（2022年印度成为世界第1人口大国），与印度的经济、社会、交通联系极为便捷、广泛、深厚。因此，巴基斯坦适宜成为除中国以外的南带主通道最主要穿越国。又因巴基斯坦濒临阿拉伯海及印度洋，在当前国际地缘政治地缘经济格局下，便利中国和中亚国家与巴基斯坦共同争取和享有印度洋战略利益。因此，巴基斯坦适宜成为丝绸之路经济带南带主通道最主要目的地国家。

（48）上述中、巴境内各地段和廊带所在地域占据亚欧大陆陆上东西二级交通区位线潜在交通区位。选择上述地段和廊带为南带主通道穿越地域（地段），是对亚欧大陆陆上东西二级交通区位线潜在交通区位的主动开发与利用，是该地域廊带所蕴含亚欧大陆陆上东西二级交通区位线的第二次显化（第一次显化为丝绸之路时期，即古丝绸之路"河南道"、"青海道"、南道），是亚欧大陆所蕴含东西向陆路交通区位资源和价值在新形势下的再现和重生。

（49）而上述地段和廊带中的青海南部、新疆南部、巴基斯坦北部地段在古代时期即为古丝绸之路"河南道"、"青海道"、中段南道、西段南线的重要穿越地带。选择上述地段和廊带为南带主通道的重要穿越区域（地段），既是对历史时期古丝绸之路"河南道"、"青海道"、南道的概括性继承，也是对当前国际地缘政治地缘经济大势的主动、积极顺应。

（50）选择该条交通主通道及其沿线地带为丝绸之路经济带南带，有助于实现太平洋西侧边缘海南海之滨与印度洋边缘海阿拉伯海北岸之间的陆路沟通，有助于在中国中南部地区形成一条横贯东西的战略性主通道和交通经济带，并与西侧周边国家相连相通，使该带成为一条横贯亚欧大陆中南部的国际战略性主通道和交通经济带。

（51）该通道所依托的巨型山链及所附随的巨型自然地理廊道见表4-61。

表 4-61　南带主通道依托巨型山链及相关巨型地理廊带

序号	类型	名称
1	巨型山链	大巴山脉—岷山山脉—大积石山脉—昆仑山脉及喀喇昆仑山脉—兴都库什山脉巨型山链
2	巨型山地降水相对较多带	大巴山脉—岷山山脉—大积石山脉—昆仑山脉及喀喇昆仑山脉—兴都库什山脉巨型山地降水相对较多带
3	巨型冰川带	岷山山脉—大积石山脉—昆仑山脉及喀喇昆仑山脉—兴都库什山脉巨型冰川带
4	巨型盆山耦合带	大巴山脉—岷山山脉—大积石山脉—昆仑山脉及喀喇昆仑山脉—兴都库什山脉巨型盆山耦合带
5	巨型河流带	大巴山脉—岷山山脉—大积石山脉（南侧）—昆仑山脉及喀喇昆仑山脉（北侧）—兴都库什山脉（南侧）山前巨型河流带
6	巨型成土母质带及连片相对平坦地带	大巴山脉—岷山山脉—大积石山脉（南侧）—昆仑山脉及喀喇昆仑山脉（北侧）—兴都库什山脉（南侧）山前巨型成土母质带及连片相对平坦地带
7	巨型盆地群光热资源密集带	大积石山脉（南侧）—昆仑山脉及喀喇昆仑山脉（北侧）—兴都库什山脉（南侧）山前巨型盆地群光热资源密集带
8	巨型成矿带	古亚洲成矿域（东段）及特提斯成矿域中带南带（西段）
9	巨型交通走廊带	大巴山脉—岷山山脉（南侧）—大积石山脉（南侧）—昆仑山脉及喀喇昆仑山脉（北侧）—兴都库什山脉山前巨型交通走廊带
10	巨型经济走廊带	大巴山脉—岷山山脉—大积石山脉（南侧）—昆仑山脉及喀喇昆仑山脉（北侧）—兴都库什山脉（南侧）山前巨型经济走廊带

（五）南带主通道现状及应建或建议建设交通线路

1. 南带主通道现状

（1）铁路交通线路。该线中国广州—韶关—株洲—怀化—重庆—成都段已建准轨铁路（其中中国广州—韶关—株洲—怀化段及重庆—成都段已建高速铁路）；成都—阿坝—格尔木段铁路已被列入中长期铁路网规划，格尔木—若羌（一库尔勒）段铁路与若羌—且末—和田段铁路及和田—喀什段铁路已经建成；中国喀什—红其拉甫口岸—巴基斯坦苏斯特口岸—吉尔杰特—伊斯兰堡段铁路建设前期工作已经开展；巴基斯坦伊斯兰堡—奎达段已建铁路线路；奎达—瓜达尔段未建铁路线路。

（2）公路交通线路。该线中国广州—韶关—长沙—怀化—重庆—成都段已建成高速公路；成都—阿坝—达日—香日德—花石峡—格尔木段局部已经开工建设高速公路，格尔木—花土沟—依吞布拉克—若羌段、若羌—且末—民丰—和田—喀什—红其拉甫口岸段及巴基斯坦伊斯兰堡—卡拉奇—瓜达尔港段已建成不同等级公路。

（3）油气管道。该线沿线忠县—贵阳段已建成输气管道，格尔木—花土沟段已建原油管道，中国境内沿线地段及境外沿线地段均未建设长大输气、输油管道。

2. 南带主通道应建或建议建设交通线路及理由或目标

（1）铁路交通线路。应建或建议建设铁路交通线路：①中国成都—阿坝—格尔木铁路；②中国喀什—红其拉甫口岸—巴基斯坦苏斯特口岸—伊斯兰堡—瓜达尔铁路；③成都—阿坝—达日—香日德—格尔木—依吞布拉克—若羌—和田—喀什—伊尔克什坦口岸—吉尔吉斯斯坦伊尔克什坦口岸—萨雷塔什—塔吉克斯坦贾伊尔甘—加尔姆—杜尚别—铁尔梅兹—阿富汗马扎里沙里夫—奇拉斯—赫拉特—法拉—扎兰季—伊朗塞库赫—塞拉希—诺斯拉塔巴德—舒尔加兹—巴姆—克尔曼—亚兹德—伊斯法罕—卡尚—库姆—阿拉克—道鲁德—安迪梅什克—阿瓦士—霍梅尼港高速铁路。

理由或依据：①和②所述铁路线路是丝绸之路经济带南带四川盆地与柴达木盆地、塔里木盆地及巴基斯坦北部地区之间最大的铁路交通瓶颈制约路段，如该两条铁路线路建成，即可实现中国四川盆地、柴达木盆地、塔里木盆地及巴基斯坦北部地区、瓜达尔之间的铁路交通直接联络，对畅通南带意义重大；建设③所述高速铁路线路，在未来可形成香港—广州—长沙—怀化—重庆—成都—格尔木—和田—喀什—伊尔克什坦口岸—吉尔吉斯斯坦伊尔克坦口岸—塔吉克斯坦贾伊尔甘—杜尚别—铁尔梅兹—阿富汗马扎里沙里夫—赫拉特—扎兰季—伊朗塞库赫—舒尔加兹—克尔曼—亚兹德—伊斯法罕—卡尚—库姆—阿拉克—阿瓦士—霍梅尼港全线高速铁路线路。

（2）公路交通线路。应建或建议建设公路交通线路：①成都—阿坝—格尔木段高速公路；②喀什—巴基斯坦伊斯兰堡—瓜达尔港高速公路。

理由或目标：以上所述高速公路所在路段虽已初步实现全程以普通公路线路相贯通，但现有公路线路等级相对较低，与该条线路作为南带主通道的地位不相符合。因此，应当或建议在该线新建高速公路，以实现南带主通道全程以高速公路相贯通。

（3）油气管道。应建或建议建设油气管道：①成都—阿坝—格尔木输油、输气管道；②格尔木—若羌—且末—和田—喀什输油、输气管道；③喀什—巴基斯坦伊斯兰堡—瓜达尔输油、输气管道。

理由或目标：中国西南地区是中国西部最大的油气消费中心，四川盆地、柴达木盆地、塔里木盆地均是中国境内重要的油气产区，瓜达尔港西接世界上最大的油气生产中心波斯湾沿岸油气区，上述输油、输气管道建成后，将实现中国西部最大油气消费中心、中国西部一系列油气产区与世界上最大油气生产中心之间的战略联结。

二、南带中缅孟印走廊交通支线通道走向及其辐射范围、沿线地区主导产业

丝绸之路经济带南带中缅孟印走廊交通支线通道（以下简称南带中缅孟印走廊支线通道）及经济走廊走向、辐射范围、沿线地区主导产业如下：

（一）南带中缅孟印走廊支线通道走向

南带中缅孟印走廊支线通道走向为：成都—昆明—大理—瑞丽—缅甸南坎—腊戍—曼德勒—仁安羌—皎漂港及实兑港—孟加拉国伊德冈—吉大港—坚德布尔—库尔纳—杰索尔—印度加尔各答。

（二）南带中缅孟印走廊支线通道穿越或辐射地区

南带中缅孟印走廊支线通道穿越的中国一级行政单元为：四川省、云南省。

南带中缅孟印走廊支线通道穿越的国家为：中国、缅甸、孟加拉国、印度。

南带中缅孟印走廊支线通道穿越的中国国内主要城市为：成都、昆明。

南带中缅孟印走廊支线通道穿越的中国国内市地盟州为：四川成都市、眉山市、乐山市、凉山彝族自治州、攀枝花市，云南楚雄彝族自治州、昆明市、大理白族自治州、保山市、德宏傣族景颇族自治州。

南带中缅孟印走廊支线通道穿越的相关其他国家一级行政单元为：缅甸掸邦、曼德勒省、马圭省、若开邦，孟加拉国吉大港区、达卡区、库尔纳区，印度西孟加拉邦（共计8个一级行政单元）。合计南带支线通道穿越的各国一级行政单元共计10个。

南带中缅孟印走廊支线通道穿越的相关其他国家主要城市为：缅甸腊戍（非省会城市）、曼德勒、仁安羌（非省会城市）、皎漂港（重要港口）、实兑港（重要港口），孟加拉国吉大港、

库尔纳，印度加尔各答。

南带中缅孟印走廊支线通道穿越的相关其他国家重要交通节点城镇为：缅甸南坎、腊戌、曼德勒、仁安羌、皎漂港、实兑港，孟加拉国伊德冈、吉大港、坚德布尔、库尔纳、杰索尔，印度加尔各答。

南带中缅孟印走廊支线通道通过的中国—缅甸国际口岸为：瑞丽口岸—木姐口岸、畹町口岸—九谷口岸。

南带中缅孟印走廊支线通道辐射的中国—缅甸国际口岸为：腾冲猴桥口岸—甘拜迪口岸、章凤口岸—雷基口岸、孟定清水河口岸—掸邦清水河口岸。

（三）南带中缅孟印走廊支线通道沿线地区主导产业

1. 南带中缅孟印走廊支线通道中国四川段沿线地区主导产业

南带中缅孟印走廊支线通道中国四川段沿线地区主导产业为：电子信息工业、机械装备制造工业、食品饮料及烟草医药工业、钢铁及钒钛工业、水电及新能源工业、石油磷盐及精细化学工业、建材工业、农副产品精深加工工业（中国四川成都市、眉山市、乐山市、凉山彝族自治州、攀枝花市，见表4-62）。

表4-62 南带中缅孟印走廊支线通道中国四川段沿线地区主导产业

序号	市地盟州	主导产业
1	成都市	电子信息工业、机械制造工业、食品饮料及烟草加工工业、医药工业、冶金工业、建材工业、石油化学工业
2	眉山市	电子信息工业、新能源业、新材料制造工业、精细化学工业、机械装备制造工业、农副产品精深加工工业、现代服务业
3	乐山市	电子信息工业、新能源业、装备制造工业、冶金工业、建材工业、盐磷化学工业
4	凉山彝族自治州	水电业、有色金属采掘冶炼及压延加工工业、装备制造工业、烟草加工工业、化学工业、食品加工工业、药品制造工业
5	攀枝花市	黑色和稀有金属冶炼及压延加工工业、能源工业、化学工业

2. 南带中缅孟印走廊支线通道中国云南段沿线地区主导产业

南带中缅孟印走廊支线通道中国云南段沿线地区主导产业为：旅游业、烟草制品业、黑色和有色金属采选冶炼及压延加工工业、化学原料及化学制品制造工业、医药制造工业、装备制造工业、建材工业、生物资源及农产品深加工工业（中国云南楚雄彝族自治州、昆明市、大理白族自治州、保山市、德宏傣族景颇族自治州，见表4-63）。

表4-63 南带中缅孟印走廊支线通道中国云南段沿线地区主导产业

序号	市地盟州	主导产业
1	云南楚雄彝族自治州	烟草加工工业、冶金工业、化学工业
2	昆明市	旅游业、烟草制品业、化学原料及化学制品制造工业、冶金工业、医药制造工业、装备制造工业、电力热力生产供应业
3	大理白族自治州	旅游业、有色金属采选冶炼及压延加工工业、机械设备制造工业、生物资源及农产品深加工工业
4	保山市	采矿业、生物资源加工工业、珠宝玉石加工业、建材工业、黑色及有色金属冶炼工业、纺织工业
5	德宏傣族景颇族自治州	种植业、旅游业、有色金属冶炼及压延加工工业、电力热力生产和供应业

3. 南带中缅孟印走廊支线通道缅甸段沿线地区主导产业

南带中缅孟印走廊支线通道缅甸段沿线地区主导产业为：种植业、石油采掘及加工工业、茶叶饮料食品制造及制糖碾米工业、纺织工业、黑色和有色金属采选及冶炼工业、机械制造工业、化学工业（缅甸掸邦、曼德勒省、马圭省、若开邦，见表4-64）。

表4-64 南带中缅孟印走廊支线通道缅甸段沿线地区主导产业

序号	省份	主导产业
1	掸邦	种植业、黑色及有色金属采掘工业、农产品加工工业、石油加工工业
2	曼德勒省	种植业、制糖工业、茶叶饮料食品制造工业、纺织工业、钢铁工业、机械制造工业
3	马圭省	石油采掘及加工工业、化学工业、机械制造工业、天然气发电工业、建材工业、烟草工业、印刷业、种植业
4	若开邦	种植业、渔业、林业、制盐业、农产品加工工业

4. 南带中缅孟印走廊支线通道孟加拉国段沿线地区主导产业

南带中缅孟印走廊支线通道孟加拉国段沿线地区主导产业为：黄麻水稻种植业、棉麻纺织工业、炼油工业、钢铁及造船工业、鞣革业、造纸工业、玻璃工业、食品加工工业（孟加拉国吉大港区、达卡区、库尔纳区，见表4-65）。

表4-65 南带中缅孟印走廊支线通道孟加拉国段沿线地区主导产业

序号	区	主导产业
1	吉大港区	黄麻种植业、棉纺及麻纺与造纸工业、茶叶加工工业、炼油工业、钢铁及造船工业、化肥及人造纤维制造工业、玻璃制造工业、食品加工工业
2	达卡区	棉纺织工业、黄麻与食品加工工业、造纸工业、种植业
3	库尔纳区	黄麻种植业、黄麻加工工业、造船工业、纺织工业、造纸工业

5. 南带中缅孟印走廊支线通道印度段沿线地区主导产业

南带中缅孟印走廊支线通道印度段沿线地区主导产业为：水稻黄麻甘蔗茶种植业、渔业、棉麻纺织工业、制茶制糖工业、造纸工业、钢铁冶炼及压延加工工业、军事工业、机床及机械设备与铁路机车汽车货车船舶制造工业、鞣革及皮革制品业（印度西孟加拉邦）。

对上述四个国家五个区段的主导产业进行比较可见，在整个南带中缅孟印走廊支线通道沿线地区，主导产业结构层次及总体经济发展水平大致呈现东北段（中国四川省与云南省境内段）最高、西南段（印度境内段）次高、中段（缅甸与孟加拉国境内段）最低的"鞍形"格局，产业结构层次和经济发展水平差异比较明显，全线产业结构优化及经济发展一体化潜力相对较大。

（四）南带中缅孟印走廊支线通道及经济走廊走向理由与依据

（1）如前所述，成渝地区双城经济圈区域是中国西南地区最具规模、发展水平最高、发展潜力最大的内陆经济发展区块，在中国西南地区内陆经济社会发展中居于核心地位。

（2）如前所述，其中的四川省成都市为成渝地区双城经济圈和城市群核心城市之一、中国西部地区重要中心城市、中国超大城市、国家重要高新技术产业基地。其中的四川省眉山市为四川省辖地级市、成都平原西南部中心城市、川中农产品高产主产区、重要医药工业中心纺织工业中心建材工业中心机械制造工业中心、成渝地区双城经济圈和城市群成员城市之一，被称为"成都平原南大门"。其中的四川省乐山市为四川省辖地级市、成都平原南部中心城市、川中农产品高产主产区、重要建材工业中心纺织工业中心电器机械和器材制造工业中心、成渝地区双城经济圈和城市群成员城市之一、中国卤盐主产区、重要旅游目的地、国家历史文化名城、世界自然和文化遗产所在地、古代冶铁中心种茶中心。成渝地区双城经济圈及上述三市均在川渝地区及中国西南地区经济社会发展中占据重要地位、发挥重要作用。因此，选择成渝地区双城经济圈和城市群区域为南带中缅孟印走廊支线通道在中国境内的起始区域、南带中缅孟印走廊在中国境内的北桥头堡区域，选择成都市为南带中缅孟印走廊支线通道在中国境内的起始地、南带中缅孟印走廊在中国境内的北桥头堡。

（3）四川省凉山彝族自治州地处四川省西南部、四川盆地和云南省中部高原之间、横断山系东北缘，为四川省辖自治州、四川南部农产品主产区、重要黑色金属及有色金属采选冶炼工业中心化学工业中心建材工业中心、中国第二大稀土矿蕴藏区。四川省攀枝花市地处四川省最南端、金沙江与雅砻江交汇处、川滇交界地带，为四川省辖地级市、著名钒钛磁铁矿所在地、重要钢铁及有色金属工业中心、古人类活动中心地区之一，被称为"四川南向门户"。上述一自治州一市所在区域地处成渝地区双城经济圈与滇中城市群之间桥梁纽带部位，为连接两个中心区域的桥梁纽带区域。因此，选择上述一自治州一市所在区域为南带中缅孟印走廊支线通道在川滇交界地区的重要穿越区域（地段）和支点区域（地段）。

（4）中国云南省滇中城市群①地处云南省中部，居于中国西南地区腹地—中南半岛诸国北南向自然地理—经济社会发展廊带与太平洋边缘海南海北岸中国粤港澳大湾区—中国云南—印度洋边缘海孟加拉湾沿岸地区东西大陆桥廊带的交汇地带；所在地域为云南省基础设施最密集、开发强度及发展水平最高、开发前景最为广阔的区域，在中国西南地区与东南沿海区域、中南半岛诸国、孟加拉湾沿岸国家之间的西东向、北南向、东北—西南向地域廊带体系及跨区域跨境交通体系中占据枢纽地位。

（5）其中的云南省楚雄彝族自治州地处云南省中北部、云贵高原西部、金沙江与红河水系分水岭地带，为云南省辖自治州之一、省会昆明市西出滇西七州（市）及缅甸必经之地、重要卷烟工业中心冶金工业中心医药工业中心、古人类活动中心、人类发祥地之一。其中的云南省昆明市为云南省省会、滇中城市群中心城市、中国西部地区重要中心城市之一、中国面向东南亚和南亚开放的门户城市、东盟"10+1"自由贸易区经济圈与大湄公河次区域经济合作圈及泛珠三角区域经济合作圈交汇点城市、中国国家历史文化名城、远古时期人类繁衍生息区域。滇中城市群及上述两州市均在云南当前经济社会发展及历史发展中居于核心地位、发挥核心作用。因此，选择滇中城市群区域为南带中缅孟印走廊支线通道在中国云南省的区段性目的区域，选择区域中心城市昆明市为南带中缅孟印走廊支线通道在中国云南省的区段性目的地。

（6）云南省大理白族自治州地处云南省中部偏西地带、云贵高原与横断山脉结合部位、扬子准地台区与藏滇地槽褶皱区交界区域，为云南省省辖自治州、金矿及大理石矿重要蕴藏区、云南省重要农产品生产基地、重要烟草工业中心电力工业中心汽车制造工业中心非金属矿物制品工业中心、重要旅游目的地、"第一批国家文化和旅游消费试点城市"入选城市、古代"六

---

① 滇中城市群为中国重点培育的十九个城市群之一，所在区域土地面积占云南省土地面积的30%左右，人口占云南省总人口的45%左右，经济规模占云南省经济总规模的60%左右，为云南省经济社会发展龙头区域和云南省参与国内外区域经济协作与竞争的核心区域。

诏"及南诏兴盛区域、白族先世繁衍生息地、云南省最早的人类文化发祥地之一。云南省保山市地处云南省西部、中国与缅甸接壤区域、横断山脉滇西纵谷南端，为云南省辖地级市、滇西经济中心文化中心、钛铁铌钽锆铷锡等金属矿物及硅灰石硅藻土煤炭等非金属矿物重要蕴藏区、云南省重要农产品生产基地、重要硅材加工工业中心制药工业中心石油加工工业中心、重要交通枢纽、重要旅游目的地、年度"中国最美文化生态旅游城市"、云南省近代工商业发祥地之一、南方丝绸之路古道穿越区域、傣泰民族发祥地、云南省最早开发的地区之一，被称为"滇西粮仓"。云南省德宏傣族景颇族自治州地处云南省西部、中国与缅甸接壤区域、横断山脉南延地带，为云南省辖自治州、云南省重要农产品生产基地、重要电力工业中心制糖工业中心非金属矿物制品工业中心、中国对缅甸陆路口岸所在地①、重要边境贸易重镇、中国西南地区面向印度洋的主要陆路出境口、中国西南地区西向国际出海大通道起始点；该自治州瑞丽市为中国十七个国际陆港城市之一、中缅油气管道进入中国第一站，境内瑞丽口岸为中国西南地区最大的内陆口岸。上述两州一市所在区域处于中国云南经济社会发展中心区域滇中城市群与周邻国家缅甸北部经济社会发展中心区域之间桥梁纽带部位，为连接两大中心区域的桥梁纽带区域，且临边地区德宏傣族景颇族自治州已经形成战略性陆路口岸瑞丽口岸及口岸城市瑞丽市。因此，选择上述两州一市所在区域为南带中缅孟印走廊支线通道在中国云南省近边临边地带的重要穿越区域（地段）和支点区域（地段）。

（7）当前，中国川滇两省上述六个市四个自治州境内已经形成北起成都及成渝地区双城经济圈、中经昆明、南至中缅边境地带、串联以上行政区域、具有一定规模和历史基础的北南向战略通道（成都—昆明—瑞丽交通走廊）②与经济社会发展战略性地域廊带。同时，占据青藏高原东侧外围交通线、西南地区内陆核心区域—边疆区域连接线等多重潜在交通区位。因此，应当顺势而为，选择川滇两省上述六个市四个自治州所在区域为南带中缅孟印走廊支线通道在中国境内的穿越区域（地段）。

（8）上述六个市四个自治州所在地域均处于横断山脉（东侧）巨型山前地域廊带，处于横断山脉巨型北南向山链、山地地形雨带、山麓断裂带及坡降带、径流带、山前连片相对平坦地带、山前或山间平原带、陆路交通走廊带、农林及矿产资源富集带、山区林业金属采掘业山前种植业油气煤炭采掘业复合产业带、人口集聚区带等地理廊带体系；处于湿润区半湿润区，形成北南向湿润区半湿润区水—土—城—路系统及河—城系统，具有雄厚、相对一致的横断山脉山前巨型北南向地域廊带基础。因此，选择上述六个市四个自治州所在区域为南带中缅孟印走廊支线通道在中国境内的重要穿越区域（地段）。

（9）缅甸掸邦地处缅甸东部、缅甸与中国及老挝和泰国接壤区域，为缅甸土地面积最大的邦、人口最多的邦、重要农业区；银铅锌金铜铁钖锡钨锰锑等金属矿物及云母宝石大理石煤炭等非金属矿物蕴藏量相对比较突出，为缅甸重要农产品加工工业中心石油加工工业中心、中缅陆路跨境运输通道所在区域；该邦首府东枝镇为掸邦政治中心贸易中心文化中心、多民族聚集区、缅甸东南部重要城市、缅甸第四大城市，被称为"掸邦的民族大熔炉"；该邦木姐镇为缅中边境口岸城市、缅甸对中国贸易门户；该邦腊戍为缅甸重要交通枢纽。该邦所在区域与中国云南省近边临边三州市所在区域同处于中国云南经济社会发展中心区域滇中城市群与周邻国家缅甸北部经济社会发展中心区域之间桥梁纽带部位，为连接两大中心区域的桥梁纽带区域，同时又与中国云南省地域相接、山水相连。因此，该邦所在区域适宜成为南带中缅孟印走廊支线通

---

① 该区域姐告口岸为中国云南省最大的边境贸易口岸，该口岸边境贸易额占云南省边境贸易额的50%左右。
② 大理—瑞丽铁路即将建成，后续将与缅甸境内新建铁路共同组成中缅瑞丽—皎漂铁路线路。

道在缅甸临边地带的重要穿越区域（地段）。

（10）缅甸曼德勒省地处缅甸中央地带，种植业及畜牧养殖业相对比较发达；铁钨金锰等金属矿物和宝石玉石重晶石石膏石石油等非金属矿物蕴藏量相对比较突出，为缅甸工业相对发达省份、重要食品饮料工业中心纺织工业中心冶金工业中心机械制造工业中心、缅甸经济中心[1]；该省省会曼德勒市为曼德勒平原中心城市、缅甸北部重要城市、重要工业中心贸易中心、重要交通枢纽、缅甸第二大城市。该省及其省会均在缅甸经济社会发展中处于重要地位，为缅甸北部经济中心地带；且居于中缅东北—西南向陆路运输通道必须穿越地带和中腰部位、中缅东北—西南向陆路运输通道与缅甸国内西北—东南向陆路运输通道交汇点部位。因此，该省所在区域适宜成为南带中缅孟印走廊支线通道在缅甸境内的区段性目的区域，区域中心城市曼德勒市适宜成为南带中缅孟印走廊支线通道在缅甸境内的区段性目的地。

（11）缅甸马圭省地处缅甸中西部内陆地区，种植业及畜牧养殖业相对比较发达，石油天然气蕴藏量相对比较突出，为缅甸最主要石油产区、重要石油采掘加工工业中心机械工业中心化学工业中心农产品加工工业中心；该省省会马圭镇为该省中心城市、重要贸易中心、重要交通枢纽。该省所在区域处于缅甸北部经济社会发展中心区域与缅甸西部沿海区域（若开邦）之间桥梁纽带部位，为连接两大区域的桥梁纽带区域。因此，该省所在区域适宜成为南带中缅孟印走廊支线通道在缅甸中西部地区的重要穿越区域（地段）。

（12）缅甸若开邦地处缅甸西海岸地区、缅甸与印度及孟加拉国接壤区域，该邦海岸线漫长、种植业渔业林业相对比较发达，为缅甸孟加拉湾沿岸地带海岸线最长的邦、重要农业区；玉石及石油等非金属矿物蕴藏量相对比较突出，为缅甸重要农产品加工工业中心、重要旅游目的地、古代南亚与东南亚之间文化及宗教传播交流中继站；该邦首府实兑镇为重要工业中心海洋捕捞业中心；该邦多深水良港，其中的皎漂港为缅甸在孟加拉湾沿岸的重要港口、中缅天然气管道起点[2]，将建设成为缅甸最大远洋深水港；其中的实兑港为缅甸第二大港口，并在孟加拉湾沿岸诸国海港—河港—陆路联运体系中占据重要地位；同时该邦已初步建成纵贯北南的沿海公路线路，并通过山口以公路线路与缅甸内地西东相通，具有东西—北南陆海交通联运组合优势。因此，该邦所在区域适宜成为南带中缅孟印走廊支线通道目的区域之一、南带中缅孟印走廊南桥头堡区域之一，该邦皎漂港及实兑港适宜成为南带中缅孟印走廊支线通道目的地之一、南带中缅孟印走廊南桥头堡之一。

（13）当前，中缅两国上述四省两邦境内已经初步形成串联以上行政单元、具有一定规模和历史基础的东北—西南向战略通道雏形（成都—昆明—瑞丽—南坎—曼德勒—皎漂港及实兑港交通走廊雏形，内含中缅重庆—昆明—瑞丽—马德石油管道及贵港—贵阳—瑞丽—皎漂天然气管道）与经济社会发展战略性地域廊带雏形，并已呈现向战略通道与经济社会发展战略性地域廊带演进的潜在趋势。同时，占据缅甸陆地版图东北—西南大致平分线、东亚内陆区域—西南侧出海口连接线、青藏高原东南侧外围交通线等多重潜在交通区位。因此，上述四省两邦所在区域适宜成为南带中缅孟印走廊支线通道在中缅两国境内的重要穿越区域（地段）。

（14）孟加拉国吉大港区地处孟加拉国东部、恒河与布拉玛普特拉河三角洲区域、孟加拉湾沿岸地区、孟加拉国与缅甸及印度接壤区域，紧邻缅甸若开邦；该区为孟加拉国面积最大的区、重要黄麻产区、重要天然气蕴藏区、重要石油化学工业中心造船工业中心钢铁工业中心纺织工

---

①　该省经济规模占缅甸经济总规模的15%左右；该省曼德勒—阿麻罗布罗工业区是缅甸除仰光以外的第二大工业园区。
②　中缅原油管道起点为皎漂港附近马德岛港。

业中心；首府吉大港市为孟加拉国第二大城市、主要工业基地①、最大对外贸易中心②、最大海港城市、重要综合交通枢纽、重要旅游目的地、重要经济中心、重要教育中心、中国明朝郑和船队抵达地、古代佛教文化中心，被称为"孟加拉湾门户"③。孟加拉国达卡区地处孟加拉国中部、恒河与布拉玛普特拉河三角洲区域、孟加拉湾沿岸地区、孟加拉国与缅甸及印度接壤区域，东邻吉大港区，为孟加拉国人口最多的区（占比达 1/3）、重要黄麻产区、重要纺织工业中心食品工业中心造纸工业中心、近代和古代英帝国莫卧儿帝国孟加拉苏丹国德里苏丹国印度笈多王朝孔雀王朝重要统治区域；首府达卡市为孟加拉国首都、最大城市、政治中心经济中心教育中心、最大工业中心和商品集散地、识字率最高城市、经济结构最多样城市、基础设施最发达城市、南亚主要城市之一、近代商业中心和学术中心、17 世纪世界性穆斯林贸易中心，被称为"清真寺之城"；达卡港为达卡市卫星城河港。孟加拉国库尔纳区地处孟加拉国西南部、恒河三角洲与孟加拉三角洲区域、孟加拉湾沿岸地区、孟加拉国与印度接壤区域，东邻达卡区，为孟加拉国造船工业中心纺织工业中心造纸工业中心、世界自然遗产和文化遗产所在地；首府库尔纳市为孟加拉国第三大城市、重要工商业中心、重要河港城市、重要综合交通枢纽；库尔纳港为孟加拉国重要河港，其下游查尔纳港为孟加拉国第二大港。

（15）孟加拉国上述三个区均处于孟加拉国陆地版图中心偏南部位、孟加拉湾沿岸地区，相互连接并紧邻缅甸若开邦；三个区土地面积占该国的 58.9%、人口占该国的 63.5%、经济总量占该国的绝大部分，为孟加拉国人口与经济活动最密集地带、18 世纪英国对印度进行扩展和殖民统治中心区域、16 世纪南亚次大陆上人口最稠密经济最发达文化昌盛地区，具有相对比较雄厚的经济社会发展基础。虽然近代以来由于殖民压迫等原因，该区域经济发展水平相对较低、贫困人口占比较高、经济发展压力相对较大，但步入 20 世纪后半期以后该区域经济社会发展速度明显加快、经济发展潜力巨大、势头强劲；目前三个区首府城市、主要港口城市均已成为孟加拉国规模最大城市和最大港口（前三位）；三个区及其首府城市、主要港口城市经济社会发展水平均相对较高，均在孟加拉国当前经济社会发展及历史发展中居于中心地位、发挥中心作用。因此，上述三个区所在区域适宜分别成为南带中缅孟印走廊支线通道目的区域之一、南带中缅孟印走廊南桥头堡区域之一，区域中心城市、上述三个区首府城市、主要港口城市适宜分别成为南带中缅孟印走廊支线通道目的地之一、南带中缅孟印走廊南桥头堡之一。

（16）印度西孟加拉邦地处印度东部、恒河口三角洲区域④、孟加拉湾沿岸地区、印度经济中心与文化中心区域，为印度农业增长最快邦⑤、最大皮革制成品产地（占比达 70%）、造纸业第二大邦、重要黄麻加工工业中心交通工具制造工业中心钢铁工业中心化学工业中心信息产业中心⑥、工业最发达邦之一、铁路网最完善及公路网最密集邦、经济增速首位邦；该邦经济实力雄厚，陆水交通优势兼具，对内对外辐射优势齐备；该邦首府加尔各答市为印度东部东北部主要商业中心及金融中心、印度东部第一大港口（河港）、重要工业中心、印度第三大城市、经济中心交通中心信息产业中心文化中心之一、南亚内陆尼泊尔不丹锡金等国家重要出海口、近代初期及古代印度首都和第一大城市。印度孟加拉邦与孟加拉国上述三个区同处于孟加拉地区且相互连接；孟加拉邦及其首府城市、主要港口城市经济社会发展水平均相对较高，均在印度东

---

① 吉大港市工业产值占孟加拉国工业产值的 40% 左右。
② 吉大港市对外贸易额占孟加拉国对外贸易额的 80% 以上。
③ 吉大港被中国唐朝高僧玄奘称为"出现在薄雾和水面上的睡美人"，被古希腊托勒密称为"东方最好的港口之一"。
④ 恒河三角洲为世界上面积最大的三角洲。
⑤ 孟加拉邦蔬菜、菠萝、水稻、黄麻产量及内陆渔业均居印度各邦之首，茶叶产量占印度的 20%。
⑥ 印度孟加拉邦 IT 行业年增长率达到 70% 左右。

部东北部地区经济社会发展中居于中心地位、发挥中心作用。因此，印度孟加拉邦所在区域适宜成为南带中缅孟印走廊支线通道目的区域之一、南带中缅孟印走廊南桥头堡区域之一，区域中心城市、该邦首府加尔各答市适宜成为南带中缅孟印走廊支线通道目的地之一、南带中缅孟印走廊南桥头堡之一。

（17）缅甸皎漂港及实兑港、孟加拉国吉大港—达卡港—库尔纳港—查尔纳港、印度加尔各答港均为印度洋边缘海孟加拉湾北部沿岸重要河港（达卡港、库尔纳港、查尔纳港、加尔各答港）或海港（皎漂港、实兑港、吉大港），由其共同组成的河海港口群为孟加拉湾北部沿岸最主要港口群，且同为沿岸国家在该区域的最发达地区乃至该国最发达地区；各港市所在邦或区均为各国经济社会发展水平最高或较高的邦或区，均在各该国经济社会发展中居于中心地位、发挥中心作用；且均濒临孟加拉湾，具有成为世界级国际湾区的潜质，均可能成为中国西南地区及南亚内陆国家战略出海口组成部分。因此，上述各邦和区所在区域适宜共同成为南带中缅孟印走廊支线通道目的区域、南带中缅孟印走廊南桥头堡区域，上述港口所组成的河海港口群适宜共同成为南带中缅孟印走廊支线通道目的地、南带中缅孟印走廊南桥头堡。

（18）上述各邦和区所在区域共同成为南带中缅孟印走廊支线通道目的区域、南带中缅孟印走廊南桥头堡区域，上述港口所组成的河海港口群共同成为南带中缅孟印走廊支线通道目的地、南带中缅孟印走廊南桥头堡，有利于中国西南地区及南亚内陆国家与上述各沿岸国家共享孟加拉湾战略出海口利益与印度洋战略利益，增进中国与孟加拉湾沿岸国家缅甸、孟加拉国、印度共同战略利益，增进和实现中国与南亚内陆国家共同战略利益。

（19）从现状与趋势来考察，较之以印度，缅甸、孟加拉国对中缅孟印区域合作的态度更为积极。因此，南带中缅孟印走廊支线通道应当首先穿越缅甸、孟加拉国，其后穿越印度。

（20）与上述中国成都—昆明—大理—瑞丽—缅甸南坎—腊戍—曼德勒—仁安羌—皎漂港及实兑港—孟加拉国伊德冈—吉大港—坚德布尔—库尔纳—杰索尔—印度加尔一线相比较，中国昆明—腾冲—缅甸密支那—印度雷多—因帕尔—孟加拉国达卡—印度加尔各答一线，以及中国昆明—瑞丽—缅甸曼德勒—德木口岸—印度因帕尔—孟加拉国达卡—印度加尔各答一线，均需穿越所谓"印度东北部区域"，而所谓"印度东北部区域"与印度内陆地区之间的经济社会联系相对较弱，其经济社会发展在印度各邦中最为滞后。由于印度侵占中国藏南地区在该区域中，因此该区域已成为印度防范外来影响渗透敏感区域、印军布防重点区域；且该两线需穿越缅甸境内局势最为动荡的地区之一——克钦地区，并需穿越越境犯罪问题与非法移民问题突出、局势动荡不安的印缅边境地带。同时，由于该两条线路需要通过迂回狭长的西里古里走廊地带，因反复穿越印度边境而易受印度牵制，且里程偏长、距离海洋相对较远、出海口相对较少，不利于形成便捷、直接的出海通道及出海口。因此，不选该两条线路所在区域为南带中缅孟印走廊支线通道在缅甸及印度境内的穿越区域（地段）。

（21）选择中国成都—昆明—瑞丽—缅甸南坎—曼德勒—皎漂港及实兑港—孟加拉国伊德冈—吉大港—坚德布尔—库尔纳—杰索尔—印度加尔各答一线作为南带中缅孟印走廊支线通道，尚有针对中国与南亚大国战略关系留有回旋余地的伏笔。未来如中国与南亚大国战略关系中地缘经济社会合作关系超越地缘政治竞争关系、中国与南亚大国战略合作利益及趋势大于战略牵制利益及趋势，则东线依托丝绸之路经济带南带中缅孟印走廊，以加尔各答为桥头堡，向南亚大国内陆及其首都方向延伸深度合作关系，西线依托丝绸之路经济带南带通卡拉奇走廊，以拉合尔与卡拉奇及其附近区域为桥头堡，向南亚大国内陆及其首都方向延伸深度合作关系，东西对进，加大开放与交流力度，与南亚大国开展深度战略合作与交流。未来如中国与南亚大国战略关系中地缘政治竞争关系超越地缘合作关系、中国与南亚大国战略牵制利益及趋势大于战略合作利益及趋势，则东线依托丝绸之路经济带南带中缅孟印走廊，以腾冲、皎漂港及实兑港、吉大港为桥头堡，西线依托丝绸之路经济带南带通卡拉奇走廊支线通道，以拉合尔与卡拉奇及其附近区域为桥头堡，东西对进，对南亚大国开展深度战略牵制。

（22）选择设置南带中缅孟印走廊支线通道，还有利于深化中缅战略合作关系与中孟战略合作伙伴关系、增进中印战略合作伙伴关系，化解国际单边主义势力重返亚太战略、印太战略在东南亚地区南亚地区的实施措施带来的不利于中国的地缘政治局势变化，化解国际单边主义势力与孟加拉国安全合作带来的不利于中国的地缘政治局势变化，化解国际单边主义势力与印度战略合作伙伴关系持续深化带来的不利于中国的地缘政治局势变化，争取和利用面向印度洋的战略出海口，促进中国印度洋战略顺利实施。

（23）上述地段及走廊与南带主通道中国成都—格尔木—若羌—喀什—巴基斯坦伊斯兰堡—奎达—瓜达尔段夹昆仑山脉与喜马拉雅山脉，共享亚欧大陆东西二级交通区位线交通区位。选择上述地段及走廊为南带中缅孟印走廊支线通道穿越区域，是对亚欧大陆东西二级交通区位线潜在交通区位的主动开发与利用，是该地域廊带所蕴含亚欧大陆东西二级交通区位线的第二次显化（第一次显化为南方丝绸之路时期），是亚欧大陆所蕴含东西向陆路交通区位资源和价值在新形势下的再现和重生。

（24）上述地段和走廊所在地域具有极为雄厚的交通发展历史基础。上述成都—昆明—大理—瑞丽—缅甸南坎—腊戍—曼德勒—仁安羌—皎漂港及实兑港—孟加拉国伊德冈—吉大港—坚德布尔—库尔纳—杰索尔—印度加尔各答一线在古代时期即为南方丝绸之路主要路段，与南方丝绸之路"蜀身毒道"① 线路大致重合。汉代时开辟的南方丝绸之路已将中国西南地区与缅甸及南亚国家连接在一起；"二战"时开辟的中印公路（又称史迪威公路）、"驼峰航线"、中印输油管道等交通线路大致穿越上述地段及走廊。上述不同历史时期交通与贸易线路开辟运营实践均为南带中缅孟印走廊支线通道建设与运营提供了极为雄厚的交通发展历史基础。

（五）南带中缅孟印走廊支线通道现状及应建或建议建设交通线路

1. 南带中缅孟印走廊支线通道现状

（1）铁路交通线路。该线成都—昆明—大理—保山—瑞丽段已建准轨铁路线路；瑞丽—木姐—腊戍段尚未建设铁路线路；腊戍—曼德勒—羌乌—木各段已建米轨（1000 毫米）铁路线路；木各—仁安羌—皎漂港口—实兑港—伊德冈—吉大港段尚未建设铁路线路；吉大港—坚德布尔段已建铁路线路；坚德布尔—库尔纳段尚未建设铁路线路；库尔纳—杰索尔—加尔各答段已建宽轨（1676 毫米）铁路线路。

（2）公路交通线路。该线成都—昆明—楚雄—大理—保山—瑞丽—木姐—腊戍—曼德勒—仁安羌段已建等级公路线路（其中成都—昆明—瑞丽段为高速公路）；仁安羌—皎漂港及实兑港段尚未建设等级公路线路；实兑港—伊德冈—吉大港—坚德布尔段已建等级公路线路；坚德布尔—库尔纳段尚未建设等级公路线路；库尔纳—杰索尔—加尔各答段已建等级公路线路。

（3）油气管道。该线昆明—瑞丽—马德石油管道、昆明—瑞丽—皎漂天然气管道已经建成，沿线其他地段均未建设长大输油、输气管道。

2. 南带中缅孟印走廊支线通道应建或建议建设交通线路及理由或依据

应建或建议建设铁路交通线路：①瑞丽—木姐—腊戍铁路线路；②昆明—瑞丽—木姐—腊

---

① 蜀指中国四川省所在区域，身毒指古印度；蜀身毒道系指中国秦汉时期开辟的自中国四川成都、经云南大理保山德宏进入缅甸、通往印度的重要商道，被称为南方陆地"丝绸之路"。该商道由南道和西道组成，其中，南道走向为成都—宜宾—昭通—曲靖—昆明—楚雄—大理—保山（永昌）—腾冲—古永—缅甸（掸国）—印度（身毒）；西道走向为成都—邛崃—芦山—泸沽—西昌—盐源—大姚—祥云—大理，与南道汇合。

戌—曼德勒—皎漂港及实兑港—吉大港—坚德布尔—加尔各答高速铁路。

理由或目标：建设①所述线路，可初步实现南带中缅孟印走廊支线通道全程以铁路线路贯通；建设②所述线路，可实现南带中缅孟印走廊支线通道全程以高速铁路线路相贯通。

三、南带通卡拉奇走廊交通支线通道走向及其辐射范围、沿线地区主导产业

丝绸之路经济带南带通卡拉奇走廊交通支线通道（以下简称南带通卡拉奇走廊支线通道）及经济走廊走向、辐射范围、沿线地区主导产业如下：

（一）南带通卡拉奇走廊支线通道走向

南带通卡拉奇走廊支线通道走向为：巴基斯坦伊斯兰堡—古杰兰瓦拉—拉合尔—木尔坦—巴哈瓦尔布尔—海德拉巴—卡拉奇。

（二）南带通卡拉奇走廊支线通道穿越或辐射地区

南带通卡拉奇走廊支线通道穿越的相关其他国家一级行政单元为：巴基斯坦联邦首都区、旁遮普省、信德省（共计3个一级行政单元）。

南带通卡拉奇走廊支线通道穿越的相关其他国家主要城市为：巴基斯坦伊斯兰堡、卡拉奇。

南带通卡拉奇走廊支线通道穿越的相关其他国家重要交通节点城镇为：巴基斯坦伊斯兰堡、古杰兰瓦拉、拉合尔、萨希瓦尔、哈内瓦尔、木尔坦、巴哈瓦尔布尔、汗布尔、海尔布尔、海德拉巴、卡拉奇。

（三）南带通卡拉奇走廊支线通道沿线地区主导产业

南带通卡拉奇走廊支线通道沿线地区主导产业为：汽车车厢及机车与船舶制造工业、体育及医疗器械电器制造工业、炼油工业、纺织工业、食品工业、钢铁工业、植棉业（巴基斯坦联邦首都区、旁遮普省、信德省，见表4-66）。

表4-66　南带通卡拉奇走廊支线通道沿线地区主导产业

序号	省份	主导产业
1	联邦首都区	汽车车厢及机车制造工业、食品加工工业、家具制造工业、纺织及皮革工业、建筑业、贸易业、交通通信业
2	旁遮普省	石油采掘及加工工业、造纸工业、纺织工业、体育用品及医疗器械制造工业、电器与机械及自行车制造工业、金属制品及地板制造工业、食品加工工业、种植业
3	信德省	医药工业、纺织工业、水泥制造工业、钢铁工业、机械及船舶制造工业、种植业

对巴基斯坦上述三个省区的主导产业进行比较可见，在整个南带通卡拉奇走廊支线通道沿线地区，主导产业结构层次及总体经济发展水平大致呈现南段（巴基斯坦信德省段）最高、中段（巴基斯坦旁遮普省段）次高、北段（巴基斯坦联邦首都区段）最低的"坡形"格局，产业结构层次和经济发展水平差异比较明显，全线产业结构优化及经济发展一体化潜力相对较大。

（四）南带通卡拉奇走廊支线通道及经济走廊走向理由与依据

（1）如前所述，巴基斯坦首都伊斯兰堡及联邦首都区为巴基斯坦北部西部地区中经济社会发展水平最高的地区，同时又是巴基斯坦政治中心地带。因此，该联邦首都区所在区域适宜成为南带通卡拉奇走廊支线通道起始区域、南带通卡拉奇走廊北桥头堡区域，区域中心城市伊斯兰堡都市县适宜成为南带通卡拉奇走廊支线通道起始地、南带通卡拉奇走廊

北桥头堡。

（2）巴基斯坦旁遮普省①地处巴基斯坦东北部、印度河上游区域，为旁遮普族主要居住区域、巴基斯坦人口第一大省份、土地面积第二大省份、平原面积最大省份、耕地最多省份②、农业产值最大省份③、农业最发达省份、重要农业基地、世界最大水利灌溉系统所在地，被称为"巴基斯坦粮仓"；铁、铀、铝、铜等金属矿物和石油、煤、磷、盐、石灰石、石膏、白云岩、硅石、瓷土、漂白土等非金属矿物蕴藏量相对比较突出，为巴基斯坦原油主产区、工业产值最大省份④、工业最发达省份、高速公路里程最长省份、唯一实现县县通公路省份、经济实力最强省份、人口及经济活动最密集省份、重要文化中心、重要教育基地，是古代锡克帝国、莫卧儿王朝、伽色尼王朝、西突厥汗国、阿拉伯帝国、贵霜王、朝孔雀王朝、马其顿帝国、波斯帝国重要统治区域，为古代哈拉帕文化遗址（公元前 2500~前 1750 年）和索安河文化遗址（50 万年前）所在地、古代印度河文明主要兴盛区域；首府拉合尔都市县为巴基斯坦第二大城市、重要工业中心商业中心、重要交通枢纽、重要文化中心艺术中心教育中心、重要旅游目的地、世界文化遗产与自然遗产所在地、古代南亚次大陆商业中心、伊斯兰教中心、古城古都⑤，被称为"巴基斯坦灵魂"。该省及省会在巴基斯坦当前经济社会发展及历史发展中居于事实上的中心地位。因此，该省及省会所在区域适宜成为南带通卡拉奇走廊支线通道重要穿越区域（地段）和支点区域（地段）。

（3）巴基斯坦信德省⑥地处巴基斯坦东南部，土地开垦比例相对较高⑦，种植业相对比较发达，为信德族主要居住区域、巴基斯坦重要农业区⑧；煤炭石灰石等非金属矿物蕴藏量相对比较突出⑨，为巴基斯坦医药工业中心建材工业中心⑩机械制造工业中心钢铁工业中心、经济规模第二大省份、高度工业化和城市化地区、古代摩亨佐·达罗文化遗址和科特·迪季史前文化遗址（公元前 2800~前 2500 年）及世界文化遗产所在地、古信德文明兴盛区域；首府卡拉奇都市县为印度河流域及阿拉伯海沿岸主要港市、巴基斯坦第一大城市、重要工业中心⑪、重要国际贸易中心、重要金融中心、重要综合交通枢纽、重要文化中心、阿富汗等内陆邻国主要出口港、年度全球城市 500 强第 117 名城市、世界超大城市之一；该省卡拉奇港为巴基斯坦第一大港、印度洋沿岸重要港口、世界重要港口；该省卡西姆港为巴基斯坦第二大海港⑫、印度河河口及印度洋沿岸重要港口。该省及省会、主要港口城市经济社会发展水平相对较高，均在巴基斯坦东南部地区及巴基斯坦国家经济社会发展中居于中心地位，且濒临阿拉伯海。因此，该省适宜成为南带通卡拉奇走廊支线通道目的区域、南带通卡拉奇走廊南桥头堡区域，该省卡拉奇港、卡西姆港适宜成为南带通卡拉奇走廊支线通道目的地、南带通卡拉奇走廊南桥头堡。

---

① 旁遮普为波斯语"五河之地"之意，古代称之为"五河流域"，因印度河五条支流流经该区域而得名。
② 旁遮普省耕地面积占巴基斯坦全部耕地面积的 65%。
③ 旁遮普省农业产值占巴基斯坦农业总产值的 70%。
④ 旁遮普省工业增加值占巴基斯坦工业总产值的近 60%，巴基斯坦 90% 的纸张、75% 的化肥、70% 的食糖、40% 的水泥由旁遮普省生产。
⑤ 拉合尔先后成为伽色尼王朝、德里苏丹国、莫卧儿帝国首都，并为中国唐朝高僧玄奘到访地、古希腊托勒密《地理学》中记载的城市。
⑥ 信德一词由梵语"河"改变而来，为印度河之指代。
⑦ 信德省近 40% 的土地已辟为耕地。
⑧ 信德省为巴基斯坦棉花小麦水稻重要产区，棉花产量占巴基斯坦棉花总产量的三分之一。
⑨ 信德省煤炭蕴藏量占巴基斯坦煤炭蕴藏总量的绝大部分。
⑩ 信德省水泥产量占巴基斯坦水泥总产量的 60%。
⑪ 卡拉奇都市县工业增加值占巴基斯坦工业增加值的近 40%。
⑫ 卡西姆港货物吞吐量占巴基斯坦海港货物吞吐量的 1/3 左右。

（4）直接联通巴基斯坦首都联邦区、旁遮普省、信德省，直接建立和实现巴基斯坦政治中心地带首都联邦区、东北部内陆经济重镇旁遮普省与东南部沿海经济重镇信德省之间的经济社会战略性联系，间接建立中国新疆中部核心地带、塔里木盆地西南部区域、巴基斯坦政治中心地带首都联邦区、东北部内陆经济大省旁遮普省与东南部沿海经济大省信德省等五大区域之间的经济社会战略性联系，是南带通卡拉奇走廊支线通道形成的最主要逻辑及所负有的最主要战略职能。直接建立和实现巴基斯坦政治中心伊斯兰堡、东北部经济重镇拉合尔与阿拉伯海沿岸战略性出海口卡拉奇港和卡西姆港之间的交通运输联系，间接建立和实现中国新疆乌鲁木齐市、喀什市、巴基斯坦政治中心伊斯兰堡、巴基斯坦东北部内陆经济重镇拉合尔与阿拉伯海沿岸战略性出海口卡拉奇港和卡西姆港等六大节点之间的交通运输联系，进而形成交通经济带，是南带通卡拉奇走廊的最主要表现形式和实现途径。因此，信德省所在区域适宜成为南带通卡拉奇走廊支线通道目的区域、南带通卡拉奇走廊南桥头堡区域；该省重要港口卡拉奇港和卡西姆港适宜成为南带通卡拉奇走廊支线通道目的地、南带通卡拉奇走廊南桥头堡。

（5）当前，巴基斯坦上述三省区境内已经形成串联以上行政单元、具有较大规模和一定历史基础的北南向战略通道（伊斯兰堡—拉合尔—卡拉奇及卡西姆港交通走廊）与经济社会发展战略性地域廊带，该地带并已成为巴基斯坦东部北南向交通主干地带或主要运输走廊。同时，大致占据喜马拉雅山脉南侧山麓交通线（局部）、青藏高原西南侧外围交通线（局部）、印度河沿岸陆路交通线、巴基斯坦内陆区域—沿海出海口陆海间北南交通线等多种潜在交通区位。因此，上述三省区所在区域适宜成为南带通卡拉奇走廊支线通道重要穿越区域（地段）和目的区域。

（6）上述三省区所在地域均处于喜马拉雅山脉中西段南侧山前地域廊带，处于西北—东南向喜马拉雅山脉中西段、山地地形雨带（局部）、高山冰川带（局部）、山麓断裂带及坡降带、山前径流带、山前连片相对平坦地带、山前平原带、山前陆路交通走廊带、大致西北—东南向农牧及矿产资源富集带、山区畜牧业金属采掘业山前种植业油气煤炭采掘业复合产业带、人口集聚区带等地理廊带体系；处于干旱区半干旱区[①]，形成北南向干旱区半干旱区光—热—水—土—城—路系统，具有雄厚、相对一致的干旱区半干旱区山前巨型北南向地域廊带基础。因此，上述三省区所在区域适宜成为南带通卡拉奇走廊支线通道穿越区域（地段）。

（7）以卡拉奇港和卡西姆港为南带通卡拉奇走廊支线通道目的地、南带通卡拉奇走廊南桥头堡，有利于中国西部地区、中亚南部地区及阿富汗参与利用阿拉伯海战略出海口，共享阿拉伯海战略出海口利益。

（8）与前述伊斯兰堡—奎达—瓜达尔一线相比较，上述伊斯兰堡—拉合尔—卡拉奇一线由于处于巴基斯坦人口与经济活动最密集地带，因此更多体现巴基斯坦战略利益，较少体现中国与巴基斯坦共同战略利益，较少兼顾阿富汗乃至伊朗战略利益，战略纵深相对较为短浅；而前述伊斯兰堡—奎达—瓜达尔一线由于处于巴基斯坦人口与经济活动相对稀疏地带，且西邻阿富汗与伊朗、辐射波斯湾，因此能够更多体现中国与巴基斯坦共同战略利益，且能兼顾阿富汗乃至伊朗战略利益，兼顾中国、巴基斯坦、阿富汗、伊朗波斯湾共同战略利益，战略纵深相对较深；较之南通卡拉奇港，向西辐射及争取中国、巴基斯坦、阿富汗、伊朗波斯湾共同战略利益是更高一级战略目标。因此，不选上述伊斯兰堡—拉合尔—卡拉奇一线为南带主通道组成部分，仅选择其为南带通卡拉奇走廊支线通道，而选择前述伊斯兰堡—奎达—瓜达尔一线为南带主通

[①]　巴基斯坦首都联邦区气候类型为亚热带季风气候；旁遮普省气候类型为亚热带沙漠气候与亚热带草原气候；信德省大部分区域气候类型为亚热带沙漠气候与亚热带草原气候，少部分区域气候类型为热带季风气候。三省区绝大部分区域降水总体偏少，少于250毫米。

道组成部分。

（9）选择设置南带通卡拉奇走廊支线通道，还有利于增进中国与巴基斯坦、印度共同战略利益（该走廊可辐射印度西部区域），深化中巴全天候战略合作伙伴关系、增进中印战略合作伙伴关系，化解国际单边主义势力重返亚太战略、印太战略在南亚地区的实施措施带来的不利于中国的地缘政治局势变化，化解国际单边主义势力与印度战略合作伙伴关系持续深化带来的不利于中国的地缘政治局势变化，利用面向印度洋的战略出海口，促进中国印度洋战略顺利实施。

（10）上述三省区所在区域和地段与南带主通道巴基斯坦伊斯兰堡—奎达—瓜达尔段夹苏莱曼山脉，共享亚欧大陆东西二级交通区位线交通区位；选择上述区域和地段为南带通卡拉奇走廊支线通道穿越区域（地段），是对亚欧大陆东西二级交通区位线潜在交通区位的主动开发与利用，是该地域廊带所蕴含亚欧大陆东西二级交通区位线的第二次显化（第一次显化为古丝绸之路时期）①，是亚欧大陆所蕴含东西向陆路交通区位资源和价值在新形势下的再现和重生。

（五）南带通卡拉奇走廊支线通道现状及建议建设交通线路

1. 南带通卡拉奇走廊支线通道现状

（1）铁路交通线路。该线全程已经建成宽轨（1676毫米）铁路线路。

（2）公路交通线路。该线全程已经建成等级公路线路（含全程高速公路线路）。

（3）油气管道。该线尚未建设长大输油、输气管线。

2. 南带通卡拉奇走廊建议建设交通线路及理由或目标

应建或建议建设铁路交通线路：巴基斯坦伊斯兰堡—古杰兰瓦拉—拉合尔—木尔坦—巴哈瓦尔布尔—海德拉巴—卡拉奇高速铁路。

理由或目标：建设该铁路线路，可实现巴基斯坦政治中心地区联邦首都区、人口中心地区旁遮普省、经济中心及对外开放中心地区卡拉奇都市县及信德省之间以高速铁路线路连接。

四、南带空间布局

丝绸之路经济带南带是以上述交通主通道及其支线通道、分支线路（轴）为主轴，以上述主要节点城市及其他中小城市（点）为依托，以相关主导产业为基础，向两侧延伸各50千米左右（面）而形成的点轴面相结合的巨型带状区域和点轴经济系统。

五、南带总体定位及发展前景

横贯亚欧大陆中南部的国际战略性通道和交通经济带。

第四节　丝绸之路经济带初期总体空间布局

一、初期总体空间布局

丝绸之路经济带北带、中带、南带是以上述交通主通道（轴）为主轴，以上述主要节点城市及其他中小城市（点）为依托，以相关主导产业为基础，向北带、中带、南带两侧延伸各50千米左右（面）而形成的点轴面相结合的巨型带状区域和点轴经济系统。

---

① 南带通卡拉奇走廊支线通道部分路段（伊斯兰堡—拉合尔段）历史时期即为古丝绸之路西段南道重要路段。

只有按照上述三条条带的格局筹划丝绸之路经济带建设，才能最大限度地体现、实现亚欧大陆沿线各国战略利益、中国国家战略利益。

二、理由与依据

（一）顺应亚欧大陆东西延伸的中纬度延伸方向与亚欧大陆大陆形态、巨型山链延伸方向、国家排布方向、国家领土延展方向

主要受地球上光热分布差异影响，中纬度大陆区域成为地球上最适宜人类繁衍居住的地带；主要受地球上南北半球海陆分布及海陆轮廓差异影响，北半球成为地球上中纬度大陆区域面积最大的半球；主要受大陆面积及轮廓差异影响，亚欧大陆成为北半球两大陆块（北美大陆、亚欧大陆）中面积最大的陆块，并因此使得亚欧大陆中纬度区域成为各大陆块中中纬度区域面积最大的陆块，成为人类繁衍居住的最主要地带，该地带大致依托纬线延伸方向呈东西方向延伸。因此，构造以北、中、南三个廊带为骨架、呈东西方向延伸的丝绸之路经济带，有利于顺应北半球中纬度纬线东西延伸方向及亚欧大陆中纬度陆地区域东西延伸方向，实现地球上面积最大、延展长度最长的中纬度陆地区域互联互通，实现地球上最大规模的集中繁衍居住人群互联互通，成为人类繁衍居住的最主要地带，在最大规模的人类集中繁衍居住地带互联互通互动、交流交往交融、反复迭代、持续优化中，争取与实现亚欧大陆沿线各国战略利益最大化，争取与实现中国国家战略利益最大化。

主要受侏罗纪白垩纪以来地球"南散北聚"板块构造运动影响，受亚欧大陆由巨型东西向长条带状地体由北及南、先北后南、北南向碰撞拼贴的形成史影响，亚欧大陆陆地形态及轮廓呈东西方向延伸。因此，构造以北、中、南三个廊带为骨架、呈东西方向延伸的丝绸之路经济带，有利于顺应亚欧大陆陆地形态及轮廓东西延伸方向，实现地球上面积最大陆块区域内的互联互通，在地球上最大规模陆块内的互联互通互动、交流交往交融、反复迭代、持续优化中，争取与实现亚欧大陆沿线各国战略利益最大化，争取与实现中国国家战略利益最大化。

主要受侏罗纪白垩纪以来地球"南散北聚"板块构造运动影响，受亚欧大陆由巨型东西向长条带状地体由北及南、先北后南、北南向碰撞拼贴的形成史影响，亚欧大陆陆地区域形成数列巨型东西向山链及所附随的巨型东西向山盆耦合体系、巨型东西向山前连片相对平坦地带和交通走廊带。因此，构造以北、中、南三个廊带为骨架、呈东西方向延伸的丝绸之路经济带，有利于顺应亚欧大陆陆地区域数列东西向巨型山链及山盆耦合体系自北到南依次排列的大地构造格局，实现地球上东西向延伸最长的巨型山链山前连片相对平坦地带互联互通，在地球上数列东西向延伸巨型山链山前相对平坦地带内的互联互通互动、交流交往交融、反复迭代、持续优化中，争取与实现亚欧大陆沿线各国战略利益最大化，争取与实现中国国家战略利益最大化。

主要受亚欧大陆形态及轮廓、以西行"浪潮"为主（东行"浪潮"为辅）的民族迁徙运动等因素影响，亚欧大陆各个国家呈现显著的东西横向（串联）排布特征；并且，除大陆东部南部西北部半岛国家以外，亚欧大陆东中部地区绝大部分（主要）国家的领土呈现东西横向展布特征[①]。因此，构造以北、中、南三个条带为骨架、呈东西方向延伸的丝绸之路经济带，有利于顺应亚欧大陆国家东西横向排布特征与主要国家领土东西横向展布特征（见表4-67），实现地

---

① 而主要受西行"浪潮"挤压等因素影响，亚欧大陆西部地区欧洲主要国家领土大多呈现南北纵向展布特征，显示在古代历史上其生存空间受到大陆东方、中部势力屡屡压缩的窘境；从这一意义上说，虽然经历了百年屈辱历史，但从历史长河及更广阔空间范围来看，中国国家形成与领土轮廓演变仍然是亚欧大陆上影响历史最长远、影响范围最广大的重大历史性事件与过程。

球上面积最大陆块区域内尽可能多的国家互联互通，在地球上最大规模陆块上各国的互联互通互动、交流交往交融、反复迭代、持续优化中，争取与实现亚欧大陆沿线各国战略利益最大化，争取与实现中国国家战略利益最大化。

表4-67　亚欧大陆领土东西横向展布的国家

序号	地区	国家
1	东亚	蒙古、中国
2	中亚	哈萨克斯坦、乌兹别克斯坦、吉尔吉斯斯坦、塔吉克斯坦、土库曼斯坦
3	南亚	尼泊尔、分治之前的孟加拉国与印度及巴基斯坦
4	西亚	阿富汗、伊朗、土耳其、伊拉克、叙利亚
5	东欧	俄罗斯、爱沙尼亚、拉脱维亚、立陶宛、乌克兰
6	中欧	波兰、斯洛伐克、捷克、匈牙利、奥地利
7	南欧	罗马尼亚、保加利亚

（二）以交通主通道及经济带（战略上）北南方向的宽应对、克制亚欧大陆形态及中国陆地领土形态东西方向的长

构造以北、中、南三个廊带为骨架、呈东西方向延伸的丝绸之路经济带，而不是构造以一个廊带为骨架、东西向延伸的丝绸之路经济带，在于以大致平行展布的北、中、南三个廊带，合计形成亚欧大陆交通主通道及经济带北南方向上的战略宽度，并以三条交通主通道及经济带北南方向上的战略宽度，来应对、克制亚欧大陆陆地形态及中国陆地领土形态东西方向上的战略长度，形成丝绸之路经济带在亚欧大陆范围内大致均衡展布的战略格局，并以该种大致均衡展布的战略格局争取与实现亚欧大陆沿线各国战略利益最大化，争取与实现中国国家战略利益最大化。

（三）以亚欧大陆为主要利益交换空间或密切利益交换空间，建立与中国国家体量相适应、服务于中华民族复兴大业（大局）及应对国际战略格局变化的利益交换后备空间

构造以北、中、南三个廊带为骨架、呈东西方向延伸、在亚欧大陆范围内大致均衡展布的丝绸之路经济带，在于借鉴古代丝绸之路沿线若干文明形态板块状互动、共同衍生兴盛的历史经验，立足古代中华文明的雄厚基础，以中华人民共和国成立以来尤其是改革开放以来积累的雄厚国力为依托，在新的历史条件下，通过与亚欧大陆其他国家间的战略合作与交流，使亚欧大陆成为中国国家主要利益交换空间或密切利益交换空间，成为与中国国家体量相适应、服务于中华民族复兴大业（大局）及应对国际战略格局变化的利益交换后备空间，在战略上与国际单边主义势力形成"你挟两洋以自固，我倚两洲以自持；你占有和发挥海洋优势，我占有和发挥大陆优势；你依托太平洋做再平衡，我依托亚欧大陆做再贯通；你深化防务协作，我深化经济社会文化交流；你做大洋上的三条纵向岛链，我做大陆上的三条横向主通道"的态势，"你打你的，我打我的，各打各的"，有所应对，但不针锋相对；周旋不对立，斗智不斗勇，同流不合污，协作不结盟，以战略空间换取战略时间，巩固与延长战略机遇期，长期周旋，有所作为，厚积薄发，适时作为。在构造亚欧大陆各国主要利益交换空间或密切利益交换空间过程中，争取与实现亚欧大陆沿线各国战略利益最大化，争取与实现中国国家战略利益最大化。

（四）既横穿大陆，又连接海洋，最终形成陆海地理要点交织交汇、陆权海权并重且以陆权为主的战略局面

构造以北、中、南三个廊带为骨架、呈东西方向延伸、在亚欧大陆范围内大致均衡展布的

丝绸之路经济带，并以重要沿海港口作为交通主通道或支线通道桥头堡或将交通主通道或支线通道延伸至重要出海口，在于既以陆域通道把握亚欧大陆陆上地理要点并形成横贯大陆的陆权体系，又以近海桥头堡把握海上地理要点并形成近海区域海权体系；从而依托现代陆域高速交通技术，开辟亚欧大陆现代高速陆路交通新时代，改造近代规模廉价海路交通时代形成的近代海权体系（时代），塑造现代陆海并重并以陆权为主的复合型体系（时代），在一定程度上重现古代畜力陆路交通时代形成的古代陆权体系（时代）辉煌，争取与实现亚欧大陆沿线各国尤其是陆域面积广大国家及内陆国家战略利益最大化，争取与实现中国国家战略利益最大化。

（五）形成亚欧大陆中部区域三个东西向廊带并行战略态势，逐步吸收、巩固、厚集亚欧大陆陆上战略因素、战略力量、战略利益

构造以北、中、南三个廊带为骨架、呈东西方向延伸、在亚欧大陆范围内大致均衡展布的丝绸之路经济带，在于形成亚欧大陆中部区域三个东西向廊带并行战略态势，逐步吸收、巩固、厚集亚欧大陆陆上战略因素、战略力量、战略利益。在北侧，逐步吸收北方大国第一亚欧大陆桥战略运输利益及自然经济社会资源辐集利益；在南侧，逐步吸收南方大国大陆边缘陆上战略利益及印度洋战略海洋利益。最终形成亚欧大陆自然经济社会资源及利益主要辐集于大陆中部地带的战略目的，争取与实现亚欧大陆沿线各国尤其是内陆陆域面积广大国家战略利益最大化，争取与实现中国国家战略利益最大化。

第五章　丝绸之路经济带成熟期空间布局

由于受沿线各国一定时期内经济、社会发展实力有限所限，共建丝绸之路经济带将成为一个长期循序渐进的过程；同时，一般交通经济带本身即具有发育与形成周期较长的发展阶段特征①，丝绸之路经济带作为巨型交通经济带，其发育与形成周期也将相对较长；加之，沿线部分区域国际地缘政治地缘经济格局发展演化也需要较长时间。为此，应当将丝绸之路经济带空间布局形成与演化分为形成初期、成熟期两个阶段，即对于建设周期相对较短、物质技术难度相对较小、当前国际地缘政治地缘经济格局条件基本具备的发展廊带或走廊，应当纳入初期予以建设或运营；对于建设周期相对较长、物质技术难度相对较大、当前国际地缘政治地缘经济格局条件尚不完全具备的发展廊带或走廊，应当纳入成熟期予以建设或运营。

第一节　丝绸之路经济带成熟期北带空间布局

一、丝绸之路经济带成熟期北带空间布局简述

丝绸之路经济带成熟期北带是以北带主通道及其中哈俄走廊、中蒙俄走廊、中俄走廊、东西欧走廊支线通道与相关分支线路为主轴，以沿线主要节点城市及其他中小城市为依托，以相关主导产业为基础，向两侧延伸各50千米左右（面）而形成的点轴面相结合的一系列巨型带状区域和点轴经济系统。

二、北带主通道走向及其辐射范围、沿线地区主导产业

丝绸之路经济带北带主通道及经济带走向、辐射范围、沿线地区主导产业同前述。即北带主通道及经济带走向为：中国京津唐地区（京津冀地区）—张家口—大同—呼和浩特—临河—额济纳旗—明水—伊吾—木垒—将军庙—阿勒泰—吉木乃口岸—哈萨克斯坦迈哈布齐盖口岸—厄斯克门—俄罗斯鲁布佐夫斯克口岸—新西伯利亚—叶卡捷琳堡—莫斯科—圣彼得堡—芬兰赫尔辛基（波罗的海沿岸地区）。

三、北带中哈俄走廊支线通道走向及其辐射范围、沿线地区主导产业

丝绸之路经济带北带中哈俄走廊支线通道及经济走廊走向、辐射范围、沿线地区主导产业同前述。即北带中哈俄走廊支线通道及经济走廊走向为：中国新疆将军庙—克拉玛依—塔城—巴克图口岸—哈萨克斯坦巴克特口岸—阿亚古兹—卡拉干达—阿斯塔纳—科克舍套—科斯塔奈—俄罗斯车里雅宾斯克—叶卡捷琳堡。

---

① 根据既有交通经济带理论，在原有经济、社会、物质技术条件下，该周期通常为百年左右。

四、北带中蒙俄走廊交通支线通道走向及其辐射范围、沿线地区主导产业

丝绸之路经济带中蒙俄走廊交通支线通道（以下简称北带中蒙俄走廊支线通道）及经济走廊走向、辐射范围、沿线地区主导产业如下：

（一）北带中蒙俄走廊支线通道走向

北带中蒙俄走廊支线通道走向为：中国北京—张家口—大同—集宁—乌兰察布—二连浩特口岸—蒙古扎门乌德口岸—赛音山达—乔伊尔—乌兰巴托—达尔汗—苏赫巴托尔—俄罗斯恰克图—乌兰乌德—伊尔库茨克—图伦—泰舍特—克拉斯诺亚尔斯克—新西伯利亚（接北带主通道）。

（二）北带中蒙俄走廊支线通道穿越或辐射地区

北带中蒙俄走廊支线通道穿越的国家为：中国、蒙古、俄罗斯。

北带中蒙俄走廊支线通道穿越的中国一级行政单元为：北京市、河北省、内蒙古自治区（共计3个一级行政单元）。

北带中蒙俄走廊支线通道穿越的中国国内市地盟州为：北京市、河北张家口市、山西大同市、内蒙古乌兰察布市。

北带中蒙俄走廊支线通道穿越的中国国内段主要城市为：北京市、张家口市（非省会城市）、大同市（非省会城市）、乌兰察布市（非省会城市）。

北带中蒙俄走廊支线通道穿越的相关其他国家一级行政单元为：蒙古东戈壁省、戈壁苏木贝尔省、中央省、乌兰巴托市、色楞格省、达尔汗乌拉省，俄罗斯布里亚特共和国、伊尔库茨克州、克拉斯诺亚尔斯克边疆区、克麦罗沃州、新西伯利亚州（共计11个一级行政单元）。合计北带中蒙俄走廊支线通道穿越的各国一级行政单元共计14个。

北带中蒙俄走廊支线通道穿越的相关其他国家主要城市为：蒙古扎门乌德市、乔伊尔市、宗莫德市、乌兰巴托直辖市、达尔汗市、苏赫巴托尔市，俄罗斯乌兰乌德市、伊尔库茨克市、克拉斯诺亚尔斯克市、新西伯利亚市。

北带中蒙俄走廊支线通道穿越的相关其他国家重要交通节点城镇为：蒙古扎门乌德市、赛音山达市、乔伊尔市、宗莫德市、乌兰巴托直辖市、达尔汗市、苏赫巴托尔市，俄罗斯乌兰乌德市、伊尔库茨克市、乌索利耶、克拉斯诺亚尔斯克市、新西伯利亚市。

北带中蒙俄走廊支线通道通过的国际口岸为：中蒙二连浩特口岸—扎门乌德口岸、蒙俄苏赫巴托尔口岸—恰克图口岸。

（三）北带中蒙俄走廊支线通道沿线地区主导产业

1. 北带中蒙俄走廊支线通道中国京津段沿线地区主导产业

北带中蒙俄走廊支线通道中国京津段沿线地区主导产业为：现代服务业、电子信息产业、文化创意产业、交通运输通信设备计算机和其他电子设备制造工业、黑色金属冶炼及压延加工工业、石油及天然气开采工业（中国天津市、北京市，见表5-1）。

表5-1　北带中蒙俄走廊支线通道中国京津段沿线地区主导产业

序号	省份	主导产业
1	天津市	黑色金属冶炼及压延加工工业、石油及天然气开采工业、电气机械和器材制造业、医药制造业、农副食品加工业、专用设备制造业、交通运输与仓储和邮政业
2	北京市	现代服务业、电子信息产业、文化创意产业、交通运输设备制造工业、电力热力生产和供应业、通信设备计算机和其他电子设备制造工业

2. 北带中蒙俄走廊支线通道中国河北与山西及内蒙古段沿线地区主导产业

北带中蒙俄走廊支线通道中国河北与山西及内蒙古段沿线地区主导产业为：黑色金属采选冶炼及压延加工工业、煤炭开采及电力和煤炭化学工业、石油加工炼焦及核燃料加工工业、非金属矿物制品工业、农畜产品加工工业、装备制造工业（河北省唐山市、张家口市，山西大同市，内蒙古乌兰察布市，见表5-2）。

表5-2　北带中蒙俄走廊支线通道中国河北与山西及内蒙古段沿线地区主导产业

序号	省份	市地盟州	主导产业
1	河北	唐山市	黑色金属采选冶炼及压延加工工业、煤炭开采和洗选工业、石油加工炼焦及核燃料加工工业、非金属矿物制品工业、专用设备制造工业
		张家口市	矿产品及精深加工工业、食品加工工业、新型能源产业、装备制造工业
2	山西	大同市	煤炭开采及电力和煤炭化学工业、机械制造工业、制药工业
3	内蒙古	乌兰察布市	冶金工业、电力工业、农畜产品加工工业、化学工业、建材工业、装备制造工业

3. 北带中蒙俄走廊支线通道蒙古东南部段沿线地区主导产业

北带中蒙俄走廊支线通道蒙古东南部段沿线地区主导产业为：畜牧业、种植业、农畜产品加工工业、采矿业（蒙古东戈壁省、戈壁苏木贝尔省、中央省，见表5-3）。

表5-3　北带中蒙俄走廊支线通道蒙古东南部段沿线地区主导产业

序号	省份	主导产业
1	东戈壁省	畜牧业、农畜产品加工工业、燃料动力工业、机械制造工业、萤石开采业
2	戈壁苏木贝尔省	畜牧业、农畜产品加工工业、煤炭采掘工业
3	中央省	畜牧业、种植业、农畜产品加工工业、有色金属采掘工业、煤炭沥青采掘工业

4. 北带中蒙俄走廊支线通道蒙古中北部段沿线地区主导产业

北带中蒙俄走廊支线通道蒙古中北部段沿线地区主导产业为：农畜产品加工工业、建材工业、金属及木材加工工业、燃料动力及炼油工业、种植业、畜牧业（乌兰巴托直辖市、色楞格省、达尔汗乌拉省，见表5-4）。

表5-4　北带中蒙俄走廊支线通道蒙古中北部段沿线地区主导产业

序号	省份	主导产业
1	乌兰巴托直辖市	轻工业、食品加工工业、建材工业、金属材料加工工业、燃料动力工业
2	色楞格省	煤炭采掘工业、建材工业、电力工业、木材加工工业、食品加工工业、种植业、畜牧业
3	达尔汗乌拉省	煤炭采掘工业、电力工业、冶金工业、炼油工业、建材工业、肉类皮革及食品加工工业

5. 北带中蒙俄走廊支线通道俄罗斯中西伯利亚段沿线地区主导产业

北带中蒙俄走廊支线通道俄罗斯中西伯利亚段沿线地区主导产业为：有色金属开采加工及机器制造工业、森林采伐及木材加工纸浆制造工业、食品工业、燃料动力工业、石油加工及化学工业、飞机制造工业（布里亚特共和国、伊尔库茨克州、克拉斯诺亚尔斯克边疆区，见表5-5）。

表5-5 北带中蒙俄走廊支线通道俄罗斯中西伯利亚段沿线地区主导产业

序号	州份	主导产业
1	布里亚特共和国	有色金属稀有金属贵金属开采及加工工业、森林采伐及木材加工工业、机械制造工业、建材工业、燃料动力工业
2	伊尔库茨克州	铝冶炼压延工业、石油天然气煤炭开采工业、石油化学工业、森林工业及木材加工纸浆制造工业、飞机制造工业
3	克拉斯诺亚尔斯克边疆区	燃料动力工业、机械制造工业、重金属与轻金属及合金和稀土生产及加工工业、化学工业

6. 北带中蒙俄走廊支线通道俄罗斯西西伯利亚段沿线地区主导产业

北带中蒙俄走廊支线通道俄罗斯西西伯利亚段沿线地区主导产业为：煤炭采掘及电力工业、黑色和有色金属开采冶炼压延加工及机械仪器仪表制造工业、化学工业、电子工业、食品工业、森林采伐及木材加工工业（克麦罗沃州、新西伯利亚州，见表5-6）。

表5-6 北带中蒙俄走廊支线通道俄罗斯西西伯利亚段沿线地区主导产业

序号	州份	主导产业
1	克麦罗沃州	煤炭工业、黑色和有色冶金工业、化工和石化工业、电力工业、机械制造和金属加工工业、食品和面粉加工工业、林业和木材加工工业、轻工业和建材工业
2	新西伯利亚州	仪器仪表机器制造工业、军事工业、电子工业、黑色和有色金属冶炼压延加工工业、石油天然气工业、化学工业、轻工业、食品工业、建材工业

对上述三个国家六个区段的主导产业进行比较可见，在整个北带中蒙俄走廊支线通道沿线地区，主导产业结构层次及总体经济发展水平大致呈现东段（蒙古扎门乌德口岸以东段）最高、西段（蒙古乌兰巴托直辖市以北以西段）次高、中东段（蒙古扎门乌德口岸至乌兰巴托直辖市段）最低的"鞍形"格局，产业结构层次和经济发展水平差异较为明显，全线产业结构优化及经济发展一体化潜力相对较大。

（四）北带中蒙俄走廊支线通道及经济走廊走向理由与依据

（1）如前所述，京津唐地区为中国政治中心文化中心地区、中国北方事实上的经济中心科技创新中心交通枢纽地区，在中国国家发展进程中居于无可争议的政治中心文化中心科技创新中心地位，具有能够带动或辐射该走廊支线通道中国境内外其他地段的经济社会实力、产业结构层次、未来发展定位（潜力或趋势）、历史发展基础。因此，选择其为北带中蒙俄走廊支线通道起始地、中蒙俄走廊南桥头堡。

（2）如前所述，河北省张家口市地处京冀晋蒙四省区交界处、京津冀（环渤海）经济圈和冀晋蒙（外长城）经济圈交会点，为华北地区重要工业基地和商业中心及交通枢纽、19世纪末中国北方重要物资集散地和对蒙对俄对欧贸易陆路商埠；山西大同市地处神府准格尔新兴能源区和京津唐发达工业区的中点部位，为山西省域副中心城市、山西省第二大城市、晋北门户、沟通华北与西北的桥梁和枢纽、中国最大的煤炭能源基地之一；内蒙古乌兰察布市地处中国西通蒙古俄罗斯东欧地区的重要门户地带、内蒙古东进西出主通道和北接南联主通道交汇点部位，是内蒙古联系东北、华北、西北地区的重要交通枢纽，经济发展水平居于内蒙古自治区各盟市前列。上述三市在华北地区对内对外交通联系、区域经济社会发展中居于重要地位，是中国北方尤其是华北地区西北向联通蒙古俄罗斯及东欧国家的战略依托点。因此，选择上述三市所在区域为北带中蒙俄走廊支线通道在中国—蒙古接壤地带及京冀晋蒙四省区交界区域的重要穿越区域（地段）和支点区域（地段）。

（3）蒙古东戈壁省地处蒙古东南部、蒙古与中国接壤区域，该省地下水资源及草场资源相对比较丰富，为蒙古土地面积第五位省份、重要畜牧业区①；金铜等金属矿物和石油油页岩煤炭萤石氟石石墨石膏石灰石等非金属矿物蕴藏量相对比较突出，农产品加工工业与动力工业及机械制造工业和萤石开采业②得到初步发展，并已设立自由贸易区③；省会扎门乌德市④为蒙古东南部重要城镇、蒙古最大的贸易集散地、蒙古对中国的最大陆路口岸扎门乌德口岸所在地、中蒙铁路要站、蒙古与亚洲其他国家间进行对外贸易和经济联系的重要物资装运站之一、古代商队通过要站；重要城市赛音山达为该省原首府、蒙古第四大城市、中蒙铁路要站。蒙古戈壁苏木贝尔省地处蒙古东南部，该省地下水资源及草场资源相对比较丰富，煤炭等非金属矿物蕴藏量相对比较突出，畜牧业、煤炭采掘工业及食品加工工业得到初步发展；省会乔伊尔市为蒙古东南部重要城镇、中蒙铁路要站。上述两省均处于已建成的扎门乌德—赛因山达—乌兰巴托—达尔汗—额尔敦特—苏赫巴托尔中蒙俄铁路干线及正在建设的中蒙俄"千年大道"沿线地带，且位于中国清朝中期即已形成的中俄"茶叶之路"⑤沿线地带，两省省会均为中蒙俄铁路干线和"茶叶之路"上的重要节点，具有较大发展潜力。因此，上述两省及其省会所在区域适宜成为北带中蒙俄走廊支线通道在蒙古东南部地区的重要穿越区域（地段）和支点区域（地段）。

（4）蒙古中央省地处蒙古中部、乌兰巴托直辖市周围地带，畜牧业及种植业相对比较发达，为蒙古重要农业区⑥；铁铝铜金钨锡等金属矿物和煤炭水晶石石膏绿松石云母等非金属矿物蕴藏量相对比较突出，有色金属及煤炭沥青采掘工业与农产品加工工业得到初步发展，且地处蒙古公路和铁路交通干线大致交汇点部位；省会宗莫德市⑦为蒙古中部重要城镇、中蒙铁路要站。蒙古乌兰巴托直辖市地处蒙古中部，为蒙古首都、第一和唯一大城市⑧、政治中心交通中心文化中心教育中心科技中心最大工业中心和经济中心⑨、重要旅游目的地、世界上人口最年轻的城市之一、蒙古接受高等教育人口占比最高的城市⑩、中国清朝时期中后期漠北地区最大的城市和商业中心宗教中心。上述一省一直辖市均在蒙古经济社会发展中居于政治中心经济中心地位，且处于已建成的扎门乌德—赛因山达—乌兰巴托—达尔汗—额尔敦特—苏赫巴托尔中蒙俄铁路干线及正在建设的中蒙俄"千年大道"沿线地带，具有较大发展潜力。因此，上述一省、一直辖市及一省省会所在区域适宜成为北带中蒙俄走廊支线通道在蒙古中部地区的重要穿越区域（地段）和支点区域（地段）。

（5）蒙古色楞格省地处蒙古中北部，森林资源及草场资源相对比较丰富，为蒙古耕地面积第一大省、粮食主产区、农业大省⑪，被称为"蒙古粮仓"；铁等金属矿物和煤炭云母石灰石等

---

① 东戈壁省骆驼养殖数量居于蒙古各省第二位。
② 蒙古萤石产量居于世界各国第三位，东戈壁省为主要开采地。
③ 即扎门乌德自由贸易区，该自由贸易区进出口额占蒙古进口额的 80%、占蒙古出口额的 35% 左右。
④ 扎门乌德在蒙古语中为"道路之门"之意。
⑤ 即"张库大道"。
⑥ 中央省谷物、蔬菜、马铃薯产量均占蒙古总产量的 35% 左右。
⑦ 宗莫德古名昭莫多，为中国清朝康熙皇帝平定噶尔丹叛乱时古战场所在地。
⑧ 乌兰巴托直辖市人口占蒙古总人口的 35% 左右。
⑨ 乌兰巴托直辖市工业产值占蒙古工业总产值的 1/2 以上，经济规模占蒙古经济总规模的 1/3 左右。
⑩ 平均每 4 人中即有 1 人在上大学。
⑪ 色楞格省小麦产量占蒙古小麦总产量的 1/2 以上，蔬菜产量占蒙古蔬菜总产量的 1/3 以上，储草量占蒙古储草总量的 1/2 以上。

非金属矿物蕴藏量相对比较突出，煤炭采掘工业与农产品加工工业及木材工业和建材工业得到较大程度发展，为蒙古工业相对发达省份、经济最发达地区，工农业规模均居蒙古各省首位，并已在该省阿拉坦布拉格县（即买卖城或锡伯—恰克图）设立自由贸易区；省会苏赫巴托尔市为蒙古北部重要城镇、重要工业中心、蒙俄铁路要站。蒙古达尔汗乌拉省地处蒙古中北部、色楞格省围限区域，铁、金等金属矿物和煤炭、石灰石等非金属矿物蕴藏量相对比较突出，煤炭采掘工业与农产品加工工业、冶金工业、建材工业、电力工业得到较大程度发展，为蒙古第二大工业省份；首府达尔汗为蒙古第二大城市、新兴工业中心、重要交通枢纽。上述两省均为蒙古经济相对发达省区，在蒙古经济社会发展中居于经济中心地位，且处于已建成的扎门乌德—赛因山达—乌兰巴托—达尔汗—额尔敦特—苏赫巴托尔中蒙俄铁路干线及正在建设的中蒙俄"千年大道"沿线地带，具有较大发展潜力。因此，上述两省及其省会所在区域适宜成为北带中蒙俄走廊支线通道在蒙古北部地区的重要穿越区域（地段）和支点区域（地段）。

（6）扎门乌德—赛因山达—乌兰巴托—达尔汗—额尔敦特—苏赫巴托尔—阿拉坦布拉格铁路是蒙古迄今为止唯一贯通国境的铁路干线，并且是第一亚欧大陆桥铁路交通线路体系的重要组成部分；该线及其沿线地带在蒙古经济社会发展中占据着事实上的中轴地位，沿线经济社会资源大多以该地带中轴进行积聚与整合，该地带作为西北—东南向战略通道的历史相对较长（已达3个世纪之久）。当前，蒙古上述五省一直辖市境内已经初步形成串联以上行政单元、具有一定规模和历史基础的东南—西北向交通运输通道（扎门乌德—赛因山达—乌兰巴托—达尔汗—额尔敦特—苏赫巴托尔—阿拉坦布拉格交通走廊），并已呈现形成东南—西北向战略通道和经济社会发展战略性地域廊带的趋势。同时，占据蒙古陆地版图东南—西北平分线、蒙古高原东南—西北平分线、中国中心地区与蒙古中心地区连接线、亚欧大陆东西二级交通区位线等多重潜在交通区位。因此，上述五省一直辖市所在区域适宜成为北带中蒙俄走廊支线通道在蒙古境内的重要穿越区域（地段）。

（7）蒙古东戈壁省、戈壁苏木贝尔省、中央省、乌兰巴托市所在地域均处于独特的蒙古高原戈壁面重要绿洲连接线地域廊带，处于东南—西北向陆路交通走廊带、交通线路沿线畜牧业种植业与矿产采掘业复合产业带、人口集聚区带等地理廊带体系；处于干旱区半干旱区[①]，形成东南—西北向干旱区半干旱区光—热—水—土—城—路系统，具有雄厚、相对一致的干旱区半干旱区高原戈壁巨型东南—西北向地域廊带基础。因此，上述三省一直辖市所在区域适宜成为北带中蒙俄走廊支线通道在蒙古中南部地区的重要穿越区域（地段）。

（8）俄罗斯布里亚特共和国位于俄罗斯东西伯利亚南部、俄罗斯与蒙古接壤区域，该共和国水资源与森林资源及草场资源丰富[②]，为俄罗斯重要林木蓄积区、畜产品生产基地；铁、钨、钼、金多金属等金属矿物及石炭、褐煤、霞石、正长岩、石墨、石棉、石灰岩等非金属矿物蕴藏量相对比较突出，为俄罗斯东西伯利亚重要有色金属稀有金属贵金属开采冶炼工业中心机械制造工业中心木材工业中心建材工业中心动力工业中心、重要教育中心、西伯利亚干线铁路穿越地区、同中国开展密切务实合作的俄罗斯联邦主体之一[③]；首府乌兰乌德市为该共和国政治中心经济中心文化中心、东西伯利亚第三大城市、重要航空工业中心机械制造工业中心、西伯利亚铁路与俄蒙铁路交会处、重要旅游目的地、俄罗斯东部主要商贸中心之一、俄罗斯文化旅游

---

① 蒙古北部色楞格河流域色楞格省、苏赫巴托尔省处于半湿润区，为该走廊支线通道蒙古境内沿线地区特例，特此说明。

② 俄罗斯布里亚特共和国4/5的土地面积被森林覆盖，木材储备量达20亿立方米。

③ 中国已成为俄罗斯布里亚特共和国第一大贸易伙伴。

名城与历史名城、远东地区和西伯利亚地区古老的大城市之一、古代国际商路重要节点、哥萨克人初建城市。

（9）俄罗斯伊尔库茨克州地处俄罗斯中西伯利亚南部、俄罗斯与蒙古接壤区域，该州水资源与森林资源极为丰富①，为俄罗斯重要林木资源蓄积区、水资源战略蓄积区；铁、锰、铝等金属矿物及石油、天然气、煤炭等非金属矿物蕴藏量巨大，为俄罗斯重要有色金属开采冶炼工业中心②石油天然气煤炭开采工业中心化学工业中心③木材造纸工业中心航空工业中心、重要出口生产基地、重要科学研究中心教育中心文化中心、西伯利亚干线铁路穿越地区、世界自然遗产所在地；首府伊尔库茨克市为该共和国政治中心经济中心文化中心、中西伯利亚地区政治中心经济中心科学中心文化中心、重要航空工业中心④、中西伯利亚第二大城市、重要综合交通枢纽、重要旅游目的地、西伯利亚通向外贝加尔与远东南部地区和蒙古及中国的门户和枢纽、19世纪俄中贸易重要转运点、古代西伯利亚要塞城市，被称为"西伯利亚的心脏""东方巴黎""西伯利亚明珠""俄罗斯最具吸引力的城市之一""从叶尼塞河到太平洋海岸地区的教育科研文化中心""俄罗斯历史上为国家发展做出卓越贡献、城市年龄超过300年的个别城市之一"。

（10）俄罗斯克拉斯诺亚尔斯克边疆区地处俄罗斯亚洲领土中部、中西伯利亚南部；该边疆区土地面积广阔、森林资源与水资源极为丰富⑤，为俄罗斯土地面积第二大联邦主体⑥、最大林木资源蓄积区域、重要农业区⑦；铂金、准铂金、铜、镍、铝、菱、镁等金属矿物和煤炭、磷灰石、石油、天然气等非金属矿物蕴藏量特别巨大⑧，为俄罗斯矿藏资源储量首位联邦主体、自然资源最丰富的地区之一和主要矿产品产地、工业发达地区、生产规模特别巨大地区⑨、重要外向型经济区域⑩、西伯利亚地区重工业中心和文化中心；首府克拉斯诺亚尔斯克市为该边疆区政治中心经济中心文化中心、重要机械制造工业中心冶金工业中心化学工业中心木材加工造纸工业中心、世界第五及俄罗斯第二大水电站所在地、西伯利亚铁路与叶尼塞河交汇点区域、西伯利亚铁路要站、叶尼塞河最大港口、重要综合交通枢纽、西伯利亚地区第二大教育中心、最重要的城市之一、世界文化遗产所在地、年度"俄罗斯公共事业最完备城市"、19世纪西伯利亚哥萨克运动中心和俄国叶尼塞河流域行政中心、18世纪俄国西伯利亚驿道重要节点城市、17世纪俄国对叶尼塞河源头区域探索最南端堡垒，被称为中、东西伯利亚地区"文化之都"。

（11）俄罗斯上述一共和国一州一边疆区及其首府均具有巨大的自然资源蕴藏规模和开发潜

---

① 俄罗斯伊尔库茨克州境内贝加尔湖为世界最古老、最深、蓄水量最大的淡水湖，淡水蓄积量占地球淡水资源的20%；该州森林覆盖率达82%，木材储备量达91亿立方米，居于俄罗斯各联邦主体第二位；其中，可采伐成林木材储备量达50亿立方米以上，占俄罗斯可采伐成林木材储备量的1/8左右。

② 伊尔库茨克州生产俄罗斯1/3的铝。

③ 伊尔库茨克州生产俄罗斯1/2的合成树脂、塑料、聚氯乙烯，生产俄罗斯1/10的成品油。

④ 俄罗斯最大的飞机制造厂位于伊尔库茨克市。

⑤ 俄罗斯克拉斯诺亚尔斯克边疆区木材蓄积量占俄罗斯的18%，居于俄罗斯各联邦主体首位；河流年径流量占俄罗斯的20%，且水力资源丰富，俄罗斯最大的水电站即位于该边疆区。

⑥ 俄罗斯克拉斯诺亚尔斯克边疆区土地面积占俄罗斯领土面积的13.7%。

⑦ 俄罗斯克拉斯诺亚尔斯克边疆区小麦产量占中、东西伯利亚地区的60%以上，蔬菜、牛奶、蛋类供应量占50%以上，肉类产量巨大，谷物收获量近年居于西伯利亚联邦区各州份首位。

⑧ 俄罗斯克拉斯诺亚尔斯克边疆区为俄罗斯铂金、准铂金、铜、镍、铝、菱、镁等金属矿物最主要蕴藏区和开采区；该边疆区菱镁矿蕴藏规模居于俄罗斯首位，金矿储量规模较大，金矿开采在俄罗斯占据重要地位，俄罗斯第二大金矿即位于该边境区；该边疆区磷灰石矿储量占俄罗斯的21%，动力煤储量占俄罗斯的66%，石油、天然气储量及生产量均较大，俄罗斯最大的矿冶公司即位于该边疆区。

⑨ 俄罗斯克拉斯诺亚尔斯克边疆区工业产值占中、东西伯利亚地区的40%以上。

⑩ 俄罗斯克拉斯诺亚尔斯克边疆区经济对外依存度较大，出口潜力居于西伯利亚地区各州份首位、俄罗斯各联邦主体第五位。

力、经济社会实力及发展潜力，在俄罗斯中、东西伯利亚地区经济发展中居于重要地位、发挥重要作用。因此，上述一共和国一州一边疆区及其首府所在区域适宜成为北带中蒙俄走廊支线通道在俄罗斯中、东西伯利亚南部地区的重要穿越区域（地段）和支点区域（地段）。

（12）俄罗斯克麦罗沃州地处西西伯利亚东南部、库兹涅茨克盆地区域；该州人口密集、森林资源与草场牧地资源丰富，为西伯利亚联邦区人口密度首位州、俄罗斯重要林木资源蓄积区域、重要农业区；铁、锰、铅、锌、铝等金属矿物和煤炭、石油、天然气等非金属矿物蕴藏量巨大[①]，为俄罗斯重要金属冶炼加工工业中心煤炭工业中心电力工业中心机器制造工业中心、俄罗斯重要矿产品产地、重工业发达地区、生产规模特别巨大地区[②]、重要外向型重工业区域[③]、俄罗斯乌拉尔以东最大重工业基地、俄罗斯及苏联新西伯利亚工业区核心区域、西伯利亚联邦区铁路密度首位州；首府克麦罗沃市为该州行政中心、第二大工业城市、库兹巴斯煤田开采中心、重要煤炭工业中心化学工业中心机器制造工业中心。

（13）如前所述，俄罗斯新西伯利亚州地处西西伯利亚东南部、鄂毕河上游区域、俄罗斯与哈萨克斯坦接壤区域；为俄罗斯重要机器制造工业中心军事工业中心金属冶炼加工工业中心石油天然气工业中心化学工业中心、俄罗斯乌拉尔以东西伯利亚地区最大综合性工业基地、俄罗斯新西伯利亚工业区核心区域、西伯利亚铁路穿越地区、俄罗斯科学教育体系规模第三位联邦主体、俄罗斯及世界闻名的科学研究教育基地、俄罗斯重要文化中心；该州首府新西伯利亚市为该州行政中心、第一大城市、俄罗斯乌拉尔以东最大的以机械制造业为核心的综合性工业城市、西伯利亚联邦行政区行政中心、俄罗斯西伯利亚地区最大城市和最大交通枢纽、经济中心科研中心教育中心文化中心、俄罗斯第三大城市、俄罗斯重要科学中心、重要文化中心。

（14）俄罗斯上述两州及其首府均具有巨大的自然资源蕴藏规模和开发潜力、经济社会实力及发展潜力，且均处于俄罗斯战略交通线路西伯利亚铁路沿线，在俄罗斯西西伯利亚地区经济发展中居于重要地位、发挥重要作用。因此，上述两州及其首府城市所在区域适宜成为北带中蒙俄走廊支线通道在俄罗斯西西伯利亚南部地区的重要穿越区域（地段）。

（15）东西向横贯俄罗斯东、中、西西伯利亚南部的西伯利亚铁路干线具有全俄意义，不仅连接俄罗斯欧洲部分与远东地区，而且沿线地区成为俄罗斯西伯利亚地区人口、经济活动的主要展布地带和俄罗斯族集中居住地带，形成沿铁路线展布的白种人相对集中居住带，在俄罗斯西伯利亚经济社会发展中占据重要地位，且已具有百年以上的东西向战略通道历史。当前，俄罗斯上述一共和国一边疆区三州境内已经形成串联以上行政单元、具有一定规模和历史基础的东西向战略通道（西伯利亚铁路乌兰乌德—伊尔库茨克—克拉斯诺亚尔斯克—克麦罗沃—新西伯利亚段交通走廊）与经济社会发展战略性廊带，该地带并已成为俄罗斯西伯利亚地区最重要的东西向交通主干地带或主要运输走廊。同时，占据东萨彦岭山脉—西萨彦岭山脉北侧山前交通线、蒙古高原北侧外围交通线、俄罗斯南方纬向温暖地带穿越线、俄罗斯首都与西伯利亚各联邦主体行政中心连接线等多重潜在交通区位。因此，上述一共和国一边疆区三州所在区域适宜成为北带中蒙俄走廊支线通道在俄罗斯境内的重要穿越区域（地段）。

（16）俄罗斯上述一共和国一边疆区三州所在地域均处于雅布洛诺夫山脉—东萨彦岭山脉—

[①]　克麦罗沃州煤炭储量居俄罗斯各联邦主体各州份首位，其中适宜露天开采的煤炭资源量居于俄罗斯各联邦主体第二位。

[②]　克麦罗沃州煤炭工业化开采水平居于俄罗斯各联邦主体第一位，该州库兹涅茨克煤田为世界最大煤田之一；该州煤炭产量占俄罗斯的1/2以上，焦炭产量占俄罗斯的4/5，生铁产量占俄罗斯的1/5左右，黑色金属成材和钢产量占俄罗斯的1/6，化纤产品产量占俄罗斯的1/8。

[③]　克麦罗沃州铝出口量占生产总量的比重约为4/5左右，黑色金属轧材出口量占比约为1/5，铁合金出口量占比约为1/2。

西萨彦岭山脉北侧山前地域廊带，处于雅布洛诺夫山脉—东萨彦岭山脉—西萨彦岭山脉巨型东西向山链、山地地形雨带、高山冰川带（仅东萨彦岭山脉发育现代冰川）、山麓断裂带及坡降带、山前径流带、山前连片相对平坦地带、山前平原带、山前陆路交通走廊带、大致东西向农牧及矿产资源富集带、山区畜牧业金属采掘业山前种植业油气煤炭采掘业复合产业带、人口集聚区带等地理廊带体系；处于半湿润区，形成东西向半湿润区水—土—城—路系统及河—城系统，具有雄厚、相对一致的半湿润区山前巨型东西向地域廊带基础。因此，上述—共和国—边疆区三州所在区域适宜成为北带中蒙俄走廊支线通道在俄罗斯境内的重要穿越区域（地段）。

（17）俄罗斯新西伯利亚州处于俄罗斯西伯利亚地区事实上的政治中心经济中心科技中心地带地位，新西伯利亚市处于俄罗斯西伯利亚地区事实上的政治中心经济中心科技中心地位。联通中国京津唐地区国家政治中心文化中心地区及北方经济中心科技创新中心交通枢纽地区、蒙古中部核心区域（乌兰巴托直辖市及中央省）、俄罗斯东西伯利亚中心区域（布里亚特共和国）、中西伯利亚中心区域（伊尔库茨克州）与西西伯利亚中心区域（新西伯利亚州），建立和实现上述五大区域之间的经济社会战略性联系，是北带中蒙俄走廊支线通道形成的最主要逻辑及所负有的最主要战略职能。直接建立和实现上述五大区域之间的交通运输联系，进而形成交通经济带，是北带中蒙俄走廊的最主要表现形式和实现途径。因此，蒙古乌兰巴托市及中央省、俄罗斯布里亚特共和国、伊尔库茨克州所在区域适宜成为北带中蒙俄走廊支线通道区段性目的区域，俄罗斯新西伯利亚州所在区域适宜成为北带中蒙俄走廊支线通道目的区域、北带中蒙俄走廊西桥头堡区域；区域中心城市蒙古乌兰巴托市、俄罗斯乌兰乌德市、伊尔库茨克市适宜成为北带中蒙俄走廊支线通道区段性目的地，区域中心城市俄罗斯新西伯利亚市适宜成为北带中蒙俄走廊支线通道目的地、北带中蒙俄走廊西桥头堡、丝绸之路经济带北带战略性枢纽。

（18）中蒙俄三国上述地段及走廊与北带主通道中国集宁—呼和浩特—额济纳旗—阿勒泰—吉木乃—哈萨克斯坦厄斯克门—俄罗斯鲁布佐夫斯克口岸—新西伯利亚段夹东萨彦岭山脉—西萨彦岭山脉及阿尔泰山脉，共享亚欧大陆东西二级交通区位线潜在交通区位。选择上述地段及走廊作为北带中蒙俄走廊支线通道穿越区域（地段），是对亚欧大陆东西二级交通区位线交通区位的主动开发与利用，是该地域廊带所蕴含亚欧大陆东西二级交通区位线的第二次显化（第一次显化为草原丝绸之路、"茶叶之路"时期），是亚欧大陆所蕴含东西向陆路交通区位资源和价值在新形势下的再现和重生。

（19）中蒙俄上述地段及走廊在古代时期即为早期辛梅里安文化大致北线形成交流传播线路①、"茶叶之路"重要穿越地段，甚至部分路段为中国唐朝、元朝时期草原丝绸之路干线大致穿越地带。选择上述地段及走廊作为北带中蒙俄走廊支线通道穿越区域（走廊），既是对历史上早期辛梅里安文化大致北线形成交流传播线路、草原丝绸之路、"茶叶之路"的概括性继承，也是对当前国际地缘政治地缘经济大势的主动、积极顺应。

（20）与上述中国集宁—二连浩特口岸—蒙古乌兰巴托—俄罗斯恰克图—乌兰乌德—新西伯利亚一线相比较，前述中国集宁—呼和浩特—额济纳旗—阿勒泰—吉木乃口岸—哈萨克斯坦厄斯克门—俄罗斯鲁布佐夫斯克口岸—新西伯利亚一线主要段落沿纬线延伸（北带中蒙俄走廊支线通道近半段落更接近沿经线延伸），穿越更加温暖的中温带区域（北带中蒙俄走廊支线通道主要穿越寒温带区域），所穿越或者可以拓展支线穿越的哈萨克斯坦经济社会发展水平更高（高于

---

① 根据莱斯《斯基泰人》及相关研究成果，公元前5~前4世纪，存在中国鄂尔多斯地区文化、西西伯利亚南部巴泽雷克文化、喀山地区阿纳尼诺文化、高加索地区库班文化所在区域之间的贸易线路。该贸易线路为早期辛梅里安文化（青铜文化）大致北线东传线路，巴泽雷克为该时期东西方贸易中心。

北带中蒙俄走廊支线通道穿越的蒙古），且过半里程通过中国领土（北带中蒙俄走廊支线通道绝大部分里程通过蒙古、俄罗斯）。因此，选择前述中国集宁—呼和浩特—额济纳旗—阿勒泰—吉木乃—哈萨克斯坦厄斯克门—俄罗斯鲁布佐夫斯克口岸—新西伯利亚一线为北带主通道和经济带主要穿越区域（地段），而不选择上述中国集宁—二连浩特口岸—蒙古乌兰巴托—俄罗斯恰克图—乌兰乌德—新西伯利亚一线为北带主通道和经济带主要穿越区域（地段），仅选择其为北带支线通道及走廊之一。

（五）北带中蒙俄走廊支线通道现状及应建或建议建设交通线路

1. 北带中蒙俄走廊支线通道现状

（1）铁路交通线路。该线北京—二连浩特口岸段已建准轨铁路，蒙古扎门乌德口岸—乌兰巴托—俄罗斯乌兰乌德—泰舍特—新西伯利亚段已建宽轨铁路。

（2）公路交通线路。该线全线已建成不同等级公路。

（3）油气管道。该线俄罗斯泰舍特—伊尔库茨克段已建输油管道；该区域泰舍特—斯科沃罗基诺段已建输油管道（为俄罗斯远东石油管道组成部分），科维克金气田—恰扬金气田—别洛戈尔斯克段已建输气管道（为中俄天然气管道组成部分）。

2. 北带中蒙俄走廊支线通道应建或建议建设交通线路及理由或目标

（1）铁路交通线路。应建或建议建设铁路交通线路：北京—二连浩特口岸—扎门乌德口岸—乌兰巴托—俄罗斯乌兰乌德—泰舍特—新西伯利亚高速铁路（延伸至叶卡捷琳堡）。

理由或目标：形成联通中、蒙、俄首都的高速铁路通道。

（2）公路交通线路。应建或建议建设公路交通线路：北京—二连浩特口岸—扎门乌德口岸—乌兰巴托—俄罗斯乌兰乌德—泰舍特—新西伯利亚高速公路。

理由或目标：形成联通中、蒙、俄首都的高速公路通道。

五、北带中俄走廊交通支线通道走向及其辐射范围、沿线地区主导产业

丝绸之路经济带北带中俄走廊交通支线通道（以下简称北带中俄走廊支线通道）及经济走廊走向、辐射范围、沿线地区主导产业如下：

（一）北带中俄走廊支线通道走向

北带中俄走廊支线通道及经济走廊走向为：北京—沈阳—长春—哈尔滨—满洲里—俄罗斯赤塔—乌兰乌德。

（二）北带中俄走廊支线通道穿越或辐射地区

北带中俄走廊支线通道穿越的国家为：中国、俄罗斯。

北带中俄走廊支线通道穿越的中国一级行政单元为：北京市、天津市、河北省、辽宁省、吉林省、黑龙江省、内蒙古自治区（共计7个一级行政单元）。

北带中俄走廊支线通道穿越的中国国内市地盟州为：北京市，天津市，河北省廊坊市、唐山市、秦皇岛市，辽宁省葫芦岛市、锦州市、盘锦市、鞍山市、沈阳市、铁岭市，吉林省四平市、长春市，黑龙江省哈尔滨市、绥化市、大庆市、齐齐哈尔市，内蒙古呼伦贝尔市（共计18个）。

北带中俄走廊支线通道穿越的中国段主要城市为：北京市、天津市、沈阳市、长春市、哈尔滨市、满洲里市（非省会城市）。

北带中俄走廊支线通道穿越的相关其他国家一级行政单元为：俄罗斯外贝加尔边疆区、布里亚特共和国（共计2个一级行政单元）。合计北带中俄走廊支线通道穿越的各国一级行政单元共计9个。

北带中俄走廊支线通道穿越的相关国家主要城市为：俄罗斯赤塔市、乌兰乌德市。

北带中俄走廊支线通道通过的中国—俄罗斯国际口岸为：满洲里口岸—后贝加尔斯克口岸。

（三）北带中俄走廊支线通道沿线地区主导产业

1. 北带中俄走廊支线通道中国京津段沿线地区主导产业

北带中俄走廊支线通道中国京津段沿线地区主导产业为：现代服务业、电子信息产业、文化创意产业、交通运输通信设备计算机和其他电子设备制造工业、黑色金属冶炼及压延加工工业、石油及天然气开采工业（中国天津市、北京市，见表5-7）。

表5-7 北带中俄走廊支线通道中国京津段沿线地区主导产业

序号	省份	主导产业
1	天津市	黑色金属冶炼及压延加工工业、石油及天然气开采工业、电气机械和器材制造业、医药制造业、农副食品加工业、专用设备制造业、交通运输与仓储和邮政业
2	北京市	现代服务业、电子信息产业、文化创意产业、交通运输设备制造工业、电力热力生产和供应业、通信设备计算机和其他电子设备制造工业

2. 北带中俄走廊支线通道中国河北段沿线地区主导产业

北带中俄走廊支线通道中国河北段沿线地区主导产业为：黑色金属采选冶炼压延及装备制造工业、煤炭石油开采加工炼焦及核燃料加工工业、非金属矿物制品工业、电子信息产业（河北省廊坊市、唐山市、秦皇岛市，见表5-8）。

表5-8 北带中俄走廊支线通道中国河北段沿线地区主导产业

序号	市地盟州	主导产业
1	廊坊市	装备制造工业、金属冶炼及压延加工工业、食品加工工业、家具制造及木材加工工业、电子信息产业
2	唐山市	黑色金属采选冶炼及压延加工工业、煤炭开采和洗选工业、石油加工炼焦及核燃料加工工业、非金属矿物制品工业、专用设备制造工业
3	秦皇岛市	装备制造工业、建材工业、黑色金属采选冶炼及压延加工工业、电子信息产业、现代服务业

3. 北带中俄走廊支线通道中国辽宁段沿线地区主导产业

北带中俄走廊支线通道中国辽宁段沿线地区主导产业为：黑色和有色金属采选冶炼及压延加工工业、专用通用设备交通运输设备船舶及电气机械器材制造工业、石油加工炼焦及核燃料加工工业、农副产品及食品加工工业（辽宁省葫芦岛市、锦州市、盘锦市、鞍山市、沈阳市、铁岭市，见表5-9）。

表5-9 北带中俄走廊支线通道中国辽宁段沿线地区主导产业

序号	市地盟州	主导产业
1	葫芦岛市	船舶制造工业、石油化学工业、有色金属冶炼及压延加工工业
2	锦州市	农副产品及食品加工工业、黑色金属采选冶炼及压延加工工业、装备制造工业、石油加工炼焦及核燃料加工工业
3	盘锦市	石油化工及精细化学工业、石油装备及船舶制造工业、新材料制造工业、农产品加工工业
4	鞍山市	黑色金属采选冶炼及压延加工工业、装备制造工业

序号	市地盟州	主导产业
5	沈阳市	专用通用设备交通运输设备电气机械及器材制造工业、农副产品加工工业、金属制品工业、医药制造工业
6	铁岭市	原材料加工工业、装备制造工业、农产品加工工业

4. 北带中俄走廊支线通道中国吉林段沿线地区主导产业

北带中俄走廊支线通道中国吉林段沿线地区主导产业为：汽车及机械设备制造工业、农产品及食品加工工业、光电子信息产业、生物医药产业（吉林省四平市、长春市，见表5-10）。

表5-10　北带中俄走廊支线通道中国吉林段沿线地区主导产业

序号	市地盟州	主导产业
1	四平市	装备制造工业、农产品加工工业、能源产业
2	长春市	汽车制造工业、农产品加工工业、光电子信息产业、生物医药产业、物流业

5. 北带中俄走廊支线通道中国黑龙江段沿线地区主导产业

北带中俄走廊支线通道中国黑龙江段沿线地区主导产业为：装备制造工业、石油采掘及化学工业、食品加工工业、医药工业（黑龙江省哈尔滨市、绥化市、大庆市、齐齐哈尔市，见表5-11）。

表5-11　北带中俄走廊支线通道中国黑龙江段沿线地区主导产业

序号	市地盟州	主导产业
1	哈尔滨市	装备制造工业、医药工业、食品加工工业、石化工业
2	绥化市	种植业、畜牧养殖业、农副产品加工及食品制造工业、医药制造工业
3	大庆市	石油采掘工业、石油化学工业
4	齐齐哈尔市	食品加工工业、装备制造工业

6. 北带中俄走廊支线通道中国内蒙古段沿线地区主导产业

北带中俄走廊支线通道中国内蒙古段沿线地区主导产业为：农畜产品加工工业、生物制药工业、煤炭开采和洗选工业、电力热力生产供应业（内蒙古呼伦贝尔市）。

7. 北带中俄走廊支线通道俄罗斯段沿线地区主导产业

北带中俄走廊支线通道俄罗斯段沿线地区主导产业为：煤炭开采及加工工业、有色金属开采及加工工业、森林采伐及木材加工工业、机械修理制造工业（俄罗斯后贝加尔边疆区、布里亚特共和国，见表5-12）。

表5-12　北带中俄走廊支线通道俄罗斯段沿线地区主导产业

序号	州份	主导产业
1	后贝加尔边疆区	煤炭开采及加工工业、有色金属贵金属稀有金属开采及加工工业、森林采伐及木材加工工业、机械修理制造工业、畜牧业
2	布里亚特共和国	有色金属稀有金属贵金属开采及加工工业、森林采伐及木材加工工业、机械制造工业、建材工业、燃料动力工业

对上述两个国家七个区段的主导产业进行比较可见，在整个北带中俄走廊支线通道沿线地区，主导产业结构层次及总体经济发展水平大致呈现东南段（北京及天津—沈阳段）最高、中段（沈阳—满洲里口岸段）次高、西北段（后贝加尔斯克口岸—乌兰乌德段）最低的"坡形"格局，沿线地区产业结构层次和经济发展水平差异极为明显，全线产业结构优化及经济发展一体化潜力巨大。

（四）北带中俄走廊支线通道及经济走廊走向理由与依据

（1）如前所述，中国京津及廊坊地区为中国国家政治中心文化中心地区、中国北方事实上的经济中心科技创新中心交通枢纽地区，在中国国家发展进程中居于无可争议的政治中心文化中心科技创新中心地位，具有能够带动或辐射该走廊支线通道中国境内外其他地段的经济社会实力、产业结构层次、未来发展定位（潜力或趋势）、历史发展基础。因此，选择其为北带中俄走廊支线通道起始地、北带中俄走廊南桥头堡。

（2）如前所述，河北省唐山市地处中国华北至东北通道的咽喉要地，为京津冀城市群东北部副中心城市、中国近代工业摇篮。河北省秦皇岛市地处京津冀地区和环渤海经济圈中心地带、东北与华北两大经济区结合部，为世界级汽车轮毂制造基地、中国最大铝制品生产加工基地、北方最大粮油加工基地、世界第一大能源输出港、东北亚重要对外贸易港口城市、中国综合交通枢纽城市之一。上述两市均在河北省、京津冀地区、环渤海经济圈和中国国家经济社会发展中居于重要地位、发挥重要作用，因此，选择两市所在区域为北带中俄走廊支线通道在河北省的重要穿越区域（地段）和支点区域（地段）。

（3）辽宁省葫芦岛市同样地处中国华北至东北通道的咽喉地带，为中国东北西大门、京沈线重要工业和旅游城市。辽宁省锦州市地处华北地区与东北地区两大区域枢纽部位、京津唐工业区与辽南工业区连接部位、环渤海经济圈与东北亚经济圈交会点部位，为中国重要工业城市、辽宁省重要物流中心医疗中心科技中心教育中心文化中心、辽宁省西部中心城市。辽宁省盘锦市地处辽河平原腹地，为中国最大稠油超稠油高凝油生产加工基地、最大高等级道路沥青生产基地、最大防水材料生产基地、辽宁省高速公路最密集和公路网密度最大城市，盘锦港为东北地区及蒙古东部地区最近最便捷出海口。辽宁省鞍山市地处辽东半岛中部，为东北地区最大的钢铁工业城市、沈阳经济区副中心城市、沈（阳）大（连）经济带重要支点。辽宁省沈阳市地处辽河平原中部、辽宁省中部，为沈阳经济区中心城市、东北地区最大城市、最大的铁路公路航空交通枢纽、中国国家中心城市、中国最重要的以装备制造工业为主的重工业基地、东北亚重要城市。辽宁省铁岭市地处辽河平原北部、辽宁省北部，为沈阳经济区副中心城市、东北地区优质农产品生产加工基地、煤电能源城市、中国粮食主产区之一。上述五市均在辽宁省、东北经济区和中国国家经济社会发展中居于重要地位、发挥重要作用，因此，选择上述五市所在区域为北带中俄走廊支线通道在辽宁省的重要穿越区域（地段）和支点区域（地段）。

（4）吉林省四平市地处东北地区中心区域，为东北地区三大粮仓之一、重要交通枢纽和物流节点城市。吉林省长春市地处松辽平原腹地、松嫩平原与松辽分水岭结合部，为长（春）吉（林）图（门江）开放开发先导区中心城市、东北地区天然地理中心、东北地区"十"字型经济走廊核心、东北地区中心城市之一、中国重要产粮区、中国汽车工业电影工业和光电子技术生物技术应用化学及轨道客车制造与研发发祥地、中国最大的轨道客车地铁动车组研发制造出口中心、十大科研城市之一（位列第五位）、东北亚经济圈几何中心城市。上述两市均在吉林省、东北经济区和中国国家经济社会发展中居于重要地位、发挥重要作用。因此，选择上述两市所在区域为北带中俄走廊支线通道在吉林省的重要穿越区域（地段）和支点区域（地段）。

（5）黑龙江省哈尔滨市地处松嫩平原东南缘、黑龙江省南部，为东北北部地区政治中心经济中心文化中心、东北地区沿边开放开发中心城市、对俄开放合作中心城市、中国重要商品粮基地、东北亚区域中心城市、第一亚欧大陆桥重要枢纽之一，20世纪初即逐步发展成为北满经济中心和国际都市、东北亚地区重要国际商埠，在东北地区及东北亚地区占据特殊重要的地位。黑龙江省绥化市地处松嫩平原东部、黑龙江省中南部，为黑龙江省重要商品粮基地、草食畜牧业基地、绿色食品基地。黑龙江省大庆市地处松嫩平原腹地、黑龙江省西南部，为黑龙江省域副中心城市、中国最重要的石油生产和加工基地之一，工业总产值居于东北地区第二位。黑龙江省齐齐哈尔市地处松嫩平原中西部、黑龙江省中西部，为黑龙江西部地区政治中心经济中心商贸中心交通中心医疗中心科技中心教育中心文化中心、黑龙江省域副中心城市、东北地区西北部区域中心城市、铁路枢纽、中国重要商品粮基地和畜牧业基地、绿色食品基地。上述四市均在黑龙江省、东北经济区和中国国家经济社会发展中居于重要地位、发挥重要作用。因此，选择上述四市所在区域为北带中俄走廊支线通道在黑龙江省的重要穿越区域（地段）和支点区域（地段）。

（6）内蒙古呼伦贝尔市地处松嫩平原西侧、内蒙古高原东北部，为内蒙古新型能源重化工基地、有色金属开采冶炼加工基地、绿色农畜产品生产加工基地、东北地区西部重要生态安全保障区，在内蒙古自治区、东北经济区经济社会发展中居于重要地位、发挥重要作用。因此，选择该市所在区域为北带中俄走廊支线通道在内蒙古自治区的重要穿越区域（地段）和支点区域（地段）。

（7）俄罗斯后贝加尔边疆区地处西伯利亚最东南部、俄罗斯与中国及蒙古接壤区域；该边疆区森林资源及草场牧地资源丰富①，为东西伯利亚地区重要农业区②、俄罗斯最大的养羊业中心之一；锆、铜、钼、钛、银、铅等金属矿物及萤石等非金属矿物蕴藏量特别巨大③，为俄罗斯重要有色金属贵金属稀有金属开采工业中心机器制造工业中心木材加工工业中心、西伯利亚大铁路和贝阿铁路穿越地区、俄罗斯与中国最大陆路口岸后贝加尔斯克口岸所在地④、同中国开展密切务实合作的俄罗斯联邦主体之一⑤、古代蒙古回鹘匈奴等部族牧地；首府赤塔市为该边疆区行政中心经济中心文化中心重要采矿工业中心木材采伐加工工业中心、东西伯利亚地区工业中心之一、西伯利亚铁路重要枢纽之一。如前所述，俄罗斯布里亚特共和国为俄罗斯重要淡水资源战略储备中心和森林木材储备中心，且拥有丰富的稀有金属、有色金属资源和非金属矿藏资源；首府乌兰乌德市为该共和国政治中心经济中心文化中心、远东地区和西伯利亚地区古老的大城市之一。

（8）俄罗斯上述两个边疆区共和国及其首府均具有巨大的自然资源蕴藏规模和开发潜力、经济社会实力及发展潜力，且均处于俄罗斯战略交通线西伯利亚铁路沿线，均在俄罗斯东西伯利亚地区、俄罗斯国家经济社会发展中居于重要地位，因此，该两个边疆区共和国及其首府所在区域适宜成为北带中俄走廊支线通道在俄罗斯境内的重要穿越区域（地段）和支点区域（地段）。

（9）如前所述，俄罗斯布里亚特共和国为俄罗斯西伯利亚铁路与中蒙俄铁路交会区域，且为俄罗斯东西伯利亚地区重要中心区域、丝绸之路经济带北带中蒙俄走廊重要节点区域；首府

---

① 俄罗斯后贝加尔边疆区森林覆盖率达60%。

② 俄罗斯后贝加尔边疆区耕地播种面积居于东西伯利亚地区各联邦主体第二位；畜牧业规模约占东西伯利亚地区畜牧业总规模的2/5，居于俄罗斯各联邦主体第三位。

③ 俄罗斯后贝加尔边疆区锆蕴藏量占俄罗斯的31%，钼蕴藏量占俄罗斯的28%，铜蕴藏量占俄罗斯的21%，钛蕴藏量占俄罗斯的18%，银蕴藏量占俄罗斯的13%，铅蕴藏量占俄罗斯的12%；萤石蕴藏量占俄罗斯的42%。

④ 俄中两国60%的国际陆路货物运输经过后贝加尔斯克口岸—满洲里口岸完成，该口岸同时为俄中国际石油运输主要通道。

⑤ 与中国的贸易额占后贝加尔边疆区对外贸易额的95%左右，中国为该边疆区最大贸易伙伴、最大外国投资国。

乌兰乌德市为俄罗斯西伯利亚铁路与中蒙俄铁路交会点，且为俄罗斯东西伯利亚地区重要工业中心商贸中心教育中心、丝绸之路经济带北带中蒙俄走廊重要节点。联通中国京津唐地区国家政治中心文化中心地区及北方经济中心科技创新中心交通枢纽地区、东北地区中心区域（辽宁省及沈阳市）与俄罗斯东西伯利亚地区中心区域（布里亚特共和国），建立和实现上述三大区域之间的经济社会战略性联系，是北带中俄走廊支线通道形成的最主要逻辑及所负有的最主要战略职能。建立和实现上述三大区域之间的交通运输联系，进而形成交通经济带，是北带中俄走廊的最主要表现形式和实现途径。因此，俄罗斯布里亚特共和国所在区域适宜成为北带中俄走廊支线通道目的区域、北带中俄走廊西桥头堡区域；区域中心城市俄罗斯乌兰乌德市适宜成为北带中俄走廊支线通道目的地（接北带中蒙俄走廊支线通道至新西伯利亚市）、北带中俄走廊西桥头堡、丝绸之路经济带北带战略性枢纽。

（10）当前，中国上述四个省一个自治区两个直辖市及俄罗斯上述一边疆区一共和国境内已经形成串联以上行政单元、具有一定规模和历史基础的南北—东西向战略通道（北京—天津—秦皇岛—沈阳—长春—哈尔滨—满洲里口岸—外贝加尔斯克口岸—赤塔—乌兰乌德交通走廊）与经济社会发展战略性廊带，该地带并已成为中国华北北部—东北地区及俄罗斯东西伯利亚地区最重要的南北—东西向交通主干地带或主要运输走廊。同时，占据燕山山脉（南侧）—努鲁尔虎山山脉—大兴安岭山脉（东南侧）—雅布洛诺夫山脉（南北侧）山前交通线、蒙古高原东南侧—东北侧大致外围交通线、东北亚地区平原及河谷地带单一覆被平面腹地穿越线、中国首都与东北地区各省行政中心连接线、俄罗斯首都与东西伯利亚各联邦主体行政中心连接线等多重潜在交通区位。因此，中俄两国上述九个一级行政单元所在区域适宜成为北带中俄走廊支线通道在中俄境内的重要穿越区域（地段）。

（11）中俄两国上述九个一级行政单元所在地域均处于燕山山脉（南侧）—努鲁尔虎山山脉—大兴安岭山脉（东南侧）—雅布洛诺夫山脉（南北侧）山前地域廊带，处于燕山山脉—努鲁尔虎山山脉—大兴安岭山脉—雅布洛诺夫山脉半环状巨型山链、南北—东西山地地形雨带、山麓断裂带及坡降带、山前径流带、山前连片相对平坦地带、山前平原带、山前陆路交通走廊带、大致南北—东西向农牧及矿产资源富集带、山区畜牧业金属采掘业山前种植业油气煤炭采掘业复合产业带、人口集聚区带等地理廊带体系；处于半湿润区①，形成南北—东西向半环状半湿润区水—土—城—路系统及河—城系统，具有雄厚、相对一致的半湿润区山前巨型南北—东西向半环状地域廊带基础。因此，中俄两国上述九个一级行政单元所在区域适宜成为北带中俄走廊支线通道在中俄境内的重要穿越区域（地段）。

（12）上述地段及走廊与前述北带主通道中国天津—北京—集宁—呼和浩特—额济纳旗—阿勒泰—吉木乃—哈萨克斯坦厄斯克门—俄罗斯鲁布佐夫斯克口岸—新西伯利亚段夹蒙古高原，共享亚欧大陆陆上东西交通二级大横线交通区位。选择上述地段及走廊为北带中俄走廊支线通道穿越区域（地段），是对亚欧大陆东西二级交通区位线潜在交通区位的主动开发与利用，是对亚欧大陆第一大陆桥体系所蕴含东西向陆路交通区位资源和价值在新形势下的拓展和延伸。

（13）与上述中国北京—哈尔滨—满洲里口岸—俄罗斯后贝加尔斯克口岸—赤塔—乌兰乌德一线及乌兰乌德—新西伯利亚一线相比较，前述中国天津—北京—集宁—呼和浩特—额济纳旗—阿勒泰—吉木乃口岸—哈萨克斯坦厄斯克门—俄罗斯鲁布佐夫斯克口岸—新西伯利亚一线主要段落所处纬度更低，穿越更加温暖的中温带区域（上述中国北京—哈尔滨—满洲里口岸—俄罗斯后贝加尔斯克口岸—赤塔—乌兰乌德一线及乌兰乌德—新西伯利亚一线主要穿越寒温带

---

① 少部分区域处于半干旱区，另外少部分区域处于湿润区。

区域），且过半里程通过中国领土（上述中国北京—哈尔滨—满洲里口岸—俄罗斯后贝加尔斯克口岸—赤塔—乌兰乌德一线及乌兰乌德—新西伯利亚一线绝大部分里程通过俄罗斯）。因此，选择前述中国天津—集宁—呼和浩特—额济纳旗—阿勒泰—吉木乃—哈萨克斯坦厄斯克门—俄罗斯鲁布佐夫斯克口岸—新西伯利亚一线为北带主通道和经济带主要穿越区域（地段），而不选择上述中国北京—哈尔滨—满洲里口岸—俄罗斯后贝加尔斯克口岸—赤塔—乌兰乌德一线及乌兰乌德—新西伯利亚一线为北带主通道和经济带主要穿越区域（地段），仅选择其为北带支线通道及走廊之一。

（五）北带中俄走廊支线通道现状及应建或建议建设交通线路

1. 北带中俄走廊支线通道现状

（1）铁路交通线路。该线中国北京—沈阳—哈尔滨—满洲里口岸段已建准轨铁路，且北京—沈阳—哈尔滨—齐齐哈尔段已建高速铁路；俄罗斯后贝加尔斯克口岸—赤塔—乌兰乌德段已建宽轨铁路。

（2）公路交通线路。该线中国北京—沈阳—哈尔滨—满洲里—俄罗斯后贝加尔斯克口岸—赤塔—乌兰乌德已建成不同等级公路，且北京—沈阳—哈尔滨—满洲里段已建高速公路。

（3）油气管道。该线中国北京—哈尔滨—大庆段、大庆—漠河—俄罗斯腾达—斯科沃罗季诺—泰舍特段已建输油管道；北京—哈尔滨—大庆段、大庆—漠河—俄罗斯别洛戈尔斯克—恰扬金气田—科维克金气田段已建输气管道（为中俄天然气管道组成部分）。

2. 北带中俄走廊支线通道应建或建议建设交通线路及理由或目标

（1）铁路交通线路。应建或建议建设铁路交通线路：（中国北京—沈阳—哈尔滨）—齐齐哈尔—满洲里—俄罗斯赤塔—乌兰乌德高速铁路，与北京—二连浩特口岸—扎门乌德—乌兰巴托—俄罗斯乌兰乌德—泰舍特—新西伯利亚高速铁路相接。

理由或目标：形成联通中、俄首都的高速铁路直接通道。

（2）公路交通线路。应建或建议建设公路交通线路：（中国北京—沈阳—哈尔滨—满洲里）—俄罗斯后贝加尔斯克口岸—赤塔—乌兰乌德高速公路，与中国北京—二连浩特口岸—蒙古扎门乌德口岸—乌兰巴托—俄罗斯乌兰乌德—泰舍特—新西伯利亚高速公路相接。

理由或目标：形成联通中、蒙、俄首都的高速公路直接通道。

六、北带东西欧走廊支线通道走向及其辐射范围、沿线地区主导产业

北带东西欧走廊支线通道及经济走廊走向、辐射范围、沿线地区主导产业同前述。即北带东西欧走廊支线通道及经济走廊走向为：俄罗斯莫斯科—白俄罗斯明斯克—波兰华沙—德国柏林—荷兰阿姆斯特丹与鹿特丹。

第二节　丝绸之路经济带成熟期中带空间布局

一、丝绸之路经济带成熟期中带空间布局简述

丝绸之路经济带成熟期中带是以中带主通道及其中吉乌塔走廊、中哈土伊走廊、中阿土伊走廊、通波斯湾走廊支线通道与相关分支线路为主轴，以沿线主要节点城市及其他中小城市为依托，以相关主导产业为基础，向两侧延伸各 50 千米左右（面）而形成的点轴面相结合的一系

列巨型带状区域和点轴经济系统。

二、中带主通道走向及其辐射范围、沿线地区主导产业

中带主通道及经济带走向、辐射范围、沿线地区主导产业同前述。即中带主通道及经济带走向为：中国上海（东海沿岸）—南京—蚌埠—徐州—郑州—西安—兰州—武威—哈密—乌鲁木齐—精河—霍尔果斯口岸—哈萨克斯坦阿腾科里口岸—阿拉木图—塔拉兹—乌兹别克斯坦塔什干—撒马尔罕—土库曼斯坦土库曼纳巴德—马雷—伊朗萨拉赫斯—马什哈德—德黑兰—大不里士—土耳其凡城—锡瓦斯—安卡拉—伊斯坦布尔—保加利亚索菲亚—塞尔维亚贝尔格莱德—匈牙利布达佩斯—奥地利维也纳—德国慕尼黑—法国斯特拉斯堡—巴黎—加来（大西洋沿岸）。

三、中带中吉乌塔走廊支线通道走向及其辐射范围、沿线地区主导产业

丝绸之路经济带中带中吉乌塔走廊支线通道及经济走廊走向、辐射范围、沿线地区主导产业同前述。即中带中吉乌塔走廊支线通道及经济走廊走向为：中国新疆吐鲁番市高昌区（乌鲁木齐市）—库尔勒—阿克苏—喀什—伊尔克什坦口岸—吉尔吉斯斯坦伊尔克什坦口岸—奥什—乌兹别克斯坦安集延—纳曼干—塔吉克斯坦苦盏—乌兹别克斯坦别卡巴德—吉扎克。

四、中带中哈土伊走廊交通支线通道走向及其辐射范围、沿线地区主导产业

丝绸之路经济带中带中哈土伊走廊交通支线通道（以下简称中带中哈土伊走廊支线通道）及经济走廊走向、辐射范围、沿线地区主导产业如下：

（一）中带中哈土伊走廊支线通道走向

中带中哈土伊走廊支线通道走向为：中国精河—阿拉山口口岸—哈萨克斯坦多斯特克口岸—阿克斗卡—巴尔喀什—热兹卡兹甘—切尔卡尔—别伊涅乌—土库曼斯坦巴尔坎纳巴德—伊朗戈尔甘—萨里—加姆萨尔（接中带主通道）。

（二）中带中哈土伊走廊支线通道穿越或辐射地区

中带中哈土伊走廊支线通道穿越的国家为：中国、哈萨克斯坦、土库曼斯坦、伊朗。

中带中哈土伊走廊支线通道穿越的中国一级行政单元为：新疆维吾尔自治区。

中带中哈土伊走廊支线通道穿越的中国市地盟州为：博尔塔拉蒙古自治州（共计1个）。

中带中哈土伊走廊支线通道穿越的中国国内段主要城市为：阿拉山口市（非省会城市）。

中带中哈土伊走廊支线通道穿越的相关其他国家一级行政单元为：哈萨克斯坦阿拉木图州、东哈萨克斯坦州、卡拉干达州、阿科托别州、曼吉斯套州，土库曼斯坦巴尔坎州，伊朗戈莱斯坦省、马赞达兰省、德黑兰省、塞姆南省（共计10个一级行政单元）。合计中带中哈土伊走廊支线通道穿越的各国一级行政单元共计11个。

中带中哈土伊走廊支线通道穿越的相关其他国家主要城市为：哈萨克斯坦巴尔喀什市（非省会城市）、热兹卡兹甘市（原非省会城市、现省会城市）、别伊涅乌区（非省会城市），土库曼斯坦巴尔坎纳巴德市，伊朗戈尔甘县、萨里县、加姆萨尔县（非省会城市）。

中带中哈土伊走廊支线通道穿越的相关其他国家重要交通节点城镇为：哈萨克斯坦阿克斗卡、热兹卡兹甘市、切尔卡尔市、别伊涅乌区，土库曼斯坦巴尔坎纳巴德市，伊朗戈尔甘县、萨里县、加姆萨尔县。

中带中哈土伊走廊支线通道通过的中国—哈萨克斯坦国际口岸为：阿拉山口口岸—多斯特克口岸。

（三）中带中哈土伊走廊支线通道沿线地区主导产业

1. 中带中哈土伊走廊支线通道中国新疆段沿线地区主导产业

中带中哈土伊走廊支线通道中国新疆段沿线地区主导产业为：农副产品加工工业及食品制造工业、纺织工业、酒及饮料制造工业、口岸贸易业、种植业及畜牧业（中国新疆博尔塔拉蒙古自治州）。

2. 中带中哈土伊走廊支线通道哈萨克斯坦段沿线地区主导产业

中带中哈土伊走廊支线通道哈萨克斯坦段沿线地区主导产业为：有色和黑色金属稀有金属采选及冶炼压延加工工业、机器制造工业、煤炭及石油天然气开采工业和电力工业、化学工业（哈萨克斯坦阿拉木图州、东哈萨克斯坦州、卡拉干达州、阿科托别州、曼吉斯套州，见表5-13）。

表5-13　中带中哈土伊走廊支线通道哈萨克斯坦段沿线地区主导产业

序号	州份	主导产业
1	阿拉木图州	机器制造工业、金属加工工业、有色冶金工业、轻工业、食品工业、建材工业、种植业
2	东哈萨克斯坦州	有色和黑色及稀有金属采选冶炼及压延加工工业、木材加工工业、电力热力生产和供应业、畜牧业
3	卡拉干达州	煤炭开采和洗选工业、有色和黑色冶金工业及采煤设备制造工业
4	阿科托别州	有色和黑色金属采选冶炼加工及机械制造工业、煤炭及石油开采工业、化学工业、纺织工业
5	曼吉斯套州	石油天然气开采业及加工工业、化学工业、电力工业

3. 中带中哈土伊走廊支线通道土库曼斯坦段沿线地区主导产业

中带中哈土伊走廊支线通道土库曼斯坦段沿线地区主导产业为：石油天然气开采及加工工业、化学工业（土库曼斯坦巴尔坎州）。

4. 中带中哈土伊走廊支线通道伊朗山北两省主导产业

中带中哈土伊走廊支线通道伊朗山北两省主导产业为：纺织工业及地毯编织业、食品加工工业、建材工业、种植业（戈莱斯坦省、马赞达兰省，见表5-14）。

表5-14　中带中哈土伊走廊支线通道伊朗山北两省主导产业

序号	省份	主导产业
1	戈莱斯坦省	种植业、地毯编织业
2	马赞达兰省	食品加工工业、建材工业、纺织工业、石油工业、种植业

5. 中带中哈土伊走廊支线通道伊朗山南两省主导产业

中带中哈土伊走廊支线通道伊朗山南两省主导产业为：机械制造工业、批发零售及交通通信业、非金属矿采掘及建材工业、棉纺织工业及地毯编织业、种植业（德黑兰省、塞姆南省，见表5-15）。

表5-15　中带中哈土伊走廊支线通道伊朗山南两省主导产业

序号	省份	主导产业
1	德黑兰省	机械制造工业、批发零售业、交通通信业、种植业
2	塞姆南省	非金属矿采掘工业、建材工业、棉纺织工业、地毯编织业、种植业

对上述四个国家五个区段的主导产业进行比较可见，在整个中带中哈土伊走廊支线通道沿线地区，主导产业结构层次及总体经济发展水平大致呈现中段（哈萨克斯坦境内段）最高、东段（中国境内段）次高、南段（土库曼斯坦及伊朗境内段）最低的"峰形"格局；沿线大部分地区为人口分布稀疏地区，唯有伊朗境内沿线地区人口分布相对比较密集；沿线地区产业结构层次和经济发展水平差异比较明显，全线产业结构优化及经济发展一体化潜力相对较大。

（四）中带中哈土伊走廊支线通道及经济走廊走向理由与依据

（1）中国新疆博尔塔拉蒙古自治州地处中国新疆西部、中国与哈萨克斯坦接壤区域大致中腰部位；该自治州所在区域为中国天山北坡经济带重要组成部分和中亚—中国能源通道重要穿越地带、中国隋唐时期丝绸之路新北道要冲，被称为"中国西部第一门户""中国向西开放的前沿地带"；境内阿拉山口口岸已经成为中国唯一集铁路、公路、石油管道三种运输方式于一体的国家一类陆路口岸、中国过货量最大的陆路口岸之一；所辖阿拉山口市已成为中国向西开放新兴边境口岸城市及桥头堡、第二亚欧大陆桥重要枢纽之一；所辖精河县为中国兰新铁路与精（河）伊（宁）霍（尔果斯）铁路交会点、第二亚欧大陆桥重要枢纽之一。该自治州及所辖重要交通节点（口岸、县市）均在新疆及中国向西开放格局中占据重要地位。因此，选择中国新疆博尔塔拉蒙古自治州所在区域为中带中哈土伊走廊支线通道起始区域、中带中哈土伊走廊东桥头堡区域，选择该自治州所辖精河县为中带中哈土伊走廊支线通道起始地、中带中哈土伊走廊东桥头堡。

（2）哈萨克斯坦阿拉木图州、东哈萨克斯坦州、卡拉干达州、阿科托别州地域辽阔，是近代及古代哈萨克民族形成、繁衍、兴盛主要区域及历史发展主要展开区域。

（3）如前所述，其中的阿拉木图州为哈萨克斯坦人口最多的州、农产品产值首位州、主要农业州、工业门类相对比较齐全州、哈萨克民族主要先世乌孙人主要繁衍兴盛区域。如前所述，其中的东哈萨克斯坦州为哈萨克斯坦土地面积第三大州、最重要工业州和最重要农业州之一。如前所述，其中的卡拉干达州为哈萨克斯坦土地面积第一大州、人口城市化水平最高的州（90%）、最主要工业州之一、哈萨克斯坦和苏联卡拉干达工业区主体部分所在地。其中的阿科托别州地处哈萨克斯坦西北部、咸海北侧、哈萨克斯坦与俄罗斯及乌兹别克斯坦接壤区域，为哈萨克斯坦土地面积第二大州、农业中等发达州；铬镍钛铜等金属矿物和石油磷等非金属矿物储藏量巨大，为哈萨克斯坦重要石油工业基地、重要黑色金属开采冶炼工业中心机械制造工业中心纺织工业中心、经济发达地区之一、中哈原油管道最主要油源地、哈俄天然气管道干线穿越地区、哈俄原油管道起始地；首府阿克托别市为该州最大工业中心商业中心文化中心、塔什干—奥伦堡铁路要站、哈萨克斯坦西部经济中心文化中心、近代沙皇俄国军事堡垒。

（4）上述四州分别为哈萨克斯坦土地面积第一、第二、第三大州及人口第一大州；其中两州为哈萨克斯坦农业大州，在哈萨克斯坦农业生产中占据重要地位；且四州均矿产资源丰富、储量巨大，黑色、有色、稀有金属资源及石油天然气资源蕴藏量突出，为哈萨克斯坦金属、非金属矿产资源主要蕴藏地；同时，四州均为哈萨克斯坦主要工业州，工业体系相对完整，工业总产值占各该州总产值的绝大部分，金属非金属矿产采掘业及加工工业极为突出，均在哈萨克斯坦矿物原料生产系统中居于核心地位；四州所在区域横亘哈萨克斯坦国土中部，为哈萨克斯坦国土范围内东西南北交流必经之地，各州均在哈萨克斯坦政治地理格局、经济地理格局、历史文化演进中居于重要地位、发挥重要作用。因此，上述四州所在区域适宜成为中带中哈土伊走廊支线通道在哈萨克斯坦东西方向上的主要穿越区域（地段）。

（5）哈萨克斯坦领土呈大致东西向延展，根据交通区位线生成原理，其领土东西向中腰部位应有本国国土范围内的东西延伸一级交通区位线（北南向亦然）；哈萨克斯坦居于亚欧大陆中心部位，且是亚欧大陆诸国中深居内陆区位特征最显著的国家（最深居内陆国家），同样根据交通区位线生成原理，其领土东西向中腰部位应有亚欧大陆范围内的东西延伸一级交通区位线；而横穿四州的多斯特克—阿克斗卡—热兹卡兹甘—切尔卡尔一线即大致与该一级交通区位线重合，也即是说，多斯特克—阿克斗卡—热兹卡兹甘—切尔卡尔一线具有哈萨克斯坦东西一级交通区位线与亚欧大陆东西一级交通区位线的双重区位。只不过在古代历史、地理条件下，由于该线沿线多为连片干旱荒漠区域，由于里海海域在西端形成事实上的阻隔和自然地理障碍，由于（印度—）波斯高原—两河流域—小亚细亚半岛—巴尔干半岛一线交通线路的更早开辟，因此，使丝绸之路西段主干道选择了中亚东南部天山南脉西北麓有大河绿洲庇护的霍尔果斯—阿拉木图—塔拉兹—塔什干—撒马尔罕—木鹿—马什哈德—德黑兰一线或安集延—塔什干—马雷—马什哈德—德黑兰（大宛—康居—波斯）一线。也就是说，由于主要受自然地理条件限制，在古代条件下，这条亚欧大陆范围内的东西一级交通区位线以选择丝绸之路西段主干道霍尔果斯—阿拉木图—塔拉兹—塔什干—撒马尔罕—木鹿—马什哈德—德黑兰一线或安集延—塔什干—马雷—马什哈德—德黑兰一线的具体形式表现出来，并延续至今；而在近现代历史、地理条件下，由于中亚地区尤其是哈萨克斯坦历史发展主要受到俄国及苏联历史的影响，因此，使中亚地区尤其是哈萨克斯坦陆路交通的主要延伸方向由古代条件下的东西方向延伸变更为近现代条件下的北南方向延伸，土西铁路、彼得罗巴甫洛夫斯克—楚铁路、奥伦堡—塔什干铁路即是其明证。也即是说，由于主要受政治地理条件限制，在近现代条件下，这条哈萨克斯坦国土范围内的东西一级交通区位线长期处于被湮没境地；而20世纪90年代初期哈萨克斯坦独立以后，中哈原油管道兴建、哈—土—伊准轨铁路计划提出、哈—土—伊宽轨铁路①计划实施等一系列彰显东西向交通的显著举措，则可以被解释为由于中亚政治地理格局的巨大变化，使这条长期处于被湮没境地的哈萨克斯坦东西一级交通区位线重新得以复苏，由蕴藏状态逐渐转为显现状态。当前，这一转化过程仍在持续之中，并在一定程度上被赋予了亚欧大陆范围内东西一级交通区位线的部分内涵。总结上述，该线具有哈萨克斯坦东西一级东西交通区位线与亚欧大陆东西一级交通区位线的双重区位，并处于由蕴藏状态向显现状态的转化过程之中。因此，上述四州所在区域适宜成为中带中哈土伊走廊支线通道在哈萨克斯坦东西方向上的主要穿越区域（地段）。

（6）当前，中哈原油管道已经建成，哈—土—伊宽轨铁路项目哈萨克斯坦东西横穿线正在加紧实施，沿线部分区域已经建成较低等级公路线路，哈萨克斯坦上述四州境内已经初步形成串联以上行政单元、具有初步规模的东西向交通运输通道雏形（多斯特克—阿克斗卡—热兹卡兹甘—切尔卡尔交通走廊雏形），并已呈现向战略通道与经济社会发展战略性地域廊带演进的潜在趋势。同时，占据哈萨克斯坦陆地版图东西平分线及一级东西交通区位线、中亚地区中部沙地荒漠半荒漠化草原地带腹地东西穿越线、亚欧大陆东西一级交通区位线等多重潜在交通区位。因此，上述四州所在区域适宜成为中带中哈土伊走廊支线通道在哈萨克斯坦中部地区的穿越区域（地段）。

（7）哈萨克斯坦曼吉斯套州地处哈萨克斯坦西南端、里海东岸、哈萨克斯坦与乌兹别克斯坦及土库曼斯坦接壤区域，小规模畜牧业和捕捞业得到一定程度发展；铀等金属矿物和石油天然气等非金属矿物储藏量巨大，为哈萨克斯坦重要石油天然气工业中心化学工业中心电力工业中心②，在哈萨克斯坦油气生产中占据重要地位。同时，该州处于哈萨克斯坦东西陆路交通与里

---

① 哈萨克斯坦称之为"哈萨克斯坦东西干线铁路项目"。
② 曼吉斯套州生产哈萨克斯坦约1/3的石油、1/4的天然气、1/5的硫酸、2/3的矿物肥料和所有的聚苯乙烯。

海东岸北南交通交汇点区域，交通区位相对比较重要；首府阿克套市为该州最大城市①、里海沿岸重要港口城市、哈萨克斯坦最重要海陆联运交通枢纽，在哈萨克斯坦里海交通运输体系中占据重要地位。因此，该州所在区域适宜成为中带中哈土伊走廊支线通道在哈萨克斯坦西部地区北南方向上的重要穿越区域（地段）。

（8）土库曼斯坦巴尔坎州地处土库曼斯坦西北端、里海东南岸、科佩特山脉北侧、土库曼斯坦与哈萨克斯坦及乌兹别克斯坦接壤区域，为土库曼斯坦面积最大的州②、人口大州③、小麦主产区及重要牲畜养殖基地④；石油、天然气、芒硝、膨润土、白石等非金属矿物蕴藏量巨大，为土库曼斯坦重要石油天然气工业中心化学工业中心建材工业中心⑤；该州首府巴尔坎纳巴德市为该州行政中心经济中心文化中心、土库曼斯坦西部重要城市、重要石油工业中心化学工业中心；该州克拉斯诺沃茨克港为里海东岸最大港口，在里海交通运输体系中占据重要地位。该州及其首府、重要港口城市均在土库曼斯坦油气生产及化学工业体系、陆海交通运输体系中占据重要地位、发挥重要作用。因此，该州及其首府所在区域适宜成为中带中哈土伊走廊支线通道在土库曼斯坦西部地区（北南方向上的）重要穿越区域（地段）和支点区域（地段）。

（9）伊朗戈莱斯坦省⑥地处伊朗东北部、里海东南岸、伊朗与土库曼斯坦接壤区域，为伊朗五个人口与城市分布最密集次密集省直辖市之一、著名藏红花产地、重要农业区、重要织毯业中心、伊朗里海东岸北南交通重要节点区域、世界自然遗产与文化遗产所在地、古代伊朗萨非王朝蒙古帝国阿拉伯帝国亚历山大帝国伊朗阿契美尼德王朝重要统治区域；省会戈尔甘县为该省最大城市、重要工业中心、重要综合交通枢纽⑦。伊朗马赞达兰省地处伊朗北部、里海南岸，为伊朗五个人口与城市分布最密集次密集省直辖市之一、重要农业区、重要石油工业中心建材工业中心食品工业中心纺织工业中心、伊朗里海沿岸东西交通与北南交通交汇区域；省会萨里县为该省最大城市、重要工业中心、重要综合交通枢纽。上述两省均处于伊朗里海沿岸及厄尔布尔士山脉北侧区域，占据伊朗五个人口与城市分布最密集次密集省直辖市中的两个，均处于伊朗里海沿岸北南交通主干线沿线区域，为里海东岸北南交通体系的重要组成部分，在伊朗当前经济社会发展及历史发展、里海沿岸北南交通体系中占据重要地位、发挥重要作用。因此，上述两省及其省会所在区域适宜成为中带中哈土伊走廊支线通道在伊朗里海沿岸地区（北南方向上的）山北重要穿越区域（地段）和支点区域（地段）。

（10）如前所述，伊朗德黑兰省为伊朗人口规模最大省、人口分布最稠密省、城市最多且分布最密集省、工业企业最多且分布最集中省、伊朗厄尔布尔士山脉山前经济社会发展主干地带重要组成部分；如前所述，伊朗塞姆南省为伊朗重要绿洲农业区、农畜产品加工工业中心、伊朗厄尔布尔士山脉山前经济社会发展主干地带重要组成部分。上述两省均处于伊朗北部萨拉赫斯—马什哈德—德黑兰—大不里士东西交通主干道与戈尔甘—加姆萨尔北南交通主干道大致交

---

① 阿克套市生活着曼吉斯套州近1/2的人口。
② 巴尔坎州土地面积占土库曼斯坦国土总面积的28.4%。
③ 巴尔坎州人口占土库曼斯坦总人口的9%左右，居于土库曼斯坦各州直辖市第六位。
④ 巴尔坎州小麦、瓜果、禽蛋产量均占土库曼斯坦的1/16，肉类产量占1/12，羊毛产量占1/6。巴尔坎州骆驼饲养量占土库曼斯坦的1/3，居于土库曼斯坦各州直辖市第二位；羊饲养量占土库曼斯坦的1/6，居于土库曼斯坦各州直辖市第四位。
⑤ 巴尔坎州石油开采量占土库曼斯坦的95%左右，居于土库曼斯坦各州直辖市第一位；天然气开采量占土库曼斯坦的25%左右，居于土库曼斯坦各州直辖市第三位；非金属建材类产品产量占土库曼斯坦的20%左右，居于土库曼斯坦各州直辖市第一位。
⑥ 戈莱斯坦在波斯语中为"花园"之意。
⑦ 戈尔甘外港为里海沿岸托尔卡曼港（旧称沙赫港），为伊朗东北部重要陆海联运港。

汇地带①，均为伊朗厄尔布尔士山脉山前经济社会发展主干地带重要组成部分，均在伊朗经济社会发展及伊朗北部陆路交通体系中占据重要地位、发挥重要作用。因此，上述两省所在区域适宜成为中带中哈土伊走廊支线通道在伊朗北部地区（北南方向上的）山南重要穿越区域（地段）。

（11）直接联通中国新疆博尔塔拉蒙古自治州、哈萨克斯坦里海东岸中心地区（曼吉斯套州与阿克套市及阿克套港）、土库曼斯坦里海东岸中心地区（巴尔坎州与巴尔坎纳巴德市及克拉斯诺沃茨克港）、伊朗山北中心区域（戈莱斯坦省与戈尔甘县）、伊朗山南核心区域（德黑兰省及塞姆南省与加姆萨尔），直接建立和实现上述五大区域之间的经济社会战略性联系，间接建立中国新疆中部核心地带、中国新疆博尔塔拉蒙古自治州、哈萨克斯坦里海东岸中心地区、土库曼斯坦里海东岸中心地区、伊朗山北中心区域与伊朗山南核心区域等六大区域之间的经济社会战略性联系，是中带中哈土伊走廊支线通道形成的最主要逻辑及所负有的最主要战略职能。直接建立和实现上述五大区域中心城市或交通节点城市中国新疆博尔塔拉蒙古自治州精河县及阿拉山口市、哈萨克斯坦曼吉斯套州阿克套市及阿克套港、土库曼斯坦巴尔坎州巴尔坎纳巴德市及克拉斯诺沃茨克港、伊朗戈莱斯坦省戈尔甘县与伊朗塞姆南省加姆萨尔等五大（组）主要节点之间的交通运输联系，间接建立和实现中国新疆乌鲁木齐市与上述五大区域中心城市或交通节点城市之间的交通运输联系，进而形成交通经济带，是中带中哈土伊走廊的最主要表现形式和实现途径。因此，上述哈萨克斯坦曼吉斯套州、土库曼斯坦巴尔坎州、伊朗戈莱斯坦省所在区域适宜成为中带中哈土伊走廊支线通道在各该国的区段性目的区域，伊朗德黑兰省及塞姆南省所在区域适宜成为中带中哈土伊走廊支线通道目的区域、中带中哈土伊走廊西桥头堡区域；三大区域中心城市或交通节点城市哈萨克斯坦曼吉斯套州阿克套市及阿克套港、土库曼斯坦巴尔坎州巴尔坎纳巴德市及克拉斯诺沃茨克港、伊朗戈莱斯坦省戈尔甘县适宜成为中带中哈土伊走廊支线通道在各该国的区段性目的地，伊朗塞姆南省加姆萨尔适宜成为中带中哈土伊走廊支线通道目的地、中带中哈土伊走廊西桥头堡（接丝绸之路经济带中带主通道）、丝绸之路经济带中带战略性枢纽。

（12）当前，哈—土—伊宽轨铁路里海东岸段已经建成通车，上述哈、土、伊三国里海东岸及伊朗北部地区六个州、省境内已经初步形成串联以上行政单元、具有初步规模的北南向交通运输通道雏形（乌津—格济尔卡亚—别列克特—埃特列克—戈尔甘—加姆萨尔交通走廊雏形），并已呈现向战略通道与经济社会发展战略性地域廊带演进的潜在趋势；同时，占据里海东岸巨型水体沿岸交通线潜在交通区位。因此，哈、土、伊三国里海东岸及伊朗北部地区上述六个州、省所在区域适宜成为中带中哈土伊走廊支线通道在里海东岸及伊朗北部地区的重要穿越区域（地段）。

（13）上述地段及走廊与前述中带主通道精河—霍尔果斯—阿拉木图—塔拉兹—塔什干—撒马尔罕—马雷—马什哈德—加姆萨尔段夹图兰平原及厄尔布尔士山脉，共享亚欧大陆东西一级交通区位线潜在交通区位。选择上述地段及走廊作为中带中哈土伊走廊支线通道穿越区域（地段），是对亚欧大陆东西一级交通区位线潜在交通区位的主动开发与利用，是该地域廊带所蕴含亚欧大陆东西一级交通区位线的第二次显化（第一次显化为古丝绸之路时期中亚七河流域—咸海北岸—里海东岸线路），是亚欧大陆所蕴含东西向陆路交通区位资源和价值在新形势下的再现和重生。

（14）与上述精河—阿拉山口口岸—多斯特克口岸—别伊涅乌—戈尔甘—加姆萨尔一线相比

---

① 加姆萨尔为伊朗北部萨拉赫斯—马什哈德—德黑兰—大不里士东西交通主干道与戈尔甘—加姆萨尔北南交通主干道交会点。

较，前述精河—霍尔果斯口岸—阿腾科里口岸—阿拉木图—塔拉兹—塔什干—撒马尔罕—马雷—马什哈德—加姆萨尔一线所处的自然地理环境更加优越（处于中亚东南部天山南脉西北麓绿洲带及厄尔布尔士山脉南侧绿洲带上），且为中亚地区人口及经济活动最密集地带与地缘政治中枢地带；而上述精河—阿拉山口口岸—多斯特克口岸—别伊涅乌—戈尔甘—加姆萨尔一线绝大部分处于哈萨克斯坦中部及里海东岸荒漠区域，且沿线地区人口稀少，非中亚地区人口及经济活动密集地带与地缘政治中枢地带。因此，选择前述精河—霍尔果斯口岸—阿腾科里口岸—阿拉木图—塔拉兹—塔什干—撒马尔罕—马雷—马什哈德—加姆萨尔一线为中带主通道和经济带重要穿越区域（地段），而不选择上述精河—阿拉山口口岸—多斯特克口岸—别伊涅乌—戈尔甘—加姆萨尔一线为中带主通道和经济带重要穿越区域（地段），仅选择其为中带支线通道及走廊之一。

（五）中带中哈土伊走廊支线通道现状及应建或建议建设交通线路

1. 中带中哈土伊走廊支线通道现状

（1）铁路交通线路。该线中国精河—阿拉山口段已建准轨铁路；哈萨克斯坦多斯特科—阿克斗卡—热兹卡兹甘—切尔卡尔—别伊涅乌—乌津段已经开工建设宽轨铁路①，乌津—土库曼斯坦谢尔赫佳—别列格特—埃特列克—阿基亚拉—伊朗戈尔甘段已建宽轨铁路②，戈尔甘—萨里—加姆萨尔段已建准轨铁路。

（2）公路交通线路。该线东段中国精河—阿拉山口—哈萨克斯坦多斯特科—阿克斗卡—热兹卡兹甘—拜科努尔段已建不同等级公路，中南段拜科努尔—切尔卡尔—别伊涅乌—乌津—土库曼斯坦巴尔坎纳巴德段尚未建设公路线路，南段巴尔坎纳巴德—伊朗戈尔甘—萨里—加姆萨尔段已建不同等级公路线路。

（3）油气管道。该线独山子—阿拉山口—阿塔苏—阿特劳段已建长大输油管道。

2. 中带中哈土伊走廊支线通道应建或建议建设交通线路及理由或目标

应建或建议建设铁路交通线路：中国阿拉山口—哈萨克斯坦多斯特科—阿克斗卡—热兹卡兹甘—切尔卡尔—别伊涅乌—乌津—土库曼斯坦谢尔赫佳—阿基亚拉—伊朗戈尔甘准轨铁路。

理由或目标：与哈萨克斯坦东西干线铁路和哈土伊北南铁路走廊形成宽准轨并行局面，实现第二亚欧大陆桥全线以准轨铁路完全贯通。

五、中带中阿土伊走廊交通支线通道走向及其辐射范围、沿线地区主导产业

丝绸之路经济带中带中阿土伊走廊支线通道（以下简称中带中阿土伊走廊支线通道）及经济走廊走向、辐射范围、沿线地区主导产业如下：

（一）中带中阿土伊走廊支线通道走向

中带中阿土伊走廊支线通道走向为：中国喀什—阿富汗瓦罕—昆都士—马扎里沙里夫—道拉塔巴德—土库曼斯坦夏伯阳—谢拉赫斯—伊朗萨拉赫斯（接丝绸之路经济带中带主通道）。

（二）中带中阿土伊走廊支线通道穿越或辐射地区

中带中阿土伊走廊支线通道穿越的国家：中国、阿富汗、土库曼斯坦、伊朗。

中带中阿土伊走廊支线通道穿越的中国一级行政单元：新疆维吾尔自治区。

中带中阿土伊走廊支线通道穿越的中国国内市地盟州：喀什地区、克孜勒苏柯尔克孜自治州（共计2个）。

---

① 部分路段原已建设宽轨铁路。
② 即哈（萨克斯坦）—土（库曼斯坦）—伊（朗）北南铁路走廊。

中带中阿土伊走廊支线通道穿越的中国国内段主要城市：喀什市（非省会城市）、阿图什市（非省会城市）。

中带中阿土伊走廊支线通道穿越的相关其他国家一级行政单元：阿富汗巴达赫尚省、塔哈尔省、昆都士省、萨曼甘省、巴尔赫省、朱兹詹省、法里亚布省，土库曼斯坦马雷州、阿哈尔州，伊朗呼罗珊省（共计10个一级行政单元）。合计中带中阿土伊走廊支线通道穿越各国一级行政单元共计11个。

中带中阿土伊走廊支线通道穿越的相关国家主要城市：中国喀什市（非省会城市），阿富汗法扎巴德（巴达赫尚省中心县）、昆都士（昆都士省中心县）、马扎里沙里夫（巴尔赫省中心县）、道拉塔巴德县（非省会城市），土库曼斯坦夏伯阳（非省会城市），伊朗萨拉赫斯县（非省会城市）。

中带中阿土伊走廊支线通道穿越的相关国家重要交通节点城镇：中国喀什市、阿图什市，阿富汗瓦罕、法扎巴德（巴达赫尚省中心县）、昆都士（昆都士省中心县）、马扎里沙里夫（巴尔赫省中心县）、希比尔甘（朱兹詹省中心县）、道拉塔巴德县，土库曼斯坦夏伯阳、谢拉赫斯，伊朗萨拉赫斯县。

（三）中带中阿土伊走廊支线通道沿线地区主导产业

1. 中带中阿土伊走廊支线通道中国新疆段沿线地区主导产业

中带中阿土伊走廊支线通道中国新疆段沿线地区主导产业为：黑色及有色金属矿采掘工业、煤炭开采和洗选工业、硼化工业及建材工业、农畜产品加工工业、种植业林果业及畜牧业（中国新疆喀什地区、克孜勒苏柯尔克孜自治州，见表5-16）。

表5-16 中带中阿土伊走廊支线通道中国新疆段沿线地区主导产业

序号	市地盟州	主导产业
1	喀什地区	种植业、硼化工业、钢铁工业
2	克孜勒苏柯尔克孜自治州	黑色及有色金属矿采掘工业、煤炭开采和洗选工业、建材工业、农畜产品加工工业、种植业与林果业及畜牧业

2. 中带中阿土伊走廊支线通道阿富汗段沿线地区主导产业

中带中阿土伊走廊支线通道阿富汗段沿线地区主导产业为：小麦棉花种植业、采盐采煤采矿业、轧棉榨油制皂磨面碾米业、地毯编织业、畜牧业（巴达赫尚省、塔哈尔省、昆都士省、萨曼甘省、巴尔赫省、朱兹詹省、法里亚布省，见表5-17）。

表5-17 中带中阿土伊走廊支线通道阿富汗段沿线地区主导产业

序号	省份	主导产业
1	巴达赫尚省	种植业、畜牧业、采矿业
2	塔哈尔省	种植业、采盐业、煤炭采掘业、建材工业、畜牧业
3	昆都士省	种植业、轻工业（轧棉、棉籽榨油、肥皂、面粉、碾米等）、畜牧业
4	萨曼甘省	种植业、轻工业、煤炭采掘业、畜牧业
5	巴尔赫省	煤炭石油天然气采掘业、种植业、畜牧业
6	朱兹詹省	种植业、煤炭采掘业、地毯编织业、畜牧业
7	法里亚布省	种植业、畜牧业、地毯编织业

3. 中带中阿土伊走廊支线通道土库曼斯坦段沿线地区主导产业

中带中阿土伊走廊支线通道土库曼斯坦段沿线地区主导产业为：天然气开采及电力化肥工业、建材工业、轻纺及食品工业、棉花及谷物种植业、畜牧养殖业、园艺业（土库曼斯坦马雷州、阿哈尔州，见表5-18）。

表5-18　中带中阿土伊走廊支线通道土库曼斯坦段沿线地区主导产业

序号	州份	主导产业
1	马雷州	电力工业、化学工业（化肥）、轻工业、纺织工业、食品工业、植棉业、畜牧养殖业、园艺业
2	阿哈尔州	天然气采掘工业、化学工业、纺织工业、建材工业、种植业、园艺业、畜牧业

4. 中带中阿土伊走廊支线通道伊朗段沿线地区主导产业

中带中阿土伊走廊支线通道伊朗段沿线地区主导产业为：食品工业、纺织工业、建材工业、种植业、畜牧业（伊朗呼罗珊省）。

对上述四个国家四个区段的主导产业进行比较可见，在整个中带中阿土伊走廊支线通道沿线地区，主导产业结构层次及总体经济发展水平大致呈现西段（土库曼斯坦及伊朗境内段）最高、东段（中国新疆境内段）次高、中段（阿富汗境内段）最低的"鞍形"格局，沿线地区产业结构层次和经济发展水平差异比较明显，全线产业结构优化及经济发展一体化潜力相对较大。

（四）中带中阿土伊走廊支线通道及经济走廊走向理由与依据

（1）如前所述，中国新疆喀什地区为新疆重要农产品生产基地、重要贸易中心、塔里木盆地西南部经济社会发展重镇、古丝绸之路要冲；地区中心城市喀什市为中国新疆塔里木盆地西南部中心城市、中国国家历史文化名城、当代及古代重要国际商埠、古丝绸之路要冲。该地区及其中心城市均在中国新疆南疆地区经济社会发展及向西向南开放格局中占据重要地位、发挥重要作用。因此，选择中国新疆喀什地区所在区域为中带中阿土伊走廊支线通道起始区域、中带中阿土伊走廊东桥头堡区域，选择该地区中心城市喀什市为中带中阿土伊走廊支线通道起始地、中带中阿土伊走廊东桥头堡。

（2）如前所述，中国新疆克孜勒苏柯尔克孜自治州为新疆重要农产品生产基地、重要贸易中心、喀什地区向西向南开放必须穿越地带、古丝绸之路要道。因此，选择中国新疆克孜勒苏柯尔克孜自治州所在区域为中带中阿土伊走廊支线通道在中国新疆的重要穿越区域（地段）和支点区域（地段）。

（3）阿富汗地处西亚、南亚、中亚交汇处，被称为"西亚、中亚通向南亚大陆的锁匙"。早在2000多年前，即已成为东西方贸易往来中心和中亚与欧洲各自往返印度次大陆的交通要道；中国汉朝时期张骞两次西行经疏勒、大宛、康居抵达大月氏[①]后，中原关中地区经过河西走廊塔里木盆地至大月氏的商路才正式与早已存在的印度至希腊罗马商路相接，跨越欧亚大陆的丝绸之路才得以正式形成，阿富汗所在区域随即成为丝绸之路最重要的枢纽地带。古无雷[②]经明铁盖山口进入瓦罕走廊西行至古蓝氏城[③]再至古木鹿[④]的线路，即是中国汉朝时期丝绸之路西段南道

---

① 大部分在今阿富汗境内。
② 在今中国新疆塔什库尔干塔吉克自治县一带。
③ 遗址在今阿富汗马扎里沙立夫附近。
④ 遗址在今土库曼斯坦马雷附近。

的重要组成部分；"自竭盘陀①葱岭守捉越过葱岭，沿瓦罕走廊波谜罗川②……西南至缚喝国小王舍城③"，即是中国唐朝时期丝绸之路西段南道的重要组成部分。直到15世纪以前，阿富汗一直是中国、印度、中亚、西亚、欧洲之间进行贸易活动和文化交流的中心地带；15世纪中国、印度至欧洲的陆路交通闭塞、海路交通开辟之后，阿富汗才逐渐闭塞落后。近代以来，阿富汗经历了曲折的国家发展历程与纷繁复杂的地缘政治地缘经济关系变革历程。当前，在百年未有之大变局下，亟待复兴自中国新疆经过阿富汗至土库曼斯坦或伊朗的古丝绸之路通道，重现阿富汗所在区域在古丝绸之路时期的重要地位，尤其是重现瓦罕走廊在古丝绸之路时期的重要贸易通道地位。

（4）其中的阿富汗巴达赫尚省地处阿富汗东北部、兴都库什山北麓、瓦罕走廊中西部地区、阿富汗与塔吉克斯坦及中国和巴基斯坦接壤区域，小规模种植业及畜牧业得到一定程度发展；金、银、铀、铁、铜、铅、锌等金属矿物及天青石、红宝石、蓝宝石、石墨、伟晶岩、大理石等非金属矿物蕴藏量相对比较突出，为阿富汗重要采矿业中心、世界最大最著名天青石产地、重要宝石产地、古代中国与印度及波斯和罗马贸易往来要道、古代贵霜部族发源地、古代希腊化世界最远地区、古代天青石之路④起始地；省会法扎巴德（巴达赫尚省中心县）为阿富汗东北部及帕米尔地区主要行政中心经济中心、重要公路枢纽、古丝绸之路重要节点、中亚古城。其中的阿富汗塔哈尔省地处阿富汗东北部、兴都库什山脉北麓、阿富汗与塔吉克斯坦接壤区域，为阿富汗粮食主产区之一；金等金属矿物及食盐等非金属矿物蕴藏量相对比较突出，为阿富汗盐业中心；省会塔卢坎（塔哈尔省中心县）为该省行政中心经济中心、重要公路枢纽、阿富汗重要盐产地⑤、古代蒙古军队征战地、古丝绸之路重要节点、中亚古城。

（5）其中的阿富汗萨曼甘省地处阿富汗北部、兴都库什山脉北麓、阿富汗与塔吉克斯坦接壤区域，种植业及畜牧业得到一定程度发展，为阿富汗粮食主产区之一、重要棉花及瓜果产地、重要畜牧业省；铁及多金属等金属矿物和煤炭等非金属矿物蕴藏量相对比较突出；省会艾巴克（萨曼甘省中心县）为该省行政中心经济中心、重要公路枢纽。其中的阿富汗昆都士省地处阿富汗北部、兴都库什山脉北麓、昆都士河流域、阿富汗与塔吉克斯坦接壤区域；该省灌溉农业得到一定程度发展，为阿富汗粮食主产区之一、重要棉花产地、重要家畜养殖省；天青石等非金属矿物蕴藏量相对比较突出，为阿富汗重要轻工业中心；省会昆都士（昆都士省中心县）为阿富汗北部重要城市、轻工业中心、阿富汗第五大城市、重要公路枢纽、古丝绸之路重要节点、古代嚈哒帝国首都、中亚古城。其中的阿富汗巴尔赫省地处阿富汗中北部、兴都库什山脉北麓、巴尔赫河流域、阿富汗与乌兹别克斯坦接壤区域；该省为阿富汗粮食主产区之一、棉花主产省、重要畜牧业省、古代富庶农业区；玻璃砂、石油、天然气、煤炭等非金属矿物蕴藏量相对比较突出，为阿富汗重要电力工业中心石油天然气开采工业中心食品工业中心纺织工业中心、古代希腊—巴克特里亚文化主要兴盛区域；省会马扎里沙里夫（巴尔赫省中心县）为阿富汗北部最大城市、轻工业中心商业中心交通中心文化中心教育中心、紫羔羊皮最大集散地、阿富汗第四大城市、首个通达铁路线路（海拉坦—马扎里沙里夫铁路）省会城市、伊斯兰教什叶派圣地⑥、中亚古

---

① 今中国新疆塔什库尔干塔吉克自治县一带。
② 即帕米尔河。
③ 缚喝国小王舍城为希腊巴克特里亚王国首都，即今阿富汗巴尔赫县。
④ 亦即青金石之路，指古代为开展青金石贸易而开辟的两条中亚—西亚（巴达赫尚—伊朗高原）、中亚—南亚（巴达赫尚—印度河流域）最古老商路。该商路为古丝绸之路最古老的原型之一（阿富汗青金石储量及产量均居世界各国首位）。
⑤ 中国古籍《山海经》及意大利马可·波罗《马可·波罗游记》均记载塔卢坎产盐。
⑥ 马扎里沙里夫意为"神圣陵园"。

城；该省重要城市巴尔赫县曾为古代帖木儿帝国蒙古帝国阿拉伯帝国嚈哒帝国贵霜帝国亚历山大帝国波斯帝国重要统治区域、古代波斯呼罗珊省省会及萨曼王朝首府、中亚地区古代著名学术中心、古代拜火教中心、古丝绸之路要冲①、古代大夏国首都、中亚著名古城古都、古代人类聚落中心，被称为"众城之母"。

（6）其中的阿富汗朱兹詹省地处阿富汗西北部、兴都库什山脉北麓、阿富汗与乌兹别克斯坦及土库曼斯坦接壤区域，种植业及畜牧业得到一定程度发展，为阿富汗粮食主产区之一；天然气石油煤炭等非金属矿物蕴藏量相对比较突出，为阿富汗重要煤炭产区、重要天然气产区；首府希比尔甘（朱兹詹省中心县）为该省行政中心经济中心、重要旅游目的地、重要宗教中心、古代贵霜帝国重要城市遗址及墓葬地"黄金之丘"所在地。其中的阿富汗法里亚布省地处阿富汗西北部、兴都库什山脉北麓、阿富汗与土库曼斯坦接壤区域，为阿富汗粮食主产区之一、紫羔羊皮主产地；铁等金属矿物和石油天然气等非金属矿物蕴藏量相对比较突出，为阿富汗重要天然气产区、重要织毯业中心；省会迈马纳（法里亚布省中心县）为阿富汗西北部重要城市、重要纺织工业中心商业中心、重要公路枢纽。

（7）阿富汗上述七省均处于阿富汗北部、兴都库什山脉北麓、阿姆河流域、中亚地区与东亚地区南亚地区西亚地区连接枢纽部位；除巴达赫尚省以外，均为阿富汗黄土平原主要分布区、可耕地主要分布区、主要灌溉农业区、石油天然气资源主要蕴藏区、古代中亚富庶农业区②、古代中亚希腊化核心地区③；均为古丝绸之路重要通道或枢纽区域、古代吐火罗人发祥区域，且共同组成中亚地区除突厥斯坦—奇姆肯特—塔什干—撒马尔罕—布哈拉—土库曼巴希—马雷叠合带之外的第二大人口与经济活动密集带、历史发展龙骨带、古都带、传统历史人文带、丝绸之路重镇或重要节点地带叠合带（昆都士—巴尔赫—赫拉特叠合带）；各省所在区域均在阿富汗北部区域经济社会发展、国家历史演进、古丝绸之路形成与兴盛过程中居于重要地位、发挥重要作用；且处于同一地域廊带，处于中国与伊朗之间连接桥梁部位。因此，阿富汗上述七省所在区域适宜成为中带中阿土伊走廊支线通道在阿富汗北部地区的重要穿越区域（地段）。

（8）如前所述，土库曼斯坦马雷州为土库曼斯坦人口规模及人口密度第一大州、重要长绒棉产区、重要畜产品产区、农业产值第三大州、重要天然气产区、重要化学工业中心纺织工业中心食品工业中心；该州首府马雷市为土库曼斯坦重要工业中心与交通枢纽及文化中心、第四大城市、中亚历史文化名城及古都、古丝绸之路总枢纽梅尔夫古城（谋夫城、木鹿城）所在地。如前所述，土库曼斯坦阿哈尔州为土库曼斯坦土地面积第二大州、传统产粮区、重要畜产区、农业产值第一大州、天然气主产区、重要化学工业中心纺织工业中心建材工业中心、工业产值第三大州；该州首府阿纳乌市为土库曼斯坦重要工业中心文化中心、重要交通枢纽、古丝绸之路重要贸易中心与文化中心。上述两州所在区域均处于土库曼斯坦东南部、兴都库什山脉北麓、阿姆河流域、东亚地区中亚地区与西亚地区连接枢纽部位；均为土库曼斯坦最主要农业州和最主要工业州之一；均为古丝绸之路最重要枢纽地带、中亚古城名城所在地；均在土库曼斯坦经济社会发展、国家历史演进、古丝绸之路形成与兴盛过程中居于重要地位、发挥重要作用；且与前述阿富汗七省处于同一地域廊带，处于中国与伊朗之间连接桥梁部位。因此，土库曼斯坦

---

① 巴尔赫城即古丝绸之路名城蓝氏城。中国唐玄奘《大唐西域记》、义净《大唐西域求法高僧传》均记载该城。该城曾遭成吉思汗、帖木儿率军屠城，中国明朝陈诚出使西域曾到达该城。

② 古代该区域被称为"中亚谷仓"。波斯历史学家志费尼在其经典专著《世界征服者史》中并称：中亚古城的精华和核心是撒马尔罕与布哈拉。

③ 公元前4世纪上半叶~前1世纪，该区域先后成为希腊马其顿亚历山大王国、希腊塞琉古王国、希腊巴克特里亚王国主要统治区域，其后成为塞种巴克特里亚（大夏）王国、大月氏巴克特里亚王国、贵霜王国主要统治区域。

上述两州所在区域适宜成为中带中阿土伊走廊支线通道在土库曼斯坦东南部地区的重要穿越区域（地段）。

（9）如前所述，伊朗呼罗珊省为伊朗富饶的农业区、重要农畜产品加工业中心建材工业中心、中亚地区与西亚地区及南亚地区之间交通枢纽地带、古丝绸之路总枢纽组成部分；省会马什哈德县为伊朗第二大城市、重要政治中心宗教中心、重要工业城市和交通枢纽、古代中亚西亚地区名城古都、西亚地区与中亚地区及南亚地区之间贸易中心；该省萨拉赫斯县为伊朗与土库曼斯坦国际铁路要站、西亚欧洲准轨铁路网东端点。该省及其省会所在区域在伊朗经济社会发展、国家历史演进、古丝绸之路形成与兴盛过程中居于重要地位、发挥重要作用；且与前述阿富汗七省、土库曼斯坦两州构成的兴都库什山脉北麓山前地域廊带相连；该省萨拉赫斯为距离东亚准轨铁路网西端点（中国新疆喀什站）最近的西亚准轨铁路要站。

（10）直接联通中国新疆南疆地区重镇喀什地区、阿富汗北部中心地区（巴尔赫省）、土库曼斯坦东部重镇（马雷州）与伊朗东北部重镇呼罗珊省，直接建立和实现上述四大区域之间的经济社会战略性联系，间接建立中国新疆中部核心地带与上述四大区域之间的经济社会战略性联系，是中带中阿土伊走廊支线通道形成的最主要逻辑及所负有的最主要战略职能。直接建立和实现上述四大区域中心城市或重要交通节点城市中国新疆喀什市、阿富汗巴尔赫省马扎里沙里夫（巴尔赫省中心县）、土库曼斯坦马雷州夏伯阳与伊朗呼罗珊省萨拉赫斯县之间的交通运输联系，间接建立和实现中国新疆乌鲁木齐市与上述四大区域中心城市或重要交通节点城市之间的交通运输联系，进而形成交通经济带，是中带中阿土伊走廊的最主要表现形式和实现途径。因此，上述阿富汗巴尔赫省、土库曼斯坦马雷州所在区域适宜成为中带中阿土伊走廊支线通道区段性目的区域，上述伊朗呼罗珊省适宜成为中带中阿土伊走廊支线通道在各该国的目的区域、中带中阿土伊走廊西桥头堡区域；上述阿富汗巴尔赫省马扎里沙里夫（巴尔赫省中心县）、土库曼斯坦马雷州夏伯阳适宜成为中带中阿土伊走廊支线通道在各该国的区段性目的地，上述伊朗呼罗珊省铁路要站萨拉赫斯县适宜成为中带中阿土伊走廊支线通道目的地、中带中阿土伊走廊西桥头堡（接丝绸之路经济带中带主通道）、丝绸之路经济带中带战略性枢纽。

（11）当前，以历史时期形成的东西传统交通线路为基础，中阿土伊四国上述十一个一级行政单元境内已经初步形成串联以上行政单元、具有初步规模、沿瓦罕走廊及阿富汗北部边境地带延伸的东西向公路线路雏形（喀什—瓦罕—昆都士—马扎里沙里夫—夏伯阳—萨拉赫斯公路线路雏形，其中阿富汗及土库曼斯坦境内段多为简易公路），已经初步形成以上述公路线路为中轴、以上述主要城市为关键节点的东西向交通运输通道、经济社会发展战略性地域廊带和点轴状经济社会空间布局系统雏形，并已呈现向战略通道与经济社会发展战略性地域廊带演进的潜在趋势。同时，占据兴都库什山脉北麓山前交通线、阿姆河流域巨型单一覆被平面腹地线、帕米尔高原东西两大巨型路网战略连接线等多重潜在交通区位。因此，中阿土伊四国上述十一个一级行政单元（中国新疆境内为喀什地区和克孜勒苏柯尔克孜自治州）所在区域适宜成为中带中阿土伊走廊支线通道穿越区域（地段）。

（12）中国新疆喀什市与伊朗萨拉赫斯县是丝绸之路经济带中带地域廊带内距离最近的两座准轨铁路开通城市（城镇），分别是东亚准轨铁路网的西顶点和西亚欧洲准轨铁路网的东顶点。选择喀什—瓦罕—昆都士—马扎里沙里夫—道拉塔巴德—夏伯阳—谢拉赫斯—萨拉赫斯一线为中带中阿土伊走廊支线通道穿越区域，有利于以最短的距离实现第二亚欧大陆桥和丝绸之路经济带中带以准轨铁路贯通。

（13）该线为古丝绸之路时期古丝绸之路西段疏勒（喀什）—瓦罕—蓝氏城—木鹿—图斯线路。选择该线为中带中阿土伊走廊支线通道穿越区域（地段），是对古丝绸之路疏勒（喀什）—

瓦罕—蓝氏城—木鹿—图斯线路的概括性继承。

（14）上述地段及走廊均处于天山山脉南脉（南侧）—兴都库什山脉（北麓）巨型山前地域廊带，处于天山山脉南脉—兴都库什山脉巨型东西向山链、东西向山地地形雨带、东西向高山冰川带、东西向山麓断裂带及坡降带、东西向径流带、东西向连片相对平坦地带、东西向山前绿洲平原带、东西向陆路交通走廊带、东西向农牧及矿产资源富集带、东西向山区畜牧业金属采掘业山前种植业油气煤炭采掘业复合产业带、东西向人口集聚区带等地理廊带体系，沿线区域形成巨型东西向干旱区光—热—水—土—城—路系统，且该地段为亚欧大陆地理格局"龙骨"地带、经济社会发展"龙骨"地带、历史演进"龙骨"地带的重要组成部分，具有雄厚、相对一致的亚欧大陆"龙骨"地带干旱区山前巨型东西向地域廊带基础。因此，上述地段及走廊适宜成为中带中阿土伊走廊支线通道重要穿越区域（地段）和支点区域（地段）。

（15）上述地段及走廊与前述中带主通道中国精河—霍尔果斯口岸—阿拉木图—塔拉兹—乌兹别克斯坦塔什干—撒马尔罕—土库曼斯坦马雷—伊朗萨拉赫斯段夹天山山脉北天山分支及南天山分支，共享亚欧大陆东西一级交通区位线交通区位。选择上述地段及走廊为中带中阿土伊走廊支线通道穿越区域（地段），是对亚欧大陆东西一级交通区位线潜在交通区位的主动开发与利用，是该地域廊带所蕴含亚欧大陆东西一级交通区位线的第二次显化（第一次显化为丝绸之路时期疏勒—瓦罕—蓝氏城—木鹿—图斯线路），是亚欧大陆所蕴含东西向陆路交通区位资源和价值在新形势下的再现和重生。

（16）选择上述地段及走廊为中带中阿土伊走廊支线通道穿越区域（地段），有利于带动和促进阿富汗进一步实现国内和平、政治稳定和经济繁荣。

（17）阿富汗矿产资源较为丰富，可能拥有世界第五大铜矿带和第三大铁矿带，中国相关经营投资主体已经在阿富汗投资矿产开发，选择上述地段及走廊为中带支线通道穿越区域（地段），有利于促进中阿经贸合作，巩固中阿经贸关系。

（18）从现实国际地缘政治格局来看，阿富汗地处诸伊斯兰国家、中国和俄罗斯及其影响的结合部，是国际单边主义势力全球战略布局中的重要制高点，国际单边主义势力已与阿富汗结成战略伙伴关系，中国已于2012年与阿富汗建立战略合作伙伴关系。选择上述地段及走廊为中带中阿土伊走廊支线通道穿越区域（地段），有利于对国际单边主义势力在阿富汗的影响形成战略牵制，在中国周边营造和谐稳定的国际政治格局和环境。

（19）与上述吐鲁番市高昌区—库尔勒—阿克苏—喀什—安集延—苦盏—吉扎克一线及喀什—瓦罕—昆都士—马扎里沙里夫—道拉塔巴德—夏伯阳—谢拉赫斯—萨拉赫斯一线相比较，前述吐鲁番市高昌区—乌鲁木齐—霍尔果斯—吉扎克—捷詹—萨拉赫斯一线所处的自然地理环境更加优越（处于水土条件更加优越的天山北麓西北麓绿洲带上），穿越更少山岭地区，经济社会发展水平、经济社会资源以交通线路为中轴的整合程度、交通区位重要度、在经济社会发展全局中的地位等均高于或强于前者，战略性交通运输通道及经济社会发展战略性地域廊带和点轴状经济社会空间布局系统发育程度、现成程度等均高于前者，穿越国家政局稳定程度、社会和谐程度、国家治理效能等均高于或强于前者，且穿越中国新疆及中亚地区人口、经济活动最密集地带及地缘政治中枢地带；而上述吐鲁番市高昌区—库尔勒—阿克苏—喀什—安集延—苦盏—吉扎克一线及喀什—瓦罕—昆都士—马扎里沙里夫—道拉塔巴德—夏伯阳—谢拉赫斯—萨拉赫斯一线绝大部分里程穿越天山山脉南麓更加干旱区域（费尔干纳盆地及兴都库什山脉北麓个别地区除外），穿越更多山岭地区，穿越地区人口相对较少（费尔干纳盆地区域除外），非中亚地区人口、经济活动密集地带及地缘政治中枢地带，局部区域存在恐怖主义势力滋生蔓延隐患。因此，选择前述中国吐鲁番市高昌区—乌鲁木齐—霍尔果斯—吉扎克—捷詹—萨拉赫斯一线为中带主通道和经济带重要穿越区域（地段），而不选择上述吐鲁番市高昌区—库尔勒—阿克苏—喀什—安集延—苦盏—吉扎克一线及喀什—瓦罕—昆都士—马扎里沙里夫—道拉塔巴德—夏伯阳—谢拉赫斯—萨拉赫斯一线为中带主通道和经济带重要穿越区域（地段）；又由于喀什—瓦罕—昆都士—马扎里沙里夫—道拉塔巴德—夏伯阳—谢拉赫斯—萨拉赫斯一线末端与中带主通道穿越中亚地区南部及伊朗段相汇合，因此将其列为中带支线通道及走廊之一。

（20）该支线通道所依托的巨型山链及附随的巨型地理廊带见表5-19。

表5-19 中带中阿土伊走廊支线通道依托巨型山链及附随的巨型地理廊带

序号	类型	名称
1	巨型山链	天山山脉南脉—兴都库什山脉巨型山链
2	巨型山地降水相对较多带	天山山脉南脉—兴都库什山脉巨型山地降水相对较多带
3	巨型冰川带	天山山脉南脉—兴都库什山脉巨型冰川带
4	巨型盆山耦合带	天山山脉南脉南侧—兴都库什山脉北麓巨型盆山耦合带
5	巨型河流带	天山山脉南脉南侧—兴都库什山脉北麓山前巨型河流带
6	巨型成土母质带及连片相对平坦地带	天山山脉南脉南侧—兴都库什山脉北麓山前巨型成土母质带及连片相对平坦地带
7	巨型盆地群光热资源密集带	天山山脉南脉南侧—兴都库什山脉北麓山前巨型盆地群光热资源密集带
8	巨型成矿带	古亚洲成矿域（东段）及特提斯成矿域北带（西段）
9	巨型交通走廊带	天山山脉南脉南侧—兴都库什山脉北麓山前巨型交通走廊带
10	巨型经济走廊带	天山山脉南脉南侧—兴都库什山脉北麓山前巨型经济走廊带

（五）中带中阿土伊走廊支线通道现状及应建或建议建设交通线路

1. 中带中阿土伊走廊支线通道现状

（1）铁路交通线路。该线尚未建设铁路线路。

（2）公路交通线路。该线东段瓦罕走廊段尚未建设公路线路；中段阿富汗伊什卡西姆—塔卢坎—昆都士—马扎里沙里夫—道拉塔巴德段已建公路线路；道拉塔巴德段—土库曼斯坦夏伯阳—伊朗萨拉赫斯段尚未建设公路线路。

（3）油气管道。该线尚未建设长大油气管道。

2. 中带中阿土伊走廊支线通道应建或建议建设交通线路及理由或目标

（1）铁路交通线路。应建或建议建设铁路交通线路：中国喀什—阿富汗瓦罕—昆都士—马扎里沙里夫—道拉塔巴德—土库曼斯坦夏伯阳—伊朗萨拉赫斯准轨铁路。

理由或目标：以最短距离实现东亚准轨铁路网与西亚欧洲准轨铁路网相连接，实现第二欧亚大陆桥和丝绸之路经济带中带以准轨铁路全面贯通。

（2）公路交通线路。应建或建议建设公路交通线路：①瓦罕走廊公路（中国塔什库尔干塔吉克自治县—阿富汗伊什卡西姆）。②阿富汗道拉塔巴德—土库曼斯坦夏伯阳—伊朗萨拉赫斯公路。

理由或目标：以最短公路线路实现中国新疆西南端区域与伊朗东北端区域的公路便捷联系。

六、中带通波斯湾走廊支线通道走向及其辐射范围、沿线地区主导产业

中带通波斯湾走廊支线通道及经济走廊走向、辐射范围、沿线地区主导产业同前述。即中

带通波斯湾走廊支线通道及经济走廊走向为：伊朗德黑兰—霍梅尼港。

第三节　丝绸之路经济带成熟期南带空间布局

一、丝绸之路经济带成熟期南带空间布局简述

丝绸之路经济带成熟期南带是以南带主通道及其中国—中南半岛走廊、中缅孟印走廊、中印走廊、通卡拉奇走廊支线通道与相关分支线路为主轴，以沿线主要节点城市及其他中小城市为依托，以相关主导产业为基础，向两侧延伸各50千米左右（面）而形成的点轴面相结合的一系列巨型带状区域和点轴经济系统。

二、南带主通道走向及其辐射范围、沿线地区主导产业

南带交通主通道及经济带走向、辐射范围、沿线地区主导产业同前述。即南带交通主通道及经济带走向为：中国香港及澳门与广州和深圳（南海沿岸）—韶关—株洲—怀化—重庆—成都—阿坝—格尔木—依吞布拉克—若羌—和田—喀什—红其拉甫口岸—巴基斯坦苏斯特口岸—伊斯兰堡—奎达—瓜达尔（印度洋沿岸）。

三、南带中国—中南半岛走廊交通支线通道走向及其辐射范围、沿线地区主导产业

丝绸之路经济带南带中国—中南半岛走廊交通支线通道（简称南带中国—中南半岛走廊支线通道，下同）及经济走廊走向、辐射范围、沿线地区主导产业如下：

（一）南带中国—中南半岛走廊支线通道走向

南带中国—中南半岛走廊支线通道走向为：重庆及成渝地区双城经济圈区域—遵义—贵阳—河池—柳州—（分支线路通防城港及北海港）—南宁—崇左—凭祥—友谊关—越南同登—北江—河内—清化—荣市—洞海—蚬港—胡志明市—鹅油下—柬埔寨芝布—金边—波贝—泰国亚兰—曼谷—沙没沙空—巴蜀—合艾—沙道—马来西亚加央—亚罗士打—怡保—吉隆坡—马六甲—新山—新加坡。

（二）南带中国—中南半岛走廊支线通道穿越或辐射地区

南带中国—中南半岛走廊支线通道穿越的中国一级行政单元为：重庆市、贵州省、广西壮族自治区（共计3个一级行政单元）。

南带中国—中南半岛走廊支线通道穿越的中国国内市地盟州为：重庆市，贵州遵义市、贵阳市、黔南布依族苗族自治州，广西柳州市、来宾市、南宁市、崇左市。

南带中国—中南半岛走廊支线通道穿越的中国国内段主要城市为：重庆市、贵州贵阳市、广西南宁市。

南带中国—中南半岛走廊支线通道穿越的中国国内重要交通节点城镇为：重庆市，遵义市、贵阳市，河池市、柳州市、南宁市、崇左市、凭祥市、友谊关（友谊镇）。

南带中国—中南半岛走廊支线通道穿越的相关其他国家一级行政单元共计57个（见表5-20）。南带中国—中南半岛走廊支线通道穿越的各国一级行政单元共计60个（见表5-21）。

表 5-20　南带中国—中南半岛走廊支线通道穿越的相关其他国家一级行政单元

序号	国家	一级行政单元	合计（个）
1	越南	谅山省、北江省、北宁省、河内直辖市、河南省、南定省、宁平省、清化省、义安省、河静省、广平省、广治省、承天—顺化省、岘港直辖市、广南省、广义省、平定省、富安省、庆和省、宁顺省、平顺省、同奈省、胡志明直辖市、西宁省	24
2	柬埔寨	柴桢省、桔井省、磅湛省、干丹省、金边直辖市、磅士卑省、磅清扬省、菩萨省、马德望省、班迭勉吉省	10
3	泰国	巴真府、北柳府、曼谷直辖市、沙没沙空府、碧武里府、巴蜀府、春蓬府、素叻他尼府、洛坤府、博他仑府、宋卡府	11
4	马来西亚	玻璃市州、吉打州、雪兰莪州、布城联邦直辖区、吉隆坡联邦直辖区、森美兰州、马六甲州	7
5	新加坡	中区、东北区、西北区、东南区、西南区	5
		总计	57

表 5-21　南带中国—中南半岛走廊支线通道穿越的各国一级行政单元数量

序号	国家	一级行政单元数量（个）
1	中国	3
2	越南	24
3	柬埔寨	10
4	泰国	11
5	马来西亚	7
6	新加坡	5
	总计	60

南带中国—中南半岛走廊支线通道穿越的其他相关国家主要城市（直辖市或一级行政单元行政中心城市，下同）共计 45 个（见表 5-22）。南带中国—中南半岛走廊支线通道穿越的各国主要城市共计 48 个（见表 5-23）。

表 5-22　南带中国—中南半岛走廊支线通道穿越的其他相关国家主要城市（镇）

序号	国家	主要城市	合计（个）
1	越南	同登镇、北江市、北宁市、河内直辖市、河东市、府里市、南定市、宁平市、清化市、荣市、洞海市、东河市、顺化市、岘港直辖市、三歧市、平定市、绥和市、芽庄市、藩朗—塔占市、边和市、胡志明直辖市	21
2	柬埔寨	柴桢市、磅湛市、金边直辖市、菩萨市、马德望市、诗梳风市	6
3	泰国	巴真市、北柳市、曼谷直辖市、沙没沙空市、碧武里市、巴蜀市、春蓬市、素叻他尼市、博他仑市、宋卡市	10
4	马来西亚	加央市、亚罗士打市、怡保市、布城联邦直辖市、吉隆坡联邦直辖市、普特拉查亚市、芙蓉市、马六甲市	8
5	新加坡	中区、东北区、西北区、东南区、西南区	1
		总计	46

表5-23　南带中国—中南半岛走廊支线通道穿越的各国主要城市（镇）数量

序号	国家	主要城市数量（个）
1	中国	3
2	越南	21（含同登镇）
3	柬埔寨	6
4	泰国	10
5	马来西亚	8
6	新加坡	1
总计		49

（三）南带中国—中南半岛走廊支线通道沿线地区主导产业

1. 南带中国—中南半岛走廊支线通道中国重庆及贵州段沿线地区主导产业

南带中国—中南半岛走廊支线通道中国重庆及贵州段沿线地区主导产业为：汽车及装备制造工业、电子信息产品及电器制造工业、有色及黑色金属冶炼压延加工与材料制造工业、化学医药产品制造工业、能源产业、消费品制造工业（重庆市，贵州遵义市、贵阳市、黔南布依族苗族自治州，见表5-24）。

表5-24　南带中国—中南半岛走廊支线通道中国重庆及贵州段沿线地区主导产业

序号	省份	市地盟州	主导产业
1	重庆		汽车及装备制造工业、电子信息产品制造工业、材料制造工业、化学医药产品制造工业、能源产业、消费品制造工业、批发零售业、金融业
2	贵州	遵义市	锰钛钢冶金工业、电器制造工业、卷烟制造工业、酿造工业
		贵阳市	装备制造工业、磷煤化学工业、铝冶炼及铝加工工业、现代医药工业、烟草及特色食品加工工业
		黔南布依族苗族自治州	矿山专用设备制造工业、化学工业、建材工业、造纸工业、旅游业、种植业

2. 南带中国—中南半岛走廊支线通道中国广西段沿线地区主导产业

南带中国—中南半岛走廊支线通道中国广西段沿线地区主导产业为：黑色和有色金属冶炼及压延加工工业、汽车及机械装备制造工业、化学工业、电子信息工业、生物医药工业、农产品加工工业（中国广西柳州市、来宾市、南宁市、崇左市，见表5-25）。

表5-25　南带中国—中南半岛走廊支线通道中国广西段沿线地区主导产业

序号	市地盟州	主导产业
1	柳州市	汽车制造工业、钢铁工业、机械制造工业、化学工业、有色金属冶炼及压延加工工业、新材料产业
2	来宾市	农产品加工工业、黑色和有色金属冶炼及压延加工工业、电力生产和供应业、种植业
3	南宁市	机械装备制造工业、电子信息业、生物医药工业、食品加工工业
4	崇左市	农产品加工工业、种植业

3. 南带中国—中南半岛走廊支线通道越南段沿线地区主导产业

南带中国—中南半岛走廊支线通道越南段沿线地区主导产业为：农水产品加工工业、电子及通信器材制造工业、汽车及机械装备制造工业、炼油及化学工业、渔业、种植业、旅游业（越南谅山省、北江省、北宁省、河内直辖市、河南省及自南定至西宁东部沿海诸省、直辖市，见表5-26）。

表5-26 南带中国—中南半岛走廊支线通道越南段沿线地区主导产业

序号	省份	主导产业
1	谅山省	边境贸易业、旅游业、种植业
2	北江省	旅游业、种植业
3	北宁省	电子及通信产品制造工业、机械制造工业、资讯业、旅游业、种植业
4	河内直辖市	机械制造工业、化学工业、纺织工业、制糖工业、卷烟制造工业、贸易业、现代服务业、种植业
5	河南省	农畜产品加工工业、电器制造工业、旅游业、种植业
6	南定省	纺织工业、造船工业、农业机械制造工业、水产品加工工业、旅游业、种植业
7	宁平省	医药工业、机电电力工业、食品加工工业、木材加工工业、手工业、旅游业、种植业
8	清化省	纺织服装工业、石油化学工业、建材工业、农产品加工工业、旅游业、种植业
9	义安省	农畜产品加工工业、木材加工工业、建材工业、电子工业、旅游业、种植业
10	河静省	钢铁工业、石油化学工业、农水产品加工工业、旅游业、种植业
11	广平省	纺织工业、电力工业、农水产品加工工业、旅游业、种植业
12	广治省	木材加工工业、新能源产业、农产品加工工业、旅游业、种植业
13	承天顺化省	建材工业、纺织工业、农产品加工工业、手工业、旅游业、服务业、种植业林业及渔业
14	蚬港直辖市	化学工业、纺织工业、建材工业、造纸工业、农产品加工工业、旅游业、种植业
15	广南省	汽车制造工业、农产品加工工业、旅游业、种植业
16	广义省	石油化学工业、钢铁工业、电力工业、制盐业、农产品加工工业、旅游业、种植业
17	平定省	稀有金属（钛）采掘业、农产品加工工业、渔业、旅游业、种植业
18	富安省	新能源产业、炼油工业、农产品加工工业、渔业、旅游业、种植业
19	庆和省	造船工业、电力工业、农水产品加工工业、旅游业、种植业
20	宁顺省	新能源产业、钢铁工业、制盐业、农水产品加工工业、种植业
21	平顺省	生物产业、化学工业、建材工业、采矿业、制盐业、农水产品加工工业、旅游业、种植业
22	同奈省	汽车及机器设备制造工业、电子及通信器材制造工业、化学工业、制药工业、材料工业、食品工业、农产品加工工业、服务业、种植业
23	胡志明直辖市	机械装备制造工业、采矿业、建筑业、农产品加工工业、国际贸易业
24	西宁省	煤炭采掘工业、农产品加工工业、种植业

4. 南带中国—中南半岛走廊支线通道柬埔寨段沿线地区主导产业

南带中国—中南半岛走廊支线通道柬埔寨段沿线地区主导产业为：水稻种植业、渔业、养殖业、旅游业、制衣工业、建材工业、农畜水产品加工工业（柬埔寨柴桢省、桔井省、磅湛省、干丹省、金边直辖市、磅士卑省、磅清扬省、菩萨省、马德望省、班迭勉吉省，见表5-27）。

表5-27 南带中国—中南半岛走廊支线通道柬埔寨段沿线地区主导产业

序号	省份	主导产业
1	柴桢省	纺织工业、交通工具组装业、旅游业、水稻种植业
2	桔井省	碾米业、食品工业、木材加工工业、造纸工业、旅游业、水稻种植业、渔业

序号	省份	主导产业
3	磅湛省	橡胶加工工业、纺织工业、食品工业、酿酒业、榨油业、碾米业、农机制造与维修业、稻米及橡胶种植业、畜牧养殖业
4	干丹省	纺织工业、橡胶工业、旅游业、种植业
5	金边直辖市	旅游业、服务业、房地产业、制衣工业、农产品加工工业
6	磅士卑省	木材加工工业、制糖工业、旅游业、种植业、养蚕业、畜牧养殖业
7	磅清扬省	种植业、渔业、畜牧养殖业、制砖与制陶业、旅游业
8	菩萨省	种植业、畜牧养殖业、渔业、建材工业
9	马德望省	种植业、林果业、畜牧养殖业
10	班迭勉吉省	种植业、畜牧养殖业、旅游业、建材工业

5. 南带中国—中南半岛走廊支线通道泰国段沿线地区主导产业

南带中国—中南半岛走廊支线通道泰国段沿线地区主导产业为：汽车制造工业、电气及电子设备制造工业、农水产品加工工业、旅游业、种植业、渔业（泰国沙缴府、巴真府、北柳府、曼谷直辖市、佛统府、叻武里府、碧武里府、巴蜀府、春蓬府、素叻他尼府、洛坤府、博他仑府、宋卡府，见表5-28）。

表5-28　南带中国—中南半岛走廊支线通道泰国段沿线地区主导产业

序号	府份	主导产业
1	沙缴府	食品加工工业、电力工业、建材工业、边境贸易业、旅游业、种植业
2	巴真府	橡胶加工工业、旅游业、种植业、林果业
3	北柳府	汽车工业、农产品加工工业、手工业、旅游业、种植业
4	曼谷直辖市	汽车工业、电气及电子设备制造工业、纺织及制革工业、食品加工工业、商贸业、金融业、旅游业、会展业、珠宝首饰制品加工业
5	佛统府	农产品加工工业、旅游业、种植业、林果业
6	叻武里府	木材加工工业、制糖工业、纺织工业、旅游业、种植业、渔业
7	碧武里府	汽车制造工业、建材工业、旅游业、种植业、渔业
8	巴蜀府	农产品加工工业、种植业、旅游业
9	春蓬府	农产品加工工业、旅游业、种植业、林果业、渔业
10	素叻他尼府	有色金属采掘业、农产品加工工业、种植业、旅游业
11	洛坤府	农产品加工工业、种植业、林果业、旅游业
12	博他仑府	农产品加工工业、种植业、林果业、旅游业
13	宋卡府	有色及黑色金属采矿业、木材加工工业、农产品加工工业、旅游业、渔业、种植业

6. 南带中国—中南半岛走廊支线通道马来西亚段沿线地区主导产业

南带中国—中南半岛走廊支线通道马来西亚段沿线地区主导产业为：钢铁工业及机械设备制造工业、石油化学工业、农水产品加工工业、商贸业、航运业、旅游业、种植业（马来西亚玻璃市州、吉打州、雪兰莪州、布城联邦直辖区、吉隆坡联邦直辖区、森美兰州、马六甲州，见表5-29）。

表5-29 南带中国—中南半岛走廊支线通道马来西亚段沿线地区主导产业

序号	州份	主导产业
1	玻璃市州	农产品加工工业、建材工业、种植业、渔业、旅游业
2	吉打州	农产品加工工业、高新技术产业、机械设备制造工业、种植业、渔业、旅游业
3	雪兰莪州	农水产品加工工业、电子电器工业、化学工业、汽车及机械装备制造工业、建筑业、港口运输业、旅游业、种植业
4	吉隆坡联邦直辖区	汽车及机械设备制造工业、钢铁工业、建材工业、化学工业、农水产品加工工业、金融业、商贸业、旅游业
5	布城联邦直辖区	石油天然气采掘业及化学工业、农水产品加工工业、旅游业、金融业
6	森美兰州	机械设备制造工业、农水产品加工工业、商贸业、旅游业、种植业
7	马六甲州	汽车及机械设备制造工业、农水产品加工工业、商贸业、航运业、旅游业、种植业

7. 南带中国—中南半岛走廊支线通道新加坡段沿线地区主导产业

南带中国—中南半岛走廊支线通道新加坡段沿线地区主导产业为：金融业、航运业、服务业、电子工业及信息通信业、石油化学工业（新加坡）。

对上述六个国家七个区段的主导产业进行比较可见，在整个南带中国—中南半岛走廊通道沿线地区，主导产业结构层次及总体经济发展水平大致呈现南段（马来西亚与新加坡境内段）最高、北段（中国重庆贵州广西境内段）次高、中段（越南与柬埔寨及泰国境内段）最低的"鞍形"格局，沿线地区产业结构层次和经济发展水平差异比较明显，全线产业结构优化及经济发展一体化潜力相对较大。

（四）南带中国—中南半岛走廊支线通道及经济走廊走向理由与依据

（1）如前所述，中国成渝地区双城经济圈是中国西南地区最具规模、发展水平最高、发展潜力最大的内陆经济发展区块，在中国西南地区内陆经济社会发展中居于核心地位；其中的重庆市为中国直辖市、成渝地区双城经济圈和城市群核心城市之一、西南地区最大的工商业城市、中国国家中心城市、超大城市、国家重要的现代制造业基地、中国重要的现代服务业基地、国家物流枢纽。因此，选择该经济圈所在区域为南带中国—中南半岛走廊支线通道起始区域、南带中国—中南半岛走廊北桥头堡区域，选择重庆市为南带中国—中南半岛走廊支线通道起始地、南带中国—中南半岛走廊北桥头堡。

（2）中国贵州省地处中国西北地区—西南地区—东南沿海地区与华东地区—华中地区—西南地区腹地之间的交汇地带、长江上游与珠江上游交错地带，为西南地区陆水交通枢纽省份，且与中国广西壮族自治区同处于成渝地区双城经济圈及重庆市与中南半岛之间。因此，选择其所在区域为南带中国—中南半岛走廊支线通道在中国西南内陆地区的重要穿越区域（地段）。

（3）其中的贵州省遵义市地处贵州省北部、云贵高原向湖南丘陵及四川盆地过渡斜坡地带、黔渝交界地带、成渝—黔中经济走廊中腰部位，为贵州省辖地级市、黔中城市群重要成员城市、黔川渝结合部中心城市、贵州省域副中心城市、重要煤炭开采洗选工业中心电力工业中心烟草工业中心酒饮料精制茶制造工业中心、重要交通枢纽、重要旅游目的地、中国国家历史文化名城、世界文化遗产及自然遗产所在地、远古时期人类繁衍栖息地。其中的贵州省贵阳市地处贵州省北部、长江水系与珠江水系分水岭地带，为中国贵州省省会、黔中城市群核心城市、贵州省经济中心交通中心科教中心文化中心、重要铝土矿磷矿基地[①]、重要化学工业中心航空制造工

---

① 中国70%的优质磷矿资源集中于贵阳市。

业中心生物制药工业中心电子信息业中心、中国西南地区重要中心城市之一、重要交通通信枢纽、重要区域创新中心、中国国家大数据产业集聚区、中国重要高速铁路枢纽普通铁路枢纽高速公路枢纽、中国第二大铁路编组站所在地、重要生态休闲度假旅游城市。其中的贵州省黔南布依族苗族自治州地处贵州省中南部、云贵高原向广西丘陵过渡斜坡地带、黔桂交界地带，为贵州省距海岸线最近的地区、重要磷矿基地①、重要造纸工业中心食品工业中心酒饮料精制茶制造工业中心化学工业中心。

（4）贵州省上述两市一自治州均处于中国成渝地区双城经济圈区域与越南北部经济社会发展中心区域之间桥梁纽带部位，为连接两大中心区域的桥梁纽带区域，并在贵州省经济社会发展及华中—西南地区、华南—西南地区交通体系中居于重要地位、发挥重要作用，且均处于重庆—贵阳—南宁—凭祥口岸交通—经济走廊沿线地区。因此，选择上述两市一自治州所在区域为南带中国—中南半岛走廊支线通道在中国贵州省境内穿越区域（地段）和支点区域（地段）。

（5）中国广西壮族自治区地处中国西南内陆地区与东南亚国家陆地边界交界地带、西南地区出海口地带，在中国西南内陆地区与东南亚国家间陆地跨境交通、西南内陆地区出海交通体系中占据重要地位；且与中国贵州省同处于成渝地区双城经济圈及重庆市与中南半岛之间。因此，选择其所在区域为南带中国—中南半岛走廊支线通道在中国西南沿海地区的重要穿越区域（地段）。

（6）其中的广西柳州市地处广西壮族自治区中北部、桂黔湘交界地带，为广西壮族自治区辖地级市、广西中部重要中心城市、广西副中心城市、广西最大工业基地、重要钢铁工业中心汽车制造工业中心机械制造工业中心建材工业中心烟草工业中心、西部工业重镇、西南地区与华中地区华南地区之间重要铁路枢纽高速公路枢纽、西南出海大通道重要节点城市、中国国家历史文化名城、中国最早古人类之一"柳江人"发祥地。其中的广西来宾市地处广西壮族自治区中部，为广西重要农产品加工工业中心冶金工业中心电力工业中心、重要综合交通枢纽、西南出海大通道重要节点城市、古人类"麒麟山人"繁衍生息地、壮族文化发源地之一、古代盘古文化发祥地，被称为"广西煤都"。其中的广西南宁市地处广西壮族自治区中南部、西江流域、中国西南地区与华南地区及东南亚地区结合部位，为中国广西壮族自治区首府、经济中心文化中心、西南地区重要铁路枢纽高速公路枢纽、北部湾经济区中心城市、西南出海通道战略枢纽之一、西南地区面向东盟的区域性国际城市。其中的广西崇左市地处广西壮族自治区西南部、左江流域、中国与越南接壤区域，为广西壮族自治区辖地级市、北部湾经济区重要城市、广西陆路边境线最长地级市、重要亚热带名优水果生产基地、重要磷矿基地、重要有色金属工业中心建材工业中心农产品加工工业中心、重要综合交通枢纽、中国最大甘蔗种植基地、最大蔗糖生产基地、边境口岸最多城市、中国—东盟陆路通道重要节点城市、壮族先民骆越族聚居地，被称为"中国糖都"和"中国锰都"②。

（7）广西壮族自治区上述四市均处于中国成渝地区双城经济圈区域与越南北部经济社会发展中心区域之间桥梁纽带部位，为连接两大中心区域的桥梁纽带区域，并在广西经济社会发展及华南—西南地区交通体系中居于重要地位、发挥重要作用。同时，均处于重庆—贵阳—南宁—凭祥口岸交通—经济走廊沿线地区，且临边地区崇左市已经形成战略性陆路口岸凭祥口岸及口岸城市凭祥市。因此，选择上述四市所在区域为南带中国—中南半岛走廊支线通道在中国广西壮族自治区的重要穿越区域（地段）和支点区域（地段）。

---

① 黔南布依族苗族自治州磷矿储量占中国磷矿总储量的20%左右。
② 崇左市锰矿储量居于中国各市地盟州首位，约占中国锰矿总储量的1/4以上。

（8）当前，上述一直辖市一自治州六市境内已经形成北起重庆及成渝地区双城经济圈、中经贵阳与南宁、南至中越边境地带、串联以上行政单元、具有一定规模和历史基础的北南向战略通道（重庆—贵阳—南宁—友谊关交通走廊）与经济社会发展战略性地域廊带。同时，占据云贵高原东侧外围交通线、西南地区内陆核心区域—边境地区战略性出境点连接线等多重潜在交通区位。因此，应当顺势而为，选择上述一直辖市一自治州六市所在区域为南带中国—中南半岛走廊支线通道在中国境内的重要穿越区域（地段），选择重庆市、贵阳市、南宁市为南带中国—中南半岛走廊支线通道在中国境内的重要交通节点城市和战略性支撑点。

（9）上述地段及走廊所在地域大致处于云贵高原东坡大娄山—凤凰山大致山前地域廊带，处于云贵高原东坡大娄山—凤凰山大致北南向山链、大致北南向山地地形雨带、大致北南向山麓断裂带及坡降带、大致北南向径流带、大致北南向狭窄连片相对平坦地带、大致北南向山前山间平原带、大致北南向陆路及水路交通走廊带、大致北南向人口集聚区带等地理廊带体系，沿线区域形成较大规模北南向湿润区水—土—城—路系统及河—城系统，具有雄厚、相对一致的湿润区山前巨型北南向地域廊带基础。因此，选择该地段及走廊为南带中国—中南半岛走廊支线通道在中国境内的重要穿越区域（地段）。

（10）广西防城港市、钦州市、北海市为北部湾城市群重要组成单元①，防城港、钦州港、北海港正在建设成为现代化亿吨组合港，临海型产业发展迅速，具有较大的发展潜力和带动能力；且南宁—防城港—北海—钦州一线已经初步形成具有一定规模和历史基础的西北—东南向战略通道（即西南出海大通道组成部分）与经济社会发展战略性地域廊带。因此，应当顺势而为，选择南宁市为南带中国—中南半岛走廊支线通道分支线路起始地、南带中国—中南半岛走廊分支走廊北桥头堡，选择防城港市、钦州市、北海市港城组群为南带中国—中南半岛走廊支线通道分支线路目的地、南带中国—中南半岛走廊分支走廊南桥头堡。

（11）越南地处中南半岛东部，北据红河三角洲，南据湄公河三角洲，为中南半岛诸国陆地领土轮廓最绵长的国家，在中国—中南半岛交通体系中居于背山面海、承北接南的重要地位。同时，越南自实行革新开放政策以后，经济社会发展步入快速发展轨道，当前已成为中南半岛经济社会发展最为迅速的国家，具有成为中国—中南半岛走廊组成部分的区位条件、国家发展基础条件和趋势条件，适宜成为南带中国—中南半岛走廊支线通道在中南半岛北部的主要穿越区域（地段）。

（12）其中的越南谅山省地处越南东北部、越北山地与北部平原地带、越南与中国接壤区域，为越南北方山区省份、北方重要煤炭蕴藏省份、重要交通枢纽区域、越南第二大烟叶种植省份、重要边境贸易省份、重要旅游目的地、古代北山文化②兴盛区域、远古时期人类重要活动区域；省会同登镇为越南北部交通重镇、边贸重镇、越南河（内）—同（登）铁路与中国湘桂铁路接轨点、越南1A号公路与中国南（宁）—友（谊关）高速公路衔接点、越中国际运输三个主要过境点之一、古代交通要隘。其中的越南北江省地处越南东北部内陆地区，为越南重要林果业基地、重要旅游目的地、古代东山文化③兴盛区域；省会北江市为越南东北部重要城市、

---

① 北部湾城市群是中国9个区域性城市群之一和中国20个重要城市群中的7个临海城市群之一，也是中国在北部湾沿岸的唯一一城市群，沿岸港口所组成的港口群是中国东部沿海重要港口群之一。

② 北山文化为东南亚地区新石器时代早期文化类型，主要分布于越南东北部高平、谅山、北江、太原、河江等省石灰岩地区，因其遗址发现于越南河内东北之北山，故名北山文化。该种文化所处年代大致为距今9000~7000年，由当时生活于该区域的美拉尼西亚人和印度尼西亚人所创造。

③ 东山文化为东南亚地区青铜时代晚期至早期铁器时代文化类型，主要分布于越南北部永富、河西、和平、北江、北宁等省，因其遗址最早发现于越南清化省东山村，故名东山文化。该种文化所处年代大致为公元前3~前1世纪，其核心区域位于今越南北部红河河谷，为以水稻种植为主的定居农业文化、越南历史时期最重要的古代文化之一。

重要工业中心、重要旅游目的地、历史古城。

（13）其中的越南北宁省地处越南红河三角洲区域，为越南北方传统文化发源地之一、越南人口密度最高省份、重要机械制造工业省份电子工业省份通信工业省份；省会北宁市为该省行政中心经济中心文化中心、重要工业中心、历史古城。其中的越南河内直辖市地处越南红河三角洲区域，为越南北方第一大城市、越南直辖市、首都、第二大城市、政治中心文化中心交通中心、重要机械工业中心化学工业中心纺织工业中心食品工业中心烟草工业中心、重要贸易中心、重要综合交通枢纽、经济规模第二大行政单元、外国投资重点地区、越南多朝封建王朝首都、古城、古代人类聚落中心，被称为"千年文物之地"。其中的越南河南省地处红河三角洲区域，为越南北方重要平原省份、重要植桑省份、重要煤炭蕴藏省份、重要旅游目的地；省会府里市为越南北方重要城市、重要工业中心、重要贸易中心、历史古城。其中的越南南定省地处红河三角洲中心地带、濒临北部湾，为越南北方纺织工业中心造船工业中心机械制造工业中心水产加工工业中心；省会南定市为越南北方第三大城市、越南重要工业中心、最大纺织工业基地、重要旅游目的地。其中的越南宁平省地处红河三角洲区域、濒临北部湾，为越南重要医药工业省份机电电力工业省份食品加工工业省份木材加工工业省份、重要旅游业省份；省会宁平市为越南北方重要工业中心、重要贸易中心、重要旅游目的地、世界自然遗产和世界文化遗产所在地。

（14）越南东北部地区上述两省及其省会均处于中国成渝地区双城经济圈区域与越南北部经济社会发展中心区域之间桥梁纽带部位，为连接两大中心区域的桥梁纽带区域，并在中国—中南半岛交通体系中居于过境枢纽区域重要地位、发挥重要作用。同时，均处于中国重庆—贵阳—南宁—凭祥口岸—越南同登口岸—河内交通—经济走廊沿线地区，且临边地区谅山省已形成战略性陆路口岸同登口岸及口岸城市同登镇。因此，上述两省及其省会所在区域适宜成为南带中国—中南半岛走廊支线通道在越南东北部地区的重要穿越区域（地段）和支点区域（地段）。

（15）越南红河三角洲地区上述河内直辖市为越南首都、北部重要直辖市，在越南政治、文化、社会生活中占据中心地位，且处于中国重庆—贵阳—南宁—凭祥口岸—越南同登口岸—河内交通—经济走廊沿线地区，并在中国—中南半岛交通体系中居于重要区段性枢纽地位。因此，该直辖市适宜成为南带中国—中南半岛走廊支线通道在越南北部地区的区段性目的地。

（16）越南红河三角洲地区上述四省均处于越南首都河内直辖市周围，均处于中国成渝地区双城经济圈区域、越南北部经济社会发展中心区域与中部经济社会发展中心区域之间桥梁纽带部位，为连接三大中心区域的桥梁纽带区域，并在中国—中南半岛交通体系中居于重要地位、发挥重要作用。同时，均处于中国重庆—贵阳—南宁—凭祥口岸—越南同登口岸—河内—岘港交通—经济走廊沿线地区。因此，上述四省及其省会所在区域适宜成为南带中国—中南半岛走廊支线通道在越南红河三角洲地区的重要穿越区域（地段）和支点区域（地段）。

（17）联通中国成渝地区双城经济圈区域与越南北部经济社会发展中心区域，建立和实现中国成渝地区双城经济圈中心城市重庆市与越南北部经济社会发展中心区域河内直辖市两大节点之间的经济社会战略性联系，是南带中国—中南半岛走廊支线通道形成的最主要逻辑及所负有的最主要战略职能之一；建立和实现中国成渝地区双城经济圈中心城市重庆市与越南北部经济社会发展中心区域河内直辖市两大节点之间的交通运输联系，进而形成交通经济带，是南带中国—中南半岛走廊的最主要表现形式和实现途径之一。因此，越南红河三角洲地区上述四省所在区域适宜成为中国—中南半岛走廊支线通道在越南北部地区的区段性目的区域，该区域中心城市河内直辖市适宜成为中国—中南半岛走廊支线通道在越南北部地区的区段性目的地。

（18）其中的越南清化省地处越南北中部、濒临北部湾，为越南人口第一大省、重要农产品生产基地、重要制盐业省份；铬、铁、金等金属矿物和石灰石、花岗石、大理石等非金属矿物蕴藏量相对比较突出，为越南重要纺织服装工业省份化学工业省份建材工业省份、重要避暑旅游省份、世界文化遗产所在地、古代东山文化兴盛区域，被称为"越南历史最悠久的地方之一""越南千年封建王朝历史一半由清化人所书写"；省会清化市为越南北中部重要工业城市、重要交通枢纽、重要旅游目的地。其中的越南义安省地处越南北中部、濒临北部湾，为越南土地面积最大省份、第二大花生种植省份、重要香料产地、重要制盐业省份；省会荣市为越南中北部中心城市、重要经济中心文化中心、重要纺织工业中心、木材集散地、综合交通枢纽、重要旅游目的地。其中的越南河静省地处越南北中部、濒临北部湾，为重要香料产地、重要钢铁工业省份、重要旅游业省份、古代东山文化兴盛区域；省会河静市为越南北中部重要城市、重要工业中心、重要交通枢纽、重要旅游目的地。其中的越南广平省地处越南北中部、濒临北部湾，为重要产棉区、名贵木材和药材（沉香）产地、森林覆盖率最高省份（70%）、重要纺织工业省份电力工业省份对外贸易省份海运业省份、世界自然遗产所在地；省会洞海市为越南北中部重要海港城市、重要综合交通枢纽、重要旅游目的地、重要历史古城。其中的越南广治省地处越南北中部、濒临北部湾，为越南北中部重要香料产地、重要电力工业省份、重要红色旅游省份、越南亚热带季风气候与热带季风气候分界线所在省份、前北越与南越分界线所在省份，被称为"越南统一起点省份"；省会东河市为越南北中部重要城市、越南与老挝国际贸易重镇、越老东西经济走廊重要节点、重要旅游目的地、越美战争最残酷战场所在地、中国明朝郑和下西洋停泊地。其中的承天顺化省地处越南北中部、濒临北部湾，海洋资源及花岗岩高岭土石灰石等非金属矿物蕴藏量相对比较突出，为越南文化中心旅游中心教育培训中心科研中心医疗保健中心区域、世界文化遗产所在地、古代越南重要建都区域之一，被称为越南"文化之都"；省会顺化市为越南中北部重要城市、重要机械制造工业中心建材工业中心纺织工业中心木材加工工业中心、稻米集散中心之一、重要交通枢纽、重要旅游目的地、越南四大世界文化遗产之一所在地、三朝古都、古代越南北方东山文化与顺化本土沙黄文化融合形成占婆文化重要区域，被称为"越南最美的城市""越南的祖传珍宝"。

（19）越南北中部地区上述七省均处于中国成渝地区双城经济圈区域、越南北部经济社会发展中心区域与中部经济社会发展中心区域之间桥梁纽带部位，为连接三大中心区域的桥梁纽带区域，并在中国—中南半岛交通体系中居于重要地位、发挥重要作用；同时，均处于中国重庆—贵阳—南宁—凭祥口岸—越南同登口岸—河内—岘港交通—经济走廊沿线地区。因此，上述七省及其省会所在区域适宜成为南带中国—中南半岛走廊支线通道在越南北中部地区的重要穿越区域（地段）和支点区域（地段）。

（20）其中的越南岘港直辖市地处越南南中部、越南北南连接蜂腰地带、濒临南中国海，为越南南中部中心城市、南中部重要产茶区及植桑区、重要香料产地、深海海鲜盛产地、工业中心、越南最重要海港之一岘港所在地、第四大城市、最大渔港、重要综合交通枢纽、东南亚最佳避暑旅游城市之一[①]、世界著名六大海滩之一、世界文化遗产所在地、古代越南中部占婆王国发祥地、古代占婆人[②]文化中心宗教中心，被称为"越南第三大门户""东方夏威夷"。其中的

---

①　越南岘港被评选为"人生必到的50个景点之一"。

②　占族历史悠久，属于马来—波利尼西亚人种，于公元2世纪在今越南中部地区建立占婆国；中国史书称之为"林邑""环王""占城"，该国碑文自称"占婆"；12世纪以后占婆国开始衰落，1471年大部分领土被越南后黎王朝吞并，17世纪以后完全被越南所灭，一部分占族人被越南人所同化，另一部分迁往其他地区。

越南广南省地处越南南中部、濒临南中国海，为越南南中部重要产茶区及植桑区、重要香料产地、重要煤炭蕴藏省份、重要汽车工业省份、重要旅游业省份、古代占婆王国重要统治区域；省会三歧市为越南南中部重要城市、重要工艺品生产中心、重要旅游目的地。其中的越南广义省地处越南中南部、濒临南中国海，为越南南中部重要制盐业省份、重要石油化学工业省份钢铁工业省份电力工业省份、重要旅游业省份；省会广义市为越南南中部重要城市、重要工业中心、重要旅游目的地、历史古城。其中的越南平定省地处越南中部、濒临南中国海，钛等金属矿物蕴藏量相对比较突出，为越南重要渔业省份和种植业省份、重要有色金属工业省份、重要港口所在地；省会归仁市为越南南中部重要港市、重要海产加工工业中心盐业中心、重要贸易中心、古代占婆王国首都、古代占婆文化兴盛区域。其中的越南富安省地处越南南中部、濒临南中国海，为越南南中部渔业省份、重要石化工业省份、重要电力工业省份、重要旅游业省份；省会绥和市为越南南中部重要滨海城市、重要交通枢纽、重要教育中心、重要旅游目的地。其中的越南庆和省地处越南南中部、濒临南中国海，为越南重要港湾金兰湾所在省份、南中部重要水产养殖业省份、重要造船工业省份电力工业省份、重要海运业省份、重要旅游业省份；省会芽庄市为越南南中部重要滨海城市、重要纺织工业中心、重要旅游目的地，被称为"旅游之都""远东之珠""世界最美丽的海湾之一"。

（21）越南南中部地区上述岘港直辖市为越南中部重要直辖市，在越南中部经济、文化、社会生活中占据中心地位；且处于中国重庆—贵阳—南宁—凭祥口岸—越南同登口岸—河内—岘港交通—经济走廊沿线地区，并在中国—中南半岛交通体系中居于重要区段性枢纽地位。因此，该直辖市适宜成为南带中国—中南半岛走廊支线通道在越南南中部地区的区段性目的地。

（22）越南南中部地区上述五省均处于中国成渝地区双城经济圈区域、越南北部经济社会发展中心区域、中部经济社会发展中心区域与南部经济社会发展中心区域之间桥梁纽带部位，为连接四大中心区域的桥梁纽带区域，并在中国—中南半岛交通体系中居于重要地位、发挥重要作用。同时，均处于中国重庆—贵阳—南宁—凭祥口岸—越南同登口岸—河内—岘港—胡志明交通—经济走廊沿线地区。因此，上述五省所在区域适宜成为南带中国—中南半岛走廊支线通道在越南南中部地区的重要穿越区域（地段）和支点区域（地段）。

（23）联通中国成渝地区双城经济圈区域、越南北部经济社会发展中心区域与中部经济社会发展中心区域，建立和实现中国成渝地区双城经济圈、越南北部经济社会发展中心区域与中部经济社会发展中心区域等三大中心区域之间的经济社会战略性联系，是南带中国—中南半岛走廊支线通道形成的最主要逻辑及所负有的最主要战略职能之一。建立和实现中国成渝地区双城经济圈中心城市重庆市、越南北部经济社会发展中心区域河内直辖市与中部经济社会发展中心区域岘港直辖市等三大主要节点之间的交通运输联系，进而形成交通经济带，是南带中国—中南半岛走廊的最主要表现形式和实现途径之一。因此，越南岘港直辖市及其周边区域适宜成为中国—中南半岛走廊支线通道在越南南中部地区的区段性目的区域，岘港直辖市适宜成为中国—中南半岛走廊支线通道在越南南中部地区的区段性目的地。

（24）其中的越南宁顺省地处越南东南部、濒临南中国海，为越南四大渔场之一所在地、重要水产捕捞业省份、重要制盐业省份钢铁工业省份电力工业省份；省会藩朗—塔占市为越南东南部重要滨海城市、重要旅游目的地、古代瓷器制作中心、古代占婆王国后期首都，被称为"越南景德镇"。其中的越南平顺省地处越南东南部、濒临南中国海，为越南东南部重要种植业省份和渔业省份、重要制盐业省份、重要生物制药工业省份化学工业省份农产品加工工业省份建材工业省份采矿业省份、重要旅游业省份；省会潘切市为越南东南部重要滨海城市、重要捕鱼业中心、重要旅游目的地、古代占婆王国宗教遗址所在地。其中的越南同奈省地处越南东南部，该省森林资源与水资源及旅游资源丰富，为越南重要咖啡和腰果种植省份①、最大棉花生产省份；金、锡、锌等金属矿物蕴藏量相对突出，为越南重要电力工业省份材料工业省份食品工业省份机械制造工业省份电子工业省份、重要通信技术产业省份、经济规模第四位行政单元、吸引外资规模第三位行政单元、工业区发展速度首位行政单元；省会边和市为越南东南部重要城市、重要钢铁工业中心电器工业中心、重要旅游目的地、越南人口最多的省会城市、特大城市。其中的越南胡志明直辖市地处越南湄公河三角洲东北部，为越南南方经济中心国际贸易中心文化中心科技中心旅游中心、重要综合交通枢纽、越南最大城市、人口密度最高行政单元、最大工业基地②、最大内河港口所在地、越南经济中心③、东南亚重要港口、19 世纪末东南亚著名港口和米市、古代真腊④重要贸易港、古代高棉人居住地，被称为"东方明珠"，在越南经济、社会、文化发展和历史发展中占据重要地位、发挥重要作用。其中的西宁省地处越南东南部、越南与柬埔寨接壤区域，煤和石灰石等非金属矿物蕴藏量相对比较突出，为越南东南部重要咖啡和腰果种植省份、最大花生种植省份和烟叶种植省份、重要农产品加工工业省份、重要旅游业省份、越南南方经济大省之一；省会西宁市为越南东南部重要城市、手工艺品制作中心、重要旅游目的地、越南本土宗教高台教宗教中心、历史古城。

（25）越南东南部地区上述宁顺省、平顺省、同奈省等三省及其省会均处于中国成渝地区双城经济圈区域、越南北部经济社会发展中心区域、中部经济社会发展中心区域与东南部经济社会发展中心区域之间桥梁纽带部位，为连接四大中心区域的桥梁纽带区域，并在中国—中南半岛交通体系中居于战略性支撑区域及支撑点地位、发挥战略性支撑作用。同时，均处于中国重庆—贵阳—南宁—凭祥口岸—越南同登口岸—河内—岘港—胡志明交通—经济走廊沿线地区。因此，上述三省及其省会所在区域适宜成为南带中国—中南半岛走廊支线通道在越南东南部地区的重要穿越区域（地段）和支点区域（地段）。

（26）越南东南部地区上述胡志明直辖市为越南南部重要直辖市，在越南南部经济、文化、社会生活中占据中心地位，且处于中国重庆—贵阳—南宁—凭祥口岸—越南同登口岸—河内—岘港—胡志明交通—经济走廊沿线地区，并在中国—中南半岛交通体系中居于重要区段性枢纽地位。因此，胡志明直辖市及其周边区域适宜成为中国—中南半岛走廊支线通道在越南东南部地区的区段性目的区域，胡志明直辖市适宜成为南带中国—中南半岛走廊支线通道在越南东南部地区的区段性目的地。

（27）越南东南部地区上述西宁省地处越南与柬埔寨接壤区域，为越南东南部经济社会发展中心区域与柬埔寨经济社会发展中心区域之间桥梁纽带部位，为连接两大中心区域的桥梁纽带区域，并在中国—中南半岛交通体系中居于战略性支撑区域及支撑点地位、发挥战略性支撑作用。同时，均处于中国重庆—贵阳—南宁—凭祥口岸—越南同登口岸—河内—岘港—胡志明—金边交通—经济走廊沿线地区。因此，该省及其省会所在区域适宜成为南带中国—中南半岛走廊支线通道在越南东南部地区的重要穿越区域（地段）和支点区域（地段）。

（28）联通中国成渝地区双城经济圈区域、越南北部经济社会发展中心区域、中部经济社会

① 越南为世界第二大咖啡生产国、第一大咖啡出口国、第三大腰果出口国。
② 胡志明直辖市工业产值占越南工业总产值的30%以上。
③ 胡志明直辖市为越南经济规模第一大行政单元。
④ 真腊为中南半岛古国，在今柬埔寨境内，为中国史书对中南半岛吉蔑王国的称呼；真腊在中国秦、汉之际为扶南属国，地处扶南国北方。扶南国（约公元1~7世纪，扶南意为"山岳"）是曾经存在于古代中南半岛的一个古老王国，其辖境大致相当于今柬埔寨全部国土及老挝南部、越南南部和泰国东南部一带；扶南国是第一个出现在中国古代史籍中的东南亚国家，后为属国真腊所攻灭；在扶南和真腊基础上后来演化出强盛的吴哥王朝，并对中南半岛几乎所有国家产生重大影响，奠定中南半岛诸国文字基础和宗教基础。

发展中心区域与南部经济社会发展中心区域，建立和实现中国成渝地区双城经济圈、越南北部经济社会发展中心区域、中部经济社会发展中心区域与南部经济社会发展中心区域等四大中心区域之间的经济社会战略性联系，是南带中国—中南半岛走廊支线通道形成的最主要逻辑及所负有的最主要战略职能之一。建立和实现中国成渝地区双城经济圈中心城市重庆市、越南北部经济社会发展中心区域河内直辖市、中部经济社会发展中心区域岘港直辖市与南部经济社会发展中心区域胡志明直辖市等四大主要节点之间的交通运输联系，进而形成交通经济带，是南带中国—中南半岛走廊的最主要表现形式和实现途径之一。因此，胡志明直辖市及其周边区域适宜成为中国—中南半岛走廊支线通道在越南东南部地区的区段性目的区域，胡志明直辖市适宜成为中国—中南半岛走廊支线通道在越南东南部地区的区段性目的地。

（29）当前，越南上述二十一个省三个直辖市境内已经形成北起同登镇及河内直辖市、中经岘港直辖市、南至胡志明直辖市及鹅油下市、串联以上行政区域、具有一定规模和历史基础的北南向战略通道（同登—河内—岘港—胡志明交通走廊）[①]与经济社会发展战略性地域廊带，该地带并已成为越南最重要的北南向交通主干地带或主要运输走廊。同时，占据越南长山山脉东侧山前地带连接线、山前交通线、越南国家陆地领土北南大致中轴线、越南国家主要经济社会发展中心连接线、北部跨境交通线—内陆跨区域交通线—南部跨境交通线连接线等多重潜在交通区位。因此，越南适宜成为南带中国—中南半岛走廊支线通道重要穿越国家，越南上述二十一个省三个直辖市所在区域适宜成为南带中国—中南半岛走廊支线通道在越南境内的重要穿越区域（地段）。

（30）越南上述二十一个省三个直辖市均处于横断山脉群余脉（云岭—无量山—）拾宋早再山—长山山脉山前地域廊带[②]，处于（横断山脉群—）横断山脉群余脉巨型西北—东南向及北南向山链、西北—东南向及北南向山地地形雨带、西北—东南向及北南向山麓断裂带及坡降带、西北—东南向及北南向径流带、西北—东南向及北南向狭窄连片相对平坦地带、西北—东南向及北南向山前平原带、西北—东南向及北南向陆路交通走廊带、西北—东南向及北南向农林及矿产资源富集带、西北—东南向及北南向山区林业金属采掘业山前种植业油气煤炭采掘业复合产业带、西北—东南向及北南向人口集聚区带等地理廊带体系，沿线区域形成巨型西北—东南向及北南向湿润区水—土—城—路系统及河—城系统；且该地段为中南半岛地理格局"龙骨"地带、经济社会发展"龙骨"地带、历史演进"龙骨"地带，具有雄厚、相对一致中南半岛"龙骨"地带亚热带与热带湿润区山前巨型西北—东南向及北南向地域廊带基础。因此，越南上述二十一个省三个直辖市所在区域适宜成为南带中国—中南半岛走廊支线通道在越南境内的重要穿越区域（地段）。

（31）柬埔寨[③]拥有湄公河下游平原部分区域，平原广阔[④]，境内绝大部分区域土地肥沃、降水充沛、矿藏资源与农林水资源丰富，境内洞里萨湖为东南亚最大淡水湖和最大天然淡水渔场，国家经济社会发展潜力巨大，具有成为中国—中南半岛交通—经济走廊组成部分的区位条件、国家发展基础条件和趋势条件，适宜成为南带中国—中南半岛走廊支线通道在中南半岛中

---

① 纵贯越南北南部的1A号公路和统一线铁路连接河内直辖市和胡志明直辖市，构成越南北南交通大动脉和经济社会发展主骨架。

② 该地域廊带及巨型山群山链为印度—马来地块组成部分，系由印度洋板块与欧亚板块碰撞挤压形成。

③ 据中国及部分西方学者研究，柬埔寨主体民族高棉族源自中国史书所载之吉蔑人或昆仑人，自亚洲中部昆仑山区域南下中国云南，于公元前6~前5世纪南迁至今柬埔寨所在区域；柬埔寨学者认为高棉族为东南亚土著民族，可能由美拉尼西亚人与印度尼西亚人融合而成；各界公认，高棉族由多民族融合而成。

④ 平原面积占柬埔寨土地面积3/4以上。

部的重要穿越区域（地段）。

（32）其中的柬埔寨柴桢省地处柬埔寨东部、柬埔寨与越南接壤区域，为柬埔寨稻田灌溉面积首位省、第三大畜牧养殖业省份、重要林果业省份、重要农产品加工工业省份；省会柴桢市为重要交通枢纽、重要工业中心、重要稻米集散地，被称为"通往越南南部的门户"。其中的柬埔寨桔井省地处柬埔寨东部、湄公河冲积平原区域，铜铅锌钼铁金等金属矿物和煤炭陶土花岗岩等非金属矿物蕴藏量相对比较突出，为柬埔寨耕地面积第一大省、重要水稻产区、重要橡胶种植省份、畜牧养殖业发达省份、重要食品工业省份、重要木材加工及造纸工业省份；省会桔井市为柬埔寨东部重要城市、重要建材工业中心、重要贸易中心、重要交通枢纽、重要旅游目的地。

（33）其中的柬埔寨磅湛省地处柬埔寨东南部、柬埔寨与越南接壤区域，金等金属矿物和黏土等非金属矿物蕴藏量相对比较突出，为柬埔寨耕地面积第三大省、人口最多省份及人口密度较大省份、占人集聚省份①、最大橡胶种植省份②、最重要稻谷玉米及棉花产区之一、最大畜牧养殖业省份、重要林木产地、重要橡胶工业省份纺织工业省份食品工作省份；省会磅湛市为柬埔寨东南部重要城市、柬埔寨第四大城市、重要综合交通枢纽、重要橡胶栽培中心、重要橡胶工业中心纺织工业中心食品工业中心、重要贸易中心。其中的柬埔寨干丹省地处柬埔寨东南部、金边直辖市周围地带，为柬埔寨人口密度最高省份、最重要稻谷玉米及棉花产区之一、重要经济作物种植省份、重要畜牧养殖业省份、重要旅游业省份；省会达克茂市为柬埔寨东南部重要城市、重要橡胶工业中心、重要贸易中心、重要交通枢纽。

（34）柬埔寨东部地区上述两省、东南部地区上述两省及其省会均处于中国成渝地区双城经济圈区域、越南北部中部南部经济社会发展中心区域与柬埔寨经济社会发展中心区域之间桥梁纽带部位，为连接上述五大中心区域的桥梁纽带区域，并在中国—中南半岛交通体系中居于过境运输枢纽区域重要地位、发挥重要作用；同时，均处于中国重庆—贵阳—南宁—凭祥口岸—越南同登口岸—河内—岘港—胡志明—金边交通—经济走廊沿线地区。因此，柬埔寨东部地区上述两省、东南部地区上述两省及其省会所在区域适宜成为南带中国—中南半岛走廊支线通道在柬埔寨东部东南部地区的穿越区域（地段）和支点区域（地段）。

（35）其中的柬埔寨金边直辖市地处柬埔寨东南部、湄公河与洞里萨河之间三角洲地带，为柬埔寨首都、最大城市、政治中心经济中心交通中心贸易中心文化中心教育中心宗教中心、最大河港所在地、人口规模第二大一级行政单元、人口密度最高地区、历史文化名城、世界知名旅游胜地、高棉王朝古都，被称为"亚洲珍珠"，在柬埔寨政治、经济、社会、文化发展中居于中心地位、发挥中心作用。

（36）柬埔寨上述金边直辖市为柬埔寨首都，在柬埔寨政治、文化、社会生活中占据中心地位，且处于中国重庆—贵阳—南宁—凭祥口岸—越南同登口岸—河内—岘港—胡志明—金边交通—经济走廊沿线地区，并在中国—中南半岛交通体系中居于重要区段性枢纽地位。因此，金边直辖市及其周边区域适宜成为中国—中南半岛走廊支线通道在柬埔寨境内的区段性目的区域，金边直辖市适宜成为南带中国—中南半岛走廊支线通道在柬埔寨境内的区段性目的地。

（37）联通中国成渝地区双城经济圈区域、越南北部中部南部经济社会发展中心区域与柬埔寨经济社会发展中心区域，建立和实现中国成渝地区双城经济圈中心城市重庆直辖市、越南北部中部南部经济社会发展中心区域与柬埔寨经济社会发展中心区域等五大中心区域之间的经济

---

① 磅湛在柬埔寨语中指"占人居住的村庄"。
② 磅湛省集中了柬埔寨90%的橡胶林。

社会战略性联系，是南带中国—中南半岛走廊支线通道形成的最主要逻辑及所负有的最主要战略职能之一。建立和实现中国成渝地区双城经济圈中心城市重庆直辖市、越南北部中部南部经济社会发展中心区域河内直辖市岘港直辖市胡志明直辖市与柬埔寨经济社会发展中心区域金边直辖市等五大主要节点之间的交通运输联系，进而形成交通经济带，是南带中国—中南半岛走廊的最主要表现形式和实现途径之一。因此，柬埔寨金边直辖市及其周边区域适宜成为中国—中南半岛走廊支线通道在柬埔寨境内的区段性目的区域，金边直辖市适宜成为中国—中南半岛走廊支线通道在柬埔寨境内的区段性目的地。

（38）其中的柬埔寨磅士卑省地处柬埔寨中南部，银、铅、锌、锡、钨、锰、铁等金属矿物和石灰石等非金属矿物蕴藏量相对比较突出，为柬埔寨粮食主产区之一、树糖主产地、第四大畜牧养殖业省份、重要林木产地、重要木材加工工业省份食品工业省份、重要旅游业省份，被称为"树糖仓库"；省会磅士卑市为柬埔寨中南部重要城市、重要综合交通枢纽、重要纺织工业中心食品工业中心、重要贸易中心。其中的柬埔寨磅清扬省地处柬埔寨中部、洞里萨湖东南部，黏土花岗岩煤炭等非金属矿物蕴藏量相对比较突出，为柬埔寨粮食主产区之一、重要畜牧养殖业省份、重要渔业省份、重要旅游业省份；省会磅清扬市为柬埔寨第四大城市、重要瓷器工业中心、重要综合交通枢纽、重要贸易中心。

（39）其中的柬埔寨菩萨省地处柬埔寨西北部、柬埔寨与泰国接壤区域，锑等金属矿物和磷黏土寿山石等非金属矿物蕴藏量相对比较突出，为柬埔寨土地面积第四大省份、耕地面积第五大省份、森林资源第二大省份、第二大水稻种植省份、重要经济作物种植省份、重要畜牧养殖业省份、重要渔业省份、重要名贵木材及药材产地，被称为"柬埔寨的鱼米之乡"；省会菩萨市为柬埔寨西北部重要城市、重要手工艺品制作中心、名贵木材产地、重要交通枢纽、重要旅游目的地。其中的柬埔寨马德望省地处柬埔寨西北部、柬埔寨与泰国接壤区域，金、铁、铝等金属矿物和磷、煤炭、石灰石、宝石等非金属矿物蕴藏量相对比较突出，为柬埔寨北部人口最多省份、柬埔寨耕地面积第四大省份、水稻主产区之一、最大玉米产区、重要经济作物种植省份、重要林果业省份、重要畜牧养殖业省份、柬埔寨已发现最古老且连续性最强文明遗迹所在地[①]，被称为"柬埔寨粮仓"；省会马德望市为柬埔寨西北部重要城市、洞里萨湖平原西北部经济中心、柬埔寨第二大城市、重要工业中心、重要贸易中心、重要旅游目的地、柬泰两国往来交通与贸易枢纽城市、古代柬埔寨国家中心地带、联结东西部要塞、柬埔寨历史古城。其中的班迭勉吉省地处柬埔寨西北部、柬埔寨与泰国接壤区域，磷和石灰石等非金属矿物蕴藏量相对比较突出，为柬埔寨重要水稻种植省份、重要经济作物种植省份、重要畜牧养殖业省份、重要旅游娱乐业省份、重要边境贸易省份；省会诗梳风市为该省最大城市、重要贸易中心、重要交通枢纽。

（40）柬埔寨中南部上述两省、西北部上述三省及其省会均处于柬埔寨经济社会发展中心区域与泰国经济社会发展中心区域之间桥梁纽带部位，为连接两大中心区域的桥梁纽带区域，并在中国—中南半岛交通体系中居于重要跨境运输枢纽区域地位、发挥重要作用。同时，均处于中国重庆—贵阳—南宁—凭祥口岸—越南同登口岸—河内—岘港—胡志明—金边—曼谷交通—经济走廊沿线地区。因此，柬埔寨中南部上述两省、西北部上述三省及其省会所在区域适宜成为南带中国—中南半岛走廊支线通道在柬埔寨中南部西北部地区的重要穿越区域（地段）和支点区域（地段）。

---

① 马德望省洛安斯边文明遗址第一层时间约在公元前 4290 年，第二层时间约在公元前 2050 年，第三层时间约在公元前 750 年；与该遗址同时发掘的克罗斯密山遗址大体属于同一时期，约在公元前 3420 年。

（41）柬埔寨上述九省一直辖市均处于横断山脉群余脉长山山脉余脉、扁担山脉、豆蔻山脉—象山山脉巨型碟状山前地域廊带，处于横断山脉群余脉巨型西北—东南向山群、西北—东南向及东西向山地地形雨带、西北—东南向及东西向山麓断裂带及坡降带、西北—东南向径流带、西北—东南向连片相对平坦地带、西北—东南向山前山间平原带、西北—东南向陆路及水路交通走廊带、西北—东南向及东西向农林及矿产资源富集带、西北—东南向及东西向山区林业金属采掘业山前种植业油气煤炭采掘业复合产业带、西北—东南向及北南向人口集聚区带等地理廊带体系，沿线区域形成湿润区巨型西北—东南向水—土—城—路系统及河—城系统；且该地段为中南半岛地理格局"龙骨"地带、经济社会发展"龙骨"地带、历史演进"龙骨"地带，具有雄厚、相对一致的中南半岛"龙骨"地带热带湿润区山前山间巨型西北—东南向地域廊带基础。因此，柬埔寨上述九省一直辖市所在区域适宜成为南带中国—中南半岛走廊支线通道在柬埔寨境内的重要穿越区域（地段）。

（42）当前，柬埔寨上述九省一直辖市境内已经形成串联以上行政单元、具有一定规模和历史基础的东南—西北向战略通道（芝布—金边—波贝交通走廊）与经济社会发展战略性地域廊带；同时，占据柬埔寨中部平原区单一覆被平面东西贯穿线、柬埔寨国家陆地领土东南—西北大致平分线、东南—西北大致陆上运输中轴线、柬埔寨国家主要经济社会发展中心连接线、东部跨境交通线—内陆跨区域交通线—西部跨境交通线连接线等多重潜在交通区位。因此，柬埔寨适宜成为南带中国—中南半岛走廊支线通道重要穿越国家，柬埔寨上述九省一直辖市所在区域适宜成为南带中国—中南半岛走廊支线通道在柬埔寨境内的重要穿越区域（地段）。

（43）泰国地处中南半岛中部，东据湄南河平原，南据马来半岛北部，国土轮廓具有东西延展与北南延伸兼备特征，在中南半岛交通体系中具有东西衔接与北南联通双重优势，在中国—中南半岛交通体系中居于以东西交通衔接北南交通的特殊地位。同时，该国为亚洲唯一粮食净出口国、亚洲第三大海洋渔业国、世界稻谷和天然橡胶最大出口国、世界五大农产品出口国之一、东南亚汽车制造中心和东盟最大汽车市场、世界第二大货车消费国①、世界第二大硬盘驱动器及存储单元制造国②、东南亚地区第二大对外贸易国③、东南亚第二大经济体④、世界新兴工业国家和世界新兴市场经济体之一、世界最闻名旅游胜地之一，经济社会发展在东南亚国家中具有显著的示范效应；且该国历史人文积淀深厚，经济社会发展潜力较大，具有成为中国—中南半岛走廊组成部分的区位条件、国家发展基础条件和趋势条件，适宜成为南带中国—中南半岛走廊支线通道在中南半岛的主要穿越区域（地段）。

（44）其中的泰国沙缴府地处泰国东部、泰国与柬埔寨接壤区域，为泰国重要稻米及经济作物种植府份、重要食品加工工业府份电力工业府份建材工业府份、重要边境贸易府份、重要经济特区所在府份、泰国东部区域面向柬埔寨及越南市场的重要出口加工基地；府都沙缴市为重要木材加工工业中心纺织工业中心工艺品制造工业中心、重要旅游目的地，被称为"泰国对柬埔寨经贸交流的桥头堡"。其中的泰国巴真府地处泰国东部，钼钨钙镍等金属矿物蕴藏量相对比较突出，为泰国重要水稻玉米种植区、重要木材产地、重要林果业府份、古代重要文化中心区域；府都巴真市为泰国东南部重要城市、重要贸易中心、铁路交通要冲。其中的泰国北柳府地处泰国东部，为泰国重要水稻种植区，被称为"鱼米之乡"；府都北柳市为泰国东南部重要城

---

① 仅次于美国。
② 仅次于中国。
③ 仅次于新加坡。
④ 仅次于印度尼西亚。

市、重要旅游目的地、重要历史古城。

（45）泰国东部地区上述三府及其府都均处于中国成渝地区双城经济圈区域、越南北部中部南部经济社会发展中心区域、柬埔寨经济社会发展中心区域与泰国经济社会发展中心区域之间桥梁纽带部位，为连接六大中心区域的桥梁纽带区域，并在中国—中南半岛交通体系中居于过境运输枢纽区域地位。同时，均处于中国重庆—贵阳—南宁—凭祥口岸—越南同登口岸—河内—岘港—胡志明—金边—曼谷交通—经济走廊沿线地区。因此，上述三府及其府都所在区域适宜成为南带中国—中南半岛走廊支线通道在泰国东部地区的重要穿越区域（地段）和支点区域（地段）。

（46）其中的泰国曼谷直辖市地处泰国中部、湄南河三角洲区域，为泰国首都、最大城市、政治中心经济中心对外贸易中心交通中心旅游中心教育中心文化中心国际活动中心①、最大对外贸易港和最大经济中心、中南半岛最大城市、东南亚第二大城市、年度"亚洲最佳旅游城市""全球十大最受欢迎旅游城市"、世界第一大旅游目的地、世界著名米市，被称为"佛教之都"，在泰国政治、经济、社会、文化发展中居于中心地位、发挥中心作用。

（47）联通中国成渝地区双城经济圈区域、越南北部中部南部经济社会发展中心区域、柬埔寨经济社会发展中心区域与泰国经济社会发展中心区域，建立和实现中国成渝地区双城经济圈中心城市重庆、越南北部中部南部经济社会发展中心区域、柬埔寨经济社会发展中心区域与泰国经济社会发展中心区域等六大中心区域之间的经济社会战略性联系，是南带中国—中南半岛走廊支线通道形成的最主要逻辑及所负有的最主要战略职能之一。建立和实现中国成渝地区双城经济圈中心城市重庆市直辖市、越南北部中部南部经济社会发展中心区域河内直辖市岘港直辖市胡志明直辖市、柬埔寨经济社会发展中心区域金边直辖市、泰国经济社会发展中心区域曼谷直辖市等六大主要节点之间的交通运输联系，进而形成交通经济带，是南带中国—中南半岛走廊的最主要表现形式和实现途径之一。因此，曼谷直辖市及其周边区域适宜成为中国—中南半岛走廊支线通道在泰国境内的区段性目的区域；曼谷直辖市适宜成为中国—中南半岛走廊支线通道在泰国境内的区段性目的地。

（48）其中的泰国佛统府地处泰国中部，为泰国重要水稻种植府份、重要林果业府份、重要旅游目的地、泰国古代佛教圣地、佛教最早传入泰国并开始弘扬区域；府都佛统市为泰国中部重要工商业城市、重要交通枢纽、古代商业中心宗教中心、泰国最古老的城市，被称为"甜柚城"。

（49）其中的泰国叻武里府地处泰国西部、泰国与缅甸接壤区域，锡钨等金属矿物及磷酸盐长石等非金属矿物蕴藏量、木材资源保有量相对比较突出，为泰国重要孟人②聚居区、重要水稻种植府份、重要经济作物种植府份、优质木材产地、重要木材加工工业府份制糖工业府份纺织工业府份、重要旅游目的地；府都叻丕市为泰国重要轻工业中心、重要农产品贸易中心、重要交通枢纽、历史古城。其中的泰国碧武里府地处泰国西部、泰国与缅甸接壤区域、泰国湾沿岸区域，萤光石等非金属矿物蕴藏量相对比较突出，为泰缅边境战略重地、泰国重要水稻种植府份、重要经济作物种植府份、重要渔业府份、重要木材产地、重要汽车制造工业府份建材工业府份；府都碧武里市为重要滨海度假胜地、历史古城、古代人类聚落中心。其中的泰国巴蜀府

---

① 曼谷直辖市经济规模占泰国经济总规模的45%左右，曼谷港承担泰国90%的对外贸易货运量。

② 孟人为中南半岛最为古老的民族之一，主要分布于缅甸，少部分分布于泰国，属蒙古人种南亚型、南亚语系孟高棉语族孟语支，源于先秦时期活动于中国西南地区的百濮民族集团，是最先从中国内地进入中南半岛的孟高棉语族主要民族。据考证，早在公元前20世纪即有大批原居住于中国华南地区、西南地区的孟高棉部落南迁进入中南半岛，并以湄南河流域为中心，在中南半岛上创造了辉煌的古代文明，先后在今缅甸、泰国境内建立多个王朝，最终于1757年被缅族王朝彻底攻灭，孟人逐渐融入缅人。孟人是一个有着古老文化的民族，早在公元前3世纪前后，孟人即使用波罗婆字母镌刻碑铭；公元3世纪末4世纪初，孟人吸收属于梵文的南印度文字创造孟文，随后缅人使用孟文字母创造缅文；孟族文化对缅族文化和掸族文化均产生重大影响，缅族文化系在吸收孟族文化基础上发展起来；孟族文化是缅族文化的两大基础之一。

地处泰国西部、泰国与缅甸接壤区域、泰国湾沿岸区域，锡金钨钍等金属矿物及磷酸盐石墨等非金属矿物蕴藏量相对比较突出，为泰国境内形状最窄长府份；府都巴蜀市为泰国西南部海港城市、重要贸易中心、重要综合交通枢纽。

（50）泰国上述东部三府、中部一直辖市一府、西部三府均处于横断山脉群余脉普潘山脉、琅勃拉邦山脉、坤丹山脉、他念他翁山—比劳山脉巨型碟状山前地域廊带①，处于横断山脉群余脉普潘山脉、琅勃拉邦山脉、坤丹山脉、他念他翁山—比劳山脉巨型西北—东南向山群、西北—东南向山地地形雨带、西北—东南向山麓断裂带及坡降带、西北—东南向径流带、西北—东南向或北南向连片相对平坦地带、西北—东南向或北南向山前山间平原带、西北—东南向或北南向陆路及水路交通走廊带、西北—东南向或北南向农林及矿产资源富集带、西北—东南向或北南向山区林业金属采掘业山前种植业油气煤炭采掘业复合产业带、西北—东南向或北南向人口集聚区带等地理廊带体系，沿线区域形成巨型西北—东南向或北南向湿润区水—土—城—路系统及河—城系统；且该地段是中南半岛地理格局"龙骨"地带、经济社会发展"龙骨"地带、历史演进"龙骨"地带，具有雄厚、相对一致的中南半岛"龙骨"地带热带湿润区山前山间巨型地域廊带基础。因此，泰国上述七府一直辖市所在区域适宜成为南带中国—中南半岛走廊支线通道在泰国东中部地区的重要穿越区域（地段）。

（51）其中的泰国春蓬府地处泰国南部、马来半岛②北部及最狭窄处、泰国与缅甸接壤区域、泰国湾沿岸区域，锡等金属矿物蕴藏量相对比较突出，为泰国重要水稻种植区、重要林果业府份、重要渔业府份；府都春蓬市为泰国南部滨海城市、重要旅游目的地、重要历史古城。其中的泰国素叻他尼府地处泰国南部、马来亚半岛北部、泰国湾沿岸区域，锡等金属矿物及煤炭等非金属矿物蕴藏量相对比较突出，为泰国重要水稻产区、重要橡胶产区；府都素叻他尼市为重要工业中心、重要稻米锡矿石输出港、重要综合交通枢纽、历史古城、古代婆罗门教盛行地。其中的泰国洛坤府地处泰国南部、马来半岛北部、泰国湾沿岸区域，锡锑钛钨等金属矿物和石膏石灰岩等非金属矿物蕴藏量相对比较突出，为泰国南部人口最多的府、重要产粮区、重要橡胶产区、重要木材及林果产地、古代多个王朝兴盛区域；府都洛坤市为泰国南部重要城市、重要旅游目的地、泰国南部最重要寺庙所在地、近代英国葡萄牙荷兰商人间贸易往来主要区域、泰国最古老的城市之一，被称为"在泰国历史上扮演重要角色城市"。其中的泰国博他仑府地处泰国南部、马来半岛北部、泰国湾沿岸区域，为泰国南部重要水稻产区、重要橡胶产区、重要木材及林果产地；府都博他仑市为泰国西南部重要城市、重要轻工业中心、重要贸易中心、重要旅游目的地、重要历史古城。其中的泰国宋卡府地处泰国南部、马来半岛中部、泰国湾沿岸区域，锡锰钨等金属矿物和重晶石等非金属矿物蕴藏量相对比较突出，为泰国南部重要水稻产区、重要橡胶产区、重要渔业府份、重要林木产地，被称为"通向新加坡和马来西亚的南大门"；府都合艾市为泰国南部最重要的经济中心、贸易中心、交通中心、教育中心、文化中心。

（52）泰国曼谷直辖市以西以南上述中部一府、西部三府、南部五府③及其府都均处于泰国经济社会发展中心区域与马来西亚经济社会发展中心区域之间桥梁纽带部位，为连接两个中心区域的桥梁纽带区域，并在中国—中南半岛交通体系中居于重要跨境运输枢纽区域地位。同时，均处于中国重庆—贵阳—南宁—凭祥口岸—越南同登口岸—河内—岘港—胡志明—柬埔寨金

---

①　该地域廊带及巨型山群山链为印度—马来地块组成部分，系由印度洋板块与欧亚板块碰撞挤压形成。

②　马来半岛在地质构造上属印度—马来地块的一部分，山地位于中部，向东西两侧降低；中部山地包括八条大致平行的山岭，纵贯南北。

③　与前述诸府内容有交叉，特此说明。

边—泰国曼谷—马来西亚吉隆坡交通—经济走廊沿线地区。因此，上述九府所在区域适宜成为南带中国—中南半岛走廊支线通道在泰国中部西部南部地区的重要穿越区域（地段）和支点区域（地段）。

（53）当前，泰国上述十二个府一个直辖市境内已经形成大致沿泰国湾沿岸呈"象鼻"形展布、串联以上行政单元、具有一定规模和历史基础的东—西—南向战略通道（亚兰—曼谷—沙没沙空—巴蜀—合艾—沙道交通走廊）与经济社会发展战略性地域廊带，该地带并已成为泰国最重要的东—西—南向交通主干地带或主要运输走廊；同时，占据泰国中部平原区单一覆被平面东西贯穿线、泰国国家陆地领土东—西—南向大致平分线、东—西—南大致陆上运输中轴线、泰国国家主要经济社会发展中心连接线、东部跨境交通线—内陆跨区域交通线—南部跨境交通线连接线等多重潜在交通区位。因此，泰国适宜成为南带中国—中南半岛走廊支线通道重要穿越国家，泰国上述十二个府一个直辖市所在区域适宜成为南带中国—中南半岛走廊支线通道在泰国境内的重要穿越区域（地段）。

（54）马来西亚西马来西亚部分地处马来半岛南部，西马来西亚部分国土轮廓北南延伸，在中南半岛及中国—中南半岛交通体系中居于承北接南重要地位；且该国西马来西亚部分农林水资源与矿藏资源蕴藏丰富，棕榈油加工工业、胶乳和橡胶工业、电器及电子工业、钢铁工业及汽车工业、石油天然气化学工业、建筑业和服务业发展迅速，经济社会发展水平较高，具有成为中国—中南半岛走廊组成部分的区位条件、国家发展基础条件和趋势条件，适宜成为南带中国—中南半岛走廊支线通道在中南半岛南部的重要穿越区域（地段）。

（55）其中的马来西亚玻璃市州地处马来半岛西海岸最北部、马来西亚与泰国接壤区域、濒临马六甲海峡，锡①等金属矿物蕴藏量相对比较突出，为马来西亚重要稻米产区、重要经济作物种植州份②、重要渔业州份、重要农产品加工工业州份建材工业州份、重要旅游业州份、重要交通运输通信业州份、近代英国殖民统治区域，与吉打州共同被称为"马来西亚米仓"；首府加央市为马来西亚东北部重要城市、重要工业中心、重要渔港及鱼类交易中心、重要交通枢纽、重要旅游目的地、马来半岛古城。其中的马来西亚吉打州地处马来半岛西北端、马来西亚与泰国接壤区域、濒临马六甲海峡，锡铝金等金属矿物蕴藏量相对比较突出，为马来西亚稻米主产区、重要渔业州份、重要高科技产业州份重工业州份、马来西亚与泰国间交通主通道所在州份、拥有最悠久历史州份、近代英国殖民统治区域、古代中国与印度之间通道中途要地、古代国际贸易中心区域、古代印度教及佛教传播区域，与玻璃州共同被称为"马来西亚米仓"；首府亚罗士打市为吉打平原北部重要城市、重要农产品加工工业中心印刷工业中心纺织工业中心化学工业中心、重要贸易中心、重要综合交通枢纽、中国古籍记载羯荼国所在地，被称为"米都"。

（56）其中的马来西亚雪兰莪州地处马来半岛西海岸中部、濒临马六甲海峡，锡等金属矿物和煤炭等非金属矿物蕴藏量相对比较突出，为马来西亚引进外籍劳工最多州份、华族人口占比较高州份、重要电子电器工业州份化学工业州份汽车制造工业州份③、第二大锡生产区域、重要煤炭生产基地、重要服务业州份④、马来西亚最大港口巴生港所在州、重要交通中心、重要旅游目的地、马来西亚经济核心区巴生河谷区域所在州、重要教育中心、近代英

---

① 锡矿为马来西亚最重要的矿产资源，该国为世界第二大锡矿储藏国、锡矿品位最高国家，一度为世界最大的锡生产国和出口国、产量占世界总产量的60%左右，现为世界第四大锡生产国。

② 马来西亚为世界各国中种植橡胶树较多国家、橡胶业产值最大国家，一度为最大橡胶生产国和出口国、产量占世界总产量的40%左右，现为世界第三大天然橡胶生产国和出口国；该国同时为世界最大棕油生产国和出口国。

③ 雪兰莪州制造业规模占马来西亚制造业总规模的30%左右，该州经济规模占马来西亚经济总规模的20%左右。

④ 雪兰莪州服务业规模占马来西亚服务业总规模的25%左右。

殖民统治区域；首府莎阿南市为该州重要工业中心、重要旅游目的地、马来西亚最大清真寺所在地。

（57）其中的马来西亚吉隆坡联邦直辖区地处马来半岛西海岸中部、濒临马六甲海峡，为马来西亚联邦直辖区之一、首都、最大城市、政治中心经济中心金融中心商业中心文化中心艺术中心、最具国际化特征城市、最大新兴工业中心、最大锡矿业基地、制造业规模及就业人数首位区域、工业化发展和经济规模扩张最迅速区域之一、公路网中心及重要综合交通枢纽、华人主要传统聚居地之一、东南亚两大外交中心之一、年度世界最吸引外国游客第十名城市、世界一线城市、近代英国在马来西亚最大的殖民统治中心，被称为"世界锡都""世界胶都"，在马来西亚政治、经济、社会、文化发展中居于中心地位。其中的马来西亚布城联邦直辖区地处马来西亚半岛西海岸中部（处于雪兰莪州环绕区域），为马来西亚三个联邦直辖区之一、马来西亚联邦行政中心、现代化新兴城市、重要旅游目的地，被称为"智慧型花园城市"。

（58）联通中国成渝地区双城经济圈区域、越南北部中部南部经济社会发展中心区域、柬埔寨经济社会发展中心区域、泰国经济社会发展中心区域与马来西亚经济社会发展中心区域，建立和实现中国成渝地区双城经济圈中心城市重庆直辖市、越南北部中部南部经济社会发展中心区域、柬埔寨经济社会发展中心区域、泰国经济社会发展中心区域与马来西亚经济社会发展中心区域等七大中心区域之间的经济社会战略性联系，是南带中国—中南半岛走廊支线通道形成的最主要逻辑及所负有的最主要战略职能之一。建立和实现中国成渝地区双城经济圈中心城市重庆直辖市、越南北部中部南部经济社会发展中心区域河内直辖市岘港直辖市胡志明直辖市、柬埔寨经济社会发展中心区域金边直辖市、泰国经济社会发展中心区域曼谷直辖市与马来西亚经济社会发展中心区域吉隆坡联邦直辖区和布城联邦直辖区等八大主要节点之间的交通运输联系，进而形成交通经济带，是南带中国—中南半岛走廊的最主要表现形式和实现途径之一。因此，吉隆坡联邦直辖区和布城联邦直辖区及其周边区域适宜成为中国—中南半岛走廊支线通道在西马来西亚的区段性目的区域，吉隆坡联邦直接区与布城联邦直辖区适宜成为中国—中南半岛走廊支线通道在西马来西亚的区段性目的地。

（59）其中的马来西亚森美兰州地处马来半岛西南部、濒临马六甲海峡，为马来西亚重要稻米产地、橡胶主产区、重要制造业州份服务业州份、重要旅游目的地、近代英国殖民统治区域、古代柔佛王国及马六甲王国统治区域；首府芙蓉市为该州重要工业中心、重要交通枢纽、重要旅游城市。其中的马来西亚马六甲州地处马来西亚半岛西南部、马六甲海峡中腰部位，锡铝金等金属矿物蕴藏量相对比较突出，为马来西亚重要制造业州份、重要旅游业州份、世界文化遗产所在地①、近代英国荷兰葡萄牙殖民统治区域、古代东西海路交通要道、古代马六甲王国②重要统治区域、马来西亚国家形成奠定基础区域③；首府马六甲市为马来半岛重要港市、马来西亚主要港口所在地、重要贸易中心、重要旅游中心、重要教育中心、马来西亚橡胶种植发源地、马来西亚现存历史最悠久的古城、近代及古代太平洋沿岸区域及印度洋沿岸区域之间国际贸易中心④、马来半岛古都⑤、古代马来半岛和东南亚地区伊斯兰教传播中心⑥、古代"海上丝绸之

---

① 马六甲市被列为世界文化遗产。
② 中国古籍称之为"满剌加王国"。
③ 马来民族政权奠定马来民族在马来半岛主流地位；马六甲王朝建国典章制度成为马来土邦立国行政蓝本；马六甲王朝版图奠定马来西亚疆域基础。
④ 一说马六甲为阿拉伯语"繁忙的市场"之意。
⑤ 马六甲市曾为15世纪建立的满剌加王朝首都。
⑥ 被称为"小麦加"。

路"要地、古代东西方海路贸易枢纽①。

（60）西马来西亚上述南部两州及其首府均处于马来西亚经济社会发展中心区域与新加坡之间桥梁纽带部位，为连接两大中心区域的桥梁纽带区域，并在中国—中南半岛交通体系中居于重要跨境运输枢纽区域地位。同时，均处于中国重庆—贵阳—南宁—凭祥口岸—越南同登口岸—河内—岘港—胡志明—柬埔寨金边—泰国曼谷—马来西亚吉隆坡—新加坡交通—经济走廊沿线地区。因此，上述两州及其首府所在区域适宜成为南带中国—中南半岛走廊支线通道在马来半岛南部地区的重要穿越区域（地段）和支点区域（地段）。

（61）当前，马来西亚马来半岛部分上述五州及两个联邦直辖区境内已经形成大致沿马六甲海峡东岸展布、串联以上行政单元、具有一定规模和历史基础的西北—东南向战略通道（加央—吉隆坡—马六甲—新山交通走廊）与经济社会发展战略性地域廊带，该地带并已成为马来西亚马来半岛部分最重要的西北—东南向交通主干地带或主要运输走廊。同时，占据马来西亚马来半岛部分国家陆地领土西北—东南向大致平分线、西北—东南向大致陆上运输中轴线、国家（马来半岛部分）主要经济社会发展中心连接线、北部跨境交通线—境内跨区域交通线—南部跨境交通线连接线等多重潜在交通区位。因此，马来西亚适宜成为南带中国—中南半岛走廊支线通道重要穿越国家，上述五州及两个联邦直辖区所在区域适宜成为南带中国—中南半岛走廊支线通道在马来西亚境内的重要穿越区域（地段）。

（62）泰国南部上述五府、马来西亚马来半岛部分上述五州及两个联邦直辖区均处于横断山脉群余脉（他念他翁山—比劳山脉—）大汉山脉巨型链状山前地域廊带②，处于横断山脉群余脉（他念他翁山—比劳山脉—）大汉山脉巨型西北—东南向山链、西北—东南向山地地形雨带、西北—东南向山麓断裂带及坡降带、西北—东南向径流带、西北—东南向或北南向狭窄连片相对平坦地带、西北—东南向或北南向山前山间平原带、西北—东南向或北南向陆路交通走廊带、西北—东南向或北南向农林及矿产资源富集带、西北—东南向或北南向山区林业金属采掘业山前种植业油气煤炭采掘业复合产业带、西北—东南向或北南向人口集聚区带等地理廊带体系，沿线区域形成巨型西北—东南向或北南向湿润区水—土—城—路系统及河—城系统；且该地段是中南半岛地理格局"龙骨"地带、经济社会发展"龙骨"地带、历史演进"龙骨"地带，具有雄厚、相对一致的中南半岛"龙骨"地带热带湿润区山前山间巨型西北—东南向或北南向地域廊带基础。因此，泰国南部上述五府、马来西亚马来半岛上述五州及两个联邦直辖区所在区域适宜成为南带中国—中南半岛走廊支线通道在马来半岛的重要穿越区域（地段）。

（63）新加坡地处新加坡岛及周围小岛、马来半岛南侧③、毗邻马六甲海峡南口，居于东亚—东南亚陆路交通体系南端、东亚—太平洋海路交通体系与南亚—印度洋海路交通体系战略枢纽部位，为东南亚重要城市国家、重要金融中心转口贸易中心、最大修造船基地之一、亚洲重要金融中心服务业中心航运中心、年度世界第四大国际金融中心（2018年）、世界第三大炼油中心、世界重要转口贸易港和最繁忙港口之一、联系亚欧非澳洲的航空中心、世界最大燃油供应港、世界第二大集装箱港、年度"全球城市竞争力排榜"第六位城市、世界一线城市、世界最国际化的城市和国家之一、原马来西亚联邦组成部分、近代英国在东南亚地区的殖民统治中

---

① 马六甲港为中国明代航海家郑和率船队七下西洋五次驻节之地、古代东南亚地区贸易中心及最重要港口、古代波斯阿拉伯印度与马来群岛之间贸易中心、古代两次季风之间中印贸易船只停泊点。
② 该地域廊带及巨型山群山链为印度—马来地块组成部分，系由印度洋板块与欧亚板块碰撞挤压形成。
③ 新加坡北部和西部通过新柔长堤和第二通道与马来半岛相通；新加坡行政区划共划分为五个社区（行政区）。

心、近代世界主要橡胶出口及加工基地、近代欧亚之间航船重要停泊港、古代室利佛逝僧伽补罗国①马六甲王朝柔佛王国重要统治区域、中国三国时期东吴将领康泰到访地，被称为"亚洲四小龙"之一、"花园城市""东方直布罗陀"，经济社会发展在东南亚各国中处于领先水平，具有成为中国—中南半岛走廊组成部分的区位条件、国家发展基础条件和趋势条件，适宜成为南带中国—中南半岛走廊支线通道目的地、南带中国—中南半岛走廊南桥头堡。

（64）联通中国成渝地区双城经济圈区域、越南北部中部南部经济社会发展中心区域、柬埔寨经济社会发展中心区域、泰国经济社会发展中心区域、马来西亚经济社会发展中心区域与新加坡，建立和实现中国成渝地区双城经济圈中心城市重庆直辖市、越南北部中部南部经济社会发展中心区域、柬埔寨经济社会发展中心区域、泰国经济社会发展中心区域、马来西亚经济社会发展中心区域与新加坡等八大中心区域之间的经济社会战略性联系，是南带中国—中南半岛走廊支线通道形成的最主要逻辑及所负有的最主要战略职能。建立和实现中国成渝地区双城经济圈中心城市重庆直辖市、越南北部中部南部经济社会发展中心区域河内直辖市岘港直辖市胡志明直辖市、柬埔寨经济社会发展中心区域金边直辖市、泰国经济社会发展中心区域曼谷直辖市、马来西亚经济社会发展中心区域吉隆坡联邦直辖区和布城联邦直辖区与新加坡等九大主要节点之间的交通运输联系，进而形成交通经济带，是南带中国—中南半岛走廊的最主要表现形式和实现途径。因此，新加坡适宜成为南带中国—中南半岛走廊支线通道目的地、南带中国—中南半岛走廊南桥头堡。

（65）当前，在中南半岛已经初步形成北起红河三角洲北部、中经中国南海西岸及泰国湾西北岸与马六甲海峡东岸地带、南至新加坡、串联越柬泰马新五国上述五十二个省府州及七个直辖市联邦直辖区、具有一定规模和历史基础的大致西北—东南—西北—东南向折尺状战略通道雏形（同登—岘港—胡志明市—金边—曼谷—合艾—吉隆坡—新加坡交通走廊）与经济社会发展战略性地域廊带雏形。同时，占据中南半岛各国山前交通线连接线、各国滨海平原贯穿线连接线、各国滨海陆路交通线连接线、各国国家陆地领土大致平分线连接线、各国大致陆上运输中轴线连接线、各国国家主要经济社会发展中心连接线、各国跨境入境交通线—境内跨区域交通线—跨境出境交通线连接线等多重潜在交通区位。因此，五国上述五十二个省府州及七个直辖市联邦直辖区所在区域适宜成为南带中国—中南半岛走廊支线通道在中南半岛各国境内的重要穿越区域（地段）、区段性目的区域、目的区域。

（66）中国上述两省一直辖市（一直辖市一自治州六市）与中南半岛五国上述五十二个省府州及七个直辖市联邦直辖区均处于云贵高原东坡—横断山脉群余脉云岭—无量山—拾宋早再山—长山山脉及横断山脉群余脉他念他翁山—比劳山脉—大汉山脉巨型掌状山前地域廊带②，处于云贵高原东坡—横断山脉群余脉巨型北南向及西北—东南向山群山链、北南向及西北—东南向山地地形雨带、北南向及西北—东南向山麓断裂带及坡降带、北南向及西北—东南向径流带、西北—东南向或北南向狭窄连片相对平坦地带、西北—东南向或北南向山前山间平原带、西北—东南向或北南向陆路及水路交通走廊、西北—东南向或北南向农林及矿产资源富集带、西北—东南向或北南向山区林业金属采掘业山前种植业油气煤炭采掘业复合产业带、西北—东南向或北南向人口集聚区带等地理廊带体系，沿线区域形成巨型西北—东南向或北南向湿润区水—土—城—路系统及河—城系统；且该地带为中国西南地区东部与中南半岛大致地理格局"龙骨"地带、经济社会发展"龙骨"地带、历史演进"龙骨"地带，具有雄厚、相对一致的

---

① 又译作新加坡拉，梵文意为"狮子城堡"。

② 该地域廊带及巨型山群山链为印度—马来地块组成部分，系由印度洋板块与欧亚板块碰撞挤压形成。

中国西南地区东部与中南半岛大致"龙骨"地带亚热带热带湿润区山前山间巨型西北—东南向或北南向地域廊带基础。因此，上述六国六十二个一级行政单元所在区域适宜成为南带中国—中南半岛走廊支线通道穿越区域（地段）。

（67）该地段及走廊北段成都—重庆—贵阳—河内段沿线地带在历史时期即为南方丝绸之路"南越道"（从古巴蜀经古夜郎至古南越即今越南）的重要穿越区域（地段）。选择该地段及走廊为南带中国—中南半岛走廊支线通道穿越区域（地段），既是对历史时期南方丝绸之路"南越道"的概括性继承，也是对当前国际地缘政治经济大势尤其是中国—东盟地缘政治地缘经济大势的主动、积极顺应。

（68）与上述重庆—贵阳—南宁—河内—岘港—胡志明市—金边—曼谷—吉隆坡—新加坡一线相比较，前述中国香港澳门广州深圳—韶关—株洲—怀化—重庆一线的桥头堡香港澳门广州深圳及所依托的粤港澳大湾区经济社会发展基础、经济社会发展水平、经济社会资源以交通线路为中轴的整合程度等均雄厚于、高于或强于前者，该线战略性交通运输通道及经济社会发展战略性地域廊带和点轴状经济社会空间布局系统发育程度、现成程度等均高于前者，穿越国家政局稳定程度、社会和谐程度、国家治理效能等均高于或强于前者（新加坡除外），且因该线穿越中国大陆华南区域及西南区域广阔区域，导致战略性交通运输通道及经济社会发展战略性地域廊带辐射范围远远广于前者（上述重庆—贵阳—南宁—河内—岘港—胡志明市—金边—曼谷—吉隆坡—新加坡一线沿线交通主通道、人口、经济活动均密集于相对狭窄的沿海平原、沿河平原、河口三角洲及部分河流下游平原，导致其战略性交通运输通道及经济社会发展战略性地域廊带辐射范围相对较为有限），且该线全部里程通过中国领土（上述重庆—贵阳—南宁—河内—岘港—胡志明市—金边—曼谷—吉隆坡—新加坡一线绝大部分里程通过东盟国家）。因此，选择前述中国香港澳门广州深圳—韶关—株洲—怀化—重庆一线为南带主通道和经济带主要穿越区域（地段），而不选择上述重庆—贵阳—南宁—河内—岘港—胡志明市—金边—曼谷—吉隆坡—新加坡一线为中带主通道和经济带主要穿越区域（地段）；又由于其北桥头堡位于南带主通道成渝地区双城经济圈重庆节点，因此，将其列为南带支线通道及走廊之一。

（69）该支线通道所依托的巨型山链及附随的巨型地理廊带见表5-30。

表5-30 南带中国—中南半岛走廊支线通道依托巨型山链及相关巨型地理廊带

序号	类型	名称
1	巨型山链	云贵高原东坡——横断山脉群余脉巨型山链
2	巨型山地降水相对较多带	云贵高原东坡横断山脉群——横断山脉群余脉巨型山地降水相对较多带
3	巨型山谷耦合带	云贵高原东坡——横断山脉群余脉巨型山谷耦合带
4	巨型山川并行带	云贵高原东坡——横断山脉群余脉巨型山川并行带
5	巨型成土母质带及连片相对平坦地带	云贵高原东坡——横断山脉群余脉山前山间巨型成土母质带及连片相对平坦地带
6	巨型成矿带	特提斯成矿域南带（东段）
7	巨型交通走廊带	云贵高原东坡——横断山脉群余脉山前山间巨型交通走廊带
8	巨型经济走廊带	云贵高原东坡——横断山脉群余脉山前山间巨型经济走廊带

（五）南带中国—中南半岛走廊支线通道现状及应建或建议建设交通线路

1. 南带中国—中南半岛走廊支线通道现状

（1）铁路交通线路。该线中国重庆—贵阳—南宁—凭祥—越南同登河内—胡志明市—鹅油下—柬埔寨芝布—金边—波贝—泰国亚兰—曼谷—巴蜀—沙道—马来西亚加央—吉隆坡—新山—新加坡段已建铁路线路，中国段部分地段已建成高速铁路。

（2）公路交通线路。该线已建不同等级公路线路，中国段部分地段已建成高速公路。

（3）油气管道。该线中国重庆忠县—贵阳段已建成长大输气管道，沿线其他地段均未建设长大输油、输气管道。

2. 南带中国—中南半岛走廊支线通道应建或建议建设交通线路及理由或目标

（1）铁路交通线路。应建或建议建设铁路交通线路：中国南宁—凭祥—越南同登—河内—胡志明市—鹅油下—柬埔寨芝布—金边—波贝—泰国亚兰—曼谷—巴蜀—沙道—马来西亚加央—吉隆坡—新山—新加坡高速铁路。

理由或目标：实现南带中国—中南半岛走廊支线通道全线以高速铁路贯通（中国境内重庆—贵阳已建成高速铁路、贵阳—南宁段已开工建设高速铁路）。

（2）公路交通线路。应建或建议建设公路交通线路：中国南宁—凭祥—越南同登—河内—胡志明市—鹅油下—柬埔寨芝布—金边—波贝—泰国亚兰—曼谷—巴蜀—沙道—马来西亚加央—吉隆坡—新山—新加坡高速公路。

理由或目标：实现南带中国—中南半岛走廊支线通道全线以高速公路贯通。

（3）油气管道。应建或建议建设油气管道：①重庆—防城输油管道；②贵阳—防城输气管道。

理由或目标：实现成渝城市群与北部湾城市群以长大输油、输气管道联结。

四、南带中缅孟印走廊支线通道走向及其辐射范围、沿线地区主导产业

南带中缅孟印走廊支线通道及经济走廊走向、辐射范围、沿线地区主导产业同前述。即南带中缅孟印走廊支线通道及经济走廊走向为：中国成都—昆明—大理—瑞丽—缅甸南坎—腊戍—曼德勒—仁安羌—皎漂港及实兑港—孟加拉国伊德冈—吉大港—坚德布尔—库尔纳—杰索尔—印度加尔各答。

五、南带中印走廊交通支线通道走向及其辐射范围、沿线地区主导产业

丝绸之路经济带南带中印走廊交通支线通道（以下简称南带中印走廊支线通道）及经济走廊走向、辐射范围、沿线地区主导产业如下：

（一）南带中印走廊支线通道走向

南带中印走廊支线通道走向为：中国成都—雅安—康定—昌都—拉萨—日喀则—帕羊—普兰—印度凯拉—赫尔德瓦尼—莫拉达巴德—新德里。

（二）南带中印走廊支线通道穿越或辐射地区

南带中印走廊支线通道穿越的国家为：中国、印度。

南带中印走廊支线通道穿越的中国一级行政单元为：四川省、西藏自治区（共计2个一级行政单元）。

南带中印走廊支线通道穿越的中国市地盟州为：四川成都市、雅安市、甘孜藏族自治州，西藏昌都市、林芝市、拉萨市、日喀则市、阿里地区（共计8个）。

南带中印走廊支线通道穿越的中国国内段主要城市为：成都市、雅安市（非省会城市），林芝市（非省会城市）、拉萨市、日喀则市（非省会城市）、普兰县（非省会城镇）。

南带中印走廊支线通道穿越的中国国内重要交通节点城镇为：成都市、雅安市，康定市、芒康县、波密县、林芝市、拉萨市、日喀则市、普兰县。

南带中印走廊支线通道穿越的相关其他国家一级行政单元为：印度北阿坎德邦、北方邦、新德里（共计 3 个一级行政单元）。南带支线通道穿越的各国一级行政单元共计 5 个。

南带中印走廊支线通道穿越的相关其他国家主要城市为：印度凯拉（非省会城市）、赫尔德瓦尼（非省会城市）、莫拉达巴德（非省会城市）、新德里。

（三）南带中印走廊支线通道沿线地区主导产业

1. 南带中印走廊支线通道中国四川段沿线地区主导产业

南带中印走廊支线通道中国四川段沿线地区主导产业为：电子信息工业、机械制造工业、食品饮料烟草及医药工业、冶金建材工业、石油化学工业、电力生产和供应业、种植业及畜牧业（中国四川成都市、雅安市、甘孜藏族自治州，见表 5-31）。

表 5-31　南带中印走廊支线通道中国四川段沿线地区主导产业

序号	市地盟州	主导产业
1	成都市	电子信息工业、机械制造工业、食品饮料烟草及医药工业、冶金建材工业、石油化学工业
2	雅安市	水电工业及冶金工业、农产品加工工业、机械制造工业、新材料产业
3	甘孜藏族自治州	有色金属采选工业、电力生产和供应业、非金属矿物制品业、种植业、畜牧业

2. 南带中印走廊支线通道中国西藏段沿线地区主导产业

南带中印走廊支线通道中国西藏段沿线地区主导产业为：种植业、采矿业、纺织皮革塑料地毯等轻工业、畜牧业（中国西藏昌都市、林芝市、拉萨市、日喀则市、阿里地区，见表 5-32）。

表 5-32　南带中印走廊支线通道中国西藏段沿线地区主导产业

序号	市地盟州	主导产业
1	昌都市	种植业、采矿业、畜牧业
2	林芝市	种植业、轻工业、畜牧业
3	拉萨市	种植业、纺织皮革塑料地毯等轻工业、畜牧业
4	日喀则市	种植业、畜牧业、采矿业
5	阿里地区	畜牧业、种植业、采矿业、电力工业

3. 南带中印走廊支线通道印度段沿线地区主导产业

南带中印走廊支线通道印度段沿线地区主导产业为：电子及软件业、通信业、机械仪器及办公设备制造工业、餐饮住宿服务及旅游业、金融业、媒体业、纺织制糖食品茶叶加工工业（印度"北阿坎德邦"、北方邦、新德里，见表 5-33）。

表 5-33　南带中印走廊支线通道印度段沿线地区主导产业

序号	市地盟州	主导产业
1	"北阿坎德邦"	种植业、畜牧业、茶叶加工工业
2	北方邦	纺织工业、制糖工业、食品加工工业、电子工业及软件业、办公设备制造工业
3	新德里	电子及软件业、通信业、机械仪器制造工业、餐饮住宿服务及旅游业、金融业、媒体业

对上述两个国家三个区段的主导产业进行比较可见，在整个南带中印走廊支线通道沿线地

区，主导产业结构层次及总体经济发展水平大致呈现东段（中国四川省境内段）最高、西段（印度境内段）次高、中段（中国西藏自治区境内段）最低的"鞍形"格局，沿线地区产业结构层次和经济发展水平差异比较明显，全线产业结构优化及经济发展一体化潜力相对较大。

（四）南带中印走廊支线通道及经济走廊走向理由与依据

（1）如前所述，中国成渝地区双城经济圈区域是中国西南地区最具规模、发展水平最高、发展潜力最大的内陆经济社会发展廊带或区块，在中国西南地区内陆经济社会发展中居于核心地位；四川省成都市为成渝地区双城经济圈和城市群核心城市之一、中国西部地区重要中心城市、中国超大城市、国家重要高新技术产业基地。因此，选择该经济圈区域为南带中印走廊支线通道起始区域、南带中印走廊东桥头堡区域，选择成都市为南带中印走廊支线通道起始地、南带中印走廊东桥头堡。

（2）四川省雅安市地处青藏高原向成都平原过渡地带，为四川省辖地级市、四川省重要茶种植基地、重要水电基地、重要机械制造工业中心农产品加工工业中心建材工业中心、重要旅游目的地、中国汉代文化遗址遗存荟萃地、中国南路边茶茶马古道①起始点、唐蕃古道重要边茶关隘和茶马司所在地、南方丝绸之路临邛古道重要驿站②、中国秦朝"青衣道"起始地、世界茶文化发源地、世界自然遗产所在地，被称为"川西咽喉""西藏门户""中国汉代文物之乡"。四川省甘孜藏族自治州地处四川省西部、川西高山高原区、川滇青藏四省区交界处，为四川省辖藏族自治州、重要水电基地、重要旅游目的地、中国第二大藏区、中国国家稀有金属及分散元素重要成矿区、锂辉石重要蕴藏区、康巴文化发祥地、古代茶马互市重要场所和边茶总汇地，被称为"中国锂都"。

（3）四川省上述一市一自治州均在四川省西部地区经济社会发展中居于重要地位、发挥重要作用，且均处于中国西部地区经济社会发展中心区域成渝地区双城经济圈区域与中国西藏自治区经济社会发展中心区域拉萨市—日喀则市之间桥梁纽带部位，为连接两个中心区域的桥梁纽带区域。因此，选择上述一市一自治州所在区域为南带中印走廊支线通道在四川省境内的重要穿越区域（地段）和支点区域（地段）。

（4）四川省上述两市（成都市与雅安市）均处于青藏高原东坡邛崃山—夹金山大致山前地域廊带，处于青藏高原东坡邛崃山—夹金山大致东北—西南向山链、大致东北—西南向山地地形雨带、大致东北—西南向山麓断裂带及坡降带、大致东北—西南向径流带、大致东北—西南向狭窄连片相对平坦地带、大致东北—西南向山前山间平原带、大致东北—西南向陆路及水路交通走廊带、大致东北—西南向人口集聚区带等地理廊带体系，沿线区域形成较大规模东北—西南向湿润区水—土—城—路系统及河—城系统，具有雄厚、相对一致的亚热带湿润区山前巨型地域廊带基础。因此，选择四川省上述两市所在区域为南带中印走廊支线通道在中国四川省境内的重要穿越区域（地段）。

（5）西藏昌都市地处西藏自治区东部、横断山脉与三江流域区域、西藏与青海及四川和云南交界区域，为西藏自治区辖地级市、重要农业区、重要铜及菱镁矿蕴藏区③、重要有色金属开采基地、重要水电基地、重要旅游目的地、现代与古代川藏商贸往来枢纽、现代与古代川藏交通线路必经之地、现代与古代四川和云南入藏门户、古代"茶马古道"要地、藏族著名史诗《格萨尔王传》产生和流传主要地区、古代重要盐产地、古代卡若文化遗址所在地、古代人类繁

---

① 也称川藏茶马古道。
② 雅安上里古镇、望鱼古镇等古镇为南方丝绸之路重要驿站。
③ 西藏昌都市铜矿资源储量居于中国各市州盟地第二位，菱镁矿资源储量居于中国各市州盟地第三位。

衍生息地，被称为"西藏东大门""藏东明珠"。西藏林芝市地处西藏自治区东南部、藏滇交界地区、中国与缅甸及印度接壤区域，为西藏自治区辖地级市、重要农业区、中国第三大林区所在地、重要水电基地，被称为"西藏江南"。

（6）西藏自治区上述两市均在西藏东部经济社会发展中居于重要地位、发挥重要作用，且均处于中国西部地区经济社会发展中心区域成渝地区双城经济圈区域与中国西藏自治区经济社会发展中心区域拉萨市—日喀则市之间桥梁纽带部位，为连接两个中心区域的桥梁纽带区域。因此，选择上述两市所在区域为南带中印走廊支线通道在中国西藏自治区境内的重要穿越区域（地段）和支点区域（地段）。

（7）上述四川省甘孜藏族自治州及西藏自治区昌都市均处于青藏高原东部横断山区山江并列并流区域"切山型"（交通—人文）地域廊带，处于青藏高原东部横断山区山江并列并流区域大致东西向"切山型"陆路交通走廊带、大致东西向人口沿交通节点分布区带等地理廊带体系，沿线区域初步形成半干旱区较小规模东西向光—热—水—土—城—路系统，具有相对一致的青藏高原东部温带半干旱区"切山型"（交通—人文）地域廊带基础。因此，选择上述一州一市所在区域为南带中印走廊支线通道在中国四川省和西藏自治区交界地的重要穿越区域（地段）。

（8）西藏拉萨市地处西藏自治区中部、喜马拉雅山脉北侧，为西藏自治区首府、最大城市、政治中心经济中心文化中心宗教中心、粮食主产区之一、重要工业中心、重要综合交通枢纽、重要旅游目的地、藏传佛教圣地、中国国家历史文化名城、年度中国优秀旅游城市、中国特色魅力城市（高原山地气候）、世界文化遗产所在地、古代吐蕃王国首府贸易中心宗教中心（高原温带半干旱季风气候区）、青藏高原古城。中国西藏日喀则市地处青藏高原西南部、藏南高原和雅鲁藏布江流域、中国与尼泊尔及不丹与印度接壤区域，为西藏第二大城市、重要农产品生产基地①、重要农畜土特产品生产基地、重要硼锂钾矿蕴藏区、重要旅游目的地、最大边境贸易口岸樟木口岸所在地、历代班禅驻锡地、古代后藏政治中心经济中心文化中心宗教中心、青藏高原古城，被称为"最如意美好的庄园"。

（9）四川省上述三市一自治州及西藏自治区上述四市所在区域在历史时期即为川藏茶马古道所经区域。选择该地带为南带中印走廊支线通道在四川省、西藏自治区东中部地区的重要穿越区域（地段），是对历史时期川藏茶马古道的概括性继承。

（10）西藏阿里地区地处西藏自治区西部、冈底斯山脉与喜马拉雅山脉等山脉汇聚区域、布拉马普特拉河恒河印度河等亚洲大江大河发源地、中国与尼泊尔及印度和克什米尔地区接壤区域，该地区土地面积占西藏土地总面积的1/4；古代时期在该区域形成的象雄文化被称为西藏文化的根基，古象雄佛法经典《甘珠尔》被誉为藏族历史、宗教和文化的滥觞与源头；该地区被称为"百川之源""万山之祖""'世界屋脊'的屋脊"；该地区普兰县地处该地区南部、喜马拉雅山脉南侧峡谷地带、西藏西南部、中国与尼泊尔及印度接壤区域，为该地区重要半农半牧县②、铜稀有金属煤炭资源重要蕴藏区、西藏自治区重要边境口岸所在地、西藏佛教圣地之一、苯教发源地、中国与尼泊尔及印度进行经济文化宗教交流重镇、中国十二个三国交界边境县之一。

（11）西藏自治区上述阿里地区在西藏西部地区经济社会发展中居于重要地位、发挥重要作用，并与西藏拉萨市、日喀则市共同在西藏自然地理、历史文化、经济生活、社会生活、宗教

---

① 日喀则市耕地面积占西藏的33%，粮油产量占40%，农业产值居于西藏各地市第一位，畜牧业产值居于西藏各地市第二位。

② 普兰县粮食产量占阿里地区粮食总产量的1/3以上，粮油产量占阿里地区总产量的2/3左右。

生活中占据重要地位①，且该地区处于中国西藏地区经济社会发展中心区域与印度经济社会发展中心区域之间，该地区普兰县已形成战略性国际陆路通商口岸普兰口岸。因此，选择阿里地区及普兰县所在区域为南带中印走廊支线通道在中国西藏自治区西部地区的重要穿越区域（地段）和支点区域（地段）。

（12）西藏自治区上述林芝市、拉萨市、日喀则市、阿里地区均处于青藏高原喜马拉雅山脉北麓—雅鲁藏布江河谷—冈底斯山脉南麓山前地域廊带，处于青藏高原喜马拉雅山脉北麓—雅鲁藏布江河谷—冈底斯山脉大致东西向山群、大致东西向山地地形雨带、大致东西向山麓断裂带及坡降带、大致东西向径流带、大致东西向狭窄连片相对平坦地带、大致东西向山前山间平原带、大致东西向陆路交通走廊带、大致东西向人口集聚区带等地理廊带体系，沿线区域初步形成较小规模东西向高原水—土—城—路系统，具有雄厚、相对一致的青藏高原南部热带亚热带湿润区半湿润区（林芝市）及温带半干旱区（拉萨市和日喀则市）与亚寒带干旱区（阿里地区）山前巨型东西向地域廊带基础。因此，选择上述三市一地区所在区域为南带中印走廊支线通道在中国西藏北部地区的重要穿越区域（地段）。

（13）印度"北阿坎德邦"地处印度北部②，为印度唯一以梵语作为官方语言的邦、旅游胜地，被称为"第一个可以近距离真实感受喜马拉雅山脉的地方""印度最美的一幅油画""非常具有挑战性的旅游目的地""如画般美丽的旅游目的地""神灵的土地"；该"邦"首府德拉敦地处印度河与恒河分水岭区域，为"北阿坎德邦"最大城市。印度北方邦地处印度北部，铀等金属矿物及石灰石白云石石英大理石矾土非塑性耐火土等非金属矿物蕴藏量相对比较突出，为印度人口最多的邦③、土地面积第四大邦、最大的小麦豆类甘蔗烟草土豆牛奶产地、最大的小规模集成电路板生产地和办公设备生产地、第四大软件出口地、制造业规模第五位邦、国内生产净值第二位邦、主要农业区和重要工业邦之一④、最重要的旅游胜地之一⑤、印度两大圣河恒河和朱木拿河（恒河最大支流）流经地、重大历史性活动发生地、印度文化发祥地之一⑥、伊斯兰教佛教印度教活动中心、释迦牟尼成道后首先传道地、古代南方丝绸之路重要穿越区域⑦；该邦行政立法首府勒克瑙为北印度仅次于德里的第二大城市、恒河平原经济中心文化中心、重要农产品集散地、重要食品加工工业中心木材加工造纸工业中心纺织工业中心精密仪器机械设备制造工业中心、重要综合交通枢纽、重要旅游目的地、当代及近代古代印度古典音乐和舞蹈艺术中心、近代印度反英大起义爆发地、中国古籍记载城市⑧、公元7世纪戒日王时期都城、印度古城⑨，被称为"Avadh的设拉子""印度的君士坦丁堡""乌尔都诗的中心"；该邦司法首府阿拉巴哈德为该邦东南部重要城市、农产品集散地、重要食品加工工业中心纺织工业中心造纸工业中心机械制造工业中心、水陆交通要冲、文化中心教育中心、印度教宗教集会圣水沐浴节四大圣地之一、中国古籍记载城市⑩。上述两邦及其首府在印度当代及古代政治生活、经济生活、文化生活、宗教生活中均长期居于重要地位、发挥重要作用。因此，该两邦所在区域适宜成为南

---

① 阿里地区冈仁波齐神山同时被藏传佛教、印度教、西藏原生宗教苯教以及古耆那教认定为世界中心。
② 该"邦"部分区域为印度侵占中国固有领土，该区域目前由印度实际控制。
③ 印度北方邦人口达1.996亿人，该邦同时为世界人口最多的省级行政区。
④ 印度北方邦国内生产总值占印度国内生产总值的11%左右。
⑤ 印度北方邦外国游客占印度外国游客的25%。
⑥ 印度北方邦已发现文物的历史时期最远可追溯至石器时代早期和哈拉帕文明时期。
⑦ 印度"北阿坎德邦"北侧通往中国西藏阿里地区普兰县的里普列克山口为古代南方丝绸之路分支线路必经之地。
⑧ 中国晋朝法显《佛国记》称该城为劚饶夷城，唐朝玄奘《大唐西域记》称该城为羯若鞠闍国城，意译为曲女城。
⑨ 据印度神话传说，勒克瑙为印度史诗《罗摩衍那》中的英雄罗摩的弟弟拉克希曼所建城市。
⑩ 中国唐朝玄奘《大唐西域记》记载该城（时称般雅城）及其"大壶节"（即圣水沐浴节）。

带中印走廊支线通道在南亚地区的重要穿越区域（地段）和支点区域（地段）。

（14）印度新德里地处印度西北部、印度河流域与恒河流域之间交通要道部位，为印度北方最大商业中心、印度首都、中央直辖地区①、政治中心经济中心文化中心交通中心、重要钢铁工业中心木材加工印刷工业中心食品工业中心、重要综合交通枢纽、第三大城市、世界文化遗产所在地、古印度多王国多朝首都、古代自北印度往恒河平原古老贸易路线上的主要城市、古印度文化名城、古印度重镇，在印度当前经济、社会、文化、交通、战略及古印度文明史上均占有重要地位。因此，该首都辖区适宜成为南带中印走廊支线通道目的地、南带中印走廊西桥头堡。

（15）新德里为印度经济社会发展中心区域。联通中国成渝地区双城经济圈区域、中国西藏地区经济社会发展中心区域与印度经济社会发展中心区域，建立和实现中国成渝地区双城经济圈、中国西藏地区经济社会发展中心区域与印度经济社会发展中心区域等三大中心区域之间的经济社会战略性联系，是南带中印走廊支线通道形成的最主要逻辑及所负有的最主要战略职能。建立和实现中国成渝地区双城经济圈中心城市成都市、中国西藏地区经济社会发展中心区域拉萨市及日喀则市与印度经济社会发展中心区域新德里等四大主要节点之间的交通运输联系，进而形成交通经济带，是南带中印走廊的最主要表现形式和实现途径。因此，新德里适宜成为南带中印走廊支线通道目的地、南带中印走廊西桥头堡。

（16）印度上述"北阿坎德邦"及北方邦与新德里处于青藏高原南坡喜马拉雅山脉南麓大致山前地域廊带，处于青藏高原南坡喜马拉雅山脉大致西北—东南向山系、大致西北—东南向山地地形雨带、大致西北—东南向山麓断裂带及坡降带、大致西北—东南向径流带、大致西北—东南向连片相对平坦地带、大致西北—东南向山前平原带、大致西北—东南向陆路交通走廊带（本线路沿线大致形成次一级东北—西南向陆路交通运输线路）、大致西北—东南向人口集聚区带等地理廊带体系，山前地带形成较大规模西北—东南向湿润区水—土—城—路系统及河—城系统（本线路沿线大致形成东北—西南向湿润区水—土—城—路系统），具有相对比较雄厚、一致的热带亚热带湿润区山前巨型西北—东南向地域廊带基础。因此，印度上述"北阿坎德邦"及北方邦与新德里所在区域适宜成为南带中印走廊支线通道在南亚地区的重要穿越区域（地段）。

（17）印度为南亚次大陆最大国家、世界四大文明古国之一，早在公元前2500～前1500年即创造印度河文明，当前为世界人口大国、金砖国家之一、世界上发展最快的国家之一、全球最主要的资讯服务业出口国和电脑软件出口国及金融服务出口国之一、世界上最大的粮食生产国之一，铁路总长度居于亚洲第二位、世界第四位，以同等购买力衡量的GDP已与日本并列居于世界第三位，经济发展引人瞩目。因此，印度适宜成为南带中印走廊支线通道的主要联络目标国。

（18）选择拉萨—里普列克线路而未选择拉萨—聂拉木、拉萨—吉隆、拉萨—亚东等三条线路作为中国联通印度的主要线路，其缘由在于，拉萨—里普列克线路能够实现与印度的直接战略联通，且能够更加近捷地直通印度腹心地带，同时能够与西线的中巴经济走廊延伸线、中缅孟印走廊延伸线形成战略合力，共同承担对印度的战略交流职责。

（19）当前，以历史时期形成的传统川藏茶马古道和中国西藏通印度古代商路为基础，中国一省一自治区上述六市一自治州一地区与印度上述"两邦"一国家首都辖区境内已经初步形成串联上述行政单元、大致沿传统川藏茶马古道和中国西藏通印度古代商路线路延伸的东西向战

---

① 称为德里国家首都辖区。

略通道雏形①，并以上述交通线路为中轴、以沿线主要城市为关键节点，正在形成东西向经济社会发展战略性地域廊带和点轴状经济社会空间布局系统雏形。同时，占据雅鲁藏布江河谷陆路穿越线、青藏高原东侧平原地带中心区域与南部山前山间平原地带中心区域之间便捷连接线、中国西南地区内陆中心区域与印度内陆中心区域之间便捷连接线、川藏跨区交通线—西藏东西大致陆上运输中轴线—中印跨境交通线连接线等多重潜在交通区位。因此，中国一省一自治区上述六市一自治州一地区与印度上述"两邦"一国家首都辖区所在区域适宜成为南带中印走廊支线通道在东亚南亚地区的重要起始区域、穿越区域、目的区域。

（20）与上述中国成都—雅安—康定—昌都—拉萨—日喀则—帕羊—普兰—印度凯拉—赫尔德瓦尼—莫拉达巴德—新德里一线相比较，前述中国成都—阿坝—格尔木—若羌—和田—喀什—红其拉甫—巴基斯坦伊斯兰堡—奎达—瓜达尔一线所穿越的中国内陆纵深区域更深广，所辐射的国家更多（可能辐射阿富汗、伊朗、印度），并能够助力实现中国共享印度洋沿岸战略出海口战略利益目的，对开拓中国在中亚、南亚乃至西亚地区国际政治国际经济战略地缘利益意义重大，且穿越地区沿线人口及经济活动密集程度更高（均不论目的地人口及经济活动密集程度）。因此，选择前述中国成都—阿坝—格尔木—若羌—和田—喀什—红其拉甫—巴基斯坦伊斯兰堡—奎达—瓜达尔一线为南带主通道和经济带主要穿越区域（地段），而不选择上述中国成都—雅安—康定—昌都—拉萨—日喀则—帕羊—普兰—印度凯拉—赫尔德瓦尼—莫拉达巴德—新德里一线为中带主通道和经济带主要穿越区域（地段），又由于其东桥头堡位于南带主通道成渝地区双城经济圈成都节点，因此将其列为南带支线通道之一。

（五）南带中印走廊支线通道现状及应建或建议建设交通线路

1. 南带中印走廊支线通道现状

（1）铁路交通线路。该线中国成都—昌都—拉萨段已经开工建设铁路线路；中国拉萨—日喀则、印度赫尔德瓦尼—新德里段已经建成铁路线路；仅有中国日喀则—印度赫尔德瓦尼段尚未建设铁路线路。

（2）公路交通线路。该线全线已建成不同等级公路。

（3）油气管道。该线全线尚未建设长大油气管道。

2. 南带中印走廊支线通道应建或建议建设交通线路及理由或目标

（1）铁路交通线路。应建或建议建设铁路交通线路：中国日喀则—印度赫尔德瓦尼铁路线路。

理由或目标：实现中国西南地区中心城市与印度首都之间的直接铁路联通。

（2）公路交通线路。应建或建议建设公路交通线路：中国拉萨—日喀则—普兰—印度赫尔德瓦尼—新德里高等级公路线路。

理由或目的：实现中国西南地区中心城市与印度首都之间以高等级公路直接联通。

六、南带通卡拉奇走廊支线通道走向及其辐射范围、沿线地区主导产业

南带通卡拉奇走廊支线通道及经济走廊走向、辐射范围、沿线地区主导产业同前述。即南带通卡拉奇走廊支线通道及经济走廊走向为：巴基斯坦伊斯兰堡—古杰兰瓦拉—拉合尔—木尔坦—巴哈瓦尔布尔—海德拉巴—卡拉奇。

---

① 主要由已建成的川藏公路、拉萨—日喀则铁路和正在建设中的川藏铁路组成。

第六章 丝绸之路经济带空间布局
相关理论问题

　　丝绸之路经济带是21世纪条件下亚欧大陆最大的巨型点轴系统、最大的巨型交通经济带、最大的自然—经济—社会综合体；是以古丝绸之路沿线已经形成或即将形成的巨型运输通道为发展轴线（轴），以轴上或其吸引范围内的大中城市（点）或巨型城市群带为依托，以发达的产业特别是二三产业及其所组成的巨型产业带为主体，加之以耸立其上、作用或活动于其间的制度设施及组织协调行为，而构成的巨型系统组织体或巨型地域经济组织系统（体）；是点、线、面、体相互高度耦合的巨型系统组织体或巨型地域经济组织系统（体）。

　　巨型经济波、巨型信息波是丝绸之路经济带的运动状态、运行方式或动态内核。在丝绸之路经济带各类建设活动中，只有首先着手建设乃至建成巨型跨洲运输通道，才能逐步形成巨型经济波、信息波，才能逐步实现海量经济要素、新型经济形式与海量信息元素、新型信息生产传播利用形式在亚欧大陆范围内的巨大规模流动，才能实现海量经济要素、新型经济形式与信息元素、新型信息生产传播利用形式在亚欧大陆巨大地理单元点、线、面之间的流动、传递或传播，才能在亚欧大陆地域范围内建立起巨厚的、集中性产业前向后向关联关系，才能进一步建立各国之间深厚的社会联系、文化联系乃至政治联系。

　　基于相同或近似自然地理环境的巨型陆地地理单元及同类自然地理体或其衍生体，是巨型交通经济带形成的自然地理基础。基于巨大地理单元地理结构的重要长大交通区位线，是巨型交通经济带形成的交通区位基础。基于历史时期巨大地理单元之间长期、稳定交流交往需求的古代近代长期、重要、长大交通线路，是巨型交通经济带形成的交通历史地理基础。基于人类社会区域经济发展一般规律的巨大点轴系统，是巨型交通经济带形成的区域经济地理空间格局规律基础。基于长期稳定时代背景下的国际地缘政治地缘经济有利格局，是巨型交通经济带形成的国际地缘政治地缘经济基础。巨型交通经济带的形成并非一系列交通经济带的简单联结，而是一系列相互关联的交通经济带及其要素的重新整合及再配置、再区位、再耦合过程。

第一节　丝绸之路经济带空间布局中的点、线、面、体

一、丝绸之路经济带空间布局中的点

　　总结上述，在丝绸之路经济带初期空间布局中，共包含以下两个层次的131个重要节点，各层次重要节点共同构成丝绸之路经济带巨型点轴系统、巨型交通经济带中的节点体系（见表6-1~表6-3）。

表 6-1　初期北带主通道及其支线通道重要节点

序号	节点类型	廊带	节点城市	合计（个）
1	首都	主通道	中国北京直辖市、俄罗斯莫斯科直辖市、芬兰赫尔辛基市	3
		中哈俄走廊支线通道	哈萨克斯坦阿斯塔纳直辖市	1
		东西欧走廊支线通道	白俄罗斯明斯克直辖市、波兰华沙直辖市、德国柏林市、荷兰阿姆斯特丹市	4
2	非首都直辖市或一级行政单元首府、重要港口城市	主通道	中国天津直辖市、唐山市（重要海港）、呼和浩特市，哈萨克斯坦厄斯克门市、俄罗斯巴尔瑙尔市、新西伯利亚市、鄂木斯克市、秋明市、叶卡捷琳堡市、伊热夫斯克市、喀山市、下诺夫哥罗德市、弗拉基米尔市、特维尔市、诺夫哥罗德市、圣彼得堡直辖市	16
		中哈俄走廊支线通道	哈萨克斯坦卡拉干达市、科克舍套市、科斯塔奈市，俄罗斯车里雅宾斯克市、叶卡捷琳堡市	5
		东西欧走廊支线通道	俄罗斯斯摩棱斯克市，白俄罗斯巴拉诺维奇市、布勒斯特市、波兰罗兹市、波兹南市、德国马格德堡市、汉诺威市、杜塞尔多夫市、杜伊斯堡市（重要内河港），荷兰乌德勒支市、海牙市、鹿特丹市（重要海港）	12
		合计		41

表 6-2　初期中带主通道及其支线通道重要节点

序号	节点类型	廊带	节点城市	合计（个）
1	首都	主通道	乌兹别克斯坦塔什干直辖市、伊朗德黑兰直辖市、土耳其安卡拉市、保加利亚索菲亚直辖市、塞尔维亚贝尔格莱德直辖市、匈牙利布达佩斯直辖市、奥地利维也纳市、法国巴黎市	8
		中吉乌塔走廊支线通道		0
		通波斯湾走廊支线通道	伊朗德黑兰直辖市	1
2	非首都直辖市或一级行政单元首府或重要港口城市	主通道	中国上海直辖市、南京市、郑州市、西安市、兰州市、乌鲁木齐市，哈萨克斯坦阿拉木图直辖市、塔拉兹市、奇姆肯特直辖市，突厥斯坦市，乌兹别克斯坦古利斯坦市、吉扎克市、撒马尔罕市、纳沃伊市、布哈拉市，土库曼斯坦土库曼纳巴德市、马雷市，伊朗马什哈德县、塞姆南县、卡拉季县、加兹温县、赞詹县、大不里士县、土耳其凡城市、塔特万市、穆什市、埃拉泽市、亚马拉蒂亚市、锡瓦斯市、开塞利市、克勒克卡莱市、埃斯基谢希尔市、比莱吉克市、萨卡里亚市、科贾埃利市、伊斯坦布尔市、吕莱布尔加兹市、埃迪尔内市、保加利亚普罗夫迪夫市、塞尔维亚尼什 NK 市、诺维萨德市、苏博蒂察市、匈牙利陶陶巴尼奥市、杰尔市、奥地利圣珀尔滕市、林茨市、萨尔茨堡市、德国慕尼黑市、斯图加特市，法国香槟沙隆市、里尔市、加来市（重要海港）	52
		中吉乌塔走廊支线通道	吉尔吉斯斯坦奥什市，乌兹别克斯坦安集延市、纳曼干市、费尔干纳市，塔吉克斯坦苦盏市，乌兹别克斯坦吉扎克市	6
		通波斯湾走廊支线通道	伊朗库姆县、阿拉克县、道鲁德县、阿瓦士县、霍梅尼港（重要海港）	5
		合计		72

表6-3 初期南带主通道及其支线通道重要节点

序号	节点类型	廊带	节点城市	合计（个）
1	首都	主通道	巴基斯坦伊斯兰堡（联邦首都区）	1
		中缅孟印走廊支线通道	孟加拉国达卡市	1
		通卡拉奇走廊支线通道	巴基斯坦伊斯兰堡（联邦首都区）	1
2	非首都直辖市、特别行政区或一级行政单元首府或重要港口城市	主通道	中国香港特别行政区、澳门特别行政区、深圳市（重要海港）、珠海市（重要海港）、广州市、长沙市、重庆直辖市、成都市，巴基斯坦吉尔吉特县、奎达市县、瓜达尔（重要海港）	11
		中缅孟印走廊支线通道	中国成都市、昆明市、缅甸曼德勒市、皎漂港（重要海港）、实兑港（重要海港），孟加拉国吉大港市、库尔纳市，印度加尔各答市	8
		通卡拉奇走廊支线通道	卡拉奇（重要海港）	1
		合计		23

在丝绸之路经济带成熟期空间布局中，共包含以下两个层次的203个重要节点，各层次重点节点共同构成丝绸之路经济带成熟期巨型点轴系统、巨型交通经济带中的节点体系（见表6-4~表6-6）。

表6-4 成熟期北带主通道及其支线通道重要节点

序号	节点类型	廊带	节点城市	合计（个）
1	首都	主通道	中国北京直辖市、俄罗斯莫斯科直辖市、芬兰赫尔辛基市	3
		中哈俄走廊支线通道	哈萨克斯坦阿斯塔纳直辖市	1
		中蒙俄走廊支线通道	蒙古乌兰巴托直辖市	1
		中俄走廊支线通道		0
		东西欧走廊支线通道	白俄罗斯明斯克直辖市、波兰华沙直辖市、德国柏林市、荷兰阿姆斯特丹市	4
2	非首都直辖市或一级行政单元首府、重要港口城市	主通道	中国天津直辖市、唐山市（重要海港）、呼和浩特市、哈萨克斯坦厄斯克门市、俄罗斯巴尔瑙尔市、新西伯利亚市、鄂木斯克市、秋明市、叶卡捷琳堡市、伊热夫斯克市、喀山市、下诺夫哥罗德市、弗拉基米尔市、特维尔市、诺夫哥罗德市、圣彼得堡直辖市	16
		中哈俄走廊支线通道	哈萨克斯坦卡拉干达市、科克舍套市、科斯塔奈市，俄罗斯车里雅宾斯克市、叶卡捷琳堡市	5
		中蒙俄走廊支线通道	蒙古赛音山达市、乔伊尔市、宗莫德市、达尔汗市、苏赫巴托尔市，俄罗斯乌兰乌德市、伊尔库茨克市、克拉斯诺亚尔斯克市	8
		中俄走廊支线通道	中国沈阳市、长春市、哈尔滨市，俄罗斯赤塔市、乌兰乌德市	5
		东西欧走廊支线通道	俄罗斯斯摩棱斯克市，白俄罗斯巴拉诺维奇市、布勒斯特市，波兰罗兹市、波兹南市，德国马格德堡市、汉诺威市、杜塞尔多夫市、杜伊斯堡市（重要内河港），荷兰乌德勒支市、海牙市、鹿特丹市	12
		合计		56

表 6-5 成熟期中带主通道及其支线通道重要节点

序号	节点类型	廊带	节点城市	合计（个）
1	首都	主通道	乌兹别克斯坦塔什干直辖市、伊朗德黑兰直辖市、土耳其安卡拉市、保加利亚索菲亚直辖市、塞尔维亚贝尔格莱德直辖市、匈牙利布达佩斯直辖市、奥地利维也纳市、法国巴黎市	8
		中吉乌塔走廊支线通道		0
		中哈土伊走廊支线通道		0
		中阿土伊走廊支线通道		0
		通波斯湾走廊支线通道	伊朗德黑兰直辖市	1
2	非首都直辖市或一级行政单元首府或重要港口城市	主通道	中国上海直辖市、南京市、郑州市、西安市、兰州市、乌鲁木齐市，哈萨克斯坦阿拉木图直辖市、塔拉兹市、奇姆肯特直辖市、突厥斯坦市，乌兹别克斯坦古利斯坦市、吉扎克市、撒马尔罕市、纳沃伊市、布哈拉市，土库曼斯坦土库曼纳巴德市、马雷市，伊朗马什哈德县、塞姆南县、卡拉季县、加兹温县、赞詹县、大不里士县、土耳其凡城市、塔特万市、穆什市、埃拉泽市、亚马拉蒂亚市、锡瓦斯市、开塞利市、克勒克卡莱市、埃斯基谢希尔市、比莱吉克市、萨卡里亚市、科贾埃利市、伊斯坦布尔市、吕莱布尔加兹市、埃迪尔内市，保加利亚普罗夫迪夫市、塞尔维亚尼什 NK 市、诺维萨德市、苏博蒂察市，匈牙利陶陶巴尼奥市、杰尔市，奥地利圣珀尔滕市、林茨市、萨尔茨堡市，德国慕尼黑市、斯图加特市，法国斯特拉斯堡市、香槟沙隆市、里尔市、加来市（重要海港）	53
		中吉乌塔走廊支线通道	吉尔吉斯斯坦奥什市，乌兹别克斯坦安集延市、纳曼干市、费尔干纳市，塔吉克斯坦苦盏市，乌兹别克斯坦吉扎克市	6
		中哈土伊走廊支线通道	土库曼斯坦巴尔坎纳巴德市，伊朗戈尔甘县、萨里县	3
		中阿土伊走廊支线通道	阿富汗法扎巴德（巴达赫尚省中心县）、昆都士（昆都士省中心县）、马扎里沙里夫（巴尔赫省中心县）	3
		通波斯湾走廊支线通道	伊朗库姆县、阿拉克县、道鲁德县、阿瓦士县、霍梅尼港（重要港口）	5
			合计	79

表 6-6 成熟期南带主通道及其支线通道重要节点

序号	节点类型	廊带	节点城市	合计（个）
1	首都	主通道	巴基斯坦伊斯兰堡（联邦首都区）	1
		中国—中南半岛走廊支线通道	越南河内直辖市、柬埔寨金边直辖市、泰国曼谷直辖市、马来西亚吉隆坡联邦直辖区、新加坡	5
		中缅孟印走廊支线通道	孟加拉国达卡市	1
		中印走廊支线通道	印度新德里（国家首都辖区）	1
		通卡拉奇走廊支线通道	巴基斯坦伊斯兰堡（联邦首都区）	1

续表

序号	节点类型	廊带	节点城市	合计（个）
2	非首都直辖市、特别行政区或一级行政单元首府或重要港口	主通道	中国香港特别行政区、澳门特别行政区、深圳市（重要海港）、珠海市（重要海港）、广州市、长沙市、重庆直辖市、成都市，巴基斯坦吉尔吉特县、奎达都市县、瓜达尔港（重要海港）	11
		中国—中南半岛走廊支线通道	中国贵阳市、南宁市，越南谅山市、北江市、北宁市、河东市、府里市、南定市、宁平市、清化市、荣市、洞海市、东河市、顺化市、蚬港直辖市、三歧市、平定市、绥和市、芽庄市、藩朗—塔占市、边和市、胡志明直辖市，柬埔寨柴桢市、磅湛市、菩萨市、马德望市、诗梳风市，泰国沙缴市、巴真市、北柳市、佛统市、叻丕市、碧武里市、巴蜀市、春蓬市、素叻他尼市、博他仑市、宋卡市，马来西亚加央市、亚罗士打市、莎阿南市、普特拉查亚市、芙蓉市、马六甲市	44
		中缅孟印走廊支线通道	中国成都市、昆明市，缅甸曼德勒市、皎漂港（重要海港）、实兑港（重要海港），孟加拉国吉大港市、库尔纳市，印度加尔各答市	8
		中印走廊支线通道	中国拉萨市	1
		通卡拉奇走廊支线通道	巴基斯坦卡拉奇（重要海港）	1
合计				74

上述 131 个、203 个重要节点，均属于丝绸之路经济带形成初期、成熟期巨型点轴系统、巨型交通经济带中"点"的范畴，其各自均属于所在国家、一级行政单元或重要经济区域中的中心城市，各中心城市所构成的节点体系在亚欧大陆各国、丝绸之路经济带、亚欧大陆经济社会运行中均发挥着不同层级的"中心地"作用，是支撑亚欧大陆相关各国、丝绸之路经济带、亚欧大陆经济社会运行的最重要基石，也是构成所在国家、一级行政单元或重要经济区域经济社会发展"轴线"的最重要基石。

二、丝绸之路经济带空间布局中的线

总结上述，在丝绸之路经济带初期空间布局中，包含至少以下两个层次共计 9 条长大交通线路及其所穿越的经济"轴线"地域廊带①，各层次长大交通线路及所穿越的经济"轴线"地域廊带共同构成丝绸之路经济带巨型点轴系统、巨型交通经济带中的"轴线"体系（见表6-7~表6-9）。

表6-7　初期北带主通道及其支线通道轴线线路里程

序号	线路及廊带名称	线路及廊带走向	全线里程（千米）	中国国内段里程（千米）
1	北带主通道	中国天津—北京—张家口—大同—呼和浩特—临河—额济纳旗—明水—伊吾—木垒—将军庙—阿勒泰—吉木乃口岸—哈萨克斯坦厄斯克门—俄罗斯鲁布佐夫斯克口岸—新西伯利亚—莫斯科—圣彼得堡—芬兰赫尔辛基	9258	3517

---

① 即 3 条巨型廊带及 3 条跨中国及相关国家走廊、3 条相关国家走廊，合计 9 条不同层次的地域廊带。

序号	线路及廊带名称	线路及廊带走向	全线里程（千米）	中国国内段里程（千米）
2	中哈俄走廊支线通道	中国新疆将军庙—克拉玛依—塔城—巴克图口岸—哈萨克斯坦巴克特口岸—阿亚古兹—卡拉干达—阿斯塔纳—科克舍套—科斯塔奈—俄罗斯车里雅宾斯克—叶卡捷琳堡	3047	769
3	东西欧走廊支线通道	俄罗斯莫斯科—白俄罗斯明斯克—波兰华沙—德国柏林—荷兰阿姆斯特丹及鹿特丹	2857	0
合计			15162	4286

表6-8　初期中带主通道及其支线通道轴线线路里程

序号	线路及廊带名称	线路及廊带走向	全线里程（千米）	中国国内段里程（千米）
1	中带主通道	中国上海（东海沿岸）—南京—蚌埠—徐州—郑州—西安—兰州—武威—哈密—乌鲁木齐—精河—霍尔果斯口岸—哈萨克斯坦阿腾科里口岸—阿拉木图—塔拉兹—乌兹别克斯坦塔什干—撒马尔罕—土库曼斯坦土库曼纳巴德—马雷—伊朗萨拉赫斯—马什哈德—德黑兰—大不里士—土耳其凡城—锡瓦斯—安卡拉—伊斯坦布尔—保加利亚索菲亚—塞尔维亚贝尔格莱德—匈牙利布达佩斯—奥地利维也纳—德国慕尼黑—法国斯特拉斯堡—巴黎—加来	14222	4747
2	中带中吉乌塔走廊支线通道	中国新疆吐鲁番市高昌区—库尔勒—阿克苏—喀什—伊尔克什坦口岸—吉尔吉斯斯坦伊尔克什坦口岸—奥什—乌兹别克斯坦安集延—纳曼干—塔吉克斯坦苦盏—乌兹别克斯坦别卡巴德—吉扎克	2133	1696
3	中带通波斯湾走廊支线通道	伊朗德黑兰—霍梅尼港	900	0
合计			17255	6443

表6-9　初期南带主通道及其支线通道轴线线路里程

序号	线路及廊带名称	线路及廊带走向	全线里程（千米）	中国国内段里程（千米）
1	南带主通道	中国香港及澳门—深圳—广州—韶关—长沙—怀化—重庆—成都—阿坝—格尔木—依吞布拉克—若羌—和田—喀什—红其拉甫口岸—巴基斯坦苏斯特口岸—伊斯兰堡—奎达—瓜达尔	8252	6150
2	南带中缅孟印走廊支线通道	中国成都—昆明—大理—瑞丽—缅甸南坎—腊戍—曼德勒—仁安羌—皎漂港—实兑港—孟加拉国伊德冈—吉大港—坚德布尔—库尔纳—杰索尔—印度加尔各答	3834	1804
3	南带通卡拉奇走廊支线通道	巴基斯坦伊斯兰堡—古杰兰瓦拉—拉合尔—木尔坦—巴哈瓦尔布尔—海德拉巴—卡拉奇	2000	0
合计			14086	7954

在丝绸之路经济带成熟期空间布局中，共包含至少以下两个层次共计15条长大交通线路及其所穿越的经济"轴线"地域廊带[①]，各层次长大交通线路及所穿越的经济"轴线"地域廊带共同构成丝绸之路经济带巨型点轴系统、巨型交通经济带中的"轴线"体系（见表6-10~表6-13）。

---

① 即三条巨型廊带及9条跨中国及相关国家走廊、3条相关国家走廊，合计15条不同层次的地域廊带。

表6-10　成熟期北带主通道及其支线通道轴线线路里程

序号	线路及廊带名称	线路及廊带走向	全线里程（千米）	中国国内段里程（千米）
1	北带主通道	中国天津—北京—张家口—大同—呼和浩特—临河—额济纳旗—明水—伊吾—木垒—将军庙—阿勒泰—吉木乃口岸—哈萨克斯坦厄斯克门—俄罗斯鲁布佐夫斯克口岸—新西伯利亚—莫斯科—圣彼得堡—芬兰赫尔辛基	9258	3517
2	北带中哈俄走廊支线通道	中国新疆将军庙—克拉玛依—塔城—巴克图口岸—哈萨克斯坦巴克特口岸—阿亚古兹—卡拉干达—阿斯塔纳—科克舍套—科斯塔奈—俄罗斯车里雅宾斯克—叶卡捷琳堡（接北带主通道）	3047	769
3	北带中蒙俄走廊支线通道	中国天津—北京—张家口—大同—乌兰察布市—二连浩特口岸—蒙古扎门乌德口岸—赛音山达—乔伊尔—乌兰巴托—达尔汗—苏赫巴托尔—俄罗斯恰克图—乌兰乌德—伊尔库茨克—图伦—泰舍特—克拉斯诺亚尔斯克—新西伯利亚（接北带主通道）	4635	979
4	北带中俄走廊支线通道	中国北京—沈阳—长春—哈尔滨—满洲里—俄罗斯赤塔—乌兰乌德（接北带中蒙俄走廊支线通道及北带主通道）	3449	2304
5	北带东西欧走廊支线通道	俄罗斯莫斯科—白俄罗斯明斯克—波兰华沙—德国柏林—荷兰阿姆斯特丹及鹿特丹	2857	0
合计			23246	7569

表6-11　成熟期中带主通道及其支线通道轴线线路里程

序号	线路及廊带名称	线路及廊带走向	全线里程（千米）	中国国内段里程（千米）
1	中带主通道	中国上海（东海沿岸）—南京—蚌埠—徐州—郑州—西安—兰州—武威—哈密—乌鲁木齐—精河—霍尔果斯口岸—哈萨克斯坦阿腾科里口岸—阿拉木图—塔拉兹—乌兹别克斯坦塔什干—撒马尔罕—土库曼斯坦土库曼纳巴德—马雷—伊朗萨拉赫斯—马什哈德—德黑兰—大不里士—土耳其凡城—锡瓦斯—安卡拉—伊斯坦布尔—保加利亚索菲亚—塞尔维亚贝尔格莱德—匈牙利布达佩斯—奥地利维也纳—德国慕尼黑—法国斯特拉斯堡—巴黎—加来	14222	4747
2	中带中吉乌塔走廊	中国新疆吐鲁番市高昌区—库尔勒—阿克苏—喀什—伊尔克什坦口岸—吉尔吉斯斯坦伊尔克什坦口岸—奥什—乌兹别克斯坦安集延—纳曼干—塔吉克斯坦苦盏—乌兹别克斯坦别卡巴德—吉扎克（接中带主通道）	2133	1696
3	中带中哈土伊走廊支线通道	中国精河—阿拉山口—哈萨克斯坦多斯特克—阿克斗卡—巴尔喀什—热兹卡兹甘—切尔卡尔—别伊涅乌—土库曼斯坦巴尔坎纳巴德—伊朗戈尔甘—萨里—加姆萨尔（接中带主通道）	4953	90
4	中带中阿土伊走廊支线通道	中国喀什—阿富汗瓦罕—昆都士—马扎里沙里夫—道拉塔巴德—土库曼斯坦夏伯阳—谢拉赫斯—伊朗萨拉赫斯（接中带主通道）	1884	480
5	中带通波斯湾走廊支线通道	伊朗德黑兰—霍梅尼港	900	0
合计			24092	7013

表6-12　成熟期南带主通道及其支线通道轴线线路里程

序号	线路及廊带名称	线路及廊带走向	全线里程（千米）	中国国内段里程（千米）
1	南带主通道	中国香港及澳门—深圳—广州—韶关—长沙—怀化—重庆—成都—阿坝—格尔木—依吞布拉克—若羌—和田—喀什—红其拉甫口岸—巴基斯坦苏斯特口岸—伊斯兰堡—奎达—瓜达尔	8252	6150
2	南带中国—中南半岛走廊支线通道	中国重庆及成渝地区双城经济圈—遵义—贵阳—河池—柳州—（分支线路通防城港及北海港）—南宁—崇左—凭祥—友谊关—越南同登—北江—河内—清化—荣市—洞海—岘港—胡志明市—鹅油下—柬埔寨芝布—金边—波贝—泰国亚兰—曼谷—沙没沙空—巴蜀—合艾—沙道—马来西亚加央—亚罗士打—怡保—吉隆坡—马六甲—新山—新加坡	6208	1470
3	南带中缅孟印走廊支线通道	中国成都—昆明—大理—瑞丽—缅甸南坎—腊戊—曼德勒—仁安羌—皎漂港—实兑港—孟加拉国伊德冈—吉大港—坚德布尔—库尔纳—杰索尔—印度加尔各答	3834	1804
4	南带中印走廊支线通道	中国成都—拉萨—日喀则—帕羊—普兰—印度凯拉—赫尔德瓦尼—莫拉达巴德—新德里	3302	2902
5	南带通卡拉奇走廊支线通道	巴基斯坦伊斯兰堡—古杰兰瓦拉—拉合尔—木尔坦—巴哈瓦尔布尔—海德拉巴—卡拉奇	2000	0
	合计		23596	12326

表6-13　成熟期北带、中带、南带及其主通道轴线线路里程

序号	线路及廊带名称	线路及廊带走向	全线里程（千米）	中国国内段里程（千米）
1	北带及北通道	中国天津—北京—张家口—大同—呼和浩特—临河—额济纳旗—明水—伊吾—木垒—将军庙—阿勒泰—吉木乃口岸—哈萨克斯坦厄斯克门—俄罗斯鲁布佐夫斯克口岸—新西伯利亚—莫斯科—圣彼得堡—芬兰赫尔辛基	9258	3517
2	中带及中通道	中国上海（东海沿岸）—南京—蚌埠—徐州—郑州—西安—兰州—武威—哈密—乌鲁木齐—精河—霍尔果斯口岸—哈萨克斯坦阿腾科里口岸—阿拉木图—塔拉兹—乌兹别克斯坦塔什干—撒马尔罕—土库曼斯坦土库曼纳巴德—马雷—伊朗萨拉赫斯—马什哈德—德黑兰—大不里士—土耳其凡城—锡瓦斯—安卡拉—伊斯坦布尔—保加利亚索菲亚—塞尔维亚贝尔格莱德—匈牙利布达佩斯—奥地利维也纳—德国慕尼黑—法国斯特拉斯堡—巴黎—加来	14222	4747
3	南带及南通道	中国香港及澳门—深圳—广州—韶关—长沙—怀化—重庆—成都—阿坝—格尔木—依吞布拉克—若羌—和田—喀什—红其拉甫口岸—巴基斯坦苏斯特口岸—伊斯兰堡—奎达—瓜达尔	8252	6150
	合计		31732	14414

　　上述至少包含两个层次共计9条（初期）、15条（成熟期）长大交通线路及其所穿越的经济"轴线"地域廊带，均属于丝绸之路经济带形成初期、成熟期巨型点轴系统、巨型交通经济带中"线"的范畴，其各自均属于所在国家、一级行政单元或重要经济区域中的"交通基础设施束"，各局部单元"交通基础设施束"所构成的"通道"体系及其辐射地域廊带体系在亚欧大陆各国、丝绸之路经济带、亚欧大陆经济社会运行中均发挥着不同层级的"轴线"作用，是支撑亚欧大陆相关各国、丝绸之路经济带、亚欧大陆经济社会运行最重要的物质、能源、信息、人口交流辐集系统，也是所在国家、一级行政单元或重要经济区域经济社会发展最重要的物质、

能源、信息、人口交流辐集系统。

三、丝绸之路经济带空间布局中的面

总结上述，在丝绸之路经济带初期空间布局中，包含至少两个层次共计9条、15条长大交通线路所穿越的经济"轴线"辐射面域[1]，各层次长大交通线路所穿越的经济"轴线"辐射面域共同构成丝绸之路经济带巨型点轴系统、巨型交通经济带中的"面域"体系（见表6-14~表6-19）。即初期北带主通道及其支线通道合计穿越55个一级行政单元、8个国家；初期中带主通道及其支线通道合计穿越90个一级行政单元、14个国家；初期南带主通道及其支线通道合计穿越24个一级行政单元、5个国家。三带及6条支线通道走廊合计穿越166个一级行政单元、24个国家。

表6-14　初期北带主通道及其支线通道穿越的一级行政单元[2]

序号	线路及廊带名称	线路及廊带走向	穿越中国一级行政单元	穿越相关国家一级行政单元
1	主通道	中国天津—北京—张家口—大同—呼和浩特—临河—额济纳旗—明水—伊吾—木垒—将军庙—阿勒泰—吉木乃口岸—哈萨克斯坦厄斯克门—俄罗斯鲁布佐夫斯克口岸—新西伯利亚—莫斯科—圣彼得堡—芬兰赫尔辛基	天津直辖市、北京直辖市、河北省、山西省、内蒙古自治区、甘肃省、新疆维吾尔自治区（共计7个）	哈萨克斯坦东哈萨克斯坦州，俄罗斯阿尔泰边疆区、新西伯利亚州、鄂木斯克州、秋明州、斯维尔德罗夫斯克州、彼尔姆边疆区、巴什科尔托斯坦共和国、乌德穆尔特共和国、鞑靼斯坦共和国、楚瓦什共和国、下诺夫哥罗德州、弗拉基米尔州、莫斯科州、莫斯科直辖市、特维尔州、诺夫哥罗德州、列宁格勒州、圣彼得堡直辖市，芬兰南芬兰大区（共计20个）
2	中哈俄走廊支线通道	中国新疆将军庙—克拉玛依—塔城—巴克图口岸—哈萨克斯坦巴特口岸—阿亚古兹—卡拉干达—阿斯塔纳—科克舍套—科斯塔奈—俄罗斯车里雅宾斯克—叶卡捷琳堡	新疆维吾尔自治区（共计1个）	哈萨克斯坦东哈萨克斯坦州、卡拉干达州、阿克莫拉州、阿斯塔纳直辖市、北哈萨克斯坦州、科斯塔奈州，俄罗斯车里雅宾斯克州、斯维尔德罗夫斯克州（共计8个）
3	东西欧走廊支线通道	俄罗斯莫斯科—白俄罗斯明斯克—波兰华沙—德国柏林—荷兰阿姆斯特丹		俄罗斯莫斯科直辖市、莫斯科州、斯摩棱斯克州，白俄罗斯维捷布斯克州、明斯克州、明斯克直辖市、布列斯特州，波兰卢布林省、马佐夫舍省、华沙直辖市、罗兹省、大波兰省、卢布斯卡省，德国勃兰登堡州、柏林州、萨克森—安哈尔特州、下萨克森州、北莱茵—威斯特法伦州，荷兰上艾瑟尔省、海尔德兰省、乌德勒支省、北荷兰省、南荷兰省（共计23个）
	合计（个）		7	41

---

① 关于"面域"的提法，见笔者拙作《陆上能源通道系统形成与发展机理研究——以中国西北陆上能源通道为例》，其中提出"在……能源通道系统中，油气源地、目标区域构成各该层级地域结构内最重要的节点，二者间的能源产品运输线路及沿线直接相关产业、相关地区构成各该层级地域结构内最重要的轴线，而由以上两个最重要节点、最重要轴线为主骨架、其他间接相关产业、相关节点、相关区域为补充与延伸，则构成不同层级的能源通道系统面域"。即"在各层级通道系统中，油气源地与目标区域周围均有直接、间接相关产业和地域，运输线路及其沿线直接相关产业及地域外围甚至同一地域仍存在间接相关产业及地域，直接相关产业与间接相关产业间也存在前向后向关联关系或投入产出关系。为此，可将由油气源地、目标区域等两个最重要节点、运输线路及其沿线直接相关产业与区域等最重要轴线为主骨架、其他间接相关产业、相关节点、相关区域为补充与延伸的整体，称之为不同层级陆上能源通道系统的面域"。参见王伯礼：《陆上能源通道系统形成与发展机理研究——以中国西北陆上能源通道为例》，新疆人民出版总社、新疆人民卫生出版社2016年版，第105页。

② 重复穿越的一级行政单元均不累计，下同。

表 6-15　初期北带主通道及其支线通道穿越的国家

序号	线路及廊带名称	线路及廊带走向	穿越的国家
1	主通道	中国天津—北京—张家口—大同—呼和浩特—临河—额济纳旗—明水—伊吾—木垒—将军庙—阿勒泰—吉木乃口岸—哈萨克斯坦厄斯克门—俄罗斯鲁布佐夫斯克口岸—新西伯利亚—莫斯科—圣彼得堡—芬兰赫尔辛基	中国、哈萨克斯坦、俄罗斯、芬兰（共计 4 个）
2	中哈俄走廊支线通道	中国新疆将军庙—克拉玛依—塔城—巴克图口岸—哈萨克斯坦巴克特口岸—阿亚古兹—卡拉干达—阿斯塔纳—科克舍套—科斯塔奈—俄罗斯车里雅宾斯克—叶卡捷琳堡	中国、哈萨克斯坦、俄罗斯（共计 3 个）
3	东西欧走廊支线通道	俄罗斯莫斯科—白俄罗斯明斯克—波兰华沙—德国柏林—荷兰阿姆斯特丹	俄罗斯、白俄罗斯、波兰、德国、荷兰（共计 4 个）
合计（个）			8

表 6-16　初期中带主通道及其支线通道穿越的一级行政单元

序号	线路及廊带名称	线路及廊带走向	穿越中国一级行政单元	穿越相关国家一级行政单元
1	主通道	中国上海（东海沿岸）—南京—蚌埠—徐州—郑州—西安—兰州—武威—哈密—乌鲁木齐—精河—霍尔果斯口岸—哈萨克斯坦阿腾科里口岸—阿拉木图—塔拉兹—乌兹别克斯坦塔什干—撒马尔罕—土库曼斯坦土库曼纳巴德—马雷—伊朗萨拉赫斯—马什哈德—德黑兰—大不里士—土耳其凡城—锡瓦斯—安卡拉—伊斯坦布尔—保加利亚索菲亚—塞尔维亚贝尔格莱德—匈牙利布达佩斯—奥地利维也纳—德国慕尼黑—法国斯特拉斯堡—巴黎—加来	上海直辖市、江苏省、安徽省、河南省、陕西省、甘肃省、新疆维吾尔自治区（共计 7 个）	哈萨克斯坦州阿拉木图州、阿拉木图直辖市、江布尔州、突厥斯坦州、奇姆肯特直辖市，乌兹别克斯坦塔什干州、塔什干直辖市、锡尔河州、吉扎克州、撒马尔罕州、纳沃伊州、布哈拉州，土库曼斯坦列巴普州、马雷州、阿哈尔州，伊朗呼罗珊省、塞姆南省、德黑兰省、德黑兰直辖市、厄尔布尔士省、加兹温省、赞詹省、东阿塞拜疆省、西阿塞拜疆省，土耳其凡城等 20 个省，保加利亚哈斯科沃大区、普罗夫迪夫大区、帕扎尔吉克大区、索菲亚大区、索菲亚直辖市，塞尔维亚皮罗特州、尼沙瓦州、托普利卡州、拉辛那州、波莫拉夫列州、舒马迪亚州、贝尔格莱德直辖市、斯雷姆州、南巴奇卡州、北巴奇卡州，匈牙利巴奇—基什孔州、佩斯州、布达佩斯直辖市、科马罗姆—埃斯泰尔戈姆州、杰尔—莫雄—肖普朗州，奥地利布尔根兰州、下奥地利州、维也纳市、上奥地利州、萨尔茨堡州，德国拜恩州、巴登—符腾堡州，法国东部大区、法兰西岛大区、上法兰西大区（共计 74 个）
2	中吉乌塔走廊支线通道	中国新疆吐鲁番市高昌区—库尔勒—阿克苏—喀什—伊尔克什坦口岸—吉尔吉斯斯坦伊尔克什坦口岸—奥什—乌兹别克斯坦安集延—纳曼干—塔吉克斯坦苦盏—乌兹别克斯坦别卡巴德—吉扎克	新疆维吾尔自治区（共计 1 个）	吉尔吉斯斯坦奥什州，乌兹别克斯坦安集延州、纳曼干州、费尔干纳州，塔吉克斯坦粟特州，乌兹别克斯坦锡尔河州、吉扎克州（共计 7 个）
3	通波斯湾走廊支线通道	伊朗德黑兰—霍梅尼港		伊朗德黑兰直辖市、德黑兰省、库姆省、中央省、洛雷斯坦省、胡齐斯坦省（共计 6 个）
合计（个）			7	86

表 6-17　初期中带主通道及其支线通道穿越的国家

序号	线路及廊带名称	线路及廊带走向	穿越的国家
1	主通道	中国上海（东海沿岸）—南京—蚌埠—徐州—郑州—西安—兰州—武威—哈密—乌鲁木齐—精河—霍尔果斯口岸—哈萨克斯坦阿腾科里口岸—阿拉木图—塔拉兹—乌兹别克斯坦塔什干—撒马尔罕—土库曼斯坦土库曼纳巴德—马雷—伊朗萨拉赫斯—马什哈德—德黑兰—大不里士—土耳其凡城—锡瓦斯—安卡拉—伊斯坦布尔—保加利亚索菲亚—塞尔维亚贝尔格莱德—匈牙利布达佩斯—奥地利维也纳—德国慕尼黑—法国斯特拉斯堡—巴黎—加来	中国、哈萨克斯坦、乌兹别克斯坦、土库曼斯坦、伊朗、土耳其、保加利亚、塞尔维亚、匈牙利、奥地利、德国、法国（共计 12 个）
2	中吉乌塔走廊支线通道	中国新疆吐鲁番市高昌区—库尔勒—阿克苏—喀什—伊尔克什坦口岸—吉尔吉斯斯坦伊尔克什坦口岸—奥什—乌兹别克斯坦安集延—纳曼干—塔吉克斯坦苦盏—乌兹别克斯坦别卡巴德—吉扎克	中国、吉尔吉斯斯坦、乌兹别克斯坦、塔吉克斯坦（共计 4 个）
3	通波斯湾走廊支线通道	伊朗德黑兰—霍梅尼港	伊朗（共计 1 个）
合计（个）			14

表 6-18　初期南带主通道及其支线通道穿越的一级行政单元

序号	线路及廊带名称	线路及廊带走向	穿越中国一级行政单元	穿越相关国家一级行政单元
1	主通道	中国香港及澳门—深圳—广州—韶关—长沙—怀化—重庆—成都—阿坝—格尔木—依吞布拉克—若羌—和田—喀什—红其拉甫口岸—巴基斯坦苏斯特口岸—伊斯兰堡—奎达—瓜达尔	中国香港特别行政区、澳门特别行政区、广东省、湖南省、贵州省、重庆直辖市、四川省、青海省、新疆维吾尔自治区（共计 9 个）	巴基斯坦吉尔吉特—巴尔蒂斯坦、联邦首都区、开伯尔—普什图省、俾路支省（共计 4 个）
2	中缅孟印走廊支线通道	中国成都—昆明—大理—瑞丽—缅甸南坎—腊戍—曼德勒—仁安羌—皎漂港—实兑港—孟加拉国伊德冈—吉大港—坚德布尔—库尔纳—杰索尔—印度加尔各答	中国四川省、云南省（共计 2 个）	缅甸掸邦、曼德勒省、马圭省、若开邦，孟加拉国吉大港区、达卡区、库尔纳区，印度西孟加拉邦（共计 8 个）
3	通卡拉奇走廊支线通道	巴基斯坦伊斯兰堡—古杰兰瓦拉—拉合尔—木尔坦—巴哈瓦尔布尔—海德拉巴—卡拉奇		巴基斯坦联邦首都区、旁遮普省、信德省（共计 3 个）
合计（个）			10	14

表 6-19　初期中带主通道及其支线通道穿越的国家

序号	线路及廊带名称	线路及廊带走向	穿越的国家
1	主通道	中国香港及澳门—深圳—广州—韶关—长沙—怀化—重庆—成都—阿坝—格尔木—依吞布拉克—若羌—和田—喀什—红其拉甫口岸—巴基斯坦苏斯特口岸—伊斯兰堡—奎达—瓜达尔	中国、巴基斯坦（共计 2 个）
2	中缅孟印走廊支线通道	中国成都—昆明—大理—瑞丽—缅甸南坎—腊戍—曼德勒—仁安羌—皎漂港—实兑港—孟加拉国伊德冈—吉大港—坚德布尔—库尔纳—杰索尔—印度加尔各答	中国、缅甸、孟加拉国、印度（共计 4 个）
3	通卡拉奇走廊支线通道	巴基斯坦伊斯兰堡—古杰兰瓦拉—拉合尔—木尔坦—巴哈瓦尔布尔—海德拉巴—卡拉奇	巴基斯坦（共计 1 个）
合计（个）			5

在丝绸之路经济带成熟期空间布局中，包含至少两个层次共计15条长大交通线路所穿越的经济"轴线"辐射面域，各层次长大交通线路所穿越的经济"轴线"辐射面域共同构成丝绸之路经济带巨型点轴系统、巨型交通经济带中的"面域"体系（见表6-20~表6-25）。即成熟期北带主通道及其支线通道合计穿越70个一级行政单元、9个国家；成熟期中带主通道及其支线通道合计穿越104个一级行政单元、15个国家；成熟期南带主通道及其支线通道合计穿越85个一级行政单元、10个国家。三带及12条支线通道走廊合计穿越254个一级行政单元、31个国家。

表6-20　成熟期北带主通道及其支线通道穿越的一级行政单元

序号	线路及廊带名称	线路及廊带走向	穿越中国一级行政单元	穿越相关国家一级行政单元
1	主通道	中国天津—北京—张家口—大同—呼和浩特—临河—额济纳旗—明水—伊吾—木垒—将军庙—阿勒泰—吉木乃口岸—哈萨克斯坦厄斯克门—俄罗斯鲁布佐夫斯克口岸—新西伯利亚—莫斯科—圣彼得堡—芬兰赫尔辛基	天津直辖市、北京直辖市、河北省、山西省、内蒙古自治区、甘肃省、新疆维吾尔自治区（共计7个）	哈萨克斯坦东哈萨克斯坦州，俄罗斯阿尔泰边疆区、新西伯利亚州、鄂木斯克州、秋明州、斯维尔德罗夫斯克州、彼尔姆边疆区、巴什科尔托斯坦共和国、乌德穆尔特共和国、鞑靼斯坦共和国、楚瓦什共和国、下诺夫哥罗德州、弗拉基米尔州、莫斯科州、莫斯科直辖市、特维尔州、诺夫哥罗德州、列宁格勒州、圣彼得堡直辖市，芬兰南芬兰大区（共计20个）
2	中哈俄走廊支线通道	中国新疆将军庙—克拉玛依—塔城—巴克图口岸—哈萨克斯坦巴赫特口岸—阿亚古兹—卡拉干达—阿斯塔纳—科克舍套—科斯塔奈—俄罗斯车里雅宾斯克—叶卡捷琳堡（接北带主通道）	新疆维吾尔自治区（共计1个）	哈萨克斯坦东哈萨克斯坦州、卡拉干达州、阿克莫拉州、阿斯塔纳直辖市、北哈萨克斯坦州、科斯塔奈州，俄罗斯车里雅宾斯克州、斯维尔德罗夫斯克州（共计8个）
3	中蒙俄走廊支线通道	中国天津—北京—张家口—大同—乌兰察布市—二连浩特口岸—蒙古扎门乌德口岸—赛音山达—乔伊尔—乌兰巴托—达尔汗—苏赫巴托尔—俄罗斯恰克图—乌兰乌德—伊尔库茨克—图伦—泰舍特—克拉斯诺亚尔斯克—新西伯利亚（接北带主通道）	天津直辖市、北京直辖市、河北省、内蒙古自治区（共计4个）	蒙古东戈壁省、戈壁苏木贝尔省、中央省、乌兰巴托直辖市、色楞格省、达尔汗乌拉省，俄罗斯布里亚特共和国、伊尔库茨克州、克拉斯诺亚尔斯克边疆区、克麦罗沃州、新西伯利亚州（共计11个）
4	中俄走廊支线通道	北京—沈阳—长春—哈尔滨—满洲里—俄罗斯赤塔—乌兰乌德（接北带中蒙俄走廊支线通道及北带主通道）	北京直辖市、天津直辖市、河北省、辽宁省、吉林省、黑龙江省、内蒙古自治区（共计7个）	俄罗斯外贝加尔边疆区、布里亚特共和国（共计2个）
5	东西欧走廊支线通道	俄罗斯莫斯科—白俄罗斯明斯克—波兰华沙—德国柏林—荷兰阿姆斯特丹		俄罗斯莫斯科直辖市、莫斯科州、斯摩棱斯克州，白俄罗斯维捷布斯克州、明斯克州、明斯克直辖市、布列斯特州，波兰卢布林省、马佐夫舍省、华沙直辖市、罗兹省、大波兰省、卢布斯卡省，德国勃兰登堡州、柏林州、萨克森—安哈尔特州、下萨克森州、北莱茵—威斯特法伦州，荷兰上艾瑟尔省、海尔德兰省、乌德勒支省、北荷兰省、南荷兰省（共计23个）
	合计（个）		10	60

表 6-21 成熟期北带主通道及其支线通道穿越的国家

序号	线路及廊带名称	线路及廊带走向	穿越的国家
1	主通道	中国天津—北京—张家口—大同—呼和浩特—临河—额济纳旗—明水—伊吾—木垒—将军庙—阿勒泰—吉木乃口岸—哈萨克斯坦厄宾克门—俄罗斯鲁布佐夫斯克口岸—新西伯利亚—莫斯科—圣彼得堡—芬兰赫尔辛基	中国、哈萨克斯坦、俄罗斯、芬兰（共计4个）
2	中哈俄走廊支线通道	中国新疆将军庙—克拉玛依—塔城—巴克图口岸—哈萨克斯坦巴克特口岸—阿亚古兹—卡拉干达—阿斯塔纳—科克舍套—科斯塔奈—俄罗斯车里雅宾斯克—叶卡捷琳堡（接北带主通道）	中国、哈萨克斯坦、俄罗斯（共计3个）
3	中蒙俄走廊支线通道	中国天津—北京—张家口—大同—乌兰察布—二连浩特口岸—蒙古扎门乌德口岸—赛音山达—乔伊尔—乌兰巴托—达尔汗—苏赫巴托尔—俄罗斯恰克图—乌兰乌德—伊尔库茨克—图伦—泰舍特—克拉斯诺亚尔斯克—新西伯利亚（接北带主通道）	中国、蒙古、俄罗斯（共计3个）
4	中俄走廊支线通道	北京—沈阳—长春—哈尔滨—满洲里—俄罗斯赤塔—乌兰乌德（接北带中蒙俄走廊支线通道及北带主通道）	中国、俄罗斯（共计2个）
5	东西欧走廊支线通道	俄罗斯莫斯科—白俄罗斯明斯克—波兰华沙—德国柏林—荷兰阿姆斯特丹	俄罗斯、白俄罗斯、波兰、德国、荷兰（共计5个）
	合计（个）		9

表 6-22 成熟期中带主通道及其支线通道穿越的一级行政单元

序号	线路及廊带名称	线路及廊带走向	穿越中国一级行政单元	穿越相关国家一级行政单元
1	主通道	中国上海（东海沿岸）—南京—蚌埠—徐州—郑州—西安—兰州—武威—哈密—乌鲁木齐—精河—霍尔果斯口岸—哈萨克斯坦阿腾科里口岸—阿拉木图—塔拉兹—乌兹别克斯坦塔什干—撒马尔罕—土库曼斯坦土库曼纳巴德—马雷—伊朗萨拉赫斯—马什哈德—德黑兰—大不里士—土耳其凡城—锡瓦斯—安卡拉—伊斯坦布尔—保加利亚索菲亚—塞尔维亚贝尔格莱德—匈牙利布达佩斯—奥地利维也纳—德国慕尼黑—法国斯特拉斯堡—巴黎—加来	上海直辖市、江苏省、安徽省、河南省、陕西省、甘肃省、新疆维吾尔自治区（共计7个）	哈萨克斯坦州阿拉木图州、阿拉木图直辖市、江布尔州、突厥斯坦州、奇姆肯特直辖市，乌兹别克斯坦塔什干州、塔什干直辖市、锡尔河州、吉扎克州、撒马尔罕州、纳沃伊州、布哈拉州，土库曼斯坦列巴普州、马雷州、阿哈尔州，伊朗呼罗珊省、塞姆南省、德黑兰省、德黑兰直辖市、厄尔布尔省、加兹温省、赞詹省、东阿塞拜疆省、西阿塞拜疆省，土耳其凡城等20个省，保加利亚哈斯科沃大区、普罗夫迪夫大区、帕扎尔吉克大区、索菲亚大区、索菲亚直辖市，塞尔维亚皮罗特州、尼沙瓦州、托普利卡州、拉辛那州、波莫拉夫列州、舒马迪亚州、贝尔格莱德直辖市、斯雷姆州、南巴奇卡州、北巴奇卡州，匈牙利巴奇—基什孔州、佩斯州、布达佩斯直辖市、科马罗姆—埃斯泰尔戈姆州、杰尔—莫雄—肖普朗州，奥地利布根兰州、下奥地利州、维也纳市、上奥地利州、萨尔茨堡州，德国拜恩州、巴登—符腾堡州，法国东部大区、法兰西岛大区、上法兰西大区（共计74个）
2	中吉乌塔走廊支线通道	中国新疆吐鲁番市高昌区—库尔勒—阿克苏—喀什—伊尔克什坦口岸—吉尔吉斯斯坦伊尔克什坦口岸—奥什—乌兹别克斯坦安集延—纳曼干—塔吉克斯坦苦盏—乌兹别克斯坦别卡巴德—吉扎克（接中带主通道）	新疆维吾尔自治区（共计1个）	吉尔吉斯斯坦奥什州，乌兹别克斯坦安集延州、纳曼干州、费尔干纳州，塔吉克斯坦粟特州，乌兹别克斯坦锡尔河州、吉扎克州（共计7个）

续表

序号	线路及廊带名称	线路及廊带走向	穿越中国一级行政单元	穿越相关国家一级行政单元
3	中哈土伊走廊支线通道	中国精河—阿拉山口口岸—哈萨克斯坦多斯特克口岸—阿克斗卡—巴尔喀什—热兹卡兹甘—切尔卡尔—别伊涅乌—土库曼斯坦巴尔坎纳巴德—伊朗戈尔甘—萨里—加姆萨尔（接中带主通道）	新疆维吾尔自治区（共计1个）	哈萨克斯坦阿拉木图州、东哈萨克斯坦州、卡拉干达州、阿科托别州、曼吉斯套州，土库曼斯坦巴尔坎州，伊朗戈莱斯坦省、马赞达兰省、德黑兰省、塞姆南省（共计10个）
4	中阿土伊走廊支线通道	中国喀什—阿富汗瓦罕—昆都士—马扎里沙里夫—道拉塔巴德—土库曼斯坦夏伯阳—谢拉赫斯—伊朗萨拉赫斯（接中带主通道）	新疆维吾尔自治区（共计1个）	阿富汗巴达赫尚省、塔哈尔省、昆都士省、萨曼甘省、巴尔赫省、朱兹詹省、法里亚布省，土库曼斯坦马雷州、阿哈尔州，伊朗呼罗珊省（共计10个）
5	通波斯湾走廊支线通道	伊朗德黑兰—霍梅尼港		伊朗德黑兰直辖市、德黑兰省、库姆省、中央省、洛雷斯坦省、胡齐斯坦省（共计6个）
	合计（个）		7	97

表6-23　成熟期中带主通道及其支线通道穿越的国家

序号	线路及廊带名称	线路及廊带走向	穿越的国家
1	主通道	中国上海（东海沿岸）—南京—蚌埠—徐州—郑州—西安—兰州—武威—哈密—乌鲁木齐—精河—霍尔果斯口岸—哈萨克斯坦阿腾科里口岸—阿拉木图—塔拉兹—乌兹别克斯坦塔什干—撒马尔罕—土库曼斯坦土库曼纳巴德—马雷—伊朗萨拉赫斯—马什哈德—德黑兰—大不里士—土耳其凡城—锡瓦斯—安卡拉—伊斯坦布尔—保加利亚索菲亚—塞尔维亚贝尔格莱德—匈牙利布达佩斯—奥地利维也纳—德国慕尼黑—法国斯特拉斯堡—巴黎—加来	中国、哈萨克斯坦、乌兹别克斯坦、土库曼斯坦、伊朗、土耳其、保加利亚、塞尔维亚、匈牙利、奥地利、德国、法国（共计12个）
2	中吉乌塔走廊支线通道	中国新疆吐鲁番市高昌区—库尔勒—阿克苏—喀什—伊尔克什坦口岸—吉尔吉斯斯坦伊尔克什坦口岸—奥什—乌兹别克斯坦安集延—纳曼干—塔吉克斯坦苦盏—乌兹别克斯坦别卡巴德—吉扎克	中国、吉尔吉斯斯坦、乌兹别克斯坦、塔吉克斯坦（共计4个）
3	中哈土伊走廊支线通道	中国精河—阿拉山口口岸—哈萨克斯坦多斯特克口岸—阿克斗卡—巴尔喀什—热兹卡兹甘—切尔卡尔—别伊涅乌—土库曼斯坦巴尔坎纳巴德—伊朗戈尔甘—萨里—加姆萨尔（接中带主通道）	中国、哈萨克斯坦、土库曼斯坦、伊朗（共计4个）
4	中阿土伊走廊支线通道	中国喀什—阿富汗瓦罕—昆都士—马扎里沙里夫—道拉塔巴德—土库曼斯坦夏伯阳—谢拉赫斯—伊朗萨拉赫斯（接中带主通道）	中国、阿富汗、土库曼斯坦、伊朗（共计4个）
5	通波斯湾走廊支线通道	伊朗德黑兰—霍梅尼港	伊朗（共计1个）
	合计（个）		15

表6-24 成熟期南带主通道及其支线通道穿越的各国一级行政单元

序号	线路及廊带名称	线路及廊带走向	穿越中国一级行政单元	穿越相关国家一级行政单元
1	主通道	中国香港及澳门—深圳—广州—韶关—长沙—怀化—重庆—成都—阿坝—格尔木—依吞布拉克—若羌—和田—喀什—红其拉甫口岸—巴基斯坦苏斯特口岸—伊斯兰堡—奎达—瓜达尔	香港特别行政区、澳门特别行政区、广东省、湖南省、贵州省、重庆直辖市、四川省、青海省、新疆维吾尔自治区（共计9个）	巴基斯坦吉尔吉特—巴尔蒂斯坦、联邦首都区、开伯尔—普什图省、俾路支省（共计4个）
2	中国—中南半岛走廊支线通道	重庆及成渝地区双城经济圈—遵义—贵阳—河池—柳州—（分支线路通防城港及北海港）—南宁—崇左—凭祥—友谊关—越南同登—北江—河内—清化—荣市—洞海—蚬港—胡志明市—鹅油下—柬埔寨芝布—金边—波贝—泰国亚兰—曼谷—沙没沙空—巴蜀—合艾—沙道—马来西亚加央—亚罗士打—怡保—吉隆坡—马六甲—新山—新加坡	中国重庆直辖市、贵州省、广西壮族自治区（共计3个）	越南谅山省等21个省直辖市，柬埔寨柴桢省、桔井省、磅湛省、干丹省、金边直辖市、磅士卑省、磅清扬、菩萨、马德望省、班迭勉吉省，泰国沙缴府、巴真府、北柳府、曼谷直辖市、佛统府、叻武里府、碧武里府、巴蜀府、春蓬府、素叻他尼府、洛坤府、博他仑府、宋卡府，马来西亚玻璃市州、吉打州、雪兰莪州、布城联邦直辖区、吉隆坡联邦直辖区、森美兰州、马六甲州，新加坡5个行政区（合计56个）
3	中缅孟印走廊支线通道	中国成都—昆明—大理—瑞丽—缅甸南坎—腊戍—曼德勒—仁安羌—皎漂港—实兑港—孟加拉国伊德冈—吉大港—坚德布尔—库尔纳—杰索尔—印度加尔各答	中国四川省、云南省（共计2个）	缅甸掸邦、曼德勒省、马圭省、若开邦，孟加拉国吉大港区、达卡区、库尔纳区，印度西孟加拉邦（共计8个）
4	中印走廊支线通道	中国成都—拉萨—日喀则—帕羊—普兰—印度凯拉—赫尔德瓦尼—莫拉达巴德—新德里	中国四川省、西藏自治区（共计2个）	印度"北阿坎德邦"、北方邦、新德里（共计3个）
5	通卡拉奇走廊支线通道	巴基斯坦伊斯兰堡—古杰兰瓦拉—拉合尔—木尔坦—巴哈瓦尔布尔—海德拉巴—卡拉奇		巴基斯坦联邦首都区、旁遮普省、信德省（共计3个）
合计（个）			12	73

表6-25 成熟期南带主通道及其支线通道穿越的国家

序号	线路及廊带名称	线路及廊带走向	穿越的国家
1	主通道	中国香港及澳门—深圳—广州—韶关—长沙—怀化—重庆—成都—阿坝—格尔木—依吞布拉克—若羌—和田—喀什—红其拉甫口岸—巴基斯坦苏斯特口岸—伊斯兰堡—奎达—瓜达尔	中国、巴基斯坦（共计2个）
2	中国—中南半岛走廊支线通道	重庆及成渝地区双城经济圈—遵义—贵阳—河池—柳州—（分支线路通防城港及北海港）—南宁—崇左—凭祥—友谊关—越南同登—北江—河内—清化—荣市—洞海—蚬港—胡志明市—鹅油下—柬埔寨芝布—金边—波贝—泰国亚兰—曼谷—沙没沙空—巴蜀—合艾—沙道—马来西亚加央—亚罗士打—怡保—吉隆坡—马六甲—新山—新加坡	中国、越南、柬埔寨、泰国、马来西亚、新加坡（共计6个）

续表

序号	线路及廊带名称	线路及廊带走向	穿越的国家
3	中缅孟印走廊支线通道	中国成都—昆明—大理—瑞丽—缅甸南坎—腊成—曼德勒—仁安羌—皎漂港—实兑港—孟加拉国伊德冈—吉大港—坚德布尔—库尔纳—杰索尔—印度加尔各答	中国、缅甸、孟加拉国、印度（共计4个）
4	中印走廊支线通道	中国成都—拉萨—日喀则—帕羊—普兰—印度凯拉—赫尔德瓦尼—莫拉达巴德—新德里	中国、印度（共计2个）
5	通卡拉奇走廊支线通道	巴基斯坦伊斯兰堡—古杰兰瓦拉—拉合尔—木尔坦—巴哈瓦尔布尔—海德拉巴—卡拉奇	巴基斯坦（共计1个）
合计（个）			10

上述初期三带及6条支线通道走廊合计穿越的24个国家及其166个一级行政单元，成熟期三带及12条支线通道走廊合计穿越的31个国家及其254个一级行政单元，均属于丝绸之路经济带形成初期、成熟期巨型点轴系统、巨型交通经济带中"面"的范畴，其各自均属于所在国家或重要经济区域中的"经济社会面域"；各条廊带穿越的各国一级行政单元土地面积及其自然资源、所附着的人口及其经济活动，构成了丝绸之路经济带最基本、最主要的穿越"面域"；而各条廊带穿越的各国国家领土及其自然资源、所附着的人口及其经济活动，构成了丝绸之路经济带的辐射"面域"；其毗邻国家[①]领土及其自然资源、所附着的人口及其经济活动构成了丝绸之路经济带的影响"面域"[②]。

四、丝绸之路经济带空间布局中的体

笔者在拙作《陆上能源通道系统形成与发展机理研究——以中国西北陆上能源通道为例》中，曾经提出以下提法：

"应将运输通道的'三要素论'扩展为'四要素论'"，即"油气源地、目标区域、运输线路、制度设施与组织协调行为（即上述的'四要素'）等组成要素从供、需、输、控等四个环节共同组织成为完整的陆上能源通道系统"。

该研究中的制度设施与组织协调行为是指油气生产、加工、运输、交换、分配、消费过程中的组织协调主体、规则与行为。如生产经营企业、地方政府、国家（中央政府）、国际组织、相关政策、法规、国际协议、规划、生产经营计划、合同、措施等。之所以在该专著中提出"制度设施与组织协调行为"，是因为在通道理论中，只有个别论者将政治因素、管理系统要素、管理控制系统要素或制度因素纳入运输通道要素之列。该专著借鉴与承袭该种做法，但对该做法进行了较大程度上的扩充。在该专著中，陆上能源运输通道的制度设施与组织协调行为不仅包含组织协调主体内涵，而且包括组织协调规则内涵，更包括组织协调行为内涵。如上列的生产经营企业、地方政府、国家（中央政府）、国际组织等即属于制度设施与组织协调行为中的组织协调主体范畴，该类主体不仅是组织协调规则的制定者或执行者，也是具体组织协调行为的实施者；上列的相关政策、法规、国际协议、规划、生产经营计划、合同等即属于制度设施与组织协调行为中的组织协调规则范畴，该类规则分别与不同的组织协调主体大致对应，如相关政策、法规、国际协议、规划与地方政府、国家、国际组织大致对应，生产经营企业与规划、

---

① 此处特指三带及6条支线通道走廊、三带及12条支线通道走廊均未穿越的亚欧大陆陆上国家。

② 或称丝绸之路经济带的影响国家或影响区域，如东北亚相关陆域国家、西亚相关陆域国家、北欧相关陆域国家、西南欧相关陆域国家等。同时，联通上述相关陆域国家，在相当程度上同时属于海上丝绸之路倡议战略职能的组成部分，在此不赘述。

生产经营计划、合同等大致对应；上列的措施即指具体组织协调活动和措施，即属于制度设施与组织协调行为中的组织协调行为范畴，该类行为是组织协调主体依据组织协调规则实施的具体管理控制活动和措施，与生产经营企业、地方政府、国家（中央政府）、国际组织等协调组织主体整体大致对应。

据此，笔者建议将传统的运输通道"三要素论"改为"四要素论"，即将运输通道由起始地、目的地、运输线路三者构成的"三要素论"改为由起始地、目的地、运输线路、制度设施与组织协调行为四者构成的"四要素论"①。

据此，并结合前述，建议将交通经济带的组成要素由"三要素论"改为"四要素论"，即将"所谓交通经济带，是以综合运输通道作为发展主轴，以轴上或其吸引范围内的大中城市为依托，以发达的产业特别是二三产业为主体的发达带状经济区域，即交通经济带＝交通＋城市＋产业"，改为"所谓交通经济带，是以制度设施与组织协调行为为指引和保障，以综合运输通道作为发展主轴，以轴上或其吸引范围内的大中城市为依托，以发达的产业特别是二三产业为主体的发达带状经济区域，即交通经济带＝管控措施＋交通＋城市＋产业"。而对巨型交通经济带而言，由于其在规模、地域组成、涉及国家等方面均具有显著不同于一般交通经济带的特点，因此，管控措施即制度设施与组织协调行为在其组成系统中的地位和作用往往更加突出，容后详解。

笔者在拙作《陆上能源通道系统形成与发展机理研究——以中国西北陆上能源通道为例》中，还曾经提出以下提法：

"由以上两个最重要节点（油气源地、目标区域）、最重要轴线为主骨架、其他间接相关产业、相关节点、相关区域为补充与延伸，则构成不同层级的能源通道系统面域，再加之以耸立其上、作用或活动于其间的制度设施及组织协调行为，则构成一个相对独立的能源通道系统体和一种独具特点的地域经济组织系统（体）"②。

"以上点、线、面域再加之以耸立其上、作用或活动于其间的制度设施及组织协调行为，则构成一个相对独立的能源通道系统体（组织体）和一种独具特点的地域经济组织系统（体）。与油气源地、目标区域、运输线路直接、间接相关的制度设施及组织协调行为，其实施效力、波及影响不仅及于上述的油气源地、目标区域、运输线路所直接占据的空间范围，而且及于上述的地域结构内最重要的轴线、通道系统面域所占据的空间范围，'耸立'于通道系统的面域之上。亦即制度设施及组织协调行为之实施效力、波及影响，弥漫、充斥于通道系统及其相关产业、地域所占据的空间范围之内。由此构成了相对独立的通道系统组织体和独具特点的地域经济组织体"③。

据此，并结合前述，在本研究中提出"丝绸之路经济带系统组织体或地域经济组织体"的提法，即丝绸之路经济带是以古丝绸之路沿线已经形成或即将形成的运输通道为发展轴线（轴），以轴上或其吸引范围内的大中城市（点）为依托，以发达的产业特别是二三产业为主体，加之以耸立其上、作用或活动于其间的制度设施及组织协调行为，所构成的巨型系统组织体或巨型地域经济组织系统（体）。

简言之，丝绸之路经济带是21世纪当代条件下亚欧大陆最大的巨型点轴系统、最大的巨型

① 参见王伯礼：《陆上能源通道系统形成与发展机理研究——以中国西北陆上能源通道为例》，新疆人民出版总社、新疆人民卫生出版社2016年版，第40页。

② 参见王伯礼：《陆上能源通道系统形成与发展机理研究——以中国西北陆上能源通道为例》，新疆人民出版总社、新疆人民卫生出版社2016年版，第105页。

③ 参见王伯礼：《陆上能源通道系统形成与发展机理研究——以中国西北陆上能源通道为例》，新疆人民出版总社、新疆人民卫生出版社2016年版，第106页。

交通经济带、最大的自然—经济—社会综合体，是以古丝绸之路沿线已经形成或即将形成的巨型运输通道为发展轴线（轴）所构成的巨型系统组织体或巨型地域经济组织系统（体）；在当代国际地缘政治地缘经济背景下，其发展方向为亚欧大陆经济社会共同体，或者称之为"亚欧利益共同体""亚欧命运共同体""亚欧责任共同体"，并与海上丝绸之路一道，共同构成走向"人类利益共同体""人类命运共同体""人类责任共同体"的必然路径或载体。

第二节　丝绸之路经济带作为巨型交通经济带的构成要素及运行与建设模式

一、丝绸之路经济带作为巨型交通经济带的构成要素

早在 1979 年，钱学森在与乌家培合写的《组织管理社会主义建设的技术——社会工程》一文中就提出了"巨系统"概念及其两个特点（开放性和复杂性）。2006 年，张文尝和金凤君等曾经提出：交通经济带在产业、人口、城市大规模集聚、城市间、企业间分工与联系更加多元化的区域大环境中逐渐形成，作为一个地域巨系统的核心与主体而成长。其空间形态和产业结构随着区域经济成长而变化，表现为产业的空间再组织过程、产业结构的调整与升级过程、城镇体系格局的动态变化过程。其中，提出"交通经济带是地域巨系统的核心与主体"。

笔者在拙作《陆上能源通道系统形成与发展机理研究——以中国西北陆上能源通道为例》中，曾经提出以下提法：

"受'巨系统'概念启发，笔者认为，联结省域、区域、国域陆上能源通道后的洲域陆上能源通道具有巨系统的某些特征"。[①]

"由于以上各层级能源通道系统[②]内各自形成一个以油气源地、目标区域及相关产业为主要节点，以二者间的运输线路及沿线地区及相关产业为轴线的点轴系统，而各层级能源通道系统间又多以并联方式相互联结，由此即构成一个以一系列不同层级点轴系统构成的巨型点轴系统。这一巨型点轴系统联结了不同层级的油气源地，即主要油气田（油气生产城市）、主要油气盆地（油气生产城市群）、主要产油气省区、主要油气区域或石油极，实现了广阔地域范围内油气等能源资源的统一、有效配置与大空间流通"。

"这一巨型点轴系统不仅联结了不同层级陆上能源通道系统的油气源地，也联结了不同层级的目标区域，即省区级经济中心（省区经济中心城市或城市群）、区域级经济中心（区域中心城市群）、国家级经济中心（经济区、经济带或城市圈）、洲级经济中心（发达极、发展极或城市带），实现了广阔地域内油气加工及其前向关联产业的相互衔接"。[③]

"同时，这一巨型点轴系统又联结、汇聚了不同等级、不同方式的运输线路，即省域油气等能源产品运输线路、跨省区油气等能源产品运输线路、跨区域油气等能源产品运输线路、跨国油气等能源产品运输线路，形成了覆盖广阔地域、由多种方式能源运输线路组成的巨大运输网络"。

---

① 参见王伯礼：《陆上能源通道系统形成与发展机理研究——以中国西北陆上能源通道为例》，新疆人民出版总社、新疆人民卫生出版社 2016 年版，第 10 页。

② 指省域能源通道系统、区域能源通道系统、国域能源通道系统。

③ 参见王伯礼：《陆上能源通道系统形成与发展机理研究——以中国西北陆上能源通道为例》，新疆人民出版总社、新疆人民卫生出版社 2016 年版，第 110 页。

"此外，这一巨型点轴系统还汇集与联络了不同等级、不同形式的制度设施与组织协调行为，即油气生产经营企业、跨国公司及地方政府、区域经济协作组织、中央政府、国际组织及公司章程、生产经营合同、国家相关法律法规、国际协议、国际条约和企业生产经营计划、区域发展规划、产业发展规划、政府规制政策、国际协调活动等，形成了一个体系庞大的生产关系体系及上层建筑体系，实现了广阔地域范围内生产关系与上层建筑的衔接与交织，为广阔地域的经济社会发展提供了基本组织保障"[①]。

据此，并结合前述可见，丝绸之路经济带集合和串联了诸多地域的交通运输主通道及其沿线城市、主导产业、相关制度设施与组织协调行为，是名副其实的交通经济带巨系统，因此，其亦具有巨系统的两项特征（开放性和复杂性）。与此相关联，其集合和串联多个交通经济带而组成的交通经济带"集合"，亦应被称为巨型交通经济带。

既然前述中已经指出：交通经济带是以制度设施与组织协调行为为指引和保障，以综合运输通道作为发展主轴，以轴上或其吸引范围内的大中城市为依托，以发达的产业特别是二三产业为主体的发达带状经济区域，即交通经济带＝管控措施＋交通＋城市＋产业。结合前述可得：巨型交通经济带是以跨国界制度设施与组织协调行为为指引和保障，以巨型交通运输通道作为发展主轴，以轴上或其吸引范围内的巨型城市群带为依托，以发达的巨型产业群带特别是二三产业为主体的巨型发达带状经济区域，即巨型交通经济带＝跨国界管控措施＋巨型交通运输通道＋巨型城市群带＋巨型产业群带。即巨型交通经济带是由跨国界制度设施与组织协调行为、巨型交通运输通道、巨型城市群带、巨型产业群带共同组成的自然—经济—社会综合体，并以巨型交通运输通道作为其核心构成要素。

所谓巨型交通经济带中的巨型交通运输通道，其往往具有里程漫长、跨越国界或者重大自然地理界限、连接重大自然地理单元、蕴含高层级交通区位线、承担区域乃至国家运输中轴线职能等特点。

如本研究中的丝绸之路经济带北带主通道中国境内段即位处亚洲纬向中部燕山山脉—阴山山脉—戈壁阿尔泰山脉—阿尔泰山脉南侧山前巨型相对平坦地带，为中国北方东西运输主干线、中国北部边境线南侧战略主通道；北带主通道哈萨克斯坦北部—俄罗斯西西伯利亚段位处西西伯利亚平原南部，为俄罗斯南部东西运输主干线组成及关联部分、俄罗斯南部边境线北侧战略主通道；北带主通道俄罗斯欧洲部分段位处俄罗斯欧洲部分东南—西北对角线区位，为俄罗斯欧洲部分东南—西北方向运输主干线、俄罗斯欧洲部分陆路运输主轴线；北带主通道与俄罗斯第一亚欧大陆桥共享亚欧大陆东西向二级交通区位线区位。

本研究中的丝绸之路经济带中带主通道中国境内段即位处亚洲纬向中南部秦岭山脉—祁连山脉—天山山脉北侧山前巨型相对平坦地带，为中国陆地东西运输主轴线，其南段郑州—徐州—上海段为中国陆地北南运输主轴线重要组成部分；中带主通道中亚国家境内段位处亚洲纬向中南部天山山脉北侧山前巨型相对平坦地带、中亚国家东南部山地与西北部平原丘陵分界地带，为中亚国家东北—西南运输主干线重要组成部分、中亚国家跨境运输战略主通道；中带主通道伊朗境内段位处厄尔布尔士山脉南侧山前巨型相对平坦地带、伊朗北部山地与中部荒漠分界地带，为伊朗北部东西方向运输主干线、伊朗陆路运输主轴线之一；中带主通道土耳其境内段位处土耳其北南两列山脉夹峙之中，处于土耳其陆地领土大致中分线位置，为土耳其东西方向运输主干线、土耳其陆路运输主轴线；中带主通道欧洲段位处欧洲大陆东南—西北对角线区

① 参见王伯礼：《陆上能源通道系统形成与发展机理研究——以中国西北陆上能源通道为例》，新疆人民出版总社、新疆人民卫生出版社 2016 年版，第 111 页。

位，为欧洲大陆东南—西北方向运输主轴线；中带主通道占有亚欧大陆东西向一级交通区位线区位，为亚欧大陆东西陆路运输主轴线，也是世界诸大陆中最长的东西向陆路运输主轴线。

本研究中的丝绸之路经济带南带主通道中国境内段东段位处中国大陆陆地领土大致东南—西北对角线区位，为中国大陆陆地东南—西北方向运输主干线、中国东南沿海—西北内陆战略主通道；西段位处昆仑山脉北侧山前巨型相对平坦地带，为中国西北地区南部东西运输主干线；南带主通道巴基斯坦境内段位处巴基斯坦陆地领土大致东北—西南对角线区位，为巴基斯坦陆地领土东北—西南方向运输主干线；南带主通道占有亚欧大陆东西向二级交通区位线区位。

所谓巨型城市群带，是指由上述诸条巨型交通运输通道所串联的京津冀城市群与莫斯科—圣彼得堡城市群、长三角城市群与中亚南部城市群及西欧连绵城市带、珠三角城市群与成渝城市带及伊斯兰堡—白沙瓦城市群等较大规模城市群带，在此不赘述。

所谓巨型产业群带，是指由上述诸条巨型交通运输通道穿越区域所形成的较大规模的产业集群，此处亦不赘述。

所谓跨国界制度设施与组织协调行为，是指由前述的大型生产经营企业、地方政府、国家（中央政府）、国际组织等组织协调主体组织所实施，以制定相关生产经营计划、合同、政策、法规、规划、国际协议等组织协调规则及采取相关控制措施为主要内容的管理控制行为。如作为巨型交通经济带，丝绸之路经济带要由战略构想或倡议变为现实，即应当由多国乃至沿线各国大型生产经营企业、地方政府、中央政府、各相关国际组织共同采取一系列管理控制行为，共同组织、高位筹划，如此才能实现。因此，从本质上来说，跨国界制度设施与组织协调行为实际上即是国际管理控制行为。

以上四个方面共同构成巨型交通经济带，共同构成丝绸之路经济带。

二、丝绸之路经济带作为巨型交通经济带的运行模式与建设模式

（一）运行模式

1. 运输通道—交通经济带—工业波

张文尝先生运用实证分析方法，对沪宁杭交通经济带沿线区域相关产业发展史进行了深入研究，总结了该交通经济带沿线轻纺、冶金、石化等三种工业波沿着交通干线集聚与扩散的规律性特征，提出了"工业波"的概念，认为"工业波是指工业自生长点沿着交通轴集聚、扩散及再集聚的动态过程。……工业波的生成是由于新技术及生产方式兴起（自发）或引入，首先在区位条件好、自然条件优越、劳动力和资本较为丰富的地区形成生长点，然后逐步成长、壮大，成为增长极。随着其发展，工业沿着交通线逐步向外扩散，形成新的生长点，相互之间在资金、技术、人员、商品营销、原料供应等方面保持着密切的联系"；并进一步对工业波的扩散轨迹、工业波与运输通道及交通经济带的关系等进行了概括和归纳，认为"工业波是沿着'据点开发—轴线开发—区域开发'的轨迹进行扩散的""工业集聚—扩散的波浪式运动过程是经济在空间上扩散的一个基本模式，工业波是经济带形成的主要内容""交通轴线是工业波在空间扩散的主要依托基础""工业在空间上的扩散总是沿着交通轴线方向，它的阻力最小，扩散成本最低""交通经济带是以交通干线或运输通道为发展轴逐步形成的产业和城市高度发达的经济集聚地带。交通经济带是'点轴开发理论'的重要体现形式，产业的集聚与扩散是交通经济带形成的基本动力"①。

由上述可见，仅就工业部门来说，工业部门产业要素在不同地域之间的流动（波及或传播）

---

① 参见张文尝：《工业波沿交通经济带扩散模式研究》，《地理科学进展》2000年第19卷第4期，第340~341页。

是地域之间空间运输联系的实质和内容，运输通道及运输活动则是地域之间空间运输联系的载体、途径和形式，而交通经济带则是工业部门产业要素在点、线、面之间的流动，是地域之间空间运输联系在点、线、面之上乃至之间的集中表现或集中表达。也就是说，产业要素成规模流动是实质，地域之间产业集中性联系是实质，空间运输联系、交通经济带是外观表达或结果状态，一言以蔽之，产业要素成规模流动、地域之间产业集中性联系是交通经济带的实质。也就是说，仅就工业部门来说，工业波是现代条件下交通经济带的主要实质性内容，运输通道是现代条件下交通经济带的主要实现形式。

结合张文尝先生的实证分析，可做更大空间范围内的实证分析，近代首轮工业革命首先发端于英伦三岛，其后主要沿着向东北、向东、向南三个方向由西向东、自亚欧大陆西北部滨海地区向内陆地区传播；首轮工业革命完成、第二轮工业革命尚未开始之前，欧美资本主义国家先后依仗坚船利炮在亚欧大陆南岸、东岸登陆，侵入亚洲西部、南部、东部国家，孟买、上海等亚洲城市先后成为工业波浸染地区，并首先成为亚洲重要纺织工业中心和亚洲工业波传递源，工业波在亚洲主要沿着向北、向西北、向西三个方向由东向西、自亚欧大陆东南部滨海地区向内陆地区传播。由此形成首轮工业革命技术形式（即工业波）在亚欧大陆自大陆西北端向东南内陆、自东南端向西北内陆对象传递、传播的格局。第二轮、第三轮工业革命技术形式在亚欧大陆的传递、传播格局也大体沿袭上述格局。由此导致形成本研究第四章、第五章所述格局，即在亚欧大陆空间范围内，在丝绸之路经济带北带、中带、南带空间范围内，均形成西段区域工业化发展水平最高、东段区域工业化发展水平次高、中部最低的格局，以至于当前地处亚欧大陆中部区域的蒙古国、中国内蒙古自治区临河以西地区、中国新疆地区、中亚吉尔吉斯斯坦、塔吉克斯坦、阿富汗所在区域，成为亚欧大陆工业化水平最低的区域，成为丝绸之路经济带北带、中带、南带区域工业化水平最低的区域。究其原因，即在于以上区域虽然能够承接东、西两个方向的工业化波及（阿富汗主要承接自南向北的工业波波及），但均为东西方向工业波最后波及的地区，也是东西方向工业波"强弩之末"地区。与此相对应，上述区域也是当前跨区域乃至跨洲巨型陆路运输通道建设、运营最薄弱的瓶颈制约路段，即所谓东西双向"断头路"地段，自然也是本研究第四章、第五章所述的丝绸之路经济带相关运输通道主要应建或建议建设线路分布地段。也从侧面证明，工业波与运输通道的相互依存关系，或者说工业波对于运输通道的依托关系。

2. 巨型运输通道—巨型交通经济带—巨型经济波（前向波、后向波、消费波）与巨型信息波

同理，在工业化加快升级换代、信息化快速发展乃至智能化成为产业发展主流方向、全球化成为世界经济社会发展主要趋势的当代条件下，海量经济要素、新型经济形式与海量信息元素、新型信息生产传播利用形式等产业要素在不同地域、国家乃至大洲之间的流动（波及或传播，下同），是地域之间空间运输联系的实质和内容；巨型运输通道及跨大区域、跨国乃至跨洲运输活动则是巨型地域单元之间空间运输联系的载体、途径和形式；而巨型交通经济带则是海量经济要素、新型经济形式与海量信息元素、新型信息生产传播利用形式在巨大地理单元点、线、面之间的流动，是地域之间空间运输联系在巨大地理单元点、线、面之上乃至之间的集中表现或集中表达。也就是说，海量经济要素、新型经济形式与海量信息元素、新型信息生产传播利用形式巨大规模流动是实质，地域之间巨厚经济、信息集中性联系是实质，巨大空间运输联系、巨型交通经济带是外观表达或结果状态。一言以蔽之，海量经济要素、新型经济形式与海量信息元素、新型信息生产传播利用形式的巨大规模流动、地域之间巨厚经济、信息集中性联系，是巨型交通经济带的实质。本研究将此种经济要素、新型经济形式在不同地域之间的成

规模流动称为经济波，将此种信息元素、新型信息生产传播利用形式在不同地域之间的成规模流动称为信息波；将此种海量经济要素、新型经济形式在不同地域之间的巨大规模流动称为巨型经济波，将此种海量信息元素、新型信息生产传播利用形式在不同地域之间的巨大规模流动称为巨型信息波。也就是说，在当代条件下，经济波、信息波是当代条件下交通经济带的主要实质性内容，运输通道（包含信息传输通道）是现代条件下交通经济带的主要实现形式；巨型经济波、巨型信息波是当代条件下巨型交通经济带的主要实质性内容，巨型运输通道（包含巨型信息传输通道）是现代条件下巨型交通经济带的主要实现形式。

笔者在拙作《陆上能源通道系统形成与发展原理研究——以中国西北陆上能源通道为例》中曾经提出："由于各层级（即洲域、国域、区域、省域）通道系统运输线路沿线大多有附属该线路的分输设施及依赖该通道的油气加工、利用、消费产业或设施，该产业即构成运输线路沿线直接相关产业，该产业活动及设施占据（或活动）的空间即构成运输线路沿线直接相关地域，该产业活动与油气源地油气开采、整理（初步加工）、集中等产业活动、运输线路沿线输送活动构成石油石化等相关产业链条中的前向及后向关联关系或投入产出关系，而这一前向及后向关联关系或投入产出关系在空间上则呈现自油气源地沿运输线路向目标区域、由前向部门向后向部门延伸、延续并呈条带状分布的格局，这一条带既是前向后向直接相关产业间的连接与延伸，又是直接相关产业所占据的相关地域的连接与延伸，且都呈以运输线路为中轴、大致左右对称的格局。因此，能源运输线路及沿线直接相关产业、相关地域构成各该层级地域结构内最重要的轴线。同时，……在各层级通道系统中，油气源地与目标区域周围均有直接、间接相关产业和地域，运输线路及其沿线直接相关产业及地域外围甚至同一地域仍存在间接相关产业及地域，直接相关产业与间接相关产业间也存在前向后向关联关系或投入产出关系。为此，可将由油气源地、目标区域等两个最重要节点、运输线路及其沿线直接相关产业与区域等最重要轴线为主骨架、其他间接相关产业、相关节点、相关区域为补充与延伸的整体，称为不同层级陆上能源通道系统的面域。"[①]

结合前述可知，交通经济带及巨型交通经济带所连接、穿越、覆盖地域之间最本质的关联，即在于该地域组群上相关产业之间达到一定规模、集中性展布的前向后向关联关系（前向波及、后向波及、消费波及，下同）或投入产出关系。也就是说，交通经济带及巨型交通经济带组成地域之间的关系，实质上即达到一定规模、集中性展布的产业前向后向关联关系或投入产出关系；交通经济带及巨型交通经济带所形成的面域，实际上即达到一定规模、集中性展布的产业前向后向关联关系或投入产出关系在地表的投影或映射。

仍结合上述，既然产业要素成规模流动、地域之间产业集中性联系是交通经济带的实质，则产业要素、新型经济形式成规模流动、地域之间产业前向后向集中性联系是交通经济带的内在实质；换言之，基于集中性展布的产业前向后向关联关系的产业要素、新型经济形式的成规模流动，是交通经济带的运动状态或动态内核。而这种基于集中性展布的产业前向后向关联关系的产业要素、新型经济形式成规模流动即是经济波。也即是说，经济波是交通经济带的运动状态或动态内核。

在21世纪条件下，既然巨型交通经济带是海量经济要素、新型经济形式与海量信息元素、新型信息生产传播利用形式在巨大地理单元点、线、面之间的流动，是地域之间空间运输联系在巨大地理单元点、线、面之上乃至之间的集中表现或集中表达；既然海量经济要素、新型经

---

① 参见王伯礼：《陆上能源通道系统形成与发展机理研究——以中国西北陆上能源通道为例》，新疆人民出版总社、新疆人民卫生出版社2016年版，第106页。

济形式与海量信息元素、新型信息生产传播利用形式巨大规模流动的基础，仍是产业间集中性前向后向关联关系，则基于产业间前向后向关联关系的海量经济要素、新型经济形式与海量信息元素、新型信息生产传播利用形式的巨大规模流动，即是巨型交通经济带的运动状态或动态内核。而这种基于集中性展布的产业前向后向关联关系的海量经济要素、新型经济形式与海量信息元素、新型信息生产传播利用形式的巨大规模流动，即是前述的巨型经济波、信息波。也即是说，巨型经济波、巨型信息波是巨型交通经济带的运动状态或动态内核。

具体到作为巨型交通经济带的丝绸之路经济带，基于产业间前向后向关联关系的海量经济要素、新型经济形式与海量信息元素、新型信息生产传播利用形式在丝绸之路经济带各廊带内乃至之间的巨大规模流动，即是丝绸之路经济带的运动状态或动态内核。而由于这种巨大规模流动即是前述的巨型经济波、信息波。因此，巨型经济波、巨型信息波也是丝绸之路经济带的运动状态或动态内核。

简而言之，巨型经济波、巨型信息波即是丝绸之路经济带的运动状态、运行方式或动态内核。

（二）建设模式

如前文所述，运输通道及运输活动是地域之间空间运输联系的载体、途径和形式，或者说运输通道是现代条件下交通经济带的主要实现形式，是工业波的主要依托途径。而巨型交通经济带的实质，是基于集中性展布的产业前向后向关联关系的海量经济要素、新型经济形式与海量信息元素、新型信息生产传播利用形式的巨大规模流动，其对巨型运输通道的依赖较之于一般交通经济带有过之而无不及。或者说，巨型运输通道（含巨型信息通道）是21世纪条件下巨型交通经济带的主要实现形式，是巨型经济波、巨型信息波的主要依托途径。换言之，只有首先建成巨型运输通道，才能承载起海量经济要素、新型经济形式与海量信息元素、新型信息生产传播利用形式在巨大地域范围内的巨大规模流动，才能实现海量经济要素、新型经济形式与巨型信息元素、新型信息生产传播利用形式在巨大地理单元点、线、面之间的流动、传递或传播，才能在巨大地域范围内建立起巨厚的、集中性产业前向后向关联关系，才能形成巨型经济波、巨型信息波。

丝绸之路经济带作为21世纪条件下的巨型交通经济带，要实现基于集中性展布的产业前向后向关联关系的海量经济要素、新型经济形式与海量信息元素、新型信息生产传播利用形式的巨大规模流动，形成影响范围及于亚欧大陆几乎各个区域的巨型经济波、巨型信息波，就必须首先建设空间延伸范围几乎及于亚欧大陆的巨型运输通道。具体而言，即需要建设亚欧跨洲运输通道。本研究前述第四章、第五章所述的主要通道应建线路，大多为依据现有交通格局或依托现有运输线路，而建议兴建的跨洲运输通道组成线路。

因此，一言以蔽之，在丝绸之路经济带各类建设活动中，只有首先着手建设乃至建成巨型跨洲运输通道，才能逐步形成巨型经济波、巨型信息波，才能逐步实现海量经济要素、新型经济形式与海量信息元素、新型信息生产传播利用形式在亚欧大陆范围内的巨大规模流动，才能实现海量经济要素、新型经济形式与海量信息元素、新型信息生产传播利用形式在亚欧大陆巨大地理单元点、线、面之间的流动、传递或传播，才能在亚欧大陆地域范围内建立起巨厚的、集中性产业前向后向关联关系，才能进一步建立各国之间深厚的社会联系、文化联系乃至政治联系。

上述也是丝绸之路经济带最便捷的建设模式、建设路径。

第三节　巨型交通经济带相关理论问题

一、巨型交通经济带形成的自然地理基础

综上所述，基于相同或近似自然地理环境的巨型陆地地理单元及同类自然地理体或其衍生体，是巨型交通经济带形成的自然地理基础。

其中，基于相同或相近地质构造运动的巨型地貌格局或地质构造单元，是巨型交通经济带形成的地貌与地质构造基础，如前述的丝绸之路经济带北带主通道东段中段中国段即大致处于古亚洲域中亚—兴蒙造山系北部山系燕山山脉—阴山山脉—阿尔泰山脉南侧巨型相对平坦地带，西段俄罗斯段即大致处于古亚洲域中亚—兴蒙造山系西部山系乌拉尔山脉南侧西侧巨型相对平坦地带，其他廊带情形见表6-26。基于相同或相近成因的巨型地理单元范围内相同或相近气候特征，是巨型交通经济带形成的气候特征基础，如前述的丝绸之路经济带中带主通道古浪绿洲—赞詹绿洲段即均处于内陆干旱气候区，其他廊带情形见表6-27。基于相同或相近成因的巨型地理单元范围内相同或相近河流水文特征，是巨型交通经济带形成的河流水文特征基础，如前述的丝绸之路经济带中带主通道古浪绿洲—赞詹绿洲段河流带均具有显著的内陆干旱区河流水文特征，其他廊带情形见表6-28。基于相同或相近成因的巨型地理单元范围内相同或相近的地表环境，是巨型交通经济带形成的地表环境基础，如前述的丝绸之路经济带中带主通道古浪绿洲—赞詹绿洲段均具有显著的内陆干旱区绿洲生态环境特征，其他廊带情形见表6-29。

表6-26　丝绸之路经济带主通道穿越区域地质构造单元及地貌格局

序号	廊带及通道	地段	所处构造域或板块	邻接山系	地带
1	北带主通道	东段中段中国段	古亚洲—原特提斯域	中亚—蒙古造山系北部山系燕山山脉—阴山山脉—阿尔泰山脉	南侧巨型连片相对平坦地带
		西段哈萨克斯坦段	古亚洲—原特提斯域	中亚—蒙古造山系西部山系乌拉尔山脉	南侧巨型连片相对平坦地带
		西段俄罗斯段	古亚洲—原特提斯域	中亚—蒙古造山系西部山系乌拉尔山脉	南侧及西侧巨型连片相对平坦地带
2	中带主通道	东段中国甘肃兰州以东段	古特提斯域—古亚洲域	秦岭—大别造山带桐柏山脉—熊耳山脉—秦岭山脉	北侧巨型连片相对平坦地带
		中段中国甘肃兰州以西—新疆段	古亚洲—原特提斯域	中亚—蒙古造山系中部山系祁连山系、天山山系	北侧巨型连片相对平坦地带
		西段中亚地区段	古亚洲域	中亚—蒙古造山系中部山系天山山脉	北侧巨型连片相对平坦地带
		西段伊朗—土耳其段	古特提斯域	厄尔布尔士山脉—黑海山脉	南侧巨型连片相对平坦地带
		西段欧洲段	古、新特提斯域	阿尔卑斯山脉	北侧巨型连片相对平坦地带

续表

序号	廊带及通道	地段	所处构造域或板块	邻接山系	地带
3	南带主通道	东段中国东中部及西部成都以东平原丘陵区段	扬子板块	云贵高原东侧山地	东侧平原丘陵地带
		中段中国西部成都以西段	塔里木—华北板块	大积石山脉（南侧）—昆仑山脉	北侧巨型连片相对平坦地带
		西段巴基斯坦段	新特提斯构造域	兴都库什山脉	南侧—东侧巨型连片相对平坦地带

表 6-27　丝绸之路经济带主通道穿越区域气候类型

序号	廊带及通道	地段	穿越区域气候类型
1	北带主通道	东段中国京津冀及内蒙古东中部段	温带大陆性季风气候
		中段中国内蒙古西部—甘肃—新疆段	温带大陆性干旱气候
		西段哈萨克斯坦段	温带大陆性干旱气候
		西段俄罗斯段	温带大陆性干旱半干旱半湿润气候
2	中带主通道	东段中国甘肃兰州以东段	亚热带季风气候和温带大陆性季风气候
		中段中国甘肃兰州以西—新疆段	温带大陆性干旱半干旱气候
		西段中亚地区段	温带大陆性干旱气候
		西段伊朗—土耳其段	温带大陆性干旱气候、温带湿润半湿润气候
		西段欧洲段	温带海洋性气候
3	南带主通道	东段中国东中部及西部成都以东平原丘陵区段	亚热带季风气候
		中段中国西部成都以西段	温带大陆性干旱气候
		西段巴基斯坦段	亚热带草原气候、亚热带沙漠气候

表 6-28　丝绸之路经济带主通道穿越区域河流带分布

序号	廊带及通道	地段	邻接山系	河流带名称
1	北带主通道	东段中国京津冀及内蒙古东中部段	燕山山脉—阴山山脉	南侧山前半湿润区半干旱区干旱区河流带
		中段中国内蒙古西部—甘肃—新疆段	阴山山脉—阿尔泰山脉	南侧山前干旱区河流带
		西段哈萨克斯坦段	阿尔泰山脉	南侧山前干旱区河流带
		西段俄罗斯段	乌拉尔山脉	南侧及西侧山前河流带
2	中带主通道	东段中国甘肃兰州以东段	桐柏山脉—熊耳山脉—秦岭山脉	北侧山前半湿润区河流带
		中段中国甘肃兰州以西—新疆段	祁连山系、天山山系	北侧山前干旱区河流带
		西段中亚地区段	天山山系	北侧山前干旱区河流带
		西段伊朗—土耳其段	厄尔布尔士山脉—黑海山脉	南侧山前干旱区河流带、南侧山前湿润区半湿润区河流带
		西段欧洲段	阿尔卑斯山脉	北侧山前湿润区河流带

序号	廊带及通道	地段	邻接山系	河流带名称
3	南带主通道	东段中国东中部及西部成都以东平原丘陵区段	云贵高原东侧山地	东侧平原丘陵地带湿润区河流带
		中段中国西部成都以西段	大积石山脉（南侧）—昆仑山脉	北侧山前干旱区河流带
		西段巴基斯坦段	兴都库什山脉	南侧—东侧山前干旱区河流带

表 6-29　丝绸之路经济带主通道穿越区域绿洲带分布

序号	廊带及通道	地段	邻接山系	绿洲带名称
1	北带主通道	东段中国京津冀及内蒙古东中部段	燕山山脉—阴山山脉	（阴山山脉）南侧山前半干旱区干旱区绿洲带
		中段中国内蒙古西部—甘肃—新疆段	阴山山脉—阿尔泰山脉	南侧山前干旱区绿洲带
		西段哈萨克斯坦段	阿尔泰山脉	南侧山前干旱区绿洲带
		西段俄罗斯段	乌拉尔山脉	南侧山前绿洲带
2	中带主通道	东段中国兰州以东段	桐柏山脉—熊耳山脉—秦岭山脉	
		中段中国甘肃兰州以西—新疆段	祁连山系、天山山系	北侧山前干旱区绿洲带
		西段中亚地区段	天山山系	北侧山前干旱区绿洲带
		西段伊朗—土耳其段	厄尔布尔士山脉—黑海山脉	（厄尔布尔士山脉）南侧山前干旱区绿洲带
		西段欧洲段	阿尔卑斯山脉	
3	南带主通道	东段中国东中部及西部成都以东平原丘陵区段	云贵高原东侧山地	
		中段中国西部成都以西段	大积石山脉（南侧）—昆仑山脉	北侧山前干旱区绿洲带
		西段巴基斯坦段	兴都库什山脉	南侧—东侧山前干旱区绿洲带

二、巨型交通经济带形成的人文地理基础

（一）巨型交通经济带形成的交通区位基础

综上所述，基于巨大地理单元地理结构的重要长大交通区位线，是巨型交通经济带形成的交通区位基础。

如本研究中的丝绸之路经济带北带主通道东段中段（即中国境内段）具有中国大陆东西向二级交通区位线区位，并与第一亚欧大陆桥运输通道共享亚欧大陆东西向二级交通区位线潜在区位；北带主通道西段俄罗斯境内段具有俄罗斯欧洲部分东南—西北对角线区位，并具有亚欧大陆东西向二级交通区位线潜在区位（西段）。北带主通道全线具有亚欧大陆东西向二级交通区位线潜在区位。北带其他地段交通区位情形见表 6-30。

表 6-30　丝绸之路经济带北带主通道及支线通道交通区位线

序号	线路及廊带名称	线路及廊带走向	地段	交通区位线
1	北带主通道	中国天津—北京—额济纳旗—吉木乃口岸—哈萨克斯坦厄斯克门—俄罗斯新西伯利亚—莫斯科—芬兰赫尔辛基	东段中段中国段	与第一亚欧大陆桥运输通道共享亚欧大陆东西向二级交通区位线潜在区位；具有中国大陆东西向二级交通区位线区位
			西段俄罗斯段	占据亚欧大陆东西向二级交通区位线区位（西段）；具有俄罗斯欧洲部分东南—西北对角线区位
			全线	共享亚欧大陆东西向二级交通区位线潜在区位
2	北带中哈俄走廊支线通道	中国新疆将军庙—巴克图口岸—哈萨克斯坦阿斯塔纳—科斯塔奈—俄罗斯叶卡捷琳堡	全线	与第一亚欧大陆桥运输通道共享亚欧大陆东西向二级交通区位线潜在区位
3	北带中蒙俄走廊支线通道	中国天津—北京—二连浩特口岸—蒙古乌兰巴托—俄罗斯恰克图—伊尔库茨克—新西伯利亚	全线	与第一亚欧大陆桥运输通道共享亚欧大陆东西向二级交通区位线潜在区位
4	北带中俄走廊支线通道	中国北京—沈阳—长春—哈尔滨—满洲里—俄罗斯赤塔—乌兰乌德	全线	与第一亚欧大陆桥运输通道共享亚欧大陆东西向二级交通区位线潜在区位
5	北带东西欧走廊支线通道	俄罗斯莫斯科—白俄罗斯明斯克—波兰华沙—德国柏林—荷兰阿姆斯特丹	全线	具有亚欧大陆东西向二级交通区位线潜在区位

　　本研究中的丝绸之路经济带中带主通道东段中段（即中国境内段）具有中国大陆东西向一级陆路交通区位线区位，西段中亚地区段具有中亚地区大致东北—西南向对角线区位，西段伊朗土耳其境内段具有伊朗土耳其东西向一级陆路交通区位线潜在区位，西段欧洲段具有欧洲大陆东南—西北向对角线区位。中带主通道全线具有亚欧大陆东西向一级交通区位线区位，且为世界诸大陆中最长的东西向一级交通区位线。中带其他地段交通区位情形见表 6-31。

表 6-31　丝绸之路经济带中带主通道及支线通道交通区位线

序号	线路及廊带名称	线路及廊带走向	地段	交通区位线
1	中带主通道	中国上海—徐州—乌鲁木齐—霍尔果斯口岸—哈萨克斯坦阿拉木图—乌兹别克斯坦塔什干—伊朗德黑兰—土耳其伊斯坦布尔—德国慕尼黑—法国巴黎—加来	东段中段中国段	具有中国大陆东西向一级陆路交通区位线区位
			西段中亚地区段	具有中亚地区大致东北—西南向对角线区位
			西段伊朗土耳其段	具有伊朗土耳其东西向一级陆路交通区位线区位
			西段欧洲段	具有欧洲大陆东南—西北向对角线区位
			全线	具有亚欧大陆东西向一级交通区位线区位（世界诸大陆中最长的东西向一级交通区位线区位）
2	中带中吉乌塔走廊支线通道	中国新疆吐鲁番市高昌区—喀什—伊尔克什坦口岸—吉尔吉斯斯坦奥什—塔吉克斯坦苦盏—乌兹别克斯坦吉扎克	全线	共享亚欧大陆东西向一级交通区位线潜在区位；塔里木盆地大致东北—西南向对角线区位；费尔干纳盆地大致东西向平分线区位

续表

序号	线路及廊带名称	线路及廊带走向	地段	交通区位线
3	中带中哈土伊走廊支线通道	中国精河—阿拉山口口岸—哈萨克斯坦多斯特克口岸—热兹卡兹甘—别伊涅乌—土库曼斯坦巴尔坎纳巴德—伊朗戈尔甘—加姆萨尔	全线	共享亚欧大陆东西向一级交通区位线潜在区位；共享中亚地区大致东北—西南向对角线潜在区位；哈萨克斯坦国土大致东西向平分线潜在区位；里海东岸滨海陆路交通区位线
4	中带中阿土伊走廊支线通道	中国喀什—阿富汗瓦罕—昆都士—马扎里沙里夫—道拉塔巴德—土库曼斯坦夏伯阳—谢拉赫斯—伊朗萨拉赫斯	全线	共享亚欧大陆东西向一级交通区位线潜在区位；兴都库什山脉北侧山前陆路交通区位线
5	中带通波斯湾走廊支线通道	伊朗德黑兰—霍梅尼港	全线	里海（南部）沿岸平原—德黑兰—波斯湾沿岸平原北南陆路交通区位线

　　本研究中的丝绸之路经济带南带主通道东段（中国境内成都以东段）具有中国大陆陆地领土大致东南—西北对角线区位和中国大陆大致东西向二级陆路交通区位线区位，中段（中国境内成都以西段）具有中国西北地区南部东西主干交通区位线区位和中国大陆大致东西向二级陆路交通区位线区位，西段巴基斯坦境内段具有巴基斯坦陆地领土大致东北—西南对角线区位。南带主通道全线具有亚欧大陆东西向二级交通区位线区位。南带其他地段交通区位情形见表6-32。

表6-32　丝绸之路经济带南带主通道及支线通道交通区位线

序号	线路及廊带名称	线路及廊带走向	地段	交通区位线
1	南带主通道	中国香港及澳门—深圳—广州—株洲—重庆—成都—格尔木—若羌—喀什—红其拉甫口岸—巴基斯坦苏斯特口岸—伊斯兰堡—奎达—瓜达尔	东段中国境内成都以东段	具有中国大陆大致东南—西北向对角线区位；具有中国大陆大致东西向二级陆路交通区位线区位
			中段中国境内成都以西段	具有中国西北地区南部东西主干交通区位线区位；具有中国大陆大致东西向二级陆路交通区位线区位
			西段巴基斯坦段	具有巴基斯坦陆地领土大致东北—西南向对角线区位
			全线	具有亚欧大陆东西向二级交通区位线区位
2	南带中国—中南半岛走廊支线通道	中国重庆及成渝地区双城经济圈—南宁—越南河内—胡志明市—柬埔寨金边—泰国曼谷—马来西亚吉隆坡—马六甲—新加坡	全线	具有古、新特提斯域东段山链东侧盆地—平原带陆路交通主干线区位
3	南带中缅孟印走廊支线通道	中国成都—昆明—瑞丽—缅甸南坎—曼德勒—皎漂港—实兑港—孟加拉国吉大港—库尔纳—印度加尔各答	全线	与丝绸之路经济带南带主通道共享亚欧大陆东西向二级交通区位线潜在区位
4	南带中印走廊支线通道	中国成都—拉萨—日喀则—帕羊—普兰—印度凯拉—赫尔德瓦尼—莫拉达巴德—新德里	全线	与丝绸之路经济带南带主通道共享亚欧大陆东西向二级交通区位线潜在区位

序号	线路及廊带名称	线路及廊带走向	地段	交通区位线
5	南带通卡拉奇走廊支线通道	巴基斯坦伊斯兰堡—古杰兰瓦拉—拉合尔—木尔坦—巴哈瓦尔布尔—海德拉巴—卡拉奇	全线	具有印度河流域沿河陆路交通主干线区位

（二）巨型交通经济带形成的交通历史地理基础

综上所述，基于历史时期巨大地理单元之间长期、稳定交流交往需求的古代近代长期、重要、长大交通线路，是巨型交通经济带形成的交通历史地理基础。

如本研究中的丝绸之路经济带北带主通道东段中段（即中国境内段）线路为古代草原丝绸之路大致线路、近代"大北道"线路；西段俄罗斯段线路为古代草原丝绸之路大致线路、沙俄东扩堡垒线、近代"茶叶之路"（组成部分）、西伯利亚大铁路（组成部分）。北带主通道绝大部分路段为古代草原丝绸之路概括性线路。北带其他地段交通线路历史地理基础见表6-33。

表6-33　丝绸之路经济带北带主通道及支线通道交通历史地理基础

序号	线路及廊带名称	线路及廊带走向	地段	古代近代交通历史地理基础
1	北带主通道	中国天津—北京—额济纳旗—吉木乃口岸—哈萨克斯坦厄斯克门—俄罗斯新西伯利亚—莫斯科—芬兰赫尔辛基	东段中段中国段	古代草原丝绸之路大致线路；近代"大北道"线路
			西段俄罗斯段	古代草原丝绸之路大致线路；沙俄东扩堡垒线；近代"茶叶之路"（组成部分）；西伯利亚大铁路（组成部分）
			全线	古代草原丝绸之路大致线路
2	北带中哈俄走廊支线通道	中国新疆将军庙—巴克图口岸—阿斯塔纳—科斯塔奈—俄罗斯叶卡捷琳堡	西段	古代草原丝绸之路大致线路；沙俄东扩大致堡垒线
3	北带中蒙俄走廊支线通道	中国天津—北京—二连浩特口岸—蒙古乌兰巴托—俄罗斯恰克图—伊尔库茨克—新西伯利亚	全线	古代草原丝绸之路大致线路；近代"张库大道"及"茶叶之路"
4	北带中俄走廊支线通道	中国北京—沈阳—长春—哈尔滨—满洲里—俄罗斯赤塔—乌兰乌德	东段	近代"中东铁路"（部分线路）
5	北带东西欧走廊支线通道	俄罗斯莫斯科—白俄罗斯明斯克—波兰华沙—德国柏林—荷兰阿姆斯特丹	全线	欧洲北部运输走廊

本研究中的丝绸之路经济带中带主通道东段中段（即中国境内段）线路为中国古代江南—中原—关中传统陆路及运河运输线路、丝绸之路东段"关陇道"、"河西道"、中段"新北道"；西段中亚地区段线路为帕提亚时期"撒马尔罕道"、丝绸之路西段北道；西段伊朗土耳其境内段线路为"青金石之路"、"黑曜石之路"、丝绸之路西段南道；西段欧洲段线路为近现代"东方快车"线路、东南欧—西欧传统陆路运输线路。中带主通道全线线路为古代丝绸之路主通道线路。中带其他地段交通线路历史地理基础见表6-34。

表6-34 丝绸之路经济带中带主通道及支线通道交通历史地理基础

序号	线路及廊带名称	线路及廊带走向	地段	古代近代交通历史地理基础
1	中带主通道	中国上海—徐州—乌鲁木齐—霍尔果斯口岸—哈萨克斯坦阿拉木图—乌兹别克斯坦塔什干—伊朗德黑兰—土耳其伊斯坦布尔—德国慕尼黑—法国巴黎—加来	东段中段中国段	中国古代江南—中原—关中传统陆路及运河运输线路；丝绸之路东段"关陇道"、"河西道"、中段"新北道"
			西段中亚地区段	"撒马尔罕道"；丝绸之路西段北道
			西段伊朗土耳其段	"青金石之路""黑曜石之路"；丝绸之路西段南道
			西段欧洲段	近现代"东方快车"线路
			全线	古代丝绸之路主通道线路
2	中带中吉乌塔走廊支线通道	中国新疆吐鲁番市高昌区—喀什—伊尔克什坦口岸—吉尔吉斯斯坦奥什—塔吉克斯坦苦盏—乌兹别克斯坦吉扎克	全线	丝绸之路中段北道（后称中道）
3	中带中哈土伊走廊支线通道	中国精河—阿拉山口—哈萨克斯坦多斯特克口岸—热兹卡兹甘—别伊涅乌—土库曼斯坦巴尔坎纳巴德—伊朗戈尔甘—加姆萨尔	全线	丝绸之路西段北道
4	中带中阿土伊走廊支线通道	中国喀什—阿富汗瓦罕—昆都士—马扎里沙里夫—道拉塔巴德—土库曼斯坦夏伯阳—谢拉赫斯—伊朗萨拉赫斯	全线	丝绸之路西段南道
5	中带通波斯湾走廊支线通道	伊朗德黑兰—霍梅尼港	全线	丝绸之路西段南道

本研究中的丝绸之路经济带南带主通道东段中国境内成都以东段线路为中国古代岭南—岭北传统陆路及运河运输线路、中国古代湘—川传统陆路运输线路；中段中国境内成都以西段线路为"玉石之路"、丝绸之路青海道（组成部分）；西段巴基斯坦境内段线路为丝绸之路西段南道。南带主通道中段西段线路为古代丝绸之路中段南道。南带其他地段交通线路历史地理基础见表6-35。

表6-35 丝绸之路经济带南带主通道及支线通道交通历史地理基础

序号	线路及廊带名称	线路及廊带走向	地段	古代近代交通历史地理基础
1	南带主通道	中国香港及澳门—广州—长沙—重庆—成都—格尔木—若羌—喀什—红其拉甫口岸—巴基斯坦苏斯特口岸—伊斯兰堡—奎达—瓜达尔	东段中国境内成都以东段	中国古代岭北—岭南传统陆路及运河运输线路；中国古代湘—川传统陆路运输线路
			中段中国境内成都以西段	"玉石之路"；丝绸之路"青海道"（组成部分）
			西段巴基斯坦段	丝绸之路西段南道
			全线	丝绸之路东段"青海道"、中西段南道

序号	线路及廊带名称	线路及廊带走向	地段	古代近代交通历史地理基础
2	南带中国—中南半岛走廊支线通道	中国重庆及成渝地区双城经济圈—南宁—越南河内—胡志明市—柬埔寨金边—泰国曼谷—马来西亚吉隆坡—马六甲—新加坡	全线	中国西南地区—越南传统陆路、水路运输线路
3	南带中缅孟印走廊支线通道	中国成都—昆明—瑞丽—缅甸南坎—曼德勒—皎漂港—实兑港—孟加拉国吉大港—库尔纳—印度加尔各答	全线	丝绸之路"蜀身毒道"
4	南带中印走廊支线通道	中国成都—拉萨—日喀则—帕羊—普兰—印度凯拉—赫尔德瓦尼—莫拉达巴德—新德里	全线	中国川藏—印度传统陆路运输线路
5	南带通卡拉奇走廊支线通道	巴基斯坦伊斯兰堡—古杰兰瓦拉—拉合尔—木尔坦—巴哈瓦尔布尔—海德拉巴—卡拉奇	全线	印度河流域传统沿河陆路运输线路

（三）区域经济空间格局规律基础

综上所述，基于人类社会区域经济发展一般规律的巨大点轴系统，是巨型交通经济带形成的区域经济空间格局规律基础。

如本研究中的丝绸之路经济带北带主通道东段中段（即中国境内段）沿线形成天津—额济纳旗—阿勒泰—吉木乃口岸沿线巨大点轴系统；西段俄罗斯段沿线形成鲁布佐夫斯克口岸—新西伯利亚—莫斯科—圣彼得堡沿线巨大点轴系统；全线形成中国天津—额济纳旗—阿勒泰—吉木乃口岸—哈萨克斯坦迈哈布奇盖口岸—厄斯克门—俄罗斯鲁布佐夫斯克口岸—新西伯利亚—莫斯科—圣彼得堡—芬兰赫尔辛基沿线巨型点轴系统。北带其他地段沿线巨大点轴系统见表6-36。

表6-36 丝绸之路经济带北带主通道及支线通道沿线巨大点轴系统

序号	线路及廊带名称	线路及廊带走向	地段	点轴系统
1	北带主通道	中国天津—北京—额济纳旗—吉木乃口岸—哈萨克斯坦厄斯克门—俄罗斯新西伯利亚—莫斯科—芬兰赫尔辛基	东段中段中国段	中国天津—额济纳旗—阿勒泰—吉木乃口岸沿线巨大点轴系统
			西段哈萨克斯坦俄罗斯段	哈萨克斯坦迈哈布奇盖口岸—厄斯克门—俄罗斯鲁布佐夫斯克口岸—新西伯利亚—莫斯科—圣彼得堡沿线巨大点轴系统
			全线	中国天津—额济纳旗—阿勒泰—吉木乃口岸—哈萨克斯坦迈哈布奇盖口岸—厄斯克门—俄罗斯鲁布佐夫斯克口岸—新西伯利亚—莫斯科—圣彼得堡—芬兰赫尔辛基沿线巨型点轴系统
2	北带中哈俄走廊支线通道	中国新疆将军庙—克拉玛依—巴克图口岸—哈萨克斯坦阿斯塔纳—科斯塔奈—俄罗斯叶卡捷琳堡	全线	中国新疆将军庙—克拉玛依—巴克图口岸—哈萨克斯坦阿斯塔纳—科斯塔奈—俄罗斯叶卡捷琳堡沿线巨大点轴系统
3	北带中蒙俄走廊支线通道	中国天津—北京—二连浩特口岸—蒙古乌兰巴托—俄罗斯恰克图—伊尔库茨克—新西伯利亚	全线	中国天津—北京—二连浩特口岸—蒙古乌兰巴托—俄罗斯恰克图—伊尔库茨克—新西伯利亚沿线巨大点轴系统

序号	线路及廊带名称	线路及廊带走向	地段	点轴系统
4	北带中俄走廊支线通道	中国北京—沈阳—长春—哈尔滨—满洲里—俄罗斯赤塔—乌兰乌德	全线	中国北京—沈阳—长春—哈尔滨—满洲里—俄罗斯赤塔—乌兰乌德沿线巨大点轴系统
5	北带东西欧走廊支线通道	俄罗斯莫斯科—白俄罗斯明斯克—波兰华沙—德国柏林—荷兰阿姆斯特丹	全线	俄罗斯莫斯科—白俄罗斯明斯克—波兰华沙—德国柏林—荷兰阿姆斯特丹沿线巨大点轴系统

本研究中的丝绸之路经济带中带主通道东段中段（即中国境内段）沿线形成上海—徐州—兰州—乌鲁木齐—霍尔果斯口岸沿线巨大点轴系统；西段中亚地区段沿线形成哈萨克斯坦阿腾科里口岸—阿拉木图—乌兹别克斯坦塔什干—土库曼斯坦谢拉赫斯沿线巨大点轴系统；西段伊朗土耳其段沿线形成伊朗萨拉赫斯—德黑兰—大不里士—土耳其厄扎尔普—安卡拉—伊斯坦布尔—埃迪尔内沿线巨大点轴系统；西段欧洲段沿线形成保加利亚斯维伦格勒—塞尔维亚贝尔格莱德—匈牙利布达佩斯—奥地利维也纳—德国慕尼黑—法国斯特拉斯堡—巴黎—加来沿线巨大点轴系统；全线形成中国上海—徐州—乌鲁木齐—霍尔果斯口岸—哈萨克斯坦阿拉木图—乌兹别克斯坦塔什干—伊朗德黑兰—土耳其伊斯坦布尔—德国慕尼黑—法国巴黎—加来巨型点轴系统。中带其他地段沿线巨大点轴系统见表6-37。

表6-37　丝绸之路经济带中带主通道及支线通道沿线巨大点轴系统

序号	线路及廊带名称	线路及廊带走向	地段	点轴系统
1	中带主通道	中国上海—徐州—乌鲁木齐—霍尔果斯口岸—哈萨克斯坦阿拉木图—乌兹别克斯坦塔什干—伊朗德黑兰—土耳其伊斯坦布尔—德国慕尼黑—法国巴黎—加来	东段中段中国段	中国上海—徐州—兰州—乌鲁木齐—霍尔果斯口岸沿线巨大点轴系统
			西段中亚地区段	哈萨克斯坦阿腾科里口岸—阿拉木图—乌兹别克斯坦塔什干—土库曼斯坦谢拉赫斯沿线巨大点轴系统
			西段伊朗土耳其段	伊朗萨拉赫斯—德黑兰—大不里士—土耳其厄扎尔普—安卡拉—伊斯坦布尔—埃迪尔内沿线巨大点轴系统
			西段欧洲段	保加利亚斯维伦格勒—塞尔维亚贝尔格莱德—匈牙利布达佩斯—奥地利维也纳—德国慕尼黑—法国斯特拉斯堡—巴黎—加来沿线巨大点轴系统
			全线	中国上海—徐州—乌鲁木齐—霍尔果斯口岸—哈萨克斯坦阿拉木图—乌兹别克斯坦塔什干—伊朗德黑兰—土耳其伊斯坦布尔—德国慕尼黑—法国巴黎—加来沿线巨型点轴系统
2	中带中吉乌塔走廊支线通道	中国新疆吐鲁番市高昌区—喀什—伊尔克什坦口岸—吉尔吉斯斯坦奥什—塔吉克斯坦苦盏—乌兹别克斯坦吉扎克	全线	中国新疆吐鲁番市高昌区—喀什—伊尔克什坦口岸—吉尔吉斯斯坦奥什—乌兹别克斯坦纳曼干—塔吉克斯坦苦盏—乌兹别克斯坦吉扎克沿线巨大点轴系统

序号	线路及廊带名称	线路及廊带走向	地段	点轴系统
3	中带中哈土伊走廊支线通道	中国精河—阿拉山口口岸—哈萨克斯坦多斯特克口岸—热兹卡兹甘—别伊涅乌—土库曼斯坦巴尔坎纳巴德—伊朗戈尔甘—加姆萨尔	全线	中国精河—阿拉山口口岸—哈萨克斯坦多斯特克口岸—热兹卡兹甘—别伊涅乌—土库曼斯坦巴尔坎纳巴德—伊朗戈尔甘—加姆萨尔沿线巨大点轴系统
4	中带中阿土伊走廊支线通道	中国喀什—阿富汗瓦罕—昆都士—马扎里沙里夫—道拉塔巴德—土库曼斯坦夏伯阳—谢拉赫斯—伊朗萨拉赫斯	全线	中国喀什—阿富汗瓦罕—昆都士—马扎里沙里夫—道拉塔巴德—土库曼斯坦夏伯阳—谢拉赫斯—伊朗萨拉赫斯沿线巨大点轴系统
5	中带通波斯湾走廊支线通道	伊朗德黑兰—霍梅尼港	全线	伊朗德黑兰—霍梅尼港沿线巨大点轴系统

本研究中的丝绸之路经济带南带主通道东段中国境内成都以东段沿线形成香港及澳门与深圳和广州—株洲—怀化—重庆—成都沿线巨大点轴系统；中段中国境内成都以西段沿线形成成都—格尔木—若羌—喀什—红其拉甫口岸沿线巨大点轴系统；南带主通道西段巴基斯坦段沿线形成苏斯特口岸—伊斯兰堡—奎达—瓜达尔沿线巨大点轴系统；全线形成中国香港及澳门与深圳和广州—株洲—重庆—成都—格尔木—若羌—喀什—红其拉甫口岸—巴基斯坦苏斯特口岸—伊斯兰堡—奎达—瓜达尔沿线巨型点轴系统。南带其他地段沿线巨大点轴系统见表6-38。

表6-38　丝绸之路经济带南带主通道及支线通道沿线巨大点轴系统

序号	线路及廊带名称	线路及廊带走向	地段	点轴系统
1	南带主通道	中国香港及澳门—深圳—广州—株洲—重庆—成都—格尔木—若羌—喀什—红其拉甫口岸—巴基斯坦苏斯特口岸—伊斯兰堡—奎达—瓜达尔	东段中国境内成都以东段	中国香港及澳门—深圳—广州—株洲—怀化—重庆—成都沿线巨大点轴系统
			中段中国境内成都以西段	中国成都—格尔木—若羌—喀什—红其拉甫口岸沿线巨大点轴系统
			西段巴基斯坦段	巴基斯坦苏斯特口岸—伊斯兰堡—奎达—瓜达尔沿线巨大点轴系统
			全线	中国香港及澳门—深圳—广州—株洲—重庆—成都—格尔木—若羌—喀什—红其拉甫口岸—巴基斯坦苏斯特口岸—伊斯兰堡—奎达—瓜达尔沿线巨型点轴系统
2	南带中国—中南半岛走廊支线通道	中国重庆及成渝地区双城经济圈—南宁—越南河内—胡志明市—柬埔寨金边—泰国曼谷—马来西亚吉隆坡—马六甲—新加坡	全线	中国重庆及成渝地区双城经济圈—南宁—越南河内—胡志明市—柬埔寨金边—泰国曼谷—马来西亚吉隆坡—马六甲—新加坡沿线巨大点轴系统
3	南带中缅孟印走廊支线通道	中国成都—昆明—瑞丽—缅甸南坎—曼德勒—皎漂港—实兑港—孟加拉国吉大港—库尔纳—印度加尔各答	全线	中国成都—昆明—瑞丽—缅甸南坎—曼德勒—皎漂港—实兑港—孟加拉国吉大港—库尔纳—印度加尔各答沿线巨大点轴系统

序号	线路及廊带名称	线路及廊带走向	地段	点轴系统
4	南带中印走廊支线通道	中国成都—拉萨—日喀则—帕羊—普兰—印度凯拉—赫尔德瓦尼—莫拉达巴德—新德里	全线	中国成都—拉萨—日喀则—帕羊—普兰—印度凯拉—赫尔德瓦尼—莫拉达巴德—新德里沿线巨大点轴系统
5	南带通卡拉奇走廊支线通道	巴基斯坦伊斯兰堡—古杰兰瓦拉—拉合尔—木尔坦—巴哈瓦尔布尔—海德拉巴—卡拉奇	全线	巴基斯坦伊斯兰堡—古杰兰瓦拉—拉合尔—木尔坦—巴哈瓦尔布尔—海德拉巴—卡拉奇沿线巨大点轴系统

（四）国际地缘政治地缘经济基础

综上所述，基于长期稳定时代背景下的国际地缘政治地缘经济有利格局，是巨型交通经济带形成的国际地缘政治地缘经济基础。

如本研究中的丝绸之路经济带北带主通道东段中段（即中国境内段）在历史时期即长期处于中国汉、唐、元朝等朝代统辖区域及对应经济政治文化繁盛时期，西段俄罗斯段在历史时期长期处于中国元朝、钦察汗国与后继汗国、俄罗斯莫斯科大公国、俄罗斯帝国、苏联统辖区域及对应经济政治文化繁盛时期；北带主通道全线在历史时期处于中国、俄罗斯统辖区域及对应经济政治文化繁盛时期。北带其他地段线路在历史时期长期稳定统治格局及对应经济政治文化繁盛时期见表6-39。

表6-39　丝绸之路经济带北带主通道及支线通道所处长期稳定统治格局及对应经济政治文化繁盛时期

序号	线路及廊带名称	线路及廊带走向	地段	长期稳定统治格局及对应经济政治文化繁盛时期
1	北带主通道	中国天津—北京—额济纳旗—吉木乃口岸—哈萨克斯坦厄斯克门—俄罗斯新西伯利亚—莫斯科—芬兰赫尔辛基	东段中段中国段	处于中国汉、唐、元朝等朝代统辖区域及对应经济政治文化繁盛时期
			西段哈萨克斯坦俄罗斯段	处于中国元朝中央政府辖区（今鄂毕河右岸区域时属岭北行省辖区）、钦察汗国与后继汗国、俄罗斯莫斯科大公国、俄罗斯帝国、苏联统辖区域及对应经济政治文化繁盛时期
			全线	处于中国、俄罗斯统辖区域及对应经济政治文化繁盛时期
2	北带中哈俄走廊支线通道	中国新疆将军庙—克拉玛依—巴克图口岸—哈萨克斯坦阿斯塔纳—科斯塔奈—俄罗斯叶卡捷琳堡	全线	处于中国唐朝中央政府统辖区域、钦察汗国与后继汗国、俄罗斯帝国、苏联统辖区域及对应经济政治文化繁盛时期
3	北带中蒙俄走廊支线通道	中国天津—北京—二连浩特口岸—蒙古乌兰巴托—俄罗斯恰克图—伊尔库茨克—新西伯利亚	全线	处于中国汉、唐、元朝（今蒙古国疆域时属岭北行省辖区）等朝代中央政府统辖区域、俄罗斯帝国、苏联统辖区域及对应经济政治文化繁盛时期
4	北带中俄走廊支线通道	北京—沈阳—长春—哈尔滨—满洲里—俄罗斯赤塔—乌兰乌德	全线	处于中国汉、唐、元朝（今满洲里—俄罗斯赤塔—乌兰乌德一线时属岭北行省辖区）等朝代中央政府统辖区域、俄罗斯帝国、苏联统辖区域及对应经济政治文化繁盛时期

续表

序号	线路及廊带名称	线路及廊带走向	地段	长期稳定统治格局及对应 经济政治文化繁盛时期
5	北带东西欧走廊支线通道	俄罗斯莫斯科—白俄罗斯明斯克—波兰华沙—德国柏林—荷兰阿姆斯特丹	全线	处于俄罗斯帝国、苏联、中西欧诸国统辖区域及对应经济政治文化繁盛时期

本研究中的丝绸之路经济带中带主通道东段中段（即中国境内段）在历史时期即长期处于中国汉、唐、元朝等朝代统辖区域及对应经济政治文化繁盛时期；西段中亚地区段在历史时期处于波斯帝国、亚历山大帝国、帕提亚帝国、贵霜帝国、中国唐朝、后突厥—蒙古诸汗国统辖区域及对应经济政治文化繁盛时期；西段伊朗土耳其段在历史时期长期处于波斯帝国、亚历山大帝国、帕提亚帝国、贵霜帝国、罗马帝国、阿拉伯帝国、土耳其奥斯曼帝国与中国唐朝、蒙古伊尔汗国统辖区域及对应经济政治文化繁盛时期；西段欧洲段在历史时期长期处于罗马帝国、查理曼帝国、法兰西帝国、奥匈帝国、德意志帝国统辖区域及对应经济政治文化繁盛时期；中带主通道全线在历史时期长期处于东亚、西亚、欧洲诸强盛国家统辖区域及对应经济政治文化繁盛时期。中带其他地段线路在历史时期长期稳定统治格局及对应经济政治文化繁盛时期见表6-40。

表6-40 丝绸之路经济带中带主通道及支线通道所处长期稳定统治格局
及对应经济政治文化繁盛时期

序号	线路及廊带名称	线路及廊带走向	地段	长期稳定统治格局及 对应经济政治文化繁盛时期
1	中带主通道	中国上海—徐州—乌鲁木齐—霍尔果斯口岸—哈萨克斯坦阿拉木图—乌兹别克斯坦塔什干—伊朗德黑兰—土耳其伊斯坦布尔—德国慕尼黑—法国巴黎—加来	东段中段中国段	处于中国汉、唐、元朝等朝代统辖区域及对应经济政治文化繁盛时期
			西段中亚地区段	处于波斯帝国、亚历山大帝国、帕提亚帝国、贵霜帝国、中国唐朝、后突厥—蒙古诸汗国统辖区域及对应经济政治文化繁盛时期
			西段伊朗土耳其段	处于波斯帝国、亚历山大帝国、帕提亚帝国、贵霜帝国、罗马帝国、阿拉伯帝国、土耳其奥斯曼帝国及蒙古伊尔汗国统辖区域及对应经济政治文化繁盛时期
			西段欧洲段	处于罗马帝国、查理曼帝国、法兰西帝国、奥匈帝国、德意志帝国统辖区域及对应经济政治文化繁盛时期
			全线	处于东亚、西亚、欧洲诸强盛国家统辖区域及对应经济政治文化繁盛时期
2	中带中吉乌塔走廊支线通道	中国新疆吐鲁番市高昌区—喀什—伊尔克什坦口岸—吉尔吉斯斯坦奥什—塔吉克斯坦苦盏—乌兹别克斯坦吉扎克	全线	处于中国汉、唐朝等朝代统辖区域与波斯帝国、亚历山大帝国、贵霜帝国等帝国统辖区域及对应经济政治文化繁盛时期

序号	线路及廊带名称	线路及廊带走向	地段	长期稳定统治格局及 对应经济政治文化繁盛时期
3	中带中哈土伊走廊支线通道	中国精河—阿拉山口—哈萨克斯坦多斯特克口岸—热兹卡兹甘—别伊涅乌—土库曼斯坦巴尔坎纳巴德—伊朗戈尔甘—加姆萨尔	全线	处于中国汉、唐朝等朝代与后突厥—蒙古诸汗国统辖区域与波斯帝国、亚历山大帝国、帕提亚帝国、阿拉伯帝国、沙皇俄国、苏联统辖区域及对应经济政治文化繁盛时期
4	中带中阿土伊走廊支线通道	中国喀什—阿富汗瓦罕—昆都士—马扎里沙里夫—道拉塔巴德—土库曼斯坦夏伯阳—谢拉赫斯—伊朗萨拉赫斯	全线	处于中国汉、唐朝等朝代统辖区域与波斯帝国、亚历山大帝国、帕提亚帝国、贵霜帝国、阿拉伯帝国、沙皇俄国、苏联统辖区域及对应经济政治文化繁盛时期
5	中带通波斯湾走廊支线通道	伊朗德黑兰—霍梅尼港	全线	处于波斯帝国、亚历山大帝国、帕提亚帝国、罗马帝国、阿拉伯帝国等帝国统辖区域及对应经济政治文化繁盛时期

　　本研究中的丝绸之路经济带南带主通道东段中段（即中国境内段）在历史时期均长期处于中国汉、唐、元朝等朝代统辖区域及对应经济政治文化繁盛时期；西段巴基斯坦段在历史时期长期处于亚历山大帝国、帕提亚帝国、贵霜帝国与古代近代印度其他诸帝国、英帝国统辖区域及对应经济政治文化繁盛时期；南带主通道全线在历史时期长期处于中国汉、唐、元朝等朝代与中亚、南亚诸强盛国家统辖区域及对应经济政治文化繁盛时期。南带其他地段线路在历史时期长期稳定统治格局及对应经济政治文化繁盛时期见表6-41。

表6-41　丝绸之路经济带南带主通道及支线通道所处长期稳定统治格局
及对应经济政治文化繁盛时期

序号	线路及廊带名称	线路及廊带走向	地段	长期稳定统治格局及对应 经济政治文化繁盛时期
1	南带主通道	中国香港及澳门—广州—长沙—重庆—成都—格尔木—若羌—喀什—红其拉甫口岸—巴基斯坦苏斯特口岸—伊斯兰堡—奎达—瓜达尔	东段中国境内成都以东段	处于中国汉、唐、元朝等朝代统辖区域及对应经济政治文化繁盛时期
			中段中国境内成都以西段	处于中国汉、唐、元朝等朝代统辖区域及对应经济政治文化繁盛时期
			西段巴基斯坦段	处于波斯帝国、亚历山大帝国、帕提亚帝国、贵霜帝国与古代近代印度其他诸帝国、英帝国统辖区域及对应经济政治文化繁盛时期
			全线	处于中国汉、唐、元朝等朝代与中亚、南亚诸强盛国家统辖区域及对应经济政治文化繁盛时期
2	南带中国—中南半岛走廊支线通道	中国重庆及成渝地区双城经济圈—南宁—越南河内—胡志明市—柬埔寨金边—泰国曼谷—马来西亚吉隆坡—马六甲—新加坡	全线	处于中国汉、唐、元朝等朝代与东南亚诸强盛国家统辖区域及对应经济政治文化繁盛时期
3	南带中缅孟印走廊支线通道	中国成都—昆明—瑞丽—缅甸南坎—曼德勒—实兑港—孟加拉国吉大港—库尔纳—印度加尔各答	全线	处于中国汉、唐、元朝等朝代与东南亚、南亚诸强盛国家统辖区域及对应经济政治文化繁盛时期

序号	线路及廊带名称	线路及廊带走向	地段	长期稳定统治格局及对应 经济政治文化繁盛时期
4	南带中印走廊支线通道	中国成都—拉萨—日喀则—帕羊—普兰—印度凯拉—赫尔德瓦尼—莫拉达巴德—新德里	全线	处于中国汉、唐、元朝等朝代与南亚诸强盛国家统辖区域及对应经济政治文化繁盛时期
5	南带通卡拉奇走廊支线通道	巴基斯坦伊斯兰堡—古杰兰瓦拉—拉合尔—木尔坦—巴哈瓦尔布尔—海德拉巴—卡拉奇	全线	处于波斯帝国、亚历山大帝国、帕提亚帝国、贵霜帝国与古代近代印度其他诸帝国、英帝国统辖区域及对应经济政治文化繁盛时期

三、巨型交通经济带的空间布局及其发展演化阶段

综上所述，巨型交通经济带的形成并非一系列交通经济带的简单联结，而是一系列相互关联的交通经济带及其要素的重新整合及再配置、再区位、再耦合过程。在这一重新整合及再配置、再区位、再耦合过程中，形成其空间形态——空间布局，同时形成其时间形态——演化阶段及过程。

笔者曾经提出："巨系统内油气资源的再配置，即由于以上各层级（省域、区域、国域、洲域）能源通道系统内各自形成一个以油气源地、目标区域及相关产业为主要节点、以二者间的运输线路及沿线地区及相关产业为轴线的点轴系统，而各层级能源通道系统间又多以并联方式相互连接，由此即构成一个以一系列不同层级点轴系统构成的巨型点轴系统。这一巨型点轴系统连接了不同层级的油气源地，即主要油气田（油气生产城市）、主要油气盆地（油气生产城市群）、主要产油气省区、主要油气区域或石油极，实现了广阔地域范围内油气等能源资源的统一、有效配置与大空间流通"；"巨系统内目标区域的再衔接，即这一巨型点轴系统不仅联结了不同层级陆上能源通道系统的油气源地，也联结了不同层级的目标区域，即省区级经济中心（省区经济中心城市或城市群）、区域级经济中心（区域中心城市群）、国家级经济中心（经济区、经济带或城市圈）、洲级经济中心（发达极、发展极或城市带），实现了广阔地域内油气加工及其前向关联产业的相互衔接"；"巨系统内运输线路的再联结，即这一巨型点轴系统又联接、汇聚了不同等级、不同方式的运输线路，即省域油气等能源产品运输线路、跨省区油气等能源产品运输线路、跨区域油气等能源产品运输线路、跨国油气等能源产品运输线路，形成了覆盖广阔地域、由多种方式能源运输线路组成的巨大运输网络"；"巨系统内制度设施与组织协调行为的再交织，即这一巨型点轴系统还汇集与联络了不同等级、不同形式的制度设施与组织协调行为，即油气生产经营企业、跨国公司及地方政府、区域经济协作组织、中央政府、国际组织及公司章程、生产经营合同、国家相关法律法规、国际协议、国际条约和企业生产经营计划、区域发展规划、产业发展规划、政府规制政策、国际协调活动等，形成了一个体系庞大的生产关系体系及上层建筑体系，实现了广阔地域范围内生产关系与上层建筑的衔接与交织，为广阔地域的经济社会发展提供了基本组织保障"[①]。即各层级（省域、区域、国域、洲域）能源通道系统在联结为巨型能源通道系统后，其构成要素在联结后的巨系统内发生显著的再配置机制及过程，巨系统整体形成新的系统构成方式和内部结构，诸构成要素依据在新的巨系统内的地位而获得新的要素功能，并使巨系统整体形成显著不同于原有较低层次系统的功能。

[①] 参见王伯礼：《陆上能源通道系统形成与发展机理研究——以中国西北陆上能源通道为例》，新疆人民出版社总社、新疆卫生出版社2016年版，第172页。

同理，一系列相互关联的交通经济带联结为巨型交通经济带之后，其构成要素也在再联结后的巨系统内发生显著的再配置机制及过程，巨系统整体即巨型交通经济带形成新的系统构成方式和内部结构，诸构成要素依据在新的巨系统内的地位获得新的要素功能，并使得巨系统整体即巨型交通经济带形成显著不同于原有较低层次交通经济带的整体功能。

笔者曾经提出巨型能源通道系统的再区位机制及再区位过程，即"并联各层级陆上能源通道系统后形成的这一既层次分明又相互连接的巨型点轴系统不仅在广阔地域范围内形成了对能源及相关资源的再配置机制，使广阔地域范围内的能源资源及相关资源向点、轴汇集并传输，从而对能源及相关资源实现有效再配置；而且对巨系统内部及相关地域范围内的能源产业及相关产业形成了再区位机制，对系统内及相关地域范围内的工业区位、城市区位、一般交通区位等都产生了深刻影响，甚至使部分工业区位、城市区位、一般交通区位等发生了显著的二次选择或布置"[①]。

同理，一系列相互关联的交通经济带联结为巨型交通经济带之后，其构成要素也在再联结后的巨系统内发生显著的再区位机制及过程，巨系统整体即巨型交通经济带形成新的区位组合关系，诸构成要素依据在新的巨系统内的地位获得新的区位内涵，并使得巨系统整体即巨型交通经济带形成显著不同于原有较低层次交通经济带的整体功能。

笔者曾经提出巨型能源通道系统的再耦合机制及再耦合过程，即"以上巨系统中的再区位机制与过程使巨系统内部及相关地域的区位结构进一步趋于有序化、熵简化，使巨系统内部各部分间、巨系统与相关地域间的耦合关系达到了一个新的水平"[②]。

同理，一系列相互关联的交通经济带联结为巨型交通经济带之后，其构成要素也在再联结后的巨系统内发生显著的再耦合机制及再耦合过程，巨系统整体即巨型交通经济带形成新的耦合关系，诸构成要素依据在新的巨系统内的地位获得新的要素内涵，并使得巨系统整体即巨型交通经济带形成显著不同于原有较低层次交通经济带的整体功能。

由上述可见，巨型交通经济带的形成过程是一系列交通经济带及其要素由不完全相互联结到完全相互联结的过程，是一系列交通经济带及其要素在完全相互联结后形成与发生显著的再配置、再区位、再耦合机制的过程，是形成新的巨系统构成方式和内部结构、区位组合关系、耦合关系的过程，是形成新的巨系统整体功能的过程。仍以上述的丝绸之路经济带这一巨型交通经济带为例，其形成必然经历一系列相互关联的交通经济带及其要素由不完全相互联结到完全相互联结的过程，经历一系列交通经济带及其要素在完全相互联结后形成与发生显著的再配置、再区位、再耦合机制的过程，经历形成新的巨系统系统构成方式和内部结构、区位组合关系、耦合关系的过程，经历形成新的巨系统整体功能的过程，因此，其将由亚欧大陆相互关联的交通经济带占据地域扩展至几乎整个亚欧大陆所在地域，并将至少经历形成初期、成熟期两个发展阶段，形成较为显著的空间、时间分异。

四、结论与讨论

第一，丝绸之路经济带是当代新世纪长期、稳定时代背景和国际地缘政治地缘经济有利格局下，在亚欧大陆巨型陆地地理单元形成的、以巨型点轴系统为区域经济地理空间格局基础和表现形式的巨型地域廊带体系，是国际化、全球化发展到当代新世纪特定阶段的产物，将在未来一定时期内长期存在并对当代新世纪国际政治格局、国际经济格局、国际发展格局产生极为重大的影响。在其存在、运行时期内及其影响下，世界主要舞台中心将重返亚欧大陆，中国将

---

①②　参见王伯礼：《陆上能源通道系统形成与发展机理研究——以中国西北陆上能源通道为例》，新疆人民出版总社、新疆卫生出版社 2016 年版，第 169~172 页。

重返世界主要舞台中心。

第二，丝绸之路经济带是点、线、面、体高度耦合的巨型交通经济带；巨型经济波、信息波是巨型交通经济带运行的空间形式；共建丝绸之路经济带应以亚欧交通运输通道建设与贯通作为优先领域和方向。

第三，巨型交通经济带是 21 世纪长期、稳定时代背景和有利国际地缘政治地缘经济格局下，在巨型陆地地理单元形成的、以巨型点轴系统为区域经济地理空间格局基础和表现形式的巨型地域廊带体系，是国际化、全球化发展到当代新世纪特定阶段的产物，具有不同于一般交通经济带的形成发展规律和相关特征，并将在未来一定时期内长期存在，极有必要对巨型交通经济带相关理论问题进行深入研究。

第四，由于获得丝绸之路经济带沿线国家一级行政单元相关数据存在较大困难，因此，本研究未就相关问题进行更加深入的定量化数据分析，该项工作应作为后续研究工作重要努力方向。

参考文献

［1］安成邦，等.亚洲中部干旱区丝绸之路沿线环境演化与东西方文化交流［J］.地理学报，2017，72（5）：880-881.

［2］安慧婷.原特提斯南界的厘定及其洋—陆格局［D］.青岛：中国海洋大学硕士学位论文，2014.

［3］安江林.丝绸之路经济带的大致走向和布局结构特点［N］.企业家日报，2014-02-15（W01）.

［4］曹小曙，等.基于陆路交通的丝绸之路经济带可达性与城市空间联系［J］.地理科学进展，2015，34（6）：657-664.

［5］超能芳.联合多源数据研究青藏高原及长江流域浅层物质迁移机制［D］.武汉：武汉大学博士学位论文，2015.

［6］车克钧，傅辉恩.祁连山森林、冰川和水资源现状调查研究［J］.北京林业大学学报，1998（6）：95-99.

［7］车克钧.祁连山森林、冰川和水资源现状调查研究［J］.北京林业大学学报，1998，20（6）：95-99.

［8］车自成，等.中亚与中国西北地区陷落型前陆盆地的构造样式及成因分析［J］.地球学报，1998，19（3）：225-232.

［9］陈峰.中纬度中国—塔吉克斯坦东西向树轮气候研究［D］.兰州：兰州大学博士学位论文，2014.

［10］陈文彬.河西走廊及邻近地区最新构造变形基本特征及构造成因分析［D］.北京：中国地震局地震研究所博士学位论文，2003.

［11］陈文倩，等.亚洲中部干旱区积雪时空变异遥感分析［J］.水科学进展，2018，29（1）：11-19.

［12］陈鑫泉，等.试析公元9世纪之前塔里木盆地南缘种族和文化特征［J］.贵州民族研究，2014（4）：148-152.

［13］陈熠，等.准噶尔盆地南缘新生代沉积物碎屑锆石记录的天山隆升剥蚀过程［J］.地学前缘，2012，19（5）：225-233.

［14］陈跃.南疆历史农牧业地理研究［D］.西安：西北大学硕士学位论文，2009.

［15］陈正乐，等.西天山隆升—剥露过程初步研究［J］.岩石学报，2008，24（4）：626-636.

［16］陈智梁.特提斯地质一百年［J］.特提斯地质，1994（18）：1-22.

［17］陈忠升.中国西北干旱区河川径流变化及归因定量辨识［D］.上海：华东师范大学博士学位论文，2016.

［18］从靖.中国北方干旱半干旱区降水多年代际变化及其对温室效应的响应［D］.兰州：兰州大学硕士学位论文，2016.

［19］单楠.亚洲丝绸之路经济带土地退化时空格局及驱动力［D］.北京：中国林业科学研究院博士学位论文，2016.

［20］迪丽努尔·托列吾别克.中亚干湿气候变化及其大气环流异常分析［D］.南京：南京信息工程大学硕士学位论文，2018.

［21］董千里.高速公路点轴型区域经济发展理论研究［J］.西安公路交通大学学报，1998（1）：107-112.

［22］董树文，等.晚侏罗世东亚多向汇聚构造体系的形成与变形特征［J］.地球学报，2008，29（3）：306-317.

［23］杜宁.两汉时期西域农业考古研究［D］.南京：南京大学硕士学位论文，2016.

［24］樊自立，等.天山北麓灌溉绿洲的形成和发展［J］.地理科学，2002，22（2）：184-189.

［25］高波，等.中国西部与中亚前陆盆地油气地质特征类比分析［J］.天然气地球科学，2007，18（2）：187-223.

［26］管楚度.交通区位论及其应用［M］.北京：人民交通出版社，2000.

［27］管楚度.综合运输方法研究［M］.哈尔滨：黑龙江科学技术出版社，2000.

［28］郭继凯.塔里木河流域植被覆盖对气候变化和人类活动的响应［D］.北京：北京林业大学硕士学位论文，2016.

［29］郭永强，等.阿姆达林盆地油气地质特征与有利区带预测［J］.新疆石油地质，2006，27（2）：260-261.

［30］韩德林.绿洲系统与绿洲地理建设［J］.干旱区地理（1992年增刊），1992（15）：34-37.

［31］韩德林.中国绿洲研究之进展［J］.地理科学，1999，19（4）：313-319.

［32］胡汝骥，等.中亚（五国）干旱生态地理环境特征［J］.干旱区研究，2014，31（1）：1-12.

［33］黄汉纯，等.阿尔金构造带及其对塔里木和柴达木盆地的影响［J］.中国地质科学院院报，1987（19）：19-25.

［34］黄汲清，等.青藏高原的隆起，沙漠和黄土的形成，人类的起源与演化［J］.第四纪研究，1992（1）：24-26.

［35］黄靖.大月氏的西迁及其影响［J］.新疆社会科学，1985（2）：96-105.

［36］黄伟.中纬度亚洲年代际—年际尺度气候变化的"西风模态"及其驱动机制研究［D］.兰州：兰州大学博士学位论文，2014.

［37］姬祥永.伊朗巴基斯坦斑岩铜矿带的地质特征及成矿规律［D］.武汉：中南大学硕士学位论文，2013.

［38］贾承造，等.中国中西部两期前陆盆地的形成及其控气作用［J］.石油学报，2003，24（2）：13-17.

［39］赖先齐，等.亚洲中部干旱区主要绿洲滴灌技术适宜性分析［J］.2018（12）：104-107.

［40］雷显权.天山造山带构造变形与造山作用数值模拟研究［D］.长沙：中南大学地球科学与信息物理学院博士学位论文，2013.

［41］黎敦朋.青藏高原西北缘上新世—早更新世的构造变形与高原的隆升［D］.北京：中国地质科学院博士学位论文，2008.

［42］李宝强，等.中亚天山—帕米尔地区成矿地质背景［J］.地质通报，2015，34（4）：686-695.

［43］李超.中亚地区区域构造与主要含油气组合分布特征［D］.北京：中国地质大学硕士学位论文，2012.

［44］李春华.新疆绿洲城镇空间结构的系统研究［D］.南京：南京师范大学博士学位论文，2006.

［45］李飞.中国西北干旱区潜在植被的演替［D］.西安：西北师范大学硕士学位论文，2009.

［46］李宏宇.中国大陆地区陆面能量交换及其对大尺度气候变化响应的初步分析［D］.南京：南京大学博士学位论文，2015.

［47］李磊.唐代吐火罗地区羁縻府州借名问题研究［D］.西安：陕西师范大学硕士学位论文，2017.

［48］李若麟.北半球干旱区降水转化和再循环特征及其在全球变暖背景下的变化［D］.兰州：兰州大学博士学位论文，2017.

［49］李文渊.古亚洲洋与古特提斯洋关系初探［J］.岩石学报，2018，34（8）：2201-2210.

［50］李新.丝绸之路经济带对接欧亚经济联盟：共建欧亚共同经济空间［C］.2016新兴经济体论坛论文集，2016.

［51］李兴振，等.泛华夏大陆群与东特提斯构造域演化［J］.岩相古地理，1995，15（4）：1-13.

［52］李再军.腾格里沙漠腹地钻孔揭示的沙漠形成与古环境演化历史［D］.兰州：兰州大学硕士学位论文，2013.

［53］李中强.中国西北干旱区水生植物多样性研究［D］.武汉：武汉大学博士学位论文，2005.

［54］刘春静.中亚干旱区植被退化及典型流域生态环境遥感监测［D］.济南：山东农业大学硕士学位论文，2016.

［55］刘圣.马海盆地荒漠绿洲区生态地下水位对人类活动响应的研究［D］.北京：中国地质大学博士学位论文，2014.

［56］刘时银，等.基于第二次冰川编目的中国冰川现状［J］.地理学报，2015，70（1）：3-16.

［57］刘宪光.南亚地区西部构造地质特征及其油气意义［D］.北京：中国地质大学硕士学位论文，2010.

［58］刘晓东，等.青藏高原隆升与欧亚内陆及北非的干旱化［J］.第四纪研究，2001，21（2）：114-122.

［59］刘兴成.河西走廊地区民族变迁与生态演变［D］.西安：陕西师范大学硕士学位论文，2008.

［60］刘训.从古地理演变讨论中国西部盆山地区中生代以来的构造演化［C］.中生代以来中国大陆板块作用过程学术研讨会论文摘要集，2016.

［61］刘烨.干旱区社会水文系统演化规律与驱动机制研究［D］.北京：清华大学博士学位论文，2016.

［62］刘玉芝，等.大气环流对中东亚干旱半干旱区气候影响研究进展［J］.中国科学（地

球科学），2018，48（9）：1141-1152.

[63] 刘泽照，等.丝绸之路经济带（中国段）节点城市空间差异及发展布局 [J]. 重庆理工大学学报（社会科学版），2015，29（5）：47-54.

[64] 刘阵，等.费尔干纳盆地形成演化及其对油气成藏的控制作用 [J]. 新疆石油地质，2016，37（1）：121-123.

[65] 陆松年，等.新元古时期中国古大陆与罗迪尼亚超大陆的关系 [J]. 地学前缘（中国地质大学，北京），2004，11（2）：515-523.

[66] 陆松年.从罗迪尼亚到冈瓦纳超大陆——对新元古代超大陆研究几个问题的思考 [J]. 地学前缘（中国地质大学，北京），2001，8（4）：441-448.

[67] 吕鹏瑞，等.巴基斯坦及中国邻区构造单元划分及其演化 [J]. 西北地质，2017，50（3）：126-139.

[68] 吕薇.伊朗城镇体系研究 [D]. 重庆：西南大学硕士学位论文，2008.

[69] 马文忠.阿尔金山北麓晚新生代沉积记录的构造意义 [D]. 兰州：兰州大学硕士学位论文，2007.

[70] 马有绚.干旱半干旱地区植被指数与气候的关系 [D]. 兰州：兰州大学硕士学位论文，2016.

[71] 马月.基于生态足迹模型的丝绸之路经济带可持续发展布局分析 [D]. 兰州：兰州大学硕士学位论文，2018.

[72] 钱云.历史时期新疆绿洲的演变和发展 [J]. 干旱区资源与环境，1997，11（2）：37-46.

[73] 沈永平，等.高山冰川区大降水带的成因探讨 [J]. 冰川冻土，2004，26（6）：806-809.

[74] 施雅风，等.青藏高原二期隆升与亚洲季风孕育关系探讨 [J]. 中国科学（D辑），1998，28（3）：267.

[75] 施杨.丝绸之路上的呼罗珊大道考述 [J]. 贵州师范大学学报（社会科学版），2002（4）：91-93.

[76] 宋博文，等.中国西部新生代沉积盆地演化 [J]. 地球科学——中国地质大学学报，2014，39（8）：1035-1051.

[77] 苏珍，王志超.喀喇昆仑山—昆仑山现代冰川进退变化及其对气候波动的响应 [C]. 青藏高原与全球变化研讨会论文集，1994.

[78] 孙美平，等.近50年来祁连山冰川变化——基于中国第一、二次冰川编目数据 [J]. 地理学报，2015，70（9）：1402-1414.

[79] 塔斯肯，等.中亚与邻区盆地群构造演化及含油气性 [J]. 现代地质，2014，28（3）：573-584.

[80] 覃小锋，等.阿尔金碰撞造山带西段的构造特征 [J]. 地质通报，2006，25（1-2）：104-112.

[81] 田洪阵，等.1976—2010年祁连山中段岗格尔肖合力雪山冰川退缩和气候变化的关系研究 [J]. 干旱区资源与环境，2012，26（7）：41-46.

[82] W. B. 费舍尔.伊朗 [M]. 北京：人民出版社，1977.

[83] 万天丰.新编亚洲大地构造区划图 [J]. 中国地质，2013，40（5）：1351-1365.

[84] 王伯礼.陆上能源通道系统形成与发展机理研究——以中国西北陆上能源通道为

例［M］．乌鲁木齐：新疆人民出版总社、新疆人民卫生出版社，2016．

［85］王伯礼．丝绸之路经济带空间布局与伊宁市的战略定位［J］．伊犁师范学院学报（社会科学版），2014，33（1）：72-74．

［86］王丽宁，等．西南天山隆起时代的河床砂岩屑磷灰石裂变径迹证据［J］．地球物理学报，2010，53（4）：931-945．

［87］王鹏程，等．东亚大汇聚与中—新生代地球表层系统演变［J］．海洋地质与第四纪地质，2017，37（4）：33-64．

［88］王秋舒，等．伊朗地质矿产与矿业开发［M］．北京：地质出版社，2018．

［89］王三三．帕提亚与丝绸之路关系研究［D］．天津：南开大学博士学位论文，2014．

［90］王万瑞．基于TRMM数据的中国西北降水时空变化研究［D］．兰州：兰州大学硕士学位论文，2018．

［91］王小燕．中国区域积温带演变趋势研究［D］．上海：华东师范大学硕士学位论文，2015．

［92］王欣．从巴克特里亚到吐火罗斯坦——阿富汗东北部地区古代民族的变迁［J］．世界民族，2006（4）：37-43．

［93］王亚俊，等．中国绿洲分区及其基本类型［J］．干旱区地理，2000，23（4）：344-348．

［94］王战，等．基于遥感和GIS的柴达木盆地冰雪湖泊演变分析［J］．人民长江，2015，46（7）：64-66．

［95］王志远．"丝绸之路经济带"的国际背景、空间延伸与战略内涵［J］．东北亚论坛，2015（5）：30-31．

［96］王智．新疆地区植被覆盖变化与气候、人文因子的相关性探讨［D］．乌鲁木齐：新疆大学硕士学位论文，2011．

［97］卫玲，等．丝绸之路经济带：形成机理与战略构想——基于空间经济学语境［J］．西北大学学报（哲学社会科学版），2014，44（4）：45-47．

［98］伍光和，张英．中国绿洲地域系统研究［J］．干旱区资源与环境，2000，14（3）：1-10．

［99］夏凡．青海省格尔木市鱼卡盆地地下水资源分析［D］．石家庄：石家庄经济学院硕士学位论文，2016．

［100］夏在连．中伊朗盆地形成演化与油气前景［D］．成都：成都理工大学博士学位论文，2008．

［101］新疆百科全书编纂委员会．新疆百科全书［M］．北京：大百科全书出版社，2002．

［102］熊黑钢，等．历史时期塔里木盆地南缘交通线路变迁与环境的关系［J］．人文地理，2014（6）：39-44．

［103］熊黑钢，等．塔里木盆地南缘古绿洲分布与河流、冰川的关系［J］．干旱区地理，2008，31（1）：17-22．

［104］徐栋．全球变暖背景下亚非干旱区降水变化及其与水汽输送的关系研究［D］．兰州：兰州大学硕士学位论文，2016．

［105］徐晓云．伊朗农业地理区域研究［D］．重庆：西南大学硕士学位论文，2010．

［106］许志琴，等．印度—亚洲碰撞大地构造［J］．地质学报，2011，85（1）：1-33．

［107］杨巨平．亚历山大东征与丝绸之路开通［J］．历史研究，2007（4）：134-153．

［108］杨莲梅，等．亚洲中部干旱区降水异常的大气环流特征［J］．干旱区研究，2018，35

（2）：249-259.

[109] 杨兴，等.吐哈盆地与博格达造山带的盆山耦合关系探讨 [J].科技创业，2015（12）：103-105.

[110] 杨荫凯，等.交通经济带的基本理论探讨 [J].人文地理，1999，14（2）：1-5.

[111] 姚志刚，等.北天山中、新生代隆升和剥蚀史研究 [J].中国矿业大学学报，2010，39（1）：121-126.

[112] 叶笃正.青藏高原气象学 [M].北京：科学出版社，1997.

[113] 叶锦华，等.中国主要固体矿产时空分布的若干统计分析特征 [J].中国地质，1998（7）：25-26.

[114] 于贵信.关于基督教在中国传播的几个问题 [J].史学集刊，1983（2）：60-67.

[115] 昝金波.西昆仑山黄土与亚洲内陆干旱化 [D].兰州：兰州大学博士学位论文，2010.

[116] 张宾.伊朗 Garmsar 区块综合评价及目标优选研究 [D].青岛：中国海洋大学博士学位论文，2010.

[117] 张波，等.中国绿洲—东西亚古代农事交流的纽带 [J].中国农史，1939，12（4）：7-12.

[118] 张洪瑞，等.大陆碰撞造山样式与过程：来自特提斯碰撞造山带的实例 [J].地质学报，2015，89（9）1539-1559.

[119] 张华.东特提斯北支晚白垩世—古新世古海水沉积演化及成钾条件分析——以塔西南为例 [D].北京：中国地质科学院博士学位论文，2014.

[120] 张敬艺.塔里木盆地西北缘早—中二叠世沉积盆地演化及其区域构造意义 [D].西安：西北大学硕士学位论文，2008.

[121] 张俊.塔里木库车前陆盆地油源与成藏特征研究 [D].北京：中国地质大学博士学位论文，2002.

[122] 张凯逊，等.阿富汗—塔吉克盆地含油气系统特征与资源潜力 [J].中国地质，2018，45（5）：920-930.

[123] 张立东.南里海盆地构造演化及基本石油地质特征 [J].内蒙古石油化工，2012（4）：28-29.

[124] 张立峰.西北生态环境脆弱区典型内陆河流域植被覆盖变化及其影响因素研究 [D].兰州：兰州交通大学博士学位论文，2017.

[125] 张文尝，等.交通经济带 [M].北京：科学出版社，2002.

[126] 张文尝.工业波沿交通经济带扩散模式研究 [J].地理科学进展，2000，19（4）：335-342.

[127] 张文尝.运输通道系统分析 [J].交通运输系统工程与信息，2001，1（2）：134-139.

[128] 张祥松，等.喀喇昆仑山现代冰川的研究 [J].冰川冻土，1982，4（3）：15-27.

[129] 张小燕.西北地区植被背景值及演替规律研究 [D].西安：西北农林科技大学博士学位论文，2003.

[130] 张宇航.新生代天山隆升与塔里木盆地北缘现今构造面貌关系——来自岩石声发射的证据 [J].地质力学学报，2012，18（2）：140-148.

[131] 赵传成，等.天山山区降水量的空间分布及其估算方法 [J].水科学进展，2011，22（3）：315-322.

［132］赵菲菲.丝绸之路经济带国内段沿线省份产业空间布局战略研究［J］.吉林工商学院学报，2015，31（3）：16-20.

［133］赵继先.近50a基于低分辨率遥感数据的中国·新疆和中亚城镇时空变化研究［D］.乌鲁木齐：新疆师范大学硕士学位论文，2014.

［134］赵倩.1982—2013年欧亚大陆土壤呼吸时空变化特征［D］.兰州：兰州大学硕士学位论文，2018.

［135］赵文智，等.中国绿洲化及其研究进展［J］.中国沙漠，2016，36（1）：1-5.

［136］赵相朋.伊犁盆地石炭—二叠系构造演化与层序特征［D］.西安：西北大学硕士学位论文，2009.

［137］赵艳茹.东亚干旱半干旱区边界层高度对干湿变化的影响研究［D］.兰州：兰州大学硕士学位论文，2018.

［138］周仲礼.伊朗Kashan地区库姆组裂缝预测［D］.成都：成都理工大学博士学位论文，2011.

［139］朱立平.新疆叶城地区第四纪粗砂砾层沉积及其与昆仑山隆起的关系［J］.地理研究，1987，11（4）：57-67.

［140］朱士光，等.西北地区丝路沿线自然地理环境变迁初步研究［J］.西北大学学报（自然科学版），1999，29（6）：615-619.

［141］朱毅秀，等.南塔吉克盆地油气地质特征［J］.新疆石油地质，2007，28（2）：257-259.

［142］朱允铸，等.阿尔金山上升历史与塔里木、柴达木成盐关系［J］.石油天然气地质，1990，11（2）：136-143.

［143］祝合勇.1973-2010年阿尔金山冰川变化［J］.地理研究，2013，32（8）：1430-1438.

［144］左国朝，等.中亚地区中、南天山造山带构造演化及成矿背景分析［J］.现代地质，2011，25（1）：1-14.

附 录

——笔者参加丝绸之路经济带相关课题研究项目及相关工作经历

1. 2013 年 9 月 17 日，应李雪梅博士邀请开始参加新疆维吾尔自治区发展和改革委员会《丝绸之路经济带框架下促进新疆对外开放与经济发展专题研究》（原项目名称为"丝绸之路经济带新疆段发展战略研究"）课题项目研究工作。

2. 2013 年 9 月 18 日，向新疆维吾尔自治区发展和改革委员会《丝绸之路经济带框架下促进新疆对外开放与经济发展专题研究》项目组提交"丝绸之路经济带空间范围及主要交通轴线"部分专稿，提出丝绸之路经济带是典型的交通经济带，由北道、中道、南道及其支线通道走廊组成。

3. 2013 年 9 月 20 日，参加"乌鲁木齐市 30 年发展战略"（修编）课题项目上海专家组座谈会，发言中提出把乌鲁木齐市建设成为大中亚区域国际经济中心、贸易中心、金融中心、文化信息中心、交通枢纽中心。

4. 2013 年 9 月 22 日，参加新疆维吾尔自治区发展和改革委员会《丝绸之路经济带框架下促进新疆对外开放与经济发展专题研究》课题研究工作会，利用 9 月 20 日参加"乌鲁木齐市 30 年发展战略"（修编）课题项目上海专家组座谈会时的发言提纲，向时任新疆维吾尔自治区发展和改革委员会经济研究院院长甘昶春及其他与会人员提出，把新疆建设成为丝绸之路经济带国际经济中心、贸易中心、金融中心、文化信息中心、交通枢纽中心（后经相关方面各层级负责人及专家修改，明确为丝绸之路经济带重要的交通枢纽中心、商贸物流中心、文化科技中心、医疗中心、金融中心），获得甘昶春院长及与会人员首肯。

5. 2013 年 10 月 3 日，参加新疆维吾尔自治区发展和改革委员会《丝绸之路经济带框架下促进新疆对外开放与经济发展专题研究》课题研究工作会，向时任新疆维吾尔自治区发展和改革委员会主任张春林汇报和解释丝绸之路经济带为典型的交通经济带（交通经济带 = 交通 + 城市 + 产业），丝绸之路经济带是以古丝绸之路沿线已经形成或即将形成的交通干线或综合运输通道作为发展主轴，以轴上或其吸引范围内的大中城市为依托，以发达的产业特别是二三产业为主体的发达带状经济区域；丝绸之路经济带应分为北道、中道、南道等三条既相互区分、又紧密联系的发展带，各条带都是以古丝绸之路沿线已经形成或即将形成的综合运输通道为主轴，向两侧延伸一定距离而形成的带状区域，获得张春林主任首肯。

6. 2013 年 10 月上中旬，向新疆维吾尔自治区发展和改革委员会《丝绸之路经济带框架下促进新疆对外开放与经济发展专题研究》课题组提交完整的"丝绸之路经济带空间布局"部分专稿，系统阐释"丝绸之路经济带北、中、南通道"，并承担课题项目"交通枢纽中心"部分研究工作。

7. 2013 年 10 月中旬，根据此前完成的"丝绸之路经济带空间布局"部分及"交通枢纽中心"部分研究成果，撰写《建设国际区际大通道　支撑丝绸之路经济带》一文，并获得时任自治区党委主要领导批示。

8. 2013 年 10~11 月，与新疆维吾尔自治区发展和改革委员会《丝绸之路经济带框架下促进新疆对外开放与经济发展专题研究》课题组其他成员一道或跟随自治区交通运输厅相关领导，先后多次向时任自治区人民政府有关负责人汇报《丝绸之路经济带框架下促进新疆对外开放与经济发展专题研究》'课题研究成果、北中南通道、交通枢纽中心等相关内容，北中南通道、五中心逐渐获得相关方面各个层级负责人及专家认同。

9. 2013 年 11 月 28 日，应邀参加"2013 年丝绸之路经济带战略构想下伊宁市经济发展研讨会"，并作"丝绸之路经济带空间布局与伊宁市的战略定位"专题发言，首次在国际研讨会场合明确阐释丝绸之路经济带空间布局。

10. 2013 年 12 月 2 日，参加乌鲁木齐市"丝绸之路经济带城市合作发展论坛"，接受亚心网、《香港商报》等媒体采访，第一次向媒体阐释丝绸之路经济带空间布局。

11. 2013 年 11~12 月，承担《"中巴经济走廊"公路通道建设研究》课题研究项目工作。2013 年 12 月 20 月，前往交通运输部规划研究院（北京），参加交通运输部组织的"中巴经济走廊"相关项目前期工作汇报会。

12. 2014 年 2~3 月，参加国家发改委"丝绸之路经济带发展战略规划"课题研究项目相关工作，两次前往北京会议中心等工作场所参与研究报告起草工作。

13. 2014 年 3 月，在《伊犁师范学院学报（社会科学版）》第 33 卷第 1 期发表《丝绸之路经济带空间布局与伊宁市的战略布局》一文，第一次在公开刊物阐释丝绸之路经济带空间布局。

14. 2014 年 5 月 26 日，前往克拉玛依市，参加以"区域融合、共谋发展——携手推进'丝绸之路经济带'建设"为主题的第四届"北疆地区四地五师发展论坛"，在此期间作《丝绸之路经济带空间布局及克拉玛依市在其中的战略定位》专题发言。

15. 2014 年 6 月 2 日，与李雪梅、闫海龙博士共同在《香港经济导报》第 11 期发表《丝绸之路经济带：新疆的布局和策略》一文，阐释丝绸之路经济带空间布局及相关政策措施建议。

16. 2014 年 11 月，北、中、南通道及"五中心"被写入新疆维吾尔自治区人民政府《关于推进新疆丝绸之路经济带核心区建设的实施意见》（新政发〔2014〕66 号）。

17. 2014 年 11 月，北、中、南通道及"五中心"被写入新疆维吾尔自治区人民政府办公厅《关于印发推进新疆丝绸之路经济带核心区建设的行动计划（2014~2020 年）的通知》（新政办发〔2014〕112 号）。

18. 2014 年 8~11 月，参加国家发改委"中巴经济走廊（国内段）建设总体思路"课题研究项目调研工作及研究报告起草工作，提出中巴经济走廊近期、中期、远期三阶段空间布局思路及其北端点乌鲁木齐—库尔勒—奎独乌巨型城市群概念，并得到项目组其他成员及时任自治区发改委张春林主任首肯。

19. 2014 年 12 月，参加新疆维吾尔自治区党校"丝绸之路经济带核心区专题研讨班"学习，并作"丝绸之路经济带空间布局与国际区际通道建设"专题讲座。

20. 2015 年 5 月，前往克拉玛依市，参加第五届"北疆地区四地五师发展论坛"，在此期间就丝绸之路经济带空间布局及北疆地区四地五师在其中的战略定位再作专题发言。

21. 2015 年 5 月~2016 年 12 月，完成《丝绸之路经济带空间布局原理研究》初稿。

22. 2016 年 8 月，参加共建丝绸之路经济带中韩专家研讨会，向到访中科院新疆生态与地理研究所的金凤君先生等专家就丝绸之路经济带空间布局研究思路进行专题汇报与交流。

23. 2016 年 8 月，参加中科院地理科学与资源研究所与中科院新疆生态与地理研究所共同举办的共建"一带一路"新疆研讨会，会议期间进行"丝绸之路经济带空间布局与建设模式研究"专题发言。

24. 2016 年 11 月，北、中、南通道及"五中心"被写入新疆维吾尔自治区第九次党代会报告。

25. 2017 年 1 月~2018 年 12 月，修改完善《丝绸之路经济带空间布局原理研究》初稿。

26. 2017 年 9 月，应邀前往伊犁师范学院，作"丝绸之路经济带空间布局与建设模式研究"专题讲座。

27. 2017 年 12 月，参加新疆维吾尔自治区党校"丝绸之路经济带核心区专题研讨班"学习，并做"丝绸之路经济带空间布局研究"专题讲座。

28. 2019 年 6 月 3 日，参加中联部"一带一路重庆论坛"，在基础设施建设分论坛汇报交流并公开《丝绸之路经济带空间布局原理研究》研究成果，简要汇报五年研究成果并阐释丝绸之路经济带空间布局。

29. 2019 年 6 月 22 日，参加 2019 年度"新疆社会科学界学术年会"，作《丝绸之路经济带空间布局研究》专题交流，简要汇报五年研究成果并阐释丝绸之路经济带空间布局。

30. 2019 年 7 月 9 日，在中科院地理科学与资源研究所参加博士后研究报告《丝绸之路经济带空间布局原理研究》答辩，陆大道先生、管楚度老师、樊杰老师、刘毅老师、张文忠老师及指导导师金凤君老师参加答辩评阅，通过答辩评阅。

31. 2019 年 8~12 月，参加国家发展和改革委员会"一带一路"建设专题课题《"十四五"时期推进陆海内外联动、东西双向互济，形成全面开放新格局思路研究》项目研究工作，承担项目主要章节研究工作，提出四横四纵跨境交通—经济走廊体系布局思路。其中，2019 年 8 月 30 日~9 月 1 日，前往天津市南开大学参加项目组工作会议。

32. 2020 年 8 月~2021 年 2 月，参加新疆维吾尔自治区推进实施"一带一路"建设领导小组办公室"一带一路"建设专项课题《丝绸之路经济带核心区空间布局研究》项目研究工作，承担项目主要章节研究工作，提出相关布局思路。

33. 2020 年 11 月 27 日，应新疆维吾尔自治区发展和改革委员会邀请，参加推动丝绸之路经济带核心区高质量建设研讨视频会议，第一次完整阐释丝绸之路经济带核心区空间布局思路。

34. 2021 年 1 月，草拟《丝绸之路经济带核心区建设构想》，就丝绸之路经济带核心区空间布局及高质量建设提出建议，并入选新疆维吾尔自治区专家顾问团办公室《决策参考》（2021 年第 2 期）；2021 年 2 月，该建议及该期《决策参考》获新疆维吾尔自治区人民政府主要领导批示。

后　记

　　本著作是在笔者于中国科学院地理科学与资源研究所从事博士后研究工作、完成博士后研究报告《丝绸之路经济带空间布局原理研究》基础上，经修改补充完善而形成的丝绸之路经济带空间布局专题研究著作。而该研究报告则是笔者自 2013 年 9 月 17 日应邀开始参加新疆维吾尔自治区发展和改革委员会《丝绸之路经济带框架下促进新疆对外开放与经济发展专题研究》课题项目和 2014 年 1 月应邀参加国家发展和改革委员会《丝绸之路经济带发展战略研究》课题项目研究工作以来，在极为艰难、复杂的环境与条件下，近乎于用鲜血写成的一份丝绸之路经济带空间布局专题研究报告。

　　五年多以来，我所有的节假日及工作之余时间全部都交付给了这份专题研究报告。作为新疆党员干部队伍和交通运输行业干部职工队伍中的普通一员，我一方面要参加维护社会稳定长治久安实践斗争，另一方面又要参加极为紧张的新疆交通建设与发展实践工作，同时还要利用一切工作之余时间开展丝绸之路经济带空间布局深化研究工作，五年以来的艰辛，远非常人可以理解与感受。在最紧张、最繁忙的时候，即使自己的父母就坐在身边，自己也腾不出时间来与他们拉家常、叙亲情，因为自己只想集中精力尽快完成这份专题报告研究工作，想来惭愧。自己出身于农村，自 11 岁背起书包到城市上学起，就再也没有与父母在一起完整地共同生活过 1 个月以上的时间，因为连年以来持续的繁重学习、工作、研究占用了我绝大部分的时间。至今为止，参加工作 20 多年来，自己只在参加"访惠聚"工作结束后休过 1 次探亲假，所休过的年休假不足 5 次，并且从未完整地休过一次年休假，但我无怨无悔，因为是我自己选择了这条道路。而自己唯一感到亏欠的就是自己的家人，尤其是自己的父母，想不到在今生的人世情缘中，他们成为了我最亏欠的人；惟愿自己身后能够在父母侧旁，做永久的陪伴。

　　青年时期，自己离开父母来到新疆工作、生活，至今已经 20 多年了。到新疆之后，自己就在不停地学习、工作和研究。而提出丝绸之路经济带北、中、南通道布局思路及"五中心"发展思路，则是自己作为一名普通党员和专业技术干部至今为止对新疆所做出的最大贡献。今后，在自己的生命里，持续深入研究和努力推动丝绸之路经济带北、中、南通道及"五中心"建设，将成为自己今后永远的工作方向和工作主题，因为自己深信新疆的明天和未来。

　　在完成这份专题研究报告的过程中，自己经常性地想到三本前人的著作。一本是自己在少年时期读过无数遍的叶永烈先生所著的《元素的故事》，叶先生用幽默生动的语言，把常人看来乏善可陈的元素的特性讲述得妙趣横生、引人入胜。这给笔者以很大的启发，力图在完成这份专题研究报告的过程中，尽可能用通俗易懂的语言，来解释、描述相对复杂、深奥的自然原理、社会过程。另一本是自己在来新疆以后在友人家中断断续续读过的海明威的《老人与海》，小说中既宏阔又绵密的描述方法，给笔者留下深刻印象。因此，想在本报告的完成过程中，尽可能也采用这种表述方法或研究方法；当然，自己远非海明威那样的大家，因此，自己在这份报告的完成过程中运用此种方法的效果可能并未达到自己所预期的程度。还有一本也是自己来新疆以后不久就读到的，即何世红先生所著的《未来西北》。何先生对其时中国西北地区未来经济发展轮廓及前景做了深度勾勒，其志其情令人钦佩；同样作为甘肃人，自己在完成本报告时，头脑中时时浮现出何先生殷殷的家国情怀及粗线条勾勒的宏大笔触。这种情怀与笔触，自己也希望能够把它带到这份专题研究报告中去。自己也深信，兴西以振东，不仅是甘肃省的区域发展战略，也是整个西北地区的区域发展战略。新疆兴，西北地区才能兴；新疆不兴，西北地区难兴；坦率地说，陕西、甘肃兴盛，未必能够带动整个西北地区走向兴盛；而新疆兴盛（形成一个强大的外向型经济战略核心），则一定能够带动整个西北地区走向兴盛；因为在西北地区诸省份中，只有在新疆能够建设这样一个强大的外向型经济战略核心，进而带动整个西北地区走向兴盛；共建西北陆路战略出海口、共同开拓西向经济战略新格局，是西北地区走向兴盛的关键环节，当然也是新疆走向兴盛的关键环节，新疆是中国西北地区走向兴旺繁盛的最大引擎、枢纽和先锋。

在这里，感谢尊敬的博士阶段导师张小雷先生和师母杨兆萍女士，导师不仅安排我在完成博士学业后继续就丝绸之路经济带空间布局问题进行深入研究，还在一系列继续学习、研究环节给予指点，师母为我提供了宝贵的继续学习和研究场所及条件，使我得以继续安心学习和研究；感谢在博士阶段给予我极大鼓励、支持的杜宏茹老师、雷军老师，在本报告研究过程中仍一如既往地给予我鼓励、支持。感谢尊敬的博士后阶段导师中科院地理科学与资源研究所金凤君先生对本报告研究工作给予的深切关怀和宝贵指点及不懈督促，即使我在岳普湖县铁热木镇库台克力克村参加"访惠聚"工作没白天没黑夜地忙碌的日子里，金凤君先生仍多次打电话叮嘱我不要荒废本专题的研究工作；由此导致本报告第二章的总体框架思路是在斜风细雨中乘坐电瓶车去村民家走访的路上诞生的，第三章的总体框架思路是在深夜从岳普湖县城参加完会议赶回村子的路上诞生的。金凤君先生所赠送的马汉《海权论》和另一位前辈赠送的麦金德《历史的地理枢纽》，对第三章第五节"丝绸之路经济带之为巨型东西向交通经济带的国际地缘政治与国际地缘经济地理基础"思路形成发挥了重要作用。感谢尊敬的中国人文地理学泰斗陆大道院士的重要精神感召，初次见到陆老先生时，先生的行动已经不便，但先生仍然每天坐着轮椅准时来到位于中科院地理科学与资源研究所5楼的办公室工作、研究。与先生短暂沟通交流后，才知先生早年曾到我的家乡参加过社会主义教育活动，先生不懈探索的奋斗精神始终将是我们永远不竭的精神源泉之一。感谢尊敬的长沙理工大学管楚度先生的宝贵指点与教诲。在博士学位论文中，就曾经多频次地引用过管老先生的文章和著作；但直到近年以来，才由于工作原因与管老先生取得联系。其后，管老先生就给予我多方面的指点和教诲，并亲自邮寄学习和参考材料（陆老先生和管老先生均于2019年7月9日作为评阅组专家，参加了本研究报告的答辩评阅工作，陆老先生亲任评阅组组长，发表重要评阅意见，并与其他评阅专家管楚度老师、樊杰老师、刘毅老师、张文忠老师一道对本研究报告给予优秀等次评价）。感谢中科院地理科学与资源研究所毛永红老师、陈卉老师给予的宝贵指导；感谢同门师弟师妹康蕾、陈娱、姚作林、梁宜和韩芳、徐晓亮、许睿遥、刘勤、刘群、卢雅炎等同学的帮助，感恩那些一起在中科院地理科学与资源研究所1502室和中科院新疆生态与地理研究所307室一起度过的日子。我深信，这也是自己生命中必然会出现的缘分，"我的生命因您的出现而灿烂"。

衷心感谢所有五年多以来对本专题研究工作给予宝贵帮助、鼓励和支持的前辈、亲友们，您是我生命中必然会出现的缘分，您的帮助和支持、鼓励，永远是我不懈前行的持续动力。

王伯礼

2019年6月26日晚草于中科院新疆生态与地理研究所307室

2019年7月7日晚改定于中科院地理科学与资源研究所（北京）207室